Hanno Lunin

G E F L E C H T E

ISBN 978-3-938647-25-7

HANNO LUNIN

GEFLECHTE

mit Stafetten für erbende Zaungäste

Ein Mosaik

aus Porträts und Erinnerungen und Essays und Notaten und Briefen

«ORPHEUS UND SÖHNE» VERLAG

Umschlag Veit Kenner

unter Verwendung
des geflügelten Liebesgottes mit orphischer Leier
von einem Kruge des griechischen Vasenmalers Hermonax
aus der ersten Hälfte des 5. Jahrhunderts vor Christos:

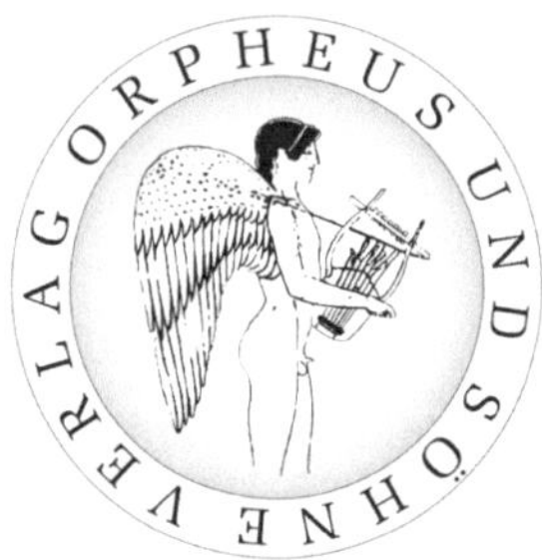

"Alles ist einfacher, als man denken kann,
zugleich verschränkter, als zu begreifen ist."

Goethe, *"Über Natur und Naturwissenschaft"*
(Aus dem Nachlaß)

"Die zeitlichen Dinge entstehen
auf Grund ihrer Teilhabe an den ewigen Dingen."

Alfred North Whitehead (1861-1947)

"Uns Sterblichen
erblüht erst in der Mannigfaltigkeit der Farben
das eine und unsichtbare Licht."

Ernst Jünger, 44: *"Auf den Marmorklippen"*, 1939

"Mosaiken
wollen nicht erzählen, nicht erziehen,
sie weben ihr monologes koloristisches Ritual."

Gottfried Benn, 58: *"Roman des Phänotyp"*, Landsberger Fassung, 1944

"Was wir von Leibniz zu lernen haben,
ist der Zusammenhang aller Schichten des Seins."

Carl Friedrich von Weizsäcker, 36: *"Naturgesetz und Theodizee"*, 1948

"Der Mensch muß spüren, daß er in einer Welt lebt,
die in einer gewissen Hinsicht geheimnisvoll ist,
daß in ihr Dinge geschehen und erfahren werden können,
die unerklärbar bleiben,
und nicht nur solche, die sich innerhalb der Erwartung ereignen. →

Das Unerwartete und das Unerhörte
gehören in diese Welt. Nur dann ist das Leben ganz.

Für mich war die Welt von Anfang an unendlich groß und unfaßlich."

*

"Ein unbeschreibliches Ganzes, in das man mit verwoben ist."

C. G. Jung, 85: *"Erinnerungen, Träume, Gedanken"*, 1960

"Du
– und ebenso jedes andere bewußte Wesen für sich genommen –
bist in allem.
Darum ist dieses dein Leben, das du lebst,
auch nicht ein Stück nur des Weltgeschehens,
sondern das Ganze.
Nur ist dieses Ganze nicht so beschaffen,
daß es sich mit einem *Blick überschauen läßt."*

Erwin Schrödinger, 73: *"Mein Leben, meine Weltsicht"*, 1960

"Das Weltall selbst kann nur sein,
insofern es nicht Eines, sondern Vieles ist.

All dies Viele aber besteht nicht für sich …

Es besteht nur im undenkbaren Einen."

Carl Friedrich von Weizsäcker, 58: *"Die Einheit der Natur"*, 1970

"Laut der Quantentheorie lassen sich Teilchen,
die einmal in Wechselwirkung gestanden haben,
nicht mehr als getrennte Objekte betrachten,
selbst wenn sie räumlich weit voneinander entfernt sind. …
Erwin Schrödinger hat dafür den Begriff der Verschränkung geprägt."

Anne Hardy-Vennen und Björn Gojdka: *"Zwillingsforschung"*, 2002

"Komm, Tzigan – tanz mit mir!“

Vor runden vierzig Jahren
habe ich mir in einem dreispartigen Kommunaltheater
mit drei Spielstätten und mehr als fünfhundert Mitarbeitern
das Joch des Direktors aufgebürdet.

Anfangs ungemein erfolgreich, geriet ich da,
nicht zuletzt durch unvermeidliche personelle Veränderungen
zur Wahrung der allseits bewunderten Startqualitäten,
in die Zwickmühlen kommunalpolitischer Machenschaften
und Wahl- oder Richtungskämpfe, in spießiges und parteipolitisches
Fraktionsgerangel, auch in weitergeliebte Nazi-Verwurzelungen
und ähnliche Untergründe aus Kabalen und unterschwelligen Kumpaneien
mit entsprechenden Handlangern in den Medien:
in ungute, arge Geflechte also.

Immer häufiger
inmitten von insgesamt 75 besser oder schlechter gelingenden Premieren,
meist schon frühmorgens
vor Beginn eines meist sechzehnstündigen Schwerstarbeitertages,
fragte ich mich in den Bruchteilen unbeansprucht meditativer Sekunden,
warum ich mir rund um das eigentliche Kunstmachenwollen
alles das zumute: diese Endloskette folgenschwerster Entscheidungen,
irrationaler Auseinandersetzungen mit Mimosen und Intriganten
aller Couleur, dieses pausenlose Kämpfen an mehreren Fronten zugleich,
diese tägliche Sturmflut außerkünstlerischer Weichenstellungen,
dieses Kräftemessen mit Rathausfunktionären,
diese täglichen Verleumdungen in aller Öffentlichkeit,
diese Rolle eines unverzichtbaren Buhmanns
für mehr als fünfhundert mehr oder minder loyale Kollegen
und nicht zuletzt diese permanente Überforderung
der eigenen Leibes- und Seelenkräfte eines eben Vierzigjährigen:

warum dieses alles (und noch sehr viel mehr): warum?

Anfangs besänftigte ich mich
mit den Beglückungen eines deutlich gewachsenen Zuschauerstromes.
Tausende musisch bedürftiger oder interessierter Menschen
hatten einen Anspruch auf meine möglichst guten Leistungen
in Schauspiel, Oper und Tanztheater. Tausende mehr
denn je zuvor wollten das ja wohl unverkennbar so: ?

Bis ich mir, etwa in meiner Halbzeit, eingestehen mußte,
daß diese Tausende meist nur einer gesellschaftlichen Mode folgten.
Ihr musisches Bedürfnis ging oft gegen null. Immer dreister und zahlreicher
wagten sich jetzt auch die Feinde aller Künste aus ihren Löchern
und kritisierten die "Steuerverschwendung" meines spartanischen Etats.
Zwei Ohrenzeugen von damals könnten bestätigen,
daß eine meiner schmerzlichsten dortigen Bilanzen diese war:
wenn man hier das Theater eines Tages schlösse,
würde es keinem Menschen fehlen.

(Damals wußte ich freilich noch gar nicht, daß hier schon *anno* 1806
große und maßgebliche Kreise statt des ersten hiesigen Theatergebäudes
lieber ein Irrenhaus oder Leichenhaus errichtet hätten
und daß schon 1811 der dennoch ertrotzte Theaterbau in ein Gefängnis,
später in ein Lazarett, dann in ein Warenlager verwandelt wurde.)

Heute ist dort meines Wissens das Theater längst
(partiell oder gänzlich) geschlossen. Ob es jemandem fehlt?

Doch mit jenem Resumé in der Seele,
rechtfertigte ich damals meinen überstrapaziösen Alltag noch
durch eine übergeordnet künstlerische Legitimation. Sie hieß Pina Bausch.
Diese begnadete Choreografin gehörte zu meinem Ensemble
und wurde dort anfangs allseitig nur gehaßt und abgelehnt.
Ihr außergewöhnliches Talent blieb zunächst allgemein unerkannt,
ihr radikaler Avantgardismus

(in krassem Anschluß an ein heißgeliebtes klassisches Ballett zuvor)
nur mehrheitlich verachtet und einstimmig weggewünscht.

Das Publikum mied ihre Vorstellungen, die Lokalpresse lavierte lustlos,
die Tänzer baten mich offiziell um eine Ablösung dieser Prinzipalin,
das Orchester verweigerte seine Mitwirkung,
die kommunalpolitisch verantwortlichen Instanzen ersannen sich
Tricks und Intrigen zur unausgesprochen indirekten Vertreibung
dieser rundum mißachteten Sonderbegabung,
und ein polizeilich schließlich überführter Bankangestellter
hatte ihr telefonisch wiederholt mit Ermordung gedroht.

Ich entsinne mich gut eines Tiefpunkts 1977,
als ich eine Abonnementsvorstellung jenes Tanzabends frequentierte,
den sie *"unter Verwendung von alten Volksliedern"* choreografiert hatte
und der daher *"Komm, tanz mit mir"* hieß:
die Ablehnung, feindliche Unlust und Mißstimmung
eines vielhundertköpfigen Auditoriums hielt zwei gute Stunden lang
gleichbleibend an und gereichte am Ende nicht einmal zu Protesten –
nur zu böse überstürztem Aufbruch. (Später, von 1978 bis 2010,
wurde diese selbe ungeliebte Vorstellung jedenfalls nach Amsterdam,
nach Lyon und Grenoble, ins japanische Ōtsu und nach Tokio, vielleicht
auch noch anderwärts eingeladen: überall *"Komm, tanz mit mir"*!)

Damals, nach 1977, hielt ich es nur umso mehr für meine Aufgabe,
diese große Künstlerin vor all dem Ungemach tunlichst zu bewahren
und ihr die normensprengend benötigten Arbeitsbedingungen zu bieten.
So entstanden sechs ihrer prominentesten Produktionen.
Zugleich versuchte ich, ihren externen Erfolg zu organisieren
und sorgte für Aufsehen erregende Gastspiele bei diversen Festivals
und im Ausland. Überall dort wurden sie und ihre abnormen Arbeiten
stürmisch gefeiert und hymnisch rezensiert.
So entstand allmählich die Legende *Pina Bausch*.

Damit legitimierte ich vor mir selbst meine qualvolle Anwesenheit

auf einem Direktorenposten, der im Übrigen so gar nicht
in meine eigene Biografie gehörte. Ich ermöglichte und sicherte so jedoch
die Existenz Pina Bauschs.

Doch in stillen Stunden gestand ich mir natürlich ein,
daß ich keineswegs der Einzige bin, der das könnte und wollte.
Vielleicht hätte sie sogar lieber weggehen und anderwärts
unter günstigeren Bedingungen weiterarbeiten sollen
(zum Beispiel beim lockenden Peter Zadek im Hamburger *Schauspielhaus*).

Warum also blieb ich in immer unerträglicher werdender Position?

Ich blieb ja gar nicht. Eines Tages,
als Pina Bausch schon außer Gefahr und etabliert war,
fühlte ich mein eigenes Maß überfüllt und ging Hals über Kopf davon.

Viele Jahre später erklärte und verklärte ich mir
(nach einem wenig sinnvollen Umweg über das Fernsehen)
jene verschenkten Intendantenjahre als gut brauchbaren Sockel
für meine eigentliche Bestimmung: ein abenteuerliches Prosaschreiben.
Aber war das vielleicht nur die nachträgliche Beschönigung
eines unbegreiflichen und eigentlich auch unentschuldbaren Irrtums?

Fragen, wie sie das Leben bisweilen stellt, doch nur selten beantwortet.

Aber jetzt kürzlich erst, rund vierzig Jahre nach alledem, im Sommer 2015,
verfolgte ich im Fernsehen zufällig eine Dokumentation über Safet Mistele.
Endlich glaubte ich, da auf dem Bildschirm einen wahren Grund
für mein geduldiges Verweilen in jenen Intendantentorturen zu erblicken.

Safet Mistele (* 1993) ist, was man früher
hierzulande respektlos als "Zigeunerjungen“ bezeichnet hätte.
Er ist Roma und Sohn einer kinderreichen Immigrantenfamilie
aus dem Kosowo. Er wuchs hier in den Ausgrenzungen
extremer Mittellosigkeit und sozialer Niederungen auf.
Sein Umfeld war *prekär* im Sinne von *armselig, unsicher* oder *chancenlos*.

Halbwüchsig kompensierte der früh vaterlose Hauptschüler
seine Problematik in kreativem *breakdance* auf der Straße.

Dadurch geriet er ahnungslos in ein *casting*,
wie Pina Bausch es für ein Projekt veranstaltete, das sie mit Laien besetzte:
"Kontakthof". 1978 mit Rentnern gestartet,
wiederholte sie es 2007 mit vierzig pubertierenden Jugendlichen.
Einer von denen wurde tatsächlich nun dieser Roma Safet Mistele:
"Komm, Safet, tanz mit mir"!

Plötzlich nahm er fünf Jahre lang
quer durch Europa auch an Gastspielen dieses *"Kontakthofs"* teil.
Bei alledem fand er sich da selbst – und einen Ausweg aus all seinen Nöten.
Pina Bausch gab ihm kurz vor ihrem Tode 2009 noch ihre Sympathie.
Er wurde Tanzeleve derselben Folkwangschule, in der auch sie einst
Schülerin des legendären Kurt Jooss, später selbst Dozentin gewesen war.

Safets ältere Brüder protestierten: *ein männlicher Moslem tanze nicht.*

Aber Safet tat es, gefiel, reüssierte und wurde schon als Schüler eines Tages
in Pinas legendäre Choreografie von Strawinskijs *«Le Sacre du printemps»*
integriert, die gleich eingangs 1975 unter meiner Ägide entstanden war:
damals nur gegen große Widerstände zumal des Opernorchesters.
Anschließend war dieses *"Frühlingsopfer"*
Jahre und Jahrzehnte lang ein heißbegehrtes Juwel der Tanzkunst,
lockte gar Rudolf Nurejew, weiland Abgott der internationalen Tanzszene,
in unser jugendstilig-neobarockes Opernhaus (erst von 1905!) und wurde
mehr als 35 Jahre lang rund um den Globus bejubelt –
auch in Indien, Brasilien, Singapur, *USA*, Indonesien, Chile, Südkorea,
Argentinien, Hong Kong, Mexico, Israel, Kanada, Peru, Japan, China,
Columbien, Ägypten, Taiwan, Venezuela, auf den Philippinen und in
den meisten europäischen Metropolen, sogar in der seinerzeit
sonderlich weit entfernten *UdSSR* und der noch abgelegeneren *DDR*:
ein echter Welterfolg.

Jetzt tanzte auch Safet Mistele in dieser weltweit begehrten Produktion.
Bald auch in andern Projekten:
in Wuppertal, in Essen, bei der *ruhr-triennale*, in Kassel.
Inzwischen selbst *"Master of Tanzkomposition / Interpretation"*,
unterrichtet er auch und ist festes Ensemblemitglied
des Staatstheaters Kassel.

War also etwa dieser Aufstieg eines Roma-Jungen
aus aussichtsloser Misere in eine Künstlerlaufbahn im Nachhinein
als der eigentliche Sinn meiner damaligen Quälereien zu begreifen?
Half ich so einem unschuldig Ausgegrenzten:
ohne ihn zu kennen, ihn je gesehen zu haben?
Einige Wochen lang neigte ich sehr zu dieser Deutung –
bevor ich sie als allzu selbstgefälligen Kitsch verwarf.

Aber wer will das entscheiden?
Vielleicht mußte ich damals tatsächlich nur deshalb
auf dem ungeliebten Posten verharren, damit Pina Bausch hier
nicht vertrieben wurde, sondern eines fernen Tages
diesem chancenlos migranten Roma
ein besseres Leben ermöglichen konnte: sein wahrhaft eigenes?

Das würde mir als Sinngebung meiner eigenen Unbegreiflichkeit
schon sehr gefallen.

Zeitweilig neigte ich dazu, das alles Safet so zu berichten.
Aber ich verkniff es mir: er hätte die unentwirrbar verflochtenen
Zusammenhänge vermutlich gar nicht zu rekonstruieren,
ihr Wundersames gar nicht wertzuschätzen vermocht.

Vielleicht war ja alles auch nur ein verknäulter Wunschtraum rückwärts?

Aber wer kennt schon die übergeordneten Umwege und Verknotungen …

Zumindest der chinesische Philosoph Kong Qiu (oder Konfutse) wußte
schon vor runden 2500 Jahren: *"Ein Umweg ist oft der kürzeste Weg"*.

Bei Lampenlicht 28

Der Stummfilm *"Unter der Laterne"*,
den Gerhard Lamprecht 1928 gedreht hat, weist beachtliche Qualitäten auf,
mutete mich aber 2014 im Kontext mit heutiger Filmkunst natürlich
wie ein prähistorisches Fossil aus dem Hadaikum an:
Zeuge einer Lichtjahre weit entfernten Ära –

bis er unverhofft die Schauspieler Mathias Wieman, Hubert von Meyerinck
und Käte Haack präsentierte. Alle drei
habe ich nicht nur auf der Bühne gesehen, sondern auch noch
persönlich gekannt, teils gut gekannt, teils sogar aus einer Zusammenarbeit

in Recklinghausen, in Berlin, in Hamburg … (wieso dann schon 1928 bei Lamprecht?)

Plötzlich schieben sich nunmehr Epochen und Fakten ineinander.

Als ich diese Schauspieler kannte,
waren sie zwar schon deutlich älter als in diesem Film von 1928,
aber doch noch sehr lebendig: leibhaftig vitale Kollegen, mit denen sich
bestens reden und lachen ließ.

Sie waren Akteure folglich unter jener wortlosen Kino-Laterne von 1928
ebenso wie auch meines eigenen sehr beredsamen Lebens sehr viel später,
über ein halbes Jahrhundert hinweg, hier wie dort ohne jeden Unterschied
konkret präsent: Käte Haack, Mathias Wieman, Hubert von Meyerinck –
als mit uns atmende Zeitgenossen dieses Namens und hautnahe Umwelt
für Gerhard Lamprecht (Jahrgang **1897**), Tycoon der Filmgeschichte
(aber nun schon seit ganzen 43 Jahren nicht mehr da),
für den also gleichermaßen wie für mich: jeweils völlig heutig und zeitlos –

leibhaftig vibrierende Brücken demnach zwischen
cineastischem Präkambrium und meinem aktuellen Bewußtsein ebenso

wie auch die Brücken zwischen jedem anderweitigen Archaikum und meinen vielen sonstigen subjektiven Retrospektiven – Brücken? Wo denn bloß?

Na, überall: Brücken oder einfach Bindegewebe sonstwohin. Vage Übergänge, Viadukte, Unterführungen. Zeitlose Schleichwege, heimliche Trassen.

Aber dann dürfte doch dieser ganze Stummfilm von 1928
(unterhalb seiner rechten Lampe oder jeglichen Laterne da)
gar nicht ein so abgelebter Dinosaurier sein wie allzu gern unterstellt.

Oder bin ich mit solchen Brücken-Bekanntschaften selbst schon ein Fossil?
So fühle ich mich aber, Herrschaften, noch ganz und gar nicht!

Was liegt da also an?

Dies vielleicht:

Entfernungen sind nicht so groß, wie es gern scheint.

Oder: Zeit ist tatsächlich was sehr, sehr Relatives, Meister Einstein!

Lang kann ja demzufolge auch kurz sein.

Weit also nah. Wann war denn dieses 1928: erst gestern? Heute früh.

Aber dann muß ja kurz bisweilen auch lang sein können.

Und nah vielleicht weit? Wann bin ich bloß heute früh aufgewacht? 1928.

Was ist also wirklich real?

Eher gar nichts.

Oder wieder einmal alles?

Aber wäre dies alles dann nicht zwingend zugleich auch schon göttlich

(wie ja für mich persönlich zum Beispiel besonders
jener verdächtig divine Hupsi von Meyerinck
unter Lamprechts nostalgischer Laterne oder überall und immer durchaus:
ein echtes Gotteskind, wahrer Götterliebling und mit mir sogar befreundet)?

Also, es flimmert

(nicht nur auf der Leinwand von 1928) …

Klingende Verzopfungen

Ein ähnlich radikaler Perspektivwechsel kann sich gegebenenfalls auch bei der Einschätzung von Orchestermusikern ereignen.

In jungen Jahren waren sie für mich nur die unerläßliche Beigabe eines Opern- oder Liederabends: die unverzichtbare, aber selbst eher uninteressante Dekoration, ein Zierat *sine qua non*, eine Art Baugerüst, lediglich ein Sockel für das Eigentliche.

Das blieben sie lange; auch immer nur als Kollektiv, als "Klangkörper", undifferenziert und chorisch. Eine indifferente Massierung oder Gruppenfolie für faszinierende Dirigenten.

Es änderte sich erst, als ich beruflich erstmals mit Orchestermusikern zu tun und mit ihnen zu verhandeln hatte. Da verwandelte sich meine eingebrachte Indifferenz in wachsenden Abscheu. Denn aus ihrer Fraktion wuchsen solistisch deren Sprecher und Funktionäre heraus, die sich zunächst durch reaktionären Kunstgeschmack und militante Ablehnung alles Progressiven und Avantgardistischen als Gegner definierten.

Aber mehr und mehr offenbarten sie sich in zahllosen Kämpfen auch als rabiate Repräsentanten einer besonders starrsinnigen Berufsgenossenschaft oder eigentlich Gewerkschaft, der auch diese altmodisch vorgestrige Kunstauffassung nur ein Vorwand für ihre Bequemlichkeit war. Um was es ihnen letztlich einzig ging, war immer nur eine Verkürzung ihrer Dienstzeiten bei stetig erhöhten Bezügen oder Sonderhonorierungen. Sprachrohr so außerkünstlerischer Forderungen war da ein Hornist, der betonköpfig Jahre lang immer nur für Freizeit und Profite seines Kollegiums stritt und daher zuverlässig immer wieder und wieder für dieses Amt erkoren wurde.

Hörte ich dann bei einer Orchesterprobe je sein Horn heraus,
dachte auch ich schließlich prompt nur noch an die Vergoldung
jedes einzelnen Tones und sah vor mir einzig ein rotes Tuch.

Denn bei einer Hauptprobe ausgerechnet des *"Parsifal"*
konnte ich dann eines Tages nicht verhindern, daß diese Orchestermusiker
mitten im Takte zu spielen aufhörten, ihre Instrumente niederlegten
und allesamt nach Hause gingen: ihre Dienstzeit,
die diese vermeintlichen Afterkünstler nach eigener Stechuhr bemaßen,
war tatsächlich um. Da half kein Zureden,
keinerlei Hinweis auf die übermorgige Premiere
eines so orchesterbetonten Werkes. Sie hatten Feierabend und basta.

Dirigent, Sänger, Choristen und Techniker,
die diese Probe dringend in ihrer Gänze benötigten,
waren für diese Kollegen und Gewerkschafter ebenso uninteressant
wie Millionen Reisende heutzutage
für streikende Lokomotivführer und Piloten.

Aber die allesamt gehören ja keineswegs
zu jenen Armen und Ausgebeuteten, die im 19. Jahrhundert
ein Streikrecht als einziges Überlebensmittel erkämpfen mußten,
sondern sind so wohlsituiert und begütert wie weiland
auch jene Orchestermusiker, denen die betroffenen anderen Menschen,
aber auch die Qualität ihrer eigenen Kunst, ihres eigenen *"Parsifal"*
völlig gleichgültig war: Hauptsache Freizeit und Honorare!

Bei alledem also hatte sich mein Bild von Orchestermusikern
entsprechend verschlechtert und hielt sich so über viele Jahre
in dieser Talsohle meiner Sympathie.

Erst das Fernsehen und dessen Schneidetische
haben mir dann sehr viel später dazu verholfen, auch Orchestermusiker
als Künstler und Menschen verstehen und respektieren zu lernen.

Die mittlerweile hochentwickelten Künste von Kameraleuten und Cuttern

zwingen jeden Betrachter und Hörer
von aufgezeichneten Orchesterkonzerten oder gar -proben
zum differenzierten Begreifen und Bewerten all der Arbeitsergebnisse
dieser Musizierenden, die durch kundige Großaufnahmen
ihrer Hände oder Gesichter, ihrer Münder oder Instrumente
in musikalisch entscheidenden Momenten oder Höhepunkten
ihrer individuellen Leistung einem intimen Zugang
zu diesen sehr spezifischen und unverzichtbaren Fähigkeiten
zugeführt und erschlossen werden.

Da entsteht nach und nach
wachsende Hochachtung erst einmal für ihr handwerkliches Können
(auf der Basis, versteht sich, jener gnädig gewährten Himmelsgaben
wie Musikalität, Sensibilität und Rhythmik,
ohne die da gar nichts gehen mag). Hierbei wird dann bald auch
ein enormer Fleiß erkennbar, der bei häuslich unermüdlichem Üben
dieser meist höchst anspruchsvollen Partituren unerläßlich sein dürfte.

Aber für das gebotene Zusammenspiel wird dann
primär auch ein Höchstmaß an Disziplin und Konzentration unübersehbar,
an selbstlosem Chorgeist und an gutwilliger Einordnung
in eine Gemeinschaft zum Wohle eines übergeordneten Ganzen,
das pauschal gebilligt und akzeptiert, das im *teamwork* so gewollt wird.
Rimskij-Korssakow oder Hindemith persönlich nicht sehr zu mögen,
kann da nicht zählen oder interessieren. Jeglichem vorgegebenen Pensum
wird da vorbehaltlos gedient.

Insofern sind Orchestermusiker unbegrenzt formbares Wachs
bei der Umsetzung vorgelegter Partituren in möglichst authentische Klänge.
Also sind sie auch Atlanten nicht nur ihres jeweiligen Konzerts,
sondern tragen allesamt auch die Verantwortung für das Fortbestehen
klassischer Musik oder deren Überlebenschancen.

Das kann wahrscheinlich wunschgemäß nur gelingen,
wenn auch noch jeder Einzelne aufmerksamst hört oder aufgreift,

was alle andern da in ihrem Umfelde beitragen oder vorgeben.
Ihre wechselseitige Abhängigkeit funktioniert aber lediglich
durch absolute Zuverlässigkeit. Niemand ist so zuverlässig
wie ein Orchestermitglied: immer nämlich hundertprozentig.
Sonst funktioniert es nicht. Ausfälle schließen sich da aus.

Insofern ist ein Orchester auch ein Flechtwerk und soziales Optimum.

Mit diesem meinem Sinneswandel
ist meine Wertschätzung für so beeindruckende Klangkörper
wie zum Beispiel das *Lucern Festival Orchestra* unter Claudio Abbado,
das Gewandhausorchester, die *Orquesta Sinfónica Simón Bolívar* aus
Carácas, das *Los Angeles Philharmonic* oder die *Wiener Philharmoniker*
uneingeschränkt: sie bewundert letztendlich überwiegend.

Aber tatsächlich ist das noch keineswegs die Endstufe
meiner Beziehung zu Orchestermusikern.

Vielleicht der häufige Wechsel am Pult des jeweiligen Konzertmeisters
oder Probenbelobigungen einzelner Instumentalsolisten
durch den Dirigenten oder dessen verständnisinnig wohlwollende
Blickkontakte mit einzelnen Musikern während eines Konzertes
lassen schließlich darauf verfallen,
wie auch in diesen menschlichen Kollektiven unvermeidlich
Ängste, Neid und Eifersucht, Intrigen, Futterneid, Verleumdungen,
Unterstellungen, Klatsch und alle sonstigen Abgründe
einer Stammtischmentalität dominieren und herrschen müssen –
von den Belästigungen durch musikalisch-kompositorisch aufgezwungene
Platznachbarn, deren Parfum oder Mundgeruch,
deren unkontrolliertes Wiegen im Takte oder Berührungen beim Musizieren,
nervöses Zucken und Zappeln, leises Stöhnen beim *tacet*
oder Vorliebe für Knoblauchgerichte ganz zu schweigen:
lauter guten Gründen für wechselseitige Antipathien
innerhalb einer solchen Zwangsgruppierung.

Schon die Frage, welcher Musiker
in eine solche Gemeinschaft aufgenommen, wer in ihr geduldet und wer

aus ihr ausgestoßen wird,

dürfte für größte Spannungen und verfeindete Fraktionsbildungen sorgen.

Oder das häufig erzwungene Zuhören eines *Zweiten Oboisten*,
der von den effektvollen Soli des *Ersten Oboisten*
schon seitens des Komponisten ausgeschlossen wurde,
muß ähnliche Mißgunst erzeugen
wie jene seltenen einzelnen Tubatöne in all den *Ersten Geigern und Geigerinnen*, die sich vom ersten bis zum letzten Ton eines solchen Konzertes pausenlos abrackern, während jener Kollege im Blech immer nur wartet oder döst und von seinem (*"viel zu hohen!"*) Honorar träumt.

Alles sowas ist kaum vermeidbar.

Daher konnten sich kürzlich sogar die 124 *Berliner Philharmoniker*,
die das Privileg besitzen, ihren Chefdirigenten selbst ernennen zu dürfen,
in einer neunstündigen Marathon-Sitzung
auf keinen der hochprominenten Kandidaten einigen
und mußten ihre Entscheidung vertagen: womöglich um ein ganzes Jahr.
Weil sie so uneins waren und blieben.

Insofern ist also auch ein solches Orchester
nur Ab- und Zerrbild aller sonstigen menschlichen Gesellschaft.

Mit so extremen Schwankungen also und dieser finalen Bandbreite
bewundere, fürchte und beargwöhne ich inzwischen alle Geflechte
zum Beispiel auch von so hochtalentierten Instrumentalvirtuosen.

Karma und Hader

Terach wird im *Ersten Buch Mose*, also in der *Genesis* unseres *Alten Testaments* ebenso erwähnt wie auch im *Bereschit* der Torah und in der 6. Sure des Koran (wo er aber Azer genannt wird). Sie kannten ihn also alle.

Er stammte aus dem mesopotamischen Ur, das damals zu Chaldäa oder Babylon, vorher zu Sumer gehörte, noch im heutigen Irak als *Tell el-Mu-qejjir* besichtigt werden kann und jetzt runde sechstausend Jahre alt ist.

Terach war ein Nachkomme jenes legendären Archen-Architekten Noah und der leibliche Erzeuger von Abraham, dem Stammvater Israels.

Aber Terach gilt auch als Erfinder oder allererster Produzent von Geld.

Vielleicht eben deshalb wurde er für Juden, später auch für Christen und noch viel später rudimentär sogar für Muslime zu einem mystischen Wiedergänger, der sich in jenem Hiob, Ijob oder Job im legendären Lande Uz reïnkarnierte.

Dieser nämlich wurde mit all seinen Hiobsnachrichten zur abendländisch sprichwörtlichen Symbolfigur für extreme Schicksalsschläge und als außergewöhnlich gottesfürchtiger Kapitalist sogar zum Protagonisten jeder späteren Theodizee:

denn wie konnte Gott all das Leid dieses seines wohlhabend makellosen Gefolgs- und Geschäftsmannes Hiob so ungerührt zulassen? War das noch gerecht, gerechter Gott?

Die Juden fanden auf diese Frage aller Fragen eine schlüssige Antwort in einer karmischen Wiedergeburt jenes Gelderfinders Terach.

Für sie hatte der mit seinem Gelde so viel Unheil über die Menschenwelt gebracht, daß später (postum) keine Strafe hierfür groß genug sein konnte.

Sowas leuchtet selbst heute noch ein.

Es muß auch den alten Juden oder sonstigen Karmatikern in einem Maße plausibel erschienen sein, daß sie solche Reïnkarnationen quer durch ihre ganze Geschichte und deren Legenden aufzuspüren lustig wurden. Auf diese Weise nämlich ließ sich manches Unbegreifliche recht mühelos erklären.

> Abel zum Beispiel, Kains rüde hingeschlachteter, aber viel begabterer Bruder, kehrte als Sem oder Schem, als Noahs ältester und sonderlich gesegneter Sohn also, wieder, blieb jedoch als potenter Prophet mit verblüffenden Wahrsagekünsten, einer eindrucksvollen Hellsicht, ganze vierhundert Jahre lang vollkommen unbeachtet

und reïnkarnierte sich daher laut *Genesis* und *Bereschit* ein weiteres Mal im 18. Jahrhundert vor Christos zu jenem gottwohlgefälligen Ja'akob,

> der Abrahams Enkel, also Zwillingsbruder des legendären Linsen-Esau war
>
> und dem unterwegs ins türkische Haran zu seinem dortigen Onkel Laban im Traum wahrhaftig eine Himmelsleiter erschien; noch sehr viel später wurde er im Koran als Prophet Ya'kūb präsentiert: jedermann kennt diesen dritten Stamm- oder Erzvater Israels.
>
> Dann kennt er auch die komplizierte Geschichte von Ja'akobs Kindern.
>
> Ja'akob hatte im türkischen Haran seine Kusine Rahel heiraten wollen, bekam die von Onkel Laban aber nur nach vorheriger Eheschließung mit Kusine Lea. Nur daß es da Probleme gab: kein einziges Kind! Rahel wollte wissen, warum nicht, und legte ihre Magd Bilha in Ja'akobs Ehebett. Bilha bekam zwei Söhne, aber keiner weiß, von wem. Sicherheitshalber wurde daher auch Leas Magd Silpa in Ja'kobs Ehebett gelegt, das Resultat: zwei Söhne, von wem auch immer. Inzwischen bekam auch Rahel sieben Söhne, von wem auch immer, und Lea zwei ohne jeglichen Vaterschaftstest.
>
> Trotz alledem hatte dieser angeblich impotente Ja'akob schließlich

zwölf Söhne von vier Frauen. (Die Töchter wurden gar nicht erst gezählt.)

Seine Fangemeinde erklärte eine solche Fruchtbarkeit ohne nachweislich überlieferte Erektion zum Wunder, verehrte es nur umso inbrünstiger Jahrhunderte, wenn nicht gar Jahrtausende lang und lernte die Namen dieser zwölf Jakobs-Buben noch bis ins 20. Jahrhundert hinein am liebsten auswendig: Ruben, Simeon, Levi, Juda und so weiter.

Auch meine eigene Mutter schnurrte diese zwölf Namen noch im *Zweiten Weltkrieg* herunter, als könnten die uns problemlos vom Hitler befreien:

hatten sie doch mit eigener Fruchtbarkeit inzwischen wahrhaftig auch schon die zwölf Stämme des erwählten Volkes Israel zu begründen vermocht!

Aber ein Mann mit so wundersamem Kindersegen unterfing sich dann bei seiner Rückkehr ins syrisch-palästinensich *"gelobte Land"* Kanaan, eine ganze Nacht lang aus unerfindlichsten Gründen am Ufer des jordanischen Flusses *Nahr ez-Zarqa*, einem Zufluß des Jordan, mit einem Fremdling zu ringen, der sich schließlich als Gott persönlich zu erkennen gab: denn zur Belohnung segnete er seinen unbesiegten Kontrahenten und gab ihm den Namen *Israel = Gottesstreiter.*

"Jakobs nächtlicher Ringkampf mit dem Herrn", hat sich Ernst Jünger fast fünfzigjährig just zur fatalen Kriegsweihnacht 1944 in seinem Tagebuch notiert: *"Der Kampf ist nächtlich, weil der Mensch seit seinem Falle das Antlitz Gottes nicht ertragen kann. [...] Die Nacht ist hier das menschliche Leben, in dem der Arm des unsichtbaren Gottes oft grausam spürbar wird"*.

Eigens zum schmerzhaft historischen Jahreswechsel 1944/45 fügte Jünger dann noch hinzu: *"Dieser Ringkampf findet heute statt"*.

Aber in der Bibel ist dies das letzte konkrete oder hautnahe Treffen eines Menschen mit Gott persönlich. Jedenfalls das letzte, in dem Gott sich zu erkennen gab. Eventuelle spätere Ringkämpfe verliefen seinerseits strikt anonym.

Aber *summa summarum* erklärt sich so die innere Identität jenes Abel mit Schem, mit Ja'akob und mit Israel.

Oder später noch mit sonstwem alles.

Hier jedoch dies alles nur als Schema oder Grundmuster.

Oder als Metapher dafür, daß die großen Potenzen der Menschheit nicht zynisch entsorgt und weggeschmissen, sondern weiterverwendet und weiterentwickelt werden. Als Belege für jenes ewige *"Stirb und werde"*, wie wir es von Goethe, aber auch von Schmetterlingen, Quallen und Sonnen oder ganzen Galaxieen kennen:

aus allem wird was Anderes. Ja, wirklich: aus allem wird was Anderes.

Hier stellt sich nun zum Beispiel die Fage, was inzwischen aus Goethe geworden sein mag. Aus Johann Sebastian Bach? Aus Mozart, aus Michelangelo? Aus Platon und Archimédes? Aus Parmenídes, Giordano Bruno, Tommaso Campanella und Shakespeare? (Oder ruhig auch aus Hitler?) Na?

Na, nicht so ungeduldig! Vermutlich sind sie alle unterwegs und kommen demnächst wieder, die Armen! Oder waren inzwischen schon hier: wie Giordano Bruno vielleicht schon als Einstein. Oder Parmenídes als Heisenberg. (Und Hitler als wer nochmal?) Zuzutrauen wäre das denen allen.

Aber möglich ist genauso, daß mancher von jenen Allergrößten schon wieder hier war, sich aber flugs, als er sah, wie es hier heutzutage zugeht, noch viel eiliger verabschiedet hat als zum Beispiel Mozart: ehe er sich noch wiedererkennen ließ.

Das ist so manchem Säuglings- oder Kindssterben zuzubilligen:

daß sie aus Entsetzen oder Erschrecken schleunigst ihrer Wege gehen.

Nur ja nicht hier bleiben müssen!

Hier oder immer

Als Grigorij Sokolow aus Leningrad 2013 in der Berliner Philharmonie 63-jährig Schuberts *Vier Impromptus opus 90* und dessen *Drei Klavierstücke* spielte, offenbarte er deren melodiöses Übermaß, indem seine rechte Hand einfach nur noch sang. Mit unbegreiflich endlos strömenden Legati und Kantilenen seiner Tastatur sang sie von Weltschmerz, Sehnsüchten, Hoffnungen, Glück und Trauer – sonstigen menschlichen Seelenregungen.

Aber die linke Hand offenbarte zugleich mit einer Art Gegenwelt, daß alles, was die rechte Hand da grade so betörend sang, nur jenes vielbeschworene *Hier und Jetzt* ist: also vergängliche Momentaufnahme, flüchtiges Nu oder schnell verwehter Schnappschuß ohne bleibende Verbindlichkeit, weiter nichts.

Sie selbst hingegen, die linke Hand, konfrontierte diesen unbeständigen, stetig wechselnden und enteilenden Belcanto mit den ehernen Gesetzen alles Zeitlosen: sie relativierte schöne Augenblicke durch immerwährende Gültigkeiten, Dauerloses durch Bleibendes, Entfliehendes durch unabänderlich Fixiertes.

Das Zusammenspiel dieser beiden Hände offenbarte so mit Schuberts genialer Hilfe die Struktur jedes menschlichen Lebens: Liquides und Korallisiertes in unentwirrbarem Zusammenspiel, eine Symbiose des Konträren in alle Ewigkeit.

So verschränkt spielte Sokolow also in Berlin 2013 seinen Schubert …

Aber er konnte das vielleicht nur, weil er da schon 63 Jahre alt war und weil Einstein registriert hat, daß man beim Älterwerden *"die intime Verwachsenheit mit dem Hier und dem Jetzt allmählich verliert und sich mehr oder weniger allein in die Unendlichkeit hineingestellt empfindet, nicht mehr hoffend oder fürchtend, sondern nur mehr schauend … "*.

Vielleicht deshalb spielte Sokolow, 63, seinen Schubert nun so "schauend“.

Lavakorallen

… *Apropos*: ein Korallenstock kann ohnehin immer gut als Metapher für alles geduldig Gewachsene, zeitüberdauernd Angesammelte, absichtslos Archivierte und Bleibende, insofern letztlich auch für alle Geschichtsschreibung gelten – auch für Weiterverwertung jedes Erlebten und Zugestoßenen oder Angeschwemmten, auch alles irgendwie zufällig Passierten

statt zukunftsloser Entsorgung von übermorgen bestens Wiederverwendbarem:

als historisches Silo also oder Reservoir von unirritierbarem Bestande.

Gleicht nicht unser ganzes Universum einem Korallenstock? Oder jeder Korallenstock dem Kosmos?

*

Hierzu fügt sich plausibel die rezente Auskunft prominenter Geologen, daß das heutige Gesicht und Klima der Erde ganz und gar Produkt und Resultat von Vulkanausbrüchen vor Jahrmillionen, also die Festschreibung oder eben Korallisierung längst vergangener Erdbewegungen ist: also deren Archiv.

Lange vor einem solchen Vulkanausbruch sammelt sich jeweils in abgrundtiefen Schlünden das mineralische, bislang auch wahrhaft diamantenhaltig preziose Material dieser Eruptionen gleichfalls Jahrmillionen lang zu unterirdischen Magmakammern an: zu prähistorischen Silos also oder transhistorischen Archiven – ehe sie schließlich explodieren oder überschwappen, unsere Erdoberfläche somit jählings überfallen und (vorübergehend) prägen: bis zu einem nächsten solchen Kataklysmus mit geologisch meist imposant verwandelnder Korallisierung …

Unser ganzes vermeintliches *Hier und Jetzt* ist also keine Sekunde lang hier und jetzt, sondern insgesamt immer nur ein einziges *Damals und Woanders*.

*

Jener modische Fetisch eines gern bevorzugten *Hier und Jetzt* anstelle gefürchteter Suche nach verläßlich bleibend Aufgestocktem

entlarvt sich vor jedem Korallenriff oder jeder Magmakammer (also vor jedem Vulkan) selbst leicht als billiger Ersatz: als Ausrede oder schicke Legitimation von Vereinfachungen und Oberflächlichkeiten. Als Pseudo-Argument des Boulevards.

Dieses Gegensatzpaar ließe sich vielleicht überhaupt zur Kennzeichnung heutiger Konflikte, Diskrepanzen und Unvereinbarkeiten in unserer Gesellschaft verwenden:

entweder Bekenntnis oder Unverbindlichkeit. Bewahren oder verpulvern. *Verweile doch* oder *weg damit*.

Also Korallenstock und Boulevard – als unumgängliche Alternative.

(Besser vermutlich noch: als Korrelat, als Komplement.)

*

Der Bestsellerautor Peter Wohlleben, bürgerlich ein Förster, präsentiert sich als wahrer Columbus der Bäume, des Waldes, der ganzen Flora: als derer aller Anti-Darwin.

Die ganze Schöpfung oder Kosmogonie, so auch Peter Wohlleben, agiere nicht chronologisch, sondern sei als eine Art Weltgeist immer und überall *"in uns allen aktiv"*: also als ewiger Korallenstock.

Da sehe ich die Aufhebung (oder Relativierung) alles Zeitlichen deutlich wetterleuchten.

Sie hätte zwingend auch die Aufhebung (oder Relativierung) alles Räumlichen zur Folge.

Aus *Hier und Jetzt* würde da unweigerlich *Überall und Immer*.

Ist das nicht auch viel interessanter als nur Sequenzen aus lauter flüchtigen Momenten hier und jetzt oder dort und dann?

Zwickmühle

Unübersehbar:

runde zweihundert Jahre lang, etwa von 1700 bis 1900, hatten wir hierzulande eine Hochkultur mit unzählbar vielen Sonderbegabungen, Talenten, Entdeckern, Erfindern und Genies auf allen nur irgend denkbaren Gebieten.

Gleichzeitig herrschte hier ein sozialpolitisches Tief als Ergebnis dessen, was wir heute pauschal den Absolutismus nennen. Zweihundert absolutistisch reglementierte Jahre hatten unvorstellbare Drangsale, Not und Elend, Unterdrückungen aller Art und radikale Rechtlosigkeit für fast jedermann zur Folge. Kontraproduktiver Nationalismus und Kriege als dessen folgerichtiger Ausdruck reduzierten allenthalben den allgemeinen Lebensstandard.

Erst nach Bismarcks Rücktritt **1890** begann die hiesige Gesellschaft resoluter als bislang, Freiheiten, Demokratie und Gerechtigkeiten zu fordern, zu entwickeln und zu realisieren. Anfangs sehr, sehr zögerlich, nur in kleinen Etappen, mit gravierenden Rückfällen und im Rhythmus einer Springprozession gelang es nach einem halben sonderlich blutigen Jahrhundert, Recht und Wohlstand für Mehrheiten zu etablieren.

Aber seither ist die Zahl der epochalen Begabungen deutlich zurück gegangen. Geniale Exponenten verkneift sich dieselbe Gemeinschaft immer mehr. Sie beschränkt sich auf mediokrere. Aber schon die werden tunlichst und unübersehbar auf unterster Stufe eingeebnet oder untergebügelt.

Verdacht: seine großen Talente produziert sich ein Volk nur in Notzeiten – als Ventile: wenn sonst nichts mehr hilft. Sie sind sein Aufschrei – der dann auch meist vernommen und respektiert, aber kaum je befolgt wird.

Wenn es den Leuten relativ gut geht, brauchen sie derlei nicht und ersparen sich solche Unbequemlichkeiten lieber. Denn einem Kleist oder Beethoven oder Hölderlin mangelte es folgerichtig total an eben jenem Konformismus, den funktionierende Demokratieen gnadenlos verlangen.

Also entweder einsam strahlende Gestirne weit oberhalb allen menschlichen Durchschnitts, aber elende Misere ringsum –

oder eben gleichberechtigt verflochtene Reihenhäuschen mit überfülltem Kühlschrank und Garage für fast jeden, aber ganz ohne einen Kafka oder Hieronymus Bosch.

Zwickmühle oder nicht?

Gebeutelte Neunziger

Wiedersehen diesmal mit einem Kinofilm von 1931

(als es mich, beiläufig, selbst noch gar nicht gab):

"Danton".

Mit hochkarätiger Besetzung und überwältigenden Massenszenen legt dieser frühe Tonfilm auch 86 Jahre später noch ein leidenschaftliches Bekenntnis ab:

zur französischen,

eher noch zur eigentlich gemeinten Weimarer Republik seiner Tage,

gegen die jeweils drohende Diktatur fanatisierter Ideologen, die hemmungslos über Leichen gehen,

und gegen Gewalttätigkeiten, wie sie zwar seinerzeit im taufrisch postmonarchischen Paris,

jetzt aber auch im ebenso taufrisch postmonarchischen Berlin schon um sich zu greifen begonnen hatten: mit randalierender, meuchelnder *SA*.

Auf alles das, seine möglichen Folgen und so zentrale Protagonisten wie zum Beispiel jenen Georges Danton verwies dieser Film von 1931 menetekelhaft.

Jenem historischen Danton bin ich selbst noch im Sommer 1997
leibhaftig begegnet, als ich im Weimarer *Goethe- und Schiller-Archiv*
– durch dessen Fassadenfenster man seine Blicke ungehindert zum Hang des
Ettersberges mit dem Konzentrationslager Buchenwald schweifen lassen kann –
über einer autografisch authentischen Unterschrift erschauderte,
mit der da nicht nur George Washington und Thomas Payne, sondern auch
ein «*sieur Gille, publiciste allemand*» am 26. August 1792 (oder im *"vierten
Jahre der Freiheit"*) «*au nombre des amis de l'humanité et de la société*»
zum «*Citoyen François*» oder *Ehrenbürger der Französischen Revolution*
erkoren wurde: Friedrich Schiller. Eigenhändig gegengezeichnet: *Danton* –

– las das also runde zweihundert Jahre später und erbebte noch.

Überdies jedoch ist der Besetzung jenes aktuellen *"Danton"*-Films von 1931 pauschal auch noch ein beklemmendes Soziogramm abzulesen. Denn sie rekrutiert sich primär aus den Schicksalen von sechs Schauspielern, die hier Hauptrollen spielten und allesamt aus jenen **neunziger Jahren des 19. Jahrhunderts** stammten,

als im livländischen Dörfchen Röngu
auch Elisabeth Hansen, Jahrgang **1893**, geboren wurde,
die sehr viel später (als Mussolini, Stalin, Hitler und Franco
schon die Zertrümmerung ganz Europas in die Wege leiteten)
in einem Restchen damals noch vermeintlichen Niemandslandes
mitten zwischen den tonangebenden Großmächten
ihrem sehr viel jüngeren Ehemann (* **1904**) aus dem damals russischen Riga
im estnischen Tartu einen Sohn gebar

und mir selbst mithin ein so chancenreiches Leben bescherte,

wie auch jene sechs Schauspieler des *"Danton"*-Films es allein schon durch den Kanon ihrer Geburtsdaten zwar zur Verfügung hatten,

aber allesamt zu Repräsentanten einer gebeutelten Generation in verhängnisreicher Ära machte:

erstens Fritz Kortner, geboren **1892**, als Georges Danton –

zweitens Gustav von Wangenheim, geboren **1895**, als Camille Desmoulins –

drittens Gustaf Gründgens, geboren **1899**, als Robespierre –

viertens Lucie Mannheim, geboren **1899**, als Louise Gély-Danton –

fünftens Alexander Granach, geboren **1890**, als Marat

und sechstens Ernst Stahl-Nachbaur, geboren schon im nicht minder gebeutelten Vorfeld von **1886**, als König Ludwig XVI. von Frankreich.

Ich sehe diese sechs in den langen Wartezeiten, wie sie für alle Filmenden beim Ein- oder Umleuchten entstehen, und oft auch nach Drehschluß noch lange miteinander in der Kantine sitzen und über erlebte Situationen, kursierende Schnurren oder wohlbekannte Kollegen in so herzhaft brüllendes Gelächter ausbrechen, wie es nur Schauspieler mit ihrem komödiantisch ausgeprägten Sinn für Komik immer zur Verfügung haben.

Solches Gelächter verbindet auch ungemein, sei es für Sekunden. Es schmilzt auch zu kurzfristig hochstablilen Einheiten zusammen, es harmonisiert aufs Allerwohligste. Darum wird es von solchen Befähigten auch immer wieder so gern wiederholt.

Keiner jener sechs konnte sich während solcher unwiderstehlichen Lachkaskaden von 1931 jemals vorstellen, wie sehr ihre einzelnen Lebenswege sich noch voneinander unterscheiden und entfernen würden, obwohl jeder von ihnen aus dem unverhofften Überfall objektiver Gegebenheiten guten Glaubens sein subjektiv Bestmögliches zu machen versuchte. Aber eigentlich widerlegte jede dieser sechs Biografieen jede andere in einem Maße, als wolle sie sie als heil- und aussichtslose Sackgassen ebenso offenbaren

wie auch die eigene unumgänglich –

und wie sie für drei von diesen sechs Beispielen überhaupt nur durch ein schützendes Pseudonym ermöglicht wurde.

Den jeweils kontrovers irritierten Lebenswegen dieses stellvertretend gebeutelten Sechstetts gelten sechs nachstehende ”Neunziger“-Kapitel,

aber beziehen hierbei auch, unvermeidlich, sonstig begleitende oder begegnende Generations- oder Schicksalsgenossen (* **1890**ff.) mit ein –

für die jene **neunziger Jahre** freilich realistisch noch um jeweils fünf Jahre voraus- oder auch zurückdatiert werden können:

so dauern unsere damaligen Neunziger also ungefähr **von * 1885 bis * 1905** – nichts für ungut: abgemacht?

1890

"Es ist erschreckend lange her. Es war frühestes Mittelalter. Man stockt, es niederzuschreiben: 1890.

Man hat sich gerade langsam ein paar Jahrzehnte lang an die Eisenbahn gewöhnt, die ersten Telephone begannen eben, den Begriff der Häuslichkeit zu demolieren, das Auto ratterte noch im Kopfe seines Erfinders, die kapitalistische Weltordnung hatte außer ihren anderen Reizen fast noch den Reiz der Neuheit, zwei kleine Buchstaben k. k. lösten als österreichische Form des kategorischen Imperativs alle Probleme der Willensfreiheit, und der Unterschied der Geschlechter dachte noch nicht daran, aufgehoben zu werden.

Wir allerdings glaubten, soeben die Zeit der letzten Modernität zu erleben: sozusagen die zwölfte bis dreizehnte Stunde der Weltgeschichte. Wir empfanden unsere Gegenwart nicht als heute, sondern als übermorgen: was sollte noch darüber hinaus kommen, dann war's eben aus.

Ich hatte soeben das Gymnasium verlassen und übte fleißig meine zu diesem Alter gehörenden Führereigenschaften. Ich war der anerkannte Führer einer kleinen Gruppe junger Menschen, Gymnasiasten, serbokroatischer Studenten, erster schüchterner Engerlinge der Frauenemanzipation, junger Musiker, die sich anschickten, alles umzuschmeißen …

Wir waren alle Sozialdemokraten, aber schon ganz links. Wir hatten eine vollkommen fertige, eine nicht vieles, sondern alles umfassende Weltanschauung, die so gebaut war, daß sie spielend jedes Problem jeden Gebietes unfehlbar lösen konnte. Geheimnisse gab es also nicht mehr für uns; denn wir besaßen den in alle Löcher passenden Schlüssel: die marxistische Geschichtsauffassung.

Es konnte uns also nichts mehr passieren." [leicht gekürzt]

Arthur Kahane (1872-1932, 27 Jahre lang bei Max Reinhardt in Berlin**):**
***"Tagebuch des Dramaturgen"*, 1928**

"Nicht vorüber ist dir das Vergangne."

Goethe, 37: *"Iphigenie auf Tauris"*, 1786

*"Nur was die Vergangenheit gewährt,
ist ewig und unveränderlich wie der Tod
und zugleich wie das Leben, warm und beglückend."*

Wilhelm Freiherr von Humboldt (1767-1835)

"Die Zeit, die ändert doch nichts an den Sachen."

Hugo von Hofmannsthal, 37: *"Der Rosenkavalier"*, 1911

*"Im Anfang leben Mitte und Ende,
das Vergangene durchtränkt das Gegenwärtige,
und auch in die äußerste Konzentration auf dieses
spielt die Vorsorge fürs Zukünftige hinein."*

Thomas Mann, 74: *"Die Entstehung des Doktor Faustus"*, 1949

*"Ein Mensch ohne Geschichte
ist einer, der den Schatten verlor."*

Ernst Jünger, 82: *"Eumeswil"*, 1977

*"Erinnerung ist der Atem der Kunst.
Erinnerung ist die eigentliche Wahrheit.
Sie ist durch nichts zu widerlegen."*

Rolf Boysen, 77: *"Aphorismen und Gedankensplitter"*, 1997

Gebeutelte Neunziger 1:

"Danton" 1931 – Georges Danton – Fritz Kortner

Den Danton spielt in jenem Film Fritz Kortner, gebürtiger Fritz Nathan Kohn (**1892**-1970) und Sohn eines Wiener Juweliers, auch Uhrmachers,

> der aus einem Dorf an der ungarischen Grenze schon als Kind zu Fuß nach Wien gewandert war, dort später feierabends meist nur im hebräischen Talmud las, dieses Ivrit sogar so gut wie kaum ein anderer Ostjude damals selbst zu sprechen und zu schreiben verstand,

in dessen Haus und Familie aber der Filius überdies vermutlich in einer Atmosphäre aus Edelmetallen, Juwelen und sonstigen hochkarätigen Preziosen, auch chronometrischer Unruh und Pünktlichkeit aufgewachsen sein, also Werte oder Filigranes und Minutiöses zu differenzieren gelernt haben dürfte. Denn auch mehrere seiner sechs Stiefgeschwister lebten später vom geschickten Verkaufe goldener Halsketten, Ohrgehänge und Ringe.

Aber selbst der kleine Fritz, den dieser Vater meist nach altjüdischem Liebesbrauch als sein *"Fritzleben"* herzte und zum *"Augapfel"* verfeinerte, mag hier eine Luxusgier, eine *"indianerhafte Sehnsucht nach Glitzern, Funkeln, nach Gold, Brillanten"*, nach *"Eleganz und Glamour"* entwickelt haben, die ihn auch später in Berlin noch bisweilen unwiderstehlich vor die Schaufenster *"solcher von Brillanten funkelnder Wärmestuben der Reichen"* lockte und diese erträumte Spielart von besserem Leben in einer Märchenwelt später in seinen Memoiren selbst hat bekennen lassen.

Seine Mutter, eine weitläufig Verwandte Sigmund Freuds, ergänzte diesen Schönheitssinn ihres einzigen eigenen Sohnes, den sie erst vierzigjährig gebar

(wie auch meine Mutter weiland mit ihren 41 Jahren mich),

durch manische Ordnungs- und Säuberungszwänge, die sie Wohnung, Geschäft und Kinder unentwegt sauber halten und putzen oder eben wie besessen *"bügeln, bereinigen" und "waschen, säubern, kämmen, in Ordnung bringen"* ließen: ganz schon wie auch Regisseure das mit ihren Szenen immer tun –

– habe ich später in rund siebzig eigenen Inszenierungen selbst feststellen dürfen.

Dieses elterliche Schisma also zwischen Schönheitssinn und Ordnungsmanie empfand Sohn Fritzleben als frühe *"Zerrissenheit, Aufgespaltetsein"* und als *"die sich immer wiederholende Konstellation meines Lebens"*.

Sie dürfte sich noch empfindlich zugespitzt haben, seitdem er von Spielkameraden *"als Judenbub gehänselt"*, also gleich eingangs gebrandmarkt

und *"fünf- oder sechsjährig"* von zwei fremden *"Hünen"* grundlos, nur als *"kleines Jüdlach"*, ins Gesicht geschlagen wurde. *"Die tiefe Wunde, die der Antisemitismus dem Kinde schlug"*, begriff er erst später, *"heilte nicht unter dem Pflaster, das der Fortschritt über sie klebte"*. Wer *"mit Kinderaugen in Bestienaugen sah"*, konnte sich hiernach schwerlich *"je wieder beruhigen. Als ich dann viel, viel später von einem Hitler aus Österreich hörte, war ich wenig überrascht"*.

Seither: *"Die Ängste sind da"*.

Sie hatten eine frühe *"Benommenheit"*, diese dann eine familiäre Unterschätzung eines solchen Kindes als *"zurückgeblieben"* zur Folge und wurden einzig von der Konfrontation mit eigenem oder fremdem Talent aufgewogen.

Fünfzehnjährig schlich sich der Oberrealschüler Kohn in eine private Aufführung von Frank Wedekinds vermeintlicher *"Kindertragödie"*, die *"Frühlings Erwachen"* hieß, im Winter **1890/91** entstanden, von der *k. u. k.* Zensur verboten worden war und nur *"vor geladenen Gästen"* stattfand; nach einem *"kalten Schauer"* mußte dieses Fritzleben da, *"vor Erregung ohnmächtig, weggetragen werden"*.

Bald danach, etwa sechzehnjährig, sah er dann 1908 im heimischen Burgtheater Josef Kainz, diesen *”ersten Nervenschauspieler seiner Zeit“* und *”Pionier der Entoperung“* im Sprechtheater, als Franz Moor in Schillers *”Räubern“* und hörte da in klassischem Text *”eine neue Melodie, von den Rhythmen der anbrechenden Zeit durchpulst, ehe sie uns bewußt ward“*. Denn *”das Zeitalter der Elektrizität hatte begonnen, und Josef Kainz war sein Sohn [...] . Selbst seine Ruhe war elektrisch geladen“*, und *“seine Rede war Starkstrom“*.

Sofort empfand sich da der pubertierende Fritz Kohn nicht nur *”durchströmt und angeschlossen an den Strom der Zeit“*, sondern seither auch selbst als *”schlagartig theaterhörig“* – oder doch schon eigentlich sofort prinzipiell eher *”theaterliebeskrank“* als nur spezifisch *”kainz-durchwebt“*: eher schon klassiker-hörig und ”*Schiller-trunken“*. Irgendwann damals stampfte dieser minorenne Kainz- und Schiller-Begeisterte in seinem bürgerlichen Umfeld schon einen veritablen ”Theaterverein“ aus dem Boden.

”Unser Vorbild Kainz war der erste Expressionist“, präzisierte noch 1966 sein Landsmann und späterer Kollege Rudolf Forster (aus dem Vortrab und -trupp von 1884), der seinerzeit oft genug neben Kortner auf der Bühne gestanden hatte, dessen später historisch gewordenen Stellenwert:

”Kortner trug die Kainzsche Fackel, gab sie an Jessner weiter, und beide entzündeten eine Lohe, die die Berliner Glanzzeit der zwanziger Jahre eröffnete“.

Aber ehe es so weit kommen konnte, war jener schwer infizierte Gymnasiast in die Schauspielschule des Burgtheaters aufgenommen worden. Dieses Pädakogikum, das weiland den späteren Jahrhundertschauspieler Alexander Moissi für diesen Beruf *”gänzlich ungeeignet“* gehalten und abgelehnt hatte, war nun auch dem Kandidaten Kohn gegenüber höchst skeptisch. Über den ist im Vorsprechbuch der zuständigen Prüfungskommission nachzulesen:

”Mangel an individuellem Reiz und Mangel an geistiger Transparenz“, allenfalls *”für Intrigantenrollen qualifiziert“*.

Dennoch wurde er mit der "Freistelle" eines Stipendiums dieser höfisch traditonsreichen Musterbühne ausgezeichnet. Seine dortige *"Zerstörung jeglicher Disziplin"* hatte – als späte Rebellion gegen Mutters Ordnungssinn? – lediglich eine Verwarnung wegen *"Insubordination"* zur Folge.

Aber Julius Meixner aus Galizien, der hier Dramaturgie unterrichtete, bestätigte bei der Arbeit am *Walter Fürst*, Wilhelm Tells Schwiegervater, nicht nur das Talent dieses Sechzehnjährigen zur Verwandlung in alte Männer, sondern nannte ihn zugleich auch ein *"Jingel"*. Das war, erinnerte sich Kortner noch am Ende seiner großen Karriere als 66jähriger Autobiograf, *"dem wienerisch-jüdischen Jargon entnommen und hatte im Munde eines Nichtjuden etwas Deklassierendes, etwas zahm Antisemitisches"*.

Als dieses "Jingel" dann aus demselben Schillerdrama statt des ältlichen Walter Fürst doch lieber den jungen Melchthal studieren wollte, sagte jener galizische Lehrer: *"Mit diesem Ponim können Sie nie den Melchthal spielen, mit diesem Ponim sollten Sie überhaupt nicht zum Theater gehen"*.

"Ponim" war das hebräische Wort für *"Gesicht"* und traf den jungen Kohn seinerzeit *"ins Herz"*. Denn es spielte auf seine Physiognomie an. *"Der Mann hat keine Augen im Kopf"*, korrigierte das der eingeweihte Vater seinem blutenden *"Fritzleben"* unverzüglich: *"er ist ein Rosche"* – also für Hebräer ein Bösewicht und für Wiener Juden ein Antisemit.

Aber so half dieser galizische Meister damals seinem begabten Schüler, nach und nach das *"Bewußtsein meiner Häßlichkeit"* zu überwinden und auch als *"Jingel"* mit solchem *"Ponim"* unaufhaltsam zum Primus seines ganzen Jahrgangs aufzusteigen. Als Kaiser Franz Joseph 1908 sein sechzigjähriges Thronjubiläum feierte, durfte dieses sechzehnjährige "Jingel" in der Festaufführung *"Rudolf von Habsburg"* (aus der Feder einer hofgenehmen Gräfin) vor einem Publikum aus lauter Monarchen und aristokratischen, militärischen, politischen, diplomatischen oder administrativen Prominenzen in der Rolle eines *Wiener Bürgers* seinen ersten (grammatisch auch noch fehlerhaften) Satz auf einer Bühne sagen: *"Heil, Habsburg, heil! Gesegnet sei der Kaiser und sein Haus!"*

Aber irgendwann damals sah er ein Gastspiel des Berliner *Lessingtheaters* mit Ibsens *"Gespenstern"* in einer Inszenierung von Otto Brahm. Erstmals ahnte er da, was Regie erreichen kann und sollte. Außerdem sah er da erstmals Albert Bassermann: *"Er spielte alle meine Ängste, meine Komplexe, alles von mir bis dahin Erlebte und Erlittene. [...] Nie hatte ich solche Verfinsterung durch das Schicksal, solche Bedrohtheit, solches Ausgesetztsein des Menschen begriffen und erlitten."*

Tatsächlich stach dieser Bassermann damals in Kortners Gunst sogar die Ikone Kainz aus: *"Seine geborstene Stimme war der heisere Ruf der Stunde, seine gebrochene Männlichkeit der Albdruck, der auf ihm lastete; seine seelische Tiefenforschung war die Röntgendurchleuchtung des dargestellten Bruders von heute, war der Theaterausdruck dessen, was mit Sigmund Freud* [aus Kortners Familie!] *in der Wissenschaft anhub"*.

Achtzehnjährig ging der so Stimulierte ans *Hof- und Nationaltheater Mannheim*: in Bassermanns Geburtsort also,

wo aber *"die Erinnerung an Friedrich von Schiller"* und die dortige Uraufführung seiner *"Räuber"* vor 128 Jahren für einen rebellischen Anfänger noch *"das Lebendigste"* war.

Dort schon als *"Nachfolger von Kainz"* angekündigt, machte er damit im Ensemble nur böses Blut, versteckte sich seither hinter dem offiziellen Pseudonym Fritz Kortner und kündigte seinen mehrjährigen Vertrag schon nach wenigen Monaten. Sein Intendant bestand auf Vertragserfüllung, aber ließ den Rebellen dann nach einem Bittgang des Vaters Kohn beim Mannheimer Oberbürgermeister gleich am ersten Spielzeitende wieder ziehen.

Hiernach sprach dieser neunzehnjährig Obdachlose im Cutaway mit gesreifter Hose und Plastronkrawatte seinen Franz Moor in Berlin wahrhaftig Max Reinhardt (und dessen Dramaturgen Arthur Kahane) vor, auf deren Wunsch dann auch noch Karl Moor und Arnold Melchthal (die sonst niemand einem Menschen mit solcher Visage zutraute) und wurde hierauf tatsächlich ans *Deutsche Theater* engagiert: *"Sie gehen mit auf die russische Tournee"*.

Da sollte er, immer noch neunzehnjährig, in Hofmannsthals Übersetzung und neben dem großen Alexander Moissi, neben Tilla Durieux und Eduard von Winterstein im *"König Ödipus"* des Sophokles den greisen Chorführer übernehmen (den vor Ort sonst der zwanzigjährige Theodor Danegger spielte). Abreise: in drei Tagen.

Aber einem Juden wurde der Aufenthalt in jenem Sankt Petersburg,

wo bereits vor knapp 250 Jahren, 1765 , der verruchte Giacomo Casanova
mit meinem Namensvetter Pjotr Michailowitsch Lunin
– laszivem jungen Leutnant, *"hübsch wie ein als Mann verkleidetes Mädchen"*
und Liebschaft eines Kabinettssekretärs am Zarenhof,
Teil vermutlich meines eigenen dortigen Familienstammbaums und später
namhaftem General, der 1818/22 am zentralen *Nikitskij Bulvar* in Moskau das bekannte *"Lunin-Haus"* (heute Orient-Museum im *"Dom Lunina"*) bauen ließ – ,

wo Casanova also mit diesem Urahnen ein recht schamloses Techtelmechtel hatte,

an so libertinem Orte also wurde einem Juden 1912 der Aufenthalt nur unter komplizierten bürokratischen Auflagen gestattet. Wie bitte? Ja, tatsächlich: aber *"wer konnte ahnen"*, schrieb Kortner nach dem Holokaust, *"daß irgendwo in der Welt eine so barbarische Gesetzgebung existiert und von einer bösartigen Beamtenschaft in der feindseligsten Weise buchstäblich in Anwendung gebracht wird? So was gibt es eben nur in Rußland!"*.

Erst nach diplomatischer Intervention des deutschen Kronprinzen beim Zaren persönlich durfte dieser unbekannte junge Chorgreis dann schließlich ebenso ab- und einreisen wie auch sein Glaubens- und Schicksalsgenosse Max Reinhardt persönlich.

Auf ihrer Tournee durch Rußland wurde ihnen irgendwo, im ukraïnischen Kiew oder moldawischen Kischinjow, *"eine Mauer gezeigt, an der eine schauerlich große Zahl Juden erschossen worden war"*. Nur umso solidarischer besuchte der junge Kortner Kohn irgendwo dort auch erstmals ein jüdisches Ghetto und begegnete mittelalterlich anmutenden Orthodoxen mit Schläfenlocken, Vollbärten und in langen Kaftanen. *"Über die toten Juden erschrak ich, mit den lebenden wußte ich nichts anzufangen"*: allzu sehr hatte er sich da schon einem vermeintlich emanzipierten Deutschtum assimiliert.

Sogar an die exotische Berliner Küche hatte sich sein *k.u.k.* balkanisch orientierter Feinschmeckergaumen bald schon zu gewöhnen begonnen und *"schmeckte, wie Fremdes gut schmecken kann und dann nicht mehr fremd ist"*. Er begriff das nach und nach als *"Überwindung des national Beschränkenden"* und jeden bekennenden Wiener, *"sobald er seine Kaffeehauswelt verläßt"*, nicht ohne Wehmut als eigentlich *"tragische Figur"*.

Beruflich erlebte er nach der Rückkehr aus Rußland alle Niederungen des Anfängertums, spielte *"aushilfsweise und lustlos"* kleine und kleinste Rollen, *"kam als Bote mit einem Schlachtbericht auf die Bühne getobt, focht, in Rüstungen steckend, manche Shakespeare-Schlacht mit Schild und Schwert und einem hitzigen Kampfsatz"* oder *"sprach immer wieder meinen Chorführer im 'Ödipus'"* und ließ sich von Max Reinhardt, der *"nur ganz selten ansprechbar"* war, *"auf später vertrösten"*.

Daß die Zeit für seinen Durchbruch erst nach 1918 reif werden sollte, begriff er erst dann. Da er aber jetzt schon *"wußte, daß ich überdurchschnittlich begabt war, [...] empörte es mich subjektiv als Opfer"* und nährte zugleich Zweifel an jener unverzichtbaren Ausstrahlung oder *"Aura – ohne die man bei noch so großem Talent kein wahrhaft großer Schauspieler ist – besitze ich die? Jene selbsttätige Autorität, die sich den andern mitteilt, ohne jedes Hinzutun?"*

Unverkennbar ließ ihn das Max Reinhardts Theater damals nicht erproben.

"Bei Reinhardt hatte die Sinnenlust ihre große Zeit. Sie stand im Zenit. Keine Gewissens-, keine Kriegs-, keine Lebensangst bedrückte sie", hat Kortner sich dann noch fast ein halbes Jahrhundert später an jenes Jahr 1911 erinnert: *"Man wiegte sich in einem Gefühl heute nicht vorstellbarer Sicherheit"*.

An *"religiösen, ethischen, politisch-sozialen Themen"* ging dieses Theater vorwiegend uninteressiert vorüber: warum auch nicht?

"Ach Gott, was war das doch für eine Zukunft, in die wir erwartungsfreudig hineinzugehen begonnen hatten!", erinnerte sich Kortners ernüchterte Retrospektive von 1958 an jene blauäugigen Perspektiven noch von 1912:

"Wissenschaftler, Künstler genossen noch größeres Ansehen als Fußball-Könige. [...] Zu jener Zeit versuchten noch Philosophen, Politiker, Künstler, Moralisten, dem geschäftsversessenen Bürgertum einen neuen seelisch-geistigen Auftrieb zu geben. Man suchte nach einer neuen bürgerlichen Ideologie".

Man glaubte, sie dann zunächst im Hurra-Patriotismus des *Ersten Weltkriegs* zu finden, der schnell und radikal verdrängte, was Kortner noch *"attische Bestrebungen"* nannte: also all jenes Feingeistige noch von 1912? (Oder doch schon das völlig Antiquierte des antiken Attika?)

Aber in jenem fein- oder schöngeistig geistreichen, jenem heilen Kosmos Max Reinhardts fühlte sich dieser prophetisch rebellische Anfänger so verkannt und unterbeschäftigt, daß er seine umneidete Position in diesem attischen Olymp jählings kündigte und zwei Wanderjahre von Klitsche zu Klitsche bevorzugte, bevor er 1913, 21jährig, einem Ruf an die *Volksbühne* seiner Heimatstadt folgte, wo er zwar zunächst auch wieder nur "aushilfsweise", aber exponierter und dauerhaft eingesetzt wurde.

Prompt folgten Engagements zurück nach Berlin: ans *Lessingtheater* und *Theater in der Königgrätzer Straße* (das heutige *Hebbeltheater* in der Stresemannstraße) – aber ehe es da noch zu Auftritten kommen konnte,

wurde Ende Juni **1914** im bosnischen Sarajewo von Gavrilo Prinzip (* **1894**), einem Balkan-Chauvinisten, der Thronfolger ihrer aller heimatlich kaiserlich-königlichen Donaumonarchie auf offener Straße erschossen:

das löste schon fünf Wochen später unumgänglich den *Ersten Weltkrieg* aus und wurde mit all seinen späteren Folgekatastrophen für jene ganze Generation von Blauaugen noch im Nachhinein zum unbegriffen gebliebenen *Mene mene tekel u-parsin* der Neuzeit.

1914

"Es war das Spieljahr 1913/14, die Blütezeit der Reinhardt-Theater, der Höhepunkt in der Entwicklung dieses großen Künstlers.

Da waren mindestens hundert der besten Schaupieler der Zeit versammelt, an der Spitze Bassermann und Schildkraut, Moissi und Viktor Arnold . Wir, die Jungen, standen in der Kulisse und lauschten Reinhardt, wie junge Chassidim ihrem Wunderrabbi lauschen.

Aber nicht nur wir verehrten ihn so. Auch das Publikum, das Berliner Volk in dieser Kaiserzeit, bewunderte ihn aufs höchste. Von Reinhardt nicht zu wissen, nicht zu sprechen, hätte als ungebildet gegolten. Wir Jungen waren mächtig stolz, Mitglieder seiner Bühne zu sein.

Ja, es war illusionistisches Theater, Feiertagstheater, Genußtheater, im Gegensatz zu dem später politischen und Weltanschauungstheater. Es war die große Bau- und Bildungszeit in Deutschland. Das Theater war Mittelpunkt der Zeit.

Von diesem Reichtum im Theater lebten dann mehrere Generationen.

[...]

Da waren plötzlich Plakate von der Ermordung des österreichischen Erzherzogs in Serbien. Die Kaiser und Könige Europas schickten sich Telegramme mit der flehentlichen Bitte, keinen Krieg zu erklären. Kein Mensch verstand etwas davon. Niemand wollte den Krieg, und alle machten ihn.

Berlin war besoffen von Kriegsbegeisterung.

Ich verstand von dem allen nichts. →

Ich kam ins Theater. Alles war durcheinander. Einige Schauspieler hatten schon ihre Uniformen an.

Reinhardt stand auf der Probe, ernst und besorgt.

Da stürzte plötzlich der Komiker Viktor Arnold auf die Bühne, warf sich zu Reinhardts Füßen und weinte verzweifelt – der Komiker: 'Herr Reinhardt, was jetzt, was nun? Die Welt wird zerstört, geht ja unter, diese schöne Welt, die Sintflut, Weltuntergang!'

Der Komiker Arnold schluchzte und weinte, niemand konnte ihn beruhigen. Er wurde nach Hause gebracht. Als er allein war, zerschlug er eine Fensterscheibe und schnitt sich mit einem Glasscherben den Hals durch, verblutete und war tot.

Die Kaiser und Könige logen, als sie sagten, sie hätten den Krieg nicht gewollt! Sie haben ihn vorbereitet und gemacht und schickten ihre Völker, sich gegenseitig abzuschlachten.

Hier war ein Komiker, ein Künstler, ein Mensch, der in seinem Innern das Grauen dieses Krieges ahnte. Er hat ihn w i r k l i c h nicht gewollt! Er konnte ihn wirklich nicht ertragen, diesen Krieg, und ist lieber gestorben, als in einer Welt zu leben, wo Menschen mit dem Glauben an Gott, mit den heiligen Büchern, mit großen geistigen Kulturschätzen keinen andern Ausweg wissen, als sich gegenseitig Kugeln in die Hirne zu jagen und Bajonette in die Bäuche zu stossen!

Der große Menschendarsteller, der lachende und andere lachen machende Komiker Viktor Arnold verließ freiwillig eine solche Welt."

(verkürzt)

Alexander Granach (* 1890) : "*Da geht ein Mensch*", 1945

Kortner war damals 22 Jahre alt, hielt sich mit seiner Freundin just im Badeort Rapallo an der ligurischen *Riviera di Levante* auf, als das passierte, und hätte demnach sein tief getroffenes Vaterland gegen jedweden Feind sofort verteidigen müssen. Aber *"die Truppentransporte in den Eisenbahnzügen, in die wir Zivilisten auf der Fahrt nach Hause eingepfercht waren, die marschierenden Regimenter an den Umsteigeorten, in denen wir auf Anschluß warten mußten, diese ganze feldgraue Gegenwart schob sich [...] zwischen das Heute und mich, der Mortimer sein wollte und kein Rekrut".*

Denn er hatte *"Angst vor dem Soldatsein"* und *"vor dem Krieg, den ich nicht mitkämpfen wollte".*

Doch er wurde gemustert und von einer Wiener Kommission für *"tauglich erklärt".*

Provisorisch im Turnsaal einer Volksschule (ausgerechnet der Iheringgasse) auf Strohschütten kaserniert, sah er sich einer unvorbereiteten Mobilmachung ausgeliefert und zwischen unbekannte *"Verfechter der gemeinsamen Sache"* eingesperrt. Aber *"was war die gemeinsame Sache? Niemand formulierte sie für uns. Niemand zeigte das Unrecht überzeugend auf, das unseren Kampfgeist hätte entflammen können. Es gab keinen geistigen Zusammenhalt. Nur einen physisch erzwungenen".*

Welchen? *"Österreich-Ungarn hoffte, das vom Auseinanderfallen bedrohte Imperium zusammenhalten zu können, Deutschland hingegen auf seine Hegemonie in Europa und auf eine Vorrangstellung auf dem Weltmarkt".*

Entsprechender Fatalismus und ein sadistischer Feldwebel herrschten daher auch im Turnsaal der Iheringgasse: *"'Wos san S'? A Schauspieler san S' ? Dann machen S' das Scheißhäusl sauber!"* Denn jedes *"Anderssein [...], alles ihm Unverständliche fürchtet und haßt er. Es ist ein Menschenhaß von tief unten"* und *"mit Mordbereitschaft gegen alles Bessere im Menschen".*

Trotzdem hielt der junge Kortner da den ausgebrochenen Krieg noch immer für gar nicht möglich: *"Sterben, Wunden, Amputation, so großes Grauen überschritt noch meine Vorstellungsmöglichkeiten".* Aber *"als dann die er-*

sten Verwundetentransporte kamen, die ersten Krüppel, die ersten Beinlosen, die ersten Augenlosen, die Gefallenen-Berichte [...] , da schwand von Tag zu Tag meine Zuversicht [...] . Für eine Idee zu sterben, machte uns, die wir keine hatten, einen großen Eindruck".

Just da aber sollte plötzlich von einem speziellen Musterungsarzt seine zusätzlich eingeforderte *"Fronttauglichkeit"* diagnostiziert werden. War sie vorhanden, mußte er schon bald *"mit meiner ersten Kriegshandlung rechnen"*, denn *"Belgrad sollte dem Kaiser als Geburtstagsgeschenk zu Füßen gelegt werden. [...] Die Vorstellung, da draußen krepieren zu müssen, peitschte meine Nerven".*

Aber der untersuchende Schicksalsarzt war nicht nur mit *k. u. k.* musisch-austriakischem Charme gesegnet, sondern auch ein passionierter Theaterarzt und ließ daher diesen jungen Schauspieler lieber in ein Krankenhaus einweisen, dort wegen *"militär-ärztlich bescheinigter Kampfunfähigkeit"* in häusliche Pflege überweisen, schließlich ausmustern und einzig hierdurch vor Schlimmstmöglichem bewahren.

Noch während jenes Krieges spielte also dieser Freigestellte tatsächlich (unter dem Damoklesschwert des fortgesetzten Vorbehaltes)

schon 1915 im *Albert-Theater Dresden,*

1916 am *Volkstheater Wien* in Inszenierungen des jungen Herbert Ihering (* **1888**) zwei Schiller-, zwei Hebbel- und zwei Shakespeare-Rollen: auch schon den Shylock, seine spätere Meisterleistung, hier aber noch mit einer einzigen Probe (andernfalls seine Freistellung aufgehoben worden wäre).

Aber damals, im November 1916, starb der *k.u.k.* Kaiser Franz Joseph, und es *"schlich sich die neue Zeit ein. [...] Irgendwo, in einer dunklen Gasse, lauerte lichtscheu schon Hitler".*

Umso lieber folgte der 25jährige Kortner da 1917 einem Ruf an die avantgardistischen *Hamburger Kammerspiele* unter Erich Ziegel

wie aber zeitgleich auch schon ersten Filmangeboten: eben seit 1915 (und bis 1931) wurde dieses *"Ponim"* auch in etwa achtzig Stumm- oder Tonfilmen von Regielegenden wie Harry Piel, Friedrich Wilhelm Murnau, G. W. Pabst, Karlheinz Martin, wiederholt von Robert Wiene und Richard Oswald beschäftigt, 1922 in Schillers oder Carl Froelichs *"Kabale und Liebe"* und dreimal auch als Co-Autor, mindestens viermal (1918 und 1919, 1931 und 1932) schon selbst als Filmregisseur in einer *"damals noch obskuren Pioniertätigkeit"* (Kortner).

Friedrich Zelnik (* **1885** in der bukowinischen Talentschmiede Czernowitz), rühriger Filmproduzent und -regisseur, hat dann schon 1928 erkannt, daß *"die Wurzeln des künftigen 'Regisseurs Kortner' deutlich spürbar"* seien: *"Es wird nicht lange dauern, und man wird von dem prominenten Regisseur Kortner sprechen"*.

Tatsächlich dauerte das auch hiernach noch runde 25 Jahre. Zwar stand für Kortner selbst *"seine Bestimmung zum Regisseur seit langem fest"*, wußte unter vielen andern Verehrern 1987 schließlich auch der Publizist Klaus Völker (* 1938): *"Ab Mitte der zwanziger Jahre drängte Kortner zur Regie, stieß aber auf strikte Ablehnung, wenn er diesen Wunsch äußerte"*.

Das war im Filmgeschäft nicht anders als im Theater. Denn *"so sehr mich das neue Medium selbst in seiner hanebüchen-vulgären Form fesselte, es lockerte nicht meine Verbundenheit mit dem Theater"*.

Aber noch im November 1918 wurde dieser erblühende Filmstar und potentielle Regisseur unverhofft telegrafisch doch noch zu finalem Militärdienst einberufen und unverzüglich von Hamburg nach Wien beordert: um also *"doch noch wahrscheinlich krepieren zu müssen"*.

Schon andern Tags jedoch war der Krieg verloren, jegliche Monarchie nicht minder, und Kortner ging jetzt, 26jährig, ins expressionistisch erblühende Berlin, das ihn schon zu erwarten und für seine nahenden *Zwanziger Jahre* dringend zu benötigen schien.

Noch in Hamburg schmiedete Kortner mit dem befreundeten Karlheinz Martin, damals noch Regisseur an jenem *Thalia Theater*,

dem ich selbst ein rund halbes Jahrhundert später sechs Spielzeiten lang
als Regisseur und leitender Dramaturg unter seinem Intendanten Boy Gobert
in kämpferischen Theaterjahren anzugehören die Ehre hatte,

und mit dessen Frau Roma Bahn (aus dem später theaterhistorischen *"Dreigroschenoper"*-Ensemble),

mit der ich 1959 noch im Berliner *Schiller-Theater* zusammenzuarbeiten
die bizarr eindrucksvolle Gelegenheit hatte,

mit denen beiden also schmiedete Kortner damals die sehr konkreten Pläne für ein avantgardistisches und politisch-expressionistisch angedachtes Experimentiertheater im Nachkriegs-Berlin, gab ihm schon im Vorhinein jenen Namen *"Tribüne"* (den es dann fast hundert Jahre lang bis zu seiner erbärmlich traditions- und schamlosen Schließung 2011 beibehalten sollte,

also auch noch trug, als ich selbst dort im März 1959
den schwer *NS*-geschädigten und nur vorsichtig gastierenden Hollywood-
Remigranten Leon Askin, gebürtigen Leo Aschkenasy aus Wien,
in der Titelrolle jener Komödie *"Volpone"* theatralisch auftrumpfen sah,
mit der Ben Jonson schon 1606 in London alle Gier und Habsucht gegeißelt hatte),

und eröffnete dieses vitale Theaterchen, dessen Szene als Tribüne im Geiste seiner Ikone Schiller vermutlich dringlichst *"zum Tribunal"* werden sollte, gleich 1919 mit zwei Stücken von Walter Haseneclever (* **1890**),

für Kortner selbst jedoch schon Ende September 1919 mit der Uraufführung des Dramas *"Die Wandlung"*, das Ernst Toller (* **1893**) nach seinem irreparablen Kollaps vor Verdun noch im Kriege geschrieben und *"wie aufgescheuchtes Jung-Juden-Wild"* mit *"Witterung für noch ferne Jäger"* als linksradikal politischer Häftling in einem bayrischen Gefängnis beendet hatte. *"Was ich damals spielte"*, begriff Kortner später, *"war ich selber: ein junger deutscher Jude und Rebell, im Konflikt mit der Welt um sich herum"*.

Die Premiere, allgemein *"als Ereignis betrachtet"*, war auch für Alfred Kerr, schon seit **1891** immer wichtiger gewordenen Theaterkritiker diverser vielgelesener Zeitungen, ein Neubeginn: erstmals schrieb er jetzt eine Rezension für sein langjähriges Podium im *"Berliner Tageblatt"*, neben der

1919

" … da lernte ich das große Weltwunder Berlin kennen.

Der Krieg war verloren, aber überall regte es sich. Die Menschen waren zuverlässig. Man sah ihnen die harte Schule an, die sie durchgemacht hatten. Sie hatten Anstand, Pflichtgefühl.

Ich kam aus dem Lande der Diminutive, der Verkleinerung, vom Weinderl und Henderl, in das Land der Superlative. Ich ging durch die Straßen, sah an der Diele, der Klause, den Prunkgeschäften, das Riesenwachstum dieser Stadt: Jeder Betrieb, der etliche Kilowatt über dem Straßenniveau lag, war ein 'Palast'.

Ich lernte das große arbeitende Volk kennen, das sich damit zufriedengab, sich aus der Thermosflasche zu ernähren. Zehn Jahre vorher benutzten Meister und Gehilfen für das Eßpaket noch Zeitungspapier. Jetzt trugen sie ihr Mittagbrot in der Aktentasche.

Der Mann von der Straße sprach Stenogramme. Er haßte die Angabe und wollte vieles nicht wissen. In seiner Stadt, nur bei flüchtigstem Hinsehen, gab es nur große Dimensionen. Hausvogtei, Alexanderplatz, Börse, Tempelhof, Schultheiß Patzenhofer, Ullstein-Vollblut, Aschinger und der große Knall von's Janze:

'Aufgang nur für Herrschaften'."

Eines Tages erschien Kortner."

Rudolf Forster (1884-1968): *"Das Spiel mein Leben"*, 1967

"Vossischen Zeitung" weiland das einflußreichste Blatt der Metropole Berlin.

Schon damals also unbarmherzigster Theaterrichter, horchte er während jener *"Wandlung"* in der neuen *Tribüne* mit dem neuen Kortner unverzüglich auf:

"Da ist Sprachwucht; verschweißt mit Gefühl. Ein neuer Mann; ein neuer Wert. Weiter!"

Weiter:

"Nach dem Erfolg des Abends hörte ich mit einem Schlag auf, ein um sein Fortkommen Bemühter zu sein. Ich war ein von Theatern Umworbener geworden."

"Die Wandlung" konnte in jener neuen *Tribüne* gleich 115 Male wiederholt werden,

und noch im selben Jahr, Ende 1919, spielte ihr Protagonist dann im *Preussischen Staatstheater* schon unter Leopold Jessner, längst überzeugtem Sozialdemokraten, für Kortner sofort ein *"ungewöhnliches Talent"* mit *"triebhaften Intuitionen"* und *"ein Meister der lapidaren Sinngebung"*. In dessen *"Wilhelm Tell"* war Kortner (nun schon neben seiner Ikone Bassermann in der Titelrolle) der tyrannische Reichsvogt Geßler, den er für den Kritikerpapst Siegfried Jacobsohn (in der einflußreichen *"Weltbühne"*)

"zu einem gräßlich lachenden Kobold macht. Aus dem Krötenmaul dieser Märchenfigur zischt kein Satz, um den nicht schwellende Flammen flackern. Es lohnt sich zu sehen, wie ihm die Reitgerte [...] in der Faust zu Dolchmesser, Degen, Peitsche wird".

Für den Berichterstatter Julius Bab war das sofort

"etwas Furchtbares, angsteinflößend Lähmendes", *"eine rote, stechende Flamme"*, *"wie ein fest gewordener Spuk, ein entsetzenerregender böser Zauberer"*

und für Herbert Ihering, seinen vormals Wiener Regisseur und einen *"regelfanatischen Deutschen"*, vorbehaltlos *"ein fetter Cäsar, wie aus Zeit der Christenverfolgungen. [...] Aber knapp, gebändigt, mit äußerster Zurückhaltung der Mittel. Außerordentlich"*.

Weiter:

nur wenige Monate hiernach, im März 1920, mußten am Morgen nach Kortners erfolgreicher Premiere mit Wedekinds *"Marquis von Keith"* die sozialdemokratischen Regierungsmitglieder der jungen deutschen Republik unverhofft *"vor dem 'Kapp-Putsch' nach Stuttgart und Dresden fliehen. [...] Wir alle"*, räumten Kortners Memoiren später die grassierende Arglosigkeit jener Nachkriegsära ein, *"hatten die Gefahrfühler eingezogen und den animalischen Sicherheitsinstinkt, um unser unterhöhltes Behagen besorgt, eingeschläfert [...], als die Schüsse knallten"*:

Kollege Ernst Deutsch (gebürtiger Ernst Dorian aus Prag, eine *"orientalische Seltsamkeit"* des Jahrgangs **1890)** und er selbst *"gerieten auf der Straße in eine Schießerei. Es knatterte nur so hinter uns Laufenden her. Als Schutzmaßnahme stellte Deutsch den Mantelkragen hoch. Darüber mußte ich trotz Angst und Gefahr lachen. Dann warfen wir uns mit den anderen Passanten in den Straßenkot. [...] Wir wußten nicht recht, wer auf wen schoß"*.

Es waren politische Wegelagerer, die erstmals nach nur anderthalb demokratischen Jahren am rechten Straßenrande schon Flagge zeigten und die junge Republik durch eine Militärdiktatur zu ersetzen gedachten. Noch nahm niemand sie allzu ernst, und der größte Generalstreik der deutschen Geschichte genügte damals, um diesen frühen Handstreich nationalistischer Reaktionäre schon nach wenigen Tagen im Keime zu ersticken:

zumindest scheinbar. (Denn schon gute drei Jahre später sollte sich dieser Versuch 1923 in München wiederholen: ebenso erfolglos, aber da schon unter Hitler, und in beiden Fällen gehörte der martialische Erich Ludendorff, im Weltkrieg Hindenburgs beliebter Zwillingsgeneral, zu den Drahtziehern.)

Dennoch gingen republikanisches Leben und expressionistisches Theaterspielen vorläufig unverdrossen weiter.

"Der Expressionismus war und ist ein Durchbruch, eine wegweisende Explosion", hat Kortner das mit dem Abstand von dreißig Jahren im Rückblick definiert: *"Aber er ist so wenig eine Theaterform, wie die Revolution eine Staatsform ist. Eine Revolution soll den Weg zu einer neuen Staatsform freimachen, der Expressionismus den zu einer neuen Theaterform. Der Expressionismus ist der Pionier für einen neu deutenden Realismus",*

und ein Pionier dieses Pioniers war damals der junge Kortner auf seiner Suche nach solchem neu deutenden Realismus.

"Als ich ihn in Berlin zuerst sah, in den zwanziger Jahren",

hat sein galizischer Landsmann Hermann Kesten, der (* **1900**) nicht nur ein bedeutender *"sachlicher"* Romancier, sondern auch Dramatiker und passionierter Theatergänger war, diesen Schauspieler lebenslang begleitet:

"da war er ein junger Schauspieler, der seine Rollen großartig erfüllte und gleichzeitig sprengte. Wenn er etwa den Franz Moor oder etwa edlere tragisch problematische Helden spielte, war er ganz dieser Franz oder ganz ein edlerer Held, aber mittendrin merkte man, dieser Franz oder wer immer, sie hatten die Stimme des Kortner, sie hatten seine Gebärden, er stellte sie dar, aber sie waren ja er."

Was hier noch zunächst nach dem Eindruck und Einwand eines mystifizierenden Außenseiters zu klingen scheint, sahen beruflich eingeweihte Partner gleich unmißverständlicher:

"Ein von Genie Geschlagener", erinnerte sich noch 1975 Rudolf Fernau,

> der (selbst * **1898**) schon 1924, nur wenige Jahre vor jenem Film, als St. Just neben Kortners Danton in einer Büchner-Inszenierung von Erich Engel auf Max Reinhardts Bühne des Berliner *Deutschen Theaters* gestanden hatte,

erinnerte sich also an ihre erste Leseprobe damals und an diesen Kollegen, der *"mit dem kühnen Kopf eines Makkabäers, der schwarzhaarigen Löwenmähne, den dunklen Funkelaugen"* unübersehbar *"als Großer und Einmaliger der Zwanziger Jahre in Berlin mit seinen schöpferischen Gestalten des Shakespearischen Richard des Dritten* [Robert Musil, 1922: *" mit Säuren in die Erinnerung geätzt"*] *, des Othello, Danton, Macbeth, Ödipus und Herodes Triumphe feierte und Unvergängliches in die Theatergeschichte zeichnete"*.

Für theaterhistorisch unvergänglich und auch außerhalb Berlins erschrekkend

scheint schon 1922 selbst ein Literat vom Weltrange Robert Musils jenes Wiener Gastspiel Fritz Kortners in der Rolle Hetmanns, *"des Zwergriesen"*, in Frank Wedekinds *"Hidalla"* (von **1903)** in einer Inszenierung jenes selben Karlheinz Martin gehalten zu haben:

"Hier war Kortner halb häßlicher Heros, halb unheimliches Reptil, leidender Geist halb, und halb eines jener unglücklichen, schiefen, fanatischen Wesen aus dem Terrarium unserer Erde, einer jener tausend heimlichen Gegenkaiser und Sektenpäpste, die ein geistiges Symptom unserer Zeit bilden. Wunderbar ging die dünne, grüngolden wie durchscheinendes Metall gleissende, rührende, kreischende Stimme zusammen mit verzwickt starren, korkzieherhaften Gebärden",

und Berlins Aburteiler Alfred Kerr verbeugte sich wahrhaftig vor Kortners Dr. Schön in Erich Engels Müchner Inszenierung von Wedekinds *"Lulu"* 1926:

"Kortner ist ein mystikfreier Kraftmann auf seiner Höhe. Bewundernswert [...] so im Henken wie im Gehenktwerden".

Just deshalb mag dieser angsterregende "Kraftmann", "Makkabäer" und "Gegenkaiser" von rechts orientierten Zeitungen schon als *"undeutsch"* und *"orientalisch"* attackiert worden sein.

Rechtzeitig bot sich ihm da die Gelegenheit zu organischer Emigration. Denn schon 1929 wurde er in der deutsch-österreichisch-englisch-amerikanischen Co-Produktion *"Atlantik"*, einem der allerfrühesten Ton- und Titanic-Filme, mit der Hauptrolle betraut: neben Willi Forst, seiner baldigen *"Danton"*-Gemahlin Lucie Mannheim und seiner diesmaligen Filmgattin Elsa Wagner,

> meiner baltischen Landsmännin, mit der ich noch dreißig Jahre später als Regie-Asssistent im Berliner *Schiller-Theater* mehrfach die liebenswürdigste und vergnüglichste Zusammenarbeit erleben durfte.

Die Dreharbeiten für je eine englische und französische Version fanden zu diesem *"Atlantik"* in London statt. Schon nach wenigen Drehtagen bot die britische Produktionsfirma diesem Kortner einen längerfristigen Vertrag an, der auch einen vorher einjährigen Aufenthalt in London garantierte, *"innerhalb dessen ich Englisch lernen sollte"*.

Aber diese Fremdsprache *"erschien mir unnahbar. [...] Die Panik, die mich bei der Vorstellung erfaßte, in dieser Sprache zu leben [...] oder gar als Schauspieler in ihr agieren zu müssen"*, war für ihn damals, 1929, noch unüberwindlich größer als die vor dem *"vielleicht doch noch aufzuhaltenden Hitler"*, und *"obwohl die Nachrichten aus Deutschland höchst ungemütlich klangen, lehnte ich ab"*.

Nach Berlin zurückgekehrt, wurde er schon bald danach von der Gauzeitung der Berliner *NSDAP* als jener

"schmierigste und übelste jüdische Typ" beschimpft, der *"im Berliner Theaterleben eigentlich längst ausgespielt haben sollte"*.

Aufkeimende Ängste beschwichtigte Kortner seit Mitte Januar 1930 im *Komödienhaus am Schiffbauerdamm* mit der Titelrolle in Arthur Schnitzlers autobiografischem Drama *"Professor Bernhardi"*: einem Stück, *"das mit noblen, geistigen Mitteln gegen den Antisemitismus kämpfte"* und damit im damaligen Berlin noch uneingeschränkt erfolgreich war. Überdies hatte er beim inszenierenden Hausherrn Victor Barnowsky (gebürtigem Isidor Abrahamowsky) jene zentrale Szene zwischen jüdischem Chefarzt und katholischem Geistlichen durchzusetzen vermocht, die bis dahin meist gestrichen zu werden pflegte, aber in postfaschistischen Aufführungen mit ihrem Diskurs über den vermeintlichen *"Abgrund"* zwischen ihrer beider Religionen inzwischen für unverzichtbar gilt.

Jene Aufführung von 1930, für Jahrzehnte eine der letzten in Deutschland (wenn nicht gar die allerletzte), erwies sich sofort *"als ungewöhnlich zugkräftig"*, verprellte noch niemanden und konnte schon in den ersten beiden Monaten fünfzig Male wiederholt werden. Alfred Kerr, damals noch höchste Instanz der Theaterahndung, attestierte Kortner begeistert, er sei *"liebenswürdig hier. [...] Nur von umstandsloser Menschlichkeit erfüllt; ohne Aufhebens; herrlich einfach. Und einfach herrlich"*.

Das alles nutzte Kortner damals zur eigenen Beruhigung.

> Im selben Jahr 1930 wurde Heinrich Brüning deutscher Reichskanzler. Dieser katholisch und national konservative Zentrums-Parlamentarier (* **1885**) wird von *Dr. mult. wikipedia* heute als letzter Kanzler bezeichnet, der jene "Weimarer" Republik vor Hitler noch zwei Jahre lang *"auf demokratischer Grundlage regierte"*.
>
> Aber seine agrarpolitisch unerläßlichen Reformversuche, mehr noch sein Zugeständnis, notfalls auch mit den ungeliebten Sozialdemokraten zu koalieren, führten zu beträchtlichen Spannungen mit dem amtierenden Reichspräsidenten und Junker Paul von Hindenburg.

Hierin sah Zeitgenosse Kortner damals vor Ort *"geradezu eine Ermunterung für Hitler, seine nun schon unverhüllt auf Machtergreifung zielenden, staatsfeindlichen Aktionen zu forcieren"*. Denn jenes 83jährig wiedergewählte und nationalistisch kaisertreu orientierte Staatsoberhaupt *"hatte Brünings Vorschlag"*, gegen solche Usurpationsversuche notfalls *"mit Polizeigewalt vorzugehen, abgelehnt. Damit war die Bahn für Hitler frei"*.

Heutige Historiker, selbst keineswegs Zeitgenossen damals vor Ort, bezweifeln lieber Brünings Bereitschaft und Hindenburgs Unlust, Hitler polizeilich zu verhindern.

Ich selbst habe noch Mitte der fünfziger Jahre als Studiosus
in einem kleinen Hörsaal der Kölner Universität zu Füßen dieses Brüning gesessen,
der damals als 70jähriger Remigrant der *Harvard University*
jenen rheinischen Lehrstuhl für *Politische Wissenschaften*
vermutlich nur angenommen hatte, um da endlich vor deutschen Hörern
seine historisch verkannte Kanzlerschaft zu rehabilitieren
und deren angefochtene "Notverordnungen" akribisch rechtfertigen zu können.
Ohne hierbei recht folgen zu können,
erbebte ich beim Anblick seiner gestikulierenden rechten Hand,
die ja noch die Greisenpatsche des legendären Hindenburg,
vielleicht sogar den leibhaftigen Hitler beizeiten berührt haben mußte –
umwehte meine spätpubertäre Ahnungslosigkeit da nicht jäh
ein Hauch des weltgeschichtlichen Abgrunds?

Wie auch immer: in solchem Klima war es damals, kurz vor 1933, zumindest den immer zahlreicher rechtsradikalen oder rechtsopportunen Medien jener Jahre höchst willkommen, als die blonde junge Schauspielerin Hilde Körber (* 1906 in Wien) behauptete, von diesem jüdischen Kortner *"in einem obskuren Lokal"* mit Stricken gefesselt und vergewaltigt worden zu sein.

Sie war seit wenigen Jahren mit ihrem Kollegen Veit Harlan verheiratet und könnte diese Bezichtigung, vermutete Kortner später, bei internen Auseinandersetzungen ihrer kriselnden Ehe als Waffe oder Druckmittel verwendet haben. Aber Harlan, * **1899** und kürzlich noch fanatischer Philosemit (der aber gleichwohl schon gleich 1933 an seinem Auto einen Hakenkreuzwimpel hißte), scheint das in mehrschichtiger Eifersucht auf diesen ewigen Rollenrivalen Kortner sofort und gern geglaubt zu haben.

Jedenfalls griff er (in Kortners Erinnerung) *"zu wüsten Drohungen"* und verbreitete allenthalben bereitwilligst dieses *"Gerücht von der Vergewaltigung einer gefesselten Arierin durch einen Juden. [...] Die nationalsozialistische Presse bemächtigte sich der Affäre in Wort und Bild. Bald auch die Skandalblätter. [...] Die Hugenbergpresse war nicht zu bändigen"*.

Alfred Kerr bot seine publizistische Hilfe an, war aber gleichwohl von Kortners Unschuldsbeteuerungen nicht ganz zu überzeugen und wollte nur *"das sexuelle Piratentum des von ihm so überaus geschätzten Schauspielers als dessen Vorrecht verteidigen*", also nur spießerfeindlich moralisch, noch keineswegs politisch unterstützen.

Naive Arglosigkeit war damals wohl noch ebenso virulent wie *vis-à-vis* bereits die brutale Hemmungslosigkeit der faschistischen Menschenjäger.

"Ein namhafter Schauspieler des Staatstheaters, enthusiastisches Mitglied der Partei [= NSDAP]", haben Kortners Memoiren 1958 offenbart, " *schlug dem Ensemble vor, mich dem Staatsanwalt anzuzeigen und es abzulehnen, mit mir aufzutreten. Die Schauspieler zögerten".*

Sein Regisseur und Anhänger Leopold Jessner, immerhin Vorstandsmitglied des *"Central-Vereins deutscher Staatsbürger jüdischen Glaubens"*, riet vertraulich zu sofortiger Emigration. Offiziell legte die Intendanz ihm nahe, die bevorstehend nächste Vorstellung des *"Kaufmanns von Venedig"*, in der Kortner den Juden Shylock spielte, lieber abzusagen.

Diese Aufführung war so erfolgreich, daß sie sich schon seit fünf Jahren im Spielplan behauptete. Rätselhaft prophetisch hatte Kortner diesen alten Juden, der in einem poetischen Venedig aus tiefster Kränkung seiner Person und "Rasse" zu einer Art psychischem Amokläufer wird, schon 1916 (24-jährig in Wien) und 1923/24 (31jährig im privaten Berliner *Lustspielhaus* unter Berthold Viertel) gespielt. Seit Mitte November 1927 war er nun dieser gedemütigt Rasende vollends an Jessners *Berliner Staatstheater* neben Elisabeth Bergners Porzia und in der Inszenierung von Jürgen Fehling.

"Diesmal erst ist er ganz frei", befand sein Herbert Ihering nach der Premiere. Kortner bestätigte, daß seine Bemühungen um diese mysteriöse Figur erst jetzt *"zur Reife"* gelangten – vielleicht auch weil er jetzt erst gänzlich realisierte:

"'Der Kaufmann von Venedig' wirkte erschreckend zeitnah. Seine Bezogenheit zum rassisch betonten, nun zur Macht drängenden Faschismus elektri-

sierte Freund und Feind".

Tatsächlich war im *Preußischen Landtag* ernsthaft behauptet worden, nur *"durch meinen Einfluß werde das Staatstheater verjudet"*: denn auf Empfehlung Kortners seien dort kürzlich die jüdischen Schauspieler Rudolf Forster, Karl Etlinger, Paul Bildt und Aribert Wäscher ins Ensemble aufgenommen worden. Das stimmte zwar, aber keiner der vier war Jude. Das Dementi in Hugenbergs Lokalanzeiger war notorisch winzig.

Aber die Shylock-Proben hatten sich vorher in dieser Atmosphäre problematisiert und als Ringkampf gestaltet. *"Fehling wollte Shylock menschenfreundlicher gestaltet sehen, als er tatsächlich ist"*, hat Kortner nie vergessen: vermutlich, um *"dem schon uns umbrandenden Antisemitismus keine Nahrung zu geben. Ich aber brannte darauf, ein Shylock zu sein, der, von der christlichen Umwelt unmenschlich behandelt, in Unmenschlichkeit ausartet".*

Die Wogen dieser Auseinandersetzung waren schon politisch diffizil und gingen daher aufbrausend umso höher. Fehling, Sproß einer hanseatisch-lübischen Senatorenfamilie und Enkel zwar jenes Emanuel Geibel, für den die Welt ja sprichwörtlich *"am deutschen Wesen genesen"* sollte, aber für die Nazis gleichwohl jüdisch entfernt *"versippt"*, also *"Arier mit einem großmütterlichen Webfehler, wollte ausgleichen [...] . Ich, der webfehlerfreie Volljude, wollte die Abrechnung, die Enthüllung des unchristlichen Hasses, die Aufzeichnung einer morschen Moral".*

Das Fazit: *"Fehling kam mir schließlich halb entgegen. Mein Shylock, schonungslos und konzessionslos, errang einen Großsieg. Und der 'Stürmer'* [= *NS*-antisemitische Wochenzeitung] *spie Gift."*

Anders der damals noch sehr viel maßgeblichere Alfred Kerr, der sich immerhin schon nach seiner Palästinareise **1903**, erst 34jährig, zu diesem seinem *"Stammbaumvolk"* bekannt hatte:

"Köstlich großes Lebenswunder [...] ; die Macht zu dauern. Tiefe zähe Urgewalt. Eigenbrödler der Menschheitsgeschichte. Die Härtesten wie die

Lindesten; mit Shylocks und Heilanden. Juden!"

Nur umso wahlverwandter wurde er daher noch ein Vierteljahrhundert hiernach vom üblichen Scharfrichter zum ekstatischen Panegyriker angesichts dieses Berliner Shylock von 1927:

"Kortner ist Held eines unauslöschlichen Trauerspiels", ließ er sein *"Berliner Tageblatt"* uneingeschränkt verkünden: *"Alter Mann. Bloß im Keller des Bewußtseins das Gefühl ewig erlittnen rohen Unrechts ... Es gibt in Deutschland keinen Sprecher, der das Wort von dem blutenden Menschen, wenn man ihn sticht, so hinreißend, so einfach, so dringlich, so tief erlebensvoll herausbrächte wie dieser Kerl. ... Ich sah keinen, der ihm gleicht* [...] *Eine Menschenleistung hat man erblickt. Fürs Leben."*

Mehr noch: dieser Kortner war hier *"der Mittelpunkt eines ungeheuren Trauerspiels: Endbewußtsein für Zuschauer"*.

Endbewußtsein für Zuschauer? 1927 schon?

Also spitzte das dieser verantwortungsbewußte Könner dann 1930 unverfroren auch noch für Kinogänger zu, indem er im legendären *"Dreyfus"*-Film (neben Heinrich George und Albert Bassermann, seiner frühen Ikone) die Titelrolle jenes antisemitisch bezichtigten Artillerie-Hauptmanns Alfred Dreyfus aus dem Elsaß spielte: in Richard Oswalds Verfilmung eines historischen Justizskandals von **1894/98** (nach einem Drehbuch vom selben Autor wie dann auch jener *"Danton"* von 1931: Heinz Goldberg, * **1891**).

Kortner verkörperte hier das unschuldig verurteilte Opfer eines französischen Rassismus schon zur Zeit seiner eigenen frühesten Kindheit. Denn als Dreyfus zehn Jahre nach seiner kriegsgerichtlichen Verurteilung **1896**

> (wegen vermeintlichen Landesverrates zu Degradierung, lebenslanger Haft und Verbannung auf die mörderische *Teufelsinsel*, jene französische Strafkolonie für Schwerverbrecher, im guayanisch südamerikanischen Atlantik),

als er also zehn Jahre hiernach, **1906**, endlich freigesprochen und rehabilitiert wurde, war der junge Juwelierssohn Kohn in Wien schon vierzehn Jahre alt und könnte da, im trügerischen Schutze des Wiener Judentums wie in Abrahams Schoße Zeitungen gelesen haben, die über diesen frühen antisemitischen Exzeß des kultivierten Europa berichteten. Jenes Fehlurteil von **1896** war zum akuten Anstoß für den Zionismus Theodor Herzls und dessen sofort publizierte Idee vom autarken *"Judenstaat"* geworden.

Rund 25 liberalisierte Jahre nach dem Freispruch fühlte Kortner sich nunmehr 1932 auch noch als ungemein erfolgreicher Titel-Darsteller jenes diskriminierten und mißhandelten Dreyfus

wie auch privat längst als militanter Antirassist

hierzulande hinlänglich gefährdet und unbeschützt. Sein Gesicht war inzwischen *"durch den Film allenthalben bekannt, immer noch wohlgelitten und doch schon viel gehaßt. [...] Es war ein Gemisch von Mordlust und Autogrammwunsch in den sensationierten Augen. Mir trat der Schweiß auf die Stirn"*.

Denn zur Zeit der Berliner *"Dreyfus"*-Premiere im August 1930 saßen im *Deutschen Reichstag* schon 107 Abgeordnete der *NSDAP*, pflegten ihre Nazi-Uniformen an der Kontrolle vorbeizuschmuggeln, in den Toiletten anzulegen und im Plenum dann als einen braun markanten Block zu präsentieren, der demokratische Debatten so bereits verhinderte.

In dieser Situation nun also forderte die Direktion des *Preußischen Staatstheaters* ihren Protagonisten auf, jene Bezichtigung des Hauses Harlan zu respektieren und die anstehend nächste Vorstellung mit seinem Shylock daher lieber abzusagen.

Kortner jedoch hielt eine Absage da *"für eine Kapitulation und ein Schuldgeständnis"*. Also trat er an jenem Abend als Shylock vor ein publizistisch wild aufgeheiztes Publikum.

"Vor Beginn der Vorstellung herrschte eine eisige Atmosphäre", wußte er noch 25 Jahre später genau: *"Ein Teil der Schauspieler schnitt mich."* Sie

und er selbst waren auf arge Demonstrationen im Auditorium gefaßt. Aber *"schon bei meinem Erscheinen wurde ich mit einem Beifallssturm begrüßt [...] . Das Klatschen und Hochrufen hielt viele herrlich beglückende Minuten an. [...] Das Publikum demonstrierte für den Gejagten. Es protestierte gegen den Versuch der politischen Halsabschneiderei, bekannte sich zu einem Gehetzten und lehnte es ab, an der Hetze teilzunehmen. Der Applaus war ein Protest gegen die Treibjagd, gegen die Antreiber, es war ein politischer Applaus".*

Trotzdem stand die Bezichtigung einer jüdischen Vergewaltigung der sympathischen Hilde Körber natürlich immer noch im Raume.

Sie konnte erst entkräftet werden, als Willi Forst (* **1903**) von einer Reise nach Berlin zurückkehrte. Er drehte hier damals gerade in einem Kinofilm, den Kortner inszenierte, die Hauptrolle und konnte gerichtsnotabel bezeugen, daß er just an jenem Abend, den Hilde Körber als Datum des Überfalls unvorsichtig präzise angegeben hatte, nach Drehschluß mit Kortner und dem Ehepaar Harlan gemeinsam in einem Restaurant zu Abend gegessen hatte; anschließend habe er die Harlans in seinem Wagen nach Hause gefahren und sei hiernach mit Kortner noch bummeln gegangen. Und jenes *"ominöse Weinlokal, in dem man fesseln und notzüchtigen konnte, ohne daß es jemand merkte, existierte nicht".*

Mit diesem perfekten Alibi hatte sich die ganze Bezichtigung der Harlans als rassistisch ermutigte Verleumdung schnell erledigt. Harlan telegrafierte eine Entschuldigung an Kortners *"verstörte Mutter nach Wien".*

Den betreffenden Film mit Willi Forst durfte Kortner damals nur inszenieren, weil *"man anfing, sich zu scheuen, mein Gesicht auf der Leinwand zu zeigen [...] . Der Name war immer noch attraktiv, mein Gesicht aber schon 'rassenfremd' geworden".*

Jener Film hieß dann vieldeutig *"So ein Mädel vergißt man nicht"* und gelangte 1933 just am 20. Januar (oder Büchner/Celans einschlägig *"20. Jänner"*) zu seiner Berliner Premiere: zehn Tage nur vor Hitlers Machterschleichung und just am vorstigmatisierten Datum der völkermörderischen Wannseekonferenz mit ihrer einschneidenden "Endlösung" vom 20. Januar 1942

(an deren Jahrestag nur kurze drei Jahre später meine eigene paradiesische Kindheit unter nahendem Kanonendonner der sowjetischen Ostfront am 20. Januar 1945 schlagartig zu Bruch gehen sollte).

In seinen Memoiren von 1959, als Hilde Körber noch lebte, hat der höfliche und diskrete Kortner die Harlans als Ehepaar Kunze datenschützlerisch verfremdet. Aber sein unkorrigiertes Namensregister überführt Hilde Körber als die eigentliche Rufmörderin in jener peinlichen Affäre. Das indiskretere *wikipedia* bezichtigt sie auch heute noch ungeniert und namentlich.

Mit Rücksicht auf ihr politisch entnazifizierendes Engagement bei der Nachkriegs-*CDU*, auf ihren beruflichen Leumund und auf ihre Verdienste als Begründerin und langjährige Leiterin der Berliner *Max-Reinhardt-Schule* für schauspielerischen Nachwuchs baute der geschädigte Kortner ihr sogar noch einen vornehmen Notausgang:

" Was mir über die nun gealterte Frau heute zu Ohren kommt, stimmt nicht zu ihrem Wesen von damals". Auch in ihrem Falle mochte er daher nicht *"an die Unveränderbarkeit des Menschen glauben. Welche moralische Gegenkraft muß diese Frau entwickelt haben, durch die sie schließlich über ihre gefährlichen Unterströmungen hinweggekommen ist".*

Aber mit seinem Shylock begab sich Kortner dann noch am 31. Januar 1933 auf eine skandinavisch-baltische Tournee. Überall wurde er schon von bewaffneter Polizei eskortiert und beschützt, schon in Kopenhagen mit politischen Flugblättern verunglimpft, aber vom Publikum umso mehr mit einem Begrüßungs- und Schlußapplaus gewürdigt, den er als *"Antinazidemonstration"* begriff und *"an der sich der König lebhaft beteiligte"*; im judenreich litauischen Kaunas wurde schon gegen diesen *"deutschen Hitler-Schauspieler"* irrtümlich zum Boykott aufgerufen, und im Juni 1933 bekannte er brieflich aus Stockholm eine *"irre Lebensangst".*

Zurück im faschistisch gewordenen Berlin, wurde er von seiner Kollegin

1933

"31. Januar 1933.
Adolf Hitler Reichskanzler. Machtübernahme des Nationalsozialismus. Endloser Fackelzug durchs Brandenburger Tor. Treibjagd auf alles, was links ist. Besonders in den mittleren Städten und Dörfern toben sich die Funktionäre aus. Die tollsten Gerüchte überschlagen sich. Es ist keine Lust zu leben.

10. Februar 1933.
Große Hitlerrede im Berliner Sportpalast. 'Köpfe werden rollen', kündigte er an, und im 'Angriff' schrieb Dr. Goebbels: 'Höflichkeit bis zur letzten Sprosse, aber gehenkt wird!'

8. März 1933.
Auf dem Rundfunkhaus am Charlottenplatz weht die Hakenkreuzfahne. Ariernachweis und Stammbaum ist zu beschaffen.

April 1933.
Ein unheimliches Wort krallte sich wie eine Zecke ins Gehirn.'Gleichgeschaltet, gleichgeschaltet. gleichgeschaltet.' Tausende von Schreibmaschinen klapperten es, und wieder Tausende knatterten es befehlend weiter. Es schaltete die Gehirne, die Wirtschaft, das öffentliche Leben, die Literatur, die Kunst gleich. Vernichtete Tausende von Existenzen und verbreitete Angst und Verzweiflung.

Massenaufmarsch zur 1.-Mai-Demonstration 1933.
Endlich dröhnt nach fast einstündigem Warten die durch Riesenlautsprecher verstärkte Stimme Hitlers über die verschwitzten Häupter seiner Volksgemeinschaft. Und als er mit letzter Erschöpfung ein allerletztes emphatisches 'Amen' herausschleuderte, murmelte mein Nebenmann: 'Jesus! Jesus! Wir alle müssen seine Jünger werden.' Als er sich zu mir wandte, blickte ich in tränenfeuchte Augen." (verkürzt)

Rudolf Fernau (* 1898): *"Als Lied begann's. Lebenstagebuch eines Schauspielers"*, 1980

Käthe Dorsch, *"von früher her mit Göring befreundet"*, sofort gewarnt: *"Für einen prominenten Juden sei keines Bleibens mehr in Deutschland, meinte sie. Furchtbares stünde uns bevor. [...] 'Auf Sie haben die einen besonderen Haß wegen Ihrer Aggressivität. Fahren Sie so bald wie möglich"*.

Der von alledem selbst durchaus mitbetroffene Alfred Kerr hatte sich in weiser Voraussicht oder prophetischer Ahnung schon **1903** in Jerusalem,

wo er sich "zufällig" mit meinem gleichfalls reisenden Großvater

(dem Vater meiner Mutter und 46 Jahre lang evangelischen Seelsorger eines winzigen livländischen Sprengels aus siebzehn umliegenden Dörfchen rings um seine Michaeliskirche von 1413 in jenem Röngu, dessen Jesuitenburg 1558 von Deutschen Ordensrittern zerstört wurde und wo er seine große Familie von **1889** bis 1935 auch als Landwirt ernährte)

hinlänglich angefreundet hatte, um das in seinen Reisetexten wiederholt, auch noch 1907 und 1922, und immer sonderlich warmherzig bekannt zu machen,

dieser selbe Kerr also hatte sich schon in jenem *anno* **1903** für das Kapitel *"Jeruschalajim"* seiner *"Welt im Licht"* notiert:

"Der Beitrag an neuer Kraft, die Ihr, Juden, mit Eurer Stärke liefert, wird [...] weggehaßt, weggelogen. / Man nennt Euch, um ein dunkles Gegenstück zu haben für die sonnig-wonnig-verwaschene Mehrheit, Mehrheit, Mehrheit – das ist es".

Kerr, der gleichwohl *"auch in Jeruschalajim gewußt"* und über sich aufgeschrieben hatte, *"daß ich ein Deutscher bin"*, belegte sich diese Unglaublichkeit von mehrheitlichem Haß und Lug seinerzeit selbst noch mit einer literarischen Anekdote:

"Beim Anzengruber sagt eine Gestalt etwa: 'Gestern ham's mich im Gasthaus verprügelt.' Einer fragt: 'Warum?' Antwort: 'Weil's mehr woar'n!'

Dies wundervolle Wort ist auf die Juden'-frage' die ganze Antwort. Weil's mehr sind" –

– vorauseilende Rebellion gegen Mehrheitsterror? Inzwischen unüberholt und unveraltet, aktueller denn je: latent erweiterte Demokratiebedenken.

Aber der ewig gewitzte Berliner Volksmund wußte dann schon 1932 treffsicher genau, wer "an allem schuld" sei: *"Die Juden und die Radfahrer"* (dies sogar doppelsinnig verwertbar): zwei inkompatible Minderheiten also. Oder die vielen Wenigen.

Umsomehr hatte Kortner sich angesichts all dieser potentiellen Gefährdungen innerhalb eines demokratischen Gemeinwesens schon vor 1933 genötigt gesehen, mit Frau und Kindern beizeiten aus diesem Deutschland zu emigrieren: zunächst ins Tessin, dann über Tschechoslowakei und Wien nach Paris, von dort dann doch noch in jenes erschreckende London mit seiner vermaledeiten Sprache. Sie stand jetzt plötzlich *"zwischen dem Berufsleben und mir"*. Ein Virtuose verbal kunstvollster Artikulation sah sich unverhofft *"sprach-los dastehen"*: auch heimat-, obdachlos – ein entwurzelter Asylant.

Natürlich stürzte er sich da mit Feuereifer auf das hiesige Idiom. *"Ich büffelte wie nie zuvor, verbrauchte täglich drei Lehrer"* und hätte *"diese Sprachstudien zu einer Lebensbeschäftigung machen mögen. Sie wurden zu einer Leidenschaft, die mich über den Verlust der eigenen Sprache tröstete"*.

Tatsächlich wurde er hier, am Orte seines *"Atlantik"*-Erfolges von 1929, schon bald mit einer weiteren englischen Filmrolle betraut: dem Abu Hassan neben Anna May Wong in einer Musical-Fassung von *"Ali Baba"* mit seinen vierzig Räubern. *"Ich stürzte mich mit aller Vehemenz"* auch hierauf, konnte *"den eingetrichterten Text im Schlaf"* und kannte *"den Sinn jedes Wortes"* haargenau. *"Auch vor den schlau verborgenen Gesetzen der scheinbar einfachen Grammatik scheute ich nicht zurück"*.

Wahrhaftig drehte er so in den Jahren 1934 und '35 ganze fünf englische Kinofilme: meist in exotischen Hauptrollen mit legitimem Akzent und nach Drehbüchern immerhin auch von Christopher Isherwood (* **1904**), Margaret Kennedy (* **1896**) und Robert Neumann (* **1897**).

Aber *"der Kampf mit der Sprache"* frustrierte ihn. Denn vollends *"in einer fremden Sprache spielen"*, schrieb er einer Wiener Kollegin im Sommer

1934,

als ich selbst in wohlbehütetem Mutterleibe
erste Neugier auf die Sprachwelt verspüren mochte (oder schon zuzuhören begann?),

"das streift oft beängstigend die düstersten Bezirke des Wahnsinns". Ihm wurde *"grausam klar, wie unmöglich es für Erwachsene ist, eine fremde Sprache zu beherrschen. Man kann eine fremde Grammatik, fremde Vokabeln lernen, aber [...] meinen deutschen Akzent konnte ich nicht loswerden"*.

Überdies fühlte sich dieser Protagonist des Berliner Expressionismus durch britische Mentalität und deren schauspielerisch dezenten Ausdruck schwerwiegend irritiert. Das hierzulande prinzipiell gepflegte *understatement* blokkierte ihn auch künstlerisch. *"Die englischen Schauspieler unterspielen"*, erschrak er da: *"Ausdrucksstärke gilt als schmierenhafte Übertreibung"*. Wirklich dürften da nicht nur zwei professionelle Traditionen aufeinander geprallt sein, sondern zwei prinzipiell konträre Unversöhnlichkeiten.

Für den Berliner Immigranten hatten es die britischen Kollegen ringsum *"zu einer charmanten Virtuosität der Ausdrucksunverbindlichkeit gebracht"*, die er seinerseits als *"meisterliches Plauschtheater"* ablehnen und verachten mußte. Denn *"ich, um Ausdruck bemüht, sollte ihn verleugnen"*.

Natürlich ging er auch als Zuschauer möglichst oft ins vielgerühmte Londoner Theater und sah da *"viele Vorstellungen in eine vage Farblosigkeit zusammenfließen. Stört mich auf Deutschlands Bühnen die Gefühls-Hochstapelei, so schläferte mich in London die Gefühls-Tiefstapelei ein. Das 'underacting' ist enervierend wie das 'overacting'"*.

Kortner begriff schnell Tiefe und Ernst dieser Unvereinbarkeit: *"Das bekannte englische Unterspielen beginnt nämlich im Leben. Der Engländer spricht nicht über etwas, das ihn quält oder bedrängt"*. Noch *"als später im Krieg London durch die Deutschen bombardiert wurde, war das Gehaben der Betroffenen so, als ob nichts Aufhebenswertes geschehen wäre"*, und *"diese Ausdrucksanämie, so schien mir, hatte wechselwirkend die tatsächli-*

che Erlebniskraft der Engländer herabgesetzt. So verblaßte die Bühne immer mehr", aber er, dieser ungebetene Eindringling, *"jüdischer Schwerblütler aus deutschem Stall"*, sah sich unverhofft vor der Sisyphosaufgabe, *"es ihnen gleichzutun. Ich mußte salopp sein – mit schwerer Zunge"*.

Hatte es überhaupt Chancen, das zu versuchen? Oder konnte hier daher seines Bleibens nicht mehr von längerer Dauer sein?

Diese Entscheidung wurde ihm jähling von Hitler abgenommen, indem dessen *NS*-deutsche Filmimporteure seit 1936 den Ankauf von Produkten mit dem *"jüdischen Kulturbolschewisten"* Kortner verweigerten und die britische Filmwirtschaft dadurch hinlänglich schädigten, um diesem unverkäuflichen Exoten ab sofort keine Angebote mehr zu machen.

Zum Theaterspielen genügten dessen englische Sprachkenntnisse sowieso noch lange nicht.

Außerdem wurde die Kriegsgefahr für ganz Europa immer bedrohlicher und wahrscheinlicher.

Also zog Fritz Kortner im September 1937 weiter nach New York. Im Februar 1938 folgte ihm die Familie. Beide Kinder, gebürtige Berliner und derzeit neun bis elf Jahre alt, waren da ohnehin schon heillos *"früh Vertriebene"* und würden nun also zu Amerikanern aufwachsen.

Der transatlantische Neustart war ebenso schwer wie ahnungs-, chancen- und glücklos.

Sein naives Unterfangen, einen Berliner Triumph von 1926 hier nun als sicheren Erfolg zu wiederholen, scheiterte nicht nur an seiner *"schlotternden Textangst"* kläglich: *"Herodes und Mariamne"* in einer amerikanischen Bearbeitung, die dieses norddeutsch spröde *"Gehirnstück"* (Hensel) *"um seinen Sinn"* brachte und einen quasi frühmythisch tragischen Geschlechterkampf zur gängigen Eheschnulze aufweichte, wurde in *"papageienhaft farbenfreudigen Kostümen aus einem Modesalon"* nach Landessitte zunächst auf Tour über Land geschickt, um dort auszuprobieren, ob dieses Ausprobierte schon metropolentauglich sei. Hebbel für den Broadway? Traumtänzerei aus der *Alten Welt*! Sie blieb auf der Strecke und *"died on the road"*.

Ähnlich scheiterte er mit einem notgedrungen eigenen dramatischen Exilanten-Erstling namens *"Spell Your Name"* [Piscator, 1957: *"weil draussen seinen Namen niemand mehr kannte"*] .

Jetzt im fernen New York begriff er plötzlich, was es *"bei Shakespeare hieß, ein König, ein Fürst oder ein Bürger habe 'nach Frankreich' fliehen müssen"*. Das bislang stets rhetorisch Gebliebene wurde jählings Realität: *"Nun weiß ich, was Flucht, Exil und Lebensangst bedeuten"*.

Sein nächstes Drama aus eigener Feder behandelte folglich Fluchten und Flüchtlinge, hieß *"Another Sun"* (oder *"Fremde Sonne"*), entstand in Zusammenarbeit mit der *US*-Publizistin Dorothy Thompson, die er weiland in Berlin kennen gelernt hatte, und konnte erstmals von ihm selbst auch inszeniert werden.

"Als ich ihn im Krieg in New York wiedersah", hat jener Hermann Kesten seine eigenen Kortner-Beobachtungen transatlantisch weiterverfolgt, *"da war er schon in der Tat ein Stückeschreiber, [...] und wie er in Berlin in jeder Rolle hochfahrend rhetorisch Kritik zu üben schien [...] am Weltenschöpfer, der solche Figuren auf die Bühne des Lebens gestellt hatte, so schien er in New York Kritik an zwei Kontinenten üben zu wollen ... "*.

Sowas konnte da nicht gut gehn. Die Uraufführung am *National Theatre New York* wurde im Frühjahr 1940 nur zehnmal wiederholt: dortzulande armselig, ein *"flop"*.

Ähnlich erging es im *National Theatre Washington* ein Jahr später seiner Résistance-Tragödie *"Somewhere in France"*, deren Co-Autor gar der Exil-Kollege Carl Zuckmayer (* **1896**) war.

Noch schob Kortner diese Mißerfolge auf seine mangelnde Sprachbeherrschung: *"Ich, der sprachgeknebelte Flüchtling, blieb flüchtig, wo immer außerhalb der Muttersprache ich mich aufhielt"*.

Aber er besuchte natürlich auch das hiesige Theater und sah ein, es war ganz anders als seins: *"ohne Tiefe und ohne Höhe, ein Theater der Tagessorgen"*. Denn alles *"Metaphysische, das über den Menschen Hinausgehende, die Auseinandersetzung mit dem nicht Realen"* wurde peinlichst gemieden, und Erfolg hatte hier nur, *"wo der Substanzmangel zum Gewinn wird: in der Komödie und im Musical. In ihm findet die stürmische, lustvolle, musikante rhythmenbesessene Heiterkeit des Landes ihren Widerhall"*.

Denn erst sowas rechnet sich dann auch unternehmerisch. *"Mir wurde klar, daß Geld alle anderen Aspekte des Theaters drangsaliert, daß der Profit die Theaterarbeit knechtet. [...] Blindwütige Geldgier verödet, versimpelt das Theater und drosselt seine besten Regungen"*. Viel später war dann dieser *"totale Geldterror"* für ihn ebenso zerstörerisch oder *"ebensowenig kunstfördernd wie jener der totalitären Staaten"*: eine schwergewichtig finale Verdammnis allen Konsum- und Gewinntheaters wo oder wann auch immer.

Gemeinsam mit einem der *"politischen, also freiwilligen, nichtjüdischen Emigranten aus Deutschland"*, die er hier als *"moralische Instanz"* bewundern lernte, besuchte Kortner dann auf der Suche nach einer Gegenwelt das hiesige *Jiddische Theater*: mit Erwin Piscator aus Berlin, den er als *"Theatermann von originellem Können"* respektierte und hier jetzt *"in kompromißloser Opposition dem Nazisystem gegenüber"* wiederfand.

Aber dieses amerikanisch *Jiddische Theater* war damals für ihn *"von verletzender Scheußlichkeit. Bei so viel Gestöhn und Selbstmitleid, Klage und Beschwerdegewinsel wurde ich kalt und hart. [...] Ein Beteuerungstheater, selbstgefällig im geölten Schmerz und selbstgerecht in der larmoyanten Entrüstung. Piscator hatte seine Mühe, mich nach der Vorstellung aufzurichten"*.

Inzwischen vermischten sich ohnehin

die nachfolgend obligaten Emigranten- oder Arbeitslosen-Depressionen als *"wilde Verdüsterungen"* eines rundum immer Unbenötigteren am Rande einer *"Nervenkatastrophe"* mit den Ängsten um ein Europa, das von Hitlers Blitzkriegen mittlerweile zertrümmert wurde.

Aber das alles zusammen politisierte auch unweigerlich:

”Die Machtergreifung Richards III. oder Macbeths, die Kämpfe um Julius Caesar“, erinnerte er sich jetzt an seine vergangene Berliner Wirklichkeit, hatten weiland oft *”für unser modernes Empfinden zu viel Tote“* hinterlassen –

”wir haben umgelernt.“

Umlernen war aber im *US*-Exil die Devise auch in allen andern Lebensbereichen. Denn: *”Die Bühne war mir entzogen“*, bilanzierte er nüchtern, *”und ich wechselte auf andere Aktionsfelder hinüber“*. Aber auf welche und wie im luftleeren Raum jener traumatisierenden Fremde?

Plötzlich schien ihm hier *”das Drama der Machtkämpfe derer, die sich befugt fühlten, unsere Ordnung zu erhalten oder umzustürzen, so atemraubend, daß mir daneben die Bühne und ihre dramatische Literatur dünn und blaß vorkamen. Wie langweilig war alles Dargestellte gegen das tobende Drama der Zeit, in das wir unmittelbar einbezogen waren“*.

Sicher war ihm hierbei seine wiederbelebte Berliner Bekanntschaft mit der *US*-amerikanischen Publizistin Dorothy Thompson dienlich, in deren *”illustren Kreis“*, einen *“politischen und intellektuellen Verkehrsknotenpunkt“*, er durch die hiesige Zusammenarbeit folgenreichen Zugang fand. Damals war sie auch noch mit Sinclair Lewis (* **1885)** verheiratet: dem ersten *US*-Amerikaner mit dem Nobelpreis für Literatur in der Tasche.

> Dorothy Thompson (* **1893** als Tochter britischer Methodisten) war damals vielgelesene Kolumnistin des *”New York Herald Tribune“*, mit einem dortigen Artikel über faschistischen Rassismus 1936 weltweit beachtet worden und für das maßgebliche *”Time Magazine“* 1939 die eindeutig *”einflußreichste Frau in den USA nach Eleanor Roosevelt“*.

Von 1924 bis 1934 hatte sie als Korrespondentin des *"New York Evening Post"* rund ein Jahrzehnt in Wien, vorübergehend auch in Moskau, aber meist in Berlin verbracht und dort außer Kortner auch Thomas Mann, Bertolt Brecht, Stefan Zweig, Ödön von Horváth und Joseph Goebbels kennen gelernt, sich mit Zuckmayer gut befreundet und schon 1932 im *Hotel Kaiserhof* Adolf Hitler interviewt. Als sie dessen manische Monologe *US*-öffentlich einem *"Prototypen des kleinen Mannes"* zuordnete und dessen *"startling insignificance"* (*"erschreckende Bedeutungslosigkeit"*) bloßstellte, wurde sie im Sommer 1934 als erste Auslandskorrespondentin und erste *US*-Amerikanerin aus dem *NS*-Reich ausgewiesen, das sie binnen 24 Stunden verlassen mußte.

Kurz vorher hatte sie noch der befreundeten Zenzl Mühsam, Witwe des eben *NS*- und KZ-ermordeten Publizisten Erich Mühsam, zur lebensrettenden Flucht nach Prag verholfen. Ebenso wohltätig verhalf sie später den schutzbedürftigen Immigranten Thomas Mann, Carl Zuckmayer und Fritz Kortner bei der Einbürgerung in die *USA* und dem gefährdeten Bertolt Brecht (trotz ihrer Aversion gegen alles Linke) bei seinem gebotenen Wechsel aus skandinavischem in *US*-amerikanisches Exil sogar finanziell.

Parteipolitisch hatte sie sich hier inzwischen als vielbeachtetes Sprachrohr im Lager der konservativeren *Republikaner* etabliert und seit 1939 mit ihrer Kritik am deutsch-sowjetischen Nichtangriffspakt, am sowjetischen Einmarsch in Polen und an allen Vorgängen jenes ersten *NS*-Kriegsjahrs gravierende Akzente zu setzen gewußt. Ihre Meinung wurde damals in 150 Zeitungen veröffentlicht.

Innen- oder parteipolitisch bekämpfte sie da noch den demokratischen Präsidenten Franklin D. Roosevelt, der sich damals grade angesichts der weltpolitisch brisanten Situation nach vier ungewöhnlich erfolgreichen Amtsjahren um eine zweite Präsidentschaft in Folge bewarb.

Die wollte Dorothy Thompson unbedingt verhindern helfen. Sie unterstützte seinen Gegenkandidaten Wendell L. Willkie (* **1892** mit deutscher Abstammung).

Aber ihr wiedergefundener Gesprächspartner Fritz Kortner hatte sich im *"inneren Kreis ihrer Mitarbeiter und Berater, deren einer ich wurde"*, inzwischen unverhohlen und *"mit anwachsender Leidenschaft an der Roosevelt-Politik der sozialen Evolution"* zu entzünden begonnen. Sie *"zog mich in ihrer Humanität und [...] überlegenen Moral an"*, und *"jetzt, als reifer Mann, lebte ich zum ersten Mal in völliger Übereinstimmung mit einer Regierung und mit der Majorität des Landes"*.

Außerdem sah er da *"aus der Froschperspektive meines Privatlebens"*, gab er später unumwunden zu, *"in Roosevelts erbitterter Opposition gegen den Faschismus"*, den dieser Präsident als *"die unmittelbarste aller Gefahren für die westliche Welt"* erkannte, auch eigennützig eine spätere *"Rückkehrmöglichkeit in ein von Hitler befreites Deutschland"*.

Daher schlug er sich *"in endlosen Debatten"* mit Dorothy Thompson ins Lager der Roosevelt-Verfechter, *"deren unerbittlichster und vehementester nach ihrer Meinung ich war"*. Irgendwann muß er sie schließlich mit seinen Argumenten hinlänglich überzeugt haben. Denn plötzlich setzte sie sich in ihrem *"Herald Tribune"* wetterwendisch für Roosevelt's Weiterpräsidieren ein. Sofort verlor sie dort ihre Stellung, verbreitete aber ihre gewandelte Meinung seither im *"New York Post"* und wurde, *"im Grunde gegen ihr Naturell"*, parteipolitische *Demokratin.*

"Ihrem Zeitungsrat folgte die amerikanische Durchschnittswählerin", wußte Kortner: *"Ihre Pro-Roosevelt-Zeitungs-, Vortrags-, Radio- und Schallplattenkampagne, an der ich mich leidenschaftlich mit Rat und Tat beteiligen durfte, riß die Schwankenden zu Roosevelt hinüber. Er wurde wiedergewählt"*.

War das wirklich Kortner zu verdanken? Jedenfalls war diesem Schauspieler sein Exil da, begriff er, unverhofft zur *"großen Geschichtsstunde"* geworden, und in Nürnberg bildete Julius Streichers Hetzblatt *"Der Stürmer"* ihn als semitischen Teufel ab, der Dorothy Thompson ihre Artikel diktiert.

Aber als Hitler die Sowjetunion und Japan die *USA* überfielen, zog Kortner 1941, fast schon ein neuer Ahasverus, mit Kind und Kegel oder seinen drei Siebensachen quer durch die ganzen *Vereinigten Staaten von Amerika* noch weiter *westwärts-ho* – bis ins pazifische Hollywood:

zunächst nur als *"gimmick man"* oder Feuerwehrhilfe zur flotten Behebung von brisanten Drehbuchfehlern noch während der Dreharbeiten,

dann als autarker Drehbuchautor, denn er konnte dort bald tatsächlich *"so für den Film schreiben"*, hat Tochter Marianne Brün 1987 dem *Norddeutschen Rundfunk* berichtet, *"daß ein Dialog nicht korrigiert werden mußte – und das gelang ganz Wenigen"*.

Schließlich trat er dort, allerdings *"meistens aushilfsweise"*, auch in zehn Kinorollen auf, die er selbst für *"wenig bemerkenswert"* und *"nicht erwähnenswert"* hielt – aber bisweilen immerhin neben solchen Hollywood-Grössen wie Tyrone Power, Merle Oberon, Gene Tierney und Anne Baxter –

aber einmal, 1944, auch neben Alexander Granach, dem Marat aus ihrem gemeinsamen *"Danton"* von 1931: in *"The Hitler Gang"* nach einem Drehbuch von Frances Goodrich (* **1890)** und Albert Hackett (* **1900)**, die später aus dem Tagebuch der Anne Frank ein weltweit gespieltes und 1959 verfilmtes Theaterstück machten; da waren, makaber genug, Kortner wahrhaftig Hitlers (*NS*-ermordeter) Mitstreiter Gregor Strasser (* **1892**) und Granach Hitlers leibhaftiger Juden-*"Stürmer"* Julius Streicher (* **1885**).

Trotzdem durften sie beide, wie in jenen Kriegsjahren alle deutschen Immigranten, in einer Art Hausarrest *"abends nicht ausgehen"*.

Als an ihrer dortigen Pazifikküste mit Bombenangriffen des gegenüber liegenden "Achsen"-Feindes Japan gerechnet werden mußte, wurde Kortner rätselhafter Weise zum Blockwart ernannt. Laut Dienstvorschrift sollte er bei eventuellen Fliegerangriffen einen Schutzhelm tragen, in seinem Dienstbereich alle Zivilisten in ihre Häuser schicken und im Falle einer Panik einfach mit *"männlicher Reife"* seinen Schutzbefohlenen *"Trost und Mut zusprechen"*. Wer diesen Deutschen aber während seiner allabendlichen Ausgangssperre notfalls hätte vertreten sollen, blieb ungeklärt.

Während alledem: *"Die Zertrümmerung der deutschen Städte schmerzte wie die Siege Hitlers"*. Denn immer noch: *"Deutschland will mir nicht aus dem Kopf"*.

Daß diesem *US*-Geretteten dort irgendwo im fernen Europa elf Familienangehörige *NS*-ermordet wurden, erfuhr er da vermutlich nicht einmal. (Kortner noch 1963 in einem Brief aus Adenauers Deutschland an den Bühnenbildner Teo Otto [* **1904**] : *"Zählen die verbrannten menschlichen Gebeine gar nicht?"*)

Aber *"das eigene Bedrohtsein"*, erkannte er später im Rückblick auf jene Jahre im *US*-amerikanischen Exil, *"wich der Betrachtung der bedrohten Welt. Nun bange ich nicht mehr vor dem Tod durch Krankheit, sondern um den aller, auch des meinen, durch die Weltpolitik"*.

Umso angerührter hat er da eine Anekdote aus dem weiland schon zerbombten Berlin überliefert: irgendwann mitten im Kriege wurde dort ein Hitlerbild *"mit seinem drohend vorgereckten Zeigefinger"* plakatiert, das, *"den Betrachter aufspießend, mahnend feierlich fragte: 'Und was tust du für dein Land?'"*. Diese Frage seines Führers hatte damals jemand bei Nacht und Nebel an einer Berliner Litfaßsäule in Kritzelschrift so beantwortet, daß da jetzt zu lesen war:

"Und was tust du für dein Land?"
"Ick zitter" (also für Deutschland).

"Diesem unbekannten Berliner", fand Kortner, *"gebührt ein Erinnerungsmal wie dem Unbekannten Soldaten"*,

dem ich, selbst zehnjährig, im April 1945

auf einem brachen Frühlingsacker in Sachsen-Anhalt begegnete:
in *US*-amerikanischer Fliegeruniform, auf seinem Bauche liegend, dunkelhäutig
und mit umgeschnalltem Fallschirmpäckchen auf seinem Rücken: tot.
Dieser *Unbekannte Soldat* war
der erste Amerikaner, der erste Farbige und der erste Tote meines Lebens.
Kortners *"Erinnerungsmal"* ist ihm in meinem Gedächtnis zeitlebens sicher.

Aber als kurz danach, im selben Frühjahr 1945 der ganze braunböse Spuk wahrhaftig mit der ausschlaggebenden Hilfe des *US*-Präsidenten Roosevelt (der aber drei Wochen vorher, etwa zeitgleich mit jenem Fallschirmopfer seiner Politik auf dem sächsischen Rübenacker, in seinem Landhaus im Heilbad *Warm Springs* an chronischem Bluthochdruck verstarb) endlich, endlich nach tausend gefühlten Jahren ausgestanden war,

da gehörte Fritz Kortner in den *USA* zu den Allerersten, die dort Spenden sammelten und *Care*-Pakete ins postfaschistisch hungernde Nachkriegs-Deutschland schickten: auch noch, als ihm das bei unversöhnlich verbitterten Exilgenossen Vorwürfe und Feindschaften eintrug. Dem großen Berliner Kollegen und Antifaschisten Paul Wegener, der dort schwer erkrankt war, ermöglichte er mit seiner Kollekte in Hollwood eine Kur in der Schweiz: *"unser Tribut an ihn für seine Haltung in der Nazizeit"*.

Schon im Herbst 1947 brachte Kortner sein Kriegsgefangenendrama *"World Unseen"* (deutsch: *"Nacht und Nebel"*) in jenem *Rooftop Theatre* zur Uraufführung, das in New York von Erwin Piscator geleitet wurde.

Das bereits dürfte ihm damals offiziell übel angekreidet worden sein.

Denn die rettenden *USA*, eben noch ruhmreiche Sieger über deutschen Faschismus, erwiesen sich jetzt unverhofft selbst als faschistisch verseucht. Die Rolle der deutschen Juden wurde hier allen früheren oder vermeintlichen Kommunisten zugeteilt: sie wurden zwar nicht ermordet, aber verfolgt und vertrieben, ausgewiesen und ohne jede Toleranz ihrer Existenz beraubt.

"In Amerika wurden willkürlicherweise Ausschüsse eingesetzt", bemerkte Kortner, *"die Linksverdächtige vorluden. / Sie wurden 'investigated', untersucht, und, wenn 'schuldig' befunden, mit Berufsboykott bedacht"*.

Diese neurassistischen Gremien *"wüteten besonders in Hollywood, das als kommunistische Zentrale verdächtigt wurde"*.

Auch Kortner wurde als Autor des suspekten Piscator-Theaters von diesen hysterisierten Sicherheitsdiensten als Kommunist (der er niemals war) verdächtigt, verhört und durchleuchtet: nicht zuletzt auch, weil er dem Kommunisten Bertolt Brecht zur Einreise in die *USA* verholfen hatte.

Zwei ganze Jahre mußte er daher warten, bis er endlich die *US*-bürokratische *"Erlaubnis bekam, nach dem ausgebombten, ausgehungerten Deutschland zurückzukehren"*.

Dennoch kam er schon Ende 1947 mit *VIP*-Visum und *"als einer der ersten und Versöhnlichsten"* (Friedrich Luft) ins zertrümmerte Berlin zurück,

freilich erst nach Vorlage einer entlastenden deutschen Bürgschaft,

die ihm Boleslaw Barlog, damals Prinzipal des neu etablierten Steglitzer *Schloßpark-Theaters*

und 1954/55 mein eigener "Entdecker",

spontan und *"unbedenklich"* ausstellte.

"Ich ging, mit Blei an den Füßen, durch die Schuttstadt", hat Kortner nie vergessen, *"wurde vielfach erkannt und bestaunt. Daß einer freiwillig in diese Hungerhölle gekommen war, erregte Kopfschütteln"*.

Aber *"allmählich kroch aus den Ruinen"*, registrierte er bestürzt, *"Altberliner Großtalent hervor. Gustaf Gründgens tauchte wieder auf ... "*.

Dem schwerkranken Paul Wegener brachte er da warme Unterwäsche und Wein mit, für Jürgen Fehling tausendjährig entbehrte Zigarren und dessen vergötterter Gorvin veritable Schokolade; Erich Engel, sein wertgeschätzter Regisseur von früher, durfte in seiner Wanne *"heimlich das erste warme Bad seit einem Jahr"* genießen, und dessen Enkel lernten durch diesen Onkel aus Amerika wahrhaftig Apfelsinen, Bananen und Eiscrème kennen.

Aber da ihm bewußt war, daß er seine *"besten Mannesjahre im Exil ver-*

bracht hatte", war der inzwischen 55jährige nun umso fester entschlossen, seine verbliebenen *"Spätjahre zu meinen besten zu machen"*, und obwohl er von all dem Erlebten und Erlittenen *"etwas mürbe und müde geworden"* war, gelang ihm das sogar übermäßig: *"ein Wunder"*!

Einem ersten Angebot des Ostberliner *Deutschen Theaters* (vormals Max Reinhardts, dann Hilperts, noch später Gustav von Wangenheims und nunmehr Wolfgang Langhoffs) wollte er da zunächst einmal wenigstens probehalber folgen und als Gast erstmals wieder in deutscher Sprache Theater zu spielen versuchen: bloß was?

Aber die argwöhnische *US*-Besatzungsmacht untersagte das ihrem neuen Staatsbürger und Eventualkommunisten generell: *"wegen Fraternisierens mit den Deutschen"*. Aber *"zum Fraternisieren war ich doch zurückgekommen"*. Als er jedoch seinen diesbezüglichen Bürgen, den jungen Steglitzer Intendanten Boleslaw Barlog *"aus den brutalisierenden Händen eines angetrunkenen GIs befreite"*, geriet er wegen *"Auflehnung gegen die Besatzungsmacht zugunsten des Feindes"* auch noch bedrohlich *"in die Nähe des Abgeschobenwerdens"*. Zumindest den *US*-amerikanischen Sektor der Viermächtestadt Berlin durfte er zunächst nicht mehr verlassen.

Dadurch potenzierte sich nur noch seine lebenslänglich paranoïde Traumatisierung als allenthalben Unterdrückter oder Unerwünschter und Verfolgter. Es hörte nicht auf damit.

Trotzdem blieb er weiterhin *US*-Amerikaner. Denn *"der Gedanke"*, hat seine Tochter noch 2004 in eine bundesrepublikanische Fernsehkamera berichtet, *"in Deutschland zu sein und nicht raus zu können, war ihm sehr unangenehm"*.

Außerdem fühlte er sich auch dem gleichfalls paranoid gewordenen Amerika noch immer *"durch seine großzügige, unbedenkliche Gastfreundschaft, für seine ausgeübte, wenn auch oft von Quertreibern angeschossene, jedoch gesetzlich verankerte Vorurteilslosigkeit mit meinen besten Regungen bleibend verbunden"*. Spätestens jetzt in Berlin empfand er, daß auch die *Verei-*

nigten Staaten inzwischen *"eines meiner Heimatländer geworden"* war: *"Ich hänge an allen Ländern meiner Exiljahre"*. Aber *"wer so viele Länder seine Heimat nennt, hat kein Vaterland"*, sondern *"nur eine Muttersprache. Und die hat ihn"*.

Doch sein Mißtrauen gegen die überlebenden Deutschen blieb ihm trotzdem. *"Die große Zahl nazibelasteter Beamten im Adenauerschen Regierungsapparat"* ließ sich kaum übersehen.

Aber schließlich kam es ihm gar nicht mehr darauf an,*"ob einer ein Nazi war oder nicht*", beschwichtigte er seine eigenen Verdächtigungen und Ängste – freilich erst nach etwa zehnjährigem Wiedereinleben hierzulande: *"Die Wahrscheinlichkeit, daß der gerade Gemeinte einer war, ist überwiegend groß. Oft ist er es nicht mehr oder ist es schon wieder."*

Wie konnte einer wie er hier mit dieser Erkenntnis leben? Wohl nicht nur höchst wachsam, sondern auch chronisch als Zyniker:

Denn *"einer, der ein Nazi war, muß nicht notwendigerweise mit Leib und Seele dabeigewesen sein. Warum soll er gerade Hitler gegenüber ehrlich gewesen sein? Daß er dem Hitler die Untreue bewahrte, die er keinem sonst entzieht, macht ihn aber noch nicht zu einem Demokraten, eher zu einem Wirtschaftsführer, Staatsmann oder Heerführer"*.

Diese Einsicht manifestierte sich schon früh in Idee und Drehbuch zu einem Kinofilm, der nur mit Hilfe des selbst emigrierten Erich oder Eric Pommer (* **1889**, nunmehr obersten Filmoffiziers der *US*-amerikanischen Militärregierung in Deutschland) finanziert und schon 1948 produziert werden konnte: *"Der Ruf"*. Kortner selbst spielte da die Hauptrolle eines Exilheimkehrers, der hierzulande auf immer noch *"unbeseitigten Antisemitismus"* und wieder *"auflebenden Neofaschismus"* sogar bei Hochschullehrern wie auch Studenten stößt und dessen Rückkehr insofern scheitert. Das *www.filmportal.de* nennt diesen Streifen auch 2017 noch *"das bedeutendste Filmdokument deutscher Remigration"*.

Einen hiergebliebenen Mitläufer und *NS*-Schmarotzer porträtierte er in einem mitgebrachten Bühnenstück, das schließlich *"Donauwellen"* hieß, 1949 in den *Münchner Kammerspielen* als Inszenierung des Autors erfolgreich uraufgeführt, aber von den Besatzungsmächten abgesetzt wurde: weil es sie allzu satirisch karikierte.

Oder schonten sie in Absprache mit dem neuen Regierungschef Adenauer gleichfalls schon die alten Nazis landauf-landab? Weil sie sie für ihren "Kalten Krieg" gegen die Sowjetunion benötigten?

Jedenfalls gab das alles dem mitgebrachten Mißtrauen des remigranten Kortner fortgesetzten Auftrieb, und er registrierte mißvergnügt, wie *US*-importierter Sport- und spezifisch nachkriegsdeutscher Fußballfanatismus *"als Begeisterungsobjekt an die von Hitler leergelassene Stelle rückte"*.

Dabei gab es damals noch gar nicht jenen nationalepidemisch allgemeinen Fahnenschmuck an Häuserfassaden, Autoantennen und Gesichtern im Falle irgendwelcher errungenen oder auch nur erhofften und mantisch beschworenen Endsiege dieses sogenannten Sports.

Dennoch: *" In einer beispiellosen Weise einigte er alle Werktätigen"*.

Später bezeichnete Kortner sein seinerzeit *"immer fühlbares"* Lebensgefühl in diesem befreiten Lande als das *"unbewußte Unbehagen, meinesgleichen an irgendeiner Berufsspitze zu sehen"*.

Als jedoch ein solcher Seinesgleichen, der unemigrierte Gustaf Gründgens (den Kortner schon bald nach seiner Rückkehr in einem gescheiterten eigenen Filmprojekt friedenstiftend und versöhnlich zu besetzen beabsichtigt hatte), nur zwei Jahre später, 1950, seinerseits diesen Partner aus ihrer beider *"Danton"* von 1931 für die Rolle des Rappelkopf in seiner eigenen Inszenierung von Ferdinand Raimunds *"Alpenkönig und Menschenfeind"* ans *Düsseldorfer Schauspielhaus* einlud, bilanzierte Kortner:

allmählich *"tauchten die Widerstandskämpfer gegen den Hitlerstil, wie Engel, Fehling, Gründgens, aus ihrer anfänglichen Verschollenheit wieder auf. Sie waren ein Trost. Die im Hitlerreich verbliebenen außerordentlichen*

Männer waren außerordentlich geblieben".

Wirklich soll Gründgens, dieser "dagebliebene" *NS*- oder Göring-Protégé, seinen waidwund gescheuerten Gast damals ebenso spielerisch wie einfühlsam mit einem Wortlaut willkommen geheißen und wiedergewonnen haben, der so kolportiert wird:

"Damit es keine Mißverständnisse zwischen uns gibt:

wenn ich Sie bitte, sich an dem und dem Punkt zu setzen, Sie aber lieber stehen möchten, ich dann aber auf dem Hinsetzen bestehe,

dann ist das kein Antisemitismus".

Noch zehn Jahre später, im Sommer 1962, bedankte sich Kortner *"mit Vergnuegen"* (und seiner amerikanischen Schreibmaschine) beim selben Gruendgens für jenes *"Buendel überschwaenglicher Telegramme, die Sie mir während der Rappelkopfproben sandten"*,

und nun als eben siebzig Gewordener auch noch für dessen *"Geburtstagsgruß, ein Meisterstueck gratulatorischer Intelligenz".*

Aber seine Animosität gegen allen Antisemitismus bezog sich damals keineswegs nur auf jene Vorurteile und Anfeindungen, denen er als Jude persönlich ausgesetzt worden war oder immer noch wurde. Im *US*-amerikanischen Exil, hat seine Tochter Marianne Brün noch 2004 jener selben bundesdeutschen Fernsehkamera anvertraut, engagierte er sich ebenso leidenschaftlich gegen alle dort virulenten Rassismen und später in Deutschland auch gegen jede pauschale Diskriminierung und Unterdrückung von Palästinensern in Israel.

"Vergiß nicht, er ist ein verfolgender Verfolgter", sagte noch 1960 sein Berliner Intendant Boleslaw Barlog,

in dessen Vorzimmer ich 1959, einem meiner eigenen Schicksalsjahre, als blutjung blonder und blauäugiger Regieassistent seines *Schiller-Theaters* vom germano-allergisch gastierenden *"Räuber"*-Inszenator und Paranoïker Fritz Kortner im Vorübergehen sehr höflich und huldvoll gegrüßt zu werden die große Ehre hatte,

Barlog also sagte damals verständnisvoll zu Rudolf Fernau (jenem legendären *"Dr. Crippen an Bord"* der Nazi-Terra von 1942 ebenso

wie wunderbaren Grafen Rheydt in meiner eigenen Inszenierung von Sternheims *"Kandidat"* 1970 in Barlogs Berliner *Schloßpark-Theater*):

dieser verfolgende verfolgte Fritz Kortner also *"sieht an allen Ecken und Enden Feinde wie Spargel aus dem Boden schießen"*.

Denn *"fünfzehn Jahre, in denen er Triumphe hätte feiern können, in denen er so viel Großes hätte zeigen können"*, hat derselbe Barlog noch 1981 ins Bewußtsein gerufen, *"fünfzehn Jahre wurden ihm gestohlen – ihm wie so vielen andern, die im tausendjährigen Reich nicht zu den Erwünschten gehörten"*.

Recht eigentlich waren es natürlich mehr als nur fünfzehn Jahre.

"20 Jahre habe auch ich, wie Kortner, in der Emigration verbringen müssen",

fühlte sich Berufs- und Exilkollege Erwin Piscator (* **1893**) noch im Oktober 1959 veranlaßt, in einem Protestbrief an Walther Kiaulehn

(selbst * **1900**, gestrandeten Schauspieler, vorher in *NS*-Propaganda und -"Kulturfilmen" tätig, inzwischen beckmessernd meinungsbildenden Feuilletonchef des konservativen *"Münchner Merkur"*)

zu erinnern,

"und zurückgekehrt ein Deutschland vorgefunden, das, wie Sie, voll von Vorurteilen und mehr oder weniger bewußten Entstellungen war. Die hiergeblieben waren und den Nazis gedient hatten, blieben auf ihrem Posten"

(oder verbesserten sich sogar noch),

und den Hessischen *SPD*-Kultusminister Arno Hennig (* **1897** und

Begründer immerhin der *documenta* in Safet Misteles Kassel) hatte er da schon 1954, fünf Jahre vorher also, wissen lassen:

> *"Ich persönlich möchte [...] zu bedenken geben, daß ich 20 Jahre Emigrant sein musste, ausgebürgert – und von der Ausübung meines Berufes gewaltsam ferngehalten (zuletzt gaben mir die Amerikaner kein Ausreisevisum) – dass ich seit drei Jahren zurück bin – und auch nicht* <u>*ein*</u> *anständiges Angebot erhielt"*.

"Die Wahrheit ist nämlich", hat Max Reinhardts Sohn Gottfried, der es wissen mußte, noch 1972 festgehalten,

"daß die Rückkehr der Emigranten eine zweite Emigration bedeutete".

"Re-Emigranten nennen sie Leute wie mich, Kortner, Deutsch etc.", hatte Piscator schon Ende 1951 seiner Frau nach New York geklagt.

Aber *"Viel Glück zu Ihrer Ankunft"*, hatte ihn da kurz vorher, im Oktober 1951, wenigstens der Schicksalsgenosse Fritz Kortner telegrafisch in Deutschland wieder willkommen geheißen: *"Freue mich Ihres Hierseins. Wann kommen Sie nach München?"*

Piscator griff das auf, kam dann auch bald zu seinem *"alten Kampfgesellen"* nach München (wo er, anders als Granach weiland am Broadway, wieder *"einen wundervollen Herodes von Kortner sah – und dann stundenlang mit ihm sprach"*) und schlug Kortner umgehend eine Zusammenarbeit vor:

zunächst mit der Rolle des Götz in Sartres taufrischem *"Teufel und der liebe Gott"*, etwas später jedoch und teils aus Paris (wo man erst sehe, *"was Berlin verloren hat"*) sehr viel lieber und dringlicher *"Nathan der Weise"*:

"Lessing's vernunftgemässe enzyclopädische Toleranz steht auf einer solchen Höhe, dass sie nicht nur die Angegriffenen 'besänftigt', sie besänftigt auch die Angreifer. Die 'Nathan'sche' Weiheit <u>*ist*</u> *Weisheit schlechthin – ob sie nun Erfolg hat oder nicht (obwohl ihre Anwendung mehr Erfolg verspricht als viele andere Mittel – wie Köpfe abhacken – gleich an meiner Ecke hier liegt Danton auf einem kleinen Friedhof) –*

Und Sie werden aus dieser Rolle Ruhe, Helligkeit – schöpfen, Sie werden Ihre Klugheit, Ihr wundervolles Verständnis für menschliche Dinge – Ihren Charme, den man immer vergisst und den Sie in so reichem Maasse besitzen – als ein Geschenk, als eine besondere Gabe Ihres Talents einsetzen!

Sie sagten, kein Jude sollte die Rolle jetzt spielen, und ich war fast derselben Meinung bis zu [meiner] *Marburger Aufführung: als ich aus Gesprächen mit meinen nächsten Verwandten erfuhr – wie tief der Antisemitismus noch drin sitzt, und somit natürlich auch der Faschismus – inscenierte ich den Nathan: danach sagte ich mir 'nur ein Jude –*

denn es ist geradezu ein erhabener Moment – wie er seinen Hass gegen die Christen überkommt durch seine geistige Disciplin – die ihn so gross macht – dass das 'Jude sein' fortfällt – und nur 'der Mensch' noch da ist.

Wollen wir nicht eine Tournee mit Nathan machen?

Nur mit Ihnen könnte auch ich aus dem 'Nathan' noch 1000 mal mehr herausholen – aber gerade nach diesem fabelhaften, aber blutdürstigen Herodes – diese Rolle! Kortner, Sie verlangt nach Ihnen, wie Sie nach ihr ... ".

Aber Kortner widerstand und hat diesen Nathan nie gespielt. Er hätte Vergebung bedeutet. Den Holokaust vergeben?

Außerdem hörte er damals überhaupt zu spielen auf, weil er mehr und mehr endlich zu inszenieren die längst ersehnten Gelegenheiten erhielt und *"weil ich meinen eigenen Regie-Anforderungen nicht mehr gewachsen bin"*. Als also *"abgedankter"* Schauspieler soll er nach dem Kriege überhaupt nur viermal aufgetreten sein: aber zuletzt noch 1968 und '69, also 76jährig, in *WDR* und *ORF* vor Millionen von Fernsehzuschauern just als jener Shylock im *"Kaufmann von Venedig"* – sein unversöhnliches Vermächtnis?

Kortners Nachkriegserfolge als Regisseur, der in diesem seinem zweiten Hauptberuf erst 57jährig an einem muttersprachigen Theater debütieren durfte, waren gleichwohl (meist in Westberlin und München) unangefochten triumphal, und Hermann Kesten beendete seine fortgesetzten Observationen nunmehr so:

"Als ich ihn in München wiedersah, nach dem Krieg [...], da war er nun beides, ein Akteur und ein Regisseur, und ein Bühnendichter obendrein.

[...] Und wenn er einen Kritiker fand, der nicht gleich erkennen wollte, daß der Kortner wie ein Goliath durch gewisse deutsche Provinztheater ging, schrie Kortner, heimlich lachend, zuweilen: Ein politischer Feind! was viel liebenswürdiger war, als hätte er den Kritiker einen Esel geheissen".

Aber in depressiven Momenten fand er sogar *"Trost bei der Kritik"*. Denn durch jenes *"fast nie aussetzende Unvermögen der öffentlichen Schätzmeister, das zu Schätzende zu schätzen"*, wurde sein oft angezweifelter Beruf *"in meinen Augen rehabilitiert. Dafür – und nur dafür Dank dem Kritiker!"*

Aber Stückeschreiber Peter Hacks,

dessen kluge und gewitzte Dramen ich als Dramaturg und Theaterleiter
häufig in meine diversen Spielpläne aufnahm
und durch begleitende Lesungen persönlich ergänzte,
selbst mit größten Beglückungen und Bereicherungen dreimal inszenieren durfte,
mit deren Ostberliner Autor ich auch bisweilen korrespondierte,
den ich als Juror 1974 für den Hamburger *Lessing-Preis* nominierte,
obwohl das mitten im *Kalten Kriege* damals utopisch bleiben mußte,
und den ich gemeinsam mit Mozart
weiland meine eigene Wuppertaler Intendanz repräsentativ eröffnen ließ,

dieser Peter Hacks also begann seinen Huldigungstext für Fritz Kortner eulenspiegelnd so:

"Ich möchte von Kortner nicht inszeniert werden.

Kortners Genie fängt da an, wo das der Dramatiker aufhört; seine Stärke liegt in ihren Schwächen".

Aber am Ende dieses selben Huldigungstextes vermutet dieser selbe Eulenspiegel dann dies:

"Vielleicht ist seine Größe nicht, daß er Stücke besser macht, als sie sind, sondern daß er zeigt, wie gut sie sind?

Ich habe fast das Gefühl, als würde ich gern von Kortner inszeniert werden".

Dazu ist es leider nie gekommen.

Denn *"schon bei meinen ersten Arbeiten im nachhitlerischen Theater"*, hat dieser "junge Regisseur" später seinen Memoiren anvertraut, *"wurde der Gegensatz zwischen meiner Mentalität und der bestehenden evident".*

Dieser Gegensatz bestand schon in allzu Vielem, stigmatisierte dann sein ganzes hiesiges Inszenieren seither und bemühte sich primär um ein unvergröbert komplexes Menschenbild: den *"Kampf der Impulse innerhalb ein und desselben Menschen".*

Das war nach Hitler neu in Deutschland: *"Das schwarz-weiße Bös-oder-Gut-Theater ist ein Theater der falschen Aussage".*

Wieso denn das, Herr Kortner?

Na, "es entkörpert das Gute, weil es den Schatten des Bösen unterschlägt" und ebenso entkörpert es *"das Böse, weil es die Aufhellung, die das Gute auch noch in der Niederlage hinterläßt, durchzuschimmern verhindert".*

Tatsächlich? Also, schwarz ist auch weiß? Ein Faschist auch ein Antifaschist? Na, da hieß es aber umlernen: Dunnerlittchen!

Aber *"das Aufrütteln der Lethargischen"*, registrierte er später nach vollbrachter Arbeit, *"das Losrütteln aus der Konvention und Konfektion, in denen das nachhitlerische Theater leider so erfolgreich dahinsielt, ist so zermürbend".*

Seinen Nachfolgern hinterließ er, weitgehend unbemerkt und resonanzlos, seine Erkenntnis, was es heißt, ein Stück aus unserm literarischen Erbe zu inszenieren:

"Das Rendezvous ist zu spielen zwischen der Entstehungszeit des Stückes,

der Zeit, in der es spielt, und unserer Zeit, deren Licht sein Gewebe durchleuchtet und das noch Lebensfähige vom Abgestorbenen absondert.“

Erst alles das zusammen *”ergibt das Leben“* seines Szenengeflechtes.

Aber das erst ergibt *”auch den Stil der Aufführung, der nie in leichtfertige Stilisierung ausarten dürfte“ –*

– er dürfe *”nie in leichtfertige Stilisierung ausarten“*.

Seither tut er das in zunehmendem Maße.

Aber ohnehin haben solches Wissen um das Theaterspielen und all die unzählbar einschränkungslosen Hommagen für Kortners Regie-Resultate nur wenig bewirkt oder ausgelöst.

Zu so später Stunde und allzu kurzfristig haben sie auch an all dem Geschehenen und Zugefügten nicht mehr viel ändern können –

– auch seine Inszenierung von Georg Büchners *”Dantons Tod“* (mit Hans Christian Blech statt Kortner als Danton und Karl Paryla statt Gründgens als Robespierre) 1959 auf der Bühne des *Residenztheaters München*

ebenso wenig

wie 1949 bis 1951 drei letzte Kinorollen

oder je ein Fernsehauftritt 1962 mit Beckett's *”Letztem Band“* und 1968 mit jenem letzten, testamentarischen Shylock,

alles dies unter Regisseuren teils mit blütenweißer, teils mit leicht gesprenkelter *NS*-Weste,

ferner zwei eigene Filminszenierungen 1955

und schließlich von 1958 bis 1971 acht Verfilmungen seiner Theaterarbeiten gar im bundesdeutschen Fernsehen –

wie aber auch –

[Piscator im September 1955 aus der Berliner Kurfürstendamm-Pension Scheïra

(die auch ich später, Ecke Leibnizstraße, häufig bewohnte)

an seinen Frankfurter Rechtsanwalt: *"Kortner macht nun einen Film nach dem anderen"*]

– also ebenso wenig habe das alles *summa summarum* ändern können

wie auch jene zahlreichen Orden und nachgeholten Ehrungen im Deutschland seines "Rentenalters": *Großes Bundesverdienstkreuz mit Stern, Berliner Kunstpreis, Filmband in Gold, Kainz-Medaille* (Kainz-Medaille? Kainz-Medaille mit elektrischem Starkstrom!), *Pour le mérite für Wissenschaft und Künste,* Ehrensold der Stadt Berlin und manches mehr.

Aber auch sein großer Kollege Werner Krauß, der sich weiland vermeintlich problemlos den Nazis angedient und mit ihnen paktiert hatte,

und den ich hiernach, selbst noch fünfzehnjährig,
bei seinem Wiederauftreten 1950 als König Lear bei den *Ruhr-Festspielen*
(nach postfaschistisch jahrelangem Berufsverbot
mit extremen Demütigungen, Herzinfarkt und einschneidendem Karriereknick)
als einer der allerersten Verehrer seit 1944
und nunmehr einziger, vielleicht erster Autogrammjäger weit und breit
ehrerbietigst sein Foto zu quittieren bat,
was er laut seufzend, in der Rolle des ewig Behelligten,
und nur mit mürrischer Attitüde auf sich nahm: *"Ach, ihr Quälgeister!"*,

den ich damals noch häufig auf der Bühne sah:
eben als König Lear, auch als Falstaff, Hauptmann von Köpenick und Geheimrat Clausen, auch in Rollen von Shaw, Cocteau (* **1889**) und Charles Morgan (* **1894**)

und mit dem ich dann, nur fünf Jahre später als Regie-Assistent
des Berliner *Schiller-Theaters*, in der Komödie *"Die Kinder"* von Hermann Bahr
sogar noch zusammenzuarbeiten das mehrschichtig fragwürdige Vergnügen hatte,

auch dieser bräunliche Werner Krauß also war da schon kürzlich mit solchen Auszeichnungen des postfaschistischen Staates rehabilitiert worden.

Das eben minderte für Kortner deren Wert: *"Wir sind bei ein und derselben Figur manchmal zu anderen Resultaten gekommen"*, hielt er Krauß in einem fiktiven Dialog seiner Memoiren scheinbar nachsichtig vor: *"Ich meine den Shylock insbesondere"*,

den Krauß 1942/43,

also im Anschluß an den *NS*-Hetzfilm *"Jud Süß"* (mit seinen eigenen sechs freiwillig ausbedungenen Judenkarikaturen) und schon während der massenmörderischen "Endlösung" an allen Juden,

im *NS*-großdeutschen Wiener Burgtheater des *NS*-Parteigenossen Lothar Müthel als Ausbund eines antisemitischen Zerrbilds gespielt hatte, das *"mit krähendem Wehgeschrei"* dem Klischee eines jüdischen Ghettos *"nichts schuldig bleibt"* (Biedrzynski), also *"mit Leidenschaft zu mauscheln, unter den Augenlidern hervor zu lauern, das Messer an der Schuhsohle zu wetzen"* und sonstige rassistisch abgegriffene Diffamierungen zu benutzen und weiterzuverbreiten sich keineswegs geniert hatte.

"Das hindert nicht", fuhr Kortner ironisierend fort, *"daß wir beide durch hohe Auszeichnungen der Deutschen Bundesregierung in gleicher Weise geschmückt worden sind. Sie gewissermaßen für Ihre Auffassung, ich für meine. Das ist die höhere, ausgleichende Gerechtigkeit"*.

Aber, fügte er mit unverhohlener Bitternis hinzu, *"unser Fall ist nur ein kleines Beispiel für das Walten der Regierung im Großen, Herr Krauß"*.

Damit meinte er vermutlich die unübersehbar *"große Zahl nazibelasteter hoher Beamter im Adenauerschen Regierungsapparat"*.

Sein "arischer" Schicksalsbruder Piscator wurde damals nicht mit solchen Orden ausgezeichnet und registrierte das in einem Brief vom Januar 1954 an den Hamburger Bühnenbildner Adolf Stripling nicht eben unverletzt:

"Ich wäre sehr zufrieden mit dem persönlichen Handschreiben des Herrn Bundespräsidenten und der Verleihung der Goethe-Plakette; aber es wäre tatsächlich kein Grund vorhanden zu behaupten, dass

ich 'keine besonderen Leistungen' *für die Bundesrepublik vollbracht hätte. Haben Leute wie ich nicht schließlich seit 1933 die Ehre Deutschlands im Ausland aufrecht erhalten?*

Während andere zur Unehre Deutschlands beitrugen, indem sie unter dem Protektorat der Nazis den Krieg vorbereiten halfen und sich während des Krieges zum 'durchhalten' zur Verfügung stellten. Diese anderen erhalten heute das Verdienstkreuz, auch wenn sie unter dem Naziregime mit Ehren, Geld und Stellungen bis unter den Stehkragen ausgezeichnet wurden.

Eigentlich hatte ich vor, Herrn Theod. Heuss zu schreiben, nicht weil ich überhaupt Wert auf Auszeichnungen lege, sondern, wenn wir schon mal beim Auszeichnen sind, dann sollten auch Standpunkte festgelegt werden.

Denn ich bin andererseits so unverschämt zu sagen, dass ich niemand hoch genug schätze mich auszuzeichnen, so wenig wie ich mir die Frechheit herausnehme, jemand auszuzeichnen".

Da schwang die Kränkung eines Abgelehnten mit, den dieser junge "neue" deutsche Staat gar nicht haben wollte. Warum nicht?

Das hörte Piscator nicht auf, sich selbst und diverse Briefpartner zu fragen: *"Ich müßte an mein Alter denken und meine 20 verlorenen Jahre"*,

schon sechzigjährig im Oktober 1954 auch Hans Schweikart (* **1895** und Intendanten der *Münchner Kammerspiele*): *"Was ist es, daß man mich 'kaltstellt' – bevor ich kalt bin? [...] Glatte Beleidigung? Ungehörige Missachtung? Ich weiss nicht – was? Ich verstehe es nicht!"*,

und noch im Frühjahr 1957 den Berliner Bildungssenator (also Kultusminister) Joachim Tiburtius:

"Gibt es für mich tatsächlich keinen Platz in Berlin? – Ausser eini-

1954

"Weltkrieg I = 4 Jahre
Weimarer Republik = 15 "
Emigration = 19 "
Deutschland = 2/3 "

41 "

summa summarum ?"

Erwin Piscator (* 1893): Brief vom 26. Oktober 1954 aus Tübingen an Boleslaw Barlog im Berliner *Schiller-Theater*

gen zufälligen Gastspielangeboten trat auch im Westen kein größeres Theater an mich heran.

Nun bin ich aber gezwungen, mich ganz ernsthaft zu fragen, ob dieser Boden nicht zu schaffen sei?"

Nein, hätte dieser CDU-Tiburtius und DDR-Flüchtling ihm da aufrichtig antworten müssen: im damaligen Adenauer-Staat inmitten des sogenannten *Kalten Krieges* zwischen Moskau und Washington war das von einem vormaligen Kommunisten und immer noch aktiven Linken ganz bestimmt nicht zu schaffen. So einer sollte hier damals keinen Fußbreit Boden erobern können.

"Es wird einst eine geschichtliche Tatsache sein", schrieb dieser selbe längst theaterhistorisch gewordene und legendäre Begründer allen politischen Theaters, noch im Dezember 1960 aus dem *"Kaiserhof"* in Essen

(wo er mir zahllose lange Vorträge über seine Welt- und Theatersicht hielt)

an den Verleger Heinrich Maria Ledig-Rowohlt

(vor dessen imperialem Thron auch ich als verheißungsvoll einträglicher Dramen-Übersetzer seines Konzerns noch sehr viel später einmal meinen Diener machen durfte),

"daß ein politisch Verfolgter, zurückgekehrt, keine geistige Heimat mehr fand. Was tun?"

Der diesbezüglich als eher harmlos eingestufte Kortner wurde währenddessen just vom sozialistischeren Fortschritt dieses jungen Staates vermeintlich überhaupt erst entdeckt, ekstatisch vereinnahmt und über jedes Maß angebetet.

Ich selbst habe 1959 im Berliner Schiller-Theater seine Inszenierung von Schillers "Räubern" gesehen (mit denen ja Josef Kainz vor einem halben Jahrhundert Kortners Theaterbesessenheit überhaupt entfacht hatte), dort dann später auch Shakespeare's *"Was ihr wollt"* und im Hamburger *Schauspielhaus* Goethes ”*Clavigo*“ (mit Rolf Boysen), alles von Kortner imponierend vielumjubelt und unvergeßlich in Szene gesetzt.

Er selbst freilich spöttelte gelegentlich über seinen unverhofften Ruhm als unfreiwilliger Bilderstürmer:

”Daß ich mit 65 Jahren als junger Hallodri der deutschen Bühne gelte,

schmerzt mich – der deutschen Bühne halber“.

Aber nach der Verleihung des *Kulturellen Ehrenpreises der Stadt München* durch den damaligen Oberbürgermeister Hans-Jochen Vogel sagte dieser vollends siebzigjährige Laureatus in seiner Dankesrede von 1962:

”Ich bin eher ein Gezeichneter als ein Ausgezeichneter“.

So sehr hatte sich da inzwischen auch *”meine Einstellung zum Applaus“* verändert. *”Der Applaus ist kein verläßlicher Wertmesser“,* wissen seine Memoiren: *”Was wurde und wird nicht alles beklatscht! Die fragwürdigsten Darbietungen. Man bedenke, die Hitlerschen errangen den überhaupt größten Applausdonner. Seitdem ist er keine so reine Freude mehr“.*

Mißtrauen also jetzt auch noch gegenüber Huldigungen!

Aber just im selben Jahre 1962 ward da diesem Siebzigjährigen noch das Abendwunder einer künstlerisch und menschlich tief beglückenden Katharsis all seiner Traumatisierung oder gar Psychose zuteil. Denn er inszenierte in Berlin Max Frischs ”engagiertes“ Theaterstück *”Andorra“*, diese judenlose Parabel über Antisemitismus, mit dem ”arischen“ Schauspieler Klaus Kammer in der Hauptrolle des gesellschaftlich stigmatisierten Juden Andri, der gar kein Jude ist, aber dennoch als Jude verfolgt wird.

Das war ein Thema, hat Heidemarie Theobald (* 1938 und dort weiland mit der weiblichen Hauptrolle der Barblin besetzt) von sich und allen Mitwirkenden noch sehr viel später eingestanden, *”vor dem hatten alle eigentlich Angst“*. Denn wenn ausgerechnet Kortner dieses *”Andorra“* inszeniere, *”das* *wird ja ganz furchtbar, jeden wird er verdächtigen, der hat das gemacht im Dritten Reich, und der hat das gemacht".*

Aber *"nichts davon passierte"*: es wurde sogar, hat diese glaubhafte Augen- und Ohrenzeugin hinzugefügt, ein *"Glücksfall".*

Denn Klaus Kammer, Jahrgang 1929, sehr dunkelhaarig und -äugig, eher klein und völlig "ungermanisch", offenbarte sich seinem unstillbar blutenden jüdischen Regisseur schon bald und aus freien Stücken als damals begeisterten Jungschaftsführer der Hitler-Jugend. Das hatte er sich selbst inzwischen zwar sehr *"übel genommen"*, hat Ehefrau Hilde Kammer noch vierzig Jahre später einer Fernsehkamera anvertraut, aber nie darüber gesprochen. *"Er hatte mit dem Krieg zu tun"*, erinnerte sich auch Kollege Stefan Wigger noch 2002: *"mit den Nachwirkungen, in sich".*

Aber auf diesen Proben des Berliner *Schiller-Theaters* zu *"Andorra"* gab es unverhofft zwischen Kortner und Kammer, verscheuchtem Juden also und weiland pubertierendem Nazi, *"so viele Gespräche über deutsche Realität"*, hat Heidemarie Theobald bezeugt, *"über unsere Geschichte, über die deutsche Realität 1962, über die deutsche Realität zwischen 1933 und 1945"*,

daß Kortner diesen jungen Faschisten von damals *"sofort tief ins Herz geschlossen hat.*

Was da passiert ist, war die ungeheure Offenheit von dem Kammer: was mit der deutschen Jugend in dieser Zeit passiert ist und selbst mit einem wie dem Kammer"

(der auch mir in jenen Jahren vor und nach 1960 ein sehr guter Freund war und für meinen entscheidend *"großen Schritt"* vom Regie-Assistenten zum Regisseur die entscheidenden Weichen zu stellen half),

und *"dieser alte Wiener Jude mit diesem Interesse",* hat sich die Theobald noch 2002 erinnert, hat durch diesen *"ganz jungen offenen Kammer, der"*, inzwischen 33 Jahre alt, *"immer gesagt hat, daß er am liebsten mit zu den jungen HJ-Leuten gehört hätte und die ihn überhaupt nicht wollten, weil er klein war, weil er ganz anders aussah",*

Emigrant und Jude Kortner also, vermutete diese Zeugin, hat da *”wahrscheinlich zum ersten Mal begriffen, was das heißt, so 'ne ganze Jugend zu verführen oder jung zu sein in einer faschistischen Diktatur“.*

Sie führten da also genau jenen Dialog, den es zwischen Hiergebliebenen und Remigranten sonst leider kaum je gegeben hat, und kamen sich hierbei sehr nah. Denn es habe zwischen Kortner und ihrem Manne damals *”eine Verbindung gegeben“*, hat Ehefrau Kammer gespürt, *”in der ... ja, auch in der Herkunft aus dem Dunklen und auch nicht wirklich Beschreibbaren, nicht in Begriffe zu Bringenden“,*

”und Kortner hat eigentlich in Klaus seinen legitimen Nachfolger gesehen“, begriff Imo Moszkowicz,

jüdischer Regieassistent

(und im Berliner *Schiller-Theater* mein eigener Nachfolger, der sich damals auf einer Ansichtskarte an mich als *”Imo Lunin“* bezeichnete und noch Jahrzehnte später just mich zu wiederum seinem Nachfolger als Intendant der Festspiele im Kreuzgang des mittelfränkischen Benediktinerklosters Feuchtwangen machen wollte,

selbst Überlebender von Auschwitz und ”Todesmarsch“ 1945, hiernach respektabel versöhnlicher Ehemann der Tochter eines steirischen Nazifunktionärs):

”Klaus war in Art und Weise, also fast bis zu einer Art schauspielerischem Expressionismus, dem jungen Kortner sehr ähnlich“ –

also sowas wie ein Sohn, ein eben artverwandter Stafettenträger.

Kortner scheint diese Probenbegegnung als befreienden Durchbruch aus den üblichen deutschen Verheimlichungen in die eingestandene Wahrheit sehr begrüßt und als eigene Erlösung empfunden zu haben: endlich bekannte sich da einer von vielen Millionen Verleugnern zu seiner Zustimmung und Zugehörigkeit. Das ermöglichte Gespräche, wie Kortner sie hierzulande gesucht, aber nie gefunden hatte.

Es mag ihm Manches erklärt, seine eigenen Verwundungen freilich nicht mehr haben heilen können.

Umso unverschmerzbarer war der Verlust schon knappe zwei Jahre später:

Kortner inszenierte am Tatort ihres *"Andorra"* just jene *"Kabale und Liebe"* seiner eigenen Jugendikone Schiller, Klaus Kammer war Ferdinand. Da erkrankte Kortner, und während seiner Krankheit starb Kammer, 35jährig. Ob an einem Unfall oder Suizid, blieb ungeklärt und unaufklärbar. Kortner hielt ihm auf der Bühne ihres *"Andorra"* die blutende Trauerrede eines 72-jährig Verwaisten und ewig Hadernden.

Aber schon zu seinem 65. Geburtstag hatte Landsmann und schreibender Schicksalsgenosse Hans Habe mit seinem *"Geburtstagsgruß"* in der *"Neuen Rhein-Zeitung"* diesen Hader eines unbeirrbaren Kämpfers und Gerechtigkeitsfanatikers festgehalten:

"Wer seinen Schrei 'Ich bin unschuldig' in dem unvergeßlichen Dreyfus-Film gehört hat, dem klingt diese brutale Forderung nach Gerechtigkeit für immer im Ohr.

Brutale Forderung nach Gerechtigkeit: das, vor allem, ist Kortner."

Schon Max Reinhardt weiland: *"Ach, Kortner – der hat immer Recht"*,

und auch für Inge von Wangenheim, kommunistisch gnadenlos orthodoxe Ehefrau jenes Camille Desmoulins aus dem *"Danton"*-Film von 1931, war Kortner *"ein schwieriger Intellektueller. Auf dem Punkt beharrend, seine geistige Überlegenheit verlustreich ausspielend, oft unausstehlich mit seinem Rechthaben"*.

Selbst Berthold Viertel, seit 1913 mehrfach sein Regisseur, den der Schauspieler Kortner später als seinen vergleichslos *"blutsverwandten Gegner und gegnerischen Freund"* stigmatisierte, mit dem er *"nie ganz zusammen, aber auch nie endgültig auseinander"* kam, gestand:

"Man wird schwer fertig mit Fritz Kortner, im Leben und auf der Bühne! Der unwirsche Widerstand, der mit ihm geboten ist und sich in seinem wilden Gesicht zur Physiognomie zusammengeballt hat, läßt sich nicht begütigen und nicht bestechen – und schon gar nicht belügen. Die Idyllen sind nicht gewachsen, die ihn mildern könnten".

Aber in seinen eigenen Memoiren beichtet dieser Kohlhaas, sich noch lange einen *"Liebesbrief"* aufbewahrt zu haben, den er im November 1921 während der Premierenpause seines Othello bekommen hatte: jenes andern weltbewegend exotischen Außenseiters in einer konträren Gesellschaft also. Rudolf Forster, der in jener Inszenierung des Berliner *Staatstheaters "auf der Höhe des Jessnerschen Expressionismus"* neben diesem Kortner (den Oberrichter Alfred Kerr andern Tages als *"preiswürdig, denkwürdig"* rühmen sollte) den Leutnant Cassio spielte, wußte noch runde vierzig Jahre später über seinen Kollegen in der Rolle eines *"dunkelhäutigen Feldherrn in venezianischen Diensten"*:

"Die Kortnersche Deutlichkeit und Prägnanz stand über allem".

Aber während sich das alles noch sozusagen in der Halbzeit jenes Theaterabends und mitten in seiner Fortentwicklung, unterwegs zu seinem gänzlich mörderischen Erblühen befand, hatte Siegfried Jacobsohn, damals "*tonangebender und gefürchteter Kritiker"*, schon vier Worte auf sein Programmheft geschrieben, das er dann in der Premierenpause diesem 29jährigen Othello als Huldigung eines jüdischen Brandmarkers für einen jüdischen "Mohren" in dessen Garderobe schickte:

"Ich küsse Ihr Herz".

Just ein halbes Jahrhundert später hörte dieses geküßte Herz dann eines Julitages 1970 auf zu schlagen. Dem Überfall einer Leukämie waren da sein 78 Jahre lang vielstrapazierter Leib und dessen uferlos malträtierte Seele nicht länger gewachsen. Er starb just in München: *"Hitlers Lieblingsstadt, in ihr hatte er sein Braunes Haus gebaut, welches das schwarze Zentrum des Landes gewesen war".*

Ganze achtzehn Jahre später glaubte ein junger dortiger Dramaturg dieses Ableben noch im Herbst 1988 auf unverwüstliche Nachwuchsweise so verstehen zu dürfen, als habe Kortner also *"noch eine Zeit erlebt, in der seine Art zu inszenieren, nicht mehr interessierte"*.

Hierauf beschied ihn der tiefseriöse Rolf Boysen, im selben München 1961/62 Kortners Othello (und manches Höchstkarätige mehr), wie er als vierzig- bis fünfzigjähriger Schauspieler weiland den rund siebzigjährigen Regissseur Fritz Kortner erfahren hatte:

"Mit seiner jüdischen Rachefaust schüttelte er die deutschen Bühnen durcheinander, daß alles schreckhaft erwachte".

Unbarmherzig also *"fegte er alles von der Bühne, was nach Lüge roch, riß den Schauspielern ihre leeren Ausdruckshülsen vom Leib und stellte sie nackt und wehrlos in seine Räume, die immer aussahen, als hätte ein Wahnsinniger sie entworfen.*

Alles links und rechts von sich beißend, was ihn störte [...], baute er eine neue Welt. [...] Jeden Tag wieder baute er mühselig, langsam, schwer atmend, bösartig und gefährlich liebend diese neue Welt. Eine Nacht-Welt. Eine Shakespeare-Welt voll chaotischer Zärtlichkeit. Abraham! Wegbereiter! Nährboden! Ein Unsterblicher!"

Aber in diesem selben späten Nachruf mit all seiner Treue und unwandelbaren Verbundenheit übersah Rolf Boysen dann auch Kortners ewig weiter blutende Wunde nicht:

"Die Emigration in ein fremdsprachiges Land muß für ihn vernichtend gewesen sein.

Er verlor dadurch einen Teil seines Wesens".

Ein Sumpf

Ein fast schon postumer (und von den Medien tunlichst ignorierter) Prozeß gegen einen 94jährigen Nazischergen wegen 170 000facher Beihilfe zu Morden im Konzentrationslager Auschwitz

wie auch der Auftritt des ebenso 94jährigen Zeugen Leon Schwarzbaum mit all seinem brillanten Erinnerungs- und Artikulationsvermögen nicht nur vor dem (provinziell verborgenen) Detmolder Gericht, sondern auch in einer (sei es natürlich nur nächtlich ausgestrahlten) Talkshow des *Zweiten Deutschen Fernsehens*

machen selbander zwar einmal mehr Grauen und schuldhafte Durchführung eines unbegreifbaren Massen- oder Völkermordes deutlich, aber außerdem auch noch sonstige, bislang gern übersehene Straftaten.

Erstens

scheint an jenem Massen- oder Völkermord seinerzeit zumindest eine Vielzahl, eher noch eine Mehrzahl der deutschen Bevölkerung schuldhaft beteiligt gewesen zu sein: teils als Täter, teils durch Beihilfe oder mindestens in Gestalt unterlassener Hilfeleistung.

Spätestens heute erkennt man: der Verdacht jener häufig und inbrünstigst geleugneten Kollektivschuld bleibt durchaus noch bestehen: *”Ein Volk – ein Reich – ein Führer“* – oft genug gemeinsam gebrüllt und gemeinsam gelebt.

Insofern hätte nach 1945 die gesamte deutsche Bevölkerung vor Gericht gestellt werden müssen: wegen vermeintlichen Massen- oder Völkermordes, wegen Beihilfe hierzu oder unterlassener Hilfeleistung.

In Fällen nachweislicher Unschuld wären da ja getrost auch Freisprüche möglich gewesen – aber erst nach gerichtlicher Überprüfung.

Eine solche juristische Aufarbeitung ist seinerzeit wohlweislich und vorsätzlich unterlassen worden.

Zweitens

hat sich nach 1945 eine Vielzahl, eher eine überwältigende Mehrzahl der deutschen Gesamtbevölkerung einer weiteren sträflich unterlassenen Hilfeleistung schuldig gemacht:

an den überlebenden Opfern jenes Holokaust. Deren massive, meist lebenslängliche Traumatisierung wurde nahezu gesamtheitlich übersehen und verdrängt. Niemand half diesen hochgradig Hilfsbedürftigen, die vielmehr überwiegend gemieden und gesellschaftlich ausgegrenzt wurden: als *"displaced persons"*. Niemand hörte ihnen auch nur zu, niemand versuchte, sie zu therapieren oder zu entschädigen, ihnen irgendwie weiterleben zu helfen.

Heute wird jeder zweite Zeuge eines Verkehrsunfalls psychologisch und/oder seelsorgerlich betreut und bemuttert. Jene schwerverletzten Menschenreste einer gigantischen Vernichtungsmaschinerie wurden damals gnadenlos sich selbst überlassen. Die meisten schwiegen dann Jahrzehnte lang über alles Erlittene, träumten schreiend allnächtlich davon und mußten zusehen, ob und wie sie das isoliert und unbegleitet, hilflos und einsam irgendwie selbst bewältigten oder verarbeiteten.

Hier dürfte eine weitere Kollektivschuld des deutschen Volkes erfolgreich ignoriert und nie geahndet worden sein: die vorsätzliche Unterlassung einer gebotenen Hilfeleistung.

Drittens

erkennen wir heute mit alledem eine weitere sträfliche Unterlassung unserer Gesellschaft: die pauschal verweigerte Ermittlung all dessen durch Bundesanwaltschaft oder Staat. Weder den besagten Massen- oder Völkermorden dieses Volkes noch seiner vieltausendfachen Beihilfe hierbei noch auch der damals oder anschließend unterlassenen Hilfeleistung ist jemals auch nur ansatzweise strafrechtlich angemessen nachgegangen worden.

Hierzu wäre eine Anklage der deutschen Justiz wegen des Straftatbestandes zumindest der Begünstigung oder Strafvereitelung unerläßlich gewesen.

Da alles das unverjährbar ist, könnten diese Versäumnisse durchaus noch nachgeholt werden.

Bestehen da berechtigte Hoffnungen?

Nein.

Jene Mörder (und ihre Handlanger oder Erben) sind und bleiben hier in alle Ewigkeit gern unter uns.

In historischer Sicht ist das ein eigentlich noch größeres und unentschuldbareres Verbrechen als alle Massaker der Nazis *summa summarum*.

Es trägt den Namen eines nie je dränierbaren Sumpfes: *Bundesrepublik Deutschland.*

Patres, peccavimus.

Sela.

Promenaden

Was früher mal in unsern Städten der Bürgersteig war, ist heute eine Streß- und Pöbelpiste.

Als ziviler Fußgänger muß man sich da eine letzte Chance zu erkämpfen versuchen:

zwischen all den hochtourig rasenden Fahrrädern, rücksichtslos querfeldein oder diagonal bewegten *mountain-bikes*, zwischen Tretrollern, Scate-boards oder *Inline boards*, zwischen Rollatoren, Einkaufstrolleys oder "Hackenporsches", *Bobby-Cars* und Kombi-, Zwillings- oder Buggy-Kinderwagen –

von ganzen Geschwadern mit gelangweilt oder lieblos vorwärts getrotzten, sei es elektronisch vorprogrammierten Rollstühlen als den Zwangsvehikeln hilflos verschreckter Hilfsbedürftiger ringsum

wie auch von den sperrig schräg ausgestellten Gehhilfen oder Krückstöcken all der verängstigten Hüftoperierten, glücklosen Wintersportler oder *Nordic walkers* ebenso zu schweigen

wie von der unaufhaltsam walzenartigen Fremdbestimmung durch gnadenlos fanatisierte und stinkend schweißüberströmte Jogger

oder letzte Passanten, die sich freilich mit umgeschnalltem Rucksack und wehrhaft jähen Schwenks in benachbarte Gesichter hinein oder auch blindlings Haken schlagend mit beidseitig ausladenden Plastiktüten voller *shopping*-Ramsch gewaltsam Freiräume verschaffen, die sie für allerletzte Lebensräume zu halten scheinen.

Diese ganze Privatolympiade von Gehetzten wird von amusischen Klingeltönen mobiler oder smarter Telefone und i-pads vertont, die den Motorenpegel ringsum fast ebenso unbarmherzig begleiten oder potenzieren

wie auch all die lauthals gerufenen und unvermeidlich aufgezwungenen Ferngespräche im Umkreis von 360 Graden. Es tobt ringsum: freilich nach

Geschlechtern differenziert, denn männliche und weibliche Brutalität unterscheiden sich in ihrer Egozentrik *naturaliter*.

Da wird man als Fußgänger mittendrin ganz schnell zu einem unerwünschten Störenfried oder Rudiment einer abgewrackten Ära.

Nur ein rigoros defensives Verhalten, das sich aus improvisierten Schlingerkurven und anachronistisch fantasievoller Weitsicht rekrutiert, hat da noch vage Aussichten, auch ein noch so nahes Ziel jemals unverletzt und wunschgemäß treffsicher, ohne Umweg und Zeitverluste wohlbehalten zu erreichen.

Ist das noch ein Bürgersteig, ein Gehweg, ein Fußweg für *citoyens*? Eher ein Kampfplatz für Widersacher.

Daß unser ehemals für diesen öffentlichen Bereich gebräuchliches Fremdwort *Trottoir* einen Sperrbezirk für Fahrzeuge jeglicher Art bezeichnete und sich aus der eleganten französischen Vokabel *trotter* für *huschen, hin- und herpassieren* oder *-traben,* abzuleiten beliebte, ist jetzt nur noch Bildungsballast für einen Bodensatz verzichtbarer Greise.

Aber auch sonstige Nachbarn in unserm Abendlande pflegen hierorts mit ihrem Wortschatz auf einer Fortbewegung ausschließlich zu Fuß zu bestehen:

mit italienischem *marciapiede*, englischem *footpath*, schwedischem *gångstig*, und selbst die *US*-Amerikaner, die uns das alles eingebrockt haben, verwenden für diese Fußgängerzone die verräterische Vokabel *sidewalk:* also immer noch *walk!*

Mit einem Wort: dieses heutige Schlachtfeld konkurrierender Vehikel war eigentlich als *Promenade*, etymologisch *pour se promener,* zum *Lustwandeln* also, gedacht und hieß im lateinischen Europa auch noch *paseo* und *camino.* Oder *Esplanade = freies Feld* für Parks, Promenaden, Paraden, Galerieen, Arkaden oder Boulevards. Aber niemals *Arena*, niemals *Rennbahn*!

Denn vom Überlebenskampf heutiger Bürgersteige ohne Bürger war da ursprünglich nie und nirgends die Rede.

Aus einer Zone lustwandelnden Müßiggangs, einem friedlich kultivierten Ableger ländlicher Trampel- oder Ziegenpfade, ist eine gnadenlos barbarische Rallye rivaliserender Gegner geworden, die sich um sinnlosen Vorsprung verbissen bekämpfen.

Auch hier soll es tunlichst nur noch *winners* und *losers* geben.

Über eine Anerkennung der Bürgersteigwettbewerbe als olympische Disziplin soll in kompetenten Kreisen bereits nachgedacht werden: allerdings sportlich – also strikt kontrovers! Auch da darf nur einer siegen!

Und kein einziger lachen!

Warum nicht?

Politische Septette

Im Barock kam es zu einer ersten überwältigend opulenten Blüte der Gattung Oper. Aber sie strukturierte sich damals noch aus einer eher linearen Abfolge langer Arien, meist sogenannten Dacapo-Arien mit hartnäckigen Wiederholungen, in denen sich die schnell wechselnden Launen der Göttin Fortuna, aber auch die unbeherrschbaren Affekte des Menschen jäh und abrupt in ihr Gegenteil verkehrten.

Der musikologische Laie hielt diese dominante Form noch für ein historisches Frühstadium, das erst von Mozart zur wundersamen Blüte, vollends zum Geflecht eines mehrstimmigen Ensemble-Gesanges entwickelt wurde.

Aber kürzlich saß ich staunend
vor einer Fernseh-Aufzeichnung von Händels *"Alcina"*,
wie sie 1734 in London komponiert und 2015 in Aix-en-Provence
produziert worden war, und erfuhr da mehr über alles das.

Dieses Meisterwerk verwendet eine stoffliche Vorgabe des nunmehr just fünfhundert Jahre alten Epos *"Orlando furioso"*, das Ariosto 1516 erstmals veröffentlicht, ihm aber da auch den griechisch antiken Mythos der Kirke, einer Magierin auf der extramediterranen Klage-Insel Aiaia, eingefügt hatte.

Den nun verwendete Händel, dieser da schon 50jährig hagestolze Junggeselle, um in seiner *"Alcina"* allen zwischenmenschlichen Eros zwar als durchaus willkommenen Jungbrunnen, aber auch als wahres Hexen- oder Dämonenwerk zu entlarven,

allen Sexus also recht eigentlich zu verteufeln.

Nur daß er das mit überaus verführerischer, vielfach süßer und unwiderstehlicher Musik vollzog, von der man nie recht erfahren wird, ob sie als Satansverlockung denunziert wird

oder all das Verleumdete unterschwellig doch auch verherrlicht.

Ich denke mir, dieser kluge Komponist und Hexenmeister
überließ das weise und lächelnd jedem einzelnen Hörer.

In Aix-en-Provence nun hatte das Katie Mitchell, eine britische Regisseurin aus der südwestlich archaischen Grafschaft Berkshire, fantasievoll und klug, aber mit dem Wissen unseres frühen 21. Jahrhunderts inszeniert

und den kritisierten Eros folglich um extrem masochistische, auch mörderisch sadistische und vielleicht sogar latent pädophile Elemente angereichert, die sie aus Händels Musik herausgefiltert haben mochte oder jedenfalls mit ihr zu harmonisieren wußte.

Alles das
leuchtete einem heutigen Zuschauer mühe- und problemlos ein:
eben als teuflisches Hexenwerk!

Musikalisch verharrte auch diese zeitgenössische Aufführung bei der vorgegebenen Struktur der uniformen Ariensequenz. Zweidreiviertel Stunden lang folgt auf möglichst kurze Rezitativ-Dialoge jeweils eine emotional höchst aufgeladene und konrastreiche Arie in aller gebotenen Ausführlichkeit: insgesamt mehr als zwei Dutzend.

Naja, dachte sich der musikologische Laie:
Duette, Terzette wurden halt erst später erfunden.

Aber dann, nach fast drei Stunden, stimmen Alcina, Ruggiero und Bradamante unverhofft ein Terzett für Sopran, Kastratensopran und Altistin an: *"Non è amor' ne gelosia"*. Es ist die 38. musikalische Nummer der Partitur und ein reines Wunder an Wohlklang und technischer Meisterschaft.

Erst hiernach, im Übergang zum eigentlichen Finale, verwendete Händel auch erstmals in dieser Oper einen Chorgesang, der vorher hinter dem unentwegten Arienreigen hatte zurücktreten müssen.

Das veränderte meinen Blick auf Händel.

Unverkennbar war er durchaus auch schon ein Virtuose der vokalen Polyphonie. Wenn er das aber überwiegend verheimlichte oder aussparte, dürfte das also nicht an ihm und seinen handwerklichen Fähigkeiten oder ästhetischen Prämissen gelegen haben, sondern vermutlich an den Vorlieben oder Hörgewohnheiten seines Publikums.

Aber wenn ganze Auditorien in solchem Ausmaße Sologesänge exklusiv bevorzugten, dürfte das Gründe haben, die nicht in oberflächlich modischen Geschmacksbereichen aufzuspüren sind.

Ich vermute,
das hing eher mit dem damaligen Menschenbilde zusammen.

Es war noch sowas wie aristokratisch und schätzte (oder überschätzte) Bedeutung und Stellenwert des humanen Individuums.

Eine Oper vermochte (bestenfalls) das Interesse an den vorgestellten Personen zu wecken und lebendig zu erhalten, weil der Zuschauer deren Emotionen oder eben Affekte deutlich und unvermischt verfolgen und nachvollziehen wollte. Jeder Ensemblegesang hätte die Bedeutung der Protagonisten in einem Maße geschmälert oder nivelliert, das damals noch leicht als unerträglich hätte empfunden werden können. Der Einzelne war da noch unangefochten und autark eine singuläre *Krone der Schöpfung* und vermischte sich noch nicht bis zur Unentwirrbarkeit mit seinen Artgenossen – weder bei illegalem Sex noch beim Singen.

Dieses zutiefst noch prädemokratische Menschen- und Gesellschaftsbild dürfte dem damals exzessiven Ariengesang recht eigentlich zugrunde gelegen haben.

Erst fünfzig Jahre später, 1786, explodierte vollends Mozarts *"Figaro"* mit fast ausschließlich nur noch Ensemblegesang. Seine Susanna zum Beispiel, weibliche Protagonistin immerhin mit einem riesigen sängerischen Pensum, hat in ganzen 210 Minuten oder dreieinhalb Stunden nur eine einzige traditionelle Arie zu singen: und die erst mitten im vierten (und letzten) Akt. Es überwiegen permanent Duette, Terzette oder Quartette und sonstige Ensembles bis hin zu einer Vokalpolyphonie zu siebt.

Aber noch viel revolutionärer: da singen nicht nur Verliebte, Verwandte und Freunde miteinander, sondern auch völlig Fremde, Männer und Frauen durcheinander, gar Hohe und Niedrige der damaligen Feudalgesellschaft, ein Grafenpaar mit seinem Friseur, der Kammerzofe, dem Gärtner, also Herrschaften mit Domestiken oder Adlige mit dem Prekariat.

Das kündet intuitiv wahrhaftig schon an, was dann nur drei Jahre später mit dem Sturme auf die Pariser Bastille Ereignis wird: die *Französische Revolution* – also eine neue Zeit, ein politisch, gesellschaftlich und geistig radikaler Umsturz des ganzen europäischen, bald auch amerikanischen, später gar globalen Gesellschaftslebens.

Mozarts vorauskomponierte Harmonie der Vielen leitete singend und mit latentem Jubel jene andere Ära ein, in der Gemeinsinn, Gleichberechtigung für alle und deren Meinungsfreiheit, aber auch schon Diktatur des Proletariats, ochlokratischer Mehrheitsterror und mancherlei Blutrausch eines Tages die unausweichlichen Folgen sein mußten.

Am Umgang mit Opernarien ist das alles nachzuvollziehen und schon vorauszusehen. Deren ästhetische Bedeutung wird demnach ganz beträchtlich aufgewertet –

also der Stellenwert von Kunst überhaupt: plötzlich kann sie seither

ein sozialer Seismograf sein – *"aufgemerkt"*!

*"Das Künftige
ist im Gegenwärtigen verborgen."*

"I Ging", ~ 3. Jahrtausend vor Christos

*"Nur wer die Vergangenheit kennt,
kann die Gegenwart verstehen
und die Zukunft gestalten."*

August Bebel (1840-1913)

"Allem Zukünftigen beißt das Vergangene in den Schwanz."

Friedrich Nietzsche (1844-1900): *"Aus dem Nachlaß der Achtzigerjahre"*

*"Was ist … das Wichtigste? Die Wiederentdeckung
des Unvergänglichen in der vergänglichen Zeit."*

Ernst Jünger, 91: Tagebuchnotiz in Magadino (Tessin) am 27. Mai 1986
(in *"Siebzig verweht IV"*, 1995)

*"Was man erinnert, lebt
und kann wieder geschehen."*

Mario Vargas Llosa, 51: *"El hablador"*, 1987

*"Die Zukunft
gestaltet sich aus dem Erinnern."*

Günther Rühle, 90: *"Theater in Deutschland 1946-1966"*, 2014

Gebeutelte Neunziger 2:

"Danton" 1931 – Camille Desmoulins – Gustav von Wangenheim

Aber Camille Desmoulins, Gefolgsmann Dantons und historisch der eigentliche Initiator jenes bahnbrechend weltbewegenden *Sturms auf die Bastille* 1789,

in Erwin Piscators Inszenierung von Büchners *"Dantons Tod"*
(bei der ich ihm 1956 an Barlogs Berliner *Schiller-Theater* assistieren durfte),
da also als Theaterrolle unvergeßlich mit Kortners unjüdisch-jüdischem Andri,
meinem eigenen Weichen stellenden Freunde Klaus Kammer besetzt,
der,
damals schon der allseits vergötterte Spitzenprotagonist des Berliner Theaters,
dieselbe Rolle,
aber in Georg Büchners genialer Sprache und ganz anders,
als sensitiv verzweifelnden Utopisten und Poeten
mit tiefschwarz glühenden Sehnsuchtsaugen, spielte,

dieser selbe Camille Desmoulins also war im *"Danton"*- Film von 1931 jener Gustav von Wangenheim (**1895**-1975) aus freiherrlichem Uradel

(der vermutlich im 5. Jahrhundert mit zentralasiatischen Hunnen in Thüringen eingewandert war und hier jedenfalls seit 1133 und 1156 urkundlich nachgewiesen wird),

Sohn des prominenten Schauspielers Eduard Freiherr von Wangenheim,

der sich in Theater und zahllosen Filmen bevorzugt als pseudonymer Eduard von Winterstein bekannt und so beliebt zu machen wußte, daß sein Kollege Alexander Granach ihn noch 1944 im kalifornischen Exil als den *"besten Darsteller von Freunden"* bezeichnen konnte: *"In jedem Stück, wo Moissi oder Bassermann einen Freund hatte, war es Winterstein. [...] Jahre später, als ich mich mit seinem Sohn Gustav anfreundete, überzeugte ich mich davon, daß er diese Rolle nicht 'spielte'; er war es"*.

Hierfür sollte man wissen, was derselbe Granach schon vor einem halben Jahrhundert von seinem eigenen ostgalizischen Vater über Freunde und Freundschaft gelernt, also übernommen und verinnerlicht hatte:

"Freundschaft reicht weiter denn Verwandtschaft und Familie. Familie ist wie Erde. Man lebt da, und sie nährt einen, aber Freundschaften sind wie Diamanten und Goldadern und andere Schätze tief in der Erde verborgen und selten, und nur die ganz Glücklichen finden manchesmal so eine Goldader, so eine Freundschaft".

(Ich selbst muß da sofort an Lyhn,
einen buddhistischen Prediger in Thailand, denken,
der sich Anfang 1994 in *Ao Naang* mit Sawaang, meinem besten Freunde,
nur hierin einig war: der Priorität von Freundschaft noch vor der Familie.
Beide Ehemänner und Väter, bewerteten sie gute Freundschaft sehr viel höher
als jedes Familienleben. Lyhn hatte Frau und Kinder sogar verlassen
und lebte seit vielen Jahren lieber unter befreundeten Mönchen im Kloster.)

Doch es mache glücklicher, hatte jener lebenskluge galizische Familienvater da irgendwo in der österreichisch-polnischen Ukraïne um die Jahrhundertwende ergänzt, *"es macht glücklicher, Freundschaft zu geben als zu empfangen. Aber das Höchste ist, wenn eine Freundchaft sich das Gleichgewicht, die Waage hält".*

> Freund Gustav von Wangenheims Vater Eduard von Winterstein also war in Sohn Granachs Augen just solch *"ein zuverlässiger, wahrhaftiger Freund – er war es wirklich. Eine gütige Seele und ein gerader Charakter [...] Ein großartiger Mensch".*
>
> In erster Ehe war er mit der jüdischen Schauspielerin Minna Mengers verheiratet,

die sich das Leben nahm, als ihrer beider Söhnchen Ingo Clemens Gustav Adolf von Wangenheim vier Jahre alt war: **1899**.

Sechzehnjährig verließ dann diese Halbwaise als ein mitgeheirateter Stiefsohn der jüdischen Schauspielerin Hedwig Pauly und schon als Obersekundaner (der heutzutage elften Klasse) mit "mittlerer Reife" sein Berliner

Gymnasium, begann und beendete eine landwirtschaftliche Lehre, absolvierte dann seinen einjährig obligaten Militärdienst als Gardekürassier im *Kaiser-Alexander-Garde-Grenadier-Regiment Nr. 1* und wurde just 1912, also siebzehnjährig, Schüler an Max Reinhardts *"Schauspielschule des Deutschen Theaters zu Berlin"* (der heutigen *"Hochschule für Schauspielkunst 'Ernst Busch'"*).

Aber am 1. August **1914** brach der *Erste Weltkrieg* aus. Alexander Granach, damals 24jähriger Schüler derselben Schauspielschule, aber schon mit mehrjährigem Vertrag an Max Reinhardts *Deutsches Theater* und erste dortige Spielverpflichtungen gebunden, ging auch an diesem Schicksalstage in sein Theater. *"Alles war durcheinander"*, wußte er noch, als er 25 Jahre später in Hollywood seine Memoiren schrieb (und da bereits der *Zweite Weltkrieg* ausgebrochen war):

"Einige Schauspieler hatten schon ihre Uniformen an. Mein Freund Wangenheim hatte auch schon seine Uniform, und als ich ihn abends verlassen wollte, fragte er mich voller Mißtrauen, ob ich denn eigentlich kein Spion sei" –

denn Granach war ostgalizischer Jude aus Polen mit seinerzeit *k. u. k.* österreichischem Paß und nach jenem Mord von Sarajewo nun auch mit donaumonarchisch geschuldeter Verpflichtung, das Vaterland zu verteidigen.

"Plötzlich also war ich ein Fremder", begriff an diesem Tage der taufrisch importierte Nachwuchsschauspieler Granach, *"ein bester Freund traute mir nicht mehr"*.

Nicht nur Völker polarisierten sich da aggressiv: privat Verbundene ebenso.

Auch Freund Wangenheim wurde da also wieder Soldat, an der belgischen Westfront schnell zum Leutnant befördert, aber 1915 nach einer Augenverletzung aus dem Heeresdienst entlassen und ab sofort wieder Schauspieler:

zunächst am Wiener Burgtheater, aber bald meist an Max Reinhardts *Deutschem Theater Berlin*, schon ab Oktober 1916, eben 21jährig, gleich in mehreren größeren Shakespeare-Rollen (auch schon als Laertes neben Alexander Moissis Hamlet)

und im Oktober 1918, noch in den letzten Weltkriegs- und Kaisertagen, an der *Volksbühne Berlin* neben deren neuem Direktor Friedrich Kayßler in Ludwig Bergers (* **1892**) umjubelt revolutionärer Inszenierung von *"Maß für Maß"*. Derselbe Siegfried Jacobsohn, der nur drei Jahre später Fritz Kortners schwarzes Mohrenherz küßte, begeisterte sich nach dieser Premiere ausnahmsweise auch für jenen *"Hauch von persönlicher Kultur, von Geschmack, von Noblesse, von menschlicher Anständigkeit"*, der da *"plötzlich auf dieser Bühne liegt"*, und belegte das (noch kaisertreu wilhelminisch?) auch mit der Rolle des Claudio:

"Da ist Gustav von Wangenheim, ein Stück Parsifal, ein deutscher Jüngling, der Todesangst zügellos herausschreit, ohne verächtlich zu werden".

Aber dieser Schauspieler trat damals nicht nur auf den führenden Berliner Bühnen, sondern gleichzeitig auch schon in ersten Stummfilmrollen auf: meist als Liebhaber oder auch bisweilen komisch.

Freiherr von Wangenheim drehte damals in vier Jahren (von 1914 bis 1917) schon sechs Filme, teils noch als Gustav von Winterstein und neben so prominenten Kollegen wie Emil Jannings, Fern Andra, Theodor Loos und Vater "Winterstein",

Aber nach ersten rebellischen Artikeln für Franz Pfempferts genuin expressionistische *"Aktion"*, eine oppositionelle *"Zeitschrift für freiheitliche Politik und Literatur"*, schrieb dieser junge Baron 1917 sein erstes eigenes Bühnenstück, das die russische Oktoberrevolution behandelte, von Paul Cassirer, progressivem Verleger auch Wedekinds, Sternheims, Tollers, Heinrich Manns und Else Lasker-Schülers, publiziert und 1918 gar vom *"Jungen Deutschland"*, Max Reinhardts Experimentierbühne im *Deutschen* Theater, preisgekrönt wurde:

"Der Mann Fjodor".

1918

"Die Masse hat das Wort und wird es wohl behalten. Was bleibt übrig als die Hoffnung und Aufgabe, die Masse zu heben?

Meine Pflicht gegenüber dem Neuen kann ich einzig so ansehen, daß ich unablässig den Wert, die Qualität meiner Arbeit zu steigern suche. Alles Andere können die Anderen besser.

Hinsichtlich vielleicht bald geforderter Leistungen wird der Massengeschmack sich ebenso durchsetzen wie früher. Kunst ist eine Sache allertiefster Menschlichkeit, eine Probe auf den Feingehalt von Geist und Seele. Rechte und Freiheiten werden ihr nicht dienstlich und förderlich sein.

Ich fürchte, wir werden eine große Proletarisierung, eine Entindividualisierung in der Breite bekommen. Die neuen Dogmen werden den alten das Wasser nicht reichen können. Glaube und sein Ersatz, der Aberglaube, der immerhin eine Ahnung des Unbegreiflichen und Anerkennung des Unheimlichen, überhaupt des Problems 'Mensch, wieso, wozu, warum?' enthält – werden allerlei glatten Formulierungen Platz machen müssen, Aufklärung und Nützlichkeit werden reissenden Absatz für ihren billigen Schund finden.

Die Menschen sind nicht gleich, was sollen sie mit gleichen Rechten! Wo Geist und Tiefe, Liebe und Freude sind, werden sie weiter bestehen. Ich wünsche dem wahrhaft deutschen Volk, dem wahren Volk, das man zwischen den Zeilen suchen muß, eine Art Eiszeit, welche Isolierung, Einfachheit, Kristallisierung ermöglicht, damit es einst als ein sichtbar Neues und Festes dasteht." (leicht verkürzt)

Ernst Barlach, 48: Brief vom 19. Dezember 1918 aus Güstrow an den Verleger Reinhard Piper, 39, in München

(Gleich im selben Umbruchsjahr 1918 schrieb Wangenheim auch noch ein zweites, das verschollen scheinende Theaterstück *"Der Lausbub Franz"*.)

Aber *"Der Mann Fjodor"* brachte ihn mit jener jungen *USPD*, erst im April 1917 von der *SPD* abgespaltenen *Unabhängigen Sozialdemokratischen Partei Deutschlands*, in Kontakt, der er am 11. November 1918, dem zweiten Lebenstage einer deutschen Republik, als Mitglied beitrat. Fast automatisch vertrat er sie dann auch schon gleich als ihr Abgeordneter im *Deutschen Reichstag*.

Aber da hatte er inzwischen Kurt Hiller und dessen *"Bund zum Ziel"* kennengelernt, den sie gemeinsam schon am 10. November 1918 im Reichstag zum *"(Poltitschen) Rat geistiger Arbeiter"* umbenannten und umfunktionierten.

> Kurt Hiller (**1885**-1972), schwuler Berliner Jude, promovierter Jurist und expressionistischer Lyriker, rechtsphilosophischer und politischer Publizist, *"gruppenbildender"* Außenseiter und anfangs rätedemokratisch, *"später eher geistesaristokratisch-reformistisch"* orientierter, ungemein umtriebiger und einfallsreicher Aktivist,
>
> seit 1915 auch Autor und (neben Kurt Tucholsky und Carl von Ossietzky, * **1889**) Wortführer jener Zeitschrift *"Die Weltbühne"*, die damals das Organ jedes fortschrittlichen Geisteslebens in Deutschland war und noch von ihrem Begründer, jenem Siegfried Jacobsohn, herausgegeben wurde. Dort plädierte Hiller *"für eine 'autoritative Bestenherrschaft'"* im Lande [Zitate bei Gerhard Wagner].
>
> Aber schon im Kriegsjahr 1917 hatte er seinen damals geheimen *"Bund zum Ziel"* mit dem Ziele gegründet, *"auf schnellen Schluß mit der Hohenzollernmonarchie und ihrem Kriege, auf Teilnahme am Aufbau einer Republik des Friedens, der Freiheit, der sozialen Gerechtigkeit, des Geistes"* einzuwirken. Dem dienten seine fünf Jahrbücher, die *"Das Ziel"* hießen, von 1916 bis 1924 unter Mitwirkung zahlreicher fortschrittlich denkender Schriftstellerkollegen er-

schienen und *"Aufrufe des Tätigen Geistes"* sein sollten.

Aber im Revolutionsnovember 1918 machte er also mit Wangenheims Hilfe aus diesem *"Bund zum Ziel"* nunmehr einen *"(Politischen) Rat geistiger Arbeiter",* der mit der jungen *USPD* sympathisierte und nach Vorbild der sowjetischen Arbeiter-, Bauern- und Soldatenräte von 1917 Einfluß auf die Tagespolitik, also Mitarbeit in der Regierung beanspruchte: um *"dekadente Politik zu durchgeistigen"*.

Das Programm dieses *"Rates geistiger Arbeiter"* wurde von dessen Mitglied Siegfried Jacobsohn schon am 21. November 1918 in der *"Weltbühne"*, 1919 (zusammen mit den Thesen jenes überholten *"Bundes zum Ziel")* auch noch im dritten Bande des Jahrbuchs *"Das Ziel"* veröffentlicht.

Es zielte bereits auf eine Korrektur der erst vor wenigen Tagen ausgerufenen Demokratie zur *"Logokratie"* mit *"elliptischer Verfassung"* und meinte mit alledem, was vor rund 2400 Jahren schon Platon in seiner *"Politeia"* (*"Der Staat"*) mit jener Idee einer Philosophenherrschaft entwickelt hatte: die politische Macht in einem Staate zwischen gewähltem Parlament und einem Ausschuß der geistigen Elite eines Volkes aufzuteilen.

"Geist werde Herr" hieß in diesem Sinne zuerst ein *"Weltbühnen"*-Text, 1920 auch noch ein ganzer Sammelband Kurt Hillers.

Gustav von Wangenheim wurde in den Vorsitz jenes *Rates geistiger Arbeiter* gewählt, der als "Anlaufstelle" auch für Heinrich Mann, Robert Musil, Franz Werfel (* **1890**), Bruno Frank (* **1887**) und andere Geistesarbeiter zum Beispiel auch vom Range

des Mediziners und Sexualwissenschaftlers Magnus Hirschfeld (1868-1935) interessant war, der seine deutschen Landsleute schon seit jenen **neunziger Jahren** des 19. Jahrhunderts als heldenhafter Pionier darüber zu informieren versuchte, daß gleichgeschlechtliche Liebe weder eine Krankheit noch eine Schuld sei, sondern schicksalhaft unverbrüchliches Naturrecht.

Aber schon nach vier Wochen geriet dieses ganze hochfliegend elitäre Projekt eines *Rates geistiger Arbeiter* in Existenzkrisen. Denn in der *"Weltbühnen"*-Rubrik *"Antworten"* erklärte Herausgeber Siegfried Jacobsohn am 12. Dezember 1918 unter der treffsicheren Überschrift *"Kurt Hiller"* seinen eigenen spektakulären Austritt aus jenem *"Rat geistiger Arbeiter"*, den er verächtlich als *"Debattierclub"* etikettierte.

Schon ein halbes Jahr hiernach berief dieser *"Rat"* einen gesamtdeutschen Kongreß aller Aktivisten des damaligen Kulturlebens nach Berlin, um sein Programm, das allzusehr von Diskussionen über den akuten Friedensvertrag von Versailles überschattet wurde, zu modifizieren und angemessener ins öffentliche Bewußtsein zu rücken. Fazit: schon nach gut halbjähriger Existenz wurde der *"Politische Rat geistiger Arbeiter"* Mitte Juni 1919 aufgelöst und dieses ehrbare Experiment für gescheitert erklärt.

(Noch hundert Jahre später
dürfte es von politischem und gesellschaftlichem Nutzen sein:
denn es könnte retten und fehlt uns umso schmerzlicher.)

Aber Kurt Hiller verfolgte auch nach diesem Fehlschlag konsequent seinen Weg, trat der Deutschen Friedensbewegung bei, gründete 1926 die *Gruppe Revolutionärer Pazifisten,* engagierte sich mit seiner spektakulären Publikation *"§ 175: die Schmach des Jahrhunderts"* für die strafrechtliche Rehabilitation Homosexueller und arbeitete daher auch in Magnus Hirschfelds *"Wissenschaftlich-humanitärem Komitee"* mit.

Folglich wurde er 1933 als Pazifist, Sozialist, Jude und Homosexueller dreimal *NS*-verhaftet und in mehreren Konzentrationslagern schweren Mißhandlungen ausgesetzt. Nur durch Intervention immerhin von Hitlers Intimus Rudolf Heß wurde er 1934 freigelassen und emigrierte sofort über Prag nach London, wo er abermals pazifistische und freiheitliche Organisationen ins Leben rief.

1955 nach Deutschland zurückgekehrt, versuchte er in Hamburg, seine unterbrochenen Agitationen fortzusetzen, fand jedoch im bundesrepublikanisch restaurativen Klima einer vergeßlichen Remigranten-Unlust kaum noch Resonanz. Als einer der unermüdlichsten Akteure eines radikaldemokratischen Protests ist er in Deutschland inzwischen so gut wie vergessen.

Anders verlief seit 1919 der weitere Weg seines Mitstreiters Gustav von Wangenheim oder auch Camille Desmoulins' aus jenem *"Danton"*-Film demnächst von 1931.

Zwar blieb auch er politisiert, aber gleichwohl weiterhin Schauspieler. Ab 1918/19 trat er wieder in Friedrich Kayßlers *"anständig-nobel"* geleiteter Berliner *Volksbühne,* 1919 freilich auch in Max Reinhardts zweitem Kabarett *"Schall und Rauch"* auf, für das er neben Autoren wie Kurt Tucholsky und Klabund (beide * **1890**) oder Walter Mehring und Friedrich Hollaender (beide * **1896**) eigene Chansons textete und teils auch im Keller des *Großen Schauspielhauses* selbst vortrug: neben Blandine Ebinger (* **1899**), Gussy Holl (* **1888**), Paul Graetz, Klabund (schon bald mit Carola Neher, * **1900**, verheiratet), Friedrich Hollaender und andern solchen Meistern dieses amüsanten Faches.

1919 schrieb Wangenheim *"Pierrot-Lieder"*, *"He, halloh"* und *"Wir haben den Laden übernommen"*. Zumindest sein *"Abschied von der Bohème"* wurde von Werner Richard Heymann (* **1896**) vertont, und eigens für diesen Texter-Kollegen schrieb Walter Mehring (* **1896**) damals sein Chanson *"Die Ballade des Abenteurers"*, das Wangenheim auf jener *"Wilden Bühne"* vortrug, die von 1921 bis '23 im Charlottenburger *Theater des Westens,*

wo ich selbst 1955/56 so manche Mozart- und Verdi-Oper in unvergeßlich hochbesetzten
Aufführungen der *Städtischen Oper* erleben durfte,
1977 selbst mit Pina Bauschs *«Sacre du printemps"* (noch ohne jenen Safet Mistele!),
mit deren *"Sieben Todsünden"* und *"Blaubart"* bei den Festwochen gastierte

und wo ich sehr viel später Hildegard Knef in John Kander's Musical *"Cabaret"* sah, das ja just jenes Berlin um 1930 wiederspiegelt,

und wo damals im Kellergeschoß auf jener ungemein erfolgreichen *"Wilden Bühne"* also auch Gustav von Wangenheim auftrat. Trude Hesterberg hat sich als Gründerin und Leiterin dieser legendären Kleinkunstbühne noch vierzig Jahre später daran erinnert:

"Ein Höhepunkt in den Programmen war das Auftreten Gustav von Wangenheims. Für ihn schrieb Walter Mehring das Chanson 'Der Abenteurer'.

'Abenteuernd, abenteuernd
Trotte ich durchs Land.
Angefahren, wund mich scheuernd,
und des Lebens Hornhaut härtet mir die Hand'.

Er sang es im weißgefütterten Frack-Cape mit Zylinder".

Aber kurz vorher, just noch im Revolutionsjahr 1918, hatte dieser selbe musisch-politische Abenteurer des Brettls, der Reinhardt-Bühnen und der Weltverbesserung

für den Stummfilm *"Ferdinand Lassalle"* die Rolle des wallachischen Bojaren, Jura-, Philosophie- und Corpsstudenten Iancu Racoviţă oder Janko Prinz von Racowitza abgedreht,

der als gedungener und zwangsverlobter Ersatzschütze jenen 39jährigen Lassalle, Gründungsvater der späteren deutschen Sozialdemokratie, 1864 in einem törichten Liebschaftsduell bei Genf in die Genitalien schoß und tötete,

hiernach 1920 unter Ernst Lubitsch (* **1892**) in *"Kohlhiesels Töchter"* (neben Henny Porten, * **1890,** und Emil Jannings) und als leibhaftiger Romeo in *"Romeo und Julia im Schnee"*, 1922 im *"Feuerschiff"* (neben Vater "Winterstein") unter Richard Löwenbein (* **1894**, † 1942 in Auschwitz)

vor der Filmkamera gestanden: in den sechs Jahren von 1918 bis 1923 in insgesamt elf Stummfilmen, aber außer jenem *"Danton"* von 1931, seinem ersten und letzten deutschen Tonfilm,

noch mit wortlos stummen Rollen schon 1920 auch neben Ernst Stahl-Nachbaur (unter Robert Wiene),

1921 und '23 neben Fritz Kortner (unter Karlheinz Martin, * **1886**, und Arthur Robison, * **1888**),

1922 und '23 neben Alexander Granach (in F. W. Murnaus *"Nosferatu"* und unter Arthur Robison)

und 1923 neben Lucie Mannheim (unter Fritz Wendhausen, * **1891**, † im Exil).

Aber da hatte sich inzwischen, 1922, jene junge *USPD* von 1917 nun auch ihrerseits wieder aufgespalten und ihren linkeren Flügel als *Kommunistische Partei Deutschlands* etabliert: die *KPD*. Ihr gehörte Gustav von Wangenheim nunmehr als reguläres Parteimitglied an.

Hiermit begann er auch, künstlerische und politische Ziele fortan tunlichst zu kombinieren und sich für proletarisches Amateurtheater zu engagieren. Schon 1923 wurde er zum Leiter des *"Zentralen Sprechchors"* der *KPD* ernannt und schrieb hierfür 1924 seinen *"Chor der Arbeit"*. Seine Inszenierung des poletarischen Laienspiels *"Massenpantomime gegen den Krieg"* wurde freilich 1924 noch kurz vor der Premiere ihrer Uraufführung im Berlin-Lichtenberger Stadion vom sozialdemokratisch Preußischen Innenminister Carl Severing verboten.

In derselben Spielzeit 1924/25 war Wangenheim gleichwohl Ensemblemitglied in Max Reinhardts *Deutschem Theater*.

Gleichzeitig gründete er 1924 den *"Arbeiter-Theater-Bund Deutschlands"*, dessen Leiter er später wurde, dramatisierte und inszenierte er *"Das Feuer"*, ein kritisches Kriegstagebuch seines französischen Genossen Henri Barbusse, kombinierte es unter dem Pseudonym Hans Huss mit Szenen seines ungarischen Genossen und *"Prawda"*-Korrespondenten Andor Gábor und ging damit 1925/26, vom *Internationalen Bunde der Kriegsopfer* unterstützt, auch auf Tournee durch viele deutsche Städte.

Aber als Gustav von Wangenheim gastierte er 1926 am ”Hoftheater“ Darmstadt und 1927/28 am *Deutschen Schauspielhaus* in Hamburg, das damals mit den *Hamburger Kammerspielen* fusioniert war und daher vom Doppel-Intendanten Erich Ziegel geleitet wurde. Dort und damals scheint Wangenheim auch erstmals irgendwie mit Gustaf Gründgens zusammengetroffen zu sein.

Aber ab 1928 spielte er auch wieder in Berlin: klassische Rollen am *Deutschen Theater* Max Reinhardts, politischere im *Theater am Nollendorfplatz* bei Erwin Piscator und 1928/1929 seine letzte textlos stumme: einen Ingenieur neben Tilla Durieux und nun schon Willy Fritsch (* **1901**) in Fritz Langs futuristischem *science fiction* von einem Raketenflug zum Monde: *”Frau im Mond“* – alles wieder, wie gehabt, als der noble Gustav von Wangenheim.

Aber als unprominenter *Hans Huss* schrieb und inszenierte er zeitgleich Sketche, Kurzszenen, Chorwerke und sonstige Agitprop-Stücke für solche Kollektive wie *”Rote Schauspieler“* oder *”Rote Blusen“* (1928-1930).

1930 wurde er Mitglied der *Revolutionären Gewerkschafts-Opposition* und 1931 Vorsitzender der *Deutschen Revolutionären Arbeiterbühnen*.

Mit dieser Art Doppelleben war er aber damals kein Sonderfall. Noch dreissig Jahre später hat Erwin Piscator in seiner Trauerrede für den großen, aber heute beschämend vergessenen Schauspieler Erwin Kalser (1883-1958),

mit dem ich selbst 1955/56 auf der Bühne des Berliner *Schloßpark-Theaters* in Stücken von Molière und Giraudoux noch zusammenarbeiten durfte,

eine solche Haltung als Ausweis jener Jahre und als *”Vorstoß des Theaters in die Zeit, das Zeitgeschehen“* festgeschrieben:

“Damals war Politik keine Idee, sondern Handlung, Teilnahme, Beteiligung. Daß sie von Mißerfolg gekrönt war, tut nichts zur Sache. Das Theater stand mit anderen großen Menschheitsideen im Gefechtsstand – und wenn

1928

"1928 war eine glänzende Theatersaison. Die Theaterstadt Berlin war auf ihrem Höhepunkt, trotz mancher wirtschaftlicher Krisen.

Die Uraufführung [der 'Dreigroschenoper'] *fand am 31. Oktober 1928 statt. Acht Tage vorher, am 23. Oktober, war in Reinhardts Deutschem Theater eine der unvergeßlichsten Inszenierungen zum ersten Mal über die Bühne gegangen, Ferdinand Bruckners 'Die Verbrecher', mit Lucie Höflich, mit Hans Albers, mit Gustaf Gründgens, mit einem Star in fast jeder kleinen Rolle. Die Konkurrenz war keine leichte.*

Doch die Premiere [der 'Dreigroschenoper'] *warf alles über den Haufen. Sie war ein Triumph. Die Zeit war reif für den gallenbitteren Zynismus, die Brutalität, den harten Knockout der Songs von Brecht und Weill. Jeder etwas zeitgemäße jüngere Mann trug diese neue Brutalität im Knopfloch als den Slogan des Tages.*

Brechts 'Dreigroschenoper' war auch in vollem Einklang mit der Berliner Zeitstimmung. Lag schon etwas in der Luft von der großen Krise, die genau ein Jahr später über die Welt losbrach? Berlin, das nach dem ersten Weltkrieg viel durchgemacht hatte, war doch nicht mehr ganz die verrückte dynamische Stadt von 1920: die Stadt der Dadaisten und montierten Gemälde von Kurt Schwitters aus geklebten Straßenbahnfahrscheinen, Korken, Streichholzschachteln und Pappzahnrädern, der Atelierfeste und Nackttänze.

Alles schien noch Operette – und doch schmeckte es nicht gut. Die Welt schlitterte langsam auf den Abgrund zu, in dem sie dann in der schwarzen New Yorker Woche vom 21. bis 29. Oktober 1929 versank – Deutschland voran.

Ein gewisser Heinrich Himmler wurde von Hitler zum Reichsführer der SS ernannt." [leicht gekürzt]

Willy Haas (* 1891): *"Die literarische Welt. Erinnerungen"*, 1960

wir auch geschlagen wurden, so wiesen wir doch über die, die uns schlugen, hinaus, resignierten nicht, sondern schlugen zurück! Handelten mit dem Theater, kämpften mit dem Theater! Solchen Bluts war auch Kalser.“

Solchen Bluts war auch Wangenheim. Just damals drehte er seinen ersten deutschen Tonfilm: jenen *”Danton“* von 1930/31 neben Fritz Kortner, Gustaf Gründgens, Lucie Mannheim, Alexander Granach und Ernst Stahl-Nachbaur.

Aber aus der genossenschaftlich erdachten und ermöglichten *Künstlerkolonie Berlin,* einer Wilmersdorfer Wohngegend rings um Südwestkorso, Laubenheimer und Breitenbachplatz,

> wo auch, damals oder lange später noch, lauter Geistesgrößen und Musenkinder nah beieinander wohnten (zum Beispiel Ernst Bloch, Willi Schmidt, Ernst Busch, Lil Dagover, Axel Eggebrecht, Erich Engel, Fritz Erpenbeck, Rudolf Fernau, Sebastian Haffner, Walter Hasenclever, Hermine Körner, Brigitte Helm, Heinz Hilpert, Peter Hirche, Peter Huchel, Anton Kantorowicz, Klaus Kinski, Arthur Koestler, Walter und Willi Kollo, Wolfgang Leonhard, Wilhelm Reich, Ludwig Renn, Hans Sahl, Ernst Schröder, Detlef Sierck, Manès Sperber, Steffie Spira, Leonard Steckel, Aribert Wäscher, Erich Weinert, Hedda Zimmer und manche mehr),

aus dieser Künstlerkolonie also ursprünglich überwiegend für unbemittelte oder arbeitslose Künstler, Intellektuelle und Sympathisanten von *SPD* oder *KPD* als kommunistischer Zelle oder ”rotem Block“ inmitten eines nationalkonservativen oder schon nationalsozialistischen Umfeldes

formte dieser Wangenheim-Huss zwischen 1928 und 1933 seine nunmehr professionelle *”Truppe 31“* mit dem jungen Erwin Geschonnek, der *Volksbühnen*-Schauspielerin Steffie Spira, den Piscator-Darstellern Heinrich Greif, Curt Trepte (* **1902**) oder Ingeborg Franke (späterer Freifrau von Wangenheim), dem Kabarettisten Hans Meyer-Hanno, dem dramaturgischen Berater Arthur Koestler (* **1905**) und vielen andern Gesinnungsgenossen.

1933

"Die Unruhe wurde auch im Theater spürbar, stärker von Woche zu Woche, bis sie sich gegen Ende Januar 1933 zu einer Art Panik steigerte.

Die Bedrohung war groß.

Ein Teil der Mitglieder mußte – wenn Hitler ans Ruder kam – dem Rassengesetz verfallen. Fand sich noch der angenehme Paragraph der 'politischen Tragbarkeit' hinzu, so war die gute Hälfte des Ensembles gefährdet.

Was mich selbst betraf, so war ich zwar ein 'Unpolitischer' und rassisch einwandfrei, gehörte aber nach Familie, Erziehung und Tradition zu den wenig beliebten 'Konservativen', wenn nicht gar zum verpönten Geschlecht der 'Junker' oder 'Monarchisten' .

Ich wußte überhaupt nicht, was eigentlich gespielt wurde. Wir alle wußten es nicht. Einige Idealisten glaubten, die Abteilung 'Kunst und Kultur' werde in einer künftigen Regierung den Deutschnationalen, also den Konservativen der Kaiserzeit, vorbehalten bleiben, so daß irgend welche Befürchtung überhaupt nicht am Platze sei.

Der 30. Januar kam. Nichts änderte sich. Übrigens war die Aufmachung dieses Abends – wie alle kommende Theatralik – gut inszeniert. Der Fakkelzug führte, ehe er vor der Reichskanzlei endete, am Präsidentenpalais vorüber, wo Hindenburg den Vorbeimarsch hinter einem geschlossenen Fenster abnahm. Der alte, soldatische Herr, mächtig, doch brüchig schon wie Dolomitengestein, sah fremd in das fremde Getriebe der fremd gewordenen Welt. Kein Lächeln überzog das runenhafte Gesicht. Er tat den geforderten Dienst. Aber es war sein Dienst nicht mehr, seine Zeit nicht mehr. Die Zeit, er wußte es, wucherte schon wie mit Schlinggewächsen über das Felsmassiv weg und nahm ihm den Atem. Lange dauern würde es nicht mehr ... "

Eckart von Naso (* 1888, Chefdramaturg des Berliner *Staatstheaters*):
***"Ich liebe das Leben. Erinnerungen aus fünf Jahrzehnten"*, 1953**

Gespielt wurden hier die Revue *"Da liegt der Hund begraben"* (1930) und die zugkräftige Komödie *"Mausefalle"* (1931), beide von Wangenheim geschrieben und inszeniert, und ein Revolutionsstück des Piscator-Autors

> Karl August Wittvogel (geboren **1896** im heuer nuklear stigmatisierten Lüchow-Dannenberg, gestorben im *US*-Exil): *"Wer ist der Dümmste?",* 1933 als erstes Bühnenstück *NS*-verboten.

Aber nach einer *NS*-Großrazzia in der Künstlerkolonie Berlin wurde die ganze *Truppe 31 NS*-verboten und löste sich im März 1933 freiwillig auf.

Das Ehepaar von Wangenheim emigrierte sofort: noch im März 1933 nach Paris, aber nach einem frühsommerlichen Besuch der *Ersten Olympiade des Revolutionären Theaters* in Moskau dann schon im August 1933 definitiv in die Sowjetunion.

Dort trat Wangenheim, der fortan auf sein Adels-von verzichtete, zunächst im deutschsprachigen *Radio Moskau* neben solchen deutschen Kollegen wie Ernst Busch (* **1900**), Lotte Loebinger (* **1905**, Ehefrau Herbert Wehners), Hedda Zinner (* **1905**) und Heinrich Greif, aber auch neben emigrierten Autoren wie Friedrich Wolf (* **1888**), Johannes R. Becher (* **1891**), Erich Weinert (* **1890**), Willi Bredel (* **1901**) oder Egon Erwin Kisch (* **1885**) vor die Mikrofone politisch agitierender Hörfunksendungen, deren Empfang in Deutschland möglich, aber schon mit der Todesstrafe geahndet wurde.

Außerdem schrieb er Essays und so linientreue Theaterstücke wie *"Der Friedensstörer"*, das sogar an mehreren sowjetischen Theatern aufgeführt wurde, oder Essays und ganze Drehbücher für die sowjetische Produktionsgesellschaft *Meschrabpom*. Bald war er auch Mitglied in Johannes R. Bechers hiesiger Gründung eines *Deutschen Schriftstellerverbandes*.

Ab Februar 1934 wurde der eben Immigrierte auch mit der künstlerischen Leitung jener "*Kolonne links*" betraut,

> einer Berliner Gründung von 1927/28, die dort noch aus sieben linksradikal agitierenden Laienspielern bestand, unter Leitung ihres

> Gründers Helmut Damerius (* **1905**) Nummernprogramme aus Kabarettszenen, Liedern und Pantomimen präsentierte, aber eben auch Werbung für die Sozialarbeit der *Internationalen Arbeiterhilfe* betrieb und 1931 nach einer Tournee durch die Sowjetunion mit einer entsprechenden *Verordnung des Reichspräsidenten zur Bekämpfung politischer Ausschreitungen* an weiteren innerdeutschen Aktionen gehindert wurde.

Die meisten Mitglieder emigrierten damals über Bremerhaven und Wladiwostok nach Moskau und fusionierten dort mit Emigranten aus Wangenheims Berliner *”Truppe 31“* zu einem größenwahnsinnig hochtrabenden Moskauer *”Deutschen Theater Kolonne links“*. Gemeinsam mit Co-Direktor Arthur Pieck, * **1899** und Sohn des späteren *DDR*-Präsidenten Wilhelm Pieck, leitete sie allesamt jetzt also wieder Gustav ~~von~~ Wangenheim.

”Ich bin sehr glücklich, Dir diesen schönen Erfolg meiner schweren Bemühungen um ein reguläres Theater mitteilen zu können“, schrieb der am 23. Juli 1934,

(als ich selbst schon unübersehbar unterwegs war),

an seinen Berliner Kollegen Alexander Granach.

Tatsächlich fing diese Truppe ohne eigenes Gebäude oder feste Bühne mit einem Theaterabend an, der aus Rezitationen, Liedern und einer Sequenz experimenteller, selbstverfaßter Szenen oder selbstbearbeiteter Einakter bestand und vom vorgefundenen Gemenge aus professionellen Darstellern und Amateuren im *Klub ausländischer Arbeiter*, in anderen Moskauer Kulturhäusern oder schon auf Abstechern ins Umland dargeboten wurde.

”Wir befinden uns“, hatte Ehefrau Inge ~~von~~ Wangenheim schon am 23. Mai 1934 an Alexander Granach geschrieben, ”*in einem so phantastisch interessanten wie aufreibenden Umbruchs- und Aufbaustadium* […] *Unsre Sache hat prinzipiell hier eine unerhörte Ausdehnungsmöglichkeit und Zukunft. Man kann viel machen, wenn man durchhält, mehr Geduld hat als die Andern und geschäftstüchtig ist“*.

Damit spielte sie vermutlich auf Erwin Piscator an, der sich gleichfalls in Moskau aufhielt und dort auch seinerseits ein deutsches Theater zu etablieren versuchte.

"Problem bleibt leider nur nach wie vor die Haltung Erwins", stichelte Frau Inge beim ehemaligen Piscator-Jünger Granach, *"Er weiß nicht, was er will. Er will aber auf alle Fälle das, was wir wollen, damit wir es nicht wollen können, verstehst du?"*

> Piscator seinerseits beklagte sich noch 1962, ganze 28 Jahre später, mit einem Brief aus den *Münchner Kammerspielen*, wo er derzeit just Bertolt Brechts beziehungsreiche *"Flüchtlingsgespräche"* für ihre späte Uraufführung inszenierte, beim Maler und Bühnenbildner John Heartfield (**1891** gebürtigem Helmut Herzfeld aus Berlin und Erfinder der politischen Fotomontage) über Wangenheim,
>
> *"der überall, wo er konnte, die historische Geschichte der Piscator-Bühne entstellt hat, ebenso seine Frau"*.

Aber aus jenem sozialistisch lackierten Konkurrenzkampf damals in Moskau ging schon im Sommer 1934,

also kurz vor meiner eigenen Geburt irgendwo da
in solchem Spannungsfelde auf halber Strecke
zwischen Moskau und Berlin,

unerwartet Wangenheim als Sieger hervor.

"Ich habe gegen P[iscator]*"*, ließ er Granach jetzt persönlich wissen, *"damit Recht behalten, daß ich nicht erst lange gefragt habe und gefordert, sondern mit den bescheidensten Mitteln einfach praktisch angefangen habe."*

Wo Piscator eine staatliche Subvention von einer Million Rubel kalkuliert hatte, wollte Wangenheim nur 400 000 Rubel. An Granach weiter:

"Auch jetzt habe ich vor, nicht größenwahnsinnig zu werden und der Thea-

terstadt Moskau nicht zeigen zu wollen, wie man's eigentlich machen muß, sondern bescheiden auch weiterhin sicher und unbeirrbar zu versuchen, gute und wesentliche Arbeit zu leisten".

Aber auch ihm mißlang das. Er plante jetzt (vergeblich) eine Aufführung der *"Dreigroschenoper"* mit der filmauthentischen Carola Neher,

> jenem Superstar des deutschsprachigen Theaters vor 1933, der hier inzwischen gleichfalls schützenden Unterschlupf gefunden zu haben glaubte. Auch ein eigens für sie entwickeltes und geschriebenes Drama blieb Wunschtraum. Stattdessen gab sie den Amateuren dieser linken Kolonne Schauspielunterricht.

Ihrem "Intendanten" ~~von~~ Wangenheim wurde während alldessen, im November 1934, die *NS*-deutsche Staatsbürgerschaft aberkannt. Jetzt war er vogelfrei.

Gleichzeitig wurde er Präsidiumsmitglied jenes *Internationalen Revolutionären Theaterbundes* (der hier 1933 aus dem Berliner *Internationalen Arbeiter-Theater-Bund* von 1929 hervorgegangen war), irgendwann damals auch Mitglied der hiesigen Gewerkschaft und der deutschen Sektion im *Sowjetischen Schriftstellerverband*. Er integrierte sich ins probate System.

Schon damals soll er damit begonnen haben, der zuständigen Kaderabteilung im *Exekutivkomitee der Kommunistischen Internationale* wiederholt Berichte über politisch unzuverlässige Mitglieder seines Ensembles zu liefern. Manche sollen da schon abgeholt worden sein.

Solche Bespitzelungen von Privatgesprächen dürften da umso leichter möglich geworden sein, als viele dieser wurzel- und heimatlosen Exilanten in der dortigen Wohnungsnot als frühe Wohngemeinschaft in unmittelbarer Nachbarschaft zu *NKWD* und Lubjanka-Kerker am *Kusnjezkij Most* in einer vorschriftlichen "Kommunalwohnung" notdürftig zusammenlebten und folglich auch ihre Freizeiten gemeinsam verbrachten: sicher mit mancher feierabendlich unbedachten Meinungsäußerung.

Der *Kusnjezkij Most* in der Moskauer Altstadt hatte damals noch Kopfsteinpflaster und bestand aus meist sehr sanierungsbedürftigen Altbauten aus der Gründerzeit. (Erst 2008 wurde hier eine Umgestaltung zur Fußgängerzone und Flaniermeile mit Bars und Straßencafés, mit Luxus-Boutiquen und Nachtleben für Touristen aus dem Westen in die Wege geleitet.)

Aber gar nicht weit von alledem
ist das heutige *Museum für Kunst Orientalischer Völker* am *Nikitskij Bulwar*
im Lunin-Haus, dem *Dom Lunina,* einquartiert, das ja in Zarenzeiten das
Stadtpalais jenes Generals und Casanova-Turteltäubchens,
meines Namensvetters Pjotr Michailowitsch Lunin, war.

Doch weiterhin ohne eigene Bühne, existierte damals ihrer aller dortiges *Deutsches Theater Kolonne links* ohnehin nur ein einziges knappes Jahr: bis Ende 1934,

als ich eben geboren war – in jener nochneutralen Pufferzone
des Baltikums zwischen Nazis und Bolschwiken.

Denn zugesagte Zuschüsse der öffentlichen Hand blieben aus, weil die Sowjetunion inzwischen ihr kulturpolitisches Konzept geändert hatte. Kommunistische Agitatation, wie die Berliner Immigranten sie von der linksradikalen Avantgarde eines progressiven Theaters gewohnt waren und nach Moskau importieren wollten, wurde hier nicht mehr benötigt. Sie galt hier als Abweichung von der Staatsdoktrin und wurde sogar verdächtigt oder als konterrevolutionär strikt abgelehnt.

"Jeden Tag ist etwas andres los!", beklagte sich Wangenheim bei Granach: *"Ich arbeite wie ein Viech!"*

Das half ihm nichts: sein Theater ging ein.

Also aktivierte er seine Kontakte zum sowjetischen Film und reichte dem Produktionsmonopol *Meschrabpom* sein Exposé zum Berliner Reichstagsbrand und über Georgi Dimitrow, kommunistischen Politiker Bulgariens, damals vermeintlichen Brandstifter, und dessen Freispruch vor dem *NS*-

Reichsgericht in Leipzig ein.

Dieses Projekt wurde tatsächlich angenommen, um eine quasi fiktiv-dokumentarische Nebenhandlung vom Kampf deutscher Arbeiter gegen den Faschismus angereichert und in zwei Sprachen schon 1935 unter dem Titel *Борцы (= Borzy = "Kämpfer")* mit Außenaufnahmen in Odessa realisiert.

Damals war schon in vollem Gange, was "Väterchen" Stalin als seine unumgänglichen *"Säuberungen"* des sowjetischen Staatswesens von einer *"neuen Opposition"* verklärte: eine Verhaftungswelle ungekannten Ausmasses richtete sich gegen vermeintliche *"Volksfeinde"* oder *"Abweichler"*, denen pauschal das Etikett von *"Trotzkisten"* oder *"Volksschädlingen"* zum willkürlich vorgetäuschten Anlaß gereichte, sie in berüchtigten Schauprozessen anzuklagen oder formlos schon vorher zu liquidieren. Parteiinterner Machtkampf degenerierte da zu einem Machtrausch, der sich aus panischen Ängsten und haßerfüllter Menschenverachtung genährt haben mag und letztendlich zum vergleichbar skrupellosen Blutrausch entartete wie weiland ja auch ihr Vorbild der *Französischen Revolution* unter Danton und Robespierre.

In solcher Atmosphäre produzierte jene *Meschrabpom*, die sich jetzt eigens ein Studio *"Rot Front"* installierte, ihren Film *"Kämpfer"*. Drehbuch, Regie und Schnitt: Gustav Wangenheim. Drehbuchberatung: Maxim Gorkij. Ausstattung: Heinrich Vogeler (aus Worpswede). Eine Art Assistenz ohne eigene Rolle: Carola Neher

> (die zu Weihnachten 1934, schon in Moskau, ihren Sohn Georg geboren hatte, aber 1919 mit dem Poeten Klabund verheiratet gewesen war,

mit dem gemeinsam Wangenheim damals in Max Reinhardts *"Schall und Rauch"* auf der Berliner Kabarettbühne gestanden hatte).

Zwei reguläre Regie-Assistenten waren jetzt Wangenheims Schützlinge oder Protégés. Trotzdem wurden sie von ihm persönlich angezeigt und während der Dreharbeiten noch am *set* verhaftet.

Der 27jährige Ernst Mansfeld (auch mit der kleinen Rolle eines Göring-Imitats besetzt) wurde nach ganzjähriger Untersuchungshaft aus vermeintlich politischen Gründen zum Tode verurteilt und hingerichtet,

der 33jährig wolgadeutsche Walter Rauschenbach wegen *"Päderastie und konterrevolutionärer Agitation"* zu fünf Jahren Lagerhaft verdammt.

Das waren da aber schon keine Einzelfälle mehr.

Bereits vor rund einem halben Jahr, im Frühjahr 1936, hatte Wangenheim seine Mitarbeiterin Carola Neher, jenen umjubelten Liebling der Berliner, Wiener und Münchner Theatergänger, und deren Ehemann Anatol Becker in einer fünfseitig schriftlichen Denunziation der konterrevolutionären Kollaboration mit einem verräterischen "Trotzkisten" in Prag bezichtigt.

Hierauf war er vom einschlägigen *NKWD*, dem sowjetischen Innenministerium, das ihn in seinen Unterlagen geringschätzig als *"deutsch, Regisseur des 'Meschrabpomfilm', Abstammung: von Adeligen und Schauspielern"* abqualifizierte, in die Lubjanka, das zentrale Gefängnis und Archiv des sowjetischen Geheimdienstes, beordert und dort am 1. Juni 1936 "hochnotpeinlich" verhört worden.

Jene protokollierten und eigenhändig verifizierten Auskünfte, die heute noch in Moskauer Archiven einsehbar sind, gipfeln in dieser Bilanz des natürlich tief Verängstigten:

"Carola Neher halte ich für eine Abenteurerin, die nach ihrer ideologischen Einstellung nichts Gemeinsames mit der kommunistischen Partei hat. Ihre politische Einstellung ist antisowjetisch".

(Der Hamburger Historiker und Archivar Reinhard Müller, wohlinformierter und seriöser Spezialist für die Geschichte der *KPD* und ihres Exils in der stalinistischen Sowjetunion, hat diese Aussagen Wangenheims noch 2001 als freiwillig und unerzwungen bewertet.)

Hiernach und trotz alledem gingen die Dreharbeiten an *"Kämpfer"* weiter.

Die Rollen dieses Films wurden von Wangenheim, diesem tollkühnen Debütanten der Filmregie, überwiegend mit deutschen Mitgliedern oder Sympathisanten der kommunistischen Partei besetzt und in deutscher Sprache gedreht. Die wenigen sowjetischen Mitwirkenden wurden von deutschen Immigranten synchronisiert: zum Beispiel von Hedda Zinner und Erwin Geschonnek.

Für die Rolle des Dimitrow,

> seit seinem Leipziger Freispruch acht Jahre lang in Moskau Generalsekretär des internationalen *Komintern*, Stalins Vasall und später bulgarischer Ministerpräsident,

stand dieser persönlich und leibhaftig als pseudodokumentarischer Stargast für Dreharbeiten zur Verfügung.

Die männliche Hauptrolle des *Fritz Lemke*, der sich laut Drehbuch erst durch die *NS*-Ermordung seines Bruders vom politisch passiven Arbeiter zum engagierten Widerstandskämpfer gegen die Nazis entwickelt, war mit dem immigrierten Bruno Schmidtsdorf (einem Laien und Schlagzeuger aus der Berliner *"Kolonne links"*) besetzt: einem blonden Sympathieträger proletarischer Ausstrahlung, von natürlicher Intelligenz, einem fröhlichen Naturell und schnellen Improvisastionstalent;

die weibliche Hauptrolle der *Mutter Lemke*, für die die vorgeschlagene Kommunistin Helene Weigel (* **1900)** dem "Halbjuden" Wangenheim *"zu jüdisch"* aussah (obwohl sie für den "Halbjuden" Hanns Eisler damals *"überhaupt nicht jüdisch aussieht")*, spielte stattdessen die Jüdin Lotte Loebinger,

> damals noch mit Helmut Wehner, immerhin Mitglied des Zentralkomitees der *KPD*, verheiratet (und während der Dreharbeiten von Heinrich Vogeler gemalt), später Star der *DEFA* und Ehrenmitglied des Ostberliner *Maxim-Gorki-Theaters*;

die andern Rollen spielten Inge Franke (= Freifrau ~~von~~ Wangenheim), Ernst Busch, Heinrich Greif, Helmut Damerius und andere Erben jener *"Kolonne links"* , aber auch Fritz Erpenbeck (* **1897**, später führender DDR-Publizist und -Kulturfunktionär), Curt Tepte (* **1902**, später DDR-Intendant und -Kulturfunktionär), Friedrich Wolfs Ehefrau Else (* **1898**) und ihr zehnjähriger Sohn Konrad Wolf (Bruder des Politikers Markus Wolf und später DDR-Filmregisseur) –

aber aus jenem deutschen *"Danton"* von 1931 eben auch der Berliner Piscator-Protagonist Alexander Granach, der für einen andern Film erst kürzlich in die Sowjetunion gebeten worden, hier Anfang Mai 1935 eingetroffen und in der hiesigen *"neuen Welt"* (Brief an seine Lotte am Zürcher See) noch *"vom Glück überwältigt"* war –

– nur daß er jetzt von seinem *"Danton"*-Kollegen, Gesinnungsgenossen und Briefpartner Gustav Wangenheim keineswegs mit der beanspruchten Hauptrolle *Fritz Lemke* besetzt worden war (was künstlerisch nahzu zwingend gewesen wäre), sondern mit der Rolle des Journalisten Rovelli (*"eines Provokateurs"*).

Granach selbst, eben von einer jiddischsprachigen Tournee (mit der Titelrolle in der Uraufführung von Friedrich Wolfs *"Professor Mamlock"* unter dem Titel *"Der gelbe Fleck"*) durch polnische Provinz und galizische Heimat eingereist und am Filmset *"von den andern mißgünstig beobachtet"*, scheint diese Demütigung zunächst noch halbwegs humorig registriert zu haben: *"Gustav Wangenheim verhinderte die ersten Tage ein bißchen, daß ich Piscator sehe"*, schrieb er seiner Kollegin und Lebensgefährtin Lotte Lieven ins helevetische Rapperswil, und *"ist bei aller Nettigkeit Gustav geblieben – mit noch einem Schuß Verfolgungswahn und zwei Schuß Eitelkeit mehr"*.

Aber nach Ende der Dreharbeiten, die natürlich [laut Ursula Ahrens] *"nicht ohne Spannungen zwischen Granach und Wangenheim"* geblieben waren, und während die abgedrehten 75 Minuten geschnitten, vertont und "endgefertigt" wurden, informierte Wangenheim im September 1936 die dreitägig geschlossene ”*Parteiversammlung der deutschen Kommission des Sowjet-Schriftstellerbandes*“, wo schon wechselseitig lebhaft verdächtigt, unterstellt und bezichtigt wurde,

daß er *”mit diesem Granach, der aus einer polnischen Ecke kam wie viele Juden, in schwere Differenzen gekommen“* sei.

Das unterschwellig bereits leicht Antisemitische dieser Abwertung, deren Wortlaut im stenografischen Protokoll jener Sitzung nachzulesen ist, wußte dieser Denunziant dann noch in Gegenwart so belesener Literaten wie Georg Lukács, Johannes R. Becher, Friedrich Wolf, Erich Weinert, Willi Bredel und Julis Hay, lauter **”neunziger“** Jahrgängen, mit einer quasi alttestamentarischen Torah-Formulierung jüdisch zu parfümieren und Granachs vermeintlichen Gemütszustand abzuwerten: *”also fünfzig Jahre Haß“*.

Für den Fall, daß das im sowjetisch eingeleiteten Antisemitismus jener Jahre die beabsichtigte Beeinflussung gegen Granach noch nicht hinlänglich absichern sollte, fügte der Opportunist und selbst ja ”Halbjude“ Wangenheim damals sicherheitshalber noch hinzu, daß seine erwähnte Schwierigkeit mit diesem unbotmäßigen Juden *”auch ihre politischen Seiten hat, was ich der deutschen Sektion seinerzeit gemeldet habe“*.

So: das alles hatte also auch seine politische Seite.

Was sollte das heißen? Nichts Gutes.

Daher habe er, Gustav Wangenheim, das auch schon seinerzeit gemeldet.

Wem gemeldet? Der zuständigen Instanz: zum Weitermelden.

Und wann? Schon seinerzeit: während der Dreharbeiten also.

Da aber scheint sich in Wangenheims Seele noch mehr gestaut zu haben.

Denn auf derselben ”geschlossenen“ Literatenversammlung Anfang September 1936 ließ er auch noch mitstenografieren,

”daß in diesem Kreis Piscator, Neher, Busch doch Wachsamkeit zu üben ist“,

und bekannte sich demonstrativ zu *"bolschewistischer Wachsamkeit"*:

"Selbstverständlich ist, daß ich [...] , sowie ich etwas wußte, dies weitergegeben habe. Das [...] versteht sich bei jedem Fall". Er habe immer *"alles gesagt an den Stellen, wo was zu sagen ist"*.

Aber nur eine knappe Woche, sechs Tage, nach Wangenheims zitiertem Zusammentreffen mit der linken deutschen Literatenprominenz am 4. und 5. September 1936 fand am 11. September 1936

die Uraufführung seines Politfilms *"Kämpfer"* statt – aber nicht in Moskau. Sondern? In New York: weil er im kapitalistischen Lager für die Idee jener *"Volksfront"* werben sollte, die laut Beschluß des VII. Weltkongresses der *Komintern* vom August 1935 als internationales Bündnis aller Kommunisten installiert und verbreitet werden sollte.

Aber für die Sowjetunion wurden diese *"Kämpfer"* erst runde drei Monate später, am 1. Dezember 1936, in Moskau gestartet.

Max Ophüls (* **1902**) schrieb Wangenheim schon 1936, er habe diesen Film damals irgendwo im Westen (aber vielleicht auch bei seinem Kurzbesuch 1936 in Moskau?) gesehen: *"Die Tonwiedergabe war schlecht, das Licht war zu schwach – aber der Film ist stark":* weil er darauf verzichte, schwarz-weiße Heldenverehrung und Täterverhöhnung zu schüren. Darum halte er ihn für "s*o stark und so mächtig, daß ich als Ihr Kollege Ihnen Dank sagen muß"*.

Noch 2002, runde 65 Jahre später, beschrieb der 47jährige Publizist Benedict Maria Mülder diesen Streifen so:

"In dem rasant geschnittenen Werk werden Prozess-Berichte der Deutschen Wochenschau mit der neu gesprochenen berühmten Rede Dimitroffs, Jubel-Bildern seiner Ankunft in Moskau und der fiktiven Geschichte einer kommunistischen Untergrundzelle in Deutschland verknüpft."

Der Kreml reagierte damals sehr negativ, verbot den Film und beschlagnahmte ihn sofort. (Erst 1962 wurde er wiedergefunden, 1963 im Fernsehen der *DDR* und 1983 als erster antifaschistischer Spielfilm bei den Westberliner Filmfestspielen präsentiert).

Aber seine Produktionsgesellschaft *'Meschrabpomfilm'* wurde schon 1936 liquidiert; weitere Filmprojekte der Darsteller wurden storniert und etwa zwei Drittel des rund dreißigköpfigen *"Kämpfer"*-Ensembles verhaftet:

> Hauptdarsteller Bruno Schmidtsdorf, 23jährig aus Berlin in die Sowjetunion emigriert, kein Kommunist, aber als Nr. 107 auf der Sonderfahndungsliste der *NS*-Gestapo vom Berliner Reichssicherheitshauptamt gesucht, hatte hier unverzüglich russisch sprechen, schreiben und lesen gelernt, die sowjetische Staatsbürgerschaft erworben, sich als Бруно Шмидтсдорф gewerkschaftlich und auch parteipolitisch engagiert, für Piscators hiesiges Filmprojekt kandidiert, eine Nebenrolle im Sowjetfilm *"Königliche Matrosen"* gespielt
>
> und eine Russin geheiratet;
>
> nun wurde er im Februar 1938 wegen vermeintlicher Mitgliedschaft in einer fiktiven konterrevolutionären *"Hitler-Jugend Moskau"* (die es dort nie gegeben hat) mit Zustimmung der *KPD*-Funktionäre Wilhelm Pieck, Walter Ulbricht und Herbert Wehner aus der *Kommunistischen Partei* ausgeschlossen, nach einigen Verhören, in denen er anfangs leugnete, dann "gestand", zum Tode verurteilt, am 28. Februar 1938 im Moskauer Vorort Butowo auf einem Schießplatz in den Hinterkopf geschossen und mit rund 21 000 Schicksalsgenossen in einem anonymen Massengrab an Ort und Stelle verscharrt: 29jährig;
>
> erst zwanzig Jahre später, 1958, erreichte seine Frau, daß er *"wegen des Fehlens des Tatbestandes eines Verbrechens"* vom *NKWD* rehabilitiert wurde: sein Geständnis sei damals unrechtmäßig zustande gekommen;
>
> Lothar Wolf, ein Berliner Arzt, der in *"Kämpfer"* nicht nur einen

kollegialen Gefängnisarzt, sondern auch schon ein *NS*-Mordopfer spielen durfte,

wurde als vermeintlicher *"Gestapospion"* zum Tode verurteilt und am 4. Oktober 1938 im selben Butowo füsiliert: 56jährig; seine Frau nahm sich 1939 in Moskau das Leben, sein Sohn fiel als Rotarmist an der Front gegen Hitler, aber Tochter Sonja Friedmann-Wolf setzte 1956, nach achtzehn postumen Jahren also, eine juristische Rehabilitation ihres ermordeten Vaters durch;

Kurt Arendt, gelernter Schlosser aus Berlin, dort seit 1930 Mitglied, auch Pianist und Fahrer der *"Kolonne links"*, seit 1931 Autoschlosser in Moskau, nun auch Schauspieler des hiesigen *"Deutschen Theaters Kolonne links",* Funktionär immigrierter Arbeiterjugend und der Gewerkschaft *Gesundheitswesen*, Student an der *Kommunistischen Universität Nationaler Minderheiten des Westens,* Darsteller des gefolterten kommunistischen Häftlings Kurt in Wangenheims *"Kämpfern"*,

im Februar 1938 wegen vermeintlicher Kontakte zur (imaginären) *"Hitler-Jugend Moskau"* verhaftet, zum Tode verurteilt, 30jährig in jenem Butowo erschossen und erst zwanzig Jahre später als unschuldig rehabilitiert: 1958;

Rudolf Margies aus Parchau in der Altmark, als kommunistischer Aktivist schon in Deutschland zweimal kurz nacheinander zu jeweils fünfzehn Jahren Zuchthaus verurteilt, aber in Abwesenheit ins Ehrenpräsidium der *KPD* berufen, wurde nach seiner Darstellung eines Büttnerbauern in *"Kämpfer"*

wegen vermeintlicher Zugehörigkeit zur "trotzkistisch" terroristischen *"Hoelz-Wollenberg-Organisation"* (die es nie gegeben hat) und wegen eines angeblich geplanten Bombenanschlags ausgerechnet auf ihren Filmhelden Georgi Dimitrow vom Militärkollegium des Obersten Sowjet-Gerichts in einem Schauprozeß zum Tode verurteilt und 53jährig am 31. Mai 1937 erschossen; seine gleich mitverhaftete Frau ist in einem sowjetischen Gulag verschollen, von seinen beiden Söhnen wurde der eine 20jährig exekutiert, der andere starb 21jährig in einem sowjetischen Straflager; ihr Vater wurde erst 22 Jahre später als unschuldig rehabilitiert: 1959;

Friedrich Voß, * **1903**, Schauspieler aus Braunschweig,

wo auch ich zwei Spielzeiten lang im Staatstheater inszenieren und die Dramaturgie leiten durfte,

Mitglied der KPD und der *"Kolonne links"*, von 1933 bis '37 Ansager beim deutschsprachigen *Radio Moskau*, Staatsbürger der Sowjetunion, spielte in *"Kämpfer"* einen SS-Mann,

wurde hiernach arbeitslos, im Februar 1938 verhaftet, der Zugehörigkeit zu jener sowjetischen *"Hitler-Jugend"* beschuldigt (die es nie gegeben hat), zum Tode verurteilt, 35jährig am 11. April 1938 in Butowo erschossen und verscharrt, aber zwanzig Jahre später rehabilitiert: 1958;

Gregor Gog, * **1891,** mecklenburgischer Anarchist, schon im *Ersten Weltkrieg* als Pazifist und Meuterer vor dem Kriegsgericht, dreimal in Irrenanstalten eingewiesen und für "kriegsuntauglich" erklärt, hiernach in wechselnden Tätigkeiten, Lebensformen, Ehen und Wohnorten, auch als Autor und Begründer einer *"Bruderschaft der Vagabunden"* mit Leitstern Till Eulenspiegel und Parole *"Generalstreik das Leben lang"* Geldstrafe wegen Gotteslästerung, Mitglied der *KPD*, 1933 nach *NS*-Bettlerrazzia in Gestapohaft, Flucht in die Schweiz, die ihn auswies, dann ins sowjetische Odessa, dort in journalistische Tätigkeiten und 1935/36 zu einer Hauptrolle in Wangenheims *"Kämpfern";*

nach *NS*-Überfall auf die Sowjetunion im Zuge jener *Deutschen Operation* des *NKWD* als verdächtiger Deutscher mit Frau und zwei Kindern ins islamische Fargona im östlichen Usbekistan "evakuiert“, dort nach dem Tode beider Kinder, 10 und 1, aus ihrem möblierten Zimmer vertrieben, von seiner Frau getrennt und ins Steinkohlerevier des sibirischen Kusnjezk deportiert, erneut an Wirbelsäulentuberkulose erkrankt und im Oktober 1945 bei der Rückkehr nach Moskau 54jährig im usbekischen Taschkent gestorben;

Helmut Damerius, * **1905**, 1929 Mitbegründer und Leiter der Berliner Laienspielschar *"Kolonne links"*, seit 1931 in deren Moskauer Fortsetzumg, dort später Student an der *Kommunistischen Universität Nationaler Minderheiten des Westens* und am *Staatlichen Institut für Theaterkunst*, Darsteller eines "Kalfaktors“ in *"Kämpfer"*,

hiernach geheimer Informant des *NKWD*, gleichwohl im März 1938 verhaftet, im berüchtigten Moskauer Gefängnis Lubjanka interniert, in einem nicht öffentlichen Prozeß der Spionage und Agitation für jene (imaginäre) sowjetische *"Hitler-Jugend"* verdächtigt und zu siebenjährigem Aufenthalt in einem Arbeitslager des *GULag* verurteilt: 33jährig; hiernach seit 1945 wegen *"konterrevolutionärer Agitation"* sieben weitere Jahre im "Besserungslager“ Solikamsk im nördlichen Ural festgehalten und zu schwerer Waldarbeit gezwungen, hiernach zwei weitere Jahre lang in Haft gehalten und danach endlich unter der Bedingung "frei“-gelassen, daß er als "freier Ansiedler“ in Kasachstan diese zentralasiatische Sowjetrepublik nie verlasse; erst im September 1955, 50jährig, vom *Kriegstribunal des Moskauer Militärbezirks* für unschuldig erklärt, *"in alle Rechte wiedereingesetzt"* und nach 18jährigen Zwangsaufenthalten in der Sowjetunion 1956 endlich zur Ausreise in die *DDR* berechtigt: aber unter der *"strikten und strafbewehrten Auflage",* sich nie in Wort oder Schrift über seine sowjetische Vergangenheit zu äußern. Nur während seiner vier Jahre als Direktor der *"Künstler-Agentur der DDR"* und als Künstlerischer Leiter des Festprogramms der Weltjugendfestspiele 1957 in Moskau hielt er sich an diese Zusage. Nach 1960 begann er, heimlich über jene *"Jahre seiner sinnlosen Verhaftung, den Verlust seiner Lebensmitte"* Erinnerungen zu notieren. Sie erschienen erst 1990, lange nach dem Ost-Berliner Tode des 80jährigen, im Berliner und Weimarer *Aufbau*-Verlage unter dem Titel *"Unter falscher Anschuldigung 18 Jahre in Taiga und Steppe*";

Susanne Leonhard, * **1895**, Wigman-Schülerin und Publizistin, Mutter des Historikers Wolfgang (*recte:* Wladimir) Leonhard und damals noch mit Mieczysław Broński, polnisch gebürtigem Diplomaten der Sowjetunion, verheiratet, in Wangenheims *"Kämpfern"* nur als Komparsin tätig,

wurde im Winter 1936, kurz nach der Moskauer Premiere des Filmes, verhaftet, zu zehn Jahren Arbeits- und "Besserungs"-Lager in Workuta (zwischen Ural, Taiga und Tundra) verurteilt, erst zwölf Jahre später, 1948, durch Intervention ihres seinerzeit linientreuen Sohnes beim *DDR*-Staatspräsidenten Wilhelm Pieck nach Ostberlin freigelassen, 1949 in die Bundesrepublik übergesiedelt und hier vom *US*-Geheimdienst *CIC* interniert, ein Jahr lang festgehalten und zur Spionage für die *USA* aufgefordert, was die 55jährige aber verweigerte.

Aber auch das *"Kämpfer"*-Team hinter der Kamera blieb in jenen blutigen "Säuberungs"-Jahren eines "Großen Terrors" nicht verschont:

Heinrich Vogeler, dieser ungemein vielseitig talentierte Künstler, seit dem erlittenen *Ersten Weltkrieg* auch Pazifist und sozialistischer Utopist, der schon 1919 in seinem Worpswede eine Kommune mit Arbeiterschule gründete und 1931 aus politischem Enthusiasmus in die Sowjetunion emigrierte, um dort das Paradies vorzufinden oder wenigstens errichten zu helfen, dort aber seine expressionistisch-kubistisch-futuristische *"Komplex"*-Malerei mißbilligt sah und dem ideologisch vorgeschriebenen sozialistischen Realismus anpassen oder unterordnen mußte, sich daher eher politisch und kulturell, im Bauwesen, in der Landwirtschaft und als Journalist betätigte, deutsche Rundfunkansprachen gegen Hitler hielt, wurde 1935 für die gesamte Filmausstattung der *"Kämpfer"* angeheuert;

hiernach wurde er als Schwiegersohn des polnischen Revolutionärs (und Berliner Spartakisten) Julian Baltazar Marchlewski zunächst nur zunehmend mißtrauisch observiert, aber nach dem Einmarsch der *NS*-Wehrmacht in die Sowjetunion 1941 schließlich im Zuge der nunmehr zugespitzten *Deutschen Operation* des *NKWD* von Frau und Sohn getrennt, allein ins Steppendorf Kornejewka, Kreis Woroschilow im kasachischen Karaganda, heutigen Qaraghandy, deportiert, dort in einem Bauernhof einquartiert, zu Bauarbeiten an einem Staudamm gezwungen und mittellos der Verelendung in Hunger, Kälte und Krankheiten überlassen, die ihn zum Erbetteln seines Lebensunterhaltes nötigten; im Juni 1942 ging der 70jährige in der Krankenstation einer dortigen Kolchose an Entkräftung erbärmlich zugrunde;

Wolfgang Duncker, schwäbisch gebürtiger Journalist, Kommunist und Filmkritiker in Berlin, emigrierte 1933 über Paris in die Schweiz und, dort ausgewiesen, 1935 nach Moskau, wurde bei der sowjetischen *Meshrabpomfilm* als Regieassistent, 1936 bei der *Mosfilm* als Schnittassistent angestellt, als solcher auch Cutter (vielleicht auch Regieassistent) bei Wangenheims *"Kämpfern",* war jetzt *"so glücklich wie noch nie",* 1937 Vater eines Sohnes und Sowjetbürger;

im Zuge jener *Deutschen Operation* des *NKWD* im März 1938 verhaftet, der Spionage verdächtigt und mit der Arretierung auch noch der Mutter seines neunmonatigen Kindes bedroht, daher fälschlich "geständig" und zu acht Jahren Lagerhaft im GULag Loktschim (zwischen Ural, Taiga und Tundra in der Sowjetrepublik Komi) verurteilt, wo er mit 26 000 Schicksalsgenossen Bäume fällen mußte,

aber auch noch ein Kinderbuch für seinen Sohn schrieb,

und seit 1940 (als sich sein Bruder Karl, Mitbegründer der Gestalttherapie, als *US*-amerikanisch depressiver Immigrant 37jährig das Leben nahm) im benachbarten GULag Ustwym,

wo er im November 1942 zwischen zehn- bis fünfzehntausend Mithäftlingen an Entkräftung starb: 33jährig;

1956 von der *Zentralen Parteikontrollkommission* der SED in Ostberlin, 1989 auch vom Militärstaatsanwalt der Sowjetunion als unschuldig rehabilitiert;

Jakob Freund, Produktionsleiter der *"Kämpfer"*, wird in mehreren Auflistungen aller *NKWD*-Opfer dieses Filmteams erwähnt, ohne daß sein genaueres Schicksal heute noch erinnerlich zu sein scheint;

Carola Neher (* **1900**), theatergeschichtlich hochprominente "Assistentin" der *"Kämpfer"* und Mutter eines anderthalbjährigen Sohns,

deren exotische und ungemein erfolgreiche Vita
im Berlin der zwanziger Jahre
mein erster Porträtband *"Halalí"* 2009 ausführlich dargestellt hat,

Carola Neher wurde schon Ende Juli 1936 verhaftet: nur böse zehn Wochen nach der Festnahme ihres Ehemannes, des bessarabiendeutschen Ingenieurs Anatol Becker, der nach sechsmonatiger Prügelfolter, Bedrohungen und abenteuerlichsten Selbstbezichtigungen Ende Mai 1937 wegen *"trotzkistischer Agententätigkeit"* zum Tode verurteilt und sofort erschossen wurde.

Ehefrau Carola wurde während ihrer Untersuchungshaft zuerst in der berüchtigten Lubjanka, dann in der Moskauer "Butyrka" sogenannt *"aktiven Verhören"* unterzogen, die gerade für Frauen aus Einschüchterungen, Mißhandlungen, Stehfolter, Schlafentzug, fünftägig durchgehenden Vernehmungen und Verprügelungen zu bestehen pflegten. Nach einem gescheiterten Selbstmordversuch war sie zu jeder gewünschten Beschuldigung ihrer selbst oder Anderer bereit und wurde Mitte März 1937 diverser *"trotzkistischer"* Kontakte und Machenschaften offiziell angeklagt. Nach zwei weiteren Kerkermonaten wurde sie Mitte Juli 1937 zur Verlesung einer vorformulierten Selbstbeschuldigung vor dem *Militärkollegium des Obersten Gerichts der UdSSR* gezwungen: *"Ich habe die entsprechenden Organe über die konterrevolutionären Gespräche, bei denen ich anwesend war, nicht unterrichtet"*. Nach 25minütiger Verhandlung verurteilte das Gericht sie wegen "Kontaktschuld" zu zehnjähriger Gefängnisstrafe und Beschlagnahme ihres gesamten Vermögens.

Sechs dieser Strafjahre verbrachte sie in fünf wechselnden sowjetischen Gefängnissen: in Jaroslawl an der Wolga, Wladimir an der Kljasma, Kasan und Orjol, zwischenzeitlich auch wieder in der Moskauer Butyrka, wo sie 1939, nach dem legendären deutsch-sowjetischen Nichtangriffspakt Ribbentrops und Molotows, als Nummer 8 einer Ausweisungsliste für ihre Auslieferung an Nazideutschland aufgepäppelt wurde. Als die Nazis aber diese schon 1934 ausgebürgerte *persona non grata* nicht einmal als KZ-Häftling wiederhaben wollten, versuchte das *NKWD* mit psychischen Folterungen, sie als sowjetische Spionin zu einer Rückkehr nach Deutschland zu bewegen. Sie lehnte das ab und schrieb stattdessen "unzählige" erfolglose Bittgesuche an sowjetische Politstars wie Molotow und Wyschinskij, aber auch an "Väterchen" Stalin persönlich.

Zwischenzeitlich wurde sie wegen ungebührlichen Sträflingsverhaltens, also Bagatellvergehen, zusätzlich mit Verboten (von Hofgang, Briefwechsel oder Lektüre) kujoniert. Aber *"sie rezitierte Gedichte, erzählte vn ihren Rollen, ihrer Theaterarbeit, aus ihrem Leben"*, hat eine Mitgefangene später berichtet. Eine andere: *"Einmal spielte sie uns die Marion aus 'Dantons Tod' vor"*. Denn *"vielleicht kann ich wieder mit Bert Brecht zusammenarbeiten"*, soll sie noch gehofft haben. Aber die Interventionen dieses früheren Kollegen und Geliebten (* **1898**) blieben halbherzig oder sogar Schimären und in seinem eigenen skandinavischen Exil jedenfalls effektlos.

Als Nazideutschland jenen Nichtangriffspakt schon 1941 brach und die Sowjetunion mit seinem *Zweiten Weltkrieg* überfiel, gab das Berliner Reichssicherheitshauptamt seiner Waffen-SS eigens *"Sonderfahndungslisten UdSSR"* mit auf den Weg eines vermeintlich nächsten Blitzkriegs gen Moskau. Auf Seite 125 war da auch ein weiblicher Häftling des sowjetischen Kriegsgefangenenlagers in jenem ehemals zaristischen Gefängnis Wladimirowka aktenkundig, das im zentralrussischen Wladimir lag (und auch nach Stalins Tod noch Dissidenten lieber wegschloß):

"Neher, Karola (Deckname: Klabund) [...] , Schauspielerin. Wladimir, Rayonzentrum des Rayons Wladimir im Südwesten des Gebietes Iwanow. 'Geheim'. [...] Weniger gefährliche, aber festzunehmende Person".

Aber als die *NS*-Luftwaffe 1941 das zentralrussische Orjol mit Haftanstalt und Häftlingen nächtelang bombardierte, wurde die inzwischen hiesige Strafgefangene und SS-gesuchte Carola Neher mit einem Gefangenentransport von dort nach Sibirien evakuiert. Auf einer Zwischenstation in Sol-Ilezk, wo auf halbem Wege vom südlichen Ural zur kasachischen Grenze just eine Seuche ausbrach, starb dieses 41jährige Wangenheim-Opfer unverhofft am 26. Juni 1942: mit dem amtlichen Vermerk *"Todesursache unbekannt"*. Sie blieb das bis heute.

Aber Sohn Georg Becker, in sowjetischen Waisenhäusern aufgewachsen, insofern Ziehkind jenes Staatssystems und mit dessen Informationsgepflogenheiten wohlvertraut, hat nach seiner Ausreise 1975 in die Bundesrepublik 36jährig die Überzeugung geäußert, *"daß seine Mutter erschossen wurde"* – warum auch immer.

Ihr Leichnam wurde in der Kalkgrube eines Massengrabes vor Ort versenkt;

<u>Hans Hauska</u>, gebürtiger Böhme, der – * **1901** – für Wangen-

heims *"Kämpfer"* die Filmmusik komponierte, hatte in Wien Maschinenbau und Musik studiert, war 27jährig nach Berlin gegangen, dort Mitglied der *KPD*, dann der abgespaltenen *KPDO* (*Kommunistische Partei-Opposition*) und 1930 jener *"Kolonne Links"* geworden, für die er Bühnenmusiken schrieb.

Nach ihrem Berliner Verbot emigrierte er per Schiff von Bremerhaven nach Wladiwostok, von dort per Eisenbahn nach Moskau, arbeitete dort zunächst als Journalist einer deutschen Zeitung, dann für jenes *Deutsche Theater Kolonne Links*, aber auch für das Leningrader Filmstudio *Sojuskino*, leitete je einen Chor des *Deutschen Clubs* und der *Karl-Liebknecht-Schule* für deutsche Emigrantenkinder in Moskau, komponierte diverse Bühnenmusiken und war der Klavierbegleiter Ernst Buschs bei dessen Moskauer Liederabenden.

Am 20. November 1937 wurde Hauska verhaftet: wegen terroristischer Handlungen und Spionage. Erst nach einjährigem Arrest wurde im Dezember 1938 seine Ausweisung nach Deutschland beschlossen. Schon an der Grenze wurde er von der *NS*-Gestapo verhaftet, vor den *NS*-Volksgerichtshof gestellt und wegen kommunistischer Propaganda und Mitwirkung an Herbert Rappaports sowjetischer Verfilmung von *"Professor Mamlock"* zu 18 Monaten Gefängnis verurteilt. 1940 entlassen, wurde er als *"wehrunwürdig"* vom Kriegsdienst dispensiert, zu Fabrikarbeit und fortgesetzt regelmäßiger Meldung bei der Gestapo verpflichtet.

Nach 1945 arbeitete er als Übersetzer für die *US*-amerikanische Militärregierung, kehrte nach Wien zurück, lebte dort als "Hilfskonstrukteur" mit Frau und Kind im Obdachlosenasyl, ging 1958 zur *Deutschen Konzert- und Gastspielagentur* nach Ost-Berlin, redigierte dort auch Musikzeitschriften und assistierte bei der Edition von Hanns Eislers Nachlaß. 1962, drei Jahre vor seinem Tode, wurde er endlich vom Militärtribunal des Moskauer Wehrkreises auch juristisch rehabilitiert.

Aber schon 1952 hatte er in einem Brief an den *"Stalingrad"*-Autor Theodor Plievier (* **1892**) nach Hamburg geschrieben:

„Die UdSSR war nie das, als was wir deutschen Kommunisten sie gesehen haben".

Auch dem Darsteller Alexander Granach, der nach seinem letzten Drehtag für Wangenheims *"Kämpfer"* in die Schweiz zurückreisen wollte, wurde zunächst die Ausreise aus der *UdSSR* bürokratisch verzögert, also verweigert. Folglich gastierte er am *Jiddischen Theater* in Kiew, spielte dort den Shylock, soll zeitweise das Theater auch geleitet, dann arbeitslos auf sein benötigtes Visum gewartet haben. Stattdessen wurde er im November 1937 verhaftet und im dortigen Gefängnis eingesperrt. Warum und wie das ausging, ist hier in seinem eigenen Kapitel ab Seite 523 nachzulesen.

Aber dieses ganze Denunzieren und Verhaften des *"Kämpfer"*-Teams war als Idee und Klima vielleicht von Anfang an schon vorgegeben:

Alfred Kurella nämlich (* **1895**), ein agiler politischer Publizist und Funktionär der Linken in Sachsen, München, Moskau, Berlin und Frankreich, Spezialist für personelle "Säuberungen", 1919/20 in Österreich, Schweiz und Dänemark inhaftiert, seit März 1934 persönlicher Sekretär jenes Georgi Dimitrow in Moskau und Autor eines Buches über dessen Leipziger *NS*-Prozeß, war daher Initiator, auch Drehbuchautor der *"Kämpfer"*, deren Nebenhandlung um den *NS*-ermordeten Hans Lemke und dessen Bruder Fritz (Bruno Schmidtsdorf) gleichfalls Kurellas Idee war.

"Von allen Manuskripten, die ich gelesen habe / ich lese in letzter Zeit sehr viele", attestierte ihm der linientreue Berater Maxim Gorkij, *"ist dies das erste, das mich wirklich gepackt hat [...] Eine sehr große Sache. Sie ist ein Beispiel – ein Vorbild".*

Gleichzeitig war Kurella in der Moskauer *Zentralbibliothek für ausländische Literatur* mit der Entfernung "trotzkistisch" abweichender

Bücher in fremden Sprachen beauftragt und seit 1935 mit einer verklärenden Stalin-Biografie beschäftigt, die pseudonym erschien, aber wegen unliebsamer Zitate schon 1937 zurückgezogen werden mußte. Wangenheim, der ihn wohlweislich schon von den Dreharbeiten ferngehalten hatte, unterschlug dann im Vorspann des Films sogar Kurellas Namen und ganze Beteiligung an diesem Projekt.

Insofern gebrandmarkt, publizierte dieser fleißige Autor von 1934 bis '38 nur noch unter den Pseudonymen Bernhard Ziegler und Viktor Röbig. Zur weiteren Absicherung und Rehabilitation schrieb er einen autobiografschen Schlüsselroman, der aber aus politischen Gründen erst 1954 erscheinen durfte.

1937 wurde der gebürtige Schlesier Alfred Kurella *NS*-ausgebürgert und sowjetischer Staatsbürger, sein Bruder Heinrich Kurella verhaftet, zum Tode verurteilt und erschossen. Hedda Zinner, damals Ensemble-Mitglied der *"Kämpfer"*, hat sich noch 1989 an ein damaliges Moskauer Gerücht erinnert: Alfred sei Heinrichs Denunziant gewesen. Das wurde zwar niemals bestätigt, aber vom überlebenden Bruder wohl auch nie dementiert.

Dieser stieg im *Zweiten Weltkrieg* zum Redakteur in der Politischen Hauptverwaltung der *Roten Armee*, mehrerer Frontzeitungen und im Informationsressort des antifaschistischen *"Freien Deutschland"* auf, wurde aber 1941 nach Kasan evakuiert und 1943 an die Front beordert.

Nach dem Kriege verzog sich Kurella in eine abchasisches Bergdorf des Kaukasus, malte, schrieb, übersetzte dort und bat seit 1948 vergeblich um die Erlaubnis, nach Deutschland zurückzukehren: Wilhelm Pieck und Johannes R. Becher widerrieten da. Erst als Walter Ulbricht ihn anforderte, wurde für ihn die sowjetisch übliche Kaltstellungsphase für hochrangige Geheimdienst- und Nomenklaturkader der *Komintern* beendet: 1954 traf er in Ostberlin ein und wurde dort vielfach leitender Kulturfunktionär, auch des Politbüros, und

Mitglied von *SED* und Volkskammer.

"Er galt als Stalinist", weiß auch *wikipedia*, *"und zerstörte als solcher Karrieren und künstlerisches Schaffen, das er für parteischädigend hielt"*.

Noch 73jährig ließ er sich 1968 von der *Schiller-Universität* in Jena zum *Dr. phil.* promovieren: mit einer Dissertation über *"Das Eigene und das Fremde"*.

Seine häufig angekündigte Autobiografie wurde nie geschrieben.

Aber auch Gustav Wangenheim selbst blieb nach Drehschluß seiner *"Kämpfer"* in jenem Klima von Denunziationen, Verhaftungen und Liquidationen während des *Großen Terrors* keineswegs verschont. Die *Deutsche Operation* des *NKWD*, die auf Stalins persönliche Anweisung die Verhaftung aller deutschen Immigranten zum Ziele hatte, ließ auch ihn nicht unbehelligt. Er wurde interniert, verbrachte einige Tage im Gefängnis des *NKWD*, wußte sich aber hinlänglich anzupassen und zu fügen, zu gefallen – und wurde freigelassen.

Im Mai 1939 wurde dem Ehepaar Wangenheim in Moskau ein Sohn geboren: Friedel ~~Freiherr von~~ Wangenheim.

1940 erwarb der seit 1934 staatenlose junge Vater, 45jährig, die sowjetische Staatsbürgerschaft und war jetzt offiziell Густаф Вангенхайм.

In Deutschland war er irgendwann inzwischen vom *NS*-Reichskriegsgericht wegen Hochverrates in Abwesenheit zum Tode verurteilt worden.

Seit Anfang 1941 wurde er von *NS*-Reichssicherheitshauptamt und Gestapo in der *Sonderfahndungsliste UdSSR* geführt. Das wurde gefährlich, als die *NS*-deutsche Wehrmacht im Sommer 1941 die Sowjetunion überfiel.

Denn jetzt engagierte sich Wangenheim für die 7. Politische Abteilung der *Roten Armee*, entwarf deutsche Flugblätter und besprach deutsche Schallplatten für Lautsprecherinformationen der *NS*-deutschen Wehrmachtsfront.

Als diese sich jedoch im Herbst 1941 trotzdem Moskau näherte, mißtraute das sowjetische Innenministerium seiner aktenkundigen *"Abstammung von Adeligen und Schauspielern"* umso mehr. Wie alle andern deutschen Asylanten nunmehr vollends unter Generalverdacht, wurde auch Wangenheim neuerlich verhaftet und zuerst ins islamisch tatarische Kasan, dann ins usbekisch zentralasiatische Taschkent zwangsverpflanzt. Oder auch verbannt. Dort blieb er zwei Jahre lang, beschäftigte sich schriftstellerisch und wurde nur gelegentlich zu Verhören abgeholt.

Nach Stalingrad 1943 ins uneroberte Moskau zurückgekehrt, wurde er Mitglied jener Volksfront aller antifaschistischen oder kriegsgefangenen Deutschen in der Sowjetunion: des *Nationalkomitees Freies Deutschland* und Redakteur dessen Rundfunksenders *"Freies Deutschland"*.

Anfang 1945,

als mein eigener disziplinierter Vater
im *NS*-warthelländischen Rawitsch einen Weinkrampf erlitt,
weil er seine Familie plötzlich im schwarzen Kutschkasten
einer wildfremden Bäuerin aus dem Dörfchen Lindenort (*recte* Płaczkowo)
auf vermeintliches Nimmerwiedersehen einem jener Trecks anvertrauen mußte,
die mit Pferdegespannen damals kopf- und ziellos westwärts flüchteten
und von sowjetischen Panzern bisweilen beim Überholen
in rachedurstigem Zickzack plattgefahren wurden –

– da wurde Wangenheim gleichzeitig in Moskau Mitglied auch noch einer Kommission der *KPDSU* für Filmfragen.

Aber als Anfang Mai 1945 der ganze Nazi-Spuk vorüber war, wurde er schon am 18. Mai 1945 mit dem *"zweiten deutschen Flugzeug"* ins zertrümmerte Berlin geschickt und in dessen Ortsteil Biesdorf, Bezirk Marzahn-Hellersdorf, in einem jener 36 Häuser untergebracht, die für leitende Mitarbeiter von Behörden und Kultureinrichtungen sowjetisch beschlagnahmt worden waren. Am hiesigen Gerstenweg also nannte sich dieser rote Baron fortan wieder Gustav *von* Wangenheim und bewohnte hier eine möblierte kleine Wohnung mit vorgefundenem Spießerinventar, das seiner mitimportierten Ehe-Freifrau noch dreißig Jahre später *"Alpdrücken verursacht"* hat.

1945

"Meine Angst vor einem Sturz bei Glatteis wächst in jedem Winter
und scheint mit den Jahren begreiflicher zu werden:
faktisch begründeter zu sein.

Aber erst jetzt nach runden siebzig Jahren wird mir jählings erinnerlich,
daß diese Angst vermutlich biografische Quellen hat:
im Horror jenes Flüchtlingstrecks im sonderlich sibirischen Januar 1945.

Da saß ich auf der Flucht vor der unüberhörbar nahenden
Roten Armee *der Sowjetunion wochenlang eingesperrt im*
schwarzen Kasten eines zweispännig bäuerlichen Pferde-Coupés
und erlebte zitternd das lebensgefährliche Rutschen nicht
nur unseres Gefährtes, sondern auch all der andern vor oder hinter uns

und noch sehr viel verängstigter das pausenlos drohende Stürzen
der Zugpferde auf dem spiegelglatt vereisten Fahrdamm. Ein gestürztes
Pferd kam da meist nicht wieder hoch, auch auf untergeschobenen
Wolldecken nicht, und mußte erschossen werden.

Was aber dann? Es gab da kein Weiterfahren mehr.

Die Insassen seiner Kutsche mußten dann getrennt auf vakante Sitzplätze
anderer Gespanne zwangsverteilt und eingepfercht werden.
Denn der Kanonendonner der sogenannten Ostfront kam täglich näher.

Wie sollte das ein zehnjähriges Kind aus bislang
wohlbehütetem Elternhause nicht lebenslänglich traumatisieren?

Schon jede Warnung vor drohendem Glatteis löst heute noch Panik aus:
wie auch nicht!"

Hanno Lunin, 81: Hamburger Tagebuchnotiz von 2016
(bislang unveröffentlicht)

"Die ersten Wochen und Monate in Berlin nach dem Ende des Krieges waren unbeschreiblich", hat Augenzeuge Friedrich Luft das alles noch im Juni 1972, ganze 27 Jahre später, haargenau beschrieben: *"Es gab nichts. [...] Sechzig Prozent der Häuser entweder zu Ruinen geworden oder doch aufgerissen, demoliert [...] . Trotzdem regten sich die Künste in dieser Stadt zuerst. [...] So drängte man zum Theater. Man tat es, obgleich ziemlich alle Bühnen Berlins in Schutt und Asche lagen. Ein paar waren stehengeblieben"*.

Mit ihrer Wiederbelebung, vermutlich um *"durch Theater und Kunst die verwüsteten Seelen der Besiegten reinigen, klären und am Ende aufrichten zu können"*, betraute der Kreml nun ausgerechnet Gustav von Wangenheim: zuerst im *Theater am Schiffbauerdamm*, dann aber bald schon stattdessen im *Deutschen Theater*.

Dieses Institut, das 27 Jahre lang von Max Reinhardt geleitet, dann zehn arge Jahre lang von Heinz Hilpert hinübergerettet,

später in Göttingen unter unverändertem Firmennamen weitergeführt und für mich zur ersten schicksalhaften Begegnung mit einem täglich produzierenden Theaterbetrieb wurde,

aber von Hilperts *NS*-Vorgesetztem Joseph Goebbels gern als *"KZ auf Urlaub"* (also potentielles oder latentes Konzentrationslager) bezeichnet worden war,

dieses vielfältig stigmatisierte *Deutsche Theater* also eröffnete nun schon wieder am 26. Juni 1945, nicht einmal sieben Wochen nach der *NS*-Kapitulation – wenn auch noch ohne jeden Spielplan oder eigene neue Inszenierung.

Horst Caspar (1913-1952),

der die Nazizeit trotz jüdischer Ahnen, aber nur mit vierteljährlich erneuerbarer Arbeitsgenehmigung für seine zahllosen Hauptrollen in Heinrich Georges Berliner *Schiller*- und im Wiener *Burg-Theater* und kürzlich ein Erschießungskommando der *Roten Armee* einzig durch den Nachweis ebendieser Abstammung überlebt hatte,

”*sprach einen Prolog zur Neueröffnung des Hauses*“. Was das war, scheint nicht überliefert,

aber zweifellos tat das dieser endlich amnestierte *”Mischling zweiten Grades“* einmal mehr als *”Fata Morgana aus dem Paradies“* (Jürgen Fehling). Herbert Ihering, selbst * **1888** und wohlinformierter Grenzgänger zwischen praktischem und beschriebenem Theater, hatte ihn schon 1942 *”von der Natur für sein Fach verschwenderisch ausgestattet“* beschrieben: *“Schlank und hochgewachsen, mit schmalem Gesicht und hoher, adeliger Stirn, ein dunkler Jüngling mit blauen Augen, ist er für die Idealisten der klassischen Literatur geschaffen“*,

und Will Quadflieg, Kollege, gar enger Freund, aber häuufig auch Rollenrivale, nannte es noch zwanzig Jahre nach Caspars frühem Tode *”wunderbar, wenn eine Rolle in ihm zu leben und zu leuchten begann. [...] 'Es' spielte in ihm“* mit einer *“weitgehend unbewußten magischen Ausstrahlung“*. Er war *”der unvergleichliche Darsteller heldischer und geistgeprägter Jünglingsgestalten“,*

aber Jürgen Fehling, Caspars kongenialer Regisseur, selbst * **1885**, rief ihm nach wiederholter Zusammenarbeit während der Nazijahre in Georges Berliner *Schiller-Theater* liebevoll nach, er sei ein *”Torhüter des Himmels, Freudebringer, Dunkel- und Todbezwinger“,*

der nun auch hier also wieder, wie schon in all seinen zahllosen Rollen just von 1933 bis 1945, *”die Schönheit schuf, damit wir nicht ganz irregehn zwischen so viel Dreck und Unzulänglichkeit“,*

wo jedoch von solchen Geistesbrüdern wie ihnen beiden trotzdem *”um die Gottähnlichkeit des Menschen gekämpft wird“.*

Caspars Wiener Kollegin Käthe Dorsch nannte ihn damals *”ein We-*

sen, das nicht von dieser Welt war",

und jener Herbert Ihering hatte schon über Caspars Münchner Tasso von 1939 notiert: *"Es war ein Ereignis des Geistes"*,

aber noch 25 Jahre später hat Iherings Kollege Siegfried Melchinger in seinem "Epitaph" auf diesen Schauspieler (der da schon seit vierzehn Jahren gar nicht mehr am Leben war) und just über dessen Münchner **Danton** von 1951,

von dem auch ich mich
anderthalb Jahre vor seinem unverschmerzlich frühen Tode
bei den Recklinghäuser *Ruhr-Festspielen* 1951 hinreißen lassen durfte
und dessen Autogramm im Programmheft
zu jener Schweikart-Inszenierung von *"Dantons Tod"* ich seither
als Devotionalie in meinem allerprivatesten Sanctuarium hüte,

über eben diesen Danton also hat Melchinger noch 1966 publiziert:

"Zweierlei spielte er, wie ich es nie gesehen habe und wohl nie wieder sehen werde: die einsame Einsicht in den 'Fatalismus der Geschichte' und das 'Genie der Freiheit'. [...] Die Sätze waren mit einem Metallhammer gesprochen, ich höre sie noch, klirrend vor kaltglühender Gewalt".

Nach vermutlich ähnlich klirrendem Prologe also spielte man an jenem allerersten Abend dieses neuen *Deutschen Theaters* nach paneuropäischem Harmagedon und in Ermangelung neuer Produktionen notgedrungen nur ein Überbleibsel aus dem SS-zerstörten Staatstheater von früher,

dennoch sinnig

Picards *"Parasiten"* im Bühnenbilde schon von Willi Schmidt und in Schillers Bearbeitung dieser gnadenlosen Satire auf den zeitlosen Typus eines skrupellosen Opportunisten und gefährlich brutalen Speichelleckers. Ob der einschlägig kundige Wangenheim das als persönliche Distanzierung schon so verfügt hatte, steht dahin.

Doch *"wir können nicht da anfangen, wo wir 1933 abbrechen mußten"*, hatte er begriffen: *"Jetzt heißt es, das Gewesene, die Vorgänge in den letzten zwölf Jahren zu enthüllen, die Köpfe und Herzen unseres Volkes zu reinigen"*.

Wangenheims Intendanten-Vertrag begann offiziell am 1. August 1945. Schon am 3. August gab es eine erste, etwas halbherzige, aber damals nachgerade avantgardistische Premiere gleich mit einem *US*-Import:

Thornton Wilder's *"Unsere kleine Stadt"* in *Deutscher Erstaufführung* und Inszenierung des Schauspielers Bruno Hübner

(mit dem ich noch zwanzig Jahre später beruflich zu tun hatte,
als er – * **1899** – bei uns in Wiesbaden spielte und inszenierte),

jenes fantastisch amerikanisch unkonventionelle Stück,

in dem ich 1953/54, selbst etwa neunzehnjährig,
in einem Göttinger Regie-Seminar unter den gestrengen Dozentenblicken
des leibhaftigen Altmeisters Heinz Hilpert (* **1890**)
die kleine Rolle des Zeitungsjungen *Joe Crowell jun.*,

1961 am *Stadttheater Pforzheim* jedoch den stücktragenden *Spielleiter*,
die einzige große Rolle meines ganzen 33jährigen Theaterlebens, spielte,

diese liebenswürdige, pulitzer-preisgekrönte und sechsfach verfilmte Spielvorlage verbot die sowjetische Zensur seinerzeit in Ost-Berlin schon nach wenigen Vorstellungen.

Die offiziell eigentliche Eröffnung dieser Intendanz des "Halbjuden" Wangenheim war dann trotz dessen nachweislich antisemitischer Animositäten ausgerechnet und demonstrativ Lessings *"Nathan der Weise"*, jener klassische Appell der Aufklärung von 1779 zu humaner Versöhnung vermeintlicher Gegensätze: also großherzige Versöhnungsgeste? Oder eher ein zu Kreuze kriechender, ein gut Wetter machender Ablenkungs- und Beschwichtigungsversuch? Inzwischen unerfindlich.

Immerhin inszenierte Wangenheim ihn noch nicht selbst, sondern überließ das Fritz Wisten, dem **1890** gebürtigen Moritz Weinstein aus Wien, der die Nazizeit anfangs als Künstlerischer Leiter und Regisseur jenes Berliner *Jüdischen Kulturbundes*, den er vor zwölf Jahren, im Oktober 1933, mit der Rolle des Derwischs (neben dem Nathan von Kurt Katsch oder Isser Katz, **1893** geboren, zuletzt 1958 neben Marlon Brando, Dean Martin und Montgomery Clift in *"Die jungen Löwen"*) im vorerst letzten *"Nathan"* auf einer deutschen Bühnen eröffnet hatte,

dann im Gefängnis, im Konzentrationslager Sachsenhausen, nach dortiger Lungenentzündung mit irreparabel verbleibender Sprachhemmung im Gefolge, schließlich im Schutze seiner *"privilegierten Mischehe"* mit der Schauspielerin Gudrun Widmann überlebt hatte;

gleichwohl versteckten diese beiden bedrohlich Observierten auch noch den Schauspieler Alfred Balthoff (* **1905**) und andere jüdische Freunde in ihrem Hause nahe dem Schlachtensee am Berliner Waldsängerpfade.

Aber ab 25. April 1945 sollten alle solchen "privilegierten Mischehepartner" unbarmherzig deportiert werden. Das verhinderte just an jenem selben Tage der Einmarsch der *Roten Armee.*

Dieser Fritz Wisten also inszenierte nun *"Nathan der Weise"* als die eigentliche Eröffnung der Ära Wangenheim im *Deutschen Theater* und als erste deutsche Wiederaufführung dieses Werkes seit jener Aufführung des *Jüdischen Kulturbundes* unter der Regie von Karl Loewenberg im Oktober vor zwölf Jahren.

Wistens Bühnen- und Kostümbildner war dabei Willi Schmidt,

der sich 1933 geweigert hatte, aus seiner fertigen philosophischen Dissertation über Schelling alle Zitate jüdischer Autoren zu tilgen und mit dieser Haltung, 23jährig, auf seine Promotion verzichtete,

den 1940 Gustaf Gründgens mit einem Vertrage als "unabkömmlichen" Bühnenbildner des *Preußischen Staatstheaters* nachweislich vor der drohenden Verwendung dieses Hochbegabten als Kanonenfutter bewahrte,

der dort 1941 Bühnenbild und Kostüme für Jürgen Fehlings todesmutige Inszenierung der *"Preciosa"* von Pius Alexander Wolff, also für eine tollkühne Liebeserklärung an *NS*-mißliebig vogelfreie "Zigeuner", entwarf,

der in jenem *"Totalen Kriege"* ohne Theater von September 1944 bis April 1945 im "Kriegseinsatz" bei der Firma Siemens technische Zeichnungen für Ersatzteile des Schlachtschiffes *"Tirpitz"* auch dann noch abliefern mußte, als dieser letzte *NS*-Paradekreuzer von englischen Bomben schon längst im Atlantik versenkt war,

dessen Studenten 1959 das Bühnenbild
für die Uraufführung meines eigenen Dramas *"Der Paternoster"*
in der Berliner *Freien Volksbühne* am Kurfürstendamm gestalteten,

dessen Regie-Assistent ich im selben Jahr
am Berliner *Schiller-Theater* bei seiner legendären Inszenierung
der *"Irren von Chaillot"* von Jean Giraudoux,

dessen Briefpartner ich hiernach viele Jahre lang sein durfte
und dessen Briefe an mich ich 2005
als "Kinderrassel" (einem Zitat aus *"Dantons Tod"*) herausgab;

"Die Rückkehr zu Nathan, dem Weisen", überschrieb noch der 80jährige Willi Schmidt 1990 einen Aufsatz für Fritz Wistens Biografie und beschrieb da ihr Konzept zu einem *"Nathan"* im *Deutschen Theater* von 1945

"als Rückkehr zu einer anderen Kultur, zu einer anderen Geisteswelt, die es ja mal in diesem Deutschland gegeben hatte [...] . Alle waren sich 1945 darüber einig, daß der Nathan *gespielt werden sollte, nicht als Wiedergutmachungsstück, sondern als Wiederbelebung des Toleranzgedankens"*.

Aber von den Proben zur damaligen Aufführung hat dieser Bühnenbildner berichtet, wie ihr Regisseur Wisten darauf achtete, *"daß es nicht düster auf der Szene zugehe, daß eine Atmosphäre von sublimer Heiterkeit herrsche, etwas von orientalischer Märchenkunst deutlich werde, eine Mischung aus talmudischer Klugheit, Melancholie, Weltläufigkeit und Menschenkenntnis sich etablieren kann“.*

In solchem Umfelde also, das *”das jüdische und das muselmanische Milieu mit dem sparsamsten Ornament charakterisiert“*,

sollte *”die Utopie von der großen Versöhnung alles ideologischen Streits Wirklichkeit werden“* (Schmidt),

in solchem Umfelde spielte der erprobte Antifaschist Paul Wegener, jetzt siebzigjährig, die rehabilitierte Titelrolle eines jüdischen Kaufmanns, dessen Frau und sieben Söhne ihm während eines ”christlich“ antisemitischen Kreuzzug-Pogroms kaltblütig weggemordet wurden. Hiernach entwickelt dieser Handelsmann keine Rache-, sondern Versöhnungsgefühle: als Botschaft für alle Welt.

Neben diesem Nathan Wegener wurde jetzt nach den Berliner Pogromen jener parsische Derwisch Al-Hafi, der Lessings jerusalemitisches Geflecht aus Juden, Christen und Muslimen noch zu globalisieren hilft,

> von Alfred Balthoff gespielt,
>
> der, * **1905**, auf der Bühne des Berliner *Kulturbundes Deutscher Juden*, dieser Selbsthilfeorganisation jüdischer Künstler mit *NS*-Berufsverbot, nur als *Alfred Israel Berliner* auftreten durfte. Als die Gestapo alledem nach achtjähriger Aktivität von 1933 bis 1941 ein Ende machte, mußte Balthoff in der Buchhaltung dieser Organisation die Deportationslisten ihrer Mitglieder zusammenstellen. Der eigenen Verhaftung entging er nur durch einen waghalsigen Sprung in eine fahrende Straßenbahn, dann in den Berliner Untergrund mit vielen wechselnden ”Flitzquartieren“ ohne aufspürbaren Wohnsitz. Bisweilen schlief er in fremden Charlottenburger Treppenhäusern, immer häufiger, endlich auch mit falschen Papieren, am Schlachtensee bei Fritz Wisten, dessen todesmutig versammelte und versteckte *NS*-Gejagte immer zahlreicher von Balthoff bekocht zu werden pflegten.

> Nach Ende dieses gefühlten Jahrtausends und seinem Derwisch bei Wangenheim spielte er meist bei seinem "Schlummervater" Fritz Wisten, der von 1946 bis 1961 jeweils sieben Jahre lang das Ostberliner *Theater am Schiffbauerdamm* und die dortige *Volksbühne* leitete, drehte er im legendären *DEFA*-Film *"Ehe im Schatten"* seine eigene *NS*-Biografie und trat auch in Westberlin oder Düsseldorf und im Wiener Burgtheater auf. Sein unverkennbarbar komisch-filigranes Schlesisch lieh er auch an Charlie Chaplin, Fernandel, Louis de Funès, Alec Guinness, Anthony Quinn, Groucho Marx, Peter Ustinow und viele andere Kollegen mit fremden Filmzungen aus.

An der Seite dieses parsischen Derwischs von 1945 war Lessings Klosterbruder Bonafides, dessen Eremitenklause von *"arabisch Raubgesindel"* verwüstet wurde, mit Eduard von Winterstein besetzt,

> der in allen politischen Systemen immer ungemein volkstümlich geblieben, von Goebbels sogar noch 1944 trotz jüdischer Ehefrauen und kommunistischem Sohn in Moskau neben rund 1040 anderen Künstlerkollegen auf der *"Liste der Gottbegnadeten"* für immun erklärt worden und privatim ja der leibliche Vater des neuen Intendanten Gustav von Wangenheim war.

Vielleicht alldessentwegen und in Vertretung seines uneindeutigen Sohnes hielt dieser pseudonym sympathische Winterstein noch vor Premierenbeginn jenes programmatischen *"Nathan"* eine Begrüßungsansprache, die sich bei den anwesenden Offizieren der Besatzungsmächte für diese Chance eines Neubeginns bedankte und dabei sonderlich den sowjetischen Generaloberst Nikolai Erastowitsch Bersarin (* **1904**) adressierte, der sich als Stadtkommandant und Chef der sowjetischen Garnison Berlin schon am 16. Mai 1945, eine einzige Woche nach der *NS*-Kapitulation, energisch dafür verwendet hatte, daß die deutsche Kultur erneut aufgebaut und in den Berliner Theatern schnellstmöglich wieder gespielt wird.

Die *"Nathan"*-Premiere fand am 7. September 1945 um 16 Uhr 30 statt.

"Es herrschte damals nach Einbruch der Dunkelheit striktes Ausgehverbot", hat Zeitzeuge Friedrich Luft das später doppelt begründet: *"Die Vorstellungen begannen alle am frühen Nachmittag. Die Theater waren abhängig von den Zufällen einer noch raren Stromversorgung."*

Trotzdem kam das Publikum in Scharen und stand vor den Theatern Schlange. Denn *"das Theater war das allererste, das wieder Tritt faßte und in Schwung kam"*, hat derselbe Luft sich noch 1972 erinnert: *"Der Eifer, nachzuholen, was man so lange versäumt hatte, kam wie ein Fieber über die Menschen. [...] So betroffen, so aufnahmebereit, so geduldig und neugierig ist seitdem kein Publikum mehr gewesen [...]. Jetzt erst nahm man wahr, daß die braune Zensur gebrochen war. Was gestern noch so blutig unterdrückt und radikal verboten war, das heute frei äußern zu hören, war unvergleichlich. Jetzt war der Krieg vorbei. [...] Damals, als Berlin als Stadt gar nicht mehr existierte, war die geschlagene, ruinierte Siedlung wahrhaft eine Theaterstadt wie seitdem nicht wieder und wie zuvor auch kaum"*.

Gleichzeitig war auch neu zu lernen, daß es unterschiedliche Wahrnehmung und Meinung gab, die sich unterschiedlich äußern durften. Zwei Premierenbesucher jenes ersten *"Nathan"* von 1945 bezeugen das bereits mit ihrer gegensätzlichen Berichterstattung:

Marcel Reich-Ranicki,

> damals 25 Jahre alt, als einzig Überlebender einer im *NS*-Gas von Treblinka ermordeten Familie, selbst nur knapp dem Warschauer Ghetto entkommen und derzeit noch Zensor der polnischen Geheimpolizei oder schon Einsatzleiter der polnischen Spionage gegen England,

scheint damals bereits ein lustlos mißvergnügter Theatergänger gewesen zu sein und sich nur allzu gern in Widersprüchen verhaspelt zu haben:

"Das Stück, das im 'Dritten Reich' nicht gespielt werden durfte, sah ich zum ersten Mal in meinem Leben. [...] Und das Publikum? Es interessierte mich, wie die Deutschen jetzt auf die Geschichte eines Juden reagierten,

dessen Frau und dessen sieben Söhne verbrannt wurden. Aber gerade das ließ sich an diesem Abend nicht erkunden. Den Zuschauerraum des 'Deutschen Theaters' füllten vor allem Offiziere in den Uniformen der vier Besatzungsmächte. Es waren vorwiegend Juden, die erstaunlich gut deutsch sprachen. Es waren Vertriebene und Geflohene, die sich jetzt in einem Berliner Theater, nicht weit von den Ruinen des Reichstags und der Reichskanzlei entfernt, versammelt hatten – im Zeichen Lessings."

Konträr natürlich der gleichfalls widersprüchliche Eindruck Inge von Wangenheims, der damals 33jährigen Direktorengattin, von jenem frühen Septembernachmittag:

"Das Publikum – es saß in Decken, Mänteln und Handschuhen ausgehungert, erkältet und erschöpft im ungeheizten Theater, aber all das zählte nicht – das Publikum wuchs mit diesem Stück der ersten Stunde über sich hinaus. Zu Füßen des weisen alten Juden, der Lessings Credo sprach, saßen die Menschen und weinten. Mancher Zuschauer verlor die Beherrschung."

Das mag die vielen späteren Vorstellungen mitberücksichtigt haben.

Aber auch Fritz Erpenbeck, Gefängnisaufseher im Moskauer *"Kämpfer"*-Ensemble und nunmehr hiesiger Theaterkritikus, hat hiernach bestätigt: *"Wir sahen neben uns Menschen, die vor Erschütterung weinten"*.

Diese Aufführung, hat der sonderlich zuverlässige Günter Rühle noch Jahrzehnte später bilanziert, *"bedeutete nicht nur das Auferstehen des Theaters inmitten von Ruinen, sondern seine neue Begründung aus dem Geist der Aufklärung [...]. Sie bedeutete Rückkehr der Ausgestoßenen, Versöhnung der Überlebenden, Verlangen nach Kontinuität. Und: Wiederherstellung des jüdischen Gesichts. Nathan war das Gegenbild gegen seine Verfratzung und Verhöhnung im 'Ewigen Juden' des zerbrochenen Regimes"*.

Rühles bedenkenswertes Fazit: *"Kaum eine andere Inszenierung jener Zeit bekam eine so symbolische Bedeutung"*.

Paul Rilla, * **1896**, Lessing-Spezialist und als neu berufener Feuilletonchef der *"Berliner Zeitung"* damals Premierengast, hat bestätigt: *"Ein großes Ereignis. Denn in der Forderung, den Geist der Humanität wieder zu einer deutschen Gesinnung zu machen, ist wahrlich die Zukunftsaufgabe der deutschen Kunst, des deutschen Theaters beschlossen"*.

Diese Aufführung mußte im zertrümmerten Berlin 245 Male wiederholt werden. Als der greise Paul Wegener das aus gesundheitlichen Gründen nicht mehr fortsetzen konnte, übernahm die Titelrolle jener ehrenwert chamäleoneske Eduard von Winterstein, der sie dann noch vierhundert Male gespielt haben soll.

"Das Deutsche Theater in der Schumannstraße ist zwar ein verstaubter alter Kasten", hat dieser neue Titeldarsteller 1954 bilanziert, *"aber was Milieu, Intimität und Stimmung anlangt, vielleicht eines der schönsten Theater der Welt. Alle Schauspieler, die in diesem Hause gespielt haben, sind sich darüber einig, daß die Wechselwirkung von Bühne und Zuschauerraum hier eine sonst unerreichte Stärke erlangt"*.

Dort also fand jener sensationell erfolgreiche Neubeginn für Berlin, für deutsches und *Deutsches Theater*, aber auch für Gustav von Wangenheim statt.

Trotzdem machte dieser Neuling im heiklen Intendantenberufe bald Fehler. Ein gewichtiger war wohl, daß sein Spielplan gleich zu ehrgeizig war. Er präsentierte Stücke, die so schwer zu spielen sind, daß ein erfahrener Theaterleiter sie erst auf dem Zenit seiner Ära zu realisieren versucht.

Als Schauspielregisseur hatte er sich den Berlinern schon elf kurze Tage nach jenem *"Nathan"* persönlich vorgestellt: mit der erfolgreichen Uraufführung von *"Gerichtstag"*, einem Zeitstück seines Moskauer Freundes Julius Háy (* **1900**) aus Ungarn über die politischen Spannungen in einer deutschen Familie zur Zeit der Katastrophe von Stalingrad,

die meine eigene Familie noch sorglos im *NS*-wartheländischen Kreisstädtchen Rawitsch, dem eigentlich polnischen Rawicz, dort im paradiesischen Schoße einer idyllisch gelegenen, aber vormals polnischen Villa und in deren riesigem Obst-, Gemüse- und

Ziergarten, einem andern Garten Eden, zu ignorieren versuchte, wo die heimlich geraunten Informationen unserer Berliner Verwandtschaft über die tatsächliche Existenz von *NS*-Konzentrationslagern nicht geglaubt, leidenschaftlichst abgestritten und dann erfolgreich verdrängt wurden.

Aber die Nagelprobe lieferte Wangenheim erst drei Monate später, schon im Dezember 1945, mit einem allzu frühen *"Hamlet"* in eigener Regie ab. Freilich stand ihm, der ja noch *"nie großes, klassisches Theater inszeniert hatte"* (Rühle), für die Titelrolle eine verführerisch wahre Jahrhundertbesetzung zur Verfügung: Horst Caspar.

Der hatte diese Rolle aller Rollen schon vor zehn Jahren, in seinem zweiten Anfängerjahr 1935, als 22jähriger Novize unter Saladin Schmitt in Bochum gespielt, dann wieder 26jährig unter Otto Falckenberg 1939 an den *Münchner Kammerspielen*. Jetzt war er 32, hatte eine zwölfjährige Demütigung mit rund 48 Deportationsgefährdungen und einen sowjetischen Füsilierversuch hinter sich, war mit Sicherheit schwer diktaturgeschädigt und stand trotzdem weit überragend und verantwortungsbeladen an der Spitze des deutschen Theaters.

Michael Degen (* 1932), den Nazis im Berliner Untergrund damals knapp entgangen, 1946 Statist, dann Schauspielschüler, schließlich Debütant auf der Bühne ebenjenes *Deutschen Theaters* und seither Protagonist zahlloser erster Bühnen und Fernsehserien,

besonders gut auch 1987 in der Hauptrolle meines eigenen Fernsehspiels *"Das Wahlergebnis"* im *ZDF*,

hat sich noch 2015 in seinem erschütternden Buch über Oskar Werner sehr genau an dessen "Vorgänger" Horst Caspar erinnert:

"Ich kannte ihn als Hamlet, als Romeo, als Orest. Ich stand oft im zweiten Rang des Deutschen Theaters und sah ihm zu. Seinen Hamlet vergesse ich nicht. Insgesamt war es eine ziemlich biedere, phantasielose Regie. In der zweiten Szene jedoch, zum Empfang bei Hofe, trat Caspar auf. [...] Ich hatte bis dahin nie einen Schau-

spieler gesehen, der seine innere Bewegung, seine Hochspannung ohne jedwede Gestik und Mimik so intensiv auszudrücken vermochte. Die leise Antwort auf die Replik des Königs riß einen beinahe vom Stuhl: 'Mehr als befreundet, nichts weniger als Freund!' Umwerfend eindrucksvoll. Er war die Reinheit in Person."

Wie also spielte so einer damals diesen Hamlet? Wie spielt er ihn, während in Nürnberg schon das Tribunal über Staatsverbrecher und Caspars Scharfrichter, Henkers- und Folterknechte zu tagen begonnen hatte

und meine eigene Familie
wie Millionen andere am leibhaftigen Hungertuche nagte:

Berliner Hamlet 1945?

"Wangenheim spielte das Renaissancedrama", hat Paul Fechter uns wissen lassen, *"mit ragenden Säulen, einer weiten Terrasse zum Meer hin, mit leichten, hellen, farbigen Kostümen der Shakespearezeit, vor allem bei den Frauen und Mädchen, aus deren Buntheit allein das Schwarz des schlanken Hamlet schwer und düster herausfiel. Er gab dem Dänenhof Heiterkeit und Lachen: die Herren und Damen tänzelten vorüber, spielten Ringelspiele ..."*.

Aber auch in solchem Ambiente, hat Günther Rühle erinnert, hält dieses Stück *"Gerichtstag über eine dunkle Zeit"*, und *"in der farbigen, sich selbst genügenden Welt dieses Hofes"* war Hamlet Caspar als *"geistige Energie die treibende Kraft. [...] Wangenheim verlangte von ihm einen Radikalisten"*, der eine tief gestörte soziale Gerechtigkeit wiederherzustellen versuchen mußte.

Horst Caspar, Fehlings *"strahlend helle Erinnerung aus dem Paradies, aus den blühenden, noch unschuldigen Tagen der Schöpfung"*, konnte anscheinend auch das. Denn *"man spürte: dieser lodernde Schiller-Jüngling von 1942* [= Caspars Schiller-Film, *"der ohne ihn"*, so Melchinger, *"nicht hätte sein können"*] *war durch Verstörungen seiner Gegenwart hindurchgegangen. Er wußte, was getarnte, kaputte Ver-*

hältnisse sind, daß man durch geistige Überlegenheit sich behaupten muß. [...] Man sah einen reinen Menschen in einer intriganten Welt".

Aber mitten in diese anschaulich plausible Rollenbeschreibung hinein hat jener kluge Rühle einen gemeißelten Schlüsselsatz placiert, der haargenau zusammenfassen dürfte, was dort damals geschah:

" In der Trümmerwelt von 1945 war Caspars Hamlet wie die Wiederkehr verlorener Menschenschönheit."

Ähnlich scheint das der Augenzeuge Paul Rilla (* **1896**) empfunden zu haben: *"Ein Wunder, endlich wieder ein Wunder: die seelische Durchleuchtung und geistige Gliederung der Shakespeareschen Rede. [...] Eine Leistung von ebenso verblüffender wie historischer Gültigkeit",*

und Kollege Will Quadflieg hat (halb ehrfürchtig, halb auch neiderfüllt?) überliefert, daß Caspar tatsächlich manchen Zuschauer oder Rezensenten *"noch entfernt an Kainz gemahnte"*.

Alfred Kerr jedoch, jener Scharfrichter des Berliner Theaters, selbst von den *NS*-Scharfrichtern ins Londoner Exil verscheucht, hatte dort gelesen, daß auch heutige Kritikaster, die sich ja immer durch unbeweisbare Vergleiche zu legitimieren trachten, diesen Hamlet Horst Caspars neben den von Josef Kainz, auch Kerrs immune Ikone, zu stellen wagten, und wollte dem unbedingt widersprechen. Obwohl er geschworen hatte, nie wieder nazideutsch verseuchten Boden zu betreten, reiste der 80jährige also von London nach Berlin und schrieb über diesen Hamlet Horst Caspars die vermutlich letzte Rezension seines Lebens. Michael Degen, inzwischen selbst 83 Jahre alt, hat sie so überliefert:

"Ein zweiter Kainz? Nein, der sei er beileibe nicht: wegen seiner Engelhaftigkeit. Denn Caspars Erscheinung und Darstellung sei die

eines Seraphen gewesen. Wie aber", fragten da Kerr und Degen unisono, *"wie konnte man sich in der Zeit, unter den Umständen, die Shakespeare beschrieb, eine derartige Reinheit des Charakters bewahren?"*

Wie konnte man es in der Zeit, die damals grade hinter Caspar lag?

Dieses Wunder vollbrachte er anscheinend.

Denn auch noch Paul Fechter schien in diesen Chorus der Bewunderung einzustimmen:

"Höhepunkt der Leistung: in drei Versen ließ Horst Caspar da das ganze echte Weltleid und die Lebensangst eines jungen Menschen aufklingen. Ohne jede Zwischenschicht und unbehindert von der Regie sprach hier der echte Horst Caspar, wenn er halblaut und bedrückt der Zeiten Spott und Geißel, des Stolzen Druck, des Mächtigen Mißhandlung und all die anderen Annehmlichkeiten eines faulen Staates aufzählt".

Aber halt: hier ist mühelos ein Dissens zwischen solcher Darstellung und ihrem inszenatorischen Umfeld herauszulesen. Denn Horst Caspar gab hier für Fechter *"wie immer, hervorragendes Theater; hinter diesem Theater aber verschwand zuweilen der Mensch – und der war bei Host Caspar zu wertvoll, um selbst dem höchsten Theater – oder einem Regisseur zuliebe geopfert zu werden"*.

Damit meinte er generell: *"Horst Caspar strahlte selbst das schönste Licht auch über die eigene Welt und das eigene Leben, also daß man staunend und beglückt den jungen Reichtum empfand und empfing, der der ganzen Bühne ein schöneres, reineres, reicheres Gesicht gab, wenn er da oben stand"*.

Da ist vornehm behutsame, aber unmißverständliche Wangenheim-Kritik unüberlesbar. Fechter tröstete damals sich selbst und alle andern mit dem Hinweis, daß Caspar ja durchaus die Möglichkeit besitze, diesen Hamlet *"später einmal von vollkommen anderen Voraussetzungen aus neu zu spielen"* und *"dann erst seinen eigentlichen Beitrag zur Gestaltungsgeschichte der Hamletrolle"* zu liefern.

Hierzu hat es leider nicht mehr kommen können.

Aber die Skepsis gegen Wangenheim war damit deutlich in der Welt. Der ließ dann in dieser selben ersten Spielzeit noch *"Onkel Wanja"*, Tschechows allerschwerstes und niederschmetterndstes Stück, produzieren, weil er es gesellschaftlich vermutlich für sonderlich optimistisch hielt, und inszenierte gleich danach wieder selbst

die Uraufführung eines Stückes (dessen Held sich aus politischem Chaos zu retten weiß) mit dem optimischen Titel *"Wir heißen euch hoffen"* von Fred Denger, damals 25jährig und Aktivist vorher im *NS*-Widerstand, später in der Bürgerinitiative Lüchow-Dannenberg gegen den Atommüll in Gorleben.

Mitten in dieser ersten Spielzeit, vermutlich im Februar 1946, versammelten sich im Zuschauerraum dieses *Deutschen Theaters* etwa achthundert Mitglieder jener früheren Berliner *Staatstheater*,

deren Schauspielhaus am Gendarmenmarkt, einen Schinkelbau, die SS ja noch in den letzten Kriegstagen, im April 1945, vorsätzlich angezündet hatte,

erörterten da, ob *"sich der Mensch Gründgens in den zwölf Jahren tadelsfrei zu halten gewußt"* (Inge von Wangenheim), und bekundeten nach mehrstündiger Argumentation ihren Wunsch nach Rückkehr und Rehabilitation ihres bisherigen Intendanten Gustaf Gründgens.

Der saß da schon seit acht Monaten, seit Juni 1945, auf dem Territorium des *NS*-Konzentrationslagers Sachsenhausen im jetzigen "Speziallager" Jamlitz bei Lieberose im Spreewald mit mehr als dreitausend mitverdächtigten Nationalsozialisten in sowjetischer Haft. Die Sieger jenes *Zweiten Weltkriegs* hielten diesen *General*intendanten für einen *NS-General*.

Jetzt bat eine Generalversammlung der gesamten Staatstheater-Belegschaft (also nicht nur das Schauspieler-Ensemble, sondern auch Sänger, Tänzer, Bürokräfte und besonders auch Techniker und Bühnenarbeiter) den sowjetischen Staatsbürger und lupenrein stalinistischen Freiherrn von Wangenheim um Intervention zugunsten dieses Göring-Günstlings.

Die Situation war grotesk. Denn was Wangenheim über diesen seinen alten Kollegen aus ihrem gemeinsamen *"Danton"*-Film von 1931 dachte, hat Ehefrau Inge von Wangenheim später unmißverständlich publiziert. Gründgens war für diese Heimkehrer aus dem sowjetischen Exil damals *"eine exemplarische Erscheinung der zu Ende gehenden bürgerlichen Kunstzeit"* und gehörte zum Typus jenes *"anspruchsvoll-dekadenten Salon-Equilibristen mit Migräne"*, der jetzt lernen müßte, *"daß er für den Rest seines Lebens mit zweierlei Deutschland zu rechnen haben würde, die sich in absehbarer Zeit nicht vereinigen ließen"*, so daß er sich also *"für eines dieser beiden Deutschland endgültig entscheiden müsse"*.

Aber ein vielhundertköpfiges und *"derart eindeutiges Plebiszit"* zugunsten jenes *NS*-Chefs beauftragte jetzt den Sowjet-Favoriten Wangenheim, sich zunächst für die sofortige Freilassung dieses Häftlings einzusetzen und *"für dessen ersten Schritt zurück ins Leben zu sorgen"*. "Zurück ins Leben" hieß hier zugleich auch "zurück auf die Bühne".

Denn *"man mußte zueinander finden"*, riet Günther Rühle noch fast siebzig Jahre im Nachhinein, *"Animositäten, Vorurteile überwinden, fertigwerden mit den eigenen Gefühlen."*

Und so geschah es tatsächlich: *"Wangenheim stritt für Gründgens"* (Rühle).

Am 9. März 1946 lieferten dann zwei sowjetische Offiziere den freigelassenen Gründgens bei den Wangenheims an jenem Biesdorfer Gerstenwege ab. *"Tag, Gustav"*, soll da der Robespierre von 1931 den damaligen Camille Desmoulins begrüßt haben: *"fein, daß du da bist!"* Später angeblich auch noch: *"Ja, du hast damals Recht gehabt ... "* (falls sich Frau Inge da als Augen- und Ohrenzeugin nicht verhört hat).

Hiernach wurde im Auftrage der sowjetischen Besatzer über eine Beschäftigung des Freigelassenen im *Deutschen Theater* verhandelt. Man wurde sich über erste Rollen einig, und Gustaf Gründgens logierte dann mit Ehefrau Marianne Hoppe noch ganze zwei Tage und Nächte im gastlichen Biesdorfer Gerstenwege: seinem ersten Obdach nach achtmonatiger Lagerhaft – just in Abrahams oder Wangenheims Schoß! Opportunistische Gustavs unter sich?

Schon fünf Tage nach dieser Wiederkehr verpflichtete Wangenheim in sowjetischem Auftrag seinen da noch keineswegs "entnazifizierten" Robespierre von 1931 und *NS*-Nutznießer nunmehr als Schauspieler an sein *Deutsches Theater* einer neuen Zeit,

und schon eine Woche nach überstandenen Entnazifizierungsprozeduren trat dieser "Freigelassene" dann am 26. April 1946 vor die Belegschaft des *Deutschen Theaters,* nannte es *"ein Wunder, daß überhaupt schon wieder Theater gespielt wird"*, bekannte, sich *"diesem Wiederaufbau von Herzen und ohne Vorbehalt zur Verfügung"* stellen zu wollen und daß Berliner Schauspieler (wie er) auch jetzt und jetzt erst recht in Berlin bleiben sollten.

Als er dann eine weitere Woche später, am 3. Mai 1946, in Wangenheims Theater und mit der Rolle des Christian Maske in Sternheims *"Snob"* (der hier zwölf Jahre lang verboten gewesen war

und den ich selbst 1980 in jenen *Hamburger Kammerspielen* inszenieren durfte, wo Gründgens 1923 seine Karriere gestartet hatte),

als er nun also tatsächlich wieder auf einer deutschen Bühne stand, fragte sich nicht nur Inge von Wangenheim: *"Wie würde das Publikum reagieren?"*

Das tat es zunächst auf dem Schwarzen Markt mit Premierenkarten zum Hundertfachen ihres offiziellen Preises. Das aber war noch keine Garantie. Denn *"gab es Proteste, konnte das für Gründgens den Verlust seiner Kontinuität als Künstler bedeuten. Wer seine fünf Sinne beisammen hatte, konnte das nicht wollen. Er war kein Veit Harlan"*.

Aber als der Premierenvorhang sich hob und *NS*-Berlins mephistophelisches Theateridol leibhaftig sichtbar wurde, da *"fegte unvermittelt ein tosender Orkan durch das Haus. Beifall, Beifall, Beifall ... fünf Minuten lang"*.

Erst hiernach sprach dieser Gründgens seinen ersten postfaschistischen Rollensatz: *"Das ist grotesk"*. Neuerliche Beifallsstürme.

Hierauf folgte, ebenso mutig wie provokant, was Günther Rühle später Carl Sternheims Komödie dessen nennt, der *"Karriere macht, mit Talent und Lüge; Beredsamkeit, Geschick, Skrupellosigkeit. Und Eleganz dazu"*.

Fritz Wisten hatte das wieder inszeniert, und der Erfolg war gigantisch – wenn auch nicht allenthalben für den Intendanten von Wangenheim.

Denn alle Linksprogressiveren sahen in dieser umjubelten Rückkehr des *NS*-Staatsintendanten eine reaktionäre Rehabilitation der Schuldigen und eine parteiwidrig opportunistische Haltung dieses also nur scheinsozialistischen Theaterdirektors Wangenheim.

Inzwischen nämlich hatten sich Ende April 1946, während der Sternheim-Proben im *Deutschen Theater,* im Ostberliner Admiralspalast bisherige Kommunisten und Sozialdemokraten spektakulär und theatralisch zur neuen *Sozialistischen Einheitpartei Deutschlands*, kurz *SED*, fusioniert und hier auch veränderte Kulturpolitik im Visier.

Jeder Anschein von Vorgestrigkeit wurde jetzt energisch attackiert. Auch die Kunst, hat das Günther Rühle pointiert, *"bekam so eine 'rote Jacke'"*.

Wangenheim wurde schon 1946 unverzüglich Mitglied der neuen *"SED"*, dann auch Vorsitzender der Gewerkschaft für Bühnenangehörige und 1947 Mitglied der Filmkommission im Zentralsekretariat der *SED*, auch der Ostberliner *Akademie der Künste* und des dortigen *Deutschen Schriftstellerverbandes*.

Den *"Kulturbund zur demokratischen Erneuerung Deutschlands"*, eine kulturell strikt antifaschistische Massenorganisation der *Sowjetischen Besat-*

zungszone, hatte er schon vorher begründen helfen:

gemeinsam mit Johannes R. Becher (* **1891**), Fritz Erpenbeck (* **1897**), Victor Klemperer, Christa Wolf und vielen anderen Künstlern.

> Einer von denen war der expressionistische Maler Carl Hofer: damals schon etwa 68jährig und schwer *NS*-geschädigt, als "entartet" mit Ausstellungs- und Berufsverbot geahndet, mit über dreihundert Gemälden aus *NS*-deutschen Museen verbannt, aus seinem Lehramt entlassen, aus Akademieen ausgeschlossen, überdies ausgebombt und geschiedener Witwer eines Auschwitz-Opfers,
>
> nach alledem aus seiner sonstigen Isolation einzig in der jetzigen Phase eines Neubeginns und Wiederaufbaus in kulturpolitische Aktivitäten vorgepirscht.

In solchem Neubau schien der tüchtige Gustav von Wangenheim schon allseitig abgesichert.

Gustaf Gründgens hatte inzwischen am Kurfürstendamm die frühere Wohnung des Filmregisseusr Wolfgang Liebeneiner übernommen,

> der, * **1905**, schon 1938, also 33jährig, Künstlerischer Leiter der *NS-Deutschen Filmakademie Babelsberg* geworden war, 1939 in der *NS*-Reichsfilmkammer Leiter der *Fachschaft Film*, 1942 Produktionschef der ganzen *NS-Ufa,* 1943 Professor von Goebbels' Gnaden
>
> und der 1941 zugunsten der *NS*-Euthanasie den Film *"Ich klage an"* mit seiner Rechtfertigung der Ermordung "unwerten Lebens" gedreht hatte;
>
> inzwischen inszenierte er in den *Hamburger Kammerspielen* der Jüdin Ida Ehre (* **1900**),
>
> die später ja auch mich dort wiederholt inszenieren ließ,
>
> und stellte daher seine Berliner Wohnung zur Verfügung;

1947

"C a r l   H o f e r s   ' I m   N e u b a u '

Unproportionierte Gestalten, die seltsam
in einer Reihe zu tänzeln scheinen.
Masken und Totenköpfe statt lebendiger Häupter.
Eine Leiter.
Ein halliger Raum mit glaslosen Kirchenfenstern
und beschädigten Wänden. In allem bleiche Düsternis.

Warum dieser Titel? Oder:
warum in einem Neubau tanzende Skelette und Masken?
Warum dort geisterhafte Bleiche und diese Düsternis?

Aber in einer Ecke die Jahreszahl 1947.

Das ist zwei Jahre nach dem großen Kriege.
Alles liegt in Trümmern: Häuser, Dome und Hütten.

Aber auch die Menschen liegen in Trümmern.
Sie sind Skelette, an Körper und Seele.
Sie haben Masken getragen,
und die reißen sie nun herunter
und schwenken sie in den Händen, in denen sie sonst
nichts mehr haben. Aber hinter den Masken
hatten sie Totenköpfe verborgen, leer und geistlos.

Das Leben scheint am Ende.

Die Überlebenden sind gering an Zahl
und stehen sämtlich in einer Reihe.
Keiner eine Stufe höher oder niedriger.
Keiner an der Spitze und keiner im Hintergrund.
Und sie wissen alle nicht, wohin sie ihre Schritte nun

lenken sollen. Sie fassen sich an den Händen,
aber sie berühren sich nicht.
Es ist ja nichts Verbindendes da
außer der gemeinsamen Not,
aber die hat alles Verbindende zerrissen, zerstört.

Das Verbindende, das Gemeinsame
muß erst neu aufgebaut werden.
Und das erste Gemeinsame ist schon da.
In jedem Individuum ist es einzeln vorhanden.
Das ist der Wille zum Neubau.
Nicht des Menschenverbindenden:
das steht im Hintergrund. Sondern
der Häuser, Dome und Hütten: das ist das Primäre.
Das wissen sie noch.

Und eine Leiter ist schon da.
Und das erste Handwerkszeug. Und ein Bauplan.

Noch bewegen sich ihre Schritte
nach allen Seiten gleichzeitig und wissen keine Richtung.
Und wenn sie noch einen Blick haben,
ist es ein suchender Blick, der nicht weiß,
was er sehen soll.

Aber die unsicheren Schritte bewegen sich
schon im Neubau.
Aber der suchende Blick findet schon die Leiter
und das Handwerkszeug zum Neubau.

Sie sind im Neubau.“

Hanno Lunin, 16: *”Carl Hofers 'Im Neubau' “*, 1950
(erste [und letzte] Bildbeschreibung, bislang unveröffentlicht)

just hierher lud der neuerlich arrivierte Gründgens nun irgendwann in der zweiten Hälfte jener Spielzeit 1945/46, *"einer wohlerwogenen Pflicht genügend"*, das Ehepaar von Wangenheim ein: etwa zu einem Glase Wein. *"Ich muß nicht sagen"*, hat Inge von Wangenheim das später geschildert, *"welche Abgründe dieses Domizil von dem uns aufgenötigten am Gerstenweg zu Biesdorf trennten"*. Der Abend verstrich mit *"einem sorglichst dosierten Rundtischgespräch über hochgestochene Inszenierungsprobleme, wie es unter Fachleuten üblich ist, die sich seit Jahrzehnten kennen"*.

Womöglich wurde da auch bereits erörtert, daß Gründgens in der kommenden Spielzeit 1946/47 den *"König Ödipus"* des Sophokles und, dann auch schon wieder in eigener Inszenierung, Wedekinds *"Marquis von Keith"* spielen wollte. Er sorgte vorsorglich für ein Dach: in diesem Theater der Kommunisten.

Als er zu später Stunde diesen Gästen aus Biesdorf auch noch sein sonderlich dekoratives Schlafzimmer zeigte, das er selbst *"zauberhaft"* fand, *"überdachte"* Inge von Wangenheim *"plötzlich mein Leben – seine Härte, seine Unerbittlichkeit, seine Konsequenz, überhaupt alles, was man so auf sich nimmt, wenn man Kommunist wird. [...] Es gibt nun einmal inkommensurable Größen, und damit muß der Mensch sich abfinden"*.

Gründgens könnte gleichzeitig Analoges gedacht haben: nur seitenverkehrt.

Aber als Ende Mai 1946 zum Abschluß jener ersten hiesigen Nachkriegsspielzeit unter Gustav von Wangenheim und als dessen Geste an die Sowjetunion das Schauspiel *"Stürmischer Lebensabend"* von Leonid Rachmanow, * 1908, zur Premiere der nächsten eigenen Inszenierung dieses Hausherrn gelangte, war das Wetter schon komplett umgeschlagen.

Zwar wurde Gustaf Gründgens in der Rolle des Wassilij Worobjow, eines unsympathisch antikommunistischen Akademikers, auch hier wieder stürmisch gefeiert und von Paul Rilla (* **1896**) für seine *"ätzende Charakteristik"* gepriesen,

aber die *"Genremalerei"* dieser Aufführung mißfiel da allgemein. *"Für die sowjetische Militäradministration"*, weiß Günther Rühle, *"war die Inszenierung eine Niederlage"*: also auch für die neuen Kulturpolitiker der *SED*. Deren 23jähriger Hofberichtersttater Wolfgang Harich, *NS*-Deserteur und taufrischer Kommunist, warf Wangenheim vor, hier eine ganze Spielzeit lang plötzlich wieder *"verstaubten und eklektischen Traditionalismus und muffigen Realismus"* präsentiert zu haben.

Es wurde also eng. Experte Rühle: es gab *"Kämpfe hinter der Kulisse"*.

Aber vollends vor Wangenheims Eröffnungspremiere der Spielzeit 1946/47 mit Schillers *"Kabale und Liebe"*

(das auch für mich und meine Vierzehnjährigkeit seinerzeit, im nahen März 1949, das erste wahrhafte Theaterlebnis wurde – wenn auch bei einem Gastspiel der *Bühne Gardelegen* aus der Altmark),

vor *"Kabale und Liebe"* also in einer Inszenierung des Hausherrn und mit Horst Caspar als Ferdinand, seiner Frau Antje Weisgerber als Luise, kam es dann im Juli 1946 zum Eklat.

Horst Caspar hatte diesen Ferdinand schon 1934 als 21jähriger Berufsanfänger in Bochum bei Saladin Schmitt, abermals 1940 als 27-jährig umjubelter Protagonist des Berliner *Schiller-Theaters* unter der Regie von Heinrich George gespielt und sollte es nun als 33jähriger unter Gustav von Wangenheim ein drittes Mal versuchen.

Mit diesem Regisseur schien er ja schon bei seinem hiesigen Hamlet nicht wirklich weiterführend harmoniert zu haben. Aber damals war er als Zögling einer Diktatur, dessen ganzes geniales Theaterleben bisher immer nur von *NS*-Obrigkeiten dominiert und gegängelt oder fremdbestimmt worden war, noch so ein disziplinierter und zutiefst konzilianter Preuße geblieben, daß er noch nicht gewohnt war, noch nicht wagte, sich gegen Unüberzeugendes zur Wehr zu setzen.

Das schien sich nun in diesem ersten zaghaft demokratischen Jahr eines freieren Lebensgefühls bereits verändern zu wollen. Caspar muß geahnt oder schon begriffen haben, daß er jetzt ein souveräner selbstbestimmter Mensch sein konnte (oder mußte) und sich nicht mehr wider besseres eigenes Wissen untertänigst bücken und fügen sollte.

Wir wissen nicht detailliert, was dieser kommunistisch orientierte Regisseur von ihm verlangte. Aber Horst Caspar trat nach aufschlußreicher Probenzeit von seiner Rolle als Schillers Ferdinand zurück. Kurz danach tat Antje Weisgerber (die unter Goebbels ja nicht hatte filmen dürfen, weil dieser Allmächtige ihr ostpreußisches Gesicht zu *"negroïd"* fand) mit ihrer Luise dasselbe. Beide wollten sie dieses *"bürgerliche Trauerspiel"* nicht noch agitatorisch klassenkämpferischer spielen, als es ohnehin schon ist. Sie riskierten jetzt endlich gemeinsam, einen falsch erachteten Entstehungsprozeß zivilcouragiert zu sprengen oder zumindest zu verlassen.

Diese Rebellion oder schauspielerische Emanzipation im Doppelpack hatte mehrere gravierende Konsequenzen im Gefolge.

Erstens wurden die beiden Verweigerer, deren vertragliche Beschäftigungsansprüche trotzdem erfüllt werden mußten, in der nachfolgenden Aufführung des *"Tartüff"* von Molière mit den berüchtigt undankbaren Nebenrollen des dortigen Liebespaares Valère und Mariane entschädigt (oder auch bestraft). Aber sie wußten dort deren Streitszene so effektvoll zum *"liebenswürdigen Höhepunkt der Inszenierung"* (Vortisch) zu gestalten, daß die kommunistisch *"Tägliche Rundschau"* in bürgerlich einschränkungslosen Jubel ausbrach: *"Als Valère ist Horst Caspar endlich wieder das, was er früher war – der herrliche jugendliche Held der deutschen Bühnen"*.

Zweitens spielte er diesen Valère jetzt unter der Regie von Willi Schmidt und begründete dadurch eine künstlerische und persönliche Freundschaft, die sich noch in wichtigen Rollen von Goethe, Shakespeare, Kafka und Claudel hier oder im *Schloßpark-Theater* fortsetzen sollte und mit ihrem astrologisch ineinander verschmolzenen Doppelgeburtstag am 19. und 20. Januar bis zum frühen Tode des 39jährigen Caspar magisch erhalten blieb.

In der Trauerfeier des Berliner *Schiller-Theaters*, von der uns Kronzeuge Will Quadflieg berichtet hat, er habe *"nie zuvor und nie danach ein Publikum so bewegt, so erschüttert gesehen"*,

sagte Willi Schmidt am 4. Januar 1953 in seiner Gedenkrede auf Horst Caspar:

"War uns sein reines, lauteres Wesen, das sich dem plumpen Zugriff auf scheue Weise entzog, nicht von Anbeginn nur geliehen, damit wir erkennen sollten, was die Schöpfung mit dem Menschenbild gemeint hatte? [...]

Und weil von seinem Wesen so viel Ermutigung ausging, das Leben von neuem zu wagen, darum ist er von allen, die ihn je sahen, geliebt und verehrt worden wie kein Schauspieler seiner Generation. Solange er unter uns war, hatten wir teil an der Tröstung, die von einem Menschen ausgeht, der das Zeichen der Auserwähltheit auf der Stirn trägt".

Drittens war dieser selbe Willi Schmidt, seit 1933 Bühnen- und Kostümbildner für rund 75 Inszenierungen führender Berliner Bühnen unter Hilpert und Gründgens, nach einem erst kürzlich gut geglückten Probestart im heutigen *Hebbeltheater* wirklich erstmals von Gustav von Wangenheim mit einer repräsentativen Inszenierung betraut worden.

An jenen *"Tartüff"* von 1946 schloß sich eine Regiekarriere allerersten Ranges an: meist an den Westberliner Staats- und Privattheatern, aber auch im Wiener Burgtheater, in Düsseldorf, Hamburg, München, Recklinghausen, Stuttgart, Zürich und New York.

Aber viertens bedeutete Wangenheims *"Kabale und Liebe"* in zweiter Besetzung ohne Caspar und Weisgerber schon das Ende seiner Intendanz am *Deutschen Theater*.

Sein Nachfolger wurde Wolfgang Langhoff (* **1901**), kommunistischer *NS*-Gestapo- und KZ-Häftling, schon 1933 im emsländischen

> Konzentrationslager Börgermoor (bei Papenburg) Co-Autor des auch später noch vielgesungenen *Moorsoldatenliedes*, dann *NS*-Immigrant am legendären *Schauspielhaus Zürich* und nunmehr kurzfristig aus seiner Düsseldorfer Nachkriegs-Intendanz nach Berlin gelockt, wo sich die Notabeln des *Deutschen Theaters* nicht nur eine linientreuere Spielplanpolitik erhofft haben mochten, sondern auch die Fähigkeit des attraktiveren Westemigranten, den brisant werdenden Exodus ihrer Schauspieler an die Westberliner Bühnen zu stoppen.

Das flexible Stehaufmännchen Gustav von Wangenheim wurde hier kurzer Hand abgelöst: unelegant geschaßt. Er *"konnte nur rätseln über die Gründe, warum man ihn absetzen wollte"*, rätselt Rühle: *"Er erfuhr sie wohl nie"*.

"Abenteuernd, abenteuernd
Trotte ich durchs Land",

hatte er das ja weiland bei Trude Hesterberg vorausbesungen:

"*Angefahren, wund mich scheuernd,*
und des Lebens Hornhaut härtet mir die Hand".

Offiziell ab 1. September 1947 war Wangenheim also nicht mehr der neue Max Reinhardt oder Heinz Hilpert des *Deutschen Theaters* in Berlin: *um sich wieder mehr als Schauspieler und Regisseur betätigen zu können*.

Gründgens verwirklichte im dortigen Interim trotzdem noch seine Projekte *"König Ödipus"* (schon gleich mit Direktor Langhoff als König Kreon) und *"Marquis von Keith"* (mit Ernst Stahl-Nachbaur aus dem *"Danton"* von 1931 im hochkarätigen Ensemble).

Erst hiernach besetzte er in fliegendem Wechsel Wolfgang Langhoffs vakant gewordenen Intendanten-Thron in seiner Heimatstadt Düsseldorf. Von dort aus war er dann schon ein Jahr später, 1948, Präsident des *Deutschen Bühnenvereins*.

Gustav von Wangenheim spielte und inszenierte erst ab Mitte jener fünfziger Jahre wieder Theater: im thüringischen Altenburg oder als gelegentlicher Gast der Ostberliner *Volksbühne* in Schiller- und Shawrollen unter den Regisseuren Fritz Wisten und Walther Süßenguth (* **1900**).

Zwischenzeitlich widmete er sich wieder der Filmarbeit. Für die Ostberliner *DEFA* drehte er in den nächsten acht Jahren mindestens fünf Kinofilme, meist mit Inge von Wangenheim oder Lotte Loebinger und Eduard von Winterstein, meist auch nach selbstverfaßten Drehbüchern zu politischen Themen im Geiste des damaligen *Kalten Krieges* gegen den westlichen Kapitalismus. Zu guter Letzt war er irgendwie auch noch im *Deutschen Fernsehfunk* der *DDR* beschäftigt.

Er schrieb auch wieder Theaterstücke, teils für das Ostberliner *Theater der Freundschaft*, das heutige *Theater an der Parkaue – Junges Staatstheater Berlin* im damaligen *"Zentralhaus der Jungen Pioniere"*, vormals *Joseph-Goebbels-Schule.*

Für seine Komödie *"Du bist der Richtige"* zum *I. Deutschlandtreffen der Jugend* 1950 wurde der 55jährige mit dem Ehrenblauhemd der dortigen *Freien Deutschen Jugend (FDJ)* ausgezeichnet. Er trug es zu Strohhut und Monokel in der ersten Reihe des Festumzuges neben Erich Honecker, damaligem Vorsitzenden der *FDJ*, und fühlte sich durch solche Huldigung der Jugend vermutlich animiert, ihr in Erinnerung an seine frühen Jahre als Songtexter auch noch als 64jähriger im Rahmen eines Komponisten-Wettbewerbes der damaligen *FDJ*- Zeitung *"Junge Welt"* 1959 einen Liedertext mit diesem Refrain zu schreiben:

"Es hat die Jugend ja,
die Jugend ja
stets auf den Dreck gepfiffen"

und dem dann noch ein *"Lustiges Sportlerlied"* folgen lassen, das gleich eingangs fragt:

"Wer will denn wie ein müder Wurm auf dieser Erde krauchen?".

Weitere Ehrungen und Auszeichnungen waren im Laufe seiner verbleibenden Jahre in der jungen *DDR* deren *Nationalpreis III. Klasse für Kunst und Literatur*, der *Vaterländische Verdienstorden in Silber*, die *Ernst-Moritz-Arndt-Medaille*, die Medaille *Kämpfer gegen den Faschismus*, die *Erich-Weinert-Medaille*, der Orden *Banner der Arbeit*, der *Vaterländische Verdienstorden in Gold,* ein Ehrendoktorat der Ostberliner Humboldt-Universität und die Ehrenspange des *Vaterländischen Verdienstordens in Gold.*

Gleichwohl galt er auch als staatlich anerkannter (und unterstützter) *Verfolgter des Naziregimes.*

1974 gab der westdeutsche Rowohlt Verlag im Zuge jener linken Mode nach 1968 Wangenheims Theatertexte, die er seinerzeit für seine *Truppe 31* geschrieben hatte, die aber 1932 nicht mehr gedruckt werden mochten, unter dem Titel *" Da liegt der Hund begraben"* in Buchform heraus.

1975 starb der inzwischen geschiedene 80jährige *"vereinsamt"* in jenem Biesdorf: im Bezirk Marzahn-Hellersdorf.

Ob er die juristische Rehabilitation Carola Nehers 1959, deren Ehemannes und anderer stalinistischer Denunziationsopfer noch erfahren hat, steht dahin.

Geäußert hat er sich zu alledem in seinen späten Ostberliner Tagen allenfalls ein einziges Mal 1951, als er in einem Lebenslauf jene damalige *"Wachsamkeit"* in Moskau so zu rechtfertigen versuchte:

"Parteilichkeit in allem, was ich denke und tue. Das war für mich die ernste Lehre aus jener Zeit".

Dabei scheint es für ihn bis zum Ende geblieben zu sein. Denn der Historiker Wolfgang Leonhard,

> Schulkamerad von Konrad und Markus Wolf in der Moskauer *Karl-Liebknecht-Schule* für deutsche Emigrantenkinder, daher wohlinformierter Zeitzeuge jener dortigen Vorgänge in den dreißiger Jahren, erst seit 1949 ins westliche Lager konvertiert und 1955 mit seiner

Publikation *"Die Revolution entläßt ihre Kinder"* zum bundesrepublikanisch populären Fernsehliebling mutiert,

dieser Leonhard hat nachsweich eingeräumt, Wangenheim *"blieb so anständig wie möglich, doch hat er nie ein schlechtes Wort über Stalin verlauten lassen".*

In solchem Corpgeist gastierte das renommierte Moskauer *Bolschoi-Ballet* 1956, also nicht einmal ganze drei Jahre nach dem Tode dieses satanischen Diktators und "Säuberers", ausgerechnet im *Royal Opera House Covent Garden* und tanzte da in London die ursprünglich goethische *Walpurgisnacht* als Teufelsfête des Bösen in einer Choreografie von Leonid Lawrowskij (* **1905**)

mit lauter liebenswert neckischen Beelzebübchen, an denen jeweils nur zwei putzige Hörnchen auf den Köpfchen an Diabolisches erinnern mochten: so unbegriffen oder uneingestanden war da noch das Jahrzehnte lang erduldete eigene Satansgrauen.

Aber Ehefrau Inge, geborene Franke,

die sich auch nach ihrer Scheidung und als bekennende Lesbierin bis zu ihrem eigenen Ende 1993, also achtzehn Jahre später, immer noch *von Wangenheim* nannte,

hat sich noch 1954, also fast ein ganzes Jahrzehnt nach ihrer Rückkehr aus Moskau, vermutlich ganz im Sinne ihres roten Barons zu den dortigen *"Säuberungen"* oder Aufopferungen, zu den Massakern von 1936 und deren moralischer Berechtigung bekannt:

"So trieben die vom Volk isolierten Anhänger des politischen Banditentums unaufhaltsam ins Verderben",

und Lotte Loebinger, * **1905,** jüdisch-protestantisch-kommunistische Schauspielerin, in Wangenheims Moskauer *"Kämpfern"* von 1935 die Filmmutter des schuldlos füsilierten Bruno Schmidtsdorf, aber 1945 unbehelligt aus Moskau zurückgekehrt, inzwischen von ihrem Ehemann Herbert Wehner getrennt oder auch schon geschieden, und in Ostberlin noch runde fünfzig Jahre lang Bühnen-, Film- und Fernsehstar der *DDR*, hat sehr viel später über jene Moskauer Ereignisse eingeräumt:

"Wir haben dem System völlig vertraut und ihm mehr geglaubt als uns selbst".

Doch ihr Gesinnungsgenosse Hanns Eisler, * **1898**, hat schon im Sommer 1935 seinen Freund und Kollegen Bertolt Brecht im dänischen Exil brieflich wissen lassen:

"Daß der Baron [von Wangenheim] *eine Sau ist [...] , nimmt mich nicht Wunder. [...] Dieses Gesindel wird mir langsam zum Kotzen".*

Eisler befand sich damals in Strasbourg, wo er sich auf Anregung Erwin Piscators, der sich da selbst noch ebenfalls in Moskau aufhielt, mit der *"künstlerischen Koordination"* jener *I. Arbeitermusik- und Gesangsolympiade* herumschlug, die eine Woche lang siebzig Chöre aus vielen Ländern wetteifern lassen und vom singenden Ernst Busch eröffnet werden sollte.

"A propos Kotzen", fuhr Eisler noch im selben Briefe fort, *"der Pis*[cator] *hat mir mit dieser Olympiade etwas ganz abscheuliches angetan. Das wird eine ganz abscheuliche Sache, musikalisch genommen. Politisch versuche ich herauszuholen, was eben herauszuholen ist. Aber aus einem Dreckloch ist eben nur bestimmtes herauszuholen.".*

Erwin Piscator seinerseits

> hatte damals gerade eine Ansprache auf dem *"Festabend anläßlich der Internationalen Dekade der revolutionären Kunst"* im Kolonnensaal des Moskauer Gewerkschaftshauses gehalten,
>
> sah als Vorsitzender des *Internationalen Theaterbundes* im Frühjahr 1935 einer Moskauer Theaterkonferenz (mit solchen Ikonen wie Eisenstein, Brecht, Tairow und Meyerhold) entgegen,
>
> sollte im August 1935 auf der VII. Plenarversammlung der *Komin-*

tern im Anschluß an Dimitrows *"Volksfrontpolitik"* über eine Vereinigung von Dramatikern, Schauspielern und Regisseuren *"auf der Plattform eines Kampfes gegen den Faschismus"* sprechen,

im September 1935 ein Komitee zur Errichtung einer *Internationalen des Theaters* leiten

und erörterte zeitgleich mit Friedrich Wolf, Carola Neher und Vertretern der Wolgadeutschen die Gründung eines *Deutschen Theaters* im sowjetischen Engels (oder kosakischen Pokrowsk im Oblast Saratow) an der südlichen Wolga.

Aber neunzehn Jahre später, im März 1954, schrieb dieser selbe Piscator aus seinem hessischen Dillenburg an Gustav Klimpel (* **1891** und Oberstadtdirektor der *SPD* in Duisburg):

"Konjunkturisten gehen heute mit 'Rot', morgen mit dem Hakenkreuz auf dem Rot, übermorgen mit Schwarz-Weiss-Rot. Ein geschlossener Zug von Feiglingen und Verrätern! Und was wird es nutzen? Diese unentschlossene Haltung wird nur zu neuen Niederlagen führen".

Aber sechs Jahre hiernach, am 10. Mai 1960, schrieb er einen Brief an Waltraut Nicolas, die Witwe jenes kommunistischen Schriftstellers Ernst Ottwalt (* **1901**),

dessen Drama *"Jeden Tag vier"* 1930 an der Berliner *Piscator-Bühne* uraufgeführt worden war, der als Co-Autor an Brechts Film *"Kuhle Wampe"* und an Hanns Eislers Hörspiel *"Kalifornische Ballade"* beteiligt war, dessen politische Publikationen vor nunmehr exakt 27 Jahren öffentlich *NS*-verbrannt worden waren

und der in seinem sowjetischen Exil, unter stalinistischem Spionageverdacht 1936 verhaftet und zu Zwangsarbeit verurteilt, 41jährig in einem sibirischen Straflager bei Archangelsk am *Weißen Meere* den dortigen Strapazen erlegen ist.

Seiner nunmehr 63jährigen Witwe, * **1897** also,

> die seinerzeit sowjetisches Exil, Verhaftung und mehrjährige Straflagerhaft auch selbst erlitten hatte, aber 1939 an die *NS*-Justiz ausgeliefert und von der zu einer *NS*-Gefängnisstrafe verurteilt worden war,

schrieb Piscator jetzt, selbst inzwischen 67jährig, in einer Art verspätetem Kondolenzbrief,

"dass man immerfort hätte weinen mögen. Weinen über den Freund, weinen über Sie – aber auch weinen über sich selbst und die verfluchte Ohnmacht, an deren Vorhandensein man sich aber mitschuldig fühlen muss – wenn man ehrlich ist. Auch Sie, auch Ernst, auch ich – auch Becher und Brecht und die Leute der Partei, gar nicht zu sprechen von den [...] Wangenheims – alle schwiegen, als die ersten Fälle eintraten".

Zur latenten Frage nach seinem eigenen überraschenden Überleben all dessen, was Millionen eben nicht überlebten, gleich anschließend fast wie eine Entschuldigung:

"Als ich anfing, unruhig zu werden, 'riet man mir', die S.U. [= Sowjetunion] *zu verlassen [...] .*

Ich komme gerade von Essen, wo ich Sartres neues Stück: Die Eingeschlossenen inscenierte – Wie schlecht erscheint das gute Stück dem realen Ereignis unserer Zeit gegenüber".

Friedel Freiherr von Wangenheim,

> Gustav von Wangenheims Sohn und Eduard von Wintersteins Enkel, selbst Chanson- und Bühnenautor für den Ostberliner Friedrichsstadtpalast, Dramaturg in der *DDR*, Mitbegründer der Leipziger Musikgruppe *"Die Prinzen"* und Schauspieler nicht zuletzt im *Eduard-von-Winterstein-Theater*, das sein Großvater **1893** als Goethes Egmont in Annaberg-Buchholz, Erzgebirge, eröffnet hatte (*"In Annaberg war ich erst wirklich zum Schauspieler geworden")*,

Enkel Friedel also hat noch im Dezember 1998, selbst nunmehr 49jährig, in

Nr. 25 der *"Wangenheim Nachrichten"* zumindest für den esoterischen Clan dieser Edelleute seinen Text *"Mein Vater Gustav Frhr. v. Wangenheim und der Fall der Schauspielerin Carola Neher"* veröffentlicht. Hier behauptete er, damals in Moskau habe sein Vater, selbst vom *NKWD* verhaftet und *"monarchistischer Umsturzpläne"* bezichtigt, nach ausdauernden Verhören lediglich ein Protokoll unterschrieben, das Carola Neher als *"antisowjetisch eingestellt"* belastete;

den Vorwurf, Neher und ihr Mann, Anatol Becker, hätten die Ermordung Stalins geplant, habe von Wangenheim seinerzeit ausdrücklich zurückgewiesen.

Das also dürfte die Lesart in Friedels Elternhaus gewesen sein.

Aber *"antisowjetisch eingestellt"* zu sein, hatte ja dort und damals durchaus schon genügt, um mit Höchststrafen belangt zu werden.

> Nach der Vereinigung von *DDR* und *BRD* wirkte Friedel von Wangenheim, privat mit einer Schauspielerin verheiratet, in zwei Filmen Rosa von Praunheims mit: 1997 in *"Schwuler Mut – 100 Jahre Schwulenbewegung"* und 1999 *"Der Einstein des Sex"*, hier als Co-Autor des Drehbuchs und Darsteller der Titelrolle Magnus Hirschfeld

(mit dem sein Vater 1918 in jenem *"Rat geistiger Arbeiter"* kollaboriert haben dürfte).

> Hiernach lief Friedel von Wangenheim unter ein Auto, um sich das Leben zu nehmen: just nach dem Beispiel seiner Großmutter väterlicherseits, der Schauspielerin Minna Freifrau von Wangenheim, leiblicher Mutter seines leiblichen Vaters also, genau vor hundert Jahren: **1899**. Nur daß es ihr gelang, ihm nicht.
>
> Anschließend, 1999/2000, soll er (unauffindbar) in Werner Schroeters androgyn irisierender Kinohuldigung an Marianne Hoppe, jene etwas unklare Ehefrau Gründgens also, mitgespielt haben: *"Die*

Königin",

und im Herbst 2000 führte die Westberliner *"Tribüne"* (noch immer genuin Fritz Kortners) seine *"Situationen einer Cabaret-Karriere"* auf: ein Stück über Claire Waldoff, jenes legendäre lesbische Brettl-Talent der zwanziger Jahre,

dem auch Vater Gustav begegnet sein dürfte, als er noch vielversprechender Anfänger war und über die Berliner Kleinkunstbühnen tingelte.

Aber Anfang April 2001 sprang Friedel, sein einziger Sohn, eines Morgens kurz vor neun am *Strausberger Platz* in der Nähe des historischen Berliner Richtplatzes 61jährig vor einen U-Bahn-Zug und *"erlag seinen Verletzungen"*:

"die Gründe seines Suizids sind unklar. Ein Abschiedsbrief sei nicht gefunden worden, sagte ein Beamter. Hinweise auf ein Fremdverschulden gebe es nicht. Der Verkehr auf der Linie U 5 war bis 10.30 Uhr unterbrochen".

Hatte sich da etwa ein Kreis geschlossen?

Denn schon sechs Jahre vorher, im Februar 1995, hatte Ernst Schumacher in der *"Berliner Zeitung"* an Vater Gustav von Wangenheims hundertsten Geburtstag erinnert und befunden:

"Wangenheim steht für nicht wenige bürgerliche Künstler, die im Kommunismus die Erlösung, zumindest die Lösung gesellschaftlicher Grundübel erblickten, aber bei der Herbeizwingung des Ideals Schaden an der eigenen Seele nahmen".

Könnte eine solche Schädigung bisweilen erblich werden?

Denn äußere Schädigungen hat weiland schon der sowjetische *NKWD*, das Moskauer Innenministerium also, zu verhindern geholfen, indem es diesen ehrbar tradierten Aristokratennamen der preußischen Kulturgeschichte ahnungslos, ungebildet und mit kyrillischen Buchstaben verfälschte: aus *Wan-*

genheim wurde in seinen Akten je nachdem *Waigeiheim* oder *Weigelheim* oder *Waheiheim*. So ist das da auch heute noch entlastend nachzulesen.

Aber auch das bundesrepublikanische Internet machte seit dem 8. Februar 2008 in seinem REVOFORUM, diesem *Deutschsprachigen Forum von Revolution*, einer *"Unabhängigen Jugendorganisation"* namens *"Revolution online"*, dingfest, daß Carola Nehers Denunziant in jenem Moskau von 1936 *Gustav von Wangenbach* hieß:

sic transit gloria also auch in den vornehmsten Verräterkreisen.

Urgroßväter und -enkel

"Kolberg" war nicht nur der teuërste, sondern auch der letzte Film, den Dr. Goebbels seinerzeit in Auftrag gab: er wurde 1944 gedreht und am makaber jubilierenden 30. Januar 1945 zugleich im Berliner *Tauentzinpalast* und als Durchhaltevorbild auch in der eingeschlossenen U-Boot-Festung *La Rochelle* am atlantischen *Golf von Biscaya* uraufgeführt.

Das Filmteam unter Regisseur Veit Harlan mutet heute wie leibhaftige Filmgeschichte an: das Drehbuch schrieb Harlan selbst (nach Paul Heyse) mit Thea von Harbou und Alfred Braun (beide * **1888**), die Kamera führte das systemtranszendente, das ewige Chamäleon Bruno Mondi (* **1903**), die Musik schrieb Norbert Schultze (für *"Lili Marleen"* und *"Englandlied"* gefeiert), und den Schnitt besorgte Wolfgang Schleif (schnitt auch *"Jud Süß"*, inszenierte für die *DEFA*, dann im Westen Rommel-, Freddy- und *"Immenhof"*-Filme, fürs Fernsehen hier die beliebte Seriё *"Forellenhof"*).

"Kolberg" zeigte eine Episode aus den preußischen Freiheitskriegen, als sich das hinterpommersche Städtchen dieses Namens (das heute polnische Kolobrzeg) *anno* 1807 angeblich lieber vernichten als von Napoleon erobern ließ. Diese Haltung empfahl Dr. Goebbels auch allen Städten gegenüber dem nahenden Ansturm der *Roten Armee* 1944.

Stadtkommandant im historischen Kolberg war der Major, später Königlich-preußische Generalfeldmarschall von Gneisenau, in Harlans Film mit Horst Caspar besetzt. Der hatte seine Mitwirkung in diesem zynischen Propaganda- und Durchhaltefilm zwar verweigert, war jedoch von Goebbels als ohnehin meldepflichtiger Nachkomme jüdischer Ur- oder Urgroßeltern und als Vater eines eben geborenen "Mischlings" brachial zu diesem Gneisenau gezwungen worden. *"Dafür hängen sie mich dann nach Kriegsende auf!"*, sagte er damals fatalistisch zur arischen Mutter seines Sohnes, der damals mißliebig *"negroïden Judenhure"* Antje Weisgerber

(meiner frühen Königin im Recklinghäuser *"Don Carlos"* 1951,

Thekla im Düsseldorfer *"Wallenstein"* neben Gründgens 1953
und Maria Stuart in der Gründgens-Inszenierung des Hamburger *Schauspielhauses* 1959:
lauter Schiller-Frauen).

Caspar spielte diese Rolle eines preußischen Reformators und Rebellen (der die historische Belagerung Kolbergs weiland keineswegs durch eine Aufopferung der Zivilbevölkerung, sondern durch den Konsens eines klug verhandelten Waffenstillstands beendete) bravourös mit eben jener Ausstrahlung,

mit der Gneisenaus leiblicher Urenkel nur ein halbes Jahr zuvor von Caspars *NS*-Auftraggebern füsiliert worden war: Claus Schenk Graf von Stauffenberg.

Caspars Gneisenau, bis heute nur in kargen Ausschnitten zugänglich, verfügt über jene flammend vergeistigte Integrität, die er zweifellos auch seinem Stauffenberg mitgegeben hätte, wäre es schon zwischen 1945 und 1952 zu einer der vielen Verfilmungen des historischen Attentats vom 20. Juli 1944 gekommen. Damals hätte kein anderer als er den Stauffenberg spielen können. Als die Deutschen und ihre Filmbosse 1955 endlich dafür reif waren, hatte Caspar sie schon für immer verlassen.

Aber als er 1944 jenen Gneisenau drehte, wußten vermutlich weder er noch Veit Harlan oder Dr. Goebbels, daß da ein "jüdischblütiger" Urenkel den Urgroßvater des verabscheuten Hitler-Attentäters wunschgemäß zum Idol verklärte – so weit reichten die *NS*-Stammbaumschnüffeleien dann doch nicht: Ahnenkult *live* und pur.

Hakenschlagend flicht sich das Leben manchmal die allerschönsten Geschichten.

*

(Erst Horst Caspar, dieser Cherub und Gottesbote,
mußte mich kürzlich [im Schiller-Film von Herbert Maisch]
mit leuchtendem Antlitz und Himmel in den tiefernsten Augen
daran erinnern, daß der junge Schiller von seiner Obrigkeit weiland
nicht nur ignoriert und übersehen,
auch nicht lediglich mißachtet und gedemütigt,

sondern massiv unterdrückt und bedroht, vor Zuchthaus und Todesstrafe
zur Flucht und zur Auswanderung in fremdes Nichts gezwungen wurde.

Das nahm er alles klaglos auf sich:
einem *opus* zuliebe, von dem er selbst, als das alles so geschah,
erst höchstens was ahnte.

Danke, Horst Caspar, Du verehrter *arcangelo divino*:
ich verstehe Deine Botschaft
und danke Dir auch im Namen meiner *"Sterngucker"*-Triologie
für so hilfreiche Relativierung.)

Ohne Erben

Eine andere Blutspur unserer blutrünstigen Vergangenheit ist gleichfalls noch lange nicht versiegt und blutet immer noch nach: jene Einbuße an humanem Grundkapital, ein unverschmerzlicher Aderlaß.

Nicht nur

haben sich unsere jeweils fatalen Weisungsbefugten vor Verdun und Langemarck, in Stalingrad, vor Tobruk oder in Bombennächten ermächtigt erachtet, auf ganze Heerscharen unserer besten Köpfe zu verzichten,

und hemmungslos auch auf Genies wie Franz Marc und August Macke, auf Talente wie Norbert von Hellingrath und die Poeten August Stramm, Reinhard Sorge, Walter Flex oder ruhig auch den abgeknallten "Franzmann" Saint-Exupéry, wie den Sänger Josef Schmidt, die Schauspieler Hannes Stelzer und Hans Brausewetter, Friedrich und Christian Kayßler (Vater und Sohn also), den Geiger Detlev Grümmer (Ehemann der Jahrhundert-Sängerin Elisabeth Grümmer) oder auf Ernst Jüngers 17jährigen Sohn, Carl Friedrich und Richard von Weizsäckers 22jährigen Bruder und den 18jährigen Bruder Helmut Kohls keinerlei Wert gelegt;

nicht nur

wurden so erwiesene Begabungen wie Kurt Gerron, Mordechai Gebirtig, Carl von Ossietzky, Hans Otto, Erich Mühsam, Jura Soyfer und zahllose vergleichbare Kapazitäten skrupellos "liquidiert" oder totgefoltert,

so daß sie alle in unserm kulturellen Gemeinwesen eine gigantische Lücke hinterließen, die noch längst nicht wieder geschlossen ist;

nein, außerdem

haben uns alle diese hochqualifizierten Mordopfer keine Söhne und Töchter, keine Enkel und Enkelinnen, also auch keine solchen Urenkel oder Ururenkel wie Horst Caspar und Claus Schenk von Stauffenberg hinterlassen können, die ihr kostbar unschätzbares Erbgut zu hegen und weiterzureichen, geschweige zu vervielfachen und zu potenzieren die Gelegenheit erhielten: es gab sie allesamt gar nicht erst!

Davon ”erholt“ sich ein Kulturvolk vermutlich erst in Jahrhunderten.

Was sich da derzeit an ersten schüchternen Blühversuchen wieder regt und dem Sonnenlicht auszusetzen versucht, wird von den heutigen Ochlokraten gehaßt und verachtet oder einfach übersehen und untergebügelt: bloß weg damit! (”Haben wir“, fragen die unaufhörlich, ”gar kein Treblinka mehr für sowas?“ *Wartet nur, balde*!)

Denn nicht nur die benötigten Akteure fehlen in diesem tristen Nachspiel, sondern mehrheitlich auch deren wünschenswertes Publikum mit geeignet sensiblen Antennen: vermutlich gleichfalls noch Jahrhunderte lang.

Oder wie schnell regeneriert sich ein so martialischer Aderlaß, ein so gigantischer Blutverlust? Regeneriert er sich überhaupt? Das antike Rom hatte ihn erst in der Renaissance verkraftet: nach rund tausend Jahren also …

Sarabanden 1

Es geschehen noch Zeichen und Wunder:
denn just das vielgeschmähte Fernsehen bescherte mir in den letzten Wochen
die Begegnung mit vier Musikern,
die meinem Bachbild,
fast ebenso lange um wachsende Jahresringe angereichert wie ich selbst,
unverhofft frische Impulse oder meinem eigenen *"canon perpetuus"*
neue Aspekte verliehen.

Von diesen vier Musikern und deren Umgang mit Johann Sebastian Bach soll also nachstehend referiert werden: es sind David Fray, Zhu Xiao-Mei, Alexandre Tharaud und Rubén Dubrovsky.

Bitte, wer?

I

David Fray,

als Sohn germanophiler Intellektueller mit tschechisch-polnisch-finnischen Wurzeln in den Zentralpyrenäen geboren, in Paris zum beachteten, eben pariserischen Pianisten erblüht und demonstrativ mit der italienischen Schauspielerin Chiara Muti, acht Jahre älterer Tochter des Stardirigenten Riccardo Muti immerhin, verheiratet,

tritt er als nervös verschwippter Eidam der prominenten *bel étage* im musikalischen Jetset gern mit der Attitüde eines arroganten Schönlings und leicht schnöseligen Herrensöhnchens vor sein Publikum,

just 28jährig auch im rätoromanisch frankophonen Verbier, diesem sommerlichen Mekka für internationale Stars und deren Nachwuchs in klassischer Musik.

Dort also präsentierte dieser Fray 2009 in eigenem *recital*, das von Fernsehredakteuren einer Aufzeichnung gewürdigt wurde, unter anderem auch die heikle *Partita Nr. 6* von Bach (BWV 830),

die ich mir sonst gern von Glenn Gould oder Piotr Anderszewski vorspielen lasse.

David Fray nun, eben, wie gesagt, 28jährig, präsentierte sie mit penetrant und unübersehbar klotzigem Ehering so spröde und kompromißlos kompliziert,

daß ich sie vor meinem Monitor (und Kopierer) kaum noch mitzuvollziehen vermochte.

Auch das dortige Auditorium aus aller Herren Ländern reagierte relativ verhalten oder eher zurückhaltend. Zumindest so unverhurt hatte er das gespielt: ohne jede Liebedienerei *à la mode* oder buhlerisch übliche Anpassung an heutigen, allenthalben vulgarisierten Publikums- und Rezensentengeschmack. Was strikt Elitäres demnach, kaum noch zugänglich.

Sowas also hatte ich nunmehr in der Collection meiner eigenen Aufzeichnungen,
aber hörte es eigentlich nie wieder ernsthaft und bemüht:
es war mir allzu verschnörkelt und eigenbrötlerisch *snobby* in Erinnerung.

Bis ich es neulich zu introvertierter und ungewöhnlich geduldiger Winterstunde
in aller Ruhe, aber auch möglichst unvoreingenommen und aufgeschlossen
meiner selbst just reichlich komplizierten Seele darbot.
Da begann es jählings, sich mir zu erschließen:
weil ich mich erstmals angemessen darauf einließ. Ich nahm mir alle Zeit der Welt,
versuchte, dieser pausenlos hakenschlagenden Odyssee eines genialen Komponisten
und seines unorthodoxen Interpreten durch deren vertrackten Kosmos überall hin zu folgen,
und wurde unverhofft fündig.

Was ich da überrascht entdeckte,

war ein anderer Bach als der obligate Thomaskantor und allsonntägliche Kantatenlieferant oder Liebling einer heutigen Protestanten- und Oratoriengemeinde. Es war die Begegnung mit einem völlig Vereinsamten. Einem Genie, das niemand wahrnahm, niemand begriff und niemand mochte. Mit einem Unbeliebten, einem unbenötigten Außenseiter und Ausgegrenzten, der sich keinerlei Hoffnung mehr machte, von irgend jemandem verstanden zu werden: der nur noch für sich und seinen eigenen Song sang, *boy*.

(*"Sing for the song, boy"* sang andern Tags sogar noch Harry Belafonte!)

Trotz seiner zwanzig Kinder und all der tobenden Thomanerklassen im Nebenzimmer oder beim Unterrichten und Chorgesang, trotz all seiner militanten Opponenten im Klerus, an der Universität, im Leipziger Magistrat und am sächsischen Hofe: heillos einsam. Beim Komponieren nicht der Gebrauchsmusik, sondern der vielen Werke um ihrer selbst willen: einsam.

Unvorstellbar, unauslotbar und aussichtslos einsam.

Wer das noch nach drei Jahrhunderten so nachzuspüren oder zu ahnen und wiederzugeben versuchte wie dieser David Fray nunmehr unverkennbar in diesem hinlänglich weltabgeschiedenen Kanton Wallis, der konnte daher folgerichtig ein globalistisch zusammengewürfeltes Festspiel-Auditorium *anno* 2009 wohl kaum noch erreichen. Für sowas Exotisches hatte da niemand mehr Lust oder Zeit.

Genau wie weiland vor fast dreihundert Jahren jene verkrusteten Leipziger im frühen Rokoko.

Mich aber konfrontierte dieser junge Franzose
noch bei solcher Ausstrahlung ganze sechs Jahre nach jenem helvetischen Festival
erbarmungs- und gnadenlos mit Bachs unüberwindlich grenzenlosem Beisichsein.
Seither ahne ich es zumindest.

Danke, David Fray!

II

Zhu Xiao-Mei,

in Schanghai geboren, aber in Bejtsching aufgewachsen, war das Wunderkind einer bürgerlich musischen Mittelstandsfamilie mit eigenem Klavier, trat schon achtjährig in Konzerten und Rundfunk auf und wurde zehnjährig Schülerin des *Zentralen Konservatoriums* in der chinesischen Metropole.

Aber 1966 brach Maos *"Große Proletarische Kulturrevolution"* über sie herein, der sich die Siebzehnjährige zunächst als begeisterte Rotgardistin anschloß. Sie brach ihr Klavierstudium ab, denunzierte Lehrer und Eltern, vermutlich nicht ganz unbegründet, als "bourgeois" und unterwarf sich fünf Jahre lang der maoistischen Umerziehung in einem Arbeitslager an der Grenze zur *Inneren Mongolei*.

Freundliche "Zufälle" ließen sie später auch dort sogar wieder mit dem Klavierspiel beginnen.

Aber erst 1974 kehrte sie, 25jährig, aus der *Inneren Mongolei* des chinesischen Nordens nach Bejtsching zurück, gab dort 27jährig ihr erstes Konzert und konnte 28jährig endlich ihr Studium im neuen Konservatorium fortsetzen.

1980 floh sie schließlich über Hong Kong in die *USA*. Dort schlug sie sich zunächst in Boston als Putzfrau und Kellnerin des Rotlichtviertels durch und erwarb die benötigte Aufenthaltsgenehmigung nur durch den Abschluß einer Scheinehe. Sie überlebte als diplomierte Lehrerin einer Musikschule und als Organistin ausgerechnet bei *Christian Sience*.

Aber 1984 spielte die nunmehr 35jährige in Paris dem weltweit renommierten Klavierlehrer Marian Rybicki vor, blieb anschließend dort und lebt da seither als eingebürgerte Französin und Spezialistin für das Klavierwerk just Johann Sebastian Bachs.

Gemäß der konfuzianischen These, daß das Leben erst mit vierzig beginne, machte sie von nun an *"ohne Medienbeachtung"* und *"against all trends and fashions"* [→ ihr persönliches *website*] eine außergewöhnlich eigenwillige Karriere mit wenigen und weit gestreuten Konzertauftritten und nur mit sonderlich anspruchsvollen, aber langwierig vorbereiteten Werken, die sie gern als *"mountains of the soul"* bezeichnet. Mittlerweile ist sie ein Weltstar, trotzdem ein Geheimtip und spielt nur an Plätzen ihrer persönlichen Sympathie.

Einer davon war nun wohl die Thomaskirche in Leipzig. Hier war Bach 27 Jahre lang Kantor, hier musizierte er oft, und hier sind seine vermeintlichen Gebeine bestattet. Hier also spielte 2014 Zhu Xiao-Mei seine *"Goldberg-Variationen*", die ein gnädiger Fernsehsender aufzeichnete und mir in die Diaspora meiner Hamburger Klausur übertrug.

Dort war ich so auch Zeuge,

wie diese alternde Chinesin beim Schlußapplaus das Blumengebinde des Veranstalters unverzüglich nur wenige Schritte rückwärts zur vermeintlichen Grabstätte ihres Komponisten trug und dort deponierte: unverkennbar in Dankbarkeit und Verehrung für all das Ermöglichte.

Zuvor jedoch hatte ich jene *Aria* mit ihren dreißig Variationen hören dürfen, die ich bisher nur

als Bachs Gelegenheitsarbeit für Schlafprobleme des kurländisch russischen Gesandten Hermann Carl Grafen von Keyserlingk und dessen nächtlich probaten "Kammermusicus" Johann Gottlieb Goldberg, einen westpreußisch fünfzehnjährigen Bachschüler,

kannte und in der rasanten Darbietung durch Glenn Gould besaß,

nunmehr also in einer diskreten, aber unüberhörbaren Anreicherung um die außergewöhnliche Biografie dieser mittlerweile 65jährigen Pianistin aus der *Inneren Mongolei*. Denn deren Leben spielte da unverkennbar prägend mit. Ein gewaltiger Sog aus Aura und musikalischer Atmosphäre entstand,

überforderte bald meine Konzentration und baute (per privater Kopie) auf baldige Wiederholungen und ein angemessen langsames Einverleiben.

Danke, Zhu Xiao-Mei!

Aber alles kam anders.

Denn das Fernsehen, das Jahrzehnte lang niemals oder überhaupt noch nie diese esoterisch exotischen *"Goldberg-Variationen"* dargeboten hatte, offerierte sie nun schon wenige Tage später in der Aufnahme eines jungen Pariser Pianisten:

III. Alexandre Tharaud.

Den oder dessen Goldberg-Variationen wollte ich da eigentlich

aus Treue zu meinem neuen chinesischen Idol ignorieren.
Das Mißverhältnis vieler französischer Musiker just zu Bach
war mir seit langem bekannt und gut nachvollziehbar.
Ich wollte mir den gewaltigen Eindruck durch Zhu Xiao-Mei
jetzt nicht unnötig dekorieren und verplätschern lassen.

Aber der Sendetermin wurde Wirklichkeit, ich hörte "kurz mal hinein" –
und wurde gefesselt, war verzaubert.

Da spielte kein gefälliger schmucker Franzmann mit glatter Bilderbuchkarriere, sondern ein blonder Yoghi. Oder Fakir des Abendlandes. Ein überschlanker, sehr jung gebliebener und überaus seriöser Vierzigjähriger, der seine eigene Person zu ignorieren und dem dargebotenen Werk zuliebe fast zu verleugnen oder aufzuopfern schien.

Was aber bot er dar? Ganz was Anderes als die alternde Chinesin. Sein Bach war sehr viel heller und luzider, transparenter und leichter, in einem wertneutral freien Belastungsjenseits und insofern fast graziöser als der exotisch erlittene seiner asiatischen Mitpariserin. Gleichwohl niemals beliebig oder unverbindlich, sondern sehr souverän, überzeugt und überzeugend, absichtlich und bewußt, gar kein Zweifel.

Schon fürchtete ich, nach solchem unverhofften *Concours*
tatsächlich dieser neuen Bekanntschaft meinen Lorbeer reichen zu müssen
und hörte seinen entbürdeten Bach nun immer wieder bevorzugt.

Danke, Alexandre Tharaud!

Um die imponierende Chinesin machte ich, immer schuldbewußter,
einen stetig wachsenden Bogen. Ich fürchtete, sie in meinem Archiv bald
diesem Rivalen unterordnen oder gar opfern zu müssen.

Bis ich mich eines Abends furchterfüllt überwand,
sie mit demselben Werke wiederzuhören.

Und überwältigt war wie beim ersten Male.

Zwar spielte sie dasselbe Stück in der anderthalbfachen Zeit und benötigte für diese dreißig Varianten ganze 83 Minuten, während Tharaud dasselbe Pensum in 59 Minuten bewältigte.

Aber ich verglich das mit den Zeiten, die der legendär populäre Glenn Gould für seine beiden weltberühmt medienwirksamen Einspielungen dieses selben Werkes in Rekordzeiten weiland benötigt hatte:

für die erste, die 1955 den Weltruhm jenes 23jährigen schlagartig überhaupt begründete, unverfroren ohne alle kompositorisch gebotenen Wiederholungen nur gute 38 gehetzte Minuten und für die Korrektur 26 Jahre später immerhin 51 Minuten kurz vor seinem frühen Tode im 51. Lebensjahr – aber die erste wurde runde hunderttausend Male verkauft, die zweite schon bis zum Jahre 2000 eine ganze Million Male. Zeit ist in der Kunst offensichtlich noch sehr viel relativer als sonst allenthalben, Meister Einstein.

Denn die so viel längeren Varianten aus dem Lotossitz des nahezu astralen Tharaud und erst recht aus Maos Arbeitslager und Yankee-Rotlicht bei Zhu sind sogar eher die spannenderen und unverkennbar die vollständig authentischeren.

Was sie beide jedenfalls sehr viel deutlicher offenbaren als der eilige Amerikaner, war denn für mich auch das eigentliche Erlebnis und Resultat dieser beiden rezenten Fernsehüberraschungen.

Zhu Xiao-Mei ebenso wie Alexandre Tharaud eröffneten und bewiesen, daß es in solchen Werken wie diesen Goldberg-Variationen keinen einzigen billigen Ton gibt. Nichts ist da wohlfeil, beliebig oder austauschbar, nichts mehr rhetorisch oder auch nur pragmatisch oder zufällig. Jede musikalische Partikel ist da noch unverwechselbar und ein altgriechischer τόνος (oder eben *tónos*) im Sinne einer *Spannung* oder eigentlich schon *Hochspannung*: ein wahrer Solitär, Ton um Ton. Eben höchstkarätig. Nur so und nicht anders:

Kontraste und seriöse Deutungen also durchaus in seinem Reichtum, seiner komplexen Fülle vereinend.

Danke, Zhu Xiao-Mei und Alexandre Tharaud!

Denn wo gibt es das sonst noch so unmißverständlich – bei wem? Und hier wieso, inwiefern?

IV, Rubén Dubrovsky

ist ein 47jähriger Cellist, Gitarrist, auch Barockgitarrist und Dirigent aus argentinischer Künstlerfamilie, aber mit polnisch-italienischen Wurzeln und mittlerweile Österreicher oder Wiener. 1999 gründete er das sehr erfolgreiche Barockorchester *Bach Consort Wien*, dirigierte inzwischen in vielen europäischen Theatern Barockopern, als künstlerischer Leiter inzwischen auch das *Chicago Bach Ensemble* und erforscht überdies die kryptischen Zusammenhänge von lateinamerikanisch traditioneller und abendländisch barocker Musik.

In seiner teils didaktischen, teils konzertanten Fernsehsendung über *"Bach to the Roots"* nun also verwies dieser Musikgenealoge 2015 auf eine überraschende Verbindung zwischen Bach und den afrikanischen Bantu-Stämmen.

Sie äußert sich in den vielen Sarabanden, die der Thomaskantor in seinen Partiten, auch jener heiklen sechsten, und in den scheinbar Englischen und Französischen, auch in orchestralen Suiten mit zuverlässiger Regelmäßigkeit verwendete.

⟶ **Sarabanden 2, Seite 280**

*"Ganz allein durch Aufklärung der Vergangenheit
läßt sich die Gegenwart begreifen."*

Goethe, 62: *"Tag- und Jahreshefte"*, 1811

*"Es entsetzt mich zu denken,
daß die Gegenwart, die wir heute leben,
der Spiegel sein wird,
in dem wir uns später wiedererkennen werden;
und daß wir aus dem, was wir gewesen sind,
erkennen, wer wir sind."*

André Gide, 21: Tagebuch, 8. Oktober 1891

*"Durch Ausrottung
löscht man die Urbilder nicht aus;
man macht sie eher frei."*

Ernst Jünger, 46: Tagebuchnotiz in Paris, am 12. März 1942
(in *"Strahlungen I. Das erste Pariser Tagebuch"*, 1949)

*"Er wollte singen, singen,
um sein wahres Leben aus Lügen
zu vergessen
und sich an sein erlogenes Leben voll Wahrheit
zu erinnern
(y recordar
su mentirosa vida de verdades)."*

Octavio Paz, 30: *"Epitafio para un poeta (Grabschrift für einen Dichter)"*
in *"Condición de nube"* (*"Nach Wolkenart"*), 1944

Gebeutelte Neunziger 3a:

"Danton" 1931 – Maximilien Robespierre – Gustaf Gründgens

Aber der Robespierre in jenem *"Danton"*-Film von 1931 war Gustaf Gründgens (**1899**-1963),

der *"schon durch den Jahrgang, in dem ich geboren bin",* schrieb er noch fünfzigjährig einem bundesdeutschen Gewerkschaftsfunktionär nach Düsseldorf (in jenes *"Milieu, in dem ich aufwuchs"),*

und der just als Kind seiner Generation also

"für eine gerechte Verteilung der Güter mit Feuer und Schwert einzutreten gewillt"

war. Vielleicht deshalb hatte sich dieser Sohn einer rheinischen Kaufmannsfamilie 1916, siebzehnjährig, freiwillig an der Westfront des *Ersten Weltkriegs* exponieren lassen. *"Damals flogen ihm Granatsplitter um die Ohren"* (Alfred Mühr).

Aber ein Lazarett, das im pfälzischen *Bad Kreuznach* die langwierigen Folgen eines militärischen Unfalls auskurierte, ließ ihn rekonvaleszent im Armeeverordnungsblatt von der Gründung eines saarländischen Fronttheaters lesen.

Dort bewarb er sich mit vorgetäuschter Bühnenerfahrung, wurde für Büroarbeiten angeheuert, nahm bei einem Schauspieler in Saarbrücken flüchtigen Unterricht, spielte im Herbst 1918, noch nicht ganz neunzehnjährig, im saarländischen Friedrichsort seine ersten Rollen (den älteren Gelehrten Philipp in einem Lustspiel von Ludwig Fulda, dann den Schüler schon in Goethes *"Faust"*) und wurde, ein damals noch minderjähriger Autodidakt, zum Leiter dieses Fronttheaters berufen. Gründgens sehr viel später, nach vielen Intendantenjahren, im Berliner Februar 1943: *"Der Beruf eines Theaterleiters ist nicht zu erlernen. Man ist es, oder man ist es nicht".*

(Ich selbst war es später durchaus und war es auch gar nicht: beides.)

Nach Kriegende wurde Gründgens Schauspielschüler des Düsseldorfer Schauspielhauses unter Louise Dumont und Gustav Lindemann. Seine Lehrer waren hier Paul Henckels (später illegaler Kinoliebling ganz Deutschlands), Peter Esser,

dessen sensible Noblesse ich selbst Jahrzehnte später häufig in Rollen neben oder unter seinem Intendanten Gründgens bewunderte,

und Elsa Dalands,

die noch in den fünfziger Jahren von vielen meiner Kölner Kommilitonen als Stimm- und Sprechpädagogin angehimmelt wurde.

Schon seit Frühjahr 1919 wurde dieser Schauspielschüler mit so vielen kleinen Rollen des Düsseldorfer Schauspielhauses betraut, daß er wählerisch wurde. *"Daß Sie es unter Ihrer Wüde erachten"*, schrieb ihm die Direktion Dumont/Lindemann schon nach einem Jahr, *"für Herrn Hannemann in Gelsenkirchen die Rolle des 2. Dieners zu übernehmen, wirft ein sehr bedenkliches Licht auf die Art, wie Sie innerlich zu Ihrer Berufsarbeit stehen"*.

Aber bald alternierte er tatsächlich mit seinem Lehrer Paul Henckels als Riccaut in *"Minna von Barnhelm"*, mit Adolf Dell,

meinem eigenen Schauspiellehrer in den fünfziger Jahren,

gar im *"Hamlet"* just als jener Güldenstern,

der in meinem eigenen Leben wichtig und folgenreich wurde,
nachdem ich Tom Stoppard's überaus erfolgreiche Hamlet-Paraphrase
"Rosencrantz and Guildenstern are Dead"
1967 für den *Rowohlt Verlag* und zahllose Bühnen übersetzte,
in Wiesbaden inszenierte und da bisweilen sogar selbst
einen (stummen) Komödianten spielte.

Erste Engagements führten den eben zwanzigjährigen Gründgens seit 1920 als "Charakter- und Chargenspieler" nach Halberstadt (22 Rollen), nach einem Jahr als "Jugendlichen Bonvivant und Charakterspieler" nach Kiel (38 Rollen samt erstem Mephisto) und von hier aus schon 1922 mit gleicher

Fachbezeichnung (aber eher obskuren Rollen in obskuren Stücken) ans Berliner *Theater in der Kommandantenstraße* (mit einem Abstecher als Autor einer Revue von Theo Mackeben in Rosa Valettis legendäres *"Cabaret Größenwahn"* am früheren *"Kranzler-Eck"*).

Aber noch fremdelte er in dieser Stadt seines späteren Schicksals: *"Berlin ist eine unbarmherzige, kalte, grausame Stadt"*, schrieb er seinen Eltern nach Düsseldorf: *"aber trotz allem faszinierend"*.

Als sein kleines dortiges Stammhaus an den Folgen der Inflation einging, wechselte Gründgens 1923 an die angesehenen *Hamburger Kammerspiele*,

an denen ich ja selbst sehr viel später, in den achtziger Jahren
unter der Prinzipalin Ida Ehre (* **1900**), fünfmal als Gast inszenieren
und einen (wetterwendischen) Tag lang sogar
als deren auserwählter Nachfolger figurieren durfte.

Unter der Intendanz von Erich Ziegel blieb Gründgens hier fünf Spielzeiten lang, spielte siebzig Rollen (auch die Titelrolle in *"Dantons Tod"*), übernahm dreißig eigene Inszenierungen, war schließlich (als Nachfolger jenes Heinz Goldberg, der bald danach schon das Drehbuch zu ihrer aller *"Danton"* von 1931 schreiben sollte) Oberspielleiter, trat auch im zeitweise fusionierten *Hamburger Schauspielhause* auf und gastierte von hier aus an ersten Berliner, Wiener und Münchner Bühnen.

Im Rückblick sah er seine Hamburger Jahre später selbst so:

"Man gab mir erst kleine Rollen, dann große, in den letzten Jahren führte ich Regie. Alles geschah in stetiger, ruhiger Entwicklung, es gab keinen Stillstand, aber auch keine unnatürliche Überstürzung".

Als er von hier aus schon 1924 in Max Reinhardts *Deutschem Theater* für den St. Just in *"Dantons Tod"* im Gespräch war, lud Regisseur Erich Engel (selbst * **1891**) auch Rudolf Fernau (* **1898** und damals noch in Leipzig) zu einem Vorsprechen für diese wichtige Rolle neben Kortners Danton ein: *"Aber ganz unverbindlich, denn Gustaf steht auch zur Diskussion"*, erinnerte sich Fernau noch 1975: *"Gustaf? Das war doch der blonde Erzengel von* *den Kammerspielen in Hamburg. Die Partie war von vornherein verloren".*

Sie war es dann gar nicht, denn Fernau stach Gründgens damals aus.

Der jedoch erblühte ohnehin unter seinen Hamburger Erfolgen zu einer immer schillernderen Persönlichkeit. Klaus Mann, sein späterer Verleumder, verfiel ihm da schon achtzehnjährig:

"Er glitzerte und sprühte von Talent, der charmante, einfallsreiche, hinreissende, gefallsüchtige Gustaf! Ganz Hamburg stand unter seinem Zauber. Welche Verwandlungsfähigkeit! Welche Virtuosität der Dialogführung, der Mimik, der Gebärde [...] ; abwechselnd jugendlicher Liebhaber, 'père noble', Intrigant und Bonvivant; der Komödiant par excellence [...] .

So leichtfüßig war sein Gang, daß man nicht umhinkonnte, seine etwas abgetragenen, aber doch irgendwie sehr schicken Sandalen mit mißtrauischem Blick zu streifen. Gab es dort keine Flügel?"

Also: war er nicht eigentlich Hermes, für die griechische Antike und deren Nachwelt mit so geflügelten Schuhen der Olympische Schutzgott der Redekunst, des Kunsthandels, der Magie, aller Hirten, Diebe und Reisenden, auch des Verkehrs und Handels, jeder (unbekleideten) Gymnastik, außerdem sowas wie ein Pressesprecher oder Verkünder aller oberstgöttlichen Beschlüsse – ein wahrer Gottesbote, der bartlos blieb und den Menschen ihre Träume eingab?

Alles sowas also war für Klaus Mann und eine wachsende Heerschar von Hamburger Verehrer/innen dieser unbegreiflich überirdische Paradiesvogel in den dortigen Kammerspielen.

Er selbst ließ damals aus Hamburg seine rheinischen Eltern wissen: *"Ich lebe mein Leben in den Extremen. Die Mitte bietet keine Luft, in der ich atmen kann. [...] Ich erlebe in einer Stunde mehr als mancher in seinem Leben. Dabei stürze ich mich nicht herein, es drängt sich an mich. Und so bin ich in meinem Glück unglücklich und in meinem Unglück glücklich".*

"So" also hatte seine Karriere zunächst als unbegrenzt einsetzbare *grande utilité* schon raketenhaft, unaufhaltsam und häufig *snobbily*, gern auch leicht verrucht in jenen legendären Zwanziger Jahren begonnen

und führte dann ziemlich schnell, 1928, zu Max Reinhardt im Mekka Berlin.

Hier aber gab es seinerzeit etwa fünfzig Theater, darunter drei Opern, mehr als dreißig Sprechbühnen, außerdem siebzig Kleinkunstbühnen, Kabaretts und Varietés. Aber es gab natürlich auch zahllose Kinos, Bars, Nachtlokale und sonstige Attraktionen … Inmitten all dessen bestand das Imperium Max Reinhardts aus weiland elf Theatern mit rund zehntausend Zuschauerplätzen.

Dort also spielte nun dieser hiesige Novize Gründgens schon Anfang Mai 1928 in der Erstaufführung des brandneu amerikanischen Gerichtsdramas *"Der Prozeß Mary Dugan"*, seit 1929 mindestens zehnmal international verfilmt, unter dem Nachwuchsregisseur Heinz Hilpert (* **1890**) zunächst als zweite Besetzung den Verteidiger in der Kreuzberger Dépendance des *Berliner Theaters,*

daselbst dann seit September 1928 unter der Regie des allseits vergötterten Hausherrn den Lebemann Michail Alexandrowitsch Afremow in Leo Tolstois hinterlassenem Drama *"Der lebende Leichnam"*: eine zwar effektvolle Episodenrolle, aber tief im Schatten des unschlagbar dominanten Hauptdarstellers Alexander Moissi,

und in der *Komödie am Kurfürstendamm* dann ab Januar 1930 in einer Komödie von Somerset Maugham, inszeniert wieder von Max Reinhardt selbst.

Aber an den meisten der zahllosen Premieren dieses szenischen Großbetriebes blieb der verwöhnte Hamburger Allesspieler unbeteiligt.

"Ich bin seit zwölf Jahren Schauspieler", bilanzierte er 1932 in seinem Aufsatz "*Zur Situation des Schauspielers*": *"Ich spielte zuerst an einer Wanderbühne, dann in einem kleinen Provinztheater, dann in einem größeren*

Theater, zuletzt in Hamburg. [...] Vor vier Jahren kam ich nach Berlin. Da stellte sich zunächst einmal heraus, daß meine künstlerische Herkunft für meine Berliner Chance gleichgültig war. In der Provinz geleistete Arbeit war bedeutungslos. Berlin steht für sich und hat keinen Kontakt mit dem Theater im Reich. [...] Es ging nicht weiter, es fing von vorn an. Nichtssagende Rollen, unwichtige Inszenierungen: nach dem Abitur zurück in die Sexta".

Trotzdem gelang diesem kaum beachteten Neuling schon Ende Oktober 1928 neben Hans Albers, Lucie Höflich und Mathias Wieman

(der mir fast ein Vierteljahrhundert später,
als er für die *Ruhr-Festspiele* 1951 in Recklinghausen noch einen
höchst überzeugend reifen Marquis von Posa in Schillers *"Don Carlos"* spielte,
beim Autografieren beiläufig, aber sehr liebenswürdig und geduldig
meine recht sechzehnjährige Frage beantwortete, wie man eigentlich
zum Theater gelange; achtzehn weitere Jahre später
waren wir dann beide gleichzeitig am Hamburger *Thalia Theater* engagiert,
und 25 weitere Jahre später sah ich ihn ja also unverhofft
unter jener Stummfilm-Laterne von 1928 wieder: siehe hier Seite 14),

da gelang also diesem 28jährigen Neuling Gründgens der entscheidende Durchbruch in die allgemeine Aufmerksamkeit dieser einmaligen Theatermetropole: mit der Rolle des sadistischen Ottfried von Wieg in der Uraufführung der *"Verbrecher"* von Ferdinand Bruckner. Im Aufsehen erregenden Bühnenbild von Rochus Gliese (* **1891** und just mit *Oscar*-Nominierung aus Hollywood zurück) hatte der junge Inszenator Heinz Hilpert seinen ersten nachhaltigen Triumph mit einem Zeitstück, das so brisante Themen wie Homosexualität, Abtreibung und Todesstrafe auf die Bühne brachte, aber primär die zeitgenössich marode Justiz attackierte. Der Erfolg war sensationell und ermöglichte in vier Monaten ganze 111 Vorstellungen.

Auch Gründgens mit seinem schonungslosen Konterfei eines *"zynischen Erpressers und aalglatten Verführers junger Männer"* hatte nun sofort sein strapazierbares Image weg und wurde prompt mit Angeboten *"für aasige, abstoßende Schurken und Hochstapler, moralisch und nervlich gefährdete*

Neurotiker, affektierte Snobs" oder *"dekadente, intrigante Charaktere"* (Monograf Blubacher) überschüttet. Zwar wehrte er sich brieflich wiederholt gegen solche klischierte Abstempelung, aber kultivierte sie auch selbst durch seine unübersehbar auffällig werdende Präsenz als *"blasierter Monokelträger mit kahlem Kopf"* in einschlägiger Subkultur oder Szenerie der Halbwelt.

Das Resultat von alledem waren Auftritte auch an andern Berliner Bühnen: in einer Nelson-Revue, einer Künneke-Operette des Admiralspalastes, im Januar 1930 im *Theater am Nollendorfplatz* mit *"Menschen im Hotel"* von Vicki Baum (* **1888**), Ende März 1930 im *Lessing-Theater* bei der Uraufführung des *"Haus Danieli"* von Alfred Neumann, * **1895**, (das Herbert Ihering, jener andere Dr. Allwissend [* **1888**], mit seiner Liebschaft zwischen jüdischem Hofbankier und deutscher Herzogin auch in der Inszenierung Erich Engels [* **1891**] *"das geschmackloseste Stück der Spielzeit"* 1929/30 nannte), mit der Rolle eines intriganten Höflings in einem andern Bruckner-Stück und derlei mehr. Immer und überall faszinierten seine Amalgame aus Virtuosität, formstrenger Komödiantik und gefährlich intelligenter Eleganz.

Aber *"nach Hamlet und Mephisto, Keith und Spiegelmensch* [in Hamburg] *spiele ich fade Lebemänner in dummen Stücken"*, klagte er im selben Aufsatz, doch: *"Mit Erfolgen auf den Nebengebieten meiner eigentlichen Begabung gelang es mir, mich durchzusetzen.*

Nun müßte ich [...] da fortfahren, wo ich in Hamburg aufhörte. Aber es stellte sich heraus, daß dem Theater der bisherige Stand meiner Entwicklung genügt und daß es mir darüber hinaus nichts mehr zu bieten hat. [...]

Ich habe ein Gesicht bekommen, das genügt.

Aber ich habe nicht mein Gesicht. [...]

Ich bin ein Prominenter geworden."

Sowas Brauchbares übersahen auch die Filmleute nicht. Schon 1930 drehte der eben 30jährige neben der Ikone Richard Tauber (* **1891** und hier mit

Songs von Paul Dessau, * **1894**) den Streifen *"Ich glaub' nie mehr an eine Frau"*. Es folgten gleich im selben Jahre noch *"Hokuspokus"* (nach Curt Goetz, * **1888**) neben Lilian Harvey und Willy Fritsch (* **1901)** unter Gustav Ucicky (* **1898**), *"Va banque"* neben Lil Dagover unter Erich Waschneck, dann *"Brand in der Oper"* neben Gustav Fröhlich (* **1902**) und unter Carl Froelich,

aber schon ein Jahr später, gleich nach ihrer aller *"Danton"* von 1931, den Gangsterboss Schränker unter Fritz Lang (* **1890**) im legendären Kinoklassiker *"M – eine Stadt sucht einen Mörder"* neben Peter Lorre (* **1904**), neben Ernst Stahl-Nachbaur (* **1886**), Lotte Loebinger (* **1905**), Rosa Valetti und vielen andern Zeit- oder Schicksalsgenossen.

Jetzt kannte jeder in Deutschland diesen Gustaf Gründgens in seinem aufreizenden Ledermantel.

Im Theater ließ man ihn nun sogar inszenieren, aber *"nach Shakespeare und Büchner, Wedekind und Jahnn* [in Hamburg] *inszenierte ich Maugham und Lonsdale als bedeutendste Autoren"*, auch Roderich Bendix, André Antoine, Franz Molnár, Vicky Baum oder, schon im April 1931, eine Revue von Marcellus Schiffer und Mischa Spoliansky – alles freilich mit Schauspielern immerhin wie Grete Mosheim, Käthe Dorsch, Albert Bassermann, Adolf Wohlbrück, Hans Moser, Hans Albers, Adele Sandrock und Hubert von Meyerinck,

mit dem mich runde vierzig Jahre später
im Hamburger *Thalia Theater* eine so freundschaftliche Herzlichkeit verband,
daß ich noch 1971 bei seiner Beerdigung irgendwo im Harz
über einen linkischen Pfarrer an seinem Sarge so lachen mußte,
wie es auch ein Chanson gebot, das Friedrich Hollaender weiland
eigens für diesen überaus liebenswert divinen "Hupsi" geschrieben hatte:
"Bei jedem Begräbnis, da bin ich direkt ein Erlebnis, ich muß immer lachen dabei"

Im Kampf um beanspruchte Wertschätzung auch als Inszenator nannte Gründgens 1930 bei einer Befragung namhafter Schauspieler nach ihrem bevorzugten Regisseur sich selbst und scherzte dabei nur halbwegs. Denn er lieferte hier auch sein lakonisches Verständnis dieses andern Berufes: *"Ein*

Fanatiker der Präzision", sei er beim Inszenieren *"ein geschworener Feind alles Zufälligen, Unklaren und Unkontrollierbaren"*. Denn, ein- für allemal:

"Der Zuschauer soll verstehen, was der Schauspieler sagt. Der Schauspieler soll verstehen, was der Dichter sagt, und der Dichter soll verstehen, was er selber sagt".

Also? Amen.

Aber jene ersehnten Klassiker, an denen sich alle Bühnenkunst damals noch bemaß, gab es auch für den Schauspieler Gründgens hier vorläufig allenfalls tröpfchenweise: mit dem unergiebigen Diener Pistol im Gefolge des erdrükkenden Falstaff von Werner Krauß schon im Februar 1929 oder dem episodischen St. Just in *"Dantons Tod"* zwar unter Max Reinhardt, aber nur auf Gastspielreisen in Wien und München.

Für Berlin wurde er erst nach fast vier deprimierenden und kämpferischen Jahren zu Saisonbeginn 1931/32 im "Mutterhause" des *Deutschen Theaters* mit dem Hofmarschall von Kalb in Schillers *"Kabale und Liebe"* besetzt: in einer Inszenierung Max Reinhardts und neben Paul Hartmann, Rudolf Forster, Eugen Klöpfer, Lucie Höflich und anderen Kollegen dieses Ranges. Die Premiere am 21. September 1931 war für den Schauspieler Gründgens vielleicht der erste seriöse große Erfolg in Berlin, für den Regisseur Max Reinhardt vielleicht der letzte.

Okkulte Wachablösung schon? Denn auch die andern Ikonen des Berliner Theaters jener Jahre packten schon ihre Koffer. Jessner hatte unter nationalistischen Attacken im Januar 1930 demissioniert, Ernst Josef Aufricht (* **1898**) trotz *"Dreigroschenoper"* in seinem *Theater am Schiffbauerdamm* 1931, Klemperer in der Krolloper kurz danach.

Max Reinhardt delegierte seinen Konzern 1932 und verließ Berlin nach dem *NS*-Angebot einer "Ehrenarierschaft" am 8. März 1933.

Denn schon im Juni 1932 hatte der *Preußische Landtag* mehrheitlich einem Antrag der 162 *NSDAP*-Abgeordneten zugestimmt, daß *"nichtreichsdeut-*

1931/32

" … 1931 und 1932 begann in Berlin das Sterben der Theater.

Was niemand für möglich hielt: Max Reinhardt gab seine fünf Theater auf und ging nach Wien. Die Brüder Rotter, Pächter mehrerer Häuser, flohen vor ihren Schulden nach Liechtenstein. Alteingesessene Direktionen verschwanden. Zu einem früheren Zeitpunkt hatten schon Piscator am Nollendorfplatz und Charell im Großen Schauspielhaus aufgegeben. Direktor Heinrich Neft von der Volksbühne, stolz darauf, nie eine Subvention erhalten zu haben, mußte die Stadt Berlin für das Theater am Bülowplatz um eine jährliche Hilfe von 300 000 Mark bitten. Gelegenheitsdirektionen, von denen manche nur vier Wochen dauerten, bespielten die leerstehenden Theater.

Ich kündigte meinen Pachtvertrag mit den Hauseigentümern des Theaters am Schiffbauerdamm Ende der Saison 1931. Der Sommer mit seinen beträchtlichen Unkosten, die Lage des Hauses in der toten City, der Mangel an zugkräftigen Stücken ließen mich das Theater am Schiffbauerdamm verlassen.

Die Einnahmen der Theater waren gedrittelt, die Gagen der Bühnenschauspieler durch den Tonfilm in die Höhe getrieben. Nur Sensationserfolge und drei Stars – die Bergner, Richard Tauber und Hans Albers – konnten ein Theater füllen.

Die Weltwirtschaftskrise verschärfte sich. Die Arbeitslosenziffer war auf vier Millionen gestiegen. Die Deutsche Bank schloß ihre Schalter. Um eine Panik zu vermeiden, begrenzten die Sparkassen und die Banken die Summe, die ein Kontoinhaber abheben durfte, eine Zeitlang auf 200 Mark … "

Ernst Josef Aufricht (* 1898):
***"Erzähle, damit du dein Recht erweist"* , 1966**

sche" oder *"nichtdeutschstämmige"* Bühnenkünstler zu entlassen und Bühnenwerke mit *"pazifistischer oder sittlich destruktiver Tendenz"* zu verbieten seien.

Aber schon zwei Monate nach jenem Triumph mit *"Kabale und Liebe"*, Ende November 1931, präsentierte der gehende Max Reinhardt in seinem damaligen *Großen Schauspielhause*, dem späteren Friedrichstadt-Palast, noch eine opulente, sehr eigenmächtige, recht selbstherrlich eingreifende Inszenierung von *"Hoffmanns Erzählungen"* mit gravierenden textlichen und musikalischen Zusätzen oder Abänderungen.

Gründgens sah die Generalprobe und erbat sich, enttäuscht, einen Termin bei Max Reinhardt – um ihn zu bitten, ihren Vertrag zu lösen.

"Die Theater haben kein Geld", schrieb er bald danach, mitten in der Weltwirtschaftskrise nach 1929, *"keine Zeit und keine Nerven mehr für systematische Arbeit, wie ich sie gewöhnt bin. Die logische und natürliche Entwicklung ist zerstört"*.

Reinhardt entsprach diesem ungewohnten Wunsche eines 30jährigen Rebellen verständnisvoll.

"Ich löse einen Vertrag, dessen Erfolge mich diskreditieren", schrieb Gründgens und gab bekannt: *"Ich mache mich ungern und gezwungenerweise selbständig"*.

Das gelang ihm 1931/32 auf schwindelerregende Weise.

Unverzüglich drehte er damals in fünf weiteren Kinofilmen:

neben Alexander Granach, Willi Forst und Rosa Valetti unter Géza von Bolváry im *"Raub der Mona Lisa"* einen "Unbekannten",

neben Henny Porten und Friedrich Kayßler unter Carl Froelich in *"Luise, Königin von Preußen"* deren monarchischen Ehemann,

neben Werner Krauß und Grete Mosheim unter Gustav Ucicky in *"Yorck"* den preußisch historischen Staatskanzler Hardenberg, neben Brigitte Helm und Rudolf Forster unter Karl Hartl in *"Die Gräfin von Monte-Christo"* einen Hochstapler,

aber neben Dorothea Wieck und Gustav Diessl in *"Teilnehmer antwortet nicht"* auch einen Fahrlehrer, warum nicht!

Künstlerisch gewichtiger wurde für ihn die sogenannte Kroll-Oper,

> vor rund achtzig Jahren vom Unternehmer Joseph Kroll in königlichem Auftrag für festliche Geselligkeiten der *haute volée* errichtet, zwischenzeitlich auch Vergnügungsetablissement und Textillager, aber mit seinen 2500 Sitzplätzen nunmehr seit 1926 *Staatsoper am Platz der Republik* und seit 1927 unter der Direktion des Dirigenten Otto Klemperer (* **1885**), der hier in vier Jahren 44 Opern produzierte, darunter Uraufführungen von Schönberg, Hindemith, Křenek, Strawinskij und Janáček. Es gab hier nur Neueinstudierungen, keinerlei übliches Repertoire von Ladenhütern aus dem Magazin. Der Anspruch war enorm, auch politisch.
>
> Denn Klemperers Ziel war nur einerseits eine *"Spiritualisierung"* der Oper, andererseits aber auch eine Popularisierung: als *"Volksoper"*, *"für alle Tage"* – eine Quadratur des Kreises also umsomehr, als sich das alles auch noch auf höchstem künstlerischem Niveau ereignen sollte.

Dieser Klemperer also hatte jenen Gründgens schon in seinem ersten Krollopern-Jahr gebeten, hier 1928 als Nachtvorstellung die *Deutsche Erstaufführung* des taufrischen Einakters *"Orphée"* zu inszenieren (den sein Autor Jean Cocteau, * **1889**, zwanzig Jahre später in einen weltberühmten Kinofilm verwandeln sollte). Hiernach setzte Gründgens für den Abendspielplan desselben Hauses, in Räumen von Caspar Neher (* **1897**),

mit dem ich selbst 1956 bei Piscators *"Dantons Tod"*
im Berliner *Schiller-Theater* noch zusammenarbeiten durfte,

und mit Alexander von Zemlinsky am Pult drei einaktige Opern in Szene: von Cocteau mit Milhaud (* **1892**), von Ravel und Ibert (* **1890**), hiernach aber *"Die Hochzeit des Figaro"* im Raum von Teo Otto (* **1904**) und unter der musikalischen Leitung des Hausherrn Klemperer persönlich. Das Echo war überwältigend, weil überwältigt. Diese Sensation war vermutlich Höhepunkt, aber zugleich auch Schlußlicht der Ära Klemperer. Aus vorgeblich finanziellen, aber wohl auch kulturpolitisch reaktionären Gründen wurde dieses Institut einer hochgestochen linkslastigen Avantgarde am 3. Juli 1931 nach einer Vorstellung seines bestfrequentierten *"Figaro"* kurzer Hand geschlossen. Klemperer klagte gegen die preußische Regierung und verlor.

Mit seinem Regie-Champion Gründgens gemeinsam brachte er daher Mozarts *"Così fan tutte"* in der *Staatsoper Unter den Linden* zur Aufführung. (Gründgens noch 1958 an Friedrich Luft: *"Ernst nehmen konnte ich in der ganzen Zeit nur meine Arbeit mit Klemperer an 'Figaro', 'Così fan tutte' usw."*).

Mit Leo Blech am Pult inszenierte Gründgens dort noch Anfang 1932 auch *"Die Hugenotten"* des jüdischen "Vaterlandsverräters" Meyerbeer,

gleich im Mai 1932 in der Charlottenburger *Städtischen Oper "Die Banditen"*, in deren eigener Neufassung dieser *opéra-bouffe* des Juden Offenbach er selbst (unter dem Dirigenten Hans Sommer, * **1904**) in der Tenorpartie des korrupten Mantuaner Schatzkanzlers Antonio diverse Couplets sang, die seither zu Ohrwürmern wurden: *"Einst herrscht in fernen Landen"* und *"Bitte nur nicht gleich den Mut verlieren"*:

"Ich glaub' nicht, daß mir was passiert,
im Grund ist alles ganz egal,
wo jeder Mann von Welt operiert
mit nicht vorhandnem Kapital.

Wer nichts hat, braucht nur etwas zu gründen
und mit renommierten Herrn,
die auch pleite sind, sich verbinden,
und das nennt man dann Konzern.

Man verschleiert geschickt die Bilanzen,
wer sich sträubt, wird korrumpiert.
Was kümmern uns denn die Finanzen?
Hauptsache ist, wir sind saniert!"

Irgendwann damals, 1931, ist bei Dieter Wunderlich nachzulesen, *"besuchten Gustaf Gründgens und sein Freund Carl Forcht* [= Schnitt- und Regieassistent beim Film] *die Eröffnungsfeier des für Herren reservierten Pan-Palais am Schiffbauerdamm* [vermutlich mit dem einschlägig benannten Restaurant "Ganymed", das es heute noch gibt] . *Gustaf Gründgens trug da einen Smoking, Carl Forcht ein – Abendkleid".*

"Augenblick" jedoch, sang jener Schatzkanzler Antonio im fernen Mantua unverdrossen weiter,

"Augenblick, wir wollen schnell mal überlegen,
Augenblick, Sie haben doch wohl nichts dagegen,
Augenblick, man soll sich nicht umsonst erregen,
Augenblick, nur in der Ruhe liegt der Segen!

Mein Gott, was kann einem denn schon groß passieren,
irgendwie kann man sich immer durchlavieren,
irgendwie kann man doch alles arrangieren,
bitte nur nicht immer gleich den Mut verlieren!"

Aber schon vier Monate später, im September 1932, präsentierte der vermeintliche Tenorbuffo dieses Chansons mit dem so seriösen Otto Klemperer, wieder in der Lindenoper, seine Inszenierung des *"Rosenkavalier"* von Richard Strauss.

Aber eine solche Produktionssequenz im Musiktheater basierte bei diesem sehr bewußten Künstler auf konzeptionellen oder theoretischen Überlegungen, die er sich selbst und seinem Publikum in einem Aufsatz erörterte:

"Opernregie 1932".

"Die Oper ist völlig irreal", lautet da ein zentraler Satz, *"und der Urform*

des Theaters heute am nächsten".

Was also, fragt da der Leser, war für diesen Gründgens die Urform des Theaters? Dies: *"der reinste Ausdruck jenes* l'art pour l'art*, hinter dem der Mensch sich vor dem Tag zu verstecken versucht [...] – außerhalb seines realen Lebens. Er, der den ganzen Tag gezwungen ist, Stellung zu nehmen: wirtschaftlich, politisch – darf vor einer Oper ungestört seiner Phantasie und seinen Sehnsüchten freien Lauf lassen"*.

*Fantasie und Sehnsuch*t: was hier nach Weltflucht und Realitätsverleugnung aussehen mag, war in der damaligen Weltwirtschaftskrise mit Massenarbeitslosigkeit, Hunger, Wertekollaps und instabilen Regierungen vielleicht eher sowas wie jene frühvirtuelle Gegenwelt des Immateriellen, wie sie sein Partner Klemperer als *"Spiritualisierung"* angestrebt und mit Gründgens gemeinsam *"aus ihrer* splendid isolation*, ihrem publikumsfremden Konservativismus"* zu emanzipieren getrachtet hatte.

"Die neue Entwicklung der Oper", schrieb ihr junger Regisseur, *"setzte mit der Wiederbelebung der Szene ein"*. Aus langweilend statischem Gesinge in historischen Kostümen wieder ein szenisches Geschehen mit menschlichen Interaktionen in nachvollziehbaren Situationen zu machen, war Ziel und eigentliche Leistung dieses so erfolgreichen Operninszenators, eines Eisbrechers und Vorbilds später für Walter Felsenstein (* **1901**), Peter Sellars und Pier Luigi Pizzi.

Aber kaum war der Premierenapplaus für ihren *"Rosenkavalier"* verrauscht, stürzte sich dieser *freelancer* schon in seine erste eigene Filmregie und drehte im Oktober und frühen November 1932 nach Gogols Komödie *"Der Revisor"* eine Kinoversion mit Szöke Szakall (den wir Jüngeren allenfalls aus *"Casablanca"* oder sonstigen Hollywood-Filmen dieses ungarischen *NS*-Emigranten, * **1893**, kennen), mit Hermann Thimig, Jenny Jugo, Lotte Loebinger und seinem Lehrer Paul Henckels: *"Eine Stadt steht kopf"*.

"Eines Tages verbreitete sich im Theater das Gerücht, der Allerweltskünstler Gustaf Gründgens", erinnerte sich noch 1953 jener

Eckart von Naso aus preußischer Generalsfamilie, * **1888**, promovierter Jurist, im *Ersten Weltkrieg* Frontoffizier und verwundet, aber aus dem Lazarett 1916

gleich unbekümmert als Regisseur ins *Königlich Preußische Staatstheater* übergewechselt, wo sein Onkel Georg Graf von Hülsen-Haeseler als Nachfolger seines Vaters Botho Graf von Hülsen (35 Jahre lang Königlich-preußischer Hoftheaterintendant) nunmehr schon seit **1893** Generalintendant aller Königlich-Preußischen Schauspielhäuser war und **1896** in Wiesbaden unter kaiserlichem Protektorat jene *Internationalen Maifestspiele* ins Leben rief,

denen ich selbst runde siebzig Jahre später und vier ganze Spielzeiten lang zu Füßen einer leeren Kaiserloge zu dienen das strapaziöse Vergnügen hatte;

mit wechselnden Pflichten und Rechten war dieser selbe Naso dann 29 Jahre lang (und mit kurzem Intermezzo auch seinerseits in Klemperers Krolloper) in der Dramaturgie dieses führenden Berliner Sprechtheaters tätig und auch an dessen elfjähriger Blüte unter Leopold Jessner aktiv beteiligt gewesen.

Aber irgendwann 1931 also hörte er vom Gerücht,

"der Allerweltskünstler Gustaf Gründgens, derselbe, der in immer neuen Verwandlungen – dem sagenhaften Proteus vergleichbar – als Kabarettist, Regisseur avantgardistischer Nachtvorstellungen und Filmgangster aufgetreten war, [...] sei um den Mephisto vorstellig geworden": in der geplanten Jubiläumsvorstellung des *Staatstheaters* zum Goethejahr 1932. Der glaube wohl, schmetterte Nasos Interims-Intendant das noch ab, *"der Mephisto sei eine Kabarettnummer"*.

Aber drei Tage später war das dann die Schlagzeile vieler Zeitungen. *"Berlin stand Kopf"*.

Der Spielfilm *"Eine Stadt steht kopf"* gelangte im *Ufa*-Palast des Kurfürstendamms am 21. Januar 1933 zur Premiere: mit verbleibender Galgenfrist von nur noch neun Tagen bis zum Harmagedon.

Da jedoch spielte sein Regisseur und unermüdlicher Tausendsassa Gründgens schon seit sieben Wochen im *Preußischen Staatstheater* wahrhaftig den Mephisto (den er vor zehn Jahren erstmals in Kiel, dann auch schon in Hamburg erarbeitet hatte) in Lothar Müthels Inszenierung von *"Faust I"*. Neben Werner Krauß und Käthe Gold, Elsa Wagner, Alexander Granach, Walter Franck (* **1896**), Aribert Wäscher (* **1895**) und Veit Harlan mit Bernhard Minetti (* **1905**) trug er da einsam den Lorbeer davon. Denn Berlins Oberstaatsanwalt Alfred Kerr befand im *"Berliner Tageblatt"*:

"Der Abend hieß, geistpoetisch gesehen, Gustaf (dieser Vorname läßt sich nicht verheimlichen) Gründgens. [...]

Er ist, ist, ist einer von den Unsren. Mit ironischem Geist ... und mit einem Schimmer von – beinah Sehnsucht, die nicht vortritt. Ein 'Gegenschöpfer'. [...] Ein, im Grunde, Rechtsuchender; ein das Weltethos Überblickender; ein witzig es Nachprüfender. [...]

Gründgens, in seinem Beginn mißkannt, dann keß im Aufstieg, ist in diesem malerischen und verständlich gegliederten Faustversuch (ohne Gretchen, ohne Liebhaber, ohne Schmerz), nochmals, das sicherste Plus."

Kerrs ewiger Kontrahent im Tribunal, Herbert Ihering, mag selbst verkannt haben, wie sein Widerspruch (im *"Berliner Börsen-Courier"*) diesmal nur purste Zustimmung blieb:

"Gründgens spielt den Agenten Fausts, einen Manager Schmelings, einen Stellenvermittler der Hölle. Er agiert und treibt an, ein Demagoge, ein Unterhändler. [...] Er ist Kabarettsänger und Charleys Tante, Kavalier und zierige Dame. Er blitzt und funkelt. Er spielt ein naives Zaubermädchen mit lächelndem Snobismus. Er spielt hundert Variationen zum Thema Mephisto, aber niemals das Thema selbst. Er spielt Bemerkungen zum Mephisto, witzige Fußnoten gegen die Goethe-Philologen, aber niemals den neuen, modernen Mephisto selbst". (Denn wie der beschaffen war, erfuhren Gründgens, Ihering und deren Volk erst wenige Wochen später.)

Aber noch rechtzeitig vor dieser Zeitenwende und nur sieben Wochen nach der Premiere von *"Faust I"* (am 2. Dezember 1932) fand am 21. Januar 1933, just während des Kinostarts seiner Gogol-Paraphrase im Ufa-Palast, die Premiere von *"Faust II"* statt: wieder mit Gründgens als Mephisto (neben Krauß als Faust, neben der jüdischen Eleonora von Mendelssohn, dem Kommunisten Hans Otto und dem kommunistischen Juden Wolfgang Heinz, * **1900**), aber in einer Inszenierung seines weiland Düsseldorfer Lehrers Gustav Lindemann.

Diesmal waren sich sogar die kontroversen Oberlehrer einig. Kerr schwärmte wieder: *"Die stärkste Seelenkraft, die Geisteskraft ist bei diesem Mephistopheles. Immer mehr kommt es bei Gründgens auf den gefallenen Engel hinaus. [...] Zwar ein saftig-tierisches Denkergeschöpf – doch mit Schwermutschatten"*,

und auch Ihering gab jetzt unumwunden zu: *"Die geistige Verarbeitung des Verses ist musterhaft, die dramatische Schlagkraft außerordentlich, die Leichtigkeit bezaubernd. Gründgens schillert und funkelt und bleibt in jedem Satz diszipliniert"*,

und noch 1999, zum 100. Geburtstag dieses Mephisto, schrieb ein so wohlinformierter und sachlich kühler Experte wie Günther Rühle in der *"Berliner Zeitung"* vom 18. Dezember über jene unbegreifliche Epiphanie von 1932:

"Es war eine Explosion, nein, eine Demonstration von Talent. Im zusammenstürzenden Theater der frühen dreißiger Jahre war er ein Ereignis persönlicher Art. Es muß dem Mann in diesem Aufstieg selbst schwindlig gewesen sein, denn es war ja kein Aufstieg gewöhnlicher Art: keiner von Rolle zu Rolle, sondern einer durch dauernden Wechsel zwischen Schauspiel, Oper, Revue und Film und der zwischen Darsteller und Regisseur dazu.

In den Jahren zwischen 1930 und 1932, da Berlin noch reich war an ersten Kräften [...], war er der Aufstiegsmensch. Als er 1932 in seiner Traumrolle, im 'Faust' als Mephisto, erschien, dazu noch im Staatstheater, war der Aufstieg perfekt".

Doch als dann kurz danach der leibhaftige Satan die politische Bühne betrat, war dessen theatralisches Konterfei nicht im Staatstheater zu bewundern, sondern zu Außenaufnahmen eines nächsten Kinofilms just im sonnigen Spanien und agierte dort neben Brigitte Helm und Wolfgang Liebeneiner als ein Hochstapler Alexander für *"Die schönen Tage von Aranjuez"*.

Schiller hat diesen ersten Satz in seinem *"Don Carlos"* so zu Ende gedichtet: *"Die schönen Tage in Aranjuez / Sind nun zu Ende. Eure königliche Hoheit / Verlassen es nicht heiterer. Wir sind / Vergebens hier gewesen"*.

Nein, auch dieser Hochstapler Alexander verließ jene schönen Tage in Aranjuez vermutlich nicht eben heiterer.

Aber *"wäre ein Gründgens nicht prompt nach Hitlers Ernennung aus Spanien heim ins Reich geeilt"*, hat Gottfried Reinhardt, Max Reinhardts Sohn, noch 1973 vorwurfsvoll zu bedenken gegeben (und gleich auch die vermeintlichen Mitläufer Hilpert, Richard Strauss, Gerhart Hauptmann, Werner Krauß und Furtwängler aufgelistet), *"kurz: Wenn die Elite der deutschen Kunst, Wissenschaft, Wirtschaft und des Militärs sich nicht so eifrig den Totengräbern Deutschlands zur Verfügung gestellt hätte, so [...] hätten sich Hitler und seine Komplicen weit schwerer getan, das Land der Dichter und Denker in den Griff zu bekommen und das der Massenmörder in Gang zu bringen"*.

Leider weltfremd, Euer Gnaden! Denn weder die Angeschuldigten noch sonst ein Mensch dieses Erdballs konnte im Januar 1933 für möglich halten, was hiernach geschah. In all seiner Abgefeimtheit war es wirklich neu auf diesem Planeten und unvorstellbar. (Und seine schamlose Vorankündigung in Hitlers Buch hatte zumindest der weiland völlig überlastete Gründgens schwerlich zur Kenntnis nehmen können.)

Außerdem war Deutschland damals noch Republik und hatte just vierzehn Jahre lang als verwaiste Monarchie mühsam zu erlernen versucht, was eine demokratische Mehrheit sei. Noch nie zuvor und niemals wieder war die zusammengewürfelte Bevölkerung dieses jungen Staatswesens nahezu einstimmig ein und derselben Meinung: daß dieses neue Regime mit seinen Massen- und Völkermördern *in spe* für dieses gebeutelte Volk aus lauter Opfern von Versailles ein rettender Glücksfall sei, dem es nur vorbehaltlos zuzujubeln galt. Also tat man das außer Rand und Band.

Auch für den Spanien-Rückkehrer Gründgens (und dessen Generationsgenossen aus jenen **neunziger Jahren des vorausgegangenen Jahrhunderts**) mußte diese kreischende *vox populi* zwar nicht gerade *vox Dei* sein, wohl jedoch unüberhörbar *Volkes Willen* verkünden.

Also sei's, ihr Demokraten! Aber viele seiner Kollegen hatten da Berlin bereits verlassen: nach Wien, nach Prag, nach Paris, nach Moskau – sonst wohin …

"Warum mußte ich zurückfahren?", hat Gründgens später diese ahnungslose Frage vieler Nachgeborener in einem Brief vom 13. Dezember 1950 an Karl Marx, damals Herausgeber der *"Allgemeinen Wochenzeitung der Juden in Deutschland"*, beantwortet:

"Weil ich in diesem Zeitpunkt für das Wohl und Wehe von fünf Menschen verantwortlich war; das waren zunächst meine Eltern und dann ein Freund von mir [= der Maler Jan Kurzke, * **1905**] *, der sich kommunistisch stark exponiert hatte, meine jüdische Freundin Ida Liebmann und als fünfter ein Freund von mir* [= Carl Forcht, * **1907**, Filmcutter mit oder ohne Abendkleid] *, dem ich noch 1944 nach Schweden verhalf und der heute in Amerika lebt. Diese fünf Menschen lebten in meinem Hause im Grunewald. Sie gehörten zu meinem Haushalt".*

Und als er 1954 in Düsseldorf *"Um Lucretia"* von Jean Giraudoux, jene postume *"Mischung von hanebüchener Moritat und klassischer Tragödie"* (Georg Hensel), inszenierte, fragte ihn Harry Kahn, Übersetzer dieses Stükkes, vormaliger Theaterkritiker und im französischen Exil *NS*-verhaftet, kurz vor Probenbeginn (und mit Aussicht auf ein ansehnliches Tantièmen-Incasso) gleichwohl vorwurfsvoll und inquisitorisch, warum er bloß seinerzeit, etwas später, auch noch aus Paris so charakterlos in jenes Deutschland

1933

"1933, die Maschine setzt sich in Bewegung.

Man geht an die Arbeit.

Ein Konzentrationslager, das wird gebaut wie ein Stadion oder ein großes Hotel; dazu gehören Unternehmer, Kostenvoranschläge, Konkurrenz, sicher auch Bestechungsgelder.

Architekten erfinden in aller Ruhe diese Tore, durch die man nur einmal hindurch kommt.

Inzwischen geht das Leben seinen Gang; der Arbeiter aus Berlin, der jüdische Student aus Amsterdam, der Kaufmann aus Krakau, die Lyzealschülerin aus Bordeaux: sie alle ahnen nicht, daß ihnen in Entfernung von tausend Kilometern bereits ein Platz zugewiesen ist.

Und dann kommt der Tag, an dem ihre Blocks fertig sind.

Und nur sie noch fehlen.

Aushebungen in Warschau,
Aussiedlungen nach Lodsch,
aus Prag, Brüssel, Wien, Athen,
aus Budapest und Rom,
Razzia in der französischen Provinz
Großfahndung in Paris,
Deportierung von Widerstandskämpfern:
Die Masse der Festgenommenen, Mitgenommenen,
Mitgekommenen tritt den Weg in die Lager an." (leicht verkürzt)

Jean Cayrol, 44 / Paul Celan, 35: "*Nacht und Nebel*",
Kommentar zum Film von Alain Resnais und Jean Cayrol, 1956

zurückgekehrt sei. Gründgens antwortete ihm am 15. September 1954, nicht eben ungereizt, ins weltfern paradiesische Lugano:

"Wenn ich den Charakter gehabt hätte, den Sie 1933 in Paris von mir verlangten, so wären als erste Opfer zwei in meinem Hause lebende Freunde, nämlich Ida Liebmann und Jan Kurzke, umgekommen. Daß sie heil in Paris und London leben, scheint mir heute noch wichtiger als das, was Sie irrtümlicherweise für Charakter halten. Der einzige Unterschied zwischen uns ist der, daß ich im Zwang höchst realer Umstände charakterlos war, während Sie es jetzt ohne Grund sind".

Aber für das *Preußische Staatstheater*, dessen Ensemblemitglied Gründgens ja mit seinen beiden Mephistos im Spielplan damals noch war, wurde schon vierzehn Tage nach jener *NS*-Machterschleichung eine neue Intendanz installiert: mit einem Franz Ulbrich (* **1885**),

> der aus dem Erzgebirge stammte und vorher simultan die Theater in Altenburg, Gotha, Meiningen und Sondershausen, aber zugleich auch in Weimar geleitet hatte, wo er 1932 in Anwesenheit von Adolf Hitler jenes antidemokratische Drama *"Hundert Tage"* des Italo-Faschisten Mussolini in eigener Inszenierung zur Premiere zu bringen gewievt genug gewesen war.

Jetzt war er plötzlich Nachfolger Leopold Jessners, hatte aus Weimar die Schauspielerin Emmy Sonnemann nach Berlin mitgebracht und mußte sich die hiesige Theaterleitung mit dem *NS*-dramaturgischen Co-Direktor Hanns Johst, * **1890,** seit 1932 Mitglied der *NSDAP*, Gefolgsmann Alfred Rosenbergs und Freund Heinrich Himmlers, teilen.

Ihr Vertrag galt ab 1. März 1933. Aber schon vorher, am 27. Februar 1933, hatten sie, just während der Reichstag brannte, vielen unliebsam jüdischen und kommunistischen Schaupielern gekündigt: zum Beispiel Alexander Granach, Lucie Mannheim und Hans Otto (* **1900**, noch im selben Jahr *NS*-ermordet und nur auf Paul Bildts Veranlassung und Gründgens' Kosten überhaupt bestattet).

Schon nach siebenwöchiger Amtszeit dieses Direktoren-Paares fand zu Hitlers 44. Geburtstag am 20. April 1933 unter der Regie des Hausherrn Ulbrich die Premiere einer Uraufführung mit Lothar Müthel (* **1896** und ab Mai 1933 Parteigenosse) in der Titelrolle und mit (dem leider jüdisch verheirateten) Albert Bassermann als sympathischer Exzellenz General X statt:

> *"Schlageter"* von Hanns Johst. Es verherrlicht einen "Freicorps"-Kämpfer und vermeintlichen Nazi-Märtyrer oder -Mythos (* **1894**), war dem präsenten Geburtstagskinde *"in liebender Verehrung und unwandelbarer Treue"* gewidmet, enthält gleich in der ersten Szene des Ersten Aktes den vielzitierten Satz *"Wenn ich Kultur höre [...], entsichere ich meinen Browning"*, wurde damit von 115 Theatern in mehr als tausend deutschen Städten nachgespielt und trug seinem Autor schon im ersten Jahr Tantièmen in Höhe von rund fünfzigtausend Reichsmark, später auch noch das einflußreiche Amt eines Präsidenten der *NS*-Reichsschrifttumskammer ein.

Den weiteren Spielplan des ehrwürdigen Staats- und Jessner-Theaters überschwemmten jene beiden Nutznießer Ulbrich und Johst ab sofort mit gesinnungstreu sogenannten *"Blut- und Bodenstücken"* einer hemmungslos faschistischen Agitation.

Im Frühjahr 1933 wirkte Gründgens in Paris am Drehbuch eines Films für die jüdisch verscheuchte Gitta Alpár (* **1900** oder **1903**) mit, die von ihrem Publikum des Berliner Admiralspalastes während Lehárs *"Schön ist die Welt"* [*sic!*] neben Richard Tauber weggebrüllt worden war: *"Juden runter von der Bühne!"*.

Als er im April 1933 aus Paris in sein Stammhaus zurückkehrte, um dort anstehende *"Faust"*-Vorstellungen zu spielen, wurde Gründgens vom Gespann Ulbrich/Johst kurz und bündig darüber informiert, *"daß mein Vertrag nicht bestehen bleiben könnte, da ich nicht erwünscht sei"*.

Auch lasse sich jene nächste Rolle, *"die mir vertraglich zugesichert"* war, in ihren *"nun nach neuen Gesichtspunkten aufgestellten Spielplan nicht ein-*

ordnen". Berlins und Deutschlands Superstar war somit weggeschmissen, lag auf der Straße: sorglos entsorgt.

Trotzdem spielte er natürlich noch jene anberaumt nächste *"Faust"*-Vorstellung.

"Am Abend dieser Vorstellung", hat Gründgens später seiner diktierten Kladde anvertraut (aus der 1955 ein Buch werden sollte), *"lernte ich dann Göring kennen, der damals als Preußischer Ministerpräsident auch Chef des Staatstheaters war. Göring"*, damals mehr denn je schon Experte alles Teuflischen, *"zeigte sich von meiner Darstellung des Mephisto sehr beeindruckt und erklärte kategorisch, daß der zwischen dem Staatstheater und mir bestehende Vertrag bindende Gültigkeit sowohl für das Staatstheater als auch* für mich *haben müsse"*.

Neun Monate, just eine ganze Schwangerschaft später,

während der Gründgens als Regisseur die mediterran exotische Märchenkomödie *"Die Finanzen des Großherzogs"* mit Victor de Kowa, Hilde Weissner, seinem Lehrer Paul Henckels und als Cutter seinem Carl Forcht (ohne Abendkleid) verfilmte, sich im Herbst 1933 zu Außenaufnahmen auf Teneriffa und Madeira aufhielt, daher lange *"mit Filmen verreist"* war,

erteilte ihm Göring, den er inzwischen *"monatelang nicht gesehen"* hatte, *"im Januar 1934 völlig unvorbereitet [...] telefonisch den Auftrag, die künstlerische Leitung des Theaters* [am Gendarmenmarkt] *zu übernehmen, da die von ihm eingesetzten neuen Männer versagt hätten. (Ich hatte in der Zwischenzeit Göring nur bei offiziellen Anlässen, und das vielleicht 2-3 mal gesehen).*

Ich lehnte dieses Angebot zunächst ab".

Gleichzeitig dürfte Gründgens mit dem internationalen Start eines Films befaßt gewesen sein, den er 1933 in je einer deutschen und französischen Version neben den *NS*-genehmen Paul Hartmann und Attila Hörbiger, aber auch neben den "welschen" Jean Gabin (* **1904**) und Madeleine Renaud (*

1900),

der ich selbst noch 1975 im Pariser *"Théâtre d'Orsay"* (heutigen *Musée d'Orsay*,

wo Orson Welles 1960 jenen Kafka-*"Prozeß"* verfilmte, den Barrault 1947 für sein Theater, sich selbst, Gustaf Gründgens ["und mich"] dramatisierte),

der ich an so stigmatisiertem Orte also die Hand küssen und meine aufrichtigsten Komplimente für *"Harold und Maude"* von Hal Ashby ins unvergleichlich lächelnde Antlitz sagen durfte, als ich ihren Ehemann, Inszenator und Kompagnon Jean-Louis Barrault als Regisseur meines Wuppertaler Mozart-Zyklus zu gewinnen versuchte,

eines Films also, den Gründgens da nach dem Roman *"Der Tunnel"*, einem Bestseller des *NS*-geächteten Autors Bernard Kellermann, und unter dem Regisseur Kurt Bernhardt (* **1899**) gedreht hatte,

der gleich nach Drehschluß *NS*-verhaftet wurde, nach abenteuerlicher Flucht in Hollywood Curtis Bernhardt hieß und dort für *Warner Bros.* und *MGM* viele Filme mit Hedy Lamarr, Olivia de Havilland, Humphrey Bogart, Barbara Stanwyck, Paul Henreid, Robert Taylor, Glenn Ford, Janet Leigh, Jane Wyman, Charles Laughton und vielen anderen Stars für die Kinos der Welt erstellte.

Anschließend präparierte und drehte Gründgens 1934,

als auch ich auf den Szenarien dieses Planeten just erschien,

die Spielfilme *"Schwarzer Jäger Johanna"* (mit Marianne Hoppe und Paul Hartmann), *"So endete eine Liebe"* (mit Paula Wessely und Willi Forst), *"Das Erbe von Pretoria"* (mit Paul Hartmann und seinem Düsseldorfer Lehrer Paul Henckels)

und für die Kinopremiere im Frühjahr 1935 auch schon jene fatalen *"Hundert Tage"* nach Mussolinis Bühnenstück, neben Werner Krauß und Eduard von Winterstein, aber unter dem Regisseur Franz Wenzler (* **1893**),

der, vom Hamburger *Thalia Theater* kommend, bei Max Reinhardt in *"Faust"*, *"Hamlet"* (als Güldenstern) und *"Dantons Tod"* besetzt wurde, auch Intendant der Berliner Kortner-*Tribüne* und (ganze fünf Jahre lang) des *Schauspielhauses Zürich* war

(wo 1968 *"Antonius und Cleopatra"* von Shakespeare in jener Neuübersetzung und Bearbeitung aufgeführt wurde, die ich selbst mit dem inszenierenden Bernhard Wicki auf Elba erarbeitet hatte),

bevor er ab 1931 immerhin elf Kinofilme inszenierte, aber 1936 wegen *"erwiesener Unzuverlässigkeit"* aus der unverzichtbar gewordenen *NS*-Reichsfilmkammer ausgestoßen wurde, ins österreichische, dann ins faschistisch italienische Exil unter Mussolini floh und dort 1942 eines ungeklärten Todes starb: 49jährig.

Gleichwohl hatte Gründgens mittlerweile mit Emmy Sonnemann (* **1893** und seit April 1935 Frau Göring) im *"Konzert"* von Hermann Bahr gemeinsam Theater gespielt und vier Wochen lang mit ihrem Gespons Verhandlungen geführt, *"die von Görings Seite immer energischer betrieben wurden und die mir immer größere Freiheiten zusicherten"*.

Aber *"für ihn war der Entschluß"*, in diesem Berlin Intendant zu werden, "*nicht so leicht*", hat sein Adlatus Rolf Badenhausen noch 1982 versichert, *"wie die Legende ihn ihm zuschreibt"*.

Er beriet sich auch *"mit meinen näheren Kollegen und Freunden"*, zumal mit Gustav Lindemann in Düsseldorf und Erich Ziegel, seinem eigentlichen Entdecker und zuverlässig seriösen Förderer in den *Hamburger Kammerspielen*, der noch 1946 schriftlich und eidesstattlich bezeugt hat:

"Als Gründgens von Göring den Auftrag bekam, die Leitung des Berliner Staatstheaters zu übernehmen, hat er sich über die Schwierigkeiten dieses Problems mit mir und meiner Frau (Mirjam Horwitz) ausführlich beraten. Wie ich aus diesem Gespräch weiß, war für ihn schließlich entscheidend die Zuversicht, in dieser Stellung, für die ihm Göring weitgehendste Freiheiten zugesichert hatte, auf künstlerischem und vor allem menschlichem Gebiet viel Gutes durchsetzen und viel Schlechtes verhindern zu können. Dieses innere Programm hat er dann auch bei jeder Gelegenheit in zahlreichen Fäl-

len mit Leidenschaft, Energie und Klugheit erreicht.“

Also wurde Gründgens schon ab dem 1. März 1934 – just ein Jahr nach Amtsantritt seiner Vorgänger Ulbrich/Johst – Kommissarischer Leiter des Schauspielhauses im *Preußischen Staatstheater*. Dabei war er

"weder Nazi noch 'Biedermann' mit Leitungserfahrung wie seine Amtsvorgänger“, hat Peter Jammerthal noch 2005 in seiner Dissertation festgehalten, *"und hatte sich auch nicht mit öffentlichen Bekenntnissen exponiert. Im Gegenteil: es haftete ihm noch etwas vom 'Halbseiden-Verruchten' der Rollen an, mit denen er [...] bekannt geworden war, und über seine homosexuellen Neigungen waren wohl nicht nur Insider informiert“*.

Denn mehrere Zeitungen kommentierten und glossierten seine Ernennung mit einem Foto von 1930, das ihn *"als Monokel tragenden Dandy zeigt, mit deutlich geschminkten Lippen und Augen-Make-up, in legerer Pose und sportlicher Kleidung, eine Hand in der Hosentasche“* – also *shocking!*

Er *"war weit davon entfernt, einen seriösen Eindruck zu erwecken“*.

Noch konnte er abspringen.

Aber wollte er das überhaupt?

Am 9. April 1934 traf er sich mit seinem Gegner Joseph Goebbels, der seit einem Monat das neugegründete Propagandaministerium leitete und insofern auch Chef aller andern deutschen Theater, auch hierin also Görings Antipode war. Gründgens hat dieses Gespräch über seinen künftigen Spielplan minutiös protokolliert. Seine Darlegung, Klassiker und *"ab und zu Unterhaltungsstücke“*, aber *"keine Tendenzstücke“*, allenfalls *"Dichtungen mit Tendenz“* spielen zu wollen, wird von Goebbels mit der Einschränkung gebilligt, daß *"es im Grunde Kunst ohne Tendenz nicht gäbe“*. Dem stimmte Gründgens zu und und verließ diesen Gegenspieler seiner nächsten Jahre *"mit dem Gefühl absoluter Übereinstimmung“*. Aber *"ich hatte den Eindruck, als sei die Unterredung auf Wachsplatten festgehalten worden“*.

Schon sechs Tage später, am 15. April 1934, konterte Göring, zäh und zielstrebig, mit der vermeintlich bestechenden Ernennung seines Protegés Gründgens zum *Preußischen Staatsschauspieler*.

Trotzdem hätte der immer noch abspringen können.

Aber wollte er das überhaupt?

"Ja – und dann, als Gründgens zum Intendanten ernannt wurde!", wußte der Schauspieler Hubert von Meyerinck noch 1967 haargenau: *"Da gingen Elsa Wagner und ich zu ihm und besuchten ihn in den geheiligten Räumen des Staatstheaters. Wir gratulierten ihm ehrfurchtsvoll. Er aber nahm uns bei der Hand, stieg mit uns auf ein Sofa, und dann wippten wir zu dritt im Takt auf und nieder mit den Worten:*

'Es ist so leicht, Intendant zu sein,
es ist so leicht, Intendant zu sein ...'

Aber es war nicht so leicht, Intendant zu sein."

Niemand in seinem Umfelde hätte das besser beobachten und beurteilen können als jener Eckart von Naso, den Gründgens in der Theaterleitung vorgefunden, aber keineswegs gekündigt, sondern dort sogar noch aufgewertet hatte.

"In der Tat blieb von manchem Erstaunlichen", hat nur Naso uns überliefert, *"dieses das Erstaunlichste. Niemand hätte dem bisher vielseitig Schweifenden zugetraut, daß er sich in den ersten Tagen seines Amtsantrittes mit dem [...] fast unlesbaren Buch der Sieben Siegel vertraut machen und es beherrschen würde: dem sonst nur von Verwaltungsbeamten zu entschlüsselnden Etat der preußischen Staatstheater.*

Dann erst, als er über die Möglichkeit von Einnahmen und Ausgaben Bescheid wußte, begann er zu regieren."

Er tat das, hat Richard Biedrzynski ihm später attestiert, indem er *"die Bühnenerfahrungen aller Zeiten in sich zu vereinigen scheint"*.

Schon mit dem ersten Engagement, das dieser neue Intendant der Ersten

Schauspielbühne Berlins sich haushaltsbewußt und 34jährig leistete, gewann er jene große Hermine Körner für sein Ensemble, über die er auch später noch sagte: *"Den größten Eindruck, den ich je von einer Schauspielerin empfing, empfing ich von Hermine Körner".*

Nur umso erschütternder ist mir jener 4. November 1953 in Erinnerung,
als ich in meinen Semesterferien als neunzehnjähriger Werkstudent
und als dramaturgischer Praktikant des emsige Kulturamts im westfälischen Marl
ein Gastspiel des *Düsseldorfer Schauspielhauses*
mit Gustaf Gründgens als Schillers Wallenstein sehen durfte

und in der Direktionsloge des dortigen Theaters
selbst just hinter jener Hermine Körner saß,
die hier andern Abends Ibsens *"Gespenster"* spielen sollte
und vorsorglich schon beizeiten vor Ort war.

Knappe drei Stunden lang atmeten wir drei da die Luft desselben Raumes ein ...

Aber ohne Angabe von Gründen war ich damals strikt angewiesen worden,
keinerlei Wiederbegegnung dieser beiden übergroßen Kollegen
aus Berliner Staatstheaterzeiten herbeizuführen, zu begünstigen
oder auch nur zuzulassen.
Sie wollten sich partout nicht mehr treffen.
Plötzlich wehte da was unentwirrbar Verflochtenes von früher...

Als ich aber nach der Vorstellung gleichwohl zum Bühnenausgang kam,
um meiner Ikone jener frühen Jahre da
möglichst privatim ins Auge blicken zu können,
sah ich nur noch jenen *Buick Eight* des Baujahrs 1948

– (*"größer als meine Wohnung"*, laut Gründgens,
"hat Klima-Anlage und viele Knöpfe",
aber auch schon *"die ersten Skandalgeschichten um diesen Wagen"*) –

nicht einfach automäßig losfahren, sondern hochspringen und dann wegrasen ...
Am Volant saß Wallenstein persönlich und entzog sich meiner Kinderneugier –
so rasant wie irgend möglich ...

(oder war das schon einer seiner späteren Cadillacs?)

Aber in jenem Mai 1934,

als ich mich selbst noch

in meinem vierten pränatalen Monat befand,

da eröffnete dieser Gründgens seine "kommissarische" Berliner Intendanz mit derselben Hermine Körner als Queen Elizabeth I. und einem ringsum erstklassigen Ensemble in der Uraufführung eines historischen Dramas von 1926 über Robert Devereux, schon gleich also einen Aufrührer oder Umstürzler – wenn auch weit weg im britisch scheinbar unverfänglichen 17. Jahrhundert: *"Rebell in England"* von Hans Schwarz (* **1890**

und 1950 Initiator immerhin des heute noch ausgeteilten Frankfurter *Friedenspreises des Deutschen Buchhandels*).

Der Premierenerfolg war riesig.

Aber just einen Monat später wurde es plötzlich lebensgefährlich. Denn da ereignete sich unverhohlen, was als *"Nacht der langen Messer"* oder *"Röhm-Putsch"* in die blutigen Annalen der *NS*-deutschen Geschichte einging. Was in Wahrheit ein politisch gnadenloser Machtkampf war, wurde der Bevölkerung als reinigende Razzia gegen Schwule dargestellt und daher mitsamt jenen hundert oder zweihundert Mordopfern schon während dieser einen Nacht von der Bevölkerung mehrheitlich gutgeheißen.

Sie erfuhr da plötzlich aus öffentlichen Lautsprechern, daß Unliebsame von den neuen Herrschern auch in großen Mengen ruchlos weggemordet wurden – und duckte sich verängstigt.

Aber so Betroffene wie Hubert von Meyerinck oder Gustaf Gründgens erschraken noch sehr viel tiefer und befürchteten seither das Allerverhängnisvollste.

Gründgens erwog jetzt zu emigrieren. Aber just als diese vorgetäuschte Jagd auf Homosexuelle (von der nämlich all die vielen okkulten Schwulen in den Führungsetagen der *NSDAP* dauerhaft unbehelligt blieben)

in der zweiten Jahreshälfte 1934,

also, just als ich weit entfernt irgendwo schreiend mitzuspielen anfing,

1934

"Eine andere Nacht taucht in meiner Erinnerung auf – die Nacht des 30. Juni 1934. Eine warme Sommernacht, ich aß mit dem Regisseur Hans Wolff [= Stiefbruder des prominenten Unternehmers Otto Wolff von Amerongen und damals noch Cutter] *zu Abend auf dem Dachgarten des Hotels Eden. Alles trank Sekt, es war übervoll, und eine erwartungsvolle Stimmung von Krise und Untergang hing in der Luft.*

Die Kapelle spielte unausgesetzt Schlager, die Menschen tanzten mit fiebrigen Gesichtern. Viele erwarteten den Sturz des schon verhaßten Systems.

Karl Ludwig Diehl [* **1896** und Schwager des schwulen Kollegen Kurt von Ruffin] *und die zu der Zeit groß herauskommende schöne Brigitte Horney zwinkerten uns, während sie Tango tanzten, vielsagend zu.*

Dann ein Tusch, das Orchester schwieg, und der Rundfunk brachte eine Sondermeldung: 'Soeben wurde der SA-Obergruppenführer Ernst erschossen'.

Die Tanzenden blieben nur einen Augenblick unbeweglich stehen, dann setzte die Musik wieder ein, und der Tanz ging weiter.

Dann wieder ein Tusch – Sondermeldung – abermals ein Mord. Der Tango ging weiter.

Das wiederholte sich mehrere Male – es wurden ja so viele erschossen, in jener Nacht!"

Hubert von Meyerinck (* 1896):
"*Meine berühmten Freundinnen*", 1967

als diese scheinheilige Treibjagd auf Männerlieben unübersehbar fortgesetzt und ausgeweitet wurde, just da also endete für Gründgens die ”Probezeit“ als Kommissarischer Intendant. Ab 1. Oktober 1934 war er es nunmehr offiziell und definitiv.

Er eröffnete jene seine erste vollverantwortete Spielzeit mit preußischem Urgestein: Lessings unverfänglich scheinender Komödie *”Minna von Barnhelm oder das Soldatenglück“* von 1767. Ihr Autor, der das friderizianische Preußen seiner Zeit für *”das sklavischste Land Europas“* hielt, handelt ja in dieser scheinbar heiteren (und allzu historisierenden) Auseinandersetzung mit Preußentum und Krieg nicht zuletzt subkutan auch verbohrten und unbeweglich starrsinnigen Fanatismus ab, desssen weibliches Opfer sich hingegen selbst als *”große Liebhaberin der Vernunft“* empfiehlt.

Eine solche Konfrontation von Dogmatismus und Freisinn dürfte unterschwellig auch ein Glaubensbekenntnis des Inszenators und Intendanten Gründgens verkündet haben. Aber sicherheitshalber besetzte er die Titelrolle mit Görings damals schon anverlobter Emmy Sonnemann.

Gleich im Anschluß inszenierte er dann selbst noch Shakespeare's *”König Lear“* mit Werner Krauß in der Titelrolle und im märchenhaft attraktiven Umfeld aus Hochprominenzen: Hermine Körner, Maria Koppenhöfer, Käthe Gold, Eugen Klöpfer, Friedrich Kayßler und Paul Hartmann.

Nirgendwo dokumentiert, aber sehr gut vorstellbar, daß Gründgens dieses tiefinnen fatalistische und verzweifelte Stück schon als Spiegel einer Staatsregierung sah, die sich selbst unrettbar ruiniert: aus Mangel an Menschenkenntnis, Lebensweisheit, Güte und Einsicht, aus Weltfremdheit also oder unbeherrschtem Jähzorn und derlei Unverhältnismäßigkeiten folgenschwerster Art – 1934 eine politische Prophetie?

Die Premiere fand einen Tag vor Weihnachten 1934 statt: na, frohes Fest!

Nur fünf Tage später oder kurze zwölf Wochen nach Amtsantritt, teilte Gründgens am 28. Dezember 1934 seinem Dienstherrn Göring brieflich seinen Rücktritt mit:

"Ich habe keinen Grund, der im Haus, im Betrieb oder gar in der Einstellung des Chefs [sämtlicher Preußischer Staatstheater: Heinz Tietjen] *zu mir läge [...] Der einzig zwingende Grund sind die wiederholten Aktionen gegen eine bestimmte Gruppe von Menschen [...], mit denen man mich identifiziert"*:

die *NS*-Schwulenhatz also.

"Ich würde mich eher in Stücke hauen lassen, ehe ich in dieser Sache ein Wort zu meiner Verteidigung über die Lippen brächte. Zehn Jahre meines Lebens [...] galten der Meisterung und Beherrschung meines privaten Menschen; und daß ein Mensch wie ich durch alles durch muß, um es zu erkennen, ist klar":

ein Schwulenleben also mit Höhen und Tiefen als überzeugte Erfahrung.

"Wird aber dieses Private, auf dessen Führung ich stolzer bin als auf alle äußeren Erfolge, angetastet, so werden damit die Quellen verstopft, aus denen ich alle Kraft für meine künstlerischen Aufgaben ziehe".

Folglich?

"Das Staatliche Schauspielhaus ist da, wo es hingehört: an der Spitze der deutschen Bühnen. Das soll mich nicht zu Forderungen berechtigen, sondern nur zu der Frage: Darf ich jetzt gehen? Darf ich jetzt von einem Amt zurücktreten, das mir eine kaum zu leistende Arbeitslast aufbürdet und als Ausgleich dafür mich und das Leben meiner Angehörigen immer schwerer gefährdet?"

Bisher noch alles in Frageform. Dann jedoch definitiver:

"Bei der heute herrschenden Strömung, die, wie unsichtbar auch immer, doch an mich herangetragen wird, bin ich für das Haus und die Stellung nicht tragbar. Ich sehe das ganz hart und klar."

Er könnte sich da auf Diffamierungen bezogen haben, wie sie zum Beispiel der *NS*-Reichsdramaturg Rainer Schlösser (* **1899** und 1945 von Rotarmisten hingerichtet) schon 1935 der *NS*-Reichskulturkammer zukommen ließ:

daß *"das Odium des § 175 in der nationalsozialistischen Öffentlichkeit von ihm nicht wegzudenken ist"*.

Gegenspieler Goebbels scheint zusätzlich Gerüchte über schwule Affären dieses Göring-Günstlings in einem Ausmaß gestreut zu haben, daß SS-Führer Himmler schließlich anordnen mußte, *"jede Inhaftierung eines Schauspielers oder Künstlers wegen widernatürlicher Unzucht"* bedürfe künftig einer *"vorherigen Genehmigung des Reichsführers SS"*.

Gründgens wurde damals irgendwie beruhigt oder abgesichert, blieb zunächst im Amt und versuchte weiterhin die Quadratur des Kreises.

Eckart von Naso hat das in täglicher Tuchfühlung miterlebt und so beschrieben:

"Er regierte ganz anders, als man es von einem Schauspieler erwartet hätte, der zugleich ein 'Star' war. Er regierte regelrecht friderizianisch: schnell, straff, pünktlich, ohne Federlesens und mit einem geradezu bürokratischen Fleiß – ein 'erster Diener seines Staates' ",

und sein Monograf Thomas Blubacher hat das 1999 zum 100. Geburtstag dieses Kolibris so bilanziert:

"Mit 34 Jahren ist Gründgens mehr als nur ein arrivierter Künstler. Er ist der bedeutendste Theatermann Deutschlands, der Leiter des wichtigsten Theaters und dort zugleich sein eigener Protagonist auf der Bühne. Ein Intendant mit einem außergewöhnlichen Organisationstalent und enormen Führungsqualitäten, mit stupender Menschenkenntnis, sicher mit einem gewissen Geschick, sich gegenüber den totalitären Machthabern diplomatisch taktierend zu verhalten, aber auch mit preußisch-pflichtbewußter Selbstdisziplin".

Dem Dramaturgen Naso schien das zwischenmenschlich übertrieben: denn im Alltag war dieser bravouröse Chef meist so distanziert,

"daß die Schicht zwischen ihm und den anderen manchmal gläsern, vielfach unpersönlich erschien. Er liebte das Unpersönliche, er liebte die Ein-

samkeit seines eigenen, meist sehr unpersönlichen Lebens, in dem nur die Flamme der künstlerischen Energie brannte. [...] Der einzige, wirklich von ihm 'bewohnte' Raum war seine Garderobe im Schauspielhaus".

Denn natürlich fühlte dieser Mensch sich auf Schritt und Tritt observiert oder kontrolliert.

"So war eine fast preußische Sprödigkeit die Form, in der er sich zumeist mitteilte, Sentiments blieben ihm verhaßt".

Inwieweit das alles Maske und Fassade oder virtuoses Rollenspiel war, steht natürlich dahin.

Denn *"das Seltsame bei dieser echten und gleichzeitig zur Schau getragenen Unpersönlichkeit war die plötzliche, überraschende, geradezu heraufbrechende Wärme, mit der er für einen Menschen da war, wenn dieser ihn brauchte – oder wenn er glaubte, daß er ihm helfen könnte".*

Das bezog sich nicht nur auf Personen seines privaten Umfelds wie jene Ida Liebmann und Jan Kurzke. Parallel schützte oder versteckte dieser Intendant auch jüdische, jüdisch verheiratete oder "versippte", schwule, sozialistische, kommunistische und anderweitig *NS*-gefährdete Schauspieler und Mitarbeiter vor Verfolgung, Deportation und Ermordung:

seinen Lehrer Paul Henckels (* **1885**), sogenannten Halbjuden, zweimal jüdisch verheiratet und Vater dreier insofern "rassisch belasteter" Kinder, beschäftigte er gleichwohl unbehelligt acht Jahre lang im Spielplan seines *NS*-Staatstheaters und verhalf ihm so auch zu einer *NS*-Filmkarriere mit circa 107 Kinofilmen und größter Publikumsgunst (*"Die Feuerzangenbowle"*, noch 1944, sogar *"Kolberg"* und letzten Endes *"Das Leben geht weiter"*, 1945 nach einem Drehbuch von Goebbels persönlich);

auch Paul Bildt (* **1885**) war trotz jüdischer Ehefrau Jahre lang im Gründgens-Ensemble und wirkte daher von 1933 bis 1945 auch in rund 90 *NS*-Kinofilmen mit;

jüdisch gefährdete, aber wohlbehütete Mitglieder des Staatstheaters waren unter Gründgens auch Erich Ziegel (nach seiner rassistischen Vertreibung aus Hamburg), Theo Lingen (* **1903** und mit mindestens 112 *NS*-Filmen), Maria Koppenhöfer (* **1901** und *NS*-rassenschänderische Mutter eines "halbjüdischen Bastards", aber in mehr als 30 Kinofilmen jener Jahre tätig), Otto Wernicke (* **1893** und in 59 *NS*-Filmen), Karl Etlinger (dessen Frau nach der Scheidung 1941 im KZ ermordet wurde) und die junge Joana Maria Gorvin (die ja außerberuflich Maria Gerda Glückselig hieß,

was ich selbst jedoch erst 1957 in Paris erfuhr, wo wir damals mit Piscators
Berliner Inszenierung von Faulkner's *"Requiem für eine Nonne"*
beim *"Theater der Nationen"* gastierten
und ich als Regieassistent 22jährig
im Reisepaß unserer Hauptdarstellerin schnüffeln konnte,
als sie mich hiermit legitimierte,
ihr fehlgeleitetes Gepäck vom Flugplatz Orly abzuholen);

politisch gefährdete Sozialisten oder Linkssympathisanten waren im *Staatstheater* damals Walter Franck, Albert Florath, Paul Wegener, Wolfgang Kühne und abermals Paul Bildt. Sie alle (auch Pamela Wedekind, Lotte Betke, Willi Schmidt, gar Adelheid Seeck und manche mehr) wußte Gründgens im Einverständnis mit Göring ebenso zu schützen wie auch regulär Wehrpflichtige, denen er durch Spielplanänderungen, Verträge und Unabkömmlichkeitserklärungen ihre Einberufung oder gar den grassierenden "Heldentod" ersparte.

"Das Staatstheater trug in dieser Zeit die Bezeichnung die Insel*"* (oder auch *die Oase*), diktierte Gründgens später ins Unreine seines Buchmanuskripts von 1955, wohin sich *"alle Schauspieler nach Möglichkeit flüchteten, weil sie sich von mir einen gewissen Schutz vor der braunen Flut erhofften und ihn tatsächlich auch fanden, weil Göring in Dingen des Theaters teils gleichgültiger, teils ahnungsloser war als der Propagandist Goebbels"*.

Viele dieser Schützlinge erschienen später gar auf jener *"Liste der Gottbegnadeten"*, die 1944 von Hitler und Goebbels persönlich erstellt wurde und 1041 Künstler, die dem Regime besonders "unersetzlich" schienen, tunlichst vor dem unbarmherzig *Totalen Kriege* bewahren sollte.

Seit 1943, nach Stalingrad, als rassische ”Mischehen“ nur noch immer seltener geduldet wurden, übernachteten bisweilen ganze bedrohte Familien aus Angst vor Deportation in den Garderoben des *Staatstheaters*. Einzelne Flüchtlinge, später auch Ausgebombte wie Paul Bildt mit Frau, fanden sogar in jenem Schloß Zeesen Unterschlupf, das Gründgens am Zeesener See im brandenburgischen *Königs Wusterhausen* bewohnte.

Unschützbaren oder allzu Verängstigten jedoch half Gründgens mehrfach beim Emigrieren.

”Nationalsozialisten hingegen gibt es im Ensemble des Staatstheaters kaum“, hat der schweizerisch neutrale Biograf Thomas Blubacher (* 1967) als Sprecher einer sehr viel späteren Generation noch 1999 bestätigt: *”im Jahr 1941 werden von den insgesamt rund 1.200 Betriebsangehörigen der Staatstheater nur 248 Parteimitglieder sein, also rund 20%, darunter lediglich sieben Schauspieler“* – also knappe drei Prozent. Gründgens selbst hatte da unter seinen Schauspielern sogar vier bis fünf Prozent *NS*-Parteigenossen ausgemacht: auch das seinerzeit verschwindend wenig. Die es waren, hatten diesen Schritt meist aus familiärer Rücksicht oder ängstlicher Vorsicht unternommen. Nur *”an der Gesinnung Bernhard Minettis“*, hat Blubacher erfahren, *”zweifeln einige seiner Staatstheater-Kollegen“*.

Einer von denen war Clemens Hasse (* 1908),
ostpreußisch treuherziger Charakterkomiker
von besonders liebenswürdiger Präsenz und Begabung,
der mir noch 1955 bezeugt hat, wie Gründgens weiland im *Staatstheater*,
dem dieser Hasse runde fünfzehn Jahre angehörte,
die unvorsichtig defätistischen Gespräche seiner Schauspieler
mit der Warnung unterbrach: *”Vorsicht! Minetti steht vor der Tür!“*

Aber Lola Müthel, runde acht Jahre lang Ensemblemitglied jenes *Staatstheaters* in Nazizeiten, erinnerte sich noch siebzigjährig bei einem Interview für das Internet: *”Vielleicht waren zwei oder drei Leute im Ensemble, bei denen man aufpassen mußte, aber Denunziation oder sowas gab's nicht“*. Ergo: *”Gründgens hatte Narrenfreiheit“*.

Gleichwohl inszenierte er in seinem *Staatstheater "aus triftigsten Gründen (nämlich immer zum Schutz und zur Erhaltung des Hauses oder seiner Schauspieler)"* auch manches *"faschistisch infizierte"* Stück oder spielte selbst auch manche solche Rolle: tunlichst so, *"daß jeder Eingeweihte wußte, was gemeint war"* (Gründgens, 1955),

aber 1936 endlich wieder, wohlweislich unter der Regie des Parteigenossen Lothar Müthel (und abermals neben Hermine Körner, Käthe Gold und Walter Franck) eine seiner beiden "Lebensrollen" – den Hamlet. Die Premiere war Ende Januar 1936, wurde noch 160 Male nachgespielt, und das Resultat ist inzwischen Theatergeschichte.

Rudolf Fernau (* **1898**), seit Ende 1937 in Stuttgart selbst umjubelter Hamlet und auf dem Wege in eigene Hochprominenz, hat sich noch 1980 an ein zweitägiges Gründgens-Gastspiel mit dieser ihrer beider Rolle im Februar 1938 und an die Stuttgarter Publikums- und Provinzhysterie erinnert:

"Ruhmumglänzt und umwittert von Gerüchten versetzte der magische Name Gründgens weite Publikumskreise sofort in hellodernde Neugier und Aufregung. Nächtelang anstehende Schlangen stürmten vorzeitig noch nicht geöffnete Vorverkaufskassen" – und zurecht:

denn Konkurrent und Kollege Fernau sah und hörte dann neidlos *"in wundervoll geistiger Akzentuierung die ersten Szenen und Monologe, und man spürte aus jedem Wort und Satz, daß hier ein übersichtlich ordnender Geist zu Werke gegangen war. Dazu eine gelöste Grazie der Gesten und Impulse, die in schöpferischer Körperphantasie den Raum ingeniös ausfüllten [...] Hinreißend sein Sterben, wenn er wie ein geborstenes Florett zusammenbrach [...] . Der Jubel, an dem ich mich begeistert beteiligte, wollte kein Ende nehmen"*.

Aber die ideologisch sonderlich rabiate Clique um Alfred Rosenberg (* **1893** und Hitlers offiziell *"Beauftragter für die Überwachung der gesamten geistigen und weltanschaulichen Schulung und Erziehung der NSDAP"*) unterstellte Gründgens hiernach das denkbar Unverzeihlichste: bewußten

Antifaschismus; *denn das nordische Kolorit dieser Aufführung diene ihm nur als willkommene Folie, um seine eigene Ablehnung alles Germanischen zu demonstrieren.*

Gründgens stellte hierauf seinen Posten zur Verfügung. Göring verschaffte ihm im Februar 1936 eine kurze Audienz bei Hitler und publizierte sie sofort, um damit Goebbels zu treffen, der Gründgens nur stürzen wollte, um Göring zu schaden.

Gründgens fuhr hiernach zu vierwöchiger Entspannung in die damals weitestmögliche Gegenwelt im "axial" *NS*-befreundeten Italien: nach Sizilien. In Deutschland hielt man das – nach vermutlich strenger Verwarnung durch Hitler persönlich – für seinen Sturz in die offizielle Ungnade und Flucht in die Emigration. Aber als er im April 1936 pünktlich zur nächsten *"Hamlet"*-Vorstellung seine Bühne betrat, begrüßte ihn sein Publikum mit Ovationen wie für einen heimgekehrt Verlorenen Sohn.

Prompt wurde kurz danach, am 3. Mai 1936, im *"Völkischen Beobachter"*, 25 Jahre lang publizistischem Parteiorgan der *NSDAP*, unter der Chefredaktion Alfred Rosenbergs und mit dem Titel *"Hamlets politisches Heldentum: Gedanken zum 'Hamlet' als der Tragödie des norddeutschen Verantwortungsgefühls"* ein ganzseitiger *"ungeheuerlicher Angriff"* auf diese Aufführung gestartet. Gründgens blieb zwar namentlich unerwähnt, aber schrieb sofort einen Brief, bat seinen Vater, ihn *"Göring zu übermitteln, wenn ich Schweizer Boden betreten hätte"* und reiste noch am selben Abend zu guten Freunden nach Basel: *"mit dem festen Entschluß, nicht mehr zurückzukehren"*.

"In diesem Schreiben habe ich Göring von meinem Entschluß zu emigrieren in Kenntnis gesetzt".

Schon andern Tages rief Göring ihn mit der Beschwichtigung an, *"er habe bereits die verantwortlichen Redakteure des* V. B. *in Haft genommen. Er bat mich, nicht ohne mich auf die Folgen für meine Familie aufmerksam zu machen, und sei es nur für 48 Stunden, gegen die Zusicherung ehrenwörtlichen freien Geleites, zu einem Gespräch noch einmal nach Berlin zu kommen"*.

So geschah es – " *nicht zuletzt des angedeuteten Drucks auf meine Familie wegen"*.

Wieder in Berlin und bei Göring, wurden ihm aus den Gestapo-Verliesen der gegenüber liegenden Prinz-Albrecht-Straße *"zwei Redakteure des* V. B. *vorgeführt, die sich sofort in langen Entschuldigungen ergingen und beschworen, sie hätten mich in dem fraglichen Artikel nicht gemeint, sondern einen früheren Hamlet-Darsteller, Alexander Moissi"*

> (jenen "undeutsch" albanischen Protagonisten Max Reinhardts, vor ganzen dreizehn Jahren letztmalig in Berlin als Hamlet aufgetreten, von dort vor drei Jahren emigriert, vor mehr als einem Jahr, 1935, im Wiener Exil gestorben und inzwischen längst auf dem schweizerischen Künstlerfriedhof in Morcote oberhalb des Luganer Sees bestattet):

dessen Hamlet, eine seiner Paraderollen, war also 1923 so unvergeßlich abscheulich gewesen wie der von Gründgens unlängst keineswegs!

"Das Ganze war so dumm und widerlich, daß ich nur dringend bat, die Burschen in Freiheit zu setzen [...] .

Göring beschwor mich zu bleiben, ihm alle Forderungen zu sagen, die ich hätte und die zu erfüllen er bereit sei.

Er würde schon ein Mittel finden zu verhindern, daß sich solche Angriffe wiederholten".

Aber *"wieder betonte er, er würde meine Familie und meine näheren Freunde nicht schützen können, wenn ich wegführe.*

Ich bat mir Bedenkzeit aus und [...] fuhr zu meinem Arzt": Dr. Mauss am Charlottenburger Kaiserdamm. *"Als ich kurze Zeit bei Dr. Mauss war, fuhr unten ein Wagen der SS vor. Ihm entstiegen zwei SS-Leute, die an der Wohnung von Dr. Mauss klingelten und nach mir fragten. Ich war überzeugt, daß ich verhaftet werden sollte [...] .*

Tatsächlich überbrachten mir die Männer einen Brief Görings. [...] Während ich den Brief öffnete, kam Frau Dr. Mauss in das Ordinationszimmer ihres Mannes und sagte mir: 'Herr Gründgens, ich gratuliere Ihnen. Ich habe eben im Rundfunk gehört, daß Sie Staatsrat geworden sind'.

Der Brief, den wir dann gemeinsam lasen, enthielt diese Mitteilung, die Göring gleichzeitig durch den Rundfunk hatte verbreiten lassen, um mich vor eine vollendete Tatsache zu stellen".

Was aber war 1936 ein Staatsrat?

"Tatsächlich war im Jahre 1936 der Titel eines Staatsrates noch bedeutungsloser als bei seiner Gründung 1933. [...] In der Zeit, in der ich den Titel bekam, ist diese Körperschaft nie und in keiner Weise in Erscheinung getreten (mit Ausnahme des jährlichen Geburtstagsgeschenks für Hermann Göring in Höhe von 22,50 Reichsmark pro Staatsrat für ein *"Hirschgeweih oder sowas").*

Was Göring veranlaßte, mir diesen Titel zuzuschanzen, war lediglich der Umstand, daß die Staatsräte insofern immun waren, als ihre Verhaftung oder Absetzung nur durch den Preußischen Ministerpräsidenten [also Göring], *zumindest nicht ohne sein Wissen, erfolgen konnte.*

Das war der Grund, weshalb Göring zu diesem Mittel griff, das mich vor den immer schärfer werdenden Angriffen und Bedrohungen, zu denen sich im Laufe des letzten Jahres vor allem die SS und in ihr wieder Heydrich und der Kulturkreis der SS gesellten, schützen sollte".

Tatsächlich hat noch John C. Fout, *US*-amerikanischer Historiker in New York, sehr viel später recherchiert und aufgeschrieben: *"Ein Zeitzeuge in Hamburg berichtete, daß man mit Unannehmlichkeiten durch die Polizei rechnen mußte, falls man Gründgens denunzierte".*

So also blieb er auch damals wieder in Berlin und auf seinem Posten: *"weil mir ein Menschenleben mehr wert schien als ein Hollywood-coup"*, hat er im Dezember 1950 dem jüdischen Publizisten Karl Marx auf entsprechende Vorhaltungen geantwortet*:*

"Wir haben damals alle gewußt, daß das für mich der geschickteste Moment gewesen wäre", den Nazis zu entrinnen, *"aber ich wäre den Gedanken an meine jüdischen Freunde, die diesen Salto mit dem Leben hätten bezahlen müssen, nicht losgeworden. [...] Man darf mir nicht zum Vorwurf machen, daß ich mich nicht freiwillig nach Buchenwald gemeldet habe, sondern lieber versuchte, Menschen vor Buchenwald zu retten"*.

Vielleicht in solchem Kontext heiratete er schon kurz danach, just im Juni 1936, Marianne Hoppe: sei es in sogenannter "Lavendelehe", aber gleichwohl mit beiderseits tiefster und unverbrüchlichster Verbundenheit oder *"vollkommenen Zuneigung"* (Hoppe) auch noch über ihre postfaschistische Scheidung hinweg bis zum Lebensende: *"Man hat sich die Stange gehalten"* (Hoppe).

Das war vielleicht auch deshalb fortgesetzt erforderlich, weil im Herbst jenes Jahres 1936 der deutsche Exil-Verlag *Querido* in Amsterdam in deutscher Sprache und *circa* 2500 Exemplaren einen Roman veröffentlicht hatte, den Klaus Mann (* 1906), mit Gründgens kürzlich noch verschwägert und eng befreundet, im selben Jahre 1936 auf briefliche Anregung seines Kollegen (und Kortner-Verehrers) Hermann Kesten (* **1900**) geschrieben hatte: *"Mephisto"*.

Über seinen Autor,

> damals 29 Jahre alt, seit drei Jahren emigriert, mit seinen bisherigen Werken von den Nazis öffentlich verbrannt und damals auch persönlich *NS*-ausgebürgert,

hatte Gründgens noch im Herbst 1925, als er in Hamburg dessen erstes Drama, *"Anja und Esther",* in eigener Inszenierung uraufführte, geschrieben:

"Das ist das Wesentliche an diesem Klaus Mann: Er ist nicht nur ein Schilderer der neuen Jugend, er ist vielleicht berufen, ihr Wegweiser zu werden".

Sicher wollte der das auch bleiben, als er jetzt diesen *"Mephisto"* publizierte: diesen *"Roman einer Karriere"* um jeden Preis – auch in einer Diktatur. Thematisch und personell war er die Fortsetzung seines Romans *"Treffpunkt im Unendlichen"*, der 1932 im Frankfurter Verlage S. Fischer erschienen war und eine *"verlorene Generation"* im vorfaschistischen Deutschland warnte. Sein Protagonist hieß damals Gregor Gregori, im *"Mephisto"* nunmehr Hendrik Höffgen und hatte jeweils nominell und charakterlich Ähnlichkeiten mit Gustaf Gründgens und dessen ganzem Freundes- und Kollegenkreise: das war unverkennbar.

"Laß den Mann nicht schwul sein", hatte ihm *"Querido"*-Verleger Fritz Landshoff (* **1901**

und in erster Ehe mit der Schauspielerin Ruth Hellberg verheiratet,
die mit Gründgens eng befreundet war
und noch 1970 in meiner eigenen Inszenierung der *Deutschen Erstaufführung*
eines US-amerikanischen Studiostückes aus dem New Yorker Untergrund
eine Hauptrolle spielte: die Penelope in *"Die Wölfe"* von Robert Koesis,
von Rudolf Augsteins Ehefrau Maria Carlsson übersetzt
und im Nachtstudio des Hamburger *Thalia Theaters* gestartet),

das hatte Landshoff ihm schon im November 1935 geraten: *"es muß ja kein Gründgens werden – sondern irgendein 'Karrierist' – ; das gäbe einen* guten *Zeitroman"*.

Als dann ab Frühjahr 1936 das *"Pariser Tageblatt"*, deutschsprachige Emigrantenzeitung (mit Mitarbeitern wie Alfred Kerr, Upton Sinclair, Heinrich Mann, Roda Roda, Joseph Roth und bald danach schon *"Pariser Tageszeitung")*, den *"Mephisto"* als Vorabdruck und Fortsetzungsroman seines Feuilletons veröffentlichte, empörte sich Klaus Mann sofort telegrafisch über die dortige Ankündigung als "Schlüsselroman":

"Ich muß protestieren [...] . In Ihrer Voranzeige steht bedauerlicher Weise, mein Mephisto trage 'die Züge' eines bestimmten, heute in Deutschland erfolgreichen Schauspielers; ich will seinen Namen hier nicht wiederholen. Ja, diesen Schauspieler habe ich in der Tat gekannt. Aber was kann er heute für mich bedeuten? Vielleicht eine persönliche Enttäuschung; vielleicht

nicht einmal das ... Bin ich so tief gesunken, Romane um Privatpersonen zu schreiben?"

Aber *"die kolportagehaft geschilderte Karriere eines chamäleonhaften, skrupellosen Opportunisten vom ehrgeizigen Salonbolschewisten in der Provinz zum zynischen Vorzeigestar der Nazis in Berlin"*, hat Thomas Blubacher dieses Buch noch 1999 treffend beschrieben, *"wird vom Moralisten Mann so paradigmatisch geschildert, daß [...] enttäuschte Liebe und moralische Verachtung oszillieren"*.

In *NS*-Deutschland wurde dieser Roman sofort verboten. Er ging nur *"heimlich von Hand zu Hand"*, hat Alfred Mühr berichtet, dem sein Chef und Freund Gründgens ein Exemplar sogar eigenhändig in die Hand drückte: *"Kennen Sie das?"* Mühr kannte es da bereits und hielt es für den *"Versuch einer Abrechnung"* und das *"verständliche Pamphlet eines emigrierten Deutschen aus der berühmten Mann-Familie"*.

Der karikierte Gründgens *"zeigte nicht, ob ihn diese 'Mine mit Zeitzündung' aus der Familie seiner geschiedenen Frau* [= Erika Mann] *schreckte. Wir unterhielten uns darüber wie über eine schlechte Neuerscheinung"*. Dem vermeintlich Verleumdeten selbst war es dabei *"völlig gleichgültig, wenn das Buch auch bei uns in Deutschland erschiene!"*

"Wer hatte es aber lanciert?", fragte Mühr sich noch 1981, als beide Involvierten schon lange nicht mehr lebten: *"Wer wollte Gründgens wiederum treffen?"*

Seinerzeit war die *"Sprengwirkung"* dieses Buches *"sowieso unterschiedlich"*. Aber ein zynischer Sprachgigant wie Gottfried Benn schrieb schon damals, Anfang Februar 1937, in einem Brief an seinen Freund Friedrich Wilhelm Oelze:

"Da kommt über Zollamt u. wird durchgelassen von K[laus] *M*[ann] *aus Amsterdam sein berühmter Gründgensroman 'Mephisto' ... Las heute Nacht große Partien. Geistig sehr schwach, sachlich abgestanden, kritisch unergiebig. 'Roman einer großen Karriere und eines großen Verrats'.* Nun, G[u-

staf] G[ründgens] *ist ein guter Intendant u. interessanter Schauspieler, aber eine dämonische Figur ist er wohl für keinen von uns. Ob er verrät u. wen er verrät, ist ziemlich schnuppe. K*[laus] *M*[ann] *macht ein europäisches Ding daraus, aber es interessiert eigentlich niemanden"*.

Damals nicht.

Denn dieser und all der sonstigen Unbill jenes *"Hamlet"*- Jahres 1936 folgte für Gründgens dann noch ein achtjährig heikler Balanceakt zwischen äusserlich staats- und systemkonformer Linientreue einerseits und einer Art innerem Exil auf der legendären "Insel" seines Theaters andererseits. Dort versuchte er in jenen barbarischen Jahren, mit strikter Klassikerpflege die Traditionen des Humanismus zu bewahren und *"hinüberzuretten"*. Denn nur dort *"wußte ich genau"*, hat er runde zwanzig Jahre später, nur wenige Monate vor seinem Tode, in eine Kamera des ZDF hinein präzisiert, *"wenn ich den Satz sage, geht hinten eine Tür auf, und eine Dame in einem grünen Kleid kommt herein – und nicht ein SS-Mann"*.

Dabei gereichten namentlich Shakespeare-Tragödien (*"Hamlet"*, *"Richard III."* und *"Richard II.")*, teils mit Gründgens selbst in den Hauptrollen und häufig in den genialen Inszenierungen des *NS*-unerwünschten Jürgen Fehling, zu tollkühn erkennbarem, auch an Kostümen ablesbarem, trotzdem unbeweisbarem Widerstand gegen immer gnadenloser entmenschte Obrigkeiten. *"Mitgespielt"*, hat Augenzeuge Will Quadflieg uns bestätigt, *"wurde auch die Mörderwelt, in der wir damals lebten"*. Als Bestie Gloster hinkte da Werner Krauß öffentlich ebenso wie der leibhaftige Goebbels, und *"der Ermordung des Tyrannen"*, hat Biograf Blubacher über *"Richard III."* recherchiert, *"folgt das Orgelbrausen des Tedeums, vielstimmig wird Gott für die Befreiung gelobt, zugleich erstrahlen auch die Lichter im Zuschauerraum"*: 1937!

Just zu Weihnachten desselben Jahres wurde Gründgens mit dem Titel eines *Generalintendanten* beschenkt.

"Natürlich haben Sie Recht, wenn Sie schreiben, daß mir das Intendant-

sein Spaß gemacht hat, wie mir eine gute Rolle Spaß machte", hat Gründgens noch 1958 dem Berliner Theaterkritiker Friedrich Luft auf dessen Vorwürfe geantwortet: *"Aber letzten Endes – ich glaube, da nichts zu beschönigen [...] – war es doch ein Gefühl der Verantwortung.*

Ich habe damals – wie die meisten von uns – nicht für möglich gehalten, daß sich das neue Regime so lange würde halten können, und sah meine Aufgabe darin [...] : die Staatstheater, die mir völlig überraschend und ohne lange Vorgeschichte zufielen, über diese Spanne der Torheit hinüberzuretten".

Gleichwohl übernahm er auch jetzt noch weiterhin Rollen in Kinofilmen:

im Frühjahr 1935 unter der Regie von Gustav Ucicky (* **1899**) im *"Mädchen Johanna"* (von Orléans) den französischen König neben Angela Salloker, Heinrich George, René Deltgen, Willy Birgel und Veit Harlan,

im Sommer 1935 unter Erich Engel (* **1891**) in *"Pygmalion"* (nach Shaw) den Professor Higgins neben Jenny Jugo und Eugen Klöpfer

und im Spätsommer 1936 unter dem *NS*-erprobten Hans Steinhoff in *"Eine Frau ohne Bedeutung"* (nach dem schwulen Oscar Wilde) den Lord Illingworth neben Käthe Dorsch, Friedrich Kayßler, Marianne Hoppe und Paul Henckels.

Aber 1937 gab es dann wieder Ärger mit Goebbels (* **1897**), der *qua Amt* ja fertig geschnittene Filme freizugeben oder aber einfach zurückzuhalten und einzukassieren befugt war. Gründgens hatte schon 1922/23 im Berliner *Theater in der Kommandantenstraße* im Lustspiel *"Himmel auf Erden"* von Jochen Huth (* **1905** und später verdienstvollem Drehbuchautor) die Rolle des frauenkritischen Ehemannes gespielt (oder spielen sollen?) und das dann am 4. Oktober 1935 im *Kleinen Hause* des Staatstheaters in der *Nürnberger Straße* wieder- oder nachgeholt, nunmehr freilich auch in eigener Inszenierung. Damit noch nicht genug, wurde diese Ehekomödie nun gleich im Frühjahr 1937 auch noch verfilmt: unter dem Titel *"Kapriolen"*.

Die Genehmigung hierzu hatte Goebbels vermutlich nur erteilt, weil das Drehbuch von Autor Huth und dessen Gönner Willi Forst (* **1903**) im Sinne der *NS*-Frauen- und Ehe- oder Familienkonzepte zu agitieren schien:

eine *US*-amerikanisch berufstätige Emanze erleidet mit ihren unerwünscht abwegigen Idealen Schiffbruch und wird in den Armen eines liebenden Ehemannes zum zufriedenen Hausmütterchen am Kochtopf.

Aber als dieser Film dann in der Inszenierung von Gustaf Gründgens fertig vorlag, war da sehr viel mehr daraus geworden, teils sogar Konträres:

die Beziehung zwischen reichlich kerliger Sportpilotin mit bester Freundin und affektiertem Bohémien mit Frauenverachtung – nicht etwa gar zwischen Lesbe und Tunte? Diese beiden Rollen spielten da auch noch das latent und populär suspekte Ehepaar Marianne Hoppe und Gustaf Gründgens.

Mit alledem jedoch noch lange nicht genug, wurden zwischengeschlechtliche Beziehungen oder Wirrnisse an ein prinzipiell recht anarchisches Welt- und Menschenbild ausgeliefert, das sich nur abnorm zu verwirklichen und mitzuteilen vermochte. Denn was für ein weites und irrationales Feld das ist, das sich keinerlei Gängelung durch Konventionen oder Ideologieen jemals fügen wird, weil jeder Einzelfall seine eigene, oftmals abstruse Sondergeschichte und -gesetzmäßigkeit entwickelt oder aufspüren muß –

– das wurde von einer Galerie erotisch ”normaler“ Rivalen rings um das zentrale Pärchen eher glossiert als korrigiert und von Fita Benkoff, Maria Bard und Volker von Collande eher karikiert als zur Nachfolge empfohlen.

Den Schlüssel für all die verwirrende Chaotik zwischen Mann und Frau liefert in diesem Film ein (sozusagen schnell improvisiertes) Couplet von Peter Kreuder (* **1905**), das Gründgens mit dem reimlosen Text von Hans Fritz Beckmann/Jochen Huth kurz vor finaler Entknäuelung der ganzen erotisch verflochtenen Wirrnis endlich singt oder sich “aus dem Ärmel schüttelt“:

”Wir sind verheiratet.
Sind wir verheiratet?

Wir sind es, sind es nicht,
wir sind's – verstehn Sie das?
Und ob – wer versteht das nicht!

(Bis auf die Beteiligten selbstverständlich: die verstehen's natürlich alle am besten,

denn:)

Trifft eine Frau ihren eigenen Mann
mit einer anderen Frau
und er seine eigene Frau
mit einem anderen Mann –

was ist da natürlicher
als

daß zwei verheiratet sind,
die gar nicht verheiratet sind.
Und die verheiratet sind,
die sind es und sind es nicht.
Verstehn Sie das?
Und ob –

[Jeder Kinogänger: Nee, versteh ick übahaupt nich: also weeßte, Justav!]

wer versteht das nicht?

[Icke. Oder jeda. Keena.]

(Bis auf die Beteiligten selbstverständlich. Die verstehen alles daneben.
Aber so ist's nun mal im Leben –

oh, Verzeihung, dieser Reim ist mir wirklich – nur passiert, aber sonst nichts, rein absolut gar nichts.

Denn:)

Der eigene Mann mit einer anderen Frau
und die eigene Frau mit einem anderen Mann:
das ist selbstverständlich
ein Mißverständnis,
und dieses Mißverständnis
ist ja doch selbstverständlich,

wenn zwei verheiratet sind,
die gar nicht verheiratet sind.
Und die verheiratet sind,
die sind es und sind es nicht. [...]

[Also, wat denn du?]

Wir sind verheiratet,
glücklich verheiratet –
und ob!

[Na, also!]

Oder sind wir das vielleicht nicht?"

[Weeß ick doch nich, *"Hoppe-Hoppe-Gründjens undsoweita"* – is mir ooch ejal.]

Vermutlich vorsätzlich griff Gründgens als Regisseur dieses augenzwinkernd frivolen Lustspiels geschmacklich und stilistisch zu den längst verschlissensten Mitteln eines ausgeleierten Boulevardhumors. Als Hauptdarsteller katapultierte er sich unpsychologisch und oberflächlich von Pointe zu Gag und von Bonmot oder Kalauer zu billigem Effekt,

um so mit vorgetäuscht virtuoser, kaum nachvollziehbar äußerlicher Geschwindgkeit jeder *NS*-Zensur zu verschleiern, welche neuzeitlich "zynische" Botschaft er hier mit diesem scheinbar leichtgewichtigen Liebesfilm flächendeckend in die *NS*-Gaue zu kanalisieren versuchte.

Oberkontrolleur Goebbels war entsetzt und wollte den Film verbieten – aber wußte nicht recht, warum: surreal Früh-Absurdes war ihm fremd und unzugänglich, aber unsympathisch verdächtig. Umso mehr wollte "Weltmann" Göring dieses Lichtspiel seines Günstlings bedenkenlos in die *NS*-Kinos passieren lassen:

also fauchendes Machtgezerre dieser beiden "Paladine des Führers" mit eifersüchtigen Drohgebärden.

Auf der Suche nach einem Ventil für all seine Wut auf diesen Film und seinen ewigen Widersacher in der hedonistischen Latifundie Carinhall hat Goebbels (als berüchtigter "Bock von Babelsberg") in jenem Sommer 1937 vermutlich nicht nur seinem Tagebuch anvertraut:

"[Hitler] ist sehr bestürzt über den Sumpf im Staatstheater. Gründgens soll sich bald ins Ausland verdrücken",

und schon zwei Tage später: *"[Hitler] ist der Meinung, daß Gründgens ganz weg muß. [...] diese 175er sind ja alle hysterisch wie die Weiber"* (plötzlich so frauenfeindlich, Herr Doktor?).

Also mußte "der Führer", ein passionierter Kinogänger und auch selbst ja insgeheim sowohl verheiratet als auch nicht verheiratet, persönlich jene umstrittenen Kapriolen seines Staatstheaterintendanten begutachten. Er befand, daß dieser Film – warum auch immer – gezeigt werden sollte,

und am 10. August 1937, während Goebbels noch gegen alle Schwulen wetterte, fand im *Capitol am Zoo*, jenem *"feinsten Premierentheater der Reichshauptstadt"* (Bieber), sein offizieller *NS*-Kinostart statt. (Noch jetzt sind Wiederholungen bisweilen im bundesdeutschen Fernsehen anzustaunen.)

Aber noch Ende desselben Jahres 1937, als jene *"Kapriolen"* noch *NS*-landauf-landab verheiratete Kinogänger und -gängerinnen der deutschen Provinz irritieren mochten, ließ Goebbels Hans Hinkel, seinen *"Sonderbeauftragten für Kulturpersonalien"* in SS-Uniform, den Preußischen Ministerpräsidenten Göring vorsorglich darüber informieren, daß *"175er Cli-*

quen [...] in sehr maßgeblicher Weise die Personalpolitik in verschiedenen Theatern bestimmen"; Göring wies Hinkel an, sich *"um diesen Fall nicht mehr zu kümmern"*, und verlieh Gründgens – eben hiernach also – unverzüglich ab Weihnachten 1937 jenen Titel eines *Generalintendanten.*

Damit wurde er zugleich auch *Präsidialrat der Reichstheaterkammer* und *Reichskultursenator. "Auf meine sofortige Rückfrage"*, notierte er sich später für sein Buchprojekt 1955,*"wurde mir bedeutet, daß die Berufung [...] eine unpersönliche sei, denn automatisch würde der Generalintendant der Staatlichen Schauspiele, gleichgültig wer diesen Posten innehabe, immer Kultursenator und Präsidialrat sein. / Sitzungen dieser Körperschaften fanden mit Ausnahme einer Gründungsversammlung nicht statt. Jedenfalls entsinne ich mich nicht, an irgend einer teilgenommen zu haben"*.

Noch im Oktober 1950 ließ er einen krittelnden britischen Journalisten hierzu brieflich wissen:

"Die Titel, die mir das Dritte Reich verlieh, waren [...] reine Dekorationen, mit denen sich keinerlei Tätigkeit verband. In keinem Falle bin ich gefragt worden. Eine Möglichkeit zu protestieren gab es nicht.

Aber selbst wenn es sie gegeben hätte", trumpfte er hiernach auf, *"ich würde nicht protestiert haben, denn ich hatte die Sorge und den Schutz von vielen Menschen übernommen, die* a l l e *heil über die Gefahren von Konzentrationslagern und Krieg hinweggekommen sind"*.

Doch schon Anfang Januar 1938 konterte Goebbels solche Ehrungen prompt und ließ Erich Zacharias-Langhans (* **1900**) gemeinsam mit Friedrich Schoenfelder und Gerd Martienzen, zwei damals schmucken jungen Schauspielern, bei einer privaten Geselligkeit verhaften und im berüchtigten Gestapo-Gefängnis der Prinz-Albrecht-Straße verhören.

> Dieser Zacharias, Sproß einer hanseatischen Familie von Akademikern, Parlamentariern und jüdischen Protestanten, war Sohn eines Hamburger Professors der Botanik, Enkel einer musisch vielfältig kreativen Maria Langhans und selbst ein gelernter Buch- und

Kunsthändler, aber gleichwohl theaterbesessener Statist der *Hamburger Kammerspiele.*

Dort befreundete Gründgens sich mit ihm. Teils bewohnten sie gemeinsam "Zacks" möbliertes Zimmer in einem alten Kapitänshaus an der Elbchaussee …

Kaum in Berlin Intendant geworden, verpflichtete Gustaf diesen Freund als seinen Persönlichen Referenten und Privatsekretär, aber sicherheitshalber gleich auf seine eigenen Kosten (wegen der *NS*- Doppelbelastung dieses schwulen "halben Juden"), überdies unter dem Namen seiner Großmutter Langhans

(aber vielleicht ja wohlweislich auch jenes klassizistischen Architekten Carl Gotthard Langhans, der 1800/02 ihrer aller Schauspielhaus, kurz vorher jedoch schon das historische *Brandenburger Tor* errichtet hatte).

"Die Tätigkeit von Herrn Zacharias-Langhans", hat Gründgens noch 1957 anläßlich einer Wiedergutmachungsprozedur an Eides statt bescheinigt, *"ging über eine einfache Sekretär- und Referententätigkeit insofern weit hinaus, als er mich während meiner häufigen Abwesenheit vom Intendanzbüro, hervorgerufen durch meine gleichzeitige Tätigkeit als Regisseur und Schauspieler bei Bühne und Film, zu vertreten hatte"*.

Er ließ ihn auch in seiner eigenen Berliner Stadtwohnung oder in einem der Kavaliershäuschen seines Schlosses Zeesen logieren.

Dieser rundum unverzichtbaren *Rechten Hand* also drohte nun unverhofft ein Konzentrationslager.

So also war das alles auch für Gründgens plötzlich hautnah.

Er drohte mit sofortiger Niederlegung aller seiner Ämter, aber erreichte bei Gönner Göring lediglich, daß sein "Zack" zwar unwiderruflich *"für untragbar erklärt"*, aber immerhin nicht nach Auschwitz deportiert, sondern *"mit sofortiger Wirkung des Landes verwiesen"*, schon nach wenigen Tagen und

1938

”Wir schrieben das Jahr 1938.

Meine Mutter lebte noch, ich gab eine große Gesellschaft. Käthe Haack war da, Gottfried von Cramm und der damals sehr bekannte Berliner Anwalt Dr. Langbehn, der später von den Nazis aufgehängt wurde.

Plötzlich rief Käthe [Dorsch] *an: 'Ich warne euch', sagte sie, 'Hans ist eben auf der Bühne des Deutschen Theaters verhaftet worden'.*

Hans Brausewetter hatte die Gestapobeamten schon am Inspizientenpult stehen gesehen, während er noch spielte, und als er abging, waren sie ihm in die Garderobe gefolgt. 'Machen Sie schnell', hatten sie zu ihm gesagt, 'sonst setzt es blaue Bohnen!'

Unsere Gesellschaft löste sich sofort nach dem Anruf auf, wir stoben auseinander.

Dr. Langbehn telefonierte dann mit der Gestapostelle, und in drei Tagen war Hans Brausewetter wieder frei.

Einige Tage später ließ mich die Dorsch in ihre Garderobe kommen. Sie spielte gerade die Fanny Elßler im Deutschen Theater in dem gleichnamigen Stück.

'Türme, Hupsi', sagte sie rasch, 'Himmler ist hinter dir her – ich weiß das durch Göring'.

'Ich kann doch nicht, Käthe, denke an meine Mutter'.

'Für die sorge ich, das ist doch klar', flüsterte sie mir kurz vor ihrem Auftritt zu.

Aber ich blieb.

Ihre Verbindung mit Göring, den sie aus der Jugendzeit kannte, nützte sie für ihre Freunde.

Als der jetzt in Amerika lebende Graf Maximilian Henckel von Donnersmarck im KZ saß, setzte sie Göring so lange zu, bis er schließlich, zermürbt von der Energie dieser Frau, den Grafen freigab.

Nach dem Krieg half sie wieder den anderen, die belastet waren und durch die Tretmühle der Entnazifizierung mußten.

Als Horst Caspar monatelang schwer krank dahinsiechte, war sie die einzige, die handelte. Ohne viel Aufhebens schickte sie einen Scheck, und der half ihm im Augenblick mehr als Blumen oder liebe Worte. Die gab sie sowieso.

Sie war ein Kavalier. Niemals konnte man in ihrer Gegenwart zahlen. Es war selbstverständlich, daß sie das tat. Und sie überschüttete einen mit Geschenken. Ihr stärkeres Ich zwang sie einfach dazu.

Als ich bald nach dem Krieg in der grandiosen politischen Revue 'Schwarzer Jahrmarkt' von Günter Neumann spielte, in der die damalige trostlose Nachkriegszeit eingefangen war – mit Kohlennot und Hunger, mit Dunkel und Trümmern – da weinte sie. 'Ach, Hupsi, wie weit sind wir gekommen'.

Das sagte sie, die eine so gnadenlose Hasserin des Dritten Reiches gewesen war. Sie war ein Mensch, der den Haß vergessen und das Leiden erkennen konnte." [leicht verkürzt]

Hubert von Meyerinck (* 1896):
***"Meine berühmten Freundinnen"*, 1967**

einem weiteren Verhör, am 12. Januar 1938 *"formlos in einen Zug gesetzt und über die Schweizer Grenze transportiert"* wurde (Hergemöller).

"Es war ihm nicht möglich, irgendetwas seines Besitzes, außer einem Koffer, mitzunehmen", hat Gründgens bezeugt: *"Ich weiß das deshalb genau, weil ich der letzte Mensch war, der ihn in Deutschland gesprochen hat"*.

Über Italien und England gelangte Zacharias schließlich nach Chile und lebte runde 25 Jahre lang im dortigen Santiago.

Noch 1964, als alles längst ausgeklungen schien und irreversibel war, nahm er sich dort 64jährig das Leben.

"Ich betone, daß Herr Zacharias-Langhans mir ein sehr wertvoller Mitarbeiter war", versicherte Grüngens noch beizeiten, *"den ich in seiner Art niemals habe ersetzen können"*. Er lud ihn noch 1960 in sein *"Häuschen"* auf Madeira ein: aber ob dieser Erich damals kam, steht für uns Heutige 2017 dahin …

Aber noch in jenem selben Kalenderjahr 1938 toppte Gründgens, angeschlagen, wie er hiernach sein mußte, all das heikel Geschehene noch unübersehbar und tollkühn mit der Hauptrolle in einem Kinofilm, der noch heute sein populärster geblieben sein dürfte: *"Tanz auf dem Vulkan"*.

Ich selbst sah den erstmals am Neujahrstage 1952
im damaligen *Deli-Kino* des Marler Stadtteils Hüls,
war damals siebzehnjährig berauscht und blieb bis heute hingerissen:
von seiner hochpolitischen Komödiantik und zeitlosen Virtuosität.

Im vermeintlich historischen Stoff spielte Gründgens hier, wohlweislich unter dem *NS*-genehmen Regisseur Hans Steinhoff, aber in der Ausstattung seines eigenen Bühnenbildners Rochus Gliese (* **1891**), den legendären böhmisch-französischen Mimen Jean-Gaspard Debureau (1796-1846, im zeitgenössischen Volksmund nur *"der Pierrot"*, 1945 eine weltberühmte Filmrolle auch Jean-Louis Barraults in *"Kinder des Olymp"*) als politischen Opponenten des letzten Bourbonen-Königs Charles X Philippe (oder Karl X.) *"von Frankreich und Navarra"*:

also ein faszinierend komplexes Amalgam aus wütendem Empörer, hochbegabter Rampensau, vergöttertem Publikumsliebling und verzweifelt liebendem Melancholiker oder Desperado.

Mit solchem (autobiografischen?) Hintergrunde sang er in diesem Film vermeintlich über das Paris von 1830 immer wieder und wieder Theo Mackebens (* **1897**) evergreenen Schlager *"Die Nacht ist nicht allein zum Schlafen da / Die Nacht ist da, daß was gescheh".*

Aber was hier sexuell gemeint schien, enthielt dann plötzlich im Strophentext von Otto Ernst Hesse (* **1891**) zunächst noch die damals recht befremdliche Aufforderung zu schludrig anarchischem

"Schlendrian! Schlendrian
Unter den Laternen",

also:

"Berauscht euch, Freunde, trinkt und liebt und lacht
Und lebt den schönsten Augenblick,
Die Nacht, die man in einem Rausch verbracht,
Bedeutet Seligkeit und Glück" –

– schon keine unbedingt faschistisch reglementierte Lebensweisheit mehr!

Dann aber wechselte plötzlich die Szene, scheinbar unschlüssig, zu so altmodisch humanen oder mitleidigen Verszeilen wie diesen hier:

"Amnestie! Amnestie
Allen armen Sündern!"

(Etwa auch für "Volksschädlinge"?)

Wenn dann jedoch

"die Männer ohne Braut
Beieinander bleiben,
Schmieden sie im Flüsterton
Aus Gesprächen Bomben".

Da gibt es dann, unverhohlen aufmüpfig, bloß noch eins:

"Rebellion! Rebellion
In den Katakomben!"

Sowas dem Kinopublikum des *NS*- und SS-Staates vorzusingen (oder mit dem unwiderstehlichen Charme dieses Darstellers im historisch außenseiterischen Clowns- oder Hofnarrenkostüm anzuempfehlen), war im Entstehungs- und Premierenjahr 1938 absolut lebensgefährlich. Da tanzte Gründgens nun wirklich selbst auf einem Vulkan.

Oder spielte mit dem Feuer.

Aber während er das vorsätzlich und willentlich-wissentlich tat,

lauschte ich selbst eines späten Septembertages kurz nach meinem vierten Geburtstag
einer stark verrauschten Reporterstimme,
die mich aus dem kleinen Radio meiner Eltern
irgendwo zwischen Danzig und Leningrad
magisch darüber informierte,
daß an einem weit entfernten Wunderort,
der München hieß,
zeitgleich
gerade die Regierungshäupter Englands, Frankreichs, Italiens
und des *Großdeutschen Reiches*
zum Tanz auf dem Vulkan
einer weltbewegenden Konferenz zusammenkamen:
die Herren Chamberlain, Daladier, Mussolini und Hitler –
als Protagonisten meiner frühest erinnerlichen Begegnung
mit politischem Geschehen im dortigen "Führerbau"
oder wo auch immer!

Zusätzlich erschwerend spielte in jenem Film von anderem *"Tanz auf dem Vulkan"* die weibliche Hauptrolle auch noch die rätselhaft schöne Sybille Schmitz, die (mit demselben rheinisch römischen Aussehen wie ihr Landsmann Goebbels aus dem heutigen Mönchengladbach) sonst gern als *"unarisch"* meist *NS*-mißachtet wurde,

und wirkten ferner Theo Lingen, Erich Ziegel und Paul Bildt mit, die alle

1938

" … 'München' und das endgültige Begreifen des schmutzigen Stückes, das all die Zeit gespielt worden

und dessen Höhepunkt die Übertragung der Hitlerschen Kriegserpressung durch die 'demokratischen' Regierungen auf ihre eigenen Völker war …

Die Scham, der Ekel, das Zerstieben aller Hoffnung. Tagelang war auch ich regelrecht gemütskrank.

Der Weg, den die 'Geschichte' eingeschlagen, war dermaßen schmutzig, ein solcher Äserweg der Lüge und Niedrigkeit, daß kein Mensch sich der Weigerung zu schämen braucht, ihn mitzugehen, selbst wenn er zu Zielen führen sollte, zu denen man andere Wege befürwortete.

Aber wer weiß, durch welche Greuel er noch führen wird.

Denn daß Hitler als verklärter Friedensfürst

und Kanzler der auf fascistischer Grundlage Vereinigten Staaten von Europa stirbt,

bleibt unwahrscheinlich." [leicht gekürzt]

Thomas Mann (1875-1955): Brief vom 19. Oktober 1938 aus Princeton an den deutschen Kulturphilosophen Erich von Kahler (* 1885)

jüdisch verheiratet, also regulär *"untragbar"* waren,

und in kleineren Rollen auch Elsa Wagner, Franz Nicklisch, Werner Stock (* **1903**), Franz Weber (* **1888**) und Erich Dunskus (* **1890**), mit denen allen, dann schon längst Stützpfeilern jeglichen Theaterlebens in Westberlin, ich in den fünziger Jahren des vorigen Jahrhunderts mit meist wechselseitig gern mitgeteilter Sympathie als Assistent oder Regisseur noch zusammenarbeiten durfte.

Filmzensor Goebbels durchschaute damals vermutlich all das Doppelbödige dieses ja nur scheinbar historischen Gründgens-Films, rügte ihn auch konsequent als Verherrlichung eines Umsturzversuches und sein Chanson als undeutsch, aber ließ ihn gleichwohl fast ungekürzt passieren: wohl aus Ohnmacht vor Göring und dessen unangreifbar florierendem Günstling.

Freilich fand die Premiere dieses Stiefkinds Ende November 1938 auf einem leibhaftig rauchenden Vulkan,

> kurze drei Wochen nämlich nach der sogenannten *Reichskristallnacht* mit ihrer landesweiten Razzia, unzählbaren Verhaftungen, Deportationen, Massenmord, Verwüstungen, staatlichem Diebstahl und verheerenden Brandschatzungen (dieser logischen Konsequenz einer nur vermeintlich demokratisch legitimen Revolution),

statt (muß daher bei Premierengästen und Filmemachern noch sehr viel beängstigender nachgezittert haben, als sie das heute auch noch bei unsereinem tut),

aber nicht in Berlin, sondern (sicherheitshalber oder abwertend?) in der schwäbisch unnervöseren Provinz-Diaspora: in Stuttgart.

Doch sein zentrales Lied, das mit jener Nacht, die nicht zum Schlafen da sei, damals in vielen Köpfen zur klirrenden Nacht dieses Massakers mutiert sein mag und nur umso schneller zum Ohrwurm erblühte, wurde so auch mit jener vierten oder fünften Strophe verständlich, die man heutzutage leicht unterschätzt oder überhört, die aber Liedermacher und Sänger von 1938 vermutlich für zentral gehalten haben:

"Ehrlos ist der Komödiant
für die Kavaliere,
ob sein Herz in Leid entbrannt:
Schmiere! Nichts als Schmiere!
Mit der Peitsche glaubt man, ihn
höhnisch zu erlegen,
doch er wird vom Leder ziehn ...

(dann ein über die Musik hinweg gesprochener Text, von Pierrot Grüdgens direkt in die Königs- (oder Führer-) Loge gezielt und abgeschossen:)

... und wenn man seinen Degen nicht annimmt, so wird man seine Verse annehmen müssen – und die treffen besser! Treffen immer tödlich – in dein

Herz!"

Solcher Liedertext durfte 1939 folglich auf Schallplatten nur "kastriert" in den Handel gelangen: ohne die Verszeile *"Rebellion! Rebellion / In den Katakomben!"*.

Aber ungekürzt ging sie inzwischen längst in die Chansongeschichte ein und wurde von zahllosen mehr oder minder Befugten mehr oder minder ahnungslos nachgesungen: auch von Max Raabe, Udo Lindenberg, Hildegard Knef, Ulrich Tukur oder Gruppen wie den *Comedian Harmonists*, *Liederjan, Heiter bis wolkig, Across the Border* und *Polkaholix*. Wenn Goebbels das noch miterlebt hätte: eine *création* seines Ministeriums im Song- und Pop-Olymp!

Gründgens jedoch schloß hiernach in seiner Arbeit für *NS*-deutsche Kinogänger und -gängerinnen sofort mit einer literarisch unangreifbaren Fortsetzung seiner fragwürdigen Ehe-*"Kapriolen"* an

und verfilmte für die *Terra-Filmkunst* nun schon in eigener *"Herstellungs-*

gruppe Gustaf Gründgens" und als sein eigener hauptverantwortlicher Herstellungsleiter just Theodor Fontanes weltberühmten Roman eines ehelichen Seitensprungs, *"Effi Briest"* (**1895**), unter dem sehr viel eindeutigeren Titel *"Der Schritt vom Wege"*:

wieder mit seiner eigenen Ehefrau Marianne Hoppe in der Hauptrolle (als sinnigem Hochzeitsgeschenk, wenn auch schwerlich als Warnung) und zwischen den sehr viel *NS*-genehmeren "Rivalen und Duellanten" Paul Hartmann (* **1889**) und Karl Ludwig Diehl (* **1896**

und gefügiger Schwager ja leider des singend schwulen Schauspielers und KZ-Häftlings Kurt von Ruffin, * **1901**).

Im Herbst 1938 teils als "Heimspiel" im eigenen Schloß Zeesen gedreht und Anfang Februar 1939 im Berliner *Capitol am Zoo* gestartet, gereichte diese Polemik gegen brutale Bürgermoral, durch ein Jugendverbot vermutlich noch verführerischer, zu einem großen und *"feiertagsfreien"* Kinokassen-Erfolge ebenso wie zu einem angeblich neuerlichen Fontane-Boom.

Einzig die *"Nationalsozialistischen Monatshefte"*, gleichfalls von Alfred Rosenberg (* **1893**) herausgegeben, beschrieben noch im Juni 1939 die Wirkung dieses Filmes als irreführend: so *"als seien wir mit unseren Problemen und Anliegen im 19. Jahrhundert steckengeblieben"* und unfähig, sie *"mit neuen Augen und einem neuen Bewußtsein zu sehen"*.

Aber kurz zuvor, zu Weihnachten 1938, brachte die Berliner *Staatsoper Unter den Linden* Mozarts *"Zauberflöte"* zur Premiere. Erna Berger (* **1900**), Tiana Lemnitz (* **1897**), Helge Rosvænge (* **1897**) und sonstige Sängerprominenz brillierten da unter der musikalischen Leitung des jungen Berliner Neulings, doppelten *NS*-Parteigenossen und *NS*-offiziösen Anti-Furtwängler Herbert von Karajan aus Aachen in einer überaus erfolgreichen Neuinszenierung von – Gustaf Gründgens:

der war wirklich überall dabei.

Sein Kronzeuge Alfred Mühr informiert uns, daß Gründgens das heikle Libretto von Schikaneder *"im rhetorischen Glanz unwirklichen Geschehens entstaubt und erneuert"* habe. Nach dieser glaubwürdig unverzichtbaren Vorarbeit war dann für Mühr alles szenische Geschehen nur noch *"Spiel und Grazie, Anmut und Charme [...], angehaucht von irdischer Nähe"*. Es befreite diese krause Oper von all ihren *"widerstreitenden Gefühlen zu höherem Weltendasein"*, und alles war nur noch *" Zauber und Klang, Märchen und Melodie, alles ist Phantasie und wunderbare Wehmut"*. Wehmut? Wehmut. *"Ihr Sinn ist von einem unbelasteten Theatergefühl freigelegt worden"*, und dieser *"Mut zum geistigen Ursprung des Mozartschen Werkes feiert Triumphe in [...] einer künstlerischen Welt"*. Oder in einer künstlichen Welt? *"Alles ist wieder sinnvoll und doch verzaubert"* – in der künstlichen Welt von 1938: inmitten von österreichisch realem "Anschluß", Konferenz von München und "Reichskristallnacht".

Wehmut.

In seinem eigenen *Schauspielhaus der Staatstheater*, dessen Spielpläne nach wie vor den ererbten Humanismus der abendländischen Klassik als unabdingbare Verpflichtung möglichst geschickt in unvermeidbare *NS*-Agitprop und pure Volksbelustigungen einzubetten versuchten,

spielte Gründgens selbst noch im Frühjahr und Sommer **1939**, also im letzten Friedensrest vor dem *NS*-Weltbrand, in einer Inszenierung seines hochgradig unangepaßten Oberspielleiters Jürgen Fehling (* **1885**,

> jenes lübischen Enkels des Lyrikers Emanuel Geibel [*"Der Mai ist gekommen"*],
>
> mit Thomas Mann [und dessen vormaligem Schwiegersohn Gründgens also gleichfalls!] schwippverwandt
>
> und ein *"wildes Genie"*, *"exzessives Elementarereignis"* und *"Wahrheitsfanatiker"* [Moritz Pirol], also Vertreter einer *"Kunstrichtung, die"* – laut Auskunft der Dienststelle Rosenberg – *"den vom Führer und Reichskanzler klar gezeichneten Richtlinien hinsichtlich der Kulturpolitik zuwiderläuft"*),

1939

"Am 1. September empfanden Hunderttausende, die den ersten Weltkrieg erlebt hatten, zunächst nur wie ich: 'Schon wieder Krieg! Der Kluge hört's nicht gern' [= Mephisto-Zitat aus Goethes *"Faust II"*] .

Eine endlose Kette von Verordnungen, Entziehungen und Verboten lag vor uns. Alles verknappte sich oder hörte auf. Die angenehm freien Formen des Lebens wichen dem Zwang.

Auch glaubte man an eine Beschränkung des Krieges auf den polnischen Sektor, obzwar die Wahrscheinlichkeit dagegen sprach.

Alles in allem nahm man das Gegebene hin, so hart es den Einzelnen ankam, ob er zu den nicht mehr mitgeführten 'Fahnen' einrücken mußte oder zu Hause blieb.

So hörte ich anfangs der Hitlerschen Rede zu, als von einem Augenblick zum anderen etwas Merkwürdiges geschah: eine tödliche Angst überfiel mich, eine Angst, wie ich sie auch in jenen Momenten nicht gefühlt hatte, als ich mich wirklich in Gefahr des Lebens befand. Sie schnürte mir den Hals ab, kalter Schweiß trat auf meine Stirn. Ich glaubte, ohnmächtig zu werden und hielt mich nur mit Mühe aufrecht.

Ich bin gar nicht hysterisch, und vor dem Krieg an sich fürchtete ich mich nicht. Ich kannte ihn, er war unangenehm in seinen Begleit- und Folgeerscheinungen, vielfach langweilig, vielfach gefährlich. Aber er war ein Ding, mit dem man sich auseinandersetzen konnte.

Die Angst war es nicht. Sie war in einer gespenstischen Weise irrational und grauenhaft da. Vielleicht dauerte sie Sekunden oder Minuten nur. Sie verging, wie sie gekommen war.

Es gab keine Brücke zwischen ihr und der Wirklichkeit, in der wir uns damit abfinden mußten, daß die Wehrmacht morgens um sechs Uhr in Polen einmarschiert war ... " [leicht gekürzt]

Eckart von Naso (* 1888): *"Ich liebe das Leben"*, 1953

in dessen Inszenierung also spielte Gründgens die Titelrolle in Shakespeare's unantastbarer Tragödie um *"König Richard II."* von etwa 1594: wahrhaft tollkühn und provokant *"im gelben Ledermantel und mit rotem Pagenschnitt"* (Blubacher), *"befangen in der Mystik seines Gottesgnadentums, in sich selbst verliebt und ohne politische Verantwortung"* (Georg Hensel), insofern also unverkennbar als *"aktuelles Konterfei eines pervertierten Herrschers, der maßlosen Mißbrauch von Macht und Glanz, aber keinerlei Pflicht kennt"* (Moritz Pirol),

als Nächstes hiernach den historisch 27jährigen Revolutionär Louis Antoine de Saint-Just in Georg Büchners *"Dantons Tod"* von 1835 in eigener Regie.

Bald nach der *"Königin Isabella"* von Hans Rehberg (* **1901**, Parteigenosse seit 1930, SA-Mann bis 1934 und *NS*-Kulturwart in Pommern)

und noch vor dem *"Cavour"* von Benito Mussolini persönlich (und Giovacchino Forzano)

inszenierte Gründgens **1939** Büchners fatalistisches Drama einer scheiternden Revolution, die geichfalls als hoffnungsvolle Republik begonnen hatte und im Gemetzel eines beispiellosen Blutbades endete;

anders jedoch als in jenem *"Danton"*-Film von 1931 (wo sein Robespierre noch zur vage beklemmenden Satire auf körperlich verkrampfte Tyrannen geriet) hatte er nunmehr acht Jahre später im markanten Rollentext einer andern Figur jenes selben historischen Umfelds die vermutlich willkommene Gelegenheit, das Blut jedes anwesenden Zuschauers noch gnadenloser gerinnen zu lassen als hier gewohnt; denn in jeder Vorstellung seit der Premiere am 9. Dezember 1939, also schon nach dem sogenannten "Blitzkrieg" in Polen, rief er diese (hier nur leicht verkürzten) zynischen Sätze nicht nur den Deputierten des Pariser Nationalkonvents von 1794, sondern auch seinen eigenen verängstigten deutschen Zeitgenossen von 1939 und 1940 zu:

" Es scheint in dieser Versammlung einige empfindliche Ohren zu geben, die das Wort 'Blut' nicht wohl vertragen können. [...] Ich frage nun: Soll eine Idee nicht vernichten dürfen, was sich ihr widersetzt? Soll überhaupt

ein Ereignis, was die ganze Gestaltung [...] der Menschheit umändert, nicht durch Blut gehen dürfen? Der Weltgeist bedient sich unserer Arme, wie er Vulkane und Wasserfluten gebraucht. Was liegt daran, ob sie nun an einer Seuche oder an der Revolution sterben? [...]

Ist es denn nicht einfach, daß zu einer Zeit, wo der Gang der Geschichte rascher ist, auch mehr Menschen außer Atem kommen? [...] Ist es da so zu verwundern, daß der Strom der Revolution bei jeder neuen Krümmung seine Leichen ausstößt? [...]

Die Revolution zerstückt die Menschheit, um sie zu verjüngen. Die Menschheit wird aus dem Blutkessel wie die Erde aus den Wellen der Sündflut mit urkräftigen Gliedern sich erheben, als wäre sie zum ersten Male geschaffen."

Das alles sagte ein vierzigjähriger Superstar, Generalintendant, Preußischer Staatsschauspieler, *NS*-Staatsrat, -Reichskultursenator und -Präsidialrat der Reichstheaterkammer seinen *"Volksgenossen und Volksgenossinnen"* noch 1940,

als *NS*-deutsche "Blitzkriege" auch schon Dänemark, Norwegen, Holland, Belgien und Frankreich mit Hekatomben von Gefallenen und Verstümmelten überzogen, als in diesem *Großdeutschen Reich* allenthalben Konzentrationslager mit Arbeitssklaven als Todeskommandos und mit Genickschußanlagen, Gaskammern, Mordopfern und Leichenbergen aus dem Boden schossen

und ein Menschenleben längst nichts mehr wert war.

Er riskierte wirklich viel: *"Mit dieser Aufführung"*, sagte er, *"stehe ich mit einem Fuß im KZ"*.

Aus dem *"Danton"* von 1931 war *"Dantons Tod"* von 1939 geworden.

Aber während er in der Probenzeit an einer angemessenen Diktion dieses provokanten Rollentextes gefeilt haben dürfte,

erlebte ich selbst, inzwischen fünfjährig,

vor dem kleinen Radio meiner Eltern im Spätherbst 1939,

als Gründgens parallel auch noch über Kriegsausbruch und Polenfeldzug hinweg den deutlich ambitionslosen Spielfilm *"Zwei Welten"*, eine ziemlich läppische Komödie über Standesdünkel und Gemeinschaftsgeist unter Erntehelfern, drehte und sein Wettrennen gegen den Zeitgeist also schon aufzugeben (oder aber einzig möglich zu machen) schien,

da erlebte ich also eine zweite unvergeßliche Begegnung
mit der Weltpolitik:
der *NS*-Reichsaußenminister Joachim von Ribbentrop (* **1893**),
genuin Spirituosenhändler und adoptierter Aristokrat, reiste tatsächlich
im Auftrage seines Führers zu den Bolschewiken nach Moskau
und schloß dort mit dem "Untermenschen" Molotow einen Vertrag ab,
der sich für die ganze Welt und mich selbst
als sehr folgenschwer erweisen sollte:
den sowjetisch-deutschen Nichtangriffspakt.
Er erzwang, daß die haushoch besiegten Polen ihr Staatsgebiet
an *NS-Großdeutsches Reich* und Sowjetunion abtreten mußten,
daß ferner die baltischen Staaten ihre Souveränität verloren
und sowjetisch wurden,
daß jedoch die ganze dortige deutsche Kolonie umgesiedelt wurde:
"heim ins Reich" –
auch wir. Auch ich.
Im Herbst 1939 durfte ich heim ins Reich.
Es lag in Polen.

"Zwei Welten" hatte am 5. Januar 1940 im Berliner *Capitol am Zoo* Premiere und war für Gründgens die letzte Film-Inszenierung seines Lebens.

Dennoch riskierte dieser Teufels-Artist auch hiernach noch sehr viel mehr:

denn als 1940 mit der Verfilmung von Wilhelm Hauffs Novelle *"Jud Süß"* von 1827 eine flankierende Unterstützung des eingeleiteten Judenmassakers mit seiner angepeilten "Endlösung" verwirklicht werden sollte, lehnte Gustaf Gründgens es mit Gründen oder Ausreden, die Goebbels schlucken mußte, ab, die Titelrolle zu spielen.

Dasselbe tat er, als er in *"Ohm Krüger"*, einem schamlos demagogischen Hetzfilm gegen den Kriegsfeind England, dessen Kolonialminister Joseph Chamberlain [Vater jenes Premierministers Neville Chamberlain in meiner Radioreportage aus München 1938] spielen sollte. Aber diesmal insistierte Goebbels und schickte den Reichsdramaturgen Dr. Schlösser (* **1899**), dann noch zwei Persönliche Adjutanten mit dem Angebot einer Spitzengage von 80 000 Reichsmark zum Umworbenen: erfolglos. Da zwang ihn Goebbels, und Gönner Göring kniff.

Also schrieb Gründgens einen Brief an Goebbels, an die Filmgesellschaft Tobis und den Regisseur Hans Steinhoff (mit Kopie an den Produzenten und Titeldarsteller Emil Jannings): hierin hielt er fest,

"daß ich nur unter Zwang und unter Verzicht auf Honorierung in dem Film 'Ohm Krüger' mitwirke".

Mehr noch: *"Nicht der Staatsschauspieler"*, hat uns Alfred Mühr (* **1903** und als "Schauspieldirektor" auch Stellvertreter des Intendanten im *Staatstheater*) diese Filmaufnahmen geschildert, *"sondern der Preußische Staatsrat Gustaf Gründgens erschien im Filmatelier. Zum ersten und einzigen Male gebrauchte er diesen Titel, der ihm bekanntlich die Immunität sicherte. Nicht der Schauspieler, der Staatsrat Gründgens trat als Chamberlain vor die Filmkamera. Niemand durfte ihn anders titulieren, vom Regisseur bis zum Kameramann.*

Morgens fuhr ihn ein Dienstwagen zu den Aufnahmen, an seiner Seite ein Major als Adjutant".

"Der Herr Major", hat Gründgens selbst bestätigt, *"öffnete den Schlag"*,

"blieb während der ganzen Drehzeit", wußte wieder Mühr, *"an seiner Seite und brachte ihn auch nach Schloß Bellevue zurück, dem einstigen Sitz von Max Reinhardt, den Göring seinem Intendanten zur Verfügung gestellt hatte. [...]*

Gleichgültig, ob ihn sein begleitender Major anredete, der Schauspieler zu den Bildszenen gebeten wurde oder mitten in den Proben und Aufnahmen der preußische Ehrentitel im Filmatelier erklang“:

”Ich hörte im Atelier nur auf 'Herr Staatsrat'.“

Hier agierte kein Künstler, sondern ein (verspielter) *NS*-Funktionär erledigte auftragsgemäß (und spielerisch) sein dienstliches Pensum. *”Gründgens hatte sein Ziel erreicht [...], auf jeden Fall einen Protest abgegeben zu haben, mit welchen Mitteln auch immer*“.

Als der so entstandene *”Ohm Krüger*“, dessen verzerrende Darstellung des südafrikanischen Burenkrieges ab **1899** für mehr als fünf Millionen Reichsmark alle anglophilen Rudimente oder Ressentiments im deutschen Volk beseitigen helfen sollte, vierzehn Tage vor dem Kinostart seinem Auftraggeber Goebbels vorgeführt wurde, notierte der sich Mitte März 1941 in seinem Tagebuch: *”Ein ganz großes, hinreißendes Kunstwerk. Spitzenleistung des ganzen Krieges* [des Krieges!] . *Das ist ein Film zum Rasendwerden*“.

Nach der Premiere Anfang April 1941 überschüttete er ihn und Jannings demonstrativ mit Preisen und offiziellen Auszeichnungen: *”Film der Nation*“, *”Ehrenring des deutschen Films*“, *”staatspolitisch und künstlerisch besonders wertvoll*“, *”kulturell wertvoll*“, *”volkstümlich wertvoll*“, *”volksbildend*“ und *”Jugendwert*“ (und gleich nach 1945 auf Nimmerwiedersehen in britischem und bundesdeutschem Giftschrank verschwunden).

Aber da hatte Gründgens in seinem Staatstheater längst schon zum nächsten Schlage ausgeholt und seinen Oberspielleiter Fehling damit beauftragt, die *”Preciosa*“ von Pius Alexander Wolff zu inszenieren.

Was ist das denn, mag da das stutzige Propagandaministerium angefragt haben: *wer ist Pius Alexander Wolff*?

> *Pius Alexander Wolff*, könnte da die Dramaturgie des Staatstheaters weitergeholfen haben, *lebte von 1782 bis 1828, war in Weimar Goethes Lieblingsschauspieler und Favorit, fast sowas wie dessen Sohn, vom* ”feinsten geselligen Takt“ *und der Einzige,* ”der sich

ganz nach meinem Sinne von Grund auf gebildet hat. […] Im eigentlichen Sinne kann ich doch nur Wolff meinen Schüler nennen. Wolff spielte“, *zitierten die Dramaturgen immer noch Goethe,* ”aber wie spielte er! wie war er sicher! wie war er fest! Es war mir unmöglich ihm nur den Schein eines Verstoßes gegen die Regeln abzulisten, die ich ihm eingepflanzt hatte“ *(Goethe zu Eckermann, 1825 und 1828).*

1809 sei dieser Wolff der erste Hamlet in Weimar gewesen, seit 1810 habe er auch eigene Theaterstücke geschrieben.

Hier dürfte das Propagandaministerium längst aufgehört haben, sich über diesen Pius Alexander Wolff informieren zu lassen – als es nun aber schlußendlich auch noch was über diese plötzliche *”Preciosa“* hätte erfahren können:

diese freie Bearbeitung einer Novelle des Cervantes von 1613 sei in ihrer endgültigen Fassung mit der Musik immerhin Carl Maria von Webers [arisch und mit Mozarts Ehefrau verwandt] *vor just 120 Jahren, 1821, hier in der* Königlichen Oper Berlin *uraufgeführt, dann vieler Orts nachgespielt, auch in andere germanische Sprachen (dänisch und* [leider auch] *englisch) übersetzt worden und enthalte so volkstümliche musikalische Preziosen wie zum Beispiel* ”Einsam bin ich, nicht alleine“, ”Im Wald, im Wald, im frischen grünen Wald“ *und* ”Es blinken so lustig die Sterne“ – na, was kann da noch schief gehen: Cervantes – Goethe – Carl Maria von Weber –

– also, los!

Was dem *NS*-Genehmigungsverfahren da verschwiegen worden sein dürfte:

jene Novelle des Cervantes als Urquell dieser *”Preciosa“* heißt im spanischen Original *”La gitanilla“*. Das hieße auf Deutsch *”Die kleine Zigeunerin“*. Oder auch ”*Das Zigeunermädchen“*.

Wie bitte?

Das Zigeunermädchen. Die kleine Zigeunerin: Safet Misteles Ahne.

Aber zu so rückfragendem Dialoge war es im Vorhinein gottlob nie gekommen. Denn sonst hätte es diese sonderlich Herz und Sinnen bewegende Fehling-Inszenierung im Bühnenbilde von Willi Schmidt nie gegeben.

> *"Zigeuner"* waren damals, 1940, dasselbe wie zum Beispiel "Abschaum" und schon seit 1935 als *"geborene Asoziale"* oder *"artfremde Vagabunden"* in die *NS*-Rassengesetzgebung einbezogen, folglich schon in isolierten *"Zigeunerlagern"* konzentriert, also interniert worden.
>
> 1938 hatte dann ein Runderlaß von Heinrich Himmler (* **1900** und inzwischen der offizielle *NS-"RFSSuChdDtPol. im RmdI.= Reichsführer SS und Chef der Deutschen Polizei im Reichsministerium des Inneren"*) eine *"Regelung der Zigeunerfrage aus dem Wesen dieser Rasse"* und angemessene *"Bekämpfung der Zigeunerplage"* angeordnet und schon eine *"endgültige Lösung"* angekündigt.
>
> Die Roma selbst nannten das – analog zur hebräischen *Schoah – Porajmos* und meinten damit wörtlich ein *Verschlingen* oder *"Ausrotten"*: also Völkermord.

Einer so *NS*-höchstinstanzlich für minderwertig und vogelfrei erklärten Volksgruppe wurde nun also auf der Bühne des *NS*-staatlichen Schauspielhauses unter diesem Gründgens mit sehr viel Sympathie und Liebe das Wort erteilt.

"Die Neuaufführung war ein Riesenunternehmen mitten im Krieg", hat der durchaus *NS*-parteiische Augenzeuge Alfred Mühr überliefert: *"Großes Orchester unter Mark Lothar, Chor von der Hedwigskirche, Tanzeinlagen mit Solotänzern und Ballett der Staatsoper, ein beträchtliches Statistenaufgebot. Das Ganze eine prachtvolle Romanze mit saftigen Auftritten dörflicher Kumpane, mit barocken Illustrationen, Rittern und Bauern und mit tänzerischen Lustbarkeiten der Zigeuner"*.

Was es da alles beglückt zu bestaunen gab, war, wie der zuverlässige Günther Rühle,

unter all den Heerscharen publizierender Scharfrichter,
die meine eigenen Kreationen je observiert und abgeurteilt haben,
der bei weitem korrekteste, auch sachkundigste, vermutlich klügste,
sensibelste, aufmerksamste und interessierbarste,
der die Produkte meiner vier Wiesbadener Jahre
als langjähriger Feuilletonchef der *"Frankfurter Allgemeinen Zeitung"*
sorgfältig verfolgte und möglichst objektiv beschrieb,
dem ich auch persönlich in Zürich und in Frankfurt (bei einem privaten Empfang
für die Brecht-Witwe Helene Weigel im Hause des Suhrkamp-Chefs Siegfried Unseld)
begegnet bin und der mir 2008 noch 84jährig aus seinem hessischen Alterssitz Bad Soden
eine kompetente briefliche Zustimmung zu meiner *"Kinderrassel"* mit den Briefen
jenes Willi Schmidt der Berliner *"Preciosa"* von 1941,
aber auch einen Bericht über seine eigene *"idiotisch schwierige Arbeit
für den 2. Band meiner Theatergeschichte"* schickte,
"der von 1945 bis 1963 (Gründgens' oder Piscators Tod) reichen soll"
und hier mehrfach zitiert wird,

wie dieser zuverlässige Günther Rühle also noch 2007 recherchiert hat,

mitten im *Zweiten Weltkrieg* unverhofft und wahrhaftig *"ein Stück aus der Romantik"* und ein scheinbar biedermeierliches Bühnengeschehen mit freiheitlichen Anarchisten am ebenso exotischen und weit entfernten Mittelmeer:

"Zwischen Madrid und Valencia Zigeunerleben, Zigeuneraufzüge, Zigeunertänze, großes Hochzeitgelage, Chöre [...] : man sah ein buntes Treiben [...] . Fehling konnte schwelgen in der Entfesselung der Szene, im Parodieren der Sentimentalitäten und der Figuren von damals, im jagenden Tempo des Spieles, im Vortrag der Wolff'schen Reimtiraden, im Kommandieren der Komparserie.

Willi Schmidt baute eine säulenumstandene Halle, sein romantischer Wald hatte Durchblick auf Felsen am Meer, sein Dorf war wie von Brueghel, die spanischen Granden waren phantastisch kostümiert: es war auch eine Sinnenlust".

Schauspieldirektor Mühr: *"Fehling hat selten so sicher und vergnügt gearbeitet wie bei* Preciosa. *[...] Er inszenierte es als Volkskomödie und großes Theater"*, und *"da ihm jedermann half, verbreitete sich ein seltenes Behagen im Theater"*.

Und wer spielte da alles mit?

"Die schöne Zigeunerin Preciosa, 'das Wunderbild, dessen Reiz Madrid erfüllt' ," war für Rühle maßgeschneidert *"eine Rolle für Käthe Gold; ihre Anmut, ihre Lebensfröhlichkeit, die lyrischen Seelenstimmungen veredelten das fragwürdige Szenarium"*,

und Mühr bestätigte: *"In diesem derb-fröhlichen Gemisch an Volksstimmung erschien Käthe Gold als ein Geschöpf zwischen Kind und Mädchen, mit einem Gesicht, in dem Ahnung und erstes Wissen, Unschuld und Angst standen [...] –– wie eine Fee, vom Geheimnis umstrahlt. Eine Fee, die über die Erde schwebte und alles, was ihr begegnet, zum Guten wendet"*.

Eine artfremde Zigeunerin wendet da alles zum Guten? Ja, denn *la preciosa* heißt ja auch im Spanischen *die Kostbare, Wertvolle, das Goldstück*. (Ob Safet Mistele das alles weiß?)

"Maria Koppenhöfer spielte die Zigeunermutter, nicht alt und verhext, sondern frisch und gefährlich, von jener prangenden Weiblichkeit, die zu der Unverwüstlichkeit des alten Wandervolkes gehört", und war andern Tags sogar in der *"Kölnischen Zeitung"* für den Kritiker Karl Heinz Ruppel (* **1900**) *"hinreißend gesteigert zur wogenden Monumentalität einer Göttin des fahrenden Volkes"*.

"Furios", ergänzte Rühle später, *"machte die Zigeunermutter Koppenhöfer ihre Morgentoilette im Knien,* [Hannsgeorg] *Laubenthal und Kurt Meisel waren Liebhaber und Bruder der Preciosa",*

Meisel dann später am Wiener Burgtheater 1967 Regisseur der *Deutschsprachigen Erstaufführung* meiner eigenen erwähnten Stoppard-Übersetzung, am Hamburger *Thalia Theater* sechs siebziger Jahre lang häufig mein Kollege, privat auch mein Gast (ich auch seiner), weil ich für seine dortige Inszenierung

des kritischen Luther-Dramas von Dieter Forte 1971
die gebotene Verkürzung und dramaturgische Einrichtung übernehmen durfte,

aber Franz Weber (* **1888** und von Jürgen Fehling *"nächst Werner Krauß für den merkwürdigsten Mimen Deutschlands"* gehalten) spielte hier *"einen einbeinigen Krüppel, dessen Lebenswille und Spottlust"*, wußte Alfred Mühr noch 1950, *"draufgängerischer sind als die mancher Gesunden"*,

und *"als Käthe Gold sang 'Einsam bin ich, nicht alleine'"*, machte Rühle das Maß dieser Begeisterungen noch 2007 schließlich voll, *"müssen alle Widerstände geschmolzen sein"*.

Während das alles entstand, war Gründgens verreist. Er fehlte auch bei der Premiere. Aber was als Feigheit ausgelegt werden könnte, war vielleicht diplomatischer Weitblick für den möglichen Notfall.

Und die Resonanz auf all diese magische Verwandlung eines *"schlichten Singspiels"* aus lustigem Zigeunerleben in *"akutes Vergnügen"* 1941?

"Die Berichterstatter schrieben, den 'korybantischen Beifall' noch im Ohr", fand Rühle heraus, wahrhaft *"jubelnde Zeilen"*.

Für *NS*-verfolgte und -verleumdete Sinti und Roma dürften an jenem Abend artfremde Sympathieen und Bewunderung geweckt worden sein.

Mit dieser Aufführung, die am 2. März 1941 Premiere hatte, überholte Gründgens gezielt und spielend den Kinostart jenes peinlichen *"Ohm Krüger"* erst einen Monat später Anfang April 1941.

Das alles war nur möglich, weil er, gewievt und listig im Umgang mit den Herrschenden, auf diese frühromantische Paraphrase einer hochliterarischen Vorlage aus dem spanischen *"siglo de Oro"* oder "goldenen Jahrhundert" der späten Renaissance

in seinem Spielplan die Uraufführung des Schauspiels *"Alexander"* von Hans Baumann folgen ließ.

Ha*ns* Baumann (* **1914**, als das ganze Jahrhundert-Schlamassel losging), gutkatholisch bayrischer Zwergschullehrer aus dem oberpfälzischen Voithenberghütte an der tschechischen Grenze, seit 1932 Mitglied der Hitler-Jugend, 1933 der *NSDAP* und Jungvolkführer, 1934 in die Reichsjugendführung nach Berlin berufen und dort hauptamtlicher Referent für weltanschauliche Schulung in deren "Kulturamt", 1937 SS-Anwärter und seit Kriegsbeginn Offizier und Kompaniechef der *NS*-Propagandakompanie (als Muffe zwischen Propaganda- und Waffenkrieg in den Operationsgebieten),

aber auch dichtender und komponierender Liedermacher von rund dreihundert ideologisch linientreu agitierenden Lieblings- und Vorzeigegesängen zwischen martialischen Märschen und gängigen Heimatschnulzen mit Metaphern aus katholisch bündischer Jugendbewegung, fanatischer Führergefolgschaft und blindem Opferkult: für Hitler-Jugend, SA und deutsche Wehrmacht,

am populärsten in all deren Liederbüchern

mit dem Nazischlager *"Es zittern die morschen Knochen / Der Welt vor dem roten Krieg"*, 1932 auf einer christlichen Wallfahrt nach Neukirchen bei Heiligenblut am Großglockner entstanden,

wo ich selbst 26 Jahre später, vor nunmehr 58 Jahren,
im August just 1958 also, in einer Jausenstation am Bergfuß
zum Ohrenzeugen einer Konversation am Nebentische wurde,
als sich ein einheimischer Freundeskreis
aus eben jenen **1890**er Jahrgängen da
über einen allseits wohlbekannten Hofrat Leopold unterhielt
und wissen ließ, der sei doch
"scho vorm erschten Wöltkriag gstoarm"
und das unüberrascht kommentierte: *"So –
so, der is scho vorm erschten Wöltkriag gstoarm – so ...* ":
vor damals mehr als 44 Jahren also,
als Hans Baumann hier grade irgendwo gezeugt wurde
und noch ehe das ganze Schlamassel seines Jahrhunderts
mit zitternden morschen Knochen anfing –
was ist also Zeit, Meister Einstein?

Seit 1934 *NS*-vereinnahmt, seit 1935 obligates Kampflied für *NS-Deutsche Arbeitsfront* und *Reichsarbeitsdienst,* war dieser *NS*-“Hit“ mit seinem Verspaar *”Heute gehört uns Deutschland / und morgen die ganze Welt“* bis 1945 fast eine weitere Hymne des seinerzeit größenwahnsinnigen Imperialismus

und wurde bei winterlichen *NS*-Sonnenwendfeiern von Hans Baumanns *”Hohe Nacht der klaren Sterne“* als Platzhalter für verpönte christliche Weihnachtslieder flankiert;

aber seit 1938 wurde dieser Lyriker auch zum Dramatiker, meist mit pseudo-historisch rassistischen ”Weihespielen“ vom siegreichen Überleben germanischer Führervölker gegen ostische Aggressoren.

Eins davon hieß also *”Alexander“*, meinte damit den makedonisch hellenistischen König und ”Welteroberer“ im fernen 4. Jahrhundert ”vor der Zeitenwende“, war wohl im Kriegsjahr 1940 irgendwo entstanden und verherrlichte Kampf und Opfertod für ein mythisch nebuloses Weltreich im Osten.

Gründgens inszenierte das 1941 selbst und spielte die Titelrolle. Sein Stellvertreter Alfred Mühr hat noch vierzig Jahre später, 1981, veröffentlicht, wie kontrovers dieses Werk im Kreise der engsten Mitarbeiter diskutiert worden war: obwohl ihr Chef da *”das Schauspiel längst angenommen hatte“* – als strategisches Polster für Sinti und Roma?

”Gründgens war es nicht wohl bei diesem Drama“, hat Mühr bezeugt: ihm *”wurden Inszenierung und Rolle immer mehr zum Mißvergnügen“*.

Mühr deutete sich das als *”falsche Fährte“*: sein Gründgens als *”der große Gestalter des Zwielichts starrte gebannt auf die schimmernden Rollen“* der Weltgeschichte und wollte immer wieder ausgerechnet *”jene darstellen, die für ihn Götter waren“*.

Vermutlich aber waren sie für diesen wachen Geist gar keine Götter, sondern immer wieder nur genau jene zwielichtigen Figuren, für die er als Schauspieler geschaffen schien. Tatsächlich spielte er in den neun Jahren seiner Berliner Intendanz zumindest in 14 von insgesamt 23 Rollen solche Könige, Kronprinzen, Thronaspiranten, leitende Machtpolitiker oder Feldherren quer durch die ganze abendländische Geschichte hindurch: immer wieder und wieder diese Großen oder Möchtegerngrößen – als sein eigenes Schicksal etwa? Stigma seines Jahrgangs? Seiner ganzen Generation: aller zwischen **1885** und **1905** Geborenen?

Da ihm aber diese Rollen nachweislich meist ”zwielichtig“ gerieten, dürfte ihm das bewußt oder gar sein kritischer Ansatz gewesen sein: die Großkopfeten der Menschheit zu entlarven. Auffliegen zu lassen. Für einen wie ihn, dessen wichtigste Lebens- und Arbeitsjahre in den Schatten einer solchen verhängnisvoll dominanten Obrigkeit geraten waren, liegt diese rhetorische Frage sehr nahe: wer sind unsere Herrscher?

Antwort der Theatergeschichte seit Jahrhunderten: Verbrecher, Psychopathen und Idioten.

Eben darum oder trotzdem wurde die Premiere dieses *”Alexander“*-Dramas im *Schauspielhaus der Berliner Staatstheater* am 14. Juni 1941 zu einem großen Erfolge. Autor Hans Baumann wurde schon rechtzeitig zwei Wochen vorher von seinem vormaligen Reichsjugendführer, dem nunmehr ”ostmärkischen“ Reichsstatthalter Baldur von Schirach mit dem neugestifteten *Raimund-Preis der Stadt Wien* ausgezeichnet und erhielt gut fünf Monate hiernach, just an jenem 9. November (*in memoriam* des Münchner Putschversuchs von 1923) als einer der *”hervorragendsten Vertreter der jüngeren Dichtergeneration“* den renommierten *Dietrich-Eckart-Preis* der Stadt Hamburg.

Aber inzwischen war Deutschland im dritten von sechs Kriegsjahren angelangt und fühlte sich im Zenit angestrebter Macht. Es besiegte die Briten in Nordafrika, eroberte Jugoslawien, unterwarf ganz Griechenland, teilte sich dessen Hoheitsgebiet mit seinen Verbündeten auf, hatte fast ganz Europa unter Kontrolle und erfand für dieses ganze riesige ”Reichsgbiet“ seinen später sogenannten *”Nacht-und-Nebel“*-Erlaß, mit dem sein ”Führer“ es ermächtigte, unliebsame oder irgend verdächtigte Personen allenthalben bei

Nacht und Nebel spurlos verschwinden zu lassen –

genau der rechte Zeitpunkt also, um nun auch über den Freund und Nichtangriffspartner im Osten unverhofft herzufallen: die Sowjetunion. Nur eine einzige Woche nach der Premiere jenes Welteroberer-Dramas *"Alexander"* fand das nun passend termingerecht statt: am 22. Juni 1941.

Nur drei Tage hiernach wurde am 25. Juni 1941 im Dresdener Kino *"Universum"* ein weiterer Film mit dem Hauptdarsteller Gustaf Gründgens uraufgeführt: *"Friedemann Bach"*.

Sein Thema war das vergebliche Aufbegehren eines hochtalentierten Rebellen, der an der Dominanz seines Übervaters scheitert, unter "Zigeunern" strandet und so an einer unbesiegbaren Übermacht zugrunde geht, der er nicht gewachsen ist: just die Umkehr also (oder das Komplement?) seiner sonst so gern bevorzugten Herrscherfiguren.

"Ein Dämon jagt ihn durch das Gestrüpp der Welt", hat Alfred Mühr diesen letzten *NS*-Kinoauftritt seines Chefs beschrieben: *"Wie ein Erschlagener liegt er dann auf der letzten Ruhestatt", "ein gequälter Wanderer zum maskenlosen Ende seines Daseins*", und *"der Rest ist ein Horchen nach der Ewigkeit, nach dem Stärkeren [...] "*.

Dieser *"Friedemann Bach"* von 1941 war für Mühr (und sicher manchen Zuschauer sonst) *"wilde Werbung und jähes Erliegen, Jagd nach dem Glück und Heimkehr in die Stille, Ballade eines Menschen und Elegie des Künstlers – alles an einer Gestalt [...] , mitten auf dem Parkett und im Glanz der Höhe und mitten in Trübsinn und Dunkelheit schwer lastenden Abschieds [...] , erschreckend und erschütternd und dann wild aufjauchzend in der Wandlung eines Geschöpfes, das auf seinem Gang über die Erde seinen Stern verlor"*.

War das 1941 das keimende Lebensgefühl auch dieses vormals unermüdlichen Kämpfers Gründgens

(der ja beim Filmen inzwischen sein eigener allmächtiger "Herstellungsleiter“ war, ausdrücklich auch die *”Künstlerische Oberleitung“* für sich reklamierte, diesmal gar Günther Ramin, Conrad Hansen und den Thomanerchor Bach-Werke musizieren ließ und sich mit Eugen Klöpfer, Hermine Körner, Paul Bildt, Otto Wernicke, Albert Florath, Franz Weber und andern Elite-Kollegen seines *Staatstheater*-Ensembles oder seiner Sympathie umgab):

war es eine Art Schwanengesang und endlich schleichende Resignation vor der Überlegenheit des herrschenden Faustrechts? Fast sieht es heute so aus.

Es war tatsächlich sein letzter *NS*-Film

(den ich selbst erst sechzehn Jahre später, im Juni 1956, als Student
im *”Lux am Dom“* sah, damaligem Cinéasten-Kino in der Kölner *Hohe Straße*,
wo bei der ersten Großaufnahme von Gründgens
ein Ehemann hinter mir hörbar seiner Ehefrau zuflüsterte:
”Der ist homosexuell ... der Gründgens“ – lange Pause, dann: *”tja ... tragisch!“),*

es war damals ein Schlußwort, dem Gründgens erst nach einer filmabstinenten Pause von zwanzig Jahren, erst 1960, drei Jahre vor seinem Tode also, ein allerletztes folgen ließ.

Aber während er 1941/42 im ganzen ”Reich“ und seinen besetzten Gebieten (nicht ganz unschwul) über die Kinoleinwände flimmerte, zitierte Filmpapst Goebbels vermutlich nicht nur in seinem Tagebuch (vom 17. August 1941) die Meinug seines ”Führers“, *”daß man im öffentlichen Leben unter keinen Umständen die Homosexualität dulden darf“*: nur im öffentlichen Leben?

Gleichzeitig drangen deutsche Wehrmacht und Waffen-SS scheinbar unaufhaltsam ostwärts vor und belagerten schon Moskau. Alfred Rosenberg, als ”Baltendeutscher“ **1893** im sowjetisch gewordenen Estland geboren, wurde *Reichsminister für die besetzten Ostgebiete* und ließ dort die slawische Bevölkerung als ”Untermenschen“ rubrizieren und entsprechend mißhandeln. Schon Ende September 1941 wurden am Stadtrand von Kiew beim größten Einzelmassaker des ganzen *Zweiten Weltkrieges* in der idyllischen Waldschlucht von *Babyn Jar* innerhalb von 36 Stunden 33 771 ukraïnische Juden erschossen.

Führende Exekutoren dieses Mordkommandos waren laut *Dr. mult. wikipedia* die SS-Offiziere Friedrich Jeckeln, Otto Rasch und Paul Blobel: sie seien in alle Ewigkeit unverdrängt und unvergessen, unentsühnt!

Aber verantwortlicher Initiator dieses Blutbads war wissentlich und vorsätzlich der Generalfeldmarschall Walther von Reichenau, * 1884

und badischer Monokelträger,

der erst kurz zuvor im benachbarten *Bila Zerkwa* die Ermordung von neunzig jüdischen Waisenkindern persönlich anberaumt hatte,

sich im Oktober 1941 mit dem sogenannten *"Reichenau-Befehl"* (der von jedem einzelnen Soldaten *"volles Verständnis"* für *"die Notwendigkeit der harten, aber gerechten Sühne am jüdischen Untermenschentum"* verlangte)

die besondere Gunst seines Führers verdiente und folglich kurz danach schon für die Ostfront zum *Oberbefehlshaber der Heeresgruppe Süd* ernannt wurde,

aber schon im Januar 1942 nach seinem sportlichen Waldlauf bei vierzig ukraïnischen Minusgraden einen Schlaganfall erlitt, dem der 57jährige während des Lufttransports von Poltawa nach Lemberg (oder Lwów oder Lwiw) erlag;

seine Erben wurden für diesen Verlust mit einer "Dotation" an Grundbesitz im Werte von 1,01 Millionen Reichsmark abgefunden.

Ob *NS*-Staatsrat Gründgens seinerzeit über alles sowas instruiert war, steht dahin.

Zumindest für mittlerweile möglich dürfte er es in einem Maße gehalten haben, daß er irgendwann unter alledem 1940 oder '41 beschloß, schon nach neun Jahren und auf derselben Berliner Bühne wieder den Mephisto in beiden Teilen von Goethes *"Faust"* zu spielen –

aber diesmal auch in höchsteigener Inszenierung und Interpretation.

Ihm scheint da akut geworden zu sein, die faustische Auslieferung des Geistes an das Böse neu oder zeitgemäßer zu artikulieren und sie noch einmal sichtbar zu machen, bevor es dafür zu spät sein könnte.

In genauer Kenntnis des Textes dürfte ihm da bewußt gewesen sein, daß es sich auch hier recht eigentlich um einen Teufels-Pakt handelt, der rabulistisch gebrochen wird:

hier jedoch nicht von einem noch satanischeren Überteufel, sondern von der übergeordneten List und Weisheit Gottes persönlich –

denn der schließlich verstorbene Geistesarbeiter Dr. Faust, M.A., muß nicht die vertraglich vereinbarte Höllenstrafe antreten, sondern wird in höchster Instanz amnestiert.

Das mag auch für einen solchen Paktierer wie Gründgens damals von biografischem Belang gewesen und zum akuten Problem geworden sein:

sind *pacta* auch 1941 noch im mittelalterlichen Sinne unabdingbar *servanda?*

Oder wie entrinnt man ihnen nach Eröffnung der Ostfront beizeiten?

Und wer wird je amnestiert?

→ **Gebeutelte Neunziger 3b, Seite 292**

Sarabanden 2

Ich gestehe, daß mich Johann Sebastian Bachs recht langsame Sarabanden
zwischen den sehr viel dynamischeren Courants, Gavotten oder Burlesken und Gigues
meist leicht ermüden oder abschweifen ließen:

bis mich eben dieser Rubén Dubrovsky aus dem fernen,
mir aber auch nach runden fünfzig Jahren immer noch wohlerinnerlichen *Buenos Aires*
kürzlich eines sehr viel Besseren belehrte.
Was ich im Gefolge unserer Musikologen bislang
für einen höfisch galanten Tanz aus Frankreich oder allenfalls Spanien gehalten hatte,

offenbarte sich so als afrikanisch und archaisch: als *Bantu*.

Bei vielen jener mittel- und südafrikanischen Stämme, die zur Gruppe der Yoruba oder Niger-Kongo-Sprachen gehören und erst von europäischen Ethnologen unter handlichem Sammelnamen vereinnahmt wurden, bedeutet das Wort *Bantu* schlechthin *Mensch* (wie ja auch das hawaiische Wort *kanake* alle neukaledonischen Melanesier schlechthin als *Menschen* ausweist).

Sarabanda war da für viele der mehr als vierhundert ”Bantu“-Völker und für Millionen von Gläubigen der Name eines weitverbreiteten und sehr populären *mpungu*: einer allerältesten Gottheit also. Andere Yoruba nannten diesen Bruder ihres Obergottes Schangó auch Oggun.

Oggun oder Sarabanda war für sie der Gott aller Arbeit, Konflikte und Mühsal, folglich auch allen Trotzes und Mutes, aller Energie und Kraft, auch aller Metalle und Erze, auch des Eisens und Feuers, also auch der Waffen, aller Wehrhaftigkeit und des Krieges. Jeder rohen Gewalt. Auch blutiger Rache und jeglicher Finsternis. So komplex und uneindeutig, ist dieser Sarabanda oft launisch und jähzornig, aber auch hilfsbereit und mächtig. Er bewältigt tatkräftigst Hindernisse, Belastungen, Krisen aller Art und kann dabei auch sehr gütig sein. Seine Macht und Weisheit sind unüberbietbar. Für die meisten Yoruba ist er der mächtigste Geist, den es überhaupt gibt.

Ohne Sarabandas Schutz und Hilfe konnte da niemand überleben.

Aber am leidenschaftlichsten beschützte und verteidigte er seine Kinder (wie auch die Kinder von Watariamba = dem Gott aller Jäger, sämtlicher Tiere und jeglicher Gerechtigkeit). Diesem ganzen gemeinsamen Nachwuchs zuliebe kannte Sarabanda keinerlei Nachsicht.

Um seine Gunst bemühten sich daher alle Bantus: mit Geschenken wie speziellen Bananen, einem Palmenöl, Honig, Fisch oder Mais, auch mit Zigarren, Macheten oder Gin und Rum, aber mehr noch durch die Opferung von Tieren, mit der sie in den kultischen Ritualen ihrer ekstatisch entfesselten Volksfeste die Beziehung zwischen Mensch und Gottheit magisch vertieften. Hierbei wurden auch die dringend erforderlichen göttlichen Kräfte mysteriös und esoterisch erneuert. Man opferte da animalisches Leben, um das Leben dieses Gottes wie auch das eigene zu bewahren und zu stärken.

Das offenbarte, wie Sarabanda und Mensch sich wechselseitig und unverzichtbar benötigen: sie sind verflochten.

Wurde das dargebotene Opfer (einer Ziege, eines Huhnes) vom Sarabanda angenommen, verhieß das allen Teilnehmern jenes Sakramentes nicht nur Gesundheit und Innere Ruhe, sondern auch eine friedliche Vereinigung miteinander und mit allen andern Menschen.

Natürlich wurde zu alledem auch festliche Musik gemacht: afrikanisch sakrale Musik, Musik dem Sarabanda zu Ehren und zu dessen Wohlgefallen – Sarabanden-Musik mit Getrommel, mit Sarbanden-Gesängen und -Tänzen.

Aber als im frühen 16. Jahrhundert gierige Europäer den Sklavenhandel als lukrativen Handelszweig erblühen ließen und 350 Jahre lang nicht nachzählbare Hekatomben wehrloser Afrikaner transatlantisch als günstig ausbeutbare Arbeitskräfte verschacherten, konnten diese völlig entrechteten Opfer einer artfremden Marktwirtschaft nur zweierlei aus ihrer Heimat mitnehmen: ihre Religion und ihre Musik.

So ist es namentlich aus Panama, Mexico und Cuba überliefert, daß die eingeschleppten afrikanischen Sklaven auch dort zu ihrem Sarabanda beteten und ihn in Resten ihrer Kulte nur umso inbrünstiger zelebrierten. Er wurde in dieser fremden Welt auch zum Schutzpatron gegen Militär und Polizei, alle neuartige Metallverarbeitung und Technik, gar der Chirurgie und in ungewohnter Landschaft überhaupt zum Herrn all jener Wege und Berge, zwischen denen sich diese Zwangsimmigranten qualvoll zurecht finden mußten.

Ihre spanischen Arbeitgeber oder Frondienstherren bemerkten bald, daß dieser ominöse Sarabanda ihren ausgelaugten Sklaven gut brauchbare Ausdauer, Kraft und sogar hilfreiche Zuversicht eingab. Daher nannten sie ihn den *Rompe Monte*: also einen, *der jeden Bergwald durchdringt, jedes undurchdringlich steile Dickicht bezwingt* oder *alle Wildnisse meistert*. Für ihre angelsächsischen Kollegen oder Nachfolger war dieser ungreifbar "ketzerische“, aber effiziente Sklavengott dann schließlich "*the Breaker of the Wilderness*“ und mußte daher in ihre Kalkulationen unbedingt Einlaß finden.

Also begünstigten sie eine möglichst baldige Verschmelzung solcher "Häresieen“ eines verachteten Barbarentums mit ihrem eigenen dogmatischen Katholizismus und erfanden für solche frühen *joint ventures* zunächst ihren Terminus *santería*, zu Deutsch vielleicht sowas wie *Heiligerei*: einen afroamerikanischen Synkretismus, der im Arbeitsalltag irgendwie einen Religionsfrieden möglich machte und insofern hinfort für jede Art der Ausbeutung äußerst dienlich und rentabel, also letztlich unverzichtbar war.

So wurden die naiv erachteten Gläubigen aus Afrika übertölpelt und übersetzten sich gutwillig ihren hierzulande entfremdeten *Rompe Monte* nun auch mit *Juan el Bautista* oder *Johannes dem Täufer*, weil ihnen der auch als Schutzpatron aller Sträflinge und Todeskandidaten anempfohlen oder zugeteilt wurde. Nach und nach verwechselten sie ihren genuinen Oggun oder Sarabanda schließlich gar mit Petrus, Paulus oder so verheißungsvollen Erzengeln wie Rafael oder Michael. Deren aller Statuen oder manipulative Ikonen und Bildnisse geisterten von nun an auch durch kubanische oder mexikanische Sarabanda-Kulte

und wurden da natürlich auch von der unvergessenen Musik für diesen Oggun der Yoruba ekstatisch flankiert und immer exzessiver gesungen und umtanzt: grade auf Cuba und in Mexico.

Aber die älteste überlieferte Erwähnung solcher Sarabanden-Musik in Südamerika liegt aus dem Jahre 1539 vor. Ein gewisser Fernando Guzmán Mexía (oder richtiger vermutlich Hernán Mejía de Guzmán) aus dem andalusisch-muselmanischen Sevilla nahm als rühmlicher spanischer Infanterie-Offizier am damaligen Bürgerkriege in Peru teil und schrieb in der Stadt Panamá ein Gedicht, das sehr lang gewesen und *"Vida y tiempo de Maricastaña"* geheißen oder behandelt haben soll: *Leben und Zeit anno dazumal.*

Nach einem Anruf burlesker Musen wurde hier die musikalische Sarabande (im Original noch *çarauanda* geschrieben) so besungen:

"O estéis sobando la harina blanca
con huevos, con azúcar, con manteca,
al son de zambapalo y zarabanda,
o en el paraíso estéis ahora de Meca ... "

Ich verstehe das so:

"Entweder knetet ihr weißes Mehl
mit Eiern, Zucker und Schweineschmalz
beim Klang von Sambapalo [= exotischem Grotesktanz] *und Sarabanda,*
oder ihr seid jetzt im Himmel der Moslems ... "

Denn das Schlußwort *Meca* kann *Mekka* bedeuten – aber auch *Hure.*

Dann hieße die letzte Zeile so: *"ihr seid im Himmel der Huren"* – also endgültig ohne jede Hoffnung: in alle Ewigkeit wahrhaft Verdammte. *Summa summarum*: entweder ihr schuftet, oder ihr strandet auf dem Strich.

Aber Landsmann Diego Durán aus demselben Sevilla,

der mit seiner Familie schon als Kind, also früh genug ins mexikanische *Texcoco de Mora*, ein vorcolumbianisch kulturelles Zentrum des Aztekenstammes Nahua, emigriert war, um dort noch mühelos das indogene Idiom Nahuatl zu erlernen, und der später als Mönch in seinem Dominikanerkloster Kontakte zu *confratres* aus der aztekischen Oberschicht pflegte,

eben dieser Diego Durán also hat 1581 im ersten Teil seiner relevanten

Chronik dieser Indianerethnie über deren *"ritos y ceremonias"* berichtet:

er habe auch selbst noch vor 1579 jenen aztekisch verbreiteten Tanz von Männern in Frauenkleidung gesehen, der hochgradig anstößig, eine einzige Aufforderung zum Laster war und mit seiner Bezeichnung als *cuecuecheuycatl* oder *Kichertanz* seine Anrüchigkeit nur noch steigerte. Er gleiche insofern *"esta zarabanda que nuestros naturales usan":* also jener Sarabande, die auch unsere Kreolen pflegen.

Kann solche Ähnlichkeit ein Zufall, muß sie eine Nachweis von wechselseitigen Einflüssen gewesen sein? Jedenfalls haben die pragmatischen Zensoren der spanischen Besatzung diesen sarabandesken Kicher- und Lastertanz durchgehen lassen.

Aber Tanz, Musik und Gottheit Sarabanda waren da in eine Grauzone aus Verdikt und lässiger Duldung geraten. Das eben war dort dem spanischen Poeten Pedro de Trejo schon kurz zuvor, in den 1570er Jahren, zum Verhängnis geraten.

Er war 1556, also 19- oder 20jährig, aus der Extremadura, seiner Heimat an der portugiesischen Grenze, ausbildungs- und berufslos ins "neuspanische Vizekönigreich" Mexiko ausgewandert und erblühte im dortigen "Neugalizien" zum beachteten Autor satirischer, erotischer, religiöser und profaner Lyrik, die aber erst seit 1944 als *"Poesías sagradas y profanes de Pedro de Trejo (1569)"* jedermann zugänglich ist.

Etwa 24jährig heiratete er Doña Isabel Álvarez Corona, die vermutlich uneheliche Tochter des reichen spanischen Konquistadoren oder Glücksritters, Abenteurers und Indianerschinders Martín Monjé. Nach der Geburt zweier Söhne scheint diese Ehe in Krisen geraten zu sein. Denn Doña Isabel verklagte ihren Ehemann, aber nicht nur wegen üblicher machistischer Grausamkeiten, sondern wohlweislich auch gleich wegen Blasphemie. Das brachte den Fall in Pátzcuaro, das zur Diözese im heutigen Bundesstaat Michoacán gehörte, vor ein Inquisitionsgericht.

Dessen Ermittlungen gegen den Beschuldigten offenbarten auch, daß sein

"Cancionero general de obras del poeta Pedro de Trejo", kurz nach Prozeßbeginn mit religiösen Sonetten publiziert und eigens dem spanischen Monarchen Felipe II. [= Philipp II.] gewidmet, eine Sarabanda enthielt, die vormals im Auftrag des hiesigen Bischofs von drei Klostergeistlichen geprüft und für würdig befunden worden war, schon bei den Fronleichnamsprozessionen der Vorjahre 1566 und -67 in Pátzcuaro

(dem indianischen *"Tor zum Himmel"* und heute touristischen *"Pueblo mágico"* mit allwöchentlich indianischen Maskentänzen zum Troste alter Menschen*)*

dem umher getragenen *Corpus Christi* zu Ehren gesungen zu werden pflegte.

Auch zur alljährlichen Christmette in der neu errichtenen *Basilica de Nuestra Señora de Salud* sollen Weihnachtslieder von diesem Sarabandenschreiber und Ehesünder Pedro de Trejo gesungen worden sein.

Solche heidnischen Anleihen für katholische Hochfeste wurden nun in seinem Ehe-Prozeß genüßlich zum häretischen Eklat aufgebauscht. Stein des Anstoßes war ein Vers jener Fronleichnams-Sarabande:

"El criador es ya criatura = Der Schöpfer ist schon Geschöpf".

Zur Gotteslästerung entartete diese blasphemische Verszeile vollends mit ihrem folgenden Paarreim:

"Çaravanda ven y dura = Sarabanda kommt und bleibt".

Die Krönung fand sich dann nur wenige gereimte Verse später:

"Por salvar a la criatura
Çaravanda ven y dura =

= Um die Geschöpfe zu retten / kommt Sarabanda und bleibt."

Hiernach fanden sich in der gefilzten Veröffentlichung dieses Ketzers noch weitere unzulässige Vermischungen sakraler und profaner Elemente.

Solche Versündigungen mußten 1569 gnadenlos geahndet werden.

Nach recht kurzem Prozeß mußte der beschuldigte Dichter im *sambenito*, jenem klassischen Büßerhemde der Inquisition, zum ersten mexikanischen Autodafé erscheinen. Aber er protestierte oder legte Berufung ein, flüchtete

(ohne Auto!)

über runde vierhundert Kilometer in die ferne Silberstadt Zacatecas, wo er, gewitzt, seinerseits in Geldangelegenheiten gegen seine Ehefrau prozessierte, wurde dort freilich bald wieder aufgegriffen und eingekerkert.

Sein Prozeß wurde hiernach in nächster Instanz aus dem provinziellen Pátzcuaro in die Hauptstadt Mexico, Sitz eines Metropolitanbistums, verlegt und zog sich nunmehr lange hin. Denn der Dominikanerbruder Domingo de Salazar wurde als geistlicher Gutachter mit einer Prüfung der skandalierenden Texte beauftragt und befand nach gründlicher Lektüre, daß dieser Angeklagte sich zwar tollkühn und waghalsig auf allerhöchste Gegenstände eingelassen, hier jedoch weder die katholische Lehre verfälscht noch auch sonstige Häresieen begangen habe.

Gerichtsherr Pedro Moya de Contreras, promovierter Zivil- und Kirchenrechtler, jüngst aus Spanien importierter Inquisitor, später mexikanischer Erzbischof und ”neuspanischer“ Vizekönig, verurteilte den verdächtigten Poeten gleichwohl 1574 schließlich zu einem vierjährigen militärischen Galeerenfrondienst (als Soldat ohne Sold)

und zu einem lebenslänglichen Verbot jeder literarischen Tätigkeit.

Seine drakonische Freiheitsstrafe trat der Verurteilte, mittlerweile vermutlich vierzigjährig, am 9. März 1575 an. Noch runde 350 Jahre später hat der namhafte mexikanische Polyhistor Francisco Pérez Salazar y de Haro (1888 -1941) recherchiert, daß Trejo ein ungewöhnliches literarisches Talent besaß, keinerlei Religionsverletzung begangen habe und nur an Ehestreitigkeiten gescheitert sei.

Aber wohl auch an der Inquisitionsjustiz.

Denn schon kurz nach Verbüßung seiner Haftstrafe soll dieser Pionier der mexikanischen Literatur gestorben sein: niemand hat überliefert, wie und wann oder wo.

Und woran? An einer Sarabande.

Seither dürfte diese Musik zumindest in Mexiko berüchtigt und umso populärer gewesen sein. Manchem Latino mag sie jetzt erst gefallen oder hinlänglich imponiert haben. Jedenfalls wurde sie irgendwann aus ihrer überseeïschen Diaspora auch nach Europa importiert, hier zusammenhanglos angenommen und manisch nachkomponiert.

So also kam die Sarabande damals auf denkbar weitestem Umwege aus dem ”*Schwarzen Kontinent*“ in unsere *Alte Welt*. (Aber schon die *Östliche Zhu-Dynastie* hatte ja um 500 vor unserm Christos von ihrem Philosophen Kong Qiu [= Konfutse] erfahren: ”*Ein Umweg ist oft der kürzeste Weg*“).

Zunächst tauchte diese umgeleitete Sarabande vermutlich tatsächlich im Mutterland Spanien auf. Denn hier wurde schon 1583 vom legendären König Felipe oder Philipp II. unter Androhung von Peitschenhieben, Galeerenstrafen oder gar Ausweisung untersagt, solche exotischen Sarabanden zu spielen, sie mit ihren unstatthaften Texten zu singen oder gar ungeniert paarweise zu tanzen. Sie galten als allzu lasziv und ein eingeschlepptes Laster.

Tatsächlich wurden sie hier am liebsten mit erotischen Hüftbewegungen, wild und schlingernd, als unverhohlen flirtende sexuelle Pantomimen mit schamlosen Gesangstexten exerziert und von den Tänzerinnen mit Kastagnettenrhythmen unzüchtig aufgestachelt.

Im spanischen Wortschatz wurde schon Ende jener 1580er Jahre das Wort *zarabanda* auch für Frauen mit üblem Leumund verwendet. Um 1600 tauchte es in den literarischen Texten von Lope de Vega und andern seriösen Autoren, ganze sieben Male bei Cervantes auf, der die Sarabanda als ”*dämonisch*“ und ”*Ausgeburt der Hölle*“ bezeichnete.

Juan de Mariana, prominenter Historiker und früher Politologe der Provinz

Toledo, aber Jesuit, attackierte die Sarabande in seinem Traktat über öffentliche Spiele (1609) ebenso gnadenlos wie auch den Stierkampf: zwei wahre Sündenfälle,

und Pater Francisco Ortiz Lucio aus demselben Toledo, der auch gegen Schauspielerinnen und andere Frauen in verführerischer Männerkleidung wetterte, soll die Sarabande noch 1614 in einem der zahllosen geistlich moralisierenden Traktate seines hundertjährigen Lebens als Pest bezeichnet haben, die von einem weiblichen Dämon ausgegangen und wie ein Krankheitserreger aus der *Neuen Welt* schifflings in Sevilla, damals einzigem Kontakthafen des gesamten Amerikahandels, eingeschleppt worden sei.

Trotzdem (oder umso mehr) wurde die Sarabanda in Spanien weiterhin gepflegt und getanzt, von vielen Geistlichen sogar im musikalischen Teil ihrer Messe eingesetzt. So populär und unverzichtbar war sie da schon geworden.

Das alles machte sie natürlich auch international nur umso verführerischer und ließ sie schon bald die innereuropäischen Grenzen überqueren: zunächst nach Italien, wo der neapolitanische Poet und Kardinalsprotégé Giambattista Marino in seinem Versepos über die Liebesgeschichte zwischen Venus und Adonis 1623 den Zorn des Himmels für den Erfinder jener Sarabande erbittet, weil sie eheliche Intimitäten imitiere und bei klappernden Kastagnetten oder schnipsenden Fingern zu frenetischen Orgien entarte. In England nannte Ben Jonson sie 1625 in seinem Drama *"Staple of News"* kurzer Hand *"bawdy"*: unflätig, unzüchtig, zotig.

In Frankreich wurde dieser Import zwar anfangs als "wahnsinnig" bezeichnet, aber bald schon von tanzenden Männern gelegentlich auf dem Tamburin begleitet, was dort damals als exklusiv feminin oder effeminiert galt. Bald tanzten sie diese Sarabande dann sogar hemmungslos ebenso solistisch wie vorher nur die Frauen.

Schon 1607 tauchte das anrüchige Wort *sarabanda* im ersten spanisch-französischen Lexikon des namhaften Pariser Linguisten, Cervantes-Übersetzers und Königlichen Hofdolmetschers César Oudin auf, der dieses Wörterbuch zurecht als *"tesoro"* und *"thrésor"* bezeichnete: als Schatzkammer – die also jetzt auch schon die *Sarabande* als sprachliche Preziose aufbewahrte und nachhaltig schützte.

1618 soll die Sarabanda dann unaufhaltsam auch schon in Spanien bei höfischen Festlichkeiten im ehrbaren Escorial genüßlich getanzt worden sein.

Nur sieben Jahre später, 1625, frönte man ihr dann auch schon am französischen Hofe König Ludwigs XIII., wo nur kurze zehn Jahre später, 1635, selbst der führende Staatsmann und Kardinal Richelieu zu Kastagnetten- und Triangel-Klängen eine freche Sarabande vor den Augen seiner Königin (oder ihr gar zu Gefallen?) getanzt haben soll: der 50jährige *"sprang, pirouettierte, tollte und kreiselte vor Freude"* – unzweifelhaft in der Soutane eines römisch-katholischen Kirchenfürsten.

Aber nach 1650 veränderte die Sarabande in Paris die überlieferte Taktart, mutierte musikalisch von importierter Wildheit zunächst zu höfisch galanter Anmut, schon vor 1700 schließlich zur getragenen Würde eines obligaten *Dritten* oder *Vierten Satzes* in all den zahllosen Tanzsuiten des erblühenden Barock.

In dieser Metamorphose dürfte sie dann im fernen Thüringen eines Tages auch dem jungen Johann Sebastian Bach zu Ohren gekommen sein. Er adaptierte diese afrikanische Gottesverehrung dann zahllose Male in seinen Partiten oder vorgeblich *Englischen* und *Französischen Suiten,* auch in den Cello- und Orchestersuiten, auch noch als Thomaskantor in Leipzig: aber keineswegs nach Art der Franzosen, sondern auf jene erwähnte Weise,

die mich bislang so gelangweilt hatte.

Keine zwanzig Jahre nach Bachs Tod nannte kein Geringerer als Jean-Jacques Rousseau die Sarabande schon 1768 *"veraltet und außer Gebrauch"*. Wußte er nicht, daß er da einen obersten Gott für unbrauchbar erklärte? Bachs kleinerer Kollege Claude Debussy (1862-1918) jedoch konnte sich an diese afrikanisch-südamerikanisch-gesamteuropäische Dominanz nur noch vage, wie *"an ein altes Porträt aus dem Louvre",* erinnern.

In Guatemala freilich wurden jedenfalls 1936 noch (während der ominösen Berliner *NS*-Olympiade) mehrtägige Orgien bei Alkohol und strikter Sarabandenmusik gefeiert.

Aber man frage heutige Jugendliche nach einer Sarabande!

Insofern hatte jener musikhistorisch bewanderte Dirigent Rubén Dubrovsky aus *Buenos Aires* also durchaus Recht, seiner Fernsehsendung mit dem kalauerigen Titel *"Bach to the Roots"* einen einschlägigen Untertitel mitzugeben: *"Von Leipzig nach Afrika"* – wirklich also auch *back to the roots*.

Seine Hinweise stimulierten mich vom Bildschirm herab
zu eigenen Recherchen nach der Sarabande,
und seit ich deren Herkunft und Geschicke wenigstens andeutungsweise ahne,
höre ich auch Zhu Xiao-Mei und Alexandre Tharaud mit ihren Goldberg-Variationen anders.
Denn die dortigen Sarabanden
können meine Gedanken nicht mehr wie früher willkürlich abschweifen lassen.

Sie und all die andern 57 Sarabanden Bachs in meiner Sammlung
höre ich jetzt mit veränderten Ohren und mit all ihrem trostlos verstummenden,
dem nach göttlicher Hilfe schreienden latenten Gesang unzählbarer blutender Opfer
ohne Aussicht, ohne Hoffnung – danke, Rubén Dubrovsky!

[Aber die Geschichte der katholischen Kirche, zu ganzen drei Vierteln immerhin auch die Geschichte des Christentums überhaupt, ist, bei verzweifelten Sarabandenklängen besehen, auch eine Chronik satanischer Anmaßung. Jedem Rechercheur erschließt sie sich unweigerlich als die blutüberströmte Geschichte des Leibhaftigen hienieden.

Da sie mit all ihren Tricks und illegalen Machtansprüchen ganze zwei Jahrtausende brutal überdauert hat, stellt sie auch sonstige Barbareien wie Hitlers und Stalins winzige Episoden konkurrenzlos ins Abseits. Nur Wenige realisieren das angesichts ihrer heute armselig hilfsbedürftigen Peinlichkeit.

Darum wird es hier abermals beim Namen genannt: nie oft genug.]

⟶ **Sarabanden 3, Seite 373**

*" 'Zurück zu unseren Wurzeln, verstehst du?
Jeder zu den seinen. Das ist der einzige Weg.
Wenn wir sie erreichen, können wir auslöschen,
was sich da an grauenhafter Geschichte entwickelt hat,
und von vorn beginnen ...
Du darfst das Erinnerungstraining nicht aufgeben', sagte er,
'das hilft.' "*

Michael Degen, 70: *"Blondi"*, 2002

*"Die Forschung spricht in diesem Zusammenhang
von jenen rätselhaften 'Leuten vom Fremdboottypus',
deren Schiffe noch in den Darstellungen
der ältesten mesopotamischen Kulturdenkmäler gefunden sind,
um dann für immer spurlos zu verschwinden.*

*Aber sie sind nicht verschwunden, meine ich,
sie gingen weiter durch die Jahrtausende und durch die Völker,
diese rätselhaften 'Leute vom Fremdboottypus',
bis in unsere Tage,
und retteten die Erbmasse des Urgesichts."*

Gottfried Benn (* **1886**): *Aus der Totenrede für Klabund*, 1928

*"Was hat dem Lebenswerk Platos
einen so unvergleichlichen Glanz verliehen, daß es
nach mehr als zweitausend Jahren noch unvermindert strahlt?
Nach meiner Meinung war es dies, daß er als erster
die Idee einer zeitlosen Existenz ins Auge gefaßt und diese
– scheinbar gegen jede Vernunft – als Wirklichkeit verfochten hat,
wirklicher als jede tatsächliche Erfahrung."*

Erwin Schrödinger, 72: *"Geist und Materie"*, 1959

Gebeutelte Neunziger 3b:

"Danton" 1931 – Maximilien Robespierre – Gustaf Gründgens

Alfred Mühr, bestinformierter Vize-Gründgens des Berliner Schauspielhauses, hat noch 1950 zurecht darauf hingewiesen, wie ungewöhnlich es jederzeit ist oder wäre, beide Teile jener überdimensionalen *"Faust"*-Tragödie einem Publikum während ein und derselben Spielzeit zuzumuten.

Aber Mitte Oktober 1941 erschien im Berliner *Staatstheater* unter Gustaf Gründgens der erste, schon Ende Juni 1942 der zweite Teil.

"Diese Aufführung des Staatstheaters", hat der Augenzeuge Richard Biedrzyinski schon 1944 in Berlin festgehalten, *"ist zum Stadtgespräch der Spielzeit 1941/42 geworden"*.

Beide Teile zusammen fügten sich mit ihrer Spieldauer von fast fünf Stunden und in Rochus Glieses *"zeitlosem Raum zwischen den Gestirnen"* zu einer inszenatorischen Einheit von Seltenheitswert – etwa aus empirischer Sachkenntnis eines andern Teufelsbündlers?

Aber auch jener Biedrzynski hat damals begriffen, daß das eigentliche Konzept dieser Aufführung *"der Gedanke des gestürzten Luzifer"* war, also *"des gefallenen Engels, des Gegners Gottes"* und *"daß die Wette, die Faust mit seinem Blut unterschreibt, für Mephisto ein Triumph der Empörung"* gegen alle göttliche Schöpfung und Ordnung werden könnte: Zeitbezüge des Satanischen? Die ganze Menschenwelt insofern des Teufels? 1941/42?

Die einzig ausführliche Beschreibung dieser Aufführung (aus der sei es noch so subjektiven und begeistert parteiischen Feder des vielleicht betriebsblinden Intimus Mühr) attestiert ihr *"mephistophelisches Ausmaß"* und bemüht sich detailliert und gründlich um eine Auslotung dieser teuflischen Rolle im Zentrum und ihrer damaligen Deutung durch Gründgens.

"Gründgens' Mephisto, der gefallene Engel – einsam vor dem weiten Rund

der Schöpfung", erkannte der Zuschauer Mühr (ohne jeden schulmeisternd bewertenden Ehrgeiz eines beruflichen Kritikasters), war eingangs nicht gerade Goethes schwarzer Pudel, *"nicht Mensch, nicht Tier, nicht Kreatur, nicht Geist"*, sondern sowas wie ein *"Alp der Rätselhaftigkeit"* mit einem *"furchtbaren Geheimnis, dem unser Mitleid gehört"*:

anfangs also noch *"grau die Fratze, grau das Gewand, maskenhaft von einer schwarzen Haut umkapselt der Schädel, und starr die Augen wie das Nichts"* (wie Hitler weiland im Wiener Obdachlosenasyl? Oder erblindet als Lazarettpatient im heutigen Landkreis Vorpommern-Greifswald?): *"wer ist dieser Mephisto, der mit so erschreckend ehrlichen Waffen in den Kampf um Sein oder Nichtsein tritt"* (wie Hitler in seiner *"Kampf"*-Zeit) ?

"Wir wollen ein Märchen sehen von Gott und Mensch und Teufel und werden in Beschlag genommen von der überlegenen Geistigkeit des Widersachers? Eines wird uns blitzartig klar: Gott, Faust, Mephisto – das sind wir, alle drei in uns vereint". (Ein Geflecht.)

Dieser Gründgens'sche Mephisto, wurde für Mühr immer deutlicher, *"ist ein souveräner Geist: Beherrscher, Schöpfer, Gegengott. Er ist ein Revolutionär, ein Umstürzler aus Protest und Notwehr"*. Auch aus Notwehr? Auch aus Notwehr.

Aber anscheinend omnipotent. Er mutiert zu Goethes *"fahrendem Scholastikus"*, und *"hereintritt, nein, schwingt, tanzt, gleitet Gründgens als geistiger Eros wie ein feuriger Kavalier gekleidet. Der gefallene Engel ist vom Herrn der Schöpfung nicht mit Häßlichkeit gezeichnet, er betört, er verführt, er verzaubert – mit unmenschlicher Schönheit. Aus dem Nachtalp ist ein glänzender, gleißender Verderber geworden"* (wie Göring in Carinhall? Nein, wie Hitler in seinem Siegesrausch beim Triumphzug durch Berlin nach dem Frankreichfeldzug).

Aber *"was weiß der Mensch"*, schießt es Mühr da durch den Kopf, *"von der Hoffnungslosigkeit des Teufels"* und von "*jenem Gram, den er Jahrtau-*

sende schon zum Gespött der Welt herumschleppt. – Um so schneller wird der Pakt geschlossen, Schlag auf Schlag. Top – ":

"Werd' ich zum Augenblicke sagen:
Verweile doch! du bist so schön!
Dann magst du mich in Fesseln schlagen,
Dann will ich gern zu Grunde gehn!"

Alles Folgende ist hiernach *"ein Feuerwerk widerlegender Gedanken"* und die *"satanische Erotik [...] gleisnerischer Künste"*, *"wogende Geistermassen in Springfluten des Feuers, Abgründe der Leiber, Zauberstimmen aus Schlünden und Lautfetzen aus Grüften – ein unheimlicher Chor jenseits von Raum und Zeit, im Wirbel der Einfälle und Stimmen, szenisch unerhört einfach, in der Wirkung kreisend und kreißend im Schwarm der heißen Verlockungen"*

oder auch jener

"großen Belichtungen, wenn das seltsame Paar eines himmlisch angeregten und höllisch ausgeführten Bündnisses durch die Gedanken und Leidenschaften ihrer aufgewühlten Zweisamkeit pürscht und sich gegenseitig bedrängt".

Das alles mündet in Fausts erblindetem Lebensende und seiner sophistisch ausweichenden Bilanz:

" ... Solch ein Gewimmel möcht ich sehn,
Auf freiem Grund mit freiem Volke stehn.
Zum Augenblicke dürft' ich sagen:
Verweile dch, Du bist so schön!"

Er *"dürft'"* es nur sagen: er sagt es nicht.

So flüchtet er sich in einen Konjunktiv der Utopie, und Mephisto ist um seinen Lohn geprellt.

Zwar begehrt er noch wildlings tobend auf: *"Mit Sturm und Tanz, Scharf-*

sinn und Leidenschaft, Schrei und Anruf, Widerwillen und Scheu, Raserei und Stillstand geistert er umher", hat Mühr registriert: *"Alle Abgründe seines alpischen Wesens reißt er auf. Alle Verlockungen läßt er spielen. Betörung und schmerzliche Wut mischen sich in furchtbarer Gegnerschaft. Alles wendet dieser Mephisto noch einmal auf"*– wie weiland in Mexico und auf Cuba, aber jetzt auch wieder in Stalingrad und Hiroschima, Auschwitz und all den andern tausend Konzentrationslagern, in den sieben "Vernichtungslagern", mit Bombenhagel und rund achtzig Millionen Todesopfern weltweit oder wie in Wolfsschanze oder Bunker der Reichskanzlei mitsamt finalen Tobsuchtsanfällen, mit *Politischem Testament* und planmäßiger Sprengung von Carinhall durch achtzig Bomben der NS-Luftwaffe …

und mit letzten Schüssen. Oder Zyankalikapseln.

Denn die Grablegung Fausts findet in Bereichen statt, in denen Machtkämpfe, Wettbewerb, Siege und Vertragsabschlüsse nichtig sind. Sie werden durch ein Prinzip ersetzt, das konstruktiv ergiebiger ist und sie überflüssig macht: durch Liebe.

Liebe waltet oberhalb aller Pakte und *"übergreift das Erdenspiel"*, wie Albrecht Schöne

(auch mein eigener akademischer Lehrer in frühen Göttinger Studienzeiten)

das in seinem profunden *"Faust"*-Kommentar besonders einleuchtend formuliert hat: über die *"tiefe Fragwürdigkeit der strebend-irrenden menschlichen Existenz [...] wird hier kein Gericht gehalten. So wenig wie vom Gewinnen oder Verlieren der* Wette *ist von Schuld und Sühne, Sünde und Strafe oder von der Rechtfertigung die Rede. Das Haupt- und Grundwort, welches (in unterschiedlichen Wendungen 14mal wiederholt) die große Liturgie dieser Schlußszene beherrscht, lautet:* Liebe*"*.

Schöne verweist hierbei auch auf Goethes vermeintliche Quelle: die sogenannte *Apokatástasis pánton* oder *restitutio omnium,* Lehre des griechischen Kirchenvaters Origénes (* 185) von der eschatologischen *"Wiederbringung aller Wesen"*:

"Sie meint eine liebende, versöhnende Rückführung zu Gott, die alles erfaßt, was einmal von ihm ausgegangen war, sich ihm entfremdet hat, von ihm abgeirrt und verlorengegangen ist, selbst die Teufel in der Hölle". Tatsächlich hatte Goethe zeitweise daran gedacht, daß *"der Teufel selbst Gnad' und Erbarmen vor Gott findet"*, das jedoch, unterstellte er damals schon (im Gepräch mit Freund Falk) seinen deutschen Lesern, *"vergeben sie mir sobald nicht"*.

Denn *"Goethe hat hier seine eigenen Vorstellungen ausgesprochen"*, hat auch Erich Trunz in seinem *"Faust"*-Kommentar aufgegriffen, *"daß alles in der Welt von Gott ausgeht und in irgend einer Form von ihm gehalten wird und zu ihm zurückkehrt. [...] Alles Irdische"* werde daher unweigerlich *"wieder zu ihm emporgehoben"*.

Dieser Gedanke des Origénes bezieht sich auf den *Ersten Korintherbrief* des Paulus (15, 28: *"daß Gott sei alles in allen"*) und wurde von Goethe bei der *Grablegung* Fausts einem *Chor der Engel* anvertraut:

"Die sich verdammen
Heile die Wahrheit;
Daß sie vom Bösen
Froh sich erlösen,
Um in dem Allverein
Selig zu sein".

Vor diesem anachronistischen *"Allverein"*, einer Vokabel nicht just jenes frühen 19. Jahrhunderts, bleibt Luzifer Mephisto, dürfte 1942 auch sein Darsteller Gründgens unumgänglich verstanden und so gespielt haben, mit seinem starren Denken in geschäftlichen Pakt- oder Abmachungskategorien außer- und unterhalb solcher Dimension stecken und offenbart dadurch *"seine Begrenztheit so deutlich wie nie zuvor;*

der bloß Verneinende ist letztlich der Perverse und als solcher grotesk.

Fausts Seele", so immer noch Trunz, *"würde auch ohne dies den Engeln gehören"*: die nämlich nehmen in Goethes eigener Szenenanweisung *"um-*

herziehend, den ganzen Raum ein" und sagen im *"Geisterreich"* himmlischer Liebe keineswegs, *"sie wollten oder würden oder müßten erlösen, sondern sie könnten es. Daß es geschieht, ist Gnade"*.

Womöglich mit solcher Ahnung oder Hoffnung war diese Rolle des Mephisto auch für Gründgens in beiden Inszenierungen nicht nur der eigentliche Schwanengesang seiner Berliner Intendantenjahre, sondern auch eine Endabrechnung mit seinen satanischen Auftraggebern, also auch mit sich selbst und seinen eigenen Teufelsdiensten. Er baute vermutlich vertrauensvoll darauf, sie eines Tages hinter sich lassen zu können wie Fausts *"Unsterbliches"* diesen mephistophelischen *"Teil von jener Kraft, / Die stets das Böse will und stets das Gute schafft,"*

und den Goethes göttlicher "Herr" im "himmlischen" Prolog des ganzen Geschehens daher gleich eingangs höchstpersönlich als einen *"Schalk"* verharmlost und entwertet: *"Gott nimmt ihn nicht ernst"* (Mühr).

Das könnte Gründgens damals auch für Görings vertraglichen Darsteller alles Bösen in Anspruch genommen haben: eigentlich doch nur der Schalks- und Hofnarr einer gefoppten Obrigkeit, Gott insofern *"am wenigstens zur Last"* gewesen zu sein – also letztlich Gutes geschaffen zu haben.

Aber vielleicht kannte er ja auch Goethes Zugang zum Origénes über jene *"Kirchen- und Ketzer-Historie"*, die der pietistische Theologe Gottfried Arnold 1699 mit der Behauptung veröffentlicht hatte,

"daß uns nach der zeit eine wahre reinigung begegnen werde. [...] denn keiner wird ohne flecken aufferstehen können, und ist keine seele wohl zu finden, die alsbald von allen gebrechen frey sey".

Nach Albrecht Schönes Deutung dieses Textes steht also jedem menschlichen Sünder *"ein unendlich langer und weiter postmortaler Reinigungs-, Reifungs- und Vervollkommnungsprozeß"* bevor, *"bei dem die Seele* 'nach ihrem freyen willen allerhand wachsthum oder abnahme aus eigenen bewegungen oder vorhaben leidet'". Zwischen dieser theologischen These und Goethes *"Faust"*-Finale besteht für Schöne *"eine so weitgehende Struktur-*

homologie, daß sich die letzte Faust-*Szene geradezu als die Transformation der Wiederbringungslehre"* verstehen lasse:

für jenen mephistophelischen Göring-Günstling also auch *anno* 1942 sicherlich noch höchst dienlich und verwendbar.

Im Freundeskreise zitierte er damals den letzten Vers aus Rilkes Pariser *"Requiem"* von 1908: *"Wer spricht von Siegen? Überstehn ist alles"*.

In solchem Sinne hat er im Frühjahr oder Frühsommer 1942, also irgendwann zwischen seinen *"Faust"*-Proben, noch versucht, dem schon *NS*-gejagten Moriz Seeler überstehen zu helfen.

> Moriz Seeler (* **1896**) war Schriftsteller, Regisseur, auch Berliner Filmproduzent (mit jungen Regisseuren wie Robert Siodmak, Billy Wilder, Fred Zinnemann) und Begründer jener *"Jungen Bühne"*, die in Berlin seit 1926 nicht nur Nachwuchsschauspieler vorstellte, sondern auch junge Autoren entdeckte oder nachhaltig förderte: Bronnen, Brecht, die Fleißer, Jahnn und Zuckmayer. Denn er *"hatte den Blick für das Kommende und ein untrügliches Qualitätsgefühl"*, wußte der Film- und Theaterkritiker Hans Sahl (* **1902**) noch 1983: *"Er spielte mit Ideen wie ein Jongleur mit Elfenbeinkugeln"*.
>
> 1933 emigrierte dieser Seeler nach Prag und Wien, aber kehrte 1935 nach Deutschland, 1938 sogar nach Berlin zurück, weil er im Exil nicht hatte "überstehen" können. Hier überstand er zunächst noch als *NS*-Zwangsarbeiter. *"Ein Freund von mir behauptet"*, hat sich Sahl erinnert, *"er habe ihn als Müllkutscher am Kurfürstendamm wiedergesehen, verwahrlost, zerlumpt, einen schweren Mülleimer über die Straße schleppend"*. Nach der "Reichskristallnacht" wurde er vorübergehend verhaftet und 1941 zur Deportation nach Auschwitz vorgemerkt.

Für Seelers neuerliche Flucht ins Ausland sammelte Gründgens in seinem Ensemble einen stattlichen Geldbetrag, den er selbst beträchtlich aufrundete, und organisierte eine illegale Abreise.

Kollege Rudolf Fernau hat später berichtet, wie ihn 1942 *"an der nächtlichen Bushaltestelle Tauentzienstraße [...] jemand heimlich am Ärmel zupfte und beiseite zog. Es war Moriz Seeler [...] . 'Jemand hat mich heimlich versteckt', flüsterte er, 'aber morgen fahre ich mit einem falschen Paß ins Ausland. Wünschen Sie mir Glück!' Er lächelte krampfhaft [...] und verschwand im Dunkeln. [...] Erst Jahre später erfuhr ich, daß ihn die Gestapo aus dem Zug herausgeholt"* habe: schon an der Schweizer Grenze.

Daß *"diese Aktion leider durch Unvorsichtigkeit scheiterte"*, hat später der involvierte Theo Lingen publiziert, *"und alle Beteiligten Gefahr liefen, die Folgen zu tragen"*. Irgendjemand hatte da denunziert.

Im August 1942 wurde Seeler nach Riga,

dem Geburtsort meines eigenen Vaters,

ins dortige Ghetto deportiert und da ermordet: wann und wo genau, weiß heute niemand ...

"So endete ein Kapitel deutscher Theater- und Filmvergangenheit auf dem Müll der Nazigeschichte" (Sahl). *"Seelers Name ist heute fast vergessen, seine Verdienste [...] werden heute kaum noch erwähnt"*.

Merkwürdig genug: nur ein halbes Jahr nach seinem Zweiten *"Faust"* präsentierte dieser sonst so trickreich ausbalancierende Intendant schon einen nächsten Goethe: *"Iphigenie auf Tauris"*, wieder in eigener Inszenierung und mit dem Schauspieler Gründgens in der Rolle des homoerotischen und schuldbewußt furiengejagten, erlösungsbedürftig halb wahnsinnigen Muttermörders Orest –

aber eben auch mit Iphigenies Verzicht auf Trug und Menschenopfer, einem Manifest also unabdingbarer Humanität mitten in den barbarischen Verirrungen auf der taurischen Krim ringsum (die just damals *NS*-erobert und weitestgehend verwüstet wurde) – oder wo auch immer.

Die Premiere dieser bekenntnishaft nächsten Goethe-Aufführung eröffnete am 2. Januar das Schicksalsjahr 1943. Die 6. Armee (weiland jenes Generalfeldmarschalls von Reichenau) verblutete an der südlichen Wolga in Stalingrad und leitete mit militärischer Niederlage und 146 000 dort gefallenen deutschen Soldaten (und etwa 700 000 Toten insgesamt) das Ende des *NS-Großdeutschen Reiches* ein.

"Der Krieg begann erst jetzt", begriff auch Chefdramaturg Eckart von Naso erst später: *"1943 begann der Krieg auch in Berlin. Und im großen Krieg spielten sich die Klein-Kriege ab, die – bei wachsender Macht der Partei – bis in das Staatstheater hinüberschatteten"*.

Schon gute zwei Wochen nach dem Debakel in Stalingrad, Mitte Februar 1943, wurden 15 000 Parteigenossen, Kriegsinvaliden, Ritterkreuzträger, Rüstungsarbeiter, Fronturlauber, Beamte und Angestellte, Lehrer, Architekten und Ingenieure, Ärzte und Krankenschwestern, aber auch rund zweihundert ahnungslose "Kulturschaffende", auch Frauen, Jugendliche und Rentner in den Berliner Sportpalast teils abkommandiert, teils auch ungefragt aus ihren Wohnungen hintransportiert.

Dort hielt dann Joseph Goebbels, *NS*-Reichsminister für Volksaufklärung und Propaganda, eine wohleinstudierte Rede, mit der er 109 Minuten lang seinen angeblich allzu zögerlichen "Führer" unter politischen Druck zu setzen trachtete.

Im Verlaufe dieser rhetorisch brillanten Ansprache wurde sein Auditorium systematisch entmündigt und zu willenlosem Stimmvieh manipuliert. Wohlinszenierte Sprechchöre mit linientreu dazwischengebrüllten Parolen und externer Applaus, von Schallplatten über Lautsprecher eingespielt, assistierten zumindest emotional. Zahllose einbestellte Fotografen dokumentierten das heimtückisch observierte Publikum, das die gebrüllten Behauptungen und Thesen ihres fanatischen Meinungsmachers zwischen Hakenkreuzfahnen und einschlägig beschrifteten Transparenten runde zweihundert Male mit frenetischem Applaus unterbrach.

Im Zentrum dieser demagogischen Massensuggestion standen zehn Fragen, (hier leicht verkürzt), auf die die 15 000 Aufgeputschten antworten sollten:

Erstens: *"Glaubt ihr mit dem Führer und mit uns an den endgültigen, totalen Sieg der deutschen Waffen?"*

Die Entmündigten: *"Jaaaaaaa!"*

Zweitens: *"Seid ihr bereit, diesen Kampf fortzusetzen, bis der Sieg in unseren Händen ist?"*

Die willenlos Gemachten: *"Jaaaaaaa!"*

Drittens: *"Seid ihr entschlossen, das Letzte für den Sieg herzugeben?"*

Die Statisten: *"Jaaaaaaa!"*

Viertens: *"Ich frage euch: Wollt ihr den totalen Krieg? Wollt ihr ihn, wenn nötig, totaler und radikaler, als wir ihn uns heute überhaupt erst vorstellen können?"*

Die Genötigten: *"Jaaaaaaa!"*

Fünftens: *"Vertraut ihr dem Führer?"*

Die Verführten: *"Jaaaaaaa!"*

Sechstens: *"Seid ihr von nun an bereit, eure ganze Kraft einzusetzen, Menschen und Waffen zur Verfügung zu stellen, um den Bolschewismus zu besiegen?"*

Die Komparsen: *"Jaaaaaaa!"*

Siebentens: *"Gelobt ihr mit heiligem Eid, daß die Heimat hinter der Front steht und ihr alles geben wird, was sie zum Siege nötig hat?"*

Die entfesselte Masse: *"Jaaaaaaa!"*

Achtens: *Wollt ihr, daß die Frau überall, wo es nur möglich ist, einspringt, um Männer für die Front frei zu machen?"*

Die Entfesselten hiernach völlig entfesselt: *"Jaaaaaaa!"*

Neuntens: *"Seid ihr damit einverstanden, daß, wer sich am Kriege vergeht, den Kopf verliert?"*

Die schon Kopflosen: *"Jaaaaaaa!"*

Zehntens: *"Wollt ihr, daß grade im Kriege gleiche Rechte und gleiche Pflichten herrschen?"*

Die Hingerissenen wiederholten zum zehnten Male ihr *"Jaaaaaaa!"* und brachen am Schluß dieser Rede gröhlend in jene erste Strophe des sogenannten Deutschlandliedes aus, die spätestens seither stigmatisiert ist und offiziell gemieden wird.

Ihrer aller "Führer" persönlich soll sich von dieser Rede distanziert haben: sein Propagandaminister sei nur als "Herold" gedacht: nicht als "Missionar".

Goebbels selbst hat sie später, vielleicht deshalb, als *"Stunde der Idiotie"* bezeichnet: *"Wenn ich den Leuten gesagt hätte, springt aus dem dritten Stock des Columbushauses* [= Berliner Hochhaus am Potsdamer Platz] *, sie hätten es auch getan"*.

Gustaf Gründgens, der bei dieser Rede im Sportpalast (*"nur durch regelrechte Flucht und Verstecken"*) fehlte, war ihretwegen *"außerordentlich erregt gewesen"* (Mühr): fasssungslos und verzweifelt ging er zunächst in ein Sanatorium. Ob ihm da bewußt war, daß dieser scheinbar neue Begriff des *"Totalen Krieges"* schon vor acht Jahren, 1935, eine Erfindung Erich Ludendorffs, militärischen Kopfes im *Ersten Weltkrieg* und späteren Hitler-Verehrers, gewesen war, steht heute dahin. Aber ihm schwante zweifellos, daß damit ein Vernichtungskampf eingeleitet wurde, der *"mit allen Mitteln und unter Mißachtung aller Konventionen"* (Bertelsmann-Lexikon 1992) geführt werden sollte.

Für Publikum und Schauspieler da noch um jeden Preis Theater zu machen, erschien ihm sinnlos oder weltfremd. Acht Tage nur nach der Goebbels-

Rede schrieb er seinem Dienstherrn Göring diesen Brief:

"26. Februar 1943

Sehr verehrter Herr Reichsmarschall!

Gestatten Sie mir heute am Tage, wo ich neun Jahre das mir von Ihnen anvertraute Amt ausgeübt habe, eine ernste und nachdrückliche Bitte.

Erteilen Sie mir die Genehmigung, mich zum Dienst in der Wehrmacht zu melden. [...]

Ich würde meine Bitte nicht aussprechen, wenn ich mich nicht ernstlich geprüft hätte und wenn ich nur die leiseste Möglichkeit für mich sähe, mit den Problemen, die mich bedrängen, auf dem Platz des Generalintendanten fertig zu werden.

Die Zeit und mein Entschluß kommen meinem Wunsch nach Eindeutigkeit, Einfachheit, Kompromißlosigkeit so sehr entgegen, wie mein augenblickliches Tun, dessen Wichtigkeit mir niemand einreden kann, ihm widersteht. Ich bin dreiundvierzig Jahre alt, war im vorigen Kriege zwei Jahre Soldat und bitte, mich bei meinem Wehrbezirkskommando melden zu dürfen. [...]

Ein abschlägiger Bescheid würde mich in meinen innersten Gesetzmäßigkeiten treffen."

Als derselbe Gründgens sich noch sechs Jahre später *"zu einer unverantwortlichen und leichtfertigen Mitteilung in* A London Diary *vom 24. September 1949 Stellung zu nehmen"* veranlaßt fühlte, erklärte er im Oktober 1950 mit einem Brief an Kingsley Martin, weiland zuständigen Chefredakteur des übergeordnet antifaschistischen und linksliberalen *"New Statesman and Nation"*, endlich auch jenen rätselhaft freiwilligen Entschluß, nach Stalingrad noch 1943 Soldat zu werden, etwas genauer und heute noch nachlesbar:

"Damals habe ich eindeutig und entschieden protestiert, und zwar in einem für mich lebensgefährlichen Sinne. Ich schrieb an Göring einen Brief [...]

und bat ihn, mich sofort zum Militär melden zu dürfen. Das war Ende Februar 1943, also eben nach der Ausrufung des Totalen Krieges und als Protest dagegen. Das wurde auch von Goebbels so verstanden und entsprechend kommentiert. Es war die einzige Möglichkeit des Protestes, die ich hatte, wenn ich nicht nach Buchenwald gehen wollte. Ich dachte, meine Chance, am Leben zu bleiben, sei größer beim Militär als im Konzentrationslager. Ich war damals 44 Jahre alt, nicht gesund, und es war eine harte und schwere Zeit für mich".

Denn Göring begriff nicht, deutete es sich nur als Nervenkrise und lehnte daher ab. *"Es kam zum ersten Krach"* (Mühr). Gründgens setzte sich durch. Mühr: *"Zunächst aber quartierte ihn der Reichsmarschall als Zwangspatienten im Kurheim Zabel ein"*. Dort sollte er sich *"alles in Ruhe überlegen. Schonfrist für diesen Kriegsfreiwilligen von 1943"*.

> Jene "biologische" Privatklinik des Parteigenossen Dr. med. Werner Zabel (* **1894**), prominent *NS*-vernetzten Diätberaters für Hitlers ominösen Leibarzt Theo Morell (* **1886**) und just damals vom "Führer" persönlich zum Titularprofessor ernannt, lag im südostoberbayrischen Berchtesgaden: zumindest mental im belastenden Schatten also des allerhöchsten *"Berghofs"* auf dem Obersalzberg.

Als Alfred Mühr seinen Chef dort besuchte, zeigte der *"in Richtung auf den Obersalzberg"* und *"sprach von Frau Emmy Göring, die ihn wiederholt angerufen hatte, um sich nach seinem Befinden zu erkundigen"*.

Aber inmitten seiner wohlbefolgten Diätvorschriften zählte dieser Patient bereits auswendig die Einzelteile des "Karabiners 98" auf: *"Er besteht aus Lauf, Visiereinrichtung, Verschluß, Schaft, Handschutz, Beschlag und Stock"*.

Irgendwann im Verlaufe jenes Frühjahrs 1943 gelang es diesem bizarren Soldatendarsteller, seinem Arbeitgeber Göring *"die Zustimmung zu meinem Entschluß, zum Militär zu gehen, abzunötigen"*, hat er sich 1955 für sein Buchprojekt *"Der Künstler und die Macht"* notiert: *"Dieser Schritt zum*

Militär, mir der verhaßteste und schwerste, den ich tun konnte, war der einzige Ausweg aus dem Dilemma, in dem ich mich befand".

Trotzdem konnte er *"auch nicht ganz zurücktreten; dann hätten mich Himmler und Goebbels sofort verhaften lassen".*

Also mußte er, auch *"um die absolute Freiwilligkeit meines Handelns später belegen zu können, im Amt bleiben oder jederzeit dahin zurükkehren können. Ich mußte mir soviel Einfluß bewahren, daß nicht [...] das Theater in propagandistischer Form in den Krieg einbezogen wurde oder seine Schauspieler zur Wehrmacht eingezogen wurden."*

Anfang April 1943 erklärte sich Goebbels das alles in seinem Tagebuch als *"eine unangenehme Angelegenheit in puncto Homosexualität"* und publizierte es nur umso inbrünstiger in der gleichgeschalteten *NS*-Presse.

Am 5. April 1943 zitierte der Schauspieler Rudolf Fernau (just damals schon *NS*-großdeutsch filmprominenter *"Dr. Crippen an Bord"*) den Wortlaut jener Pressemeldung in seinem Tagebuch:

" 'Generalintendant Staatsrat Gustaf Gründgens hat sich freiwillig als ehemaliger Gefreiter zur Wehrmacht gemeldet.' / Alles rätselt über diese Sensationsnachricht, und Auguren nehmen an, daß er den Krieg für verloren hielte und nicht mehr an exponierter Stelle tätig sein möchte".

Schon vier transkontinentale Monate später notierte sich Anfang August 1943 im Exil seines kalifornischen *Pacific Palisades* auch Thomas Mann in seinem Tagebuch: *"Nachricht über Gründgens' Eintritt in die Armee"* – seines weiland Schwiegersohnes, immerhin: noch über gute neuntausend Luftkilometer hinweg, so gewichtig schien das der Welt.

Aber Jürgen Fehling (* **1885**, im *Ersten Weltkrieg* selbst Rittmeister eines Infanterie-Regiments und derzeit Schwipp-Oberspielleiter dieses neuen Gefreiten) prophezeite: *"Er übersteht es nicht, weder physisch noch psychisch"*,

und Mitte Mai 1943 notierte sich Goebbels in seinem Tagebuch die Meinung seines "Führers", *"daß Gründgens"*, den er schon lange als *"zu unmännlich"* ablehnte, *"in der Wehrmacht weniger Schaden anrichten kann als im Theater"*.

Am 28. Juni 1943 wurde der dann tatsächlich zur Grundausbildung der 11. Sturmgeschütz-Batterie, die von Görings Neffen geleitet wurde, nach Utrecht in die Krumhout-Kaserne eingewiesen. *"Sie haben ihn schandbar geschunden"*, wußte der neunmalkluge *"SPIEGEL"* noch im Mai 1949. Aber *"im Drillichanzug"*, beschrieb das auch Mühr, *"lernte der ehemalige Staatsrat 'Griffe* kloppen'*, Heben und Senken des Gewehrs in der Kniebeuge"*, *"nahm pünktlich und genau am Dienstunterricht teil"* und war mit seinem Dienstgrad eines Gefreiten aus dem *Ersten Weltkrieg* nur noch *"unter einer Feldpostnummer"* dort im besetzten Holland erreichbar: bald schon als Flakkanonier in Görings Luftwaffe auf dem Flughafen *Soester Dyk* bei Amersfoort (mit dessen benachbartem "Arbeitserziehungslager" der SS).

"Gerade die Dinge, von denen man immer hört, sie seien schlimm", schrieb er den Freunden nach Berlin, *"lassen sich ertragen"*.

Schon bald wurde er Geschützführer einer 8,8-cm-Flak und erlebte, was militärisch als *"Feuertaufe"* bezeichnet zu werden pflegt: *"Es knallt unverschämt, ist aber eine eindeutige Beschäftigung"*.

Doch spätestens im Oktober 1943 hatte er vollends begriffen: *"So geht es nicht mehr lange, und alles andere ist besser; jede Wendung, auch die zum Schlechteren, kann diese halbgare Situation nur verbessern"*.

Als halbgar dürfte er da, gefährlich defätistisch, den aktuell unentschieden scheinenden Schwebezustand zwischen Nichtmehrsiegen und Verlieren empfunden haben.

Zwischenzeitlich saß er zweimal in (maßgeschneiderter) Uniform-Doublette (aus der Theaterschneiderei) auf seinem Berliner Direktionssessel und erledigte dort kurzfristig theatralisch Allerdringlichstes. Hiernach wechselte er die Kostümierung und eilte wieder zum anbefohlen tödlichen Zielen auf feindliche Flugzeuge. (Rollenwechsel?)

So ging das Theaterleben seines verwaisten Hauses inzwischen scheinbar ungestört weiter.

Schon im Februar 1943 (als Stalingrad fiel und Dr. Goebbels redete, Gründgens aber zu handeln beschloß) hatte er – schon im Bewußtsein seiner baldigen Soldatenrolle – vor jener *"Kameradschaft der Künstler"*, einem Club unter der Ägide des *NS*-Propagandaministeriums, einen Vortrag gehalten, den er scheinheilig *"Der Hund des Aubry"* nannte, und der die linientreuen Anwesenden befragte:

"Für wen spielen wir heute Theater? Für die 'gemeinsame Front aus Feld und Heimat'! Deshalb steht auch das ethische Prinzip unseres Spiels fest: 'Erhebung – Entspannung – Erheiterung'. In dieser Dreieinheit kündet sich unser Spielplan grundsätzlich an. [...]

Bleiben wir bei der 'Erhebung', die in Kriegszeiten das in erster Linie verpflichtende Element des Theaters ist.

Diese Forderung der Zeit erfüllen wir [...] aus den zeitlosen Schätzen unserer klassischen Literatur. Das große Zeitlose, Abgründe überbrückend und Wunden heilend, fügt sich geheimnisvoll und mühelos in den Tag. [...]

So ist dem Spielplan vielleicht eine Überlagerung mit Klassikern anzumerken. Es kann darin im Sinne der von uns geforderten 'Erhebung' des Menschen ein Zuviel nicht geben."

Aber ganz im Sinne eines seiner deutschen Oberklassiker wurde das Theater damals auch *"zur Tribüne"*, erfuhr Alfred Mühr: *"weil das Publikum das Stück nicht mehr einfach hinnahm, sondern Stellung bezog. Es wollte nicht länger stumm bleiben"*.

Das erwies sich schon am 8. März 1943 bei der Premiere des *"Parasiten"* von eben jenem Schiller. Der junge Karlheinz Stroux inszenierte dieses seinerzeit halb vergessene, kaum je gespielte Stück im Bühnenbild von Willi Schmidt. Die Hauptrollen spielten Aribert Wäscher (* **1895**), Paul Bildt (* **1885**), Walter Franck (* **1896**), die just 20jährige Antje Weisgerber und

Erich Schellow

(1956 ”unser“ Robespierre in Piscators *”Dantons Tod“* im Berliner *Schiller-Theater*).

Diese Komödie war mit ihrem deutschen Untertitel *”oder Die Kunst, sein Glück zu machen“* die Übersetzung eines *”Lustspiels nach dem Französischen des Picard“* und hieß im Original *«Médiocre et rampant, ou le moyen de parvenir»*:

”Mittelmäßig und unterwürfig oder wie man was erreicht“.

Ihr Autor war Louis Benoît Picard, Theaterpraktiker im Paris um 1800 und Verfasser von rund achtzig Komödien. Diese hier wurde 1797 erstmals präsentiert, war also runde 150 Jahre alt und geißelte im Deutsch unseres ”Nationalpoeten“ jenen damals ”typisch französischen“ Liebediener, Opportunisten, Speichellecker oder Arschkriecher, der es just in der Metropole unseres ”Erbfeindes“ seinerzeit unübersehbar zu was bringen konnte.

Aber dieses vermeintlich eher unterhaltsame kleine Stück *”enthielt so viel Zündstoff, wie man kaum erwartet hatte“*, hat Alfred Mühr noch 1981 bezeugt: *”Schon der Titel und dann die Fabel, zumal mit heiteren Geißelhieben. Kein Abend verging ohne Sonderbeifall und polemische Zwischenrufe“.*

Besonders der Stückschluß alarmierte allerseits. Denn da sagt ein Minister (ein Minister!) nach Schillers Regieanweisung *”halb zu den Mitspielenden, halb zu den Zuschauern“* diesen Wortlaut:

”Diesmal hat das Verdienst den Sieg behalten. – Nicht immer ist es so. Das Gespinst der Lüge umstrickt den Besten, der Redliche kann nicht durchdringen, die kriechende Mittelmäßigkeit kommt weiter als das geflügelte Talent: der Schein regiert die Welt – und die Gerechtigkeit ist nur auf der Bühne“.

Kronzeuge Eckart von Naso berichtet: *”Diese Schlußpointe schlug am Abend der Premiere wie eine der – leider um Vieles gefährlicheren – Bomben ein. Der Zuschauerraum geriet in Verzückung.“*

Aber *”im anderen Lager“*, hat Mühr bestätigt, *”ertönte ein schriller Gong.*

Man hatte es bemerkt.", registrierte *"Reaktionen, die man nicht wünschte"* und glaubte *"an einen bewußten Sabotageakt."* (Naso). Denn Walter Franck,

neben dessen Ägisth in der *"Elektra"* von Giraudoux ich selbst als *Zweiter Diener* in Leopold Lindtbergs Inszenierung noch Ende der fünfziger Jahre auf der Bühne des Berliner *Schloßpark-Theaters* stehen durfte,

Walter Franck war in der Rolle dieses Ministers *"bei den beanstandeten Worten an die Rampe vorgetreten"*, hatte das Publikum also insofern *wahrscheinlich aufzuhetzen* versucht.

"Zur nächsten Vorstellung fand sich eine Art Fahndungskommando in braun ein", hat sich Naso erinnert: *"Die Gesichter waren sehr ernst. Aber es ließ sich beim besten Willen auch von den Widersachern nicht leugnen, daß wir uns lediglich strikt an die Weisungen eines deutschen Klassikers gehalten hatten. So klug, daß der Darsteller Franck seine Schlußworte nicht nur ins Parkett gerufen, sondern seine Mitspieler gleichfalls bedacht hatte, waren wir auch"*.

Mühr hat uns die Auskunft seiner Direktion hinzugefügt, daß dieses Lustspiel *"gerade von der Wehrmacht für Verwundete und junge Offiziere verlangt würde. Ich konnte Korrespondenz darüber vorlegen, Dienststellen in Wehrkreiskommando und Offiziersschulen nennen.*

Das Stück blieb auf dem Spielplan", und *"nach kurzer Zeit nahm die Provinz unseren Fund auf [...] . Überall* Parasiten – *ob das lange gut ging?"*

Doch, durchaus lange. Denn diese Aufführung wurde *"als einziges aus dem künstlerischen Nachlaß des Schauspielhauses sofort nach dem Zusammenbruch in den Spielplan des Deutschen Theaters aufgenommen"* [siehe hier auch Seite 152] .

Einen späten Ableger vermutlich von alledem habe ich selbst noch 1954 im *Düsseldorfer Schauspielhaus* sehen können, wo er unter der Intendanz von Gustaf Gründgens (dortigem Vorgänger jenes Karlheinz Stroux), aber nicht nur im Bühnenbilde, sondern inzwischen auch in einer Inszenierung

meines Lehrmeisters Willi Schmidt befreiend dargeboten wurde:
just mit Peter Esser, weiland Gründgens' Schauspiellehrer,
in der Rolle jenes Ministers mit dem fatal begeisternden Schlußwort –
so viele Stafetten also und Geflechte!

Aber am selben Jahresanfang 1943 (als Stalingrad fiel, Dr. Goebbels redete, Gründgens auf Flugzeuge zielte und sein Theater alle Kriecher brandmarkte) schwebte der extrem linksradikale Schauspieler und begnadet singende Agitator Ernst Busch (* **1900**) unverhofft in akuter Lebensgefahr.

1933 war er seiner *NS*-Verhaftung nur durch eine Flucht über Holland, Belgien, Zürich, Paris und Wien bis schließlich nach Moskau entgangen.

Dort ließ Gustav von Wangenheim ihn zwar eine Rolle im Dimitrow-Film *"Kämpfer"* spielen, aber gab im September 1936 jener *"geschlossenen Parteiversammlung des Sowjetischen Schriftstellerverbandes"* politisch erheblich belastend zu Protokoll, daß auch gegen Busch hinlänglich *"Wachsamkeit zu üben"* sei,

so daß der Bezichtigte sofort in den Spanischen Bürgerkrieg weiterfloh, um da, auch wieder singend, gegen Franco anzukämpfen und sich nach dessen unaufhaltsamem Triumph erneut nach Belgien abzusetzen,

wo er 1940 von den Nazis verhaftet, nach Frankreich deportiert und dort bis zu seiner Flucht in die Schweiz gefangen gehalten wurde.

Aber französische Grenzgendarmen schnappten den denunzierten Flüchtling ab und lieferten ihn noch im Januar 1943 an die Gestapo im *NS*-Berliner *Polizeipräsidium Alexanderplatz* aus, das ihn seit März 1943 im selben Berliner Gefängnis Moabit isolierte, in dem auch jener "Kämpfer" Georgi Dimitrow, auch Karl Liebknecht und Ernst Thälmann, auch Martin Niemöller und Herschel Grünspan, später auch Fritz Teufel, Horst Mahler und Andreas Baader, noch später Erich Mielke und Erich Honecker eingesperrt waren.

Der Einzelhäftling Ernst Busch wurde von hier aus nach siebenmonatiger Untersuchungshaft noch 1943 wegen *"Vorbereitung zum Hochverrat"* vor Gericht gestellt.

Der unvermeidlichen Todesstrafe entging Busch angeblich nur, weil "Nazi-Günstling" Gründgens sich für ihn verwendete und ihm Anwälte bezahlte.

Sowas war 1943 noch lebensgefährlicher als Flakbeschuß an der Westfront. Es hätte *"auch für Gründgens üble Folgen haben können"*, hat ihm noch vierzig Jahre später sein Kollege und Berliner Zeitgenosse Boleslaw Barlog bescheinigt: *"Busch hat sich auch später dankbar gezeigt"* und *"gegen das Klaus-Mann-Buch* [= "*Mephisto. Roman einer Karriere*"] *protestiert"*.

Aber der Kanonier Gründgens mußte sich damals von seiner *NS*-holländischen Flak aus auch immer dringlicher um Luftschutzbunker für die Mitglieder des Berliner *Staatstheaters* kümmern. Zwar standen inmitten ganzer Stadtteile aus Bombentrümmern das Schauspielhaus am Gendarmenmarkt und das nur leicht beschädigte Lustspielhaus am Schiffbauerdamm noch wundersam unzerstört da, aber das *Kleine Haus* in der Nürnberger Straße war schon ausgebrannt: am selben Tage, an dem auch das Schloß Bellevue mit Gründgens' Stadtwohnung von Bomben getroffen wurde.

Irgendwann im Winter 1943/44 traf es dann auch das Schauspielhaus. Dort fanden just mit der *NS*-vorgeschriebenen Sondergenehmigung des Propagandaministers persönlich und unter der Regie von Karheinz Stroux die Proben zu *"Othello"*, einer Tragödie also aus englischer Feindesfeder, statt, die hier jedoch einen Neger als Frauenmörder entlarvt und ideologisch daher willkommen war.

Da mitten hinein erlitt Schinkels prominenter Neubau jener Langhans-Architektur, hat Augenzeuge Mühr festgehalten, *"einen Seitentreffer mit Brandbomben. Tagelang glühte der Schutt, tagelang standen die Brandwachen in den historischen Räumen [...], die ihrer fast hundertfünfundzwanzigjährigen Schönheit und Weihe beraubt waren"*.

Die *"Othello"*-Proben mit Paul Hartmann, Heidemarie Hatheyer und Gu-

1943

”Auf meinem Weg zur Staatsschauspielerin Käthe Dorsch ging ich im Frühherbst 1943 vom Bahnhof Zoo zu unserem Kleinen Haus in der Nürnberger Straße.

Nach unaufhörlichen Terrorangriffen während der Nacht bis in den frühen Morgen überall Trümmer, eingestürzte Häuser, aufgerissenes Pflaster, die Mauer des Zoologischen Gartens eingestürzt. Ein weher Blick zu den zerbombten, zermalmten Käfigen, keine Tiere, nur aufräumendes Hilfspersonal.

Von dort waren die Löwen vor einigen Stunden auf die Straße gejagt. Sogar in der Nürnberger Straße hatte sie unser Nachtportier gesehen. Statt Mimen waren es durch Detonationen und Feuer aufgescheuchte Wildtiere, die hier auftauchten.“

Alfred Mühr (* 1903): *”Mephisto ohne Maske“*, 1981

stav Knuth mußten wegen Brandgeruchs oder Hals- und Rachenstörungen der Darsteller *"tageweise"* oder auch *"für fast acht Tage unterbrochen werden"*: einen Großteil also der ganzen Probenzeit von acht Wochen – *"Nervosität, Unruhe, Angst"*. Die Premiere Ende Februar 1944 scheint dennoch termingerecht stattgefunden zu haben.

Aber jetzt fühlte sich der bizarre Flak-Intendant veranlaßt, auf dem Dienstwege dringend erforderliche Notwohnungen, Werkküchen und Luftschutzbunker für die Belegschaft der *Staatstheater* zu beantragen. *"Göring bewilligte diese Forderungen"*, hat sich Gründgens noch 1955 für sein Buchprojekt in Erinnerung gerufen, *"befahl mir aber, die Realsierung dieser Dinge selbst in die Hand zu nehmen"*.

Am 15. April 1944 wurde der Flaksoldat daher an seinen Berliner Schreibtisch zurückbefohlen.

Dort rettete er zunächst junge Schauspieler seines Ensembles vor der drohenden Einberufung an eine der vielen Fronten, indem er kurzfristig den Spielplan änderte und sich selbst statt Pirandellos vorgesehenem *"Heinrich IV."* unter Fehling die Inszenierung eines Klassikers mit mehrheitlich männlichen Rollen zumutete: Schillers *"Räuber"* – weil *"damals die letzte Einziehungswelle einsetzte"*, weil in diesem Stück *"alle meine Schauspieler beschäftigt waren und ich mit Berechtigung und mit Erfolg ihre UK* [= Unabkömmlichkeits]-*Stellung erwirken konnte"* (Gründgens): einen *"Trupp junger Schauspieler, meist aus verwundeten, auf Genesungsurlaub befindlichen oder in Berliner Garnison abkommandierten Bühnenkünstlern bestehend, durch Schüler der Staatlichen Schauspielschule ergänzt"* (Mühr).

Aber zugleich war das auch das aktuelle Drama eines inzwischen weitgehend mißliebig gewordenen Autors, dessen *"Don Carlos"* und *"Wilhelm Tell"* schon seit Längerem auf dem *NS*-Index standen: Schillers.

Ich verweise hier auf meine eigene wahlverwandte Verflechtung
in Texte und Vita dieses Autors, dessen zeitweilig anachronistisch erachtete Stücke
ich aus Respekt vor ihrem Anspruch zwar nie zu inszenieren wagte
und vielleicht gerade deshalb von 2005 bis 2007

unter dem Titel *"Sterngucker oder Das Idyll eines Obdachlosen"* mit dreibändigen *"Prosanetzen"* von "Moritz Pirol" angemessen zu würdigen versuchte: in der Trilogie *"Purpurflügel"*, *"Doppelsonnen"* und *"Kranichrufe"*.

Seine *"Räuber"* handelten 1944 mehr denn je von einer ideologisch verblendeten Mordbrennerbande mit ihrem fanatisierten Anführer. Dem Bandenmitglied Spiegelberg nahm der Regisseur Gründgens jede seinerzeit naheliegende antisemitische Auslegung.

Aber für den Schauspieler Gründgens enthielt dieses Stück überdies die brisant gewordene Rolle des Franz Moor: eines Machtneurotikers oder psychopathischen Nihilisten und Amokläufers. Zeitbezüge? Jedenfalls probte er das alles *"mit geballten Fäusten"* (*"SPIEGEL"*, 1949).

Doch an einem Frühlingsmorgen 1944 wurde die *"Räuber"*-Probe *"durch Sirenen unterbrochen"*, hat Alfred Mühr überliefert: *"Das Ensemble hockte im ungenügend abgesicherten Kantinenraum, der als Luftschutzkeller diente. Während die Flak über den Gendarmenmarkt bellte, verbreitete sich [...] eine gewisse Verzagtheit. / Gründgens: 'Na, dann wolln wir mal.' Er ging zu den Bühnenarbeitern, deren Skat-Qualitäten er kannte. Unter den Bombeneinschlägen spielte der Generalintendant mit den Bühnenarbeitern einen intelligenten Grand. Sie spielten um Geld, Gründgens gewann. Entwarnung, Erleichterung und Aufbruch"*.

Doch nur wenige Tage vor der *"Räuber"*-Premiere, *"an einem Vormittag im Juni 1944, zerschlugen die Bomben eine Ecke des Schauspielhauses, nahe dem Dach. Auch die Überführung zwischen Theater und Magazin in der Französischen Straße wurde angeschlagen.*

Gründgens und seine Schauspieler, von der unterbrochenen Probe in die Luftschutzkeller des alten Schlosses vertrieben, standen wenige Augenlicke nach der Entwarnung in der Eimerkette, weil die Feuerwehr nicht zur Stelle war. [...]

Auf der Hauptbühne schwelten Teile der schon aus den Werkstätten gelieferten Dekorationen" für Willi Schmidts kriegskarges Bühnenbild im *"Stil der letzten Vereinfachung"* und *"Reduzierung der äußeren Mittel": "die Flammen züngelten durch die Ränder des eisernen Vorhanges, konnten jedoch [...] bekämpft und eingedämmt werden."*

Vielleicht hatte ja das alles just jenes alliierte Bombengeschwader verursacht,
das ich selbst, mit Familie und Spielkameraden an einem strahlenden Sommertage
im Juni 1944 zehnjährig angstlos in unserm üppigen Garten staunend,
als silbrig funkelnde winzige Spielzeugflieger
unser Friedensparadies im *NS-Reichsgau Wartheland* ostwärts überfliegen sah

(– Wieso denn ostwärts?
– Ja, nach Poltawa.
– Wo liegt das denn?
– In der heutigen Ukraïne: wo Marschall von Reichenau seine letzte Reise antrat)

und das dabei aus seiner unvorstellbaren Höhe
statt der befürchteten Bomben
ganze Batterieen flirrender Flugblätter auf uns herabschneien ließ,
die uns in deutscher Sprache zu unverzüglichem Frieden aufforderten:
empörend defätistisch damals *und lachhaft*!
Das war in diesem Weltkriege meine erste und vorläufig einzige Feindberührung.

Schon andern Tags, erfuhren wir erleichtert, wurden 43 Bomber dieses selben
verführerisch glitzernden B 17-Geschwaders der historischen *"Operation Frantic"*
auf dem sowjetisch-ukraïnischen Reichenau-Flughafen Poltawa,
wo sie zu nächsten Bombenangriffen des *NS*-Reichsgebiets aufgetankt wurden,
von vier *NS*-deutschen Kampfgeschwadern unter Leitung des Ritterkeuzträgers
Wilhelm Antrup am Boden zerstört, 26 weitere flugunfähig gebombt
und Benzintanks mit circa 900 000 Litern Treibstoff vernichtet.
Das Spektakel ihres Rückflugs wurde mir auf diese Weise vorenthalten,
aber daß Oberstleutnant Antrup hierfür zu seinem Ritterkreuz
auch noch das heiß begehrte Eichenlaub erhielt, fand ich sehr berechtigt
und trug ihn ehrfürchtig in meine penible Heldenliste dieser Ordensträger ein.

Doch im Schauspielhause des Berliner *Staatstheaters* roch es, hat Kronzeuge Mühr bezeugt, noch wochenlang nach Rauch. Aber *"trotz angekohlter, teilweise unbrauchbarer Dekorationsstücke wurde der Premierentermin gehalten"*.

Gründgens, Paul Wegener (als alter Moor *"wie ein gestäupter Lear"*), Hannsgeorg Laubenthal (als Karl Moor *"ganz steile Flamme und jähes Irr-*

licht") und alle andern *"mußten tagelang, wochenlang im Brandgeruch sprechen und spielen"*.

Aber vom *NS*-Gauamtsleiter und -Senatspräsidenten Hans Fabricius

> (* **1891**), Autor des mehrfach neu aufgelegten Buches *"Schiller als Kampfgenosse Hitlers. Nationalsozialismus in Schillers Dramen"*,

wurde diese heldenhaft tapfere Aufführung nicht belobigt, sondern gerügt, weil sie verabsäumt hatte, Schillers Rolle des jüdischen "Libertiners" Spiegelberg endlich *"als Juden vom Schlage etwa eines Kurt Tucholsky auf die Bühne zu stellen"* (der sich da, Jahrgang **1890,** schon vor fast zehn Jahren im Exil das Leben genommen hatte): *NS*-nachtreten also, genüßlich Leichen fleddern!

Aber der Franz Moor war hier unter solcher Regie, hat Augenzeuge Mühr erkannt,

"die Tücke als Galan, die Verführung als Etikette, ein übermenschliches Angesicht von Lüge und bösem Charme. Eine pompöse Studie der Unberechenbarkeit, ein sich spreizender Faun auf der Nachtseite des Lebens. Scharf gezeichnete Leidenschaften, eine Niedertracht, die sich ins Imposante steigert, die flimmernde Größe eines Schurken, der plötzlich zusammenfällt und sich als Menschlein demaskiert. Ein Gejagter seiner eigenen Taten, ein Gefesselter des von ihm angestifteten Unglückes [...] .

Gründgens als diesen monströsen Herrscher gleisnerischen Nichts und unerbittlichen Begehrens auftreten, um ihn als Desperado, allen Gefühls bar, verenden zu sehen, das war ein fanatisches Bild einer grellen Kreatur, einer Majestät der Unterwelt": im Finale floh er dann *"durch die leeren, feuerumschwelten Gemächer der Dekoration wie ein Besiegter seines höllischen Schicksals"*.

Zeitbezüge? *"Nationalsozialismus in Schillers Dramen"*?

Diese Aufführung, bilanzierte derselbe Zeuge, war für Gründgens die *"letzte von zweiundzwanzig Inszenierungen und überhaupt die Abschiedsinsze-*

nierung im Schauspielhaus". Sie war zugleich auch *"der Schwanengesang der Schauspielkunst am Gendarmenmarkt, zwischen selbstmörderischem Appell und einer geharnischten Resignation, ein Zeitbild irrer und amoklaufender Sehnsüchte".*

Aber gleichzeitig sei es Gründgens damals *"auch gelungen, gegen alle Widerstände"*, notierte er sich selbst *post festum*, *"die Einrichtung der Werkküchen und Luftschutzbunker durchzusetzen".*

Das bewährte sich. Denn *"ich hatte die Genugtuung, daß bei dem Angriff auf das Schauspielhaus im Februar 1945",* als es *"einen Volltreffer bekam, der von mir eingerichtete Luftschutzbunker standhielt und einigen hundert Menschen das Leben rettete".*

"Sehen denn diese Männer nicht", hatte Görings Freundin Käthe Dorsch (* **1890**) schon im Herbst 1943 einen Kollegen gefragt, *"daß es in Deutschland mit den Musen zu Ende geht?"*

Doch: sie sahen es, und sie reagierten.

"Nach Alarmen am Tage und in der Nacht, bei denen ganze Straßenzeilen, ganze Stadtbezirke in Schutt und Asche versanken, die Bewohner evakuiert wurden, die Frontverluste in jeder Familie Wunden aufrissen, vermehrt durch die Verluste in der Heimat", hat Alfred Mühr sich damals in Berlin notiert,

"da traf das deutsche Theater das Verbot". Am 1. September 1944,

als ich selbst, noch nicht ganz zehnjährig, Sextaner eines Gymnasiums wurde,
das den Namen des "Bestsellerautors" Walter Flex (* **1887**) trug,
von dem ich zwar wußte, daß er schon im Herbst **1917** und dreißigjährig
in meinem heimatlichen Estland, fast als Landsmann also, ebenso gefallen war
wie auch seine beiden jüngeren Brüder (und sein Geliebter,
ohne daß ich aber von homoerotischen Banden und Neigungen schon was wußte).
Wir sangen nur bei jeder offiziellen Gelegenheit sein Gedicht
"Wildgänse rauschen durch die Nacht", das Robert Götz (* **1892**) vertont hatte
und dessen Anfangsverse damals jedermann einleuchteten:
"Wildgänse rauschen durch die Nacht

Mit schrillem Schrei nach Norden – ”
– wohin auch sonst: zu den Germanen natürlich!
Die beiden Folgeverse ignorierten wir Walter-Flex-Schüler einstimmig:

”Unstäte Fahrt! Habt acht, habt acht!
Die Welt ist voller Morden“,

aber an jenem selben 1. September 1944 also schloß der *NS*-Propagandaminister Goebbels ausnahmslos sämtliche deutschen Theater: um einem *”Führerbefehl“*, aber auch jenem scheinbar mehrheitlichen Bedürfnis der deutschen Bevölkerung nach *”Totalem Kriege“* endlich ganz zu genügen – die Welt war inzwischen tatsächlich voller Morden.

Gründgens hatte von dieser Theaterschließung erst sieben Tage vorher durch einen Anruf des *NS*-Reichsdramaturgen Dr. Schlösser (* **1899**) erfahren, der ihn da zugleich auch bat, *”diese Meldung umgehend an den Reichsmarschall weiterzuleiten, 'damit der Herr Reichsmarschall die* Tatsache *nicht aus der Zeitung erführe, was Herrn Reichsminister Dr. Goebbels sehr peinlich sein würde' “* (Gründgens, Aktennotiz vom 24. August 1944).

Also fuhr Gründgens sofort nach Carinhall zu Göring, der diese Aktion tatsächlich *”noch nicht kannte [...] , in dem Umfange auch nicht erwartet hatte“*, und traf sich noch am 30. Augusat 1944 mit Goebbels zu einer Besprechung, die aber *”von vornherein resultatlos sein“* mußte, *”da alle zur Debatte stehenden Punkte bereits vorher entschieden und ihre Entscheidung veröffentlicht war“* (Aktennotiz von Gründgens).

Bei einem nächsten Treffen am Tage nach vollzogener Schließung betonte der schon halbswegs entmachtete Göring, *”daß die Theater keineswegs aufgelöst, nur lediglich vorübergehend geschlossen seien. [...]*

Meinen eingereichten Austritt aus der Reichskulturkammer nahm der Reichsmarschall nicht entgegen mit dem Bemerken, daß ich ja dann meinen Kollegen in keiner Form mehr Hilfe leisten könne.

Er erteilte mir nicht die Erlaubnis, sofort zur Truppe zurückzukehren, sondern befahl mir, erst die Angelegenheiten des Theaters, seiner Arbeiter und

Schauspieler, zu regeln,

dann würde er mich auf einen Batterie-Führer-Kursus schicken und mir eine Batterie in der Nähe Berlins übergeben. Meiner Bemerkung, daß ich lieber Wachtmeister bleiben wolle, brachte er kein Verständnis entgegen.

Hingegen deutete er die Möglichkeit an, daß ich später die zur Luftwaffe eingezogenen Schauspieler in meine Batterie nehmen könne" (Protokoll von Gründgens).

Am 6. September 1944 trat Gründgens *"in Feldgrau"*,

also in der Uniform eines Unterfeldwebels der Luftwaffe, aber mit dem zusätzlich vierzackigen, mattsilbernen Aluminiumstern eines Wachtmeisters auf den mattsilbern umrandeten Schulterklappen und mit drei aluminiumfarbenen Doppelschwingen auf dem Kragenspiegel

vor die Belegschaft des Berliner *Staatlichen Schauspielhauses*, die sich bei geschlossenem Eisernen Vorhang auf der riesigen Bühne versammelt hatte.

"Liebe Kameraden!", solidarisierte sich da ihr Chef sofort mit ihnen allen in ungewohnt warmherzigem Ton und gestand diesen Leidensgenossen, *"daß die letzten zehn Tage die bisher schwersten und bittersten meines Lebens waren"*.

Dann wechselte er vorübergehend seine Intonation, redete sie als *"Gefolgschaftsmitglieder der Staatlichen Schauspiele"* an und informierte sie mit preußischer Akribie über ihre Zukunft:

"Die gesamte Gefolgschaft wird ohne Ausnahme im Rahmen des totalen Krieges dienstverpflichtet. [...]

Wir werden

1. in der Wehrmacht Dienst tun,
2. in der Rüstungs-Industrie Dienst tun,
3. in der Film-Industrie Dienst tun. [...]

Zunächst nenne ich Euch einige Zahlen:

Die Gefolgschaft der gesamten Preußischen Staatstheater

besteht aus 1450 Menschen.

Davon sind bereits 225 zur Wehrmacht eingezogen. Im Rahmen der neuen Totalisiserung des Krieges stehen weitere 375 Kameraden unseres Betriebes der Wehrmacht zur Verfügung.

Das sind also insgesamt 600 Menschen.

Der Rüstungs-Industrie werden 600 Mitglieder der gesamten Preußischen Staatstheater zugeführt. [...]

Die Zahl der vom Film in Anspruch genommenen Gefolgschaftsmitglieder spielt diesen Zahlen gegenüber keine nennenswerte Rolle.

Einige Kameraden der ältesten Jahrgänge werden für Unterhalt und Luftschutz in den verschiedenen Gebäuden und Werkstätten unseres Betriebes verbleiben".

Hiernach leiteten seine Worte zu einer beruhigenden Darlegung der finanziellen Folgen über:

"Das Preußische Staatstheater hat zwar nicht entschieden, wer von seinen Gefolgschaftsmitgliedern zur Wehmacht muß, wer in der Rüstung und wer beim Film zu arbeiten hat,

aber die Staatlichen Schauspiele bleiben der Brotherr für a l l e Gefolgschaftsmitglieder". Alle erhalten weiterhin *"ihr Staatstheater-Gehalt. [...]*

Was die zum Film dienstverpflicheten Künstler angeht", konkretisierte er, *"daß die Schauspieler der jüngeren Jahrgänge in Kürze mit ihrer Einziehung zur Heimatflak zu rechnen haben und in den langen Pausen, in denen ihnen künstlerische Aufgaben nicht gestellt werden, ebenfalls Dienst tun müssen wie ihre nicht auf der Filmliste stehenden Kameraden. [...]*

Ich wende mich jetzt dem Teil der Belegschaft zu, der zur Arbeit in der Rüstung eingezogen wird. Dieser Arbeitseinsatz wird gemeinsam erfolgen. Der Arbeitsplatz wird bei der Firma Siemens-Werner-Werk, Siemensstadt,

Schwiebertweg sein. Der Einsatz und die Einweisung in die neue Arbeit erfolgt gruppenweise. Die erste Gruppe wird am Freitag, dem 8. September, ihre Arbeit aufnehmen“ [= übermorgen].

Hiernach neuerlicher Tonwechsel:

”Denen, die zur Wehrmacht einberufen werden, gelten meine herzlichsten Gedanken und meine kameradschaftlichen Wünsche. Es wird jedem, der mich kennt, selbstverständlich sein, daß ich mich diesem Teil meiner Gefolgschaft anschließe“.

Diese Ansprache endete mit ausführlicher Belobigung aller bislang geleisteten Theaterarbeit meist auf der just ausgefüllten Bühne und mit entsprechendem Dank:

”Sehen wir uns noch einmal um in diesem heiligen Raum [...] . Halten wir fest zusammen in dem Gedanken, diesen Raum belebt und ihn zum Zentrum deutscher Bühnenkunst gemacht zu haben. Bleiben wir, was wir sind:

Mitglieder der Staatlichen Schauspiele“.

Ein letzter Händedruck mit jedem Einzelnen.

Nur kurz nach diesem schwärzesten aller denkbar schwarzen Tage wurde Gründgens, wie auch 364 andere *NS*-Künstler, noch im selben September 1944 vom Propagandaministerium aufgefordert, schriftlich an einer Broschüre mitzuwirken, die *”Bekenntnis zum Führer“* heißen und einen bröckelnden Nimbus restaurieren helfen sollte.

Als Gründgens diese Mitwirkung noch verzögerte, wurde er bald, schon Ende desselben Septembers 1944, vom Präsidenten der Reichskulturkammer gemahnt. Er begründete sein Schweigen mit Zeitnot *”wegen der Arbeit, die mir aus der Schließung der Theater erwuchs“*. Es folgte die Erklärung seiner nachhaltigen Verweigerung des Anberaumten: *”Wie Sie wissen, bin ich seit eineinhalb Jahren Soldat. Ich wurde zur Durchführung besonderer Aufgaben [...] zu einem Arbeitsurlaub vom Herrn Reichsmarschall zurückbefohlen. Der mir gewordene Auftrag ist mit der vorläufigen Schließung der*

Staatstheater erfüllt. Damit ist mein Arbeitsurlaub zu Ende, und ich kehre in diesen Tagen zu meiner Truppe zurück.

Sie werden daher verstehen, daß ich mich an Ihrem Buch, für dessen Gelingen ich Ihnen das Beste wünsche, nicht beteiligen kann".

Schon am 1. Dezember 1944 wurde Goebbels dienstlich darüber informiert, daß inzwischen hundert eindeutige Bekenntnisse zum Führer und zahllose schriftliche oder telefonische Zwischenbescheide eingegangen seien: *"in keinem Falle verständlicherweise jedoch eine direkte Ablehnung*" und *"daß bislang noch keine endgültigen Absagen vorliegen*". Ende Januar 1945 räumte derselbe amtliche Berichterstatter ein, daß es inzwischen doch auch *"Absagen, wie zum Beispiel von Sauerbruch, Gründgens u. a.*" gebe.

"Ich glaube, ich irre mich nicht, wenn ich sage", hat sich Gründgens später für sein Buchprojekt *"Der Künstler und die Macht*" notiert, *"daß ich der einzige deutsche Schauspieler bin, der selbst diesem Zwang nicht nachgegeben hat*".

Stattdessen setzte er gleich im September 1944,

als wir Walter-Flex-Gymnasiasten schon gleich zu Beginn dieses Schuljahrs
unser Schulgebäude verlassen mußten, weil es
als Lazarett oder auch Kaserne für die antisowjetische Armee
des Generals Andrej Wlassow (* **1901**) dem gemeinsamen Kriege dienen mußte;
wir Sextaner wurden ehrenvoll im selben Bürogebäude einquartiert,
in dem auch die Kreisleitung der *NSDAP* logierte,
fühlten uns entsprechend aufgewertet und registrierten dort eines Tages begeistert
den Besuch eines wahrhaftigen Ritterkreuztägers bei unserm Kreisleiter:
stundenlang wartete ich im Treppenhaus auf das Ende ihrer Konferenz,
um von diesem hochdekorierten Stabsoffizier ein Autogramm zu erbitten –
war es nicht ein Major Johannes Bartsch?
(*Wikipedia* verleugnet den heutzutage allerdings!),

aber im selben September 1944 setzte Gustaf Gründgens seine künstlerische Arbeit auch noch in der Bombenruine seines abgeschafften Theaters fort, indem er dort dreimal wöchentlich mit einigen Kollegen hochliterarische szenische Rezitationen veranstaltete: ohne Bühnenbild und Kostüme, ohne

Maske und Kunstlicht, in karger Schwärze und in einheitlich dunkler Gewandung.

Diese Soiréen auf Podesten waren zweigeteilt: auf Lyrik und hochkarätige Prosa pflegte jeweils ein verkürztes und konzentriertes Drama zu folgen, meist *"Hamlet"* oder *"Die Räuber"* mit Gründgens selbst in der Hauptrolle. Seine Partner waren da Hermine Körner, Marianne Hoppe, Käthe Gold, Paul Wegener, Friedrich Kayßler, Walter Franck und sein früherer Lehrer Paul Henckels. Unentbehrliche Requisiten oder Möbelstücke brachten diese Schauspieler selbst auf ihr spartanisches Podium mit. *"Es war der Notbehelf einer politisch und geistig abgründigen Zeit"*, hat Alfred Mühr sich später noch begeistert daran erinnert, *"aber auch eine künstlerische Demonstration ersten Ranges. Das erkannte man überall"*.

Diese Darbietungen waren schon im Voraus auf Wochen ausverkauft. So groß war damals die allgemeine Sehnsucht nach einer Gegenwelt. *"Oftmals traf das Publikum schon gegen Mittag ein, um während der Bombenangriffe in nahegelegenen Bunkern die Zeit bis zum Anfang abzuwarten. Häufig war es eher im Theater als die Schauspieler, die wegen der Alarme umständlich herbeigeholt werden mußten"* (Mühr).

Aber schon nach einem Monat wurden diese "Ersatzveranstaltungen" wie auch sämtliche sonstigen "Vergnügungsstätten" *NS*-ministeriell verboten: schon ab 1. Oktober 1944. Eckart von Naso: *"Das Inferno begann"*.

Trotzdem setzten dieselben Schauspieler das Untersagte noch *"zwischen Tagesalarmen und Bombennächten"* in nachmittäglichen Lesungen und mit musikalischer Umrahmung durch ein Streichquartett fort, das aus dem Orchester der Staatsoper übrig geblieben war. Ihr Publikum kam auch da noch hinlänglich und hoffte, *"alle Furchtbarkeit der Umwelt, alles Grauen und alle Ausweglosigkeit des politischen Schicksals"* kurz vergessen zu können:

eine andere Sternstunde der Künste also.

Auch Gründgens trug da klassische Gedichte vor. Das mag die Nazis auf die Idee gebracht haben, ihn im Rundfunk Durchhalte-Texte *"Aus der Festung*

Berlin" verlesen zu lassen. Da war er plötzlich unauffindbar. Auch solche Filmangebote schlug er damals *"unter Berufung auf seinen militärischen Dienst und mit Ausflüchten"* oder Vorwänden aus.

Aber irgendwann im Winter 1944/45 schickte ihm Göring ein kleines Etui mit zwei Giftdragées: für alle Fälle!

Zu Unrecht ist von einer respektlosen Nachwelt ungewürdigt geblieben, was in solcher Situation damals der Publizist Richard Biedrzynski geleistet hat. Just in jenem Kriegsjahr 1944, als zum ersten und bislang einzigen Male in der vielhundertjährigen deutschen Kulturgeschichte der Staat hierzulande das Theaterspielen verbot und unter Strafe stellte, veröffentlichte dieser Theaternarr in Heidelberg, Berlin und Leipzig seine wohlfundierte und begeisterte Liebeserklärung an *"Schauspieler Regisseure Intendanten"*, widmete ihnen allen seine emphatische Beschreibung all der *"unzerstörbaren Werte und Werke"* des jüngst noch unvergleichlich erblühten Berliner Theaterlebens und illustrierte sie mit 152 heute unschätzbar informativen Rollen- oder Szenenfotos (überwiegend von Rosemarie Clausen und Ruth Wilhelmi,

die später beide wahrhaftig auch mich noch abgelichtet haben:
die eine in Hamburg 1974 [und auch viele meiner dortigen Inszenierungen],
die andere schon in Berlin 1956).

Dieses Buch, heute längst nur noch antiquarisch zu erstehen, schloß in jenen finsteren neun theaterlosen Monaten, einer negativen Schwangerschaft gleichsam, eine beschämende Lücke, indem es von all dem Vorenthaltenen ausführlich berichtete und ideologiefrei schwärmte. Als dann schon Ende Mai und Anfang Juni 1945 im *Renaissance-Theater*, in der *Tribüne* (unter Victor de Kowa), in den *Kammerspielen Spandau* und schließlich im *Deutschen Theater* (unter Wangenheim) wieder Vorstellungen stattfanden, sorgte Biedrzynskis erinnerungsseliges Buch für informative Anschlüsse und Zusammenhänge. Es widmet auch Gustaf Gründgens und dessen Oberspielleiter Jürgen Fehling zwei aufschlußreiche Textkapitel, dem Schauspieler und Regisseur Gründgens 38 Fotos und dem Intendanten noch sehr viel mehr.

Gründgens hatte sich inzwischen in jenen letzten theaterlosen Nazi-Monaten meist in Berlin aufgehalten: privat gekleidet und im Apartment eines Freundes am Kaiserdamm in Charlottenburg. Auch mit Vertrauten traf er sich da nur noch *"an verschiedenen Orten wie in Schlupfwinkeln. [...] Manchmal schlief er jeden zweiten Tag woanders"*.

Irgendwann damals kam Eckart von Naso, sein Chefdramaturg, auf dem Rückweg von irgend einer bürokratischen Verrichtung am Gendarmenmarkt vorbei, als dort ihrer beider Schauspielhaus erst halbwegs vernichtet war:

"zur anderen Häflte lebte es noch. Ich trat ein, manchmal, so hieß es, sei der Chef noch im Haus.

In seiner unverletzten Garderobe saß wahrhaftig ein einsamer Gründgens [...] 'Was tun Sie hier?' fragte ich. Er lächelte. 'Ich lerne Goethesche Gedichte auswendig – ist das nicht eine gute Beschäftigung?' [...]

Wir verließen zusammen das Haus. Einige Enthusiasten standen am Bühneneingang wie immer. Staunend, geradezu entgeistert sahen sie, wie ihr großer Gustaf Gründgens sich auf ein Fahrrad schwang, ein ganz gewöhnliches Rad, um Richtung Heerstraße von dannen zu fahren. Sein schönes Haus im Tiergarten existierte schon lange nicht mehr".

Wirklich war er damals, wie auch der anonyme, aber wohlinformierte Herausgeber seines eigenen Suhrkamp-Buches *"Wirklichkeit des Theaters"* glaubhaft festgehalten hat, *"viel auf dem Fahrrad unterwegs, um den überall zerstreuten Mitgliedern des Staatstheaters ihre Lage zu erleichtern, ihnen ihre Gagen zu bringen, mit Lebensmitteln auszuhelfen, Ratschläge zu erteilen"*,

während in der Ruine des Schauspielhauses am Gendarmenmarkt *"der Pesthauch der Selbstvernichtung einzog"* (Mühr), als im April 1945, also *"in letzter Minute vor der totalen Niederlage SS-Männer das Haus anzuzünden versuchten. Das gesamte Haus, die Ränge, Logen, alles brannte aus.*

Nur die historischen Mauern und die Wände des Schinkelschen Baues hiel-

ten, auf dem ehemaligen Kasernenplatz des Reiterregiments Gens d'armes und auf den Grundmauern des von Langhans 1802 erbauten [...] Königlichen Nationaltheaters, dieses 1821 durch Schinkel neu erbauten Königlichen Schauspielhauses – seine Mauern und Wände hielten Feuer und Brand und dem barbarischen Spott der Selbstverstümmelung stand".

Gründgen*s* selbst sei damals *"bis zur Einnahme der Stadt durch die Russen"*, heißt es, in Berlin geblieben: meist vermutlich in der Charlottenburger Wohnung Gustav Knuths (* **1901**,

für dessen Galileo Galilei
in der Inszenierung des britischen Gastregisseurs William Gaskill
ich ganze 28 friedliche Jahre später im Hamburger *Thalia Theater* 1973
die dramaturgische Einrichtung und Verkürzung des sakrosankten Brecht-Textes
vornehmen durfte).

Als der Schauspieler Hans Brausewetter vor dem kleinen Gartenbunker seines Berliner Hauses am *Branitzer Platz* in Neu-Westend während vermeintlicher Gefechtspause von einem verirrten Granatsplitter getroffen wurde, der ihm den ganzen Rücken aufriß, besuchte ihn Gründgens noch im Paulinen-Krankenhaus und hörte den Sterbenden sagen: *"Nun wird alles gut, Gustaf!"*

Zunächst jedoch wurde der *Totale Krieg* noch zum totalen Kollaps: zur kapitalen Katastrophe. Namentlich die hypertrophe Kapitale, die vergottete Reichs- und latente Welthauptstadt Berlin, lag komplett in Schutt und Asche: Harmagedon.

Aber drunter regten sich bald schon die wenigen Überlebenden, sammelten sich und versuchten, irgendwie weiterzumachen, irgendwie weiter zu vegetieren.

Bloß: wie? Alles war zertrümmert, zerbombt und kaputt oder fehlte. Nichts funktionierte mehr.

Trotzdem!

Umso mehr scheint es unsereinem heute ein Mirakel, daß da mitten in sol-

1945

"Laßt den alten Narren flieh'n,

der sich selbst gerichtet.

In die Zukunft woll'n wir zieh'n,

die auf ihn verzichtet.

Doch wir woll'n im Siegeslauf

immer memorieren:

Augen auf! Auge auf!

Dann kann nichts passieren."

Otto Ernst Hesse (* 1891): *"Die Nacht ist nicht allein zum Schlafen da"*, 1938
(Letzte Strophe)

chem Debakel das Bedürfnis nach Kultur schon in frühester Trümmerstunde erwachte und stetig wuchs. Das zeigte sich am deutlichsten in neuem Theaterspielen.

Dabei wurden die gebeutelten Verlierer von den sowjetischen Siegern und Besatzern teils zwar behindert, kujoniert und abermals unterdrückt oder vergewaltigt, teils aber auch erstaunlich unterstützt und beflügelt, gefördert und animiert. Hierbei erwies sich Nikolai Erastowitsch Bersarin (* **1904**) als sonderlich hilfreich und konstruktiv. Er war im Kriege Generaloberst, Heerführer mehrerer Armeen gewesen und nunmehr Stadtkommandant und Chef der Sowjetischen Garnison in Berlin. Schon nach wenigen Tagen installierte er hier einen ersten deutschen Magistrat, sorgte für Grundnahrungsmittel und Gesundheitswesen, aber vorrangig auch für eine Wiederbelebung von Kultur und Theater. Heute zählt er zu Berlins Ehrenbürgern.

Dieser Bersarin soll schon Ende April 1945, als der Krieg noch gar nicht beendet war, als Hitler noch lebte,

aber ich mich im sächsisch-anhaltinischen Dörfchen Werben schon erdreistete, der anberaumten "Einberufung" des Zehnjährigen zur Hitler-Jugend einfach nicht Folge zu leisten, sondern gleich den ersten Termin da todesmutig zu schwänzen,

damals also soll Bersarin bereits einen *"Beauftragten für das Kunstschaffen"* ernannt und so eine erste Instanz geschaffen haben, die einen späteren Übergang in ein ziviles deutsches Kulturleben neu organisieren sollte. Mit dieser Aufgabe betraute er Clemens Herzberg, einen im *NS*-Untergrund überlebenden jüdischen Mitarbeiter Max Reinhardts aus der Verwaltung des *Deutschen Theaters*. Dieser Herzberg also soll Gründgens schon Mitte Mai 1945, nur sechs Tage nach der militärischen Kapitulation, in Bersarins Auftrag *"händeringend"* gebeten haben, das Berliner Staatsschauspiel wieder zu übernehmen, neu zu beleben und zu leiten.

Das zerschlug sich zwar irgendwie in allzu früher Stunde. Aber daß Theater wieder gefragt sein und gefördert werden könnte, war nun erwiesen. Irgendwann Ende Mai 1945 begann Gründgens daher wieder mit den Proben zu einer ersten eigenen Nachkriegsinszenierung: abermals Schillers *"Räubern"* mit ihrer kriminaliserten Ideologenbande und der Selbstzerstörung eines anarchischen Psychopathen.

Die Proben fanden anfangs in der leeren Wohnung eines abwesenden Schauspielers, dann in Dahlem wechselnd im Harnackhaus

> (vormals Begegnungszentrum und Gästehaus der Kaiser-Wilhelm-Gesellschaft, dann *NS*-Reichsfilmarchiv, später *US*-Offizierskasino, heute Tagungsstätte der *Max-Planck-Gesellschaft* in der Ihnestraße zwischen Clay- und Thielallee)

oder im Kaiser-Wilhelm-Institut

> (sechzehn Jahre lang in der Boltzmannstraße von Albert Einstein, später von Werner Heisenberg und Otto Hahn geleitet [der just hier 1938 die verhängnisvolle Spaltbarkeit des Urans entdeckte], seit 1939 vom *NS*-Heereswaffenamt beschlagnahmt, 1945 sowjetisch geplündert, später zur *Freien Universität*, heute zur *Max-Planck-Gesellschaft* gehörend).

Die Rollenbesetzung jener *"Räuber"* war verheißungsvoll hochgestochen. Natürlich sollte Gründgens selbst wieder den Franz Moor spielen. Aber für dessen Bruder Karl, den "Räuber"-Hauptmann, sprang er über seinen eigenen Schatten und engagierte erstmals einen anderen allerersten und bislang "rassisch" belasteten Berliner Schauspieler, den er vor 1945 aus mancherlei Eifersucht strikt gemieden, im jetzigen Neubeginn jedoch versöhnlich anerkannte und an sich binden wollte: Horst Caspar. Dessen ostpreußisch gebürtige Frau Antje Weisgerber, von Gründgens entdeckt und aufgebaut, von Goebbels ja als *"negroïd"* verpönt, sollte jetzt Schillers Amalia sein, der große Paul Wegener, tollkühn todesmutiger Nazigegner von je, abermals der Alte Moor.

In welcher Ruine mit restlichem Zuschauerraum das eines Tages gespielt werden sollte, steht inzwischen dahin. Denn hierzu kam es nie. Schon Anfang Juni 1945 wurde Gründgens vermutlich anonym denunziert und während einer *"Räuber"*-Probe im Kaiser-Wilhelm-Institut von zwei sowjetischen Geheimpolizisten verhaftet. Rein "zufällig" gelang es Marianne Hoppe, damals mit ihm verheiratet, ihn schon andern Tages bei Bersarin frei zu bitten. Aber es folgten noch mehrere, fünf oder sechs Verhaftungen, jeweils zu Verhören mit alsbaldiger Freilassung, schließlich aber, noch im Sommer 1945, eine siebente und endgültige: allzu sehr verdächtigte man einen titulären *Generalintendanten*, als *General* über nazideutsche Geheimwaffen und Divisionsstärken informiert oder für Massaker an sowjetischen Rotarmisten verantwortlich gewesen zu sein.

Diesmal blieb er monatelang interniert. Denn sein sowjetischer Gönner Bersarin, der einen mörderischen Krieg zwar keineswegs unverletzt, gleichwohl lebend überstanden hatte, war inzwischen auf seinem eigenen Motorrad im ersehnten Orplid Berlin tödlich verunglückt.

Über seine Haftzeit hat Gründgens später nie lamentiert oder publiziert. Aber vom Gewährsmann Alfred Mühr wissen wir:

"Sammeln. Antreten in Dreierreihen. Märsche über Märsche. Kreisrund um Berlin, dann nach Frankfurt an der Oder und darüber hinaus gen Osten. Märsche in Kolonnen und Lager im Freien. Tagelang, wochenlang."

Unterwegs auf einem Acker die Leiche eines Fremden: sie mußte, auch vom "Staatsrat", entkleidet, die Kleidung abgeliefert, das abmarachte Körperchen mit bloßen Händen verscharrt werden. *"Laufen, Stolpern und wieder die Hitze. Alle kamen in ein Lager"*: das sowjetische *Speziallager Nr. 7* im brandenburgischen Dörfchen Weesow, heutigen Ortsteil der Stadt Werneuchen in der *Barnimer Feldmark* östlich von Berlin. *"Neue Verhöre, neue Zweifel an Gründgens' Herkunft und an seinem künstlerischen Beruf"*.

Irgendwann dann die Verlegung des ganzen *Speziallagers Nr. 7* ins *Speziallager Nr. 6* auf dem Territorium des *NS*-Konzentrationslagers Lieberose, einem Außenlager des *NS*-Konzentrationslagers Sachsenhausen, in Jamlitz bei Lieberose im idyllischen Oberspreewald.

Mehr als dreitausend mitverdächtigte Nationalsozialisten wurden dort in ehemaligen *NS*-Baracken zusammengepfercht. *"Die hygienischen Zustände dort sind verheerend"*, hat Thomas Blubacher recherchiert, *"die Versorgung mit Nahrungsmitteln ist unzulänglich, insbesondere in den Wintermonaten ist die Todesrate erschreckend hoch"*.

Denn inzwischen ist der berüchtigt strenge Winter 1945/46 über das kaum beheizbare Deutschland, also auch über dieses Jamlitz hereingebrochen. Trotzdem stand Gründgens, hat sein Kollege Siegfried Lowitz erfahren und kolportiert, *"einen Kartoffelsack über dem Kopf, in dünner Bekleidung tagelang im Schnee. Zusammen mit anderen hochrangigen Gefangenen, die sich überlegten, ob sie Suizid begehen sollten und ob sie ausreichend Kapseln mit Gift dafür besäßen"*.

Oder er stand *"in einem Keller bei Kerzenlicht vor einem hohen sowjetischen General und sollte erklären, welche Einheiten er wo befehligt habe"*.

Als Gründgens dem Dolmetscher verständlich zu machen versuchte, daß er Theaterdirektor sei, drohte der Vernehmende: *"Wenn Sie noch einmal das Wort Theater erwähnen, ziehe ich ihnen die Reitpeitsche über das Gesicht. Wie viele haben sie kommandiert?"*

Lowitz: *"In seiner Todesangst zitternd, zählte Gründgens seine Mitarbeiter zusammen: 'Dreihundert'. Da wurden die Russen plötzlich sehr höflich. Gründgens vermutete, sie hielten ihn nun für den Kommandeur von dreihundert Divisionen oder Regimentern.*

Eine bessere Behandlung erfuhr er deswegen nicht. Mehrere Soldaten steckten ihn kopfüber in den Beiwagen eines Kraftrads und fuhren mit ihm durch die halbe Stadt.

Dabei zog Gründgens sich wohl die chronischen Schmerzen im Genick zu, unter denen er seit dieser Zeit litt."

Inzwischen waren nicht nur Ehefrau Marianne Hoppe und der 24jährige Sanitäter Peter Gorski, seit einem Fronturlaub mit Gründgens befreundet, später als *"Lebensretter von 1945"* sein Adoptivsohn und Alleinerbe, um die Freilassung dieses Häftlings bemüht.

Schon drei Tage nach seiner definitiven Arretierung unterzeichneten am 9. Juni 1945 sechs Schauspieler und ein Techniker des *"Staatlichen Schauspielhauses Berlin"* eine Petition, die um vorläufige Freilassung und gegebenenfalls gerichtliche Untersuchung bat:

"Wr treten für unseren Kollegen Gründgens ein, weil wir ihn [...] als Antifaschisten in schwierigsten Situationen kennengelernt haben": Belege folgten detailliert.

Unterschrieben hatten das seine Schauspieler Paul Wegener, Paul Henckels, Aribert Wäscher, Walter Werner, Elsa Wagner und als rassisch Verfolgter auch Horst Caspar aus dem konkurrenten *Schiller-Theater*.

"Wir sprechen mit diesem Gesuch", schlossen sie, *"die Meinung aller unserer Kollegen aus. Das technische Personal der Staatlichen Bühnen schließt sich uns in seiner Gesamtheit an"*.

Diese Petition blieb ohne Antwort und erfolglos.

Schon vierzehn Tage später gab noch Ende Juni 1945 Ernst Busch (* **1900**) schriftlich und notariell beglaubigt eine eidesstattliche Erklärung ab, in der er sich als bekennenden Kommunisten präsentierte, der nach seiner politisch bedingten Odyssee durch ganz Europa schließlich im Berliner Gestapo-Gefängnis Moabit wegen Hochverrats und marxistischer Agitation seiner unvermeidlichen Hinrichtung entgegensah: da sei Gründgens *"tatsächlich der Einzige gewesen, der für mich eingetreten ist "*. Er habe sich nämlich *"nicht gescheut, um mir zu helfen, dem Kammergericht eine schriftliche Erklärung einzureichen, in der er mich wahrheitswidrig als völlig unpolitisch hingestellt hat [...] . Was er damit in seiner Stellung riskierte, wird jedem klar sein, der weiß, wie ich im Ausland gegen den Faschismus gearbeitet habe und wie die Gestapo mit Leuten umzugehen pflegte, die sich für Kommunisten einsetzten.*

Gründgens tat dann aber noch ein übriges. Er wandte sich an seinerzeit in Berlin sehr einflußreiche Rechtsanwälte [...] , welche für mich als Wahlverteidiger auftraten und auch von Herrn Gründgens bezahlt wurden. Die-

se Rechtsanwälte kamen auf eine juristische Idee, die mir tatsächlich das Leben gerettet hat. [...] Ich wurde zu zehn Jahren Zuchthaus verurteilt, und die Strafe wurde dann auf sieben Jahre ermäßigt, da ich mir infolge eines Bombenangriffs auf das Moabiter Untersuchungsgefängnis einen schweren Schädelbruch zugezogen hatte."

Auch diese Eingabe eines prominenten Gesinnungs-Genossen blieb wirkungslos.

Inzwischen verbrachte der Häftling, was Kollege Mühr später zu *"schlimmen Wochen"* verkürzte. Es waren Monate. Denn *"was hatte man mit ihm vor? Verschleppung, Zwangsarbeit oder Prozeß, Haft ohne Gerichtsurteil? Gründgens beobachtete die Abtransporte nach dem Osten ... Dazwischen Verhöre, Märsche, Lager im Freien"*. Noch Jahre später träumte er davon und wachte schreiend auf.

Berichte von Aktivitäten bei einem Lagertheater in der Kantinenbaracke sind vage geblieben und eher unglaubwürdig.

Nach halbjährigem Abwarten und ergebnislosem Hoffen wurde im Januar 1946 ein weiteres kollegiales Gesuch zu seinen Gunsten verfaßt, von 39 teils hochprominenten Persönlichkeiten unterschrieben und in München abgeschickt:

"Während seiner 10jährigen Tätigkeit als Leiter der Berliner Staats-Theater" habe dieser Häftling *"mit persönlichem Mut im Ganzen wie im Einzelnen erfolgreich vermieden, daß das nationalsozialistische Regime aus den Berliner Staats-Theatern Propagandainstitute machen konnte. Die Auswahl der an seinen Bühnen aufgeführten Stücke sowie der Geist ihrer Inszenierungen sind ein Beweis für den Widerstand, den er dem Ungeist [...] entgegensetzte."*

Erich Kästner, Erich Engel, Heidemarie Hatheyer, Edmund Nick, Paul Verhoeven, Mark Lothar, Bettina Moissi, Peter Anders, Hans Rehberg, Rolf Badenhausen, Otto Wernicke, Gerda Maurus, Günther Rennert, Robert A. Stemmle, Elisabeth Flickenschildt und 25 weitere unbelastete Zeugen von

Rang und Namen erbaten hier,

"daß einer Persönlichkeit von der Bedeutung von Gustaf Gründgens im gegenwärtigen Zeitpunkt die Möglichkeit nicht verweigert wird, das Ihre zum Wiederaufbau und zur Neuschaffung des Kulturlebens beizutragen".

Keinerlei Reaktion.

Vierzehn Tage später starteten Anfang Februar 1946 weitere 22 Protagonisten des Münchner Kulturlebens denselben Versuch. Diesmal unterschrieben zusätzlich auch noch Axel von Ambesser, Maria Nicklisch, Will Dohm, Charles Regnier, Maria Koppenhöfer; Pamela Wedekind, Werner Finck, Trude Hesterberg und andere.

Ergebnislos.

Einzelne Petitionen des gleichen Inhalts reichten damals, meist mit eidesstattlicher Wahrheitsversicherung, auch so unbelastete Kollegen wie Erich Ziegel, Paul Bildt (* **1885**), Paul Henckels (* **1885**), Hermann Thimig (* **1890**) und Theo Lingen (* **1903**), sämtlich jüdisch *NS*-"versippt", dann auch der nachweislich militante Nazigegner und todesmutige Widerständler Paul Wegener als Präsident einer neuen *"Kammer der Kunstschaffenden"* und der armenischstämmige Grieche Raoul Aslan (* **1886**) als Direktor des Wiener Burgtheaters ein:

alle mit der Beteuerung einer politisch und charakterlich absolut einwandfreien Integrität dieses freiheitlich und strikt antifaschistisch gesonnenen Häftlings Gründgens,

aber alle erfolglos.

Also versammelte sich im Februar 1946 jene ganze überlebende Belegschaft der Berliner *Staatstheater* im bereits wiederbelebten *Deutschen Theater* und votierte da für ihren früheren Chef. *"An die achthundert Menschen kamen zusammen"*, hat Inge von Wangenheim als durchaus linksradikale "Hausherrin" das später noch bezeugt, *"die Debatte dauerte mehrere Stunden, es ergab sich ein derart eindeutiges, vor allem auch durch die Mitteilungen der Bühnenarbeiter, vieler ehemaliger Sozialdemokraten, erhärtetes, alle Sparten betreffendes Plebiszit f ü r den einstigen Chef des Hauses, daß es in dieser Sache keinen Zweifel mehr geben konnte: Wangenheim wurde* [als sowjetischer Staatsbürger und nachweislich linientreuer Stalinist] beauftragt, *im Einvernehmen mit der Sowjetischen Militär-Administration, die* [hierauf] *den Generalintendanten aus dem Lager entließ, für dessen ersten Schritt zurück ins Leben zu sorgen".*

Wie bitte? Waren da etwa achthundert unbelehrbare Nazis versammelt? Oder lauter Nostalgiker, die lieber Vergangenes wiederherstellen und konservieren als Anderes, Neues entwickeln und zulassen wollten? Oder wie war dieses unverkennbar mehr- , gar einstimmige Votum eines ganzen Betriebes zu verstehen? Normalerweise überwiegen ja bei so pauschalen Befragungen eher die kritischen, die negativen Stimmen, und die positiven differenzieren sich zu vorbehaltlichen Zersplitterungen. Wie war diese ungebrochene Zustimmung zu einem scheinbaren Zwielicht zu verstehen?

Vielleicht wie dessen Kollege Boleslaw Barlog,

> später immerhin ganze 27 Jahre lang als ungemein erfolgreicher Intendant des Westberliner *Schloßpark-Theaters* und 21 Jahre lang auch noch des dortigen *Schiller-Theaters* der recht eigentliche Nachfolger des Generalintendanten eines Berliner Staatstheaters,

wie also dieser Barlog das noch 1981, also lange nach seiner Pensionierung, als etwa 75jähriger neidlos bewundert hat:

Gründgens *"war der Glücksfall eines guten Intendanten, ein blendender Schauspieler und ein perfekter Könner als Regisseur. Dazu ein Freund seiner Schauspieler, besonders in der Nazizeit [...] . Ich hätte jederzeit den Direktionsstuhl im Schiller-Theater für ihn geräumt und mich in mein Schloßpark-Theater zurückgezogen"*

(was ich als Barlogs Assisent und leibhaftiger Ohrenzeuge mündlicher Äußerungen dieses Inhalts schon in den fünfziger Jahren, also durchaus noch *ex cathedra*, bezeugen und beeiden könnte), und Erich Ebermayer

(* **1900**), weiland populärer, urban-mondäner Dramatiker und vielbeschäftigter Drehbuchautor zwischen *NS*-Gunst und -Mißgunst, aber von Gründgens geschätzt und trotzig aufgeführt, hat noch um 1960 in seinen Tagebüchern festgehalten:

"Bei Gründgens ist alles präzis, klar, knapp, preußisch. Erstaunlich, wie sich in diesem ungewöhnlichen Menschen zwei Naturen verschmolzen haben: der Künstler mit all seinen Launen, Stimmungen, Hysterien u n d der, ich möchte fast sagen: Staatsmann, der Führer eines Kunstbetriebes" –

– also genau das, was Theaterleute sich in ihrem widersprüchlichen Bedürfnis nach musischster Sensibilität und zuverlässiger Organisation von ihren Direktoren immer wünschen und nur selten bekommen.

In Kenntnis all dessen dürfte also jene vielhundertstimmige Intervention zugunsten eines Göring-Günstlings noch im Februar 1946 für einen zeitlebens militanten Antifaschisten wie Gustav von Wangenheim eine arge Zumutung gewesen sein. Dennoch scheint er nicht allzu lange gezögert, sondern seine sowjetischen Genossen, warum in Wahrheit auch immer, um die angemahnte Freilassung dieses vermeintlichen Nazifavoriten ersucht zu haben.

Etwa zeitgleich dürfte auch im Häftling Gründgens die Idee gekeimt haben, sich seinen Kerkermeistern überzeugend als *артист* [= artist] zu legitimieren. Er kramte in seinen Erinnerungen *"aus der seligen Zeit des Tingeltangels, der Tanzreunion im Harzer Soldatentheter nach dem Ersten Weltkrieg wie der Lieder und Tanzweisen aus den Operetten und Filmen, in denen er gespielt hatte"* (Mühr), befragte auch Mitgefangene, über den Stacheldraht hinweg gar im benachbarten Frauenlager, und stellte textlich und musikalisch ein Sortiment von 155 Schlagern, Songs, Operettenliedern oder sonstigen Evergreens zusammen.

Dann ordnete, lernte, wiederholte, probte er sie mit größtem Fleiß und sang sie schließlich *"auf einem notdürftigen Podium"* hintereinander weg seinen humorlosen Unterdrückern vor: alle 155! *"Er sang und steppte. Er konfe-*

rierte und trug vor, er flüsterte Songs und schmolz in Laune, nicht wie früher in Abendanzug oder Frack, sondern in einer echten Militärhose und schilfleinenen Jacke [...] . Er warf mit Pointen um sich und atmete die große und kleine Liebe im Schlager aus. Einhundertfünfzig Lieder sang ein Mensch für seine Freiheit ... " (Mühr).

Anschließend soll sich ein Oberst der *Roten Armee* mit ihm über Literatur unterhalten und ihn zu einem späteren Gastspiel in Moskau aufgefordert haben, das dieser singende Häftling damals versprach (und 1959 mit seinem Hamburger *"Wallenstein"* und *"Faust"* samt eigenem Mephisto in der zeitlos vor- bis nachfaschistischen Teufels-Maske von 1932 wahr machte).

Am 9. März 1946 wurde Gründgens unverhofft in ein Auto gesetzt und zunächst nach Karlshorst gefahren,

wo in jenem ehemaligen Offizierskasino der *NS*-Festungspionierschule erst vor zehn Monaten mehrere Nazigeneräle ihre bedingungslose Kapitulation von Reims protokollarisch wiederholen mußten

und wo inzwischen die *Rote Armee* das Hauptquartier ihrer *Militäradministration* etabliert hatte.

Dort wurde der Häftling Gustaf Gründgens von sowjetischen Offizieren begrüßt und nach genau neunmonatigem Arrest in jenes spießig enge Biesdorf weitergeschickt, wo im heutigen Bezirk Marzahn-Hellersdorf damals Gustav von Wangenheim seine Privilegien als Erbe Max Reinhardts und Heinz Hilperts genoß.

Zwei Sowjetoffiziere lieferten hier ihren Freigelassenen an dessen Fürsprech aus. *"Der mit Spannung Erwartete"*, hat Inge von Wangenheim, rabiate Intendantengattin, später berichtet, *"schwebte schwerelos und flüssig durch den makabren Flurschlauch seiner Freiheit entgegen [...] , trug auf nacktem Körper einen vom Lagerleben hart mitgenommenen, ehemals eleganten Anzug"* und *"wußte sich natürlich schon wieder eines dunkelgrünen, dezent-flotten Seidenschals zu bedienen, der seine Brustblöße gefällig verdeckte. Das Gesicht war glatt, offen und deutlich wie eh und je [...] , alles nur ein wenig begrenzt durch einen ihn in diesem Augenblick vielleicht überwältigenden Ernst"*.

So wirkte dieser selbstverschuldete Hausgast aus dem Lager Sachsenhausen zwar deutlich hiervon *"gezeichnet"*, dennoch *"an diesem ersten Abend der wiedergewonnen Freiheit irgendwie seltsam 'erfolgreich' "* und *"erregte nicht meinen Haß"*: vermutlich weil er bei dieser ersten Wiederbegegnung mit einem Kollegen aus jenem *"Danton"* von 1931 *"nicht einmal den leisesten Versuch machte, sich im Nachhinein [...] vor uns zu rechtfertigen"*, etwa *"um aus der unvermeidlichen Beschmutzung, aus der unvermeidlichen Preisgabe"* während seiner Nazi-Jahre *"einigermaßen unbefleckt und unangeschlagen hervorzugehen"*.

Das habe die beiden remigierten Wangenheims damals tatsächlich genötigt, *"wenn schon nicht die Moral, so doch das bemerkenswerte Geschick dieses Mannes zu bestaunen. [...] Er überließ die Beurteilung seiner Haltung ausschließlich anderen, was uns beinahe geneigt macht, eine Klugheit solchen Formats schon wieder für eine moralische Qualität zu halten"*.

Noch 28 Jahre später resümierte diese Ohrenzeugin: *"Er wußte eben zu gewinnen"*.

Er wußte offenbar auch, lieber vorwärts zu blicken als rückwärts.

Denn *"seine Urteile, die das Theater, das nun in Zukunft zu machen sein würde, betrafen"*, hat Frau von Wangenheim registriert, *"waren maßvoll, umsichtig und höchst sachverständig. In allem übrigen war er von goßer Ruhe"*.

Schon fünf Tage nach dieser Rückkehr eines schwer belasteten Schlagersängers in jene veränderte Nachkriegswelt unterzeichneten daher Wangenheim und Gründgens dessen ersten Vertrag mit dem *Deutschen Theater* 1946.

Ehe jedoch eine solche Zusammenarbeit beginnen durfte, mußte jeder Verdächtige damals auf eine etwa schuldhafte Verstrickung in die Verbrechen des Nationalsozialismus durchleuchtet werden: was man, reichlich ungelenk, seinerzeit *Entnazifizieren* nannte – als wäre sowas je behördenmöglich.

Gründgens wurde Mitte April 1946 vor eine erste Prüfungskommission geladen, die sinniger Weise in den Räumlichkeiten jener verhängnisvollen *NS*-Reichskulturkammer in der Charlottenburger Schlüterstraße agierte und von Hanns Hartmann (* **1901**) geleitet wurde,

> der vor 1933 Intendantenkollege an den Kommunaltheatern in Hagen und Chemnitz gewesen, nach 1933 wegen seiner jüdischen Ehefrau entlassen worden, anfangs in den Labyrinthen des Berliner Verlagswesen, später im Untergrunde eines Gartenhauses irgendwo zwischen Berlin und Potsdam abgetaucht und nach 1945 Intendant des Berliner Metropoltheaters, hiernach dreizehn Jahre lang des *Funkhauses Köln*, dann des *Westdeutschen Rundfunks* war.

Dort hat mich noch Anfang der fünziger Jahre
dieser einstige Desinfektionspräsident meiner damaligen Ikone Gründgens
inmitten einer kleinen Reisegruppe der Volkshochschue Marl,
der ich mich als Gymnasiast angeschlossen hatte
(um meiner damaligen Faszination durch Rundfunksender zu frönen
und das seinerzeit noch strikt unzugängliche Funkhaus
des *WDR* am Kölner Wallrafplatz zu besichtigen),
leibhaftig und höchstpersönlich begrüßt;

Jahre später inszenierte ich in jenen vormals inspizierten Räumen
diverse historisch-politische Revuen,
sprach eigene Texte über Pirandello und Kurt Weill in Mikrofone,
führte zahllose Produktionsverhandlungen
und schloß dort kostbare Freundchaften: Netze!

Aber bei jener Durchleuchtungsprozedur des *NS*-Staatsrats Gründgens ging es 1946 primär um seinen Ankauf des Landsitzes Zeesen bei *Königs Wusterhausen*, für den er dem jüdischen Vorbesitzer vermeintlich zu wenig bezahlt hatte, weil der vermittelnde Anwalt Antisemit und bei der SA war.

Nach einwöchiger Erörterung befanden die Prüfer um Hartmann am 18. April 1946, daß der erhobene Übervorteilungs- oder Ausbeutungsvorwurf hier *"nicht stichhaltig"* und Gründgens daher nicht als *"Nutznießer im üblichen Sinne"* einzustufen sei. Gegen seine Betätigung als Schauspieler seien daher keinerlei Bedenken gegeben.

Die erforderliche Zustimmung durch die Besatzungsmächte drohte am vehementen Veto der Westalliierten zu scheitern, wurde aber durch sowjetischen Bezug auf jenes günstige Votum von Ernst Busch letztendlich doch erteilt.

Schon acht Tage später trat dieser frisch Rehabilitierte vor die Betriebsversammlung des *Deutschen Theaters* und trug vermutlich vor, was am selben 26. April 1946 auch in einer Berliner Tageszeitung nachzulesen war:

"Es gibt wieder Premieren, es gibt neue Bühnen, es gibt Studios, und es gibt ein heftiges Für und Wider der Meinungen". Daher könne es nun auch für ihn persönlich *"nichts Natürlicheres geben, als mich diesem Wiederaufbau von Herzen und ohne Vorbehalt zur Verfügung zu stellen"*.

Schon eine einzige weitere Woche später trat er dann als Christian Maske in Sternheims *"Snob"* vor ein Premierenpublikum in Wangenheims *Deutschem Theater* und wurde stürmisch begrüßt und umjubelt.

Die Welt schien wieder in Ordnung.

Im französisch lizenzierten Berliner *"Kurier"* erschien am Premierentage ein Artikel des eben 22jährigen linksintellektuellen Wolfgang Harich, erst kürzlich aus dem Untergrunde eines *NS*-Deserteurs wieder aufgetaucht und taufrischer Kommunist, über diesen *NS*-be- und entlasteten Redivivus:

"Gründgens", hieß es da überraschend, *"in Ehren 'denazifiziert' und frei von Makel, ist nicht so unpolitisch, wie er es immer den Nazis und insbesondere seinem jovialen 'Schirmherrn' vortäuschte. Die großen Klassikeraufführungen des Staatstheaters ragen empor aus dem blutigen Grauen der Hitlerzeit wie Brückenpfeiler, über die der Bogen geistiger Tradition sich zu einem neuen Ufer spannt"*, und standen *"im Dienste der eminent politischen Sendung, in täglicher Mühsal geistige Werte verteidigen zu müssen gegen die Barbarei"*.

Jener *"erste Theatermann des 'Dritten Reiches' brachte es fertig"*, schrieb damals dieser später dominante *DDR*-Ideologe, *"fast zehn Jahre lang [...] keinerlei Konzession zu machen. Wie in einem seiner Filme: ein Tänzer auf dem Vulkan."*

Aber irgendwann dürfte dem so begeistert willkommen geheißenen Wiederkehrer beim Lesen des schriftlichen Entnazifizierungsbescheides klar geworden sein, daß ihn der nur teils rehabilitierte. Ende Mai 1946 ließ er den Intendanten von Wangenheim daher wissen, daß er *"den zwischen uns am 15. März getätigten Vertrag nicht anerkennen"* könne, *"weil er unter falschen Voraussetzungen abgeschlossen wurde. Die deutsche Denazifizierungskommission hat mich, wie ich erfahren habe, als Regisseur nicht zugelassen.*

Damit bin ich, in meinen Augen zumindest, nicht rehabilitiert. Hätte ich das früher erfahren, wäre ich nicht wieder aufgetreten. Ich muß und kann warten, bis meine Situation sich so klärt, daß ich meine künstlerische Arbeit ungeteilt wieder aufnehmen kann. [...]

Ich habe kein Recht, eine bevorzugte Erledigung meiner Angelegenheiten zu erwarten [...] ; aber ich werde so lange nicht aktiv am Theater arbeiten, bis ich nicht uneingeschränkt zugelassen werde".

Das sagte ein offensichtlich selbstsicher gutes Gewissen.

Mitte August 1946 befaßte sich daher die Entnazifizierungskommission der Besatzungsmächte erneut mit jenem deutschen Belastungsbefunde, daß dieser Gründgens *"vor den kulturpolitischen Forderungen des Dritten Reiches kapituliert"* habe und daher *"mit einer leitenden Tätigkeit auch als Regisseur und Theaterleiter nicht beauftragt werden sollte"*. Die Alliierten sahen das anders, entlasteten ihn hinlänglich und ließen ihn jetzt auch als Regisseur wieder zu.

Schon wenige Wochen später fand Anfang Oktober 1946 in den Kammerspielen des *Deutschen Theaters* die Premiere seiner ersten Nachkriegs-Inszenierung statt: George Bernard Shaw's Komödie *"Kapitän Brassbounds*

Bekehrung". Bei dieser titelgebenden *"Conversion"* ging es vielsagend um die heiter versöhnliche Umpolung allzu männlicher Vergeltungsgelüste und pseudogerechter Rachsucht durch Charme und Güte einer liebenswüdig gewitzten Frau. Hierfür hatte Gründgens just jene Käthe Dorsch (* **1890**) gewinnen können, die sich für *NS*-Opfer weiland ebenso selbstlos eingesetzt hatte wie jetzt für Entnazifizierungsbetroffene: eine geborene Helferin also jedwedes Bedrängten und um jeden Preis!

Vis-à-vis dieser verehrungswürdigen Persönlichkeit
habe ich selbst im Oktober 1954 nach einem Gastspiel des Berliner *Renaissance-Theaters* mit der Komödie *"Jane"* von Samuel Nathaniel Behrman (* **1893**)
in der legendären Marler Loemühle leider nur ein Bier trinken dürfen
und ihre allseitig reservierte Freundlichkeit,
wohl auch ihre vielgerühmt generöse Gastlichkeit,
knapp zwei Jahre später aber im *"Biberpelz"* der *Ruhr-Festspiele*
auch ihre taffe *Mutter Wolffen*, überdies ihre beiden legendären Kritiker-Ohrfeigen
immer so bewundert,
daß ich Anfang 1958 in einem Marler Programmheft meinen Nachruf auf sie
schrieb und schon damals, selbst eben 23jährig, zu würdigen wußte,
daß diese *"helle"*, *"silberne"* und *"melodiöse"* Schauspielerin,
die immer *"erfreute und beglückte"*, sich in argen Nazizeiten
*"mutig und tatkräftig für verfolgte Kollegen einsetzte, Hilfsaktionen einleitete
und bei den höchsten politischen Instanzen zu vermitteln versuchte"*.

Elf Tage nach der Premiere jenes leibhaftigen Versöhnungs- und Friedensappells aus angelsächsischer Feindes- und Humanistenfeder mit deren weiblichem Bekenntnis zu Gnade statt Rache,

elf Tage hiernach nahm Hermann Göring, in Nürnberg zum Tode am Galgen verurteilt, nunmehr selbst eine seiner gönnerhaft ausgeteilten Cyankali-Kapseln. Gründgens hat sich zu diesem Tode seines obskuren Mentors nie öffentlich geäußert. Käthe Dorsch wohl auch nicht. Was es in ihrer beider Innerem auslöste, steht noch immer dahin.

Die zweite Friedens-Inszenierung dieses Phönix aus mancherlei Asche galt dann – als Reverenz an die lebensrettende Leichte Muse? – Mitte Februar 1947 einer ersten Revue von Günter Neumann, die anzüglich *"Alles Thea-*

ter" hieß und ein halbes Jahr lang im Kabarett *Ulenspiegel* bejubelt wurde: in eben jener *Nürnberger Straße*, in der das zerbombte *Kleine Haus* des Berliner *Staatstheaters* kürzlich noch gestanden hatte: alles Theater?

Schon wenige Wochen hiernach, im März 1947, wurde diesem antifaschistischen Nazigünstling die Generalintendanz der *Städtischen Bühnen Düsseldorf* angetragen: was man seinerzeit in gehobenen Theaterkreisen als *Provinz* verachtete. Aber Gründgens nahm an.

Denn ihm war klar, daß er auch nach vielen schauspielerischen und inszenatorischen Erfolgen im neuen *Deutschen Theater* keinerlei Aussicht hatte, zum Nachfolger des scheiternden Wangenheim erkoren zu werden. Dort wurde jetzt nach einem so vorbehaltlos marxistischen Antifaschisten gesucht, wie Wolfgang Langhoff (* **1901**) es dann war und siebzehn Jahre lang höchst erfolgreich blieb.

Aber Düsseldorf lag 1947 noch in der britischen Besatzungszone. Folglich mußte sich der eben erst Rehabilitierte nach den dortigen Regeln abermals entnazifizieren lassen. Das geschah am 12. April 1947 zunächst vor einer deutschen Prüfungskommission. Sie empfahl ihrer Militärregierung beden- ken- und vorbehaltlos eine Zulassung dieses Kandidaten auch für eine Theaterleitung. Aber der entsprechende Ausschuß der Besatzungsmacht stufte ihn Anfang August 1947 just wegen seiner Mitwirkung 1941 im englandfeindlichen *NS*-Film *"Ohm Krüger"* als "Mitläufer" ein.

Gründgens verwies auf all jene todesmutigen Demonstrationen seines damaligen Protestes gegen diesen Film, erhielt hierbei die Schützenhilfe des Düsseldorfer Oberstadtdirektors, gar des nordrhein-westfälischen Ministerpräsidenten und wurde schließlich Anfang April 1948 endgültig als "entlastet" anerkannt: nach insgesamt dreijähriger Anzweiflung durch die Siegermächte.

Im Düsseldorfer Schauspielensemble traf er aus eigener Anfängerzeit noch seinen Lehrer Peter Esser (* **1886**) und den Kollegen Adolf Dell (* **1890**) wieder und zählte sie fortan zu seinen unverzichtbaren Getreuen, jedenfalls meinen späteren Lehrer Dell als Gerichtsdiener auch in Kafkas *"Prozeß"*.

Schon Anfang Juli 1950
sah ich Gründgens und Dell dann beide erstmals, selbst fünfzehnjährig
und ein frisch importiertes Flüchtlingskind aus Wangenheims *DDR*,
gemeinsam bei den *Ruhr-Festspielen* im *Städtischen Saalbau* Recklinghausen
Kafkas Roman *"Der Prozeß"*
in jener Dramatisierung von André Gide und Jean-Louis Barrault
bei einer Art Voraufführung der Düsseldorfer Gründgens-Inszenierung
im Bühnenbilde just des legendären Rochus Gliese (* **1891**) spielen

und fühlte mich bis ins innerste Mark getroffen und aufgewühlt:
so also war modernes Theater: elektrisierend!
Ich sehe Gründgens da jetzt noch in der Rolle jenes anonym angeklagten Josef K.
auf einem neumodisch weit in den Zuschauerraum hinein gebauten Laufsteg,
den er meines Erinnerns den ganzen Abend lang
nur ein einziges Mal betrat,
um da also "mitten zwischen Bergleuten"
einen einzelnen, vollkommen unvergeßbaren Satz zu sagen:
"Ich werde mich selbst verteidigen".
Den "Bergleuten" war das rundherum recht. Oder eher egal,
für mich und meine Adoleszenz jedoch vollkommen unvergeßbar:
er werde sich selbst verteidigen.

Gleichwohl amtierte er da schon in Düsseldorf und setzte dort sogar den kostspieligen Wiederaufbau des zerbombten Operettenhauses nunmehr zu einem Schauspielhause durch, das er im September 1951 wieder mit seinem Franz Moor in eigener Inszenierung jener selben *"Räuber"* einweihte,

mit denen er seine Berliner Zeit 1944 beendet und schon im Frühjahr 1945 seinen dortigen Neubeginn bis zur sowjetischen Verhaftung zu signalisieren versucht hatte: jenem Fanal des jungen Schiller zum Thema ungleicher Brüder, konträrer Lebenskonzepte, die ineinander verwoben und gleichermaßen zum Scheitern verurteilt sind …

Aber das Düsseldorfer Konstrukt eines sogenannt "gemischten Betriebes" mit Oper, Ballett und Schauspiel ließ sich finanziell und organisatorisch nicht auf dem gewohnten und einzig möglichen Niveau realisieren. Schon im Februar 1951 griff Gründgens daher auch hier *"nach diversen Krisen und Krächen"* (Blubacher) zum *NS*-erprobten Mittel seines Rücktritts. Das war seinerzeit umso effektiver, als die Stadt Berlin ihn zwischen 1949 und 1951 für die Intendanz ihres wiederaufgebauten *Schiller-Theaters* zu umwerben begonnen hatte. Seine Düsseldorfer Kündigungsdrohung verhalf ihm hier zu einer Strukturreform, die ihm seither ermöglichte, in Gestalt einer GmbH nur noch erstklassiges Schauspieltheater zu präsentieren und in Berlin, dessen Presse ihn aus politischen Ressentiments militant zu verhindern trachtete, seinerseits abzusagen.

All dessen völlig unkundig,
fragte ich selbst im September 1951
mit der Unverfrorenheit eines just siebzehnjährigen Unterprimaners
bei diesem Gründgens, meiner dazumal vermutlich einzigen künstlerischen Ikone,
brieflich an, wie man Regisseur wird. Und gleich auch, wie man Schauspieler wird.
Er reagierte sogar darauf: zwar nicht persönlich,
aber Peter Gorski, sein Sekretär, ließ mich schon Mitte Oktober wissen,
"Herr Gründgens" habe ihn *"beauftragt, Ihnen zu antworten"*:
mit ausführlichen Erläuterungen, wie all das Angefragte zu erreichen sei.
Tatsächlich fand dann später alles etwas anders statt,
aber was ich vom großen Gründgens da erfahren hatte, war dies:
"Sie werden immer eine lange Ausbildungszeit absolvieren müssen".

Sein eigener Düsseldorfer Spielplan zeichnete sich inzwischen durch Erstaufführungen mancher fremdsprachiger Autoren und durch Inszenierungen von *NS*-verbotenen Dramen aus. Mit Stücken und Rollen von T. S. Eliot (* **1888**), Jean Cocteau (* **1889**), Marcel Pagnol (* **1895**), Thomas Wolfe (* **1900**), Sartre * **1905**), Giraudoux, Tennessee Williams, Christopher Fry, Terence Rattigan oder Dürrenmatt betrat er künstlerisches Neuland. Aber auch Wedekind, Hofmannsthal, Sternheim, Kafka, Wolfgang Hildesheimer und Jacques Offenbach erweiterten jetzt seine Palette.

Hiervon sah ich, selbst 15- bis 21jährig, in sechs von acht Gründgens-Jahren
(von 1950 bis 1956) vierzehn Aufführungen des *Düsseldorfer Schauspielhauses*
mit Inszenierungen von Gründgens, Willi Schmidt, Leo Mittler, Günther Lüders,
Ulrich Erfurth und mit Hauptdarstellern wie Gründgens, Marianne Hoppe, Adolf
Wohlbrück, Sybille Binder, Gustav Fröhlich, Gisela von Collande, Elisabeth
Flickenschildt, Martin Benrath und dem betagten Gründgens-Lehrer Peter Esser.

Er holte auch emigrierte Schauspieler, Regisseure und Ausstatter seiner Sympathie aus ihrem Exil zurück oder rehabilitierte unterdrückte und verleumdete Kollegen: Fritz Kortner (* **1892**), Leo Mittler (* **1893**), Sybille Binder (* **1895**), Adolf Wohlbrück (* **1896**), Ita Maximowna (* **1901**), Teo Otto (* **1904**), Robert Pudlich (* **1905**) und andere. An Grete Mosheim (* **1905**) schrieb er noch 1950 nach New York, wie genau er sich an den Berliner Sommer 1933 und ihre Frage erinnere: *"Was will denn dieser Goebel überhaupt von mir?"*; sein Theater stehe ihr nun *ganz zur Verfügung: "Ich wäre sehr gücklich, wenn ich es sein dürfte, der Ihr Wiederauftreten in Deutschland vorbereiten könnte"*.

Aber manche holte er halt auch nicht. Das wurde ihm dann verübelt und falsch ausgelegt

Schon im Mai 1945 war auch Klaus Mann zurückgekommen – zunächst noch in *US*-amerikanischer Besatzungsuniform, später in Zivil, immer wieder und wieder: kometenartig, kam und ging wieder, kam und ging. Aber versuchte nach und nach, seinen Roman *"Mephisto"* endlich auch jenem Volke zugänglich zu machen, in dessen Sprache er vor nunmehr einem ganzen Jahrzehnt geschrieben worden war.

Doch die neu erwachten hiesigen Verlage verweigerten sich, warum auch immer. Im Hause Langenscheidt, das schon vertragsverbindlich zugesagt hatte, begründete der Geschäftsführer Georg Jacobi seine plötzliche Absage mit einem Brief vom Mai 1949 aus München: *"Von hier aus kann man schlecht den* 'Mephisto' *starten, denn Herr Gründgens spielt hier eine bereits sehr bedeutende Rolle"*.

Eine Woche später antwortete ihm Klaus Mann aus Nizza:

"Gründgens hat Erfolg: warum sollten Sie da ein Buch herausbringen, das gegen ihn gerichtet scheinen könnte? Nur nichts riskieren! Immer mit der Macht! Mit dem Strom schwimmen! Man weiß ja, wohin es führt: zu eben jenen Konzentrationslagern, von denen man nachher nichts gewußt haben will".

Neun Tage später beendete Klaus Mann sein Leben eigenhändig: im selben Nizza. Daß da Zusammenhänge bestehen könnten, hat Gründgens selbst noch in einem Brief bezweifelt, mit dem er im Dezember 1950 aus Düsseldorf einige insistierende Fragen von Karl Marx, dem Herausgeber der *"Allgemeinen Wochenzeitung der Juden in Deutschland"*, beantwortete:

"Ich kenne das Buch von Klaus Mann nicht und will es auch nie lesen. [...] Im übrigen: selbst wenn dieser Briefwechsel mit dem sehr taktlosen deutschen Verleger eine Beziehung zu Klaus Manns Tod haben sollte – ich bin versucht, das nicht anzunehmen – so ist mir immer noch nicht klar, was ich damit zu tun habe; denn ich habe weder direkt noch indirekt mit dem Buch und seinem Erscheinen hier etwas zu tun. Nach dem Erscheinen dieses Buches hier in Deutschland würde ich es getrost meinen jüdischen Freunden überlassen, Seite für Seite dieses Buches zu entkräften".

Er bezog sich dann namentlich auf seinen damaligen Privatsekretär Erich Zacharias-Langhans, *"der heute in Chile lebt und auf den Klaus Mann in seinem Buch ganz offen hingewiesen hat, ungefähr so, daß ich so dreist sei, zu meinem nächsten Mitarbeiter einen Halbjuden gemacht zu haben. Diesen Passus brauchte Herr Heydrich nicht mehr als einmal zu lesen"*: um diesen Denunzierten anderthalb Jahre nach Erscheinen des *"Mephisto"* im Gestapo-Gefängnis der berüchtigten Prinz-Albrecht-Straße einzukerkern..

Gründgens versuchte im selben Brief von Ende 1950 noch, sein vormals enges Verhältnis zu Klaus und Erika Mann (* **1905**) endgültig zu bereinigen und ihre Verbindung für zerrissen zu erklären:

"Ich habe Klaus Mann seit 1928 zweimal gesehen. Er weiß nichts von mir und meinen Gedanken, nichts von meinen Motiven. Ich habe ihm und vielen gemeinsamen Freunden auch vor seinem Tode gesagt, daß es mir nicht möglich ist, den gleichen krankhaften Haß aufzubringen, den diese beiden Menschen auf mich geworfen haben [...]. Und ich habe nach der Nachricht von seinem Tode, der mich ergriffen hat, trotz allem, was ich weiß, was die beiden auch nach dem Kriege gegen mich getan haben, Erika Mann einen Brief geschrieben".

Noch knapp zwei Jahre später, Ende August 1952, schrieb er aus Zürich an jenen Freund Erich Zacharias-Langhans in Santiago de Chile:

"Inzwischen schlage ich mich mit den Manen Klaus Mann's herum, die allerdings eine handfeste Gestalt in Erika angenommen haben, die nun bei Blanvalet versucht, den 'Mephisto' herauszubringen, nachdem selbst Bermann-Fischer es abgelehnt hat. Auch hier kämpfen die jüdischen Organisationen in Deutschland in vorderster Front für mich".

Und er selbst?

"Ich selbst bin unentschlossen", gesteht er im selben Briefe seinen eigenen Einbezug in die ganze Affäre ein, *"aber nach einem Votum, das der Verlag sich von einem Oberstaatsanwalt hat geben lassen, würde ich jeden Prozeß, den ich führen will, mühelos gewinnen.*

Aber ich hätte eigentlich für den Rest meines Lebens friedlichere Pläne".

Gut ein weiteres Jahr später, Ende Oktober 1953, ertappte er einen seiner Regieassistenten bei der Lektüre des *"Mephisto"*, den sich dieser 27jährige in Paris *"unter dem Ladentisch in einer Ausgabe eines holländischen Verlegers erworben"* hatte.

"Die erste Reaktion Lachen", hat dieser Adlatus später berichtet, *"dann: wie ich zu diesem Buch gekommen sei, und, fortfahrend ohne jede Nachfrage, daß ihn dieser Roman nie geärgert habe und er sich erst seit kurzem von dem Gedanken verabschiedet hätte, 'Mephisto' mit sich selbst in der Hauptrolle verfilmen zu wollen. Ich erinnere mich an ein wörtliches Zitat: 'Mit Goethe befinde ich mich doch in besserer Gesellschaft'"* – und spielte auch da wieder lieber dessen als Klaus Manns Mephisto.

Aber nur drei weitere Jahre später, 1956, als Gründgens schon nach acht Düsseldorfer Spielzeiten die Leitung des *Deutschen Schauspielhauses* in Hamburg übernommen,

dort noch ein letztes Mal, 1957, *"Faust I",* und 1958 (nach einem letzten *"Danton"*: ohne da selbst noch aufzutreten, aber im Bühnenbilde desselben Caspar Neher, der kurz vorher, im Frühjahr 1956, auch den Raum für Piscators *"Danton"* im Berliner *Schiller-Theater* gestaltet und mir beim Assistieren von seinen häufigen Krankenbesuchen am Sterbebett seines Freundes Bert Brecht berichtet hatte),

gleich 1958 also auch noch seinen letzten *"Faust II"* inszeniert und jeweils als (bereits alternierender) Mephisto mitgespielt hatte,

da also erschien *"Mephisto"* in deutscher Sprache beim *Aufbau-Verlag* der *DDR*. Hiernach habe, wußte noch 1981 Bertold Spangenberg,

> 1944 Gründer einer *NS*-Widerstandsgruppe und später Leiter der *Nymphenburger Verlagshandlung*,

hiernach also habe Gründgens *"in Westdeutschland einiges unternommen, um drei oder vier Verlage an der Herausgabe des Romans zu hindern"*. Das gelang ihm damals auch: *"Mephisto"*, verkündete Erhard Becker noch 1971 in einer Hörfunksendung des *Süddeutschen Rundfunks*, *"bleibt aus anderen als politischen Gründen verboten – weil der postmortale Ehrenschutz für den Schauspieler und Intendanten Gustaf Gründgens schwerer wiegt als die Freiheit der Kunst"*.

Klaus Mann war aber nicht der einzige Remigrant, den Gründgens nach 1945 eher mied.

> Erwin Piscator (* **1893**) zum Beispiel,
>
> der in Berlin schon europäische Theatergeschichte geschrieben hatte, als Gründgens dort erst zaghaft Fuß zu fassen versuchte,
>
> und dem sogar Alfred Mühr, sonst eher konservativen Geistes, inmitten eines ersten panegyrischen Plädoyers für seinen Guru Gründgens schon 1950, als Piscator in Deutschland noch teils vergessen und teils noch irgendwo verschollen war, neidlos bestätigte, daß er weiland *"sensationell inszenierte"* und als *"eine der extremsten, lebendigsten und eindringlichsten Persönlichkeiten der deutschen Bühne geschätzt"* wurde,

dieser selbe Piscator also kehrte erst 1951 aus *US*-amerikanischem Exil und dortiger Verfolgung durch das *FBI*, aus dessen Deportationsverfahren wegen vermeintlich *"unamerikanischer Aktivitäten"* und aus jener schrecklichen McCarthy-Ära nach Deutschland zurück.

Auch hier fand er sich sofort vom *Kalten Kriege* und dessen Kommunistenhysterie verdrängt, verwünscht und abermals verdächtigt – oder schon völlig vergessen: jedenfalls überflüssig. Er mußte künstlerisch hausieren gehen und zwölf andere Jahre lang über hiesige "Dörfer" tingeln. Seine Verbitterung über *"the Show-business here in Germany"*, schrieb er im Sommer 1952 aus dem heimatlich hessischen Dillenburg an das Schauspielerpaar Maria Becker und Robert Freitag in Zürich, *"which is by no means better than that in U.S.A."*, staute sich nachvollziehbar

und entlud sich nicht selten
in jenen endlosen politischen oder kulturpolitischen Monologen,
die er mir – als seinem Assistenten und aufmerksamen,
aber viel zu jungen und daher inkompetenten Zuhörer –
zwischen 1955 und 1958 in Berlin, in Göteborg, in Essen oder Paris
bei gemeinsamem Mittagessen oder nach langen Abendproben
noch in seinem Hotelzimmer unermüdlich zu halten liebte:
nie übers Früher, meist über heute und am liebsten
über ein Morgen oder Übermorgen, wie es seiner Meinung nach werden sollte.

Da wurden dann häufig tief verletzte Vorbehalte und Ressentiments gegen alle unemigrierten Naziprofiteure ebenso gern und leidenschaftlich formuliert wie auch in manchem seiner vielen Briefe von damals.

Als allergünstigste Zielscheibe diente dann oftmals der scheinbar immergrüne Gründgens:

"Was alles man Gutes Herrn Gründgens auch nachsagen muß", schrieb Piscator im März 1953 an Kurt Hirschfeld (* **1902** und damaligen Dramaturgen des Zürcher Schauspielhauses), *"im Gegensatz dazu habe ich den*

Nazis nicht 12 Jahre lang mit hoher Gage auf hohem Posten Staatstheater gemacht. Und daß jetzt ein Gründgens mit Ihrer Hilfe auch noch so auftreten darf, als ob er zum Hüter des deutschen Kulturgutes berufen sei, ist wohl die Höhe“.

Trotzdem war er da noch kontakt- und versöhnungsbereit. *”Natürlich würde ich auch gern“*, schrieb er Ende desselben Jahres 1953 an den Zürcher Intendanten Oskar Wälterlin (* **1895**) ins *Düsseldorfer Schauspielhaus*, *”meine Bekanntschaft mit Gründgens erneuern. Bitte grüßen Sie ihn“.*

Aber Anfang 1954 waren Piscator und Gründgens dann unverhofft Konkurrenten um die Intendanz eines geplanten Stadttheaters in Düsseldorfs Nachbargemeinde Duisburg.

”Was übrigens Gründgens betrifft“, schrieb Piscator da Anfang Februar 1954 allzu gutgläubig an den befreundeten Autor, Dramaturgen und literarisch-theatralischen Tausendsassa Hellmut Schlien: *”glauben Sie nicht, daß wir gemeinsame Freunde hätten, die ihn dazu bestimmen könnten, daß er anstatt mich in Duisburg zu bekämpfen, eine Geste machen würde, meinetwegen darauf zu verzichten? [...] Schließlich und endlich bin ich ja 20 Jahre lang abgehalten worden und schließlich gibt es ja auch eine moralische Auffassung in der Sache“.*

> Aber da wußte Piscator schon, daß der Duisburger Kulturdezernent ihn wörtlich als *”Roten“* abgelehnt hatte. *”Mein Rot“*, antwortete er da Anfang März auf die Absage des dortigen Oberstadtdirektors, *”war stets der Widerschein der Flammen von Ypern, Berlin – Dresden, London – es war – ist ehrlich, klar – und ich bin stolz drauf! Ich darf sagen, daß ich mich bei keiner Wendung in meinem Leben – irgendwo beschmutzt habe.“*
>
> Die Duisburger Absage blieb keineswegs die einzige. Als Boleslaw Barlog, Intendant des Berliner *Schloßpark-Theaters*, ihm ”aus Termingründen“ die kurzfristig angebotene Uraufführung von Rehfischs *”Kassenarzt“* entzog, schrieb Piscator ihm mitten aus seinen

Proben just zu Arthur Miller's beziehungsreicher *"Hexenjagd"* am kleinen Landestheater Tübingen diese Zeilen:

"Wie wäre es, wenn das Theater einmal eine kleine Einladung an mich richten würde – um Pläne zu besprechen – in Ruhe und 'zeitiger' [...] . (Warum war ich auch ausgerechnet während der Nazi-Zeit nicht hier! Damals hätte ich auch Staatstheater-Intendant werden können – und säße jetzt vielleicht in Hamburg – und Gründgens hätte in Düsseldorf bleiben müssen etc.)

À propos – sehen Sie da eine Möglichkeit für mich", überwand er sich auch diesmal wieder zum demütigenden Klinkenputzen, *"oder 'werden da Katholiken nicht ... 'oder 'doch vielleicht die Sozialisten' – aber nein 'die K.P.D. ... 'oder – wahrscheinlich doch nur ein Mann, der früher schon – Sie wissen – unter den Nazis – bewiesen hat – was er kann ... und daß er kann ... ".*

Es war wirklich entwürdigend: abermals ganze zwölf Jahre lang. Piscator selbst im Januar 1954: *"nur mehr zum Kotzen"*.

Noch sechs Jahre später, im Dezember 1960, bilanzierte er brieflich in jenem Essener Hotel *"Kaiserhof"*,

wo auch ich oft mit ihm zusammen war,

für den Hamburger Verleger Heinrich Maria Ledig-Rowohlt:

"Es wird einst eine geschichtliche Tatsache sein, daß ein politisch Verfolgter, zurückgekehrt, keine geistige Heimat mehr fand.

Was tun?"

(Aber Barlog hat ihn dann mehrfach als Inszenator eingeladen.)

Auch der vielfach beschuldigte und angegriffene Gründgens war sich dieser argen Situation durchaus bewußt:

"Ob es nun Wahnsinn ist oder erzwungene Emigration", hatte er schon im Mai 1952, als er in Düsseldorf endlich den titulären Wahnsinns-Jongleur in

Pirandellos *"Heinrich IV."* spielte, an Otto Burrmeister (* **1899**), Leiter der Recklinghäuser *Ruhr-Festspiele*, geschrieben

(die ich just damals mit meinem Fahrrad
über zehn Kilometer hinweg und tief in der Nacht zurück
so oft wie irgend möglich besuchte,
um erste Theatereindrücke einzusammeln):

"die Rückkehr ist wohl fürchterlich schwer. Ich habe ganz wenige Emigranten getroffen, die sich ihrer neuen Situation ohne einen Bruch anpassen konnten".

Aber sind Scherben jemals wieder zusammenzufügen?

Auch der scheinbar so glückhafte Gründgens war da von all dem Durchgestandenen schwer gebeutelt. Schon in den frühen dreißiger Jahren, als er zum Beispiel jenen *"Danton"* drehte und im Berliner *Staatstheater* als Mephisto gastierte, mußten *"mitunter Proben und Dreharbeiten wegen seiner starken Kopfschmerzen unterbrochen werden"* (Blubacher). Auch später noch litt er zunehmend unter chronischer Schlaflosigkeit, immer häufiger an Migräne oder Kopfneuralgie, *"die vom Hals aufstieg und sich im Hinterkopf festsetzte"* (Mühr), an Kreislaufstörungen auch mitten in einer Vorstellung und Attacken von *"Nervenschmerzen"* an der Halswirbelsäule oder Trigeminusneuralgie, von lokalem Lumbalsyndrom mit Bewegungs-, auch an beängstigenden Gedächtnis-, und Sprachstörungen oder Stimmbandentzündungen, die *"tagelang Auftritte unmöglich"* machten oder *"Vorstellungen nur noch mit ärztlicher Hilfe durchstehen"* ließen (Blubacher), folglich an entsprechend mannigfacher Tablettensucht, auch Abhängigkeiten von morphinhaltigen Drogen. Goethes Mephisto sei dann, soll er Oskar Werner gelegentlich gestanden haben, die einzige Rolle gewesen sein, *"die er mit seinen ewigen Kopfschmerzn darzustellen in der Lage sei"* (Degen).

Ich selbst erinnere mich, ihn Mitte Februar 1955, noch in Düsseldorf,
als General Rupert Foster im *"Marschlied"* des britischen Dramatikers
John Whiting, eines Wegbereiters für Beckett und Pinter, gesehen zu haben.

In diesem *"Marching Song"* von 1953 spielte er einschlägig einen "General“, der nach siebenjähriger Einzelhaft als Kriegsverbrecher (wo auch immer) heimkehrt und hier von einer demokratischen Opposition nunmehr auch noch für die militärische Niederlage seines Landes juristisch zur Verantwortung gezogen wird. Um seinem inneren Konflikt zwischen Schuldbewußtsein und Pflichterfüllung zu entrinnen, folgt er dem Rat des Ministerpräsidenten und geht freiwillig in den Tod.

Als ich Gründgens diese anzügliche Paraphrase seines eigenen Lebens
neben Peter Esser, seinem Lehrer, und Adolf Dell, inzwischen meinem Lehrer,
spielen sah, kämpfte er bisweilen mit seinem Text,
den er dann nuschelte oder nur noch stammelte oder lallte.
Beispiel: *"Konzation"* statt *"Konzentration"* [dachte er da
an Konzentrationslager?], aber derlei häufig.
Das störte meine eigene zwanzigjährige Konzentrationsfähigkeit erheblich.
Als ich Adolf Dell darauf ansprach, berichtete er mir,
wie Gründgens ihn nach einem solchen Zungensalat
in seiner Garderobe aufgesucht und gesagt habe:
*"Adi, du darfst nicht glauben, daß ich meinen Text nicht kann.
Ich kann meinen Text. Ich kann ihn bloß nicht formulieren"*.

Beim Abgang von der Szene, hat sein Regieassistent Walter Czaschke überliefert, mußte er geführt werden. Denn zu angeborener Kurzsichtigkeit und Nachtblindheit kamen nach und nach auch Sehstörungen infolge einer Augenthrombose, in seinem Hamburger Berufsfinale während der späten fünfziger Jahre, in denen seine Krankheitsschübe sich immer häufiger mit chronischem Appetitmangel verbanden, auch Durchblutungsstörungen. Komplizierte Zahnprobleme mit hinderlicher Kieferoperation traten da hinzu. 1958 konnte er ein ganzes Jahr lang nicht auftreten.

Beginnende Depressionen ließen ihn da ganze Abende lang, an denen er nicht auf die Bühne konnte oder mußte, einsam in seinem blütenweißen Palazzo am Hamburger *Harvestehuder Weg* mit Alsterblick nur noch vor der "Glotze“ sitzen. (Die Thais nennen das ganze *Fernsehen* daher einfach *nang duh*, wörtlich: *sitzen und gucken* oder *glotzen*). Selbst die Premierenfeiern seiner eigenen Aufführungen mied er jetzt lieber. Zunehmend frönte er jener Neigung, die sein Berliner Dramaturg Eckart von Naso schon in den frühen

Staatstheater-Jahren an ihm beobachtet hatte: *"Er liebte die Einsamkeit seines eigenen, meist sehr unpersönlichen Lebens, in dem nur die Flamme der künstlerischen Energie brannte".*

Einer seiner Hamburger Protagonisten
hat mir viel später mal in einer Probenpause gebeichtet,
wie dieser Theatergott seine Schauspieler einmal bat,
zu einer ihrer Geselligkeiten hinzugebeten zu werden, sie das aber
(wohl schon in Kenntnis seiner baldigen Demissionierung)
mit der faulen Ausrede unzulänglicher Bewirtungsvorsorge abgelehnt haben:
in Wahrheit weil seine belastende Gegenwart ihr Vergnügen hätte mindern können.
Hierauf habe er sie allesamt zu sich an den *Harvestehuder Weg* eingeladen
und ihnen lediglich ein Päckchen Salzstangen serviert:
"Ich denke, das wird für uns alle reichen".

Immer häufiger mußten seine psychotherapeutischen Behandlungen und Kur- oder Klinikaufenthalte in Sanatorien auf der Bühlerhöhe, in Bad Wörishofen, im schweizerischen Kreuzlingen, La Tour-de-Peilz, Lugano oder Hirslanden mühsam und kompliziert in die Spielplangestaltung eingebaut werden. In der Hamburger Spätzeit

(in der ich noch seine *"Maria Stuart"*, die *"Heilige Johanna der Schlachthöfe"*,
aber *"Faust I"* schon mit einem umbesetzten Mephisto gesehen habe)

residierte er bisweilen ganz in der Psychiatrischen Klinik jenes arg *NS*-belasteten Professors Hans Bürger-Prinz oder reiste sogar zur Mayo-Klinik in Rochester (nördlich von New York).

Zum Ende der Spielzeit 1962/63 kündigte er sein Hamburger Amt. Denn Steigerungen oder unerreichte Ziele, unerfüllte Wünsche waren nicht mehr sichtbar. In dieser seiner zweiten Hamburger Zeit, drei Jahre länger als weiland die erste, hatte er in rund vierhundert Vorstellungen 88 Dramen präsentiert, davon 28 selbst inszeniert und 15 Hauptrollen gespielt. Auch den gängigen Vorwurf novitätensüchtiger Medien, er vernachlässige die moderne Dramatik, widerlegt die Statistik: 33 Klassikern standen in diesen acht Jahren just 33 zeitgenössische Autoren gegenüber, noch ergänzt um 22 Werke aus der ersten Hälfte jenes beutelnden 20. Jahrhunderts. Zehn Uraufführungen in acht Jahren sind mehr als durchschnittlich üblich: mehr als eine pro Spielzeit.

Die letzte war da Anfang 1962 die Komödie *"Weh dem, der nicht lügt"* jenes selben Richard Hey, den ich als Wuppertaler Intendant ab 1975 zum Schauspiel-Dramaturgen erkor, damit er mitten im Theateralltag seine Komödie *"Das Ende des friedlichen Lebens der Else Reber"* schreiben und sie dort im Frühjahr 1977 selbst inszenieren konnte.

Auch die kommerzielle Bilanz dieser Hamburger Ära Gründgens war ungewöhnlich. Denn im Gegensatz zum Bundesdurchschnitt von damals 39 Prozent hatte das *Deutsche Schauspielhaus Hamburg* unter dieser Intendanz ganze 71 Prozent seiner Unkosten eingespielt und das vorgeschriebene Einnahmesoll so noch übertroffen, die Kartenwünsche seiner Besucher vielfach längst nicht erfüllen können. Die sonntäglichen Warteschlangen, die sich von der Theaterkasse in der Kirchenallee um die Ecke noch weit in die Ellmenreichstraße hinein erstreckten, waren damals die Norm und legendär.

In Anerkennung all dessen hatte daher inzwischen auch die junge Bundesrepublik den weiland Staatsrat, Staatsschauspieler und *NS*-Reichskultursenator integriert und mit ihren eigenen begehrtesten Trophäen ausgezeichnet: dem *Großen Bundesverdienstkreuz mit Stern* und dem *Bundesfilmpreis*.

Mit solchem Lametta auf seiner Ordensbrust gedachte er nunmehr, fast 64-jährig, den Intendantenthron zu räumen.

Zeitbedingtes trat hinzu:

denn *"zum anderen ist es meine Meinung"*, schrieb er Ende Oktober 1962 seinem zuständigen Kultursenator Hans-Harder Biermann-Ratjen (* **1901**), *"daß ein Mann, der ein Theater wie das Deutsche Schauspielhaus leitet, nicht auf die Dauer sich allen öffentlichen und halböffentlichen Veranstaltungen oder Streitgesprächen entziehen kann. Und hier ist meine Antipathie unüberwndlich. Ich leide sehr unter der politischen Entwicklung, und ich leide sehr unter der fatalen Geschäftigkeit um das Theater"*.

Auch sein Psychiater Hans Bürger-Prinz hatte einen *"empfindlichen Horror vor jeder Publizität"* diagnostiziert und ihm daher den Rücktritt empfohlen.

> (Durch ein vergleichbar verantwortungsloses Abraten hatte dieser selbe Seelenarzt erst kurz zuvor einem literarisch prominenten Patienten jede künstlerische Kreativität überhaupt ganz zu unterlassen empfohlen und so vermutlich dessen Existenz vernichtet.)

Dessen eher unkundig, beschloß Gründgens, dem Rate dieses Arztes zu folgen und zu demissionieren: statt alledem lieber eine Weltreise anzutreten und Bezirke zu betreten, in denen er selbst und sein Name unbekannt waren.

Nur wenige Tage vorher war er plötzlich noch in München, holte sich persönlich bei einem Herrenausstatter die georderte Reisekleidung ab, traf sich noch mit Marianne Hoppe und Emmy Sonnemann-Göring

und erschien unverhofft auch in der hiesigen Wohnung des remigrierten Fritz Kortner – dieses gut sieben Jahre älteren Kollegen aus ihrer beider *"Danton"*-Film von 1931, weil er angeblich unter dessen Regie demnächst Shakespeare's König Lear spielen wollte: jenen mächtigen Herrscher, der, vergreisend, an verhängnisvollem Realitätsverlust leidet, sich in senilen Starrsinn verstrickt und an den eigenen Fehlentscheidungen tragisch zugrunde geht.

Aber Kortner hatte den Eindruck, daß Besuch und Gespräch fast eine ganze Nacht lang eigentlich dem Altwerden galten: dem Lebensende.

Das alles ereignete sich kurz vor der Abreise am 15. September 1963.

Er reiste ohne Peter Gorski

> (den er inzwischen von seinem Sekretär zum Regie-Assistenten und Regisseur entwickelt und zum Dank für eine Lebensrettung 1945 sogar adoptiert hatte):
>
> denn dieser Partner an Sohnes Statt hatte sich inzwischen mit seiner späteren Ehefrau verbunden.

Schon Anfang Oktober 1963, nur drei Wochen später, fand ihn im philippinischen Manila sein stellvertretender Reisegefährte, ein 25jähriger Schauspielschüler aus Hamburg, nachts auf dem Fußboden seines Badezimmers im luxuriösen dortigen *"Manila-Hotel"*: schon leblos. Tropisch unerfahren (oder vorsätzlich?) hatte er eine allzu große Dosis – nein, nicht von Görings Cyankali eingenommen, sondern von seinem vielfach erprobten Schlafmittel Nembutal. Innere Blutungen sollen Herz und Atemzentrum behindert haben. Die näheren Umstände sind bis heute unbekannt geblieben.

Drei Jahre später sah Siegfried Melchinger (* 1906) diesen Tod im Zusammenhang mit dem vorausgegangenen Leben als

"Versuche, sich Szenen zu schaffen, hinter denen die Wirklichkeit zuurückblieb".

Aber dieser selbe Beschreiber und Liebhaber des Theaters bilanzierte die nunmehr abgeschlossene Lebensleistung des Gegangenen so:

"Gustaf Gründgens war einer der rätselhaftesten Schauspieler, die ich auf der Bühne gesehen habe. Er ist nicht kopierbar, und er hat niemanden kopiert, nicht einmal sich selbst. Talente, die er auf der Bühne entwickelte, halfen ihm in gefährlichen Zeiten, sein Leben als eine Rolle zu spielen. Er setzte den Tyrannen die Waffen entgegen, die sie nicht beherrschten: die Geschmeidigkeit des Weltmanns, die Doppeldeutigkeit der Rede, die Souveränität eines kalt kalkulierenden und hellsichtig instinktiven Fouché",

> also just jenes Präsidenten im Jakobinerclub der *Französischen Revolution*, der 1794 aus eigentlich religiösen Gründen insgeheim Sturz und Enthauptung des gewievten Robespierre (im *"Danton"*-Film von 1931 der Gründgens-Rolle) herbeizuführen wußte.

Aber schon 1944 hatte der fast vorbehaltlose Bewunderer Richard Biedrzynski sowas wie einen prophetischen Nachruf vorausgeschickt:

"Man wird einmal erkennen, daß Gustaf Gründgens das veroperte Theater der Vergangenheit restlos überwunden hat, ohne dem Naturalismus zu erliegen. Er hat mit den Mitteln eines kühnen und klaren Zeitstils die Klassik

vom Goldschnitt befreit und aus den Elementen des Wortes (nicht der Geste!) erneuert".

Doch als 1960 sein Berliner Oberspielleiter Jürgen Fehling 75 Jahre alt wurde, beschenkte Gründgens ihn mit einer festlichen *Hommage* im Hamburger *Deutschen Schauspielhaus*. Der Jubilar bedankte sich mit einer Huldigung seinerseits:

er könne *"in dieser mir so süßen Stunde"* nicht darauf verzichten, *"meinem phänomenalen Freunde Gustaf Gründgens zu sagen, daß ich genau die Höhe der Summe weiß, der Summe von Kühnheit und Sorge, Klugheit und Zucht, die er mir durch viele Jahre bewiesen hat"*.

Ein womöglich noch warmherzigeres Bekenntnis veröffentlichte schon fünf Tage nach dem Tode dieses *"einzigartigen Theatermannes"* in einer großen Tageszeitung überraschend just einer der Kollegen und Zeit- oder Schicksalsgenossen aus jenem *"Danton"* von 1931 – Fritz Kortner:

"Gründgens und mich verband eine nicht reibungslose, aber immer wieder aufgenommene Bindung: die des echten Spaßes aneinander".

So habe ihre rezente letzte Begegnung auch dem Kasperletheater gegolten, das Kortner für seine beiden Enkel spielte und das diesen Gast *"zu heiter-witzigen beruflichen Kommentaren"* angeregt habe: *"mit ein bißchen Rührung dahinter"*,

und *"ein Lebensabend-Bund ward geschlossen"*.

Nunmehr: *"Ein großer Glanz des Theaters ist erloschen. Gründgens' Abgang ins Dunkel ist ein schwarzer Tag für die vielen, die ihn liebten, und viele liebten ihn"* – wohl auch dieser Danton von 1931, über all das Viele hinweg.

Viele, viele Monate nach jenem *"schwarzen Tage"* von Manila
kam eines Tages auf der Suche nach einem Engagement zum Weiterleben
jener Reisegefährte des erloschenen Geliebten unter verändertem Namen
zu mir in die Dramaturgie des Hamburger *Thalia Theaters*.
Ich konnte nichts für ihn tun.

Aber diese Begegnung, unser Gespräch und der Händedruck eines Mannes,
der erst kürzlich mit der Urne seines genialen Gönners im Fluggepäck
aus Manila hatte nach Hamburg zurückkehren müssen,
bewegt mich noch bis heute.

Doch im Spätsommer 1963 hatte in München kurz vor jenem Sterben in Manila die *Nymphenburger Verlagshandlung* das Erscheinen des Gesamtwerks von Klaus Mann angekündigt: einschließlich jenes prekären *"Mephisto"*.

Hat er das noch erfahren? So wie Klaus Mann weiland jene Absage?

Um aber eine solche indirekt üble Nachrede zu vereiteln, reichte Peter Gorski-Gründgens als Adoptivsohn und Alleinerbe des Verstorbenen Ende März 1964 beim Landgericht Hamburg eine Klage gegen diesen Verlag ein: mit dem Ziel, ein vermeintlich so verleumderisches Buch für die Bundesrepublik Deutschland zu verbieten. Diese Klage wurde Ende August 1965 abgewiesen, und 10 000 Exemplare dieses Buches erschienen im hiesigen Buchhandel.

Gorski legte Berufung gegen dieses Gerichtsurteil ein und setzte damit einen Rechtsstreit fort, der mit beiderseitigen Revisionen gegen kontroverse weitere Richtersprüche durch mehrere Instanzen hindurch insgesamt sieben Jahre dauerte, auch ein Votum des prominenten hessischen Generalstaatsanwaltes Fritz Bauer (* **1903**) veranlaßte, von Medien wie der *"Rhein-Neckar -Zeitung"* zum *"symptomatisch schmalen Grat zwischen Reaktion und Fortschritt"* hochstilisiert und zwischenzeitlich auch vom *Hanseatischen Oberlandesgericht* im März 1966 dahingehend abgeschmettert wurde:

"Die Allgemeinheit ist nicht daran interessiert, ein falsches Bild über die Theaterverhältnisse nach 1933 aus der Sicht eines Emigranten zu erhalten" (3 U 372/1965).

Vollends im Bundesgerichtshof wurde Ende Februar 1971 letztendlich bei Stimmengleichheit salomonisch entschieden:

zur Zeit verunglimpfe dieses Buch den verstorbenen Gründgens und dürfe daher noch nicht erscheinen, aber später, wenn sich niemand mehr an ihn erinnern werde, vielleicht doch noch.

Diesen Zeitpunkt hielt der Verlag 1980 für gekommen, als ein französisch hergestellter Raubdruck dieses Romans bereits unverhohlen angeboten, also auch begierig erworben wurde, und publizierte ihn daher nunmehr selbst offiziell: mit riesigem Verkaufserfolge. Denn inzwischen haftete diesem Buch außer seiner hochrichterlich zugestanden ehrverletzenden Schlüssellochperspektive auf einen Hochprominenten auch noch das Odium des schlagzeilenträchtigsten Literatur-Prozesses der Nachkriegszeit an.

Außerdem hatte inzwischen die avantgardistische französische Regisseurin Ariane Mnouchkine (* 1939,

> als Gründgens Fontanes Roman *"Effi Briest"* verfilmte
>
> und Klaus Mann just in die USA emigriert war, sich dort gegen Denunziationen seiner Homosexualität und vermeintlichen Inzestes wehren mußte, erstmals in englischer Sprache publizierte und damit total erfolglos blieb)

Mnouchkine also, derzeit unangefochtener Medienliebling, hatte da eine eigene Dramatisierung dieses Romans *"Mephisto"* auf die Bühne ihres *Théâtre du Soleil* in Vincennes bei Paris gebracht: recht unbekümmert um sowas wie Datenschutz, Persönlichkeitsrechte und historische Authentizität.

"In dem Theaterstück der eher ahnungslosen Französin wird so ziemlich alles, was Gustaf Gründgens betrifft, auf den Kopf gestellt", stand da in einem Protest, der von Heidemarie Hatheyer, Antje Weisgerber, Lola Müthel, Marianne Hoppe, Werner Hinz, Gustav Knuth, Kurt Meisel, Heinz Reincke und andern wohlinformierten Prominenzen unterschrieben wurde: es sei die *"Diffamierung eines Mannes, der wie kaum ein zweiter sich in schwerster Zeit"* bewährt und verdient gemacht habe.

Aber die Rezensenten waren von so exotischer Kolportage begeistert und verführten angeblich rund 200 000 Menschen zum Besuch dieser Vorstellung, die dann 1980, als das Buch gerade endlich auch in Deutschland erscheinen sollte, mit Gastspielen in Berlin und München samt hiesigen Fernsehübertragungen die willkommene Werbetrommel rührte.

Prompt, 1981, wurde dann dieser fragwürdige Roman auch fürs internationale Kino verfilmt: vom ungarischen Sohn einer jüdischen Familie, die den Holokaust weiland nur im Untergrund überleben konnte – István Szabó (* 1938,

> just als Erich Zacharias-Langhans in Berlin verhaftet und abgeschoben wurde, Gründgens selbst aber seinen eigenen Kinofilm *"Tanz auf dem Vulkan"* drehte und dort singend gefordert hatte: *"Rebellion! Rebellion / In den Katakomben!"*).

Szabós wohlvermarkteter Film nach einem Drehbuch von ihm selbst und seinem ungarischen Landsmann Péter Dobai (* 1944) war dann ab 1981 ein solcher Kassenerfolg und Dauerbrenner, daß unübersehbar große Zuschauerscharen vor Kinoleinwänden und Fernsehschirmen den historischen Gründgens und diesen vorgespielten Hoefgen von Klaus Mann gar nicht mehr zu unterscheiden vermochten. Ich fürchte, grade jüngere Betrachter hielten vollends die Schauspieler Klaus Maria Brandauer und Rolf Hoppe wahrhaftig für Gründgens und Göring.

Hiernach verblaßte tatsächlich laut höchstrichterlicher Prophezeiung von 1971 die Erinnerung an den echten Gründgens, und was von ihm populär blieb, war der schleimige Opportunist und Nazi-Karrierist von Szabó, Mnouchkine, Klaus Mann und Brandauer. Namentlich die einflußreichen Meinungsmacher in unserer Gesellschaft verlegten sich auch hierbei, ohne selbst groß eigene Recherchen anzustrengen, am liebsten auf das branchenüblich opportune und pennälerhaft bequeme Abschreiben beim Nachbarn.

Nicht zuletzt hierdurch dürfte sich unser öffentliches Gründgens-Bild bis heute nicht mehr wesentlich verändert haben.

Vielleicht deshalb formulierte der namhafte Historiker Werner Maser, der ja an der *Hochschule für Politik* in München und an der *Martin-Luther-Universität Halle-Wittenberg*, als Gastprofessor aber auch in den *Vereinigten Staaten*, in Japan und Finnland vorwiegend über Hitler und dessen Ära las,

1998 in seiner Monografie über Heinrich George, daß dessen Kollegen Gustaf Gründgens inzwischen *"sowohl die Linken als auch die Rechten falsch einordneten"*, weil er es eben weiland verstanden hatte, *"so zu tun, als sei er einer der Leute, die Goebbels und Göring für das Theater wünschten, doch er tanzte, politisch kühn, ständig auf einem Seil, von dem er jederzeit hätte abstürzen können"*.

Aber 1999 gedachte der *Westdeutsche Rundfunk* in seinem Fernsehprogramm tatsächlich des 100. Geburtstages dieser inzwischen beiderseits vielfach verleumdeten Theaterlegende: mit einer Podiumsdiskussion, die sich *"Die Nacht ist nicht allein zum Schlafen da"* titulierte, von Roger Willemsen, einem andern Medienliebling, moderiert

(der mir mehrfach auf Briefe eines Fremden so schnell und höflich, so liebenswürdig geantwortet hat, wie das heute kaum noch jemand tut)

und vom Mode-Regisseur Werner Schroeter, vom Gründgens-Biografen Peter Michalzik und von den Schauspielern Lola Müthel, Elisabeth Schwarz und jenem Uwe Friedrichsen bestritten wurde

(der in zwei Fernsehspielen nach meinen Drehbüchern Hauptrollen spielte und wegen weiterer mal auf meinem Sofa saß).

Sie alle schienen das gefeierte Geburtstagskind zwar zu respektieren, aber auch "kritisch", also daher – wissentlich oder nicht – mit den Augen von Klaus Mann zu sehen: nur als unterwürfigen Liebediener und Handlanger der Nazigangster.

Mich empörte das. Zu jener Zeit ohne *facebook*
oder sonstige Aggressionspodeste für jedermann
war ein Zuschauerbrief für die Medienmacher noch relativ bedenklich.
Also schrieb ich – aber wohlweislich nicht an die zuständige Redaktion,
von der ich mir schon damals nur wenig erhoffte,

sondern an die mitwirkende Elisabeth Schwarz, dem hiesigen Kinopublikum als deutsche Stimme Geraldine Chaplin's und Meryl Streep's vertraut, seit vielen Jahren progressives und politisch verantwortungsbewußtes Ensemblemitglied jenes selben Hamburger *Thalia Theaters,*

dem ich ja vormals selbst sechs Jahre lang angehört hatte,

und im selben Jahr geboren wie Szabó: damals, als zumindest für den kritisierten Gründgens die Nächte *"nicht nur zum Schlafen"* da waren, sondern

im Wortlaut dieses Chansons,
das damals immerhin *"von ganz Deutschland nachgesungen wurde",*
schrieb ich da an Frau Schwarz,
"und das jetzt noch Ihrer Fernsehsendung den Titel spendierte",

sondern auch für Rebellion in den Katakomben, zur Verwandlung von Gesprächen in Bomben und durchaus auch für *"Amnestie, Amnestie / Allen braven Sündern".*

Die Frage bliebe freilich, schrieb ich weiter an Frau Schwarz,
ob Gründgens damals *"im Sinne dieses Filmes*
auch auf seiner Bühne ein Theater
der Opposition und des Widerstandes gemacht hat.
Das konnte im Exil für Emigranten wie Klaus Mann nicht so aussehen.
Ihm plappern das nun schon mehrere Generationen unkritisch nach".

Hierauf antwortete Elisabeth Schwarz noch im Jahre 2000: *"Das Buch von Klaus Mann fand ich schon vor 30 Jahren* [als es hier noch längst nicht erschienen war: wie denn das?] *eine herbe Enttäuschung, zu doof – um Gründgens wirklich meinen zu können".* [Ach ja, richtig: er wurde da gar nicht *"wirklich gemeint"*, alles klar!]

Aber was meinem Brief an Frau Schwarz im Dezember 1999 viel wichtiger schien:

"Im Fernsehgespräch über Gründgens stellten Sie die These auf, er sei doch allzusehr Repräsentant des NS-Regimes gewesen, um damals ein Theater machen zu können wie in der DDR später das Deutsche Theater zumindest punktuell: 'daß die Leute hellwach werden bei bestimmten Stellen'."

Nur aus Höflichkeit verzichtete ich auf die Rückfrage,

woher Frau Schwarz denn so genau wisse,
ob und wann *DDR*-Bürger im *Deutschen Theater* jemals hellwach geworden seien – und ob nicht faschistische wie antifaschistische Zuschauer des *NS-Staatstheaters* seinerzeit gleichfalls *"an bestimmten Stellen"* hellwach geworden seien: ???

Aber *"da Frau Müthel* [als weiland Mitwirkende bei Gründgens] *und der Biograf* [der es gleichfalls hätte wissen müssen] *Ihnen da die fälligen Informationen leider schuldig blieben, erlaube ich mir heute den Versuch, sie Ihnen nachzuliefern"*:

und ich zählte ihr einige all der vielen hier aufgelisteten *"Stellen"* auf,
die dort und damals subversiv opponierten
und ihre Zuschauer vielfach tatsächlich hellwach gemacht haben dürften.
Das alles, schloß ich,

"verdient heute eher unsern Respekt als eine üble Nachrede".

Elisabeth Schwarz erwiderte hierauf:

"Nicht mehr und nicht weniger wollte ich sagen, als dass Gründgens, gerade weil er so ein herausragender Mann war, ein Repräsentant des Regimes war, auch wenn er im einzelnen sich so verhalten hat, wie Sie es beschreiben. Seine Stellung war einfach zu hoch.

Bei der Intelligenz dieses Mannes kann ihm das nicht verborgen geblieben sein – und es gehört durchaus zum tragischen Aspekt seines Lebens, weil er eben kein Nazi war.

So schien – und so scheint er mir immer eine Mahnung an uns Schauspieler zu sein – uns nicht von der Macht vereinnahmen zu lassen. (In der Demokratie leicht, in der Diktatur schwer, ich weiß das!)"

Offen bleibt, wie Frau Schwarz, wie wir alle, jeder Einzelne, uns von 1933 bis 1945 anstelle des Geschmähten verhalten hätten.

Aber dreizehn Jahre vorher, im November 1976, also dieselben dreizehn Jahre nach jenem mysteriösen Tode in Manila, befragte Peter Sandmeyer, promovierter Publizist, im Auftrage des damaligen *Senders Freies Berlin* zufällige Passanten des Hermann-Platzes,

> der im Südberliner Stadtteil Neukölln weiland von den alliierten Bomben verschont geblieben, aber noch Ende April 1945 von der *Roten Armee* schwer beschädigt und von der SS vollends in die Luft gesprengt worden war,

fragte er dortige Passanten also nach Gustaf Gründgens und dessen *"Verhalten im Dritten Reich".*

"Ja, wat hat er da jemacht?", fragte ein Befragter zurück: *"Ick gloobe, det war 'n bißken Nazi. Jott, wer war des nich, ick wars nich".*

Und ein Zweiter: *"Also Nationalsozialist war er nich, also war er gegen die Nationalsozialisten".*

Aber auf Sandmeyers Eingangs- und Standardfrage *"Wissen Sie, wer Gustaf Gründgens war"*, wurde mehrheitlich so geantwortet:

– *"Nee."*
– *"Wüßt' ick nich."*
– *"Nä, kenn ick nich."*
– *"Nä! Keine Ahnung."*

So schnell also hatte jene Weissagung des Bundesverfassungsgerichtes sich erfüllt,

und Klaus Manns eher windschief geratenes Konterfei hat nun freie Bahn.

Denn wer liest schon, was sein kritischer Kollege und jüdisch emigrierter, jüdisch remigrierter Kontrahent Fritz Kortner ihm als Repräsentant jenes kulturhistorisch unvergleichlichen Berliner Theaters jener "zwanziger Jahre" noch in seinen Memoiren von 1959 zeitlos festgeschrieben hat:

"Die Zufluchtsstätte des unterdrückten vorhitlerischen Theaterstils war im Dritten Reich – vertrauenswürdigen Berichten zufolge – das Theater von Gründgens".

Immer Grünes

Mit was unsre hierorts gemäßigten Zonen auch alle beneidenswert tropischen oder mediterranen unschlagbar ausstechen,

das ist das Wunder der alljährlichen Wiederkehr:

wie totgeglaubt schwarze Gebüsche und Bäume unverhofft grün explodieren und ihre monatelange Leblosigkeit fast buffonesk in deren Gegenteil verwandeln –

sowas gibt es weder auf Ibiza noch auf Cuba oder in der Andamanensee,

von wo meine panisch winterflüchtigen Freunde mich derzeit anrufen oder wiederkehren.

Nur hierorts findet diese unbegreifliche Wiedergeburt von Abgeschiedenem statt: von unwiederbringlich Erachtetem und definitiv Entsagtem.

Mit einer so absolut beispiellosen Zuverlässigkeit wie schwerlich sonstwas auf diesem Planeten ist alles plötzlich –

nein, nicht wie früher oder letztlich, nicht nur wiederhergestellt,

sondern sehr viel überwältigender und beglückender:

neu!

Wie noch nie.

Ganz was Andres diesmal: knallgrün.

Jedes sprießende Blättchen ist Novität und Unikat. (Jede Blüte erst recht!)

"Alles neu macht der Mai".

Oder alle Jahre wieder: aus unterirdischem Wurzelwerk mit Chemiefabrik.

Unverzichtbare Scheinwinter also:

Tief verflochtene Scheinwinter – unverzichtbar!

Abwasch

Anno Domini 2008 stellte ich mein persönliches Geflecht oder *website* "ins Netz".
Im Kapitel *Die Resonanz* zitiere ich hier Leser- oder Zuschauerbriefe,
Theater- oder Verlagsreaktionen, Presse- oder Rundfunkrezensionen
und Testate oder Zeugnisse
von mehr als siebzig Persönlichkeiten oder Institutionen
zu meinen diversen Produkten.

Hierunter befinden sich auch sechs kurze Zitate aus Kritiken,
die der seinerzeit sehr bekannte Kritiker Hermann Wanderscheck
in den Jahren 1959 bis '64 hier und da zu meinen Arbeiten publiziert hat.

Anno Domini 2014, also sechs Jahre später, erhielt ich das *e-mail*
eines mir unbekannten Mannes, der gegen die Zitate
dieses 1971 verstorbenen Rezensenten protestierte.

Hier nun meine Antwort auf diesen Protest:

"Sehr geehrter Herr Sch.,

besten Dank für Ihr e-mail.
Mit Ihrem Hinweis auf Hermann Wanderscheck
rennen Sie bei mir insofern offene Türen ein, als in der Tat
die Nachwirkungen der Nazizeit
in unserer bundesrepublikanischen Gesellschaft fast lebenslänglich
zu den zentralen Themen meines eigenen Denkens und Arbeitens gehören.

Umso mehr also interessiert mich,
was Sie über Wanderschecks braune Vergangenheit berichten. Nein, das
wußte ich noch nicht. Woher wissen Sie es denn? Wer sind Sie überhaupt?
Leider verzichten Sie ganz darauf, sich vorzustellen
und Ihre Zensorentätigkeit in fremden websites *zu motivieren.*

Aber von Ihnen stimuliert, habe ich jetzt festgestellt,
daß zum Beispiel bei Google Books, Amazon, Rowohlt
und vielen sonstigen ehrenwerten Internet-Adressen
Wanderschecks Publikationen nicht nur so spartanisch zitiert werden

wie in meinem website, *sondern viel ausführlicher, auch mit Volltexten,*
oder gar käuflich zu erwerben sind: auch seine Werke aus der Nazizeit.
Protestieren Sie auch dort überall
und gegen so schamlose Profite heutiger Wirtschaftsriesen?

Hermann Wanderscheck ist mir
aus den fünfziger bis sechziger Jahren des vorigen Jahrhunderts bekannt:
als einer der damals meistbeschäftigten und meistgelesenen Theaterkritiker.
Fast allwöchentlich waren in zahllosen Berliner und bundesdeutschen
Feuilletons seine gutvermarkteten Rezensionen zu lesen:
meines Erinnerns jeweils ohne auch nur den Hauch
eines bräunlichen Zungenschlages. In der Theaterbranche
kannte und las ihn jeder. Niemand ahnte dabei was
von einer Nazi-Vergangenheit.

Das war aber damals nicht die Schuld der Theaterleute (die sich über seine
sehr emsigen Wahrnehmungen ihrer Produktionen natürlich freuten),
sondern primär das Versagen oder Begünstigen
einer laxen Entnazifierungsbehörde, hiernach das Versäumnis
einer Vielzahl von Chefredakteuren und Zeitungsverlegern.
Damals war das alles so. (Nur damals?)

Natürlich könnte ich jetzt ohne Weiteres
die beanstandeten Zitate dieses Mannes aus meinem website *entfernen.*
Nichts würde fehlen, Sie aber könnten frohlocken.
Vielleicht tue ich das auch.

Vielleicht aber auch nicht.
Denn allzu wohl wäre mir selbst dabei nicht. Aus zweierlei Gründen:

Erstens weil dieser Wanderscheck
aus unerfindlich gebliebenen Motiven an meinen Theaterstücken und
Inszenierungen schon einen Narren gefressen hatte,
als ich ein ahnungsloser Twen und Berufsanfänger war,
den die andern Kritiker noch ignorierten.

Das blieb so über viele Jahre, in denen er meine diversen Produkte allerorten aufmerksam und hilfreich flankierte.
Ganz zweifellos hatte ich ihm in meiner beruflichen Frühzeit viel zu verdanken. Inzwischen ist er ja vermutlich schon lange tot.
Solch einer Starthilfe noch postum einen Fußtritt zu versetzen, ist nicht meine Art. Das hätte für mich den Haut goût *einer Leichenfledderei und Lynch-Justiz* après.
Ich bin auch im Nachhinein nicht sein Richter.

Aber sehr viel gravierender als solche Anstandssentimentalitäten fällt für mich ins Gewicht, daß dieser Wanderscheck unter all den vielen Rezensenten, die meine website-*Werbung da aus jenen Jahren bemüht, leider schwerlich der einzige sein dürfte, der politisch, charakterlich, ideologisch, moralisch, was weiß ich, keine ganz weiße Weste hat. Ich könnte das zwar keinem justiziabel nachweisen, aber ich bin mir da aus doppeltem Grunde sehr sicher.*

Erstens hatte ganz Deutschland in jenen Nachkriegsjahren das kaum lösbare Problem, mit einem ganzen Volk von Nazis irgendwie fertig zu werden. Runde fünfzig Millionen Führerfans wollten, sollten und mußten auch irgendwie weiterleben können. Also duckten sie sich alle weg und versuchten, irgendwo unterzukriechen. Sie waren überall: in den Parlamenten ebenso wie in Adenauers Kabinett, in der Justiz, in den Medien und Behörden, in der Wirtschaft, in den Wissenschaften, überall. Wie auch nicht?
Oder man hätte sie alle in neue Konzentrationslager oder Gaskammern stecken müssen. Dann hätte man aus den alten Tätern neue Opfer gemacht: keine gute Lösung.
Außerdem wollte man ja jetzt unfaschistisch leben: also!
Toleranz mußte damals neu gelernt werden: mitten in einer durch und durch spätfaschistischen Gesellschaft.
Jeder wußte das.

Jeder wußte, daß die alten Nazis überall um uns her vorhanden waren:

auch und gerade in der Publizistik, auf diesem unkontrollierbaren Terrain mit seinen vielen opportunen Verstecken.

Zweitens: Die meisten meiner zitierten Produktionszeugen waren halt leider Journalisten oder Publizisten und im richtigen Alter: Zeitzeugen der Nazizeit. Sollten sie damals alle Widerstandskämpfer gewesen sein? Wohl kaum.

Also vermute ich heute im Abstand von mehreren Jahrzehnten, daß auch dieser Wanderscheck immer nur ein so umtriebiger und völlig unpolitischer, aber reichlich gewissenloser Opportunist war wie auch viele oder die meisten seiner Berufskollegen. Inzwischen glaube ich sogar, daß alle Journalisten das sind – und auch sein müssen. Denn das magische Zauberwort ihrer Branche sind die "News". *Ein guter Journalist ist nur, wer häufig gute* news *zu liefern weiß. Wo sie herkommen, wem sie nützen oder schaden, spielt da keine große Rolle. Am Ball sein: wo der Ball herkommt oder hinrollt, ist den meisten egal.*

Das dürfte bei heutigen Medienleuten nicht viel anders sein. Viele ihrer prominentesten Protagonisten habe ich im Laufe meines Lebens hinlänglich zu beobachten Gelegenheit gehabt. Eigentlich alle waren mehrfache Wendehälse: gerade die preisgekröntesten Lieblinge heutiger Fernseh-Talkshows am allerskrupellosesten. Ihr Mäntelchen hing immer irgendwo im Winde: wie das von Wanderscheck und vielen seiner Kollegen.

Darum hielte ich es jetzt für ziemlich schief, Wanderschecks Zitate aus meinem website *zu entfernen und die von so manchem seiner Geisteskomplizen so lange drin zu lassen, bis ein nächster M. Sch. auftaucht und seinen eigenen persönlichen* Schwarzen Peter *zu beseitigen verlangt.*

Nein, ich habe für diesen ganzen Komplex längst eine andere Lösung zu finden versucht, indem ich in meinen diversen Publikationen

diesen entsetzlichen Problembereich deutscher Geschichte und Mentalität vielfältig thematisiert habe.
Dabei ging es mir aber weniger um einzelne Wanderschecks oder sonstige Bösewichter als um deren mächtige Zusammenschlüsse.
Erst kürzlich habe ich zum Beispiel in einem Buch die schamlose Integration von NS-Tätern in die bundesrepublikanische Wirtschaft (IG Farben und andere Spitzenfirmen), Wissenschaft (Universitätsklinikum Hamburg), Publizistik und Literatur ("Gruppe 47") und reziprok die Unlust der hiesigen Gesellschaft an der Remigration von Emigranten abgehandelt, in einem Fernsehspiel für das ZDF die faschistischen Bodensätze in unserer jetzigen high society.

Ein Hermann Wanderscheck ist da leider ein vergleichsweise kleiner Fisch.

Aber zu meinen Sujets gehören auch alle sonstigen Formen von Treib- und Hexenjagden an Stammtischen, in Sportclubs, Fußballstadien, vielen Medien ("BILD") *und besonders unverfolgt im Internet: rings um uns her lauter Spielarten von Antisemitismus und Rassismus, also Vorformen von Faschismus.*

Sehr geehrter Herr Sch., Ihre Anfrage ist mir also sehr sympathisch, aber reichlich uninformiert.
Mir ist auch nicht ersichtlich, warum Sie sich so unhöflich präsentieren. Dasselbe ginge auch respektvoller.

Für Ihre weiteren Feldzüge gegen alte Nazis (und möglichst auch gegen neue Konsorten!) wünsche ich Ihnen von Herzen viel Erfolg, aber auch bessere Recherchen.

Es grüßt Sie Ihr H. L.“

(Unbeantwortet geblieben.)

Sarabanden 3

Wann oder wo auch immer mir unverhofft und unangekündigt, also anonym
eine Komposition von Johann Sebastian Bach begegnet,
erkenne ich ihren Autor meist schon nach wenigen Tönen oder Takten –
sei es an einem unverhofften Überfall aggressiver eigener Tränen.

Mit einer Ausnahme allerdings: seinen zahllosen Sarabanden.
Da mußte ich bislang immer erst rätseln und verstrickte mich heillos (und
ohne weinen zu müssen) mit blinden Vermutungen in unentwirrbaren Geflechten.

Denn innerhalb seines unverkennbaren Riesenwerks scheinen sie ja eine
Abweichung oder Anomalie zu bleiben: Fremdkörper, Kuckuckseier,
"Afterkinder". Als habe da noch ein mystischer Co-Autor mitgewirkt,
ein zweiter Vater oder externer Geist – und sei es mit Fremdbestäubung.

So exotisch und unergründlich muten sie mich regelmäßig an.

Verdacht: könnten das jene Yoruba oder Bantu aus Nigeria oder Mexico und
Cuba mit ihrem *mpungu* oder Oggun sein, die da spirituell beteiligt sind
und heimlich mitgearbeitet, als okkulte Kollaborateure
ihren genetischen Fingerabdruck hinterlassen haben: ohne daß Bach
in all seiner thüringisch-sächsischen Unschuld was davon erfuhr?

So magisch und kryptisch, so mysteriös klingen seine Sarabanden.

Aber was meine neuen Ohren inzwischen zum Beispiel
in den Sarabanden seiner *Goldberg-Variationen* zu hören meinen,
ist – ohne jede Langeweile oder jene frühere Abirrung –
nunmehr etwa das hier:

wenn Zhu Xiao-Mei sie 2014 spielt, zunächst nur tastende Verlorenheit und
kleinlaute Demut eines gläubigen, flehenden Menschleins, dessen Versuche,
sich zu festigen oder zu erheben, schnell scheitern
und zu knieender Andacht reuig zurückfinden müssen;

aber in der 25. Variation ist diese Sonder-Pianistin dann nach vielen
Exkursionen in tapfere Lebensversuche abermals mutlos, ängstlich, unsicher

und weltfremd, riskiert zwar auch hier kleine Ausbrüche, die sich aber wahllos, unstimmig, heillos, schräg und schrill im Kreise drehen und klagend, dann verzweifelnd im Alleinsein eines Winzlings enden, der sich nur noch Zufällen überläßt, wie sie ihn irgendwo unerforschlich dominieren.

Auch Alexandre Tharauds Sarabanden für den jungen Goldberg bleiben 2015 in Paris so hilfsbedürftig und schwach, fremdeln vorsichtig tappend im Nebel, haben es da schwer, lassen schließlich alles laufen, resignieren und bauen ab oder hören auf, sie ersterben schließlich armselig ...

(während gleichzeitig sein Kollege András Schiff, 62, in London 2015 sogar mimisch seinen Verdacht nicht verleugnen kann, daß Bach hier auf einer Schädelstätte das Passions- und Kalvarienleiden beschwört, wie es gnadenlos ins Vorösterliche verbannt bleibt: auf ewig unerlöst) ...

Sechzig Jahre vorher hat hier der 23jährig ungeduldige Glenn Gould zwar eingangs auch schon nach einer Ordnung in dieser Welt gefragt, auch schon ehrerbietig, aber damals, 1955, doch sehr viel ungläubiger, skeptisch und keine zwei Minuten lang;

kurz vor seinem Tode und fünfzigjährig stellte er mit denselben Tönen 1981 dieselben Fragen, suchte besagte Ordnung also immer noch, aber doch schon sehr viel gewisser und optimistischer: schon um sie wissend, sie zumindest erahnend.

Aber die späte 25. Variation war dem kanadischen Jüngling nach einer recht exzentrischen *tour d'horizon of life* mit ihren 24 Experimenten immerhin ganze sechseinhalb Minuten lang äußerst pessimistisch und illusionslos geraten: ohne Tröstungen oder Aufhellungen, ohne jeden Ausbruchsversuch, monoton; gar seine letzten Takte bestätigen da dieses arge Weltbild, aber ins ehern Aussichtslose eher noch potenziert.

Zwischenzeitlich hatte derselbe Glenn Gould es auch in sonstigen Bach-Sarabanden zu finden oder reparieren getrachtet: 1957, also 25jährig, in der *Ersten Partita* (des 41jährigen Bach) noch

zuversichtlich und fortschrittsgläubig, seine ersten Zweifel
in höflichen Erkundungen selbstgewiß beschwichtigend,
um hiernach zur gewohnten Selbstsicherheit
des Erfolgreichen zurückzukehren und sich insofern zu beruhigen;

aber 1972, also fünfzehn Jahre später und selbst vierzigjährig,
in jener heiklen *Sechsten Partita*,

mit der uns ja hier schon der 28jährige David Fray 2009 in Verbier
die radikale Vereinsamung ihres inzwischen 46jährigen Komponisten
festgespielt und die dortige Sarabande sonderlich schonungslos
als eine Art Vorraum vor der unbarmherzig geschlossenen Kafka-Tür
zu den Letzten Dingen verzagt und suchend abgetastet,
aber die ganze Welt dort als abhanden vorgefunden hatte,

just dort war dessen Ahnherr Glenn Gould in seinem Ontario
die Sarabande mittlerweile sehr nervös und unruhig, unstet angegangen
und hatte sie, gleichsam launisch hin und her springend,
zwischen ratloser Demut, aufmüpfiger Empörung und zerrissenen Ängsten
unberechenbar umherirren lassen:

ein Jahr später spielte dieser selbe leibliche Urgroßneffe
des Romantikers Edvard Grieg dann die Sarabande
in Bachs *Zweiter Französischer Suite* unüberhörbar
nur noch zuversichtlich, trotz allem, und schließlich, letztendlich,
sogar beruhigt.

Damit schloß er, alles in allem,
an seinen älteren rumänischen Kollegen Dinu Lipatti an,
der Bachs *Erste Partita* knappe fünf Monate vor dem allzu frühen Tode
des 33jährigen noch im Sommer 1950 in Genf eingespielt
und die Sarabande da ebenfalls als Wechselbad
der Empfindungen oder Gottesbezüge hinterlassen hat:
anfangs stark und fest im Vertrauen auf eine Weltordnung,
dann an ihr leicht irre werdend und erste Fragen stellend,

diese jedoch mit fast hymnischer Gewißheit verwerfend
und nach jenem filmartig bilanzierenden Durchlauf durch alles Erlebte
abermals nur umso gefestigter und daher nur noch befriedeter
und friedlicher endend.

Ein gutes Lipatti-Leben später spielte 1985
der 27jährige Kroate Ivo Pogorelić im venezianischen Caldogno
die *Zweite* und *Dritte Englische Suite* von Bach einsam
nur für die dortige Villa des großen Renaissance-Architekten Palladio,
aber auch für aufmerksame Fernsehkameras ein.
Die erste der beiden Sarabanden hat er da in wartender, todesbereiter
Ergebenheit hinterlassen: in hoffnungslosem Einverständnis.
Nach einer schreckhaften Pause mitteninne
kehrt er zwar einsichtig lebensmutiger zurück,
aber in leitmotivisch wiederholter Gefaßtheit.
Auch seine zweite Sarabande stellt sich der schicksalhaften
Ausweglosigkeit fast ehern, aber schon in Kenntnis existentieller Abgründe
und archaisch unabänderlicher Gegebenheiten. Nach kurzem Aufbegehren
findet er sich ein- für allemal mit der menschlichen Endzeit ab
und ordnet sich ihr unter.

Fast zwanzig Jahre später spielt der halb ungarische Pole
Piotr Anderszewski 2004 im okzitanischen Pianistenmekka
La Roque d'Anthéron zwischen *Côte d'Azur* und Provence
35jährig einem Festspielauditorium der Rhône-Mündung
Bachs *Sechste Englische Suite* vor und die dortige Sarabande
anfangs vorsichtig abwartend, suchend und irrend, fast schwächlich und
kränkelnd, umso leidender und lebensmüder, aber ohne Trauer,
auch ohne Illusionen: unlustig unvirtuos und fast statisch ereignislos,
aber keinen Anschlag lang oberflächlich, zuverlässig unbegreifliche
Hintergründe dieser wohlerlittenen Welt schaurig ahnen lassend,

um schon vier Jahre später, 2008 in seiner Heimatstadt Warschau,
die Sarabande der *Ersten Partita* von Bach mit 39jährig stabilisierterem

Weltbild zu präsentieren: in fast gleichmütig ausgeglichener Ergebenheit
und respektvollem Fatalismus, fast feierlich, fast fromm.
Oder schon gänzlich fromm?

Nur zwei Jahre später spielt 2010 in Bachs Leipzig
der 57jährige András Schiff aus Budapest alle sechs *Französischen Suiten*
des 27- bis 29jährigen Komponisten und vorher noch
die *Französische Ouvertüre* des höchstens 48jährigen
in der hiesigen Michaeliskirche für Kameras wie auch für ein Publikum:
insgesamt also auch ganze sieben Sarabanden.

Gegen deren erste, noch in der "*Ouvertüre*", und gegen all deren unüberhörbare Mühsal nahm dieser sonderlich behutsame, sonderlich sensible Pianist
beunruhigt und aktiviert einen schnellen und bemühten Kampf auf,
den er aber schon bald als ergebnislos oder ineffektiv durchschaute
und aufgab, so daß er unterwürfig resignierte: vor einer Übermacht.

Seine folgenden sechs Sarabanden lassen eine interne Dynamik,
einen Entwicklungsbogen erkennen. Die erste ahnt noch nichts
von solchem Fortgang und registriert jene Übermacht noch elegisch,
mit Tristesse, aber zunehmend staunend und schließlich auch ergeben;

die zweite scheint nüchterner, fatalistischer und willigt befriedet ein;

die dritte bewundert jede transzendente Übermacht bereits
und gibt sich ihr freudig hin;

die vierte beruhigt sich fortgesetzt, sieht also ruhig und zuversichtlich,
vielleicht schon heilsgewiß einer unbegreiflichen Weltmacht entgegen,
der sie sich getröstet anheim zu geben bereit ist;

die fünfte zögert, erkennt die allgemeine Vielschichtigkeit
und deren komplizierte Struktur, akzeptiert sie aber der Wahrheit zuliebe
und läßt es stockend oder fragend zunächst damit bewenden;

die sechste aber sieht in alledem eine Harmonie und jene Weltordnung,
der sie sich wohlig und einverständlich überläßt.

Ähnlich zuversichtlich präsentierte 2014 der kroatische *US*-Amerikaner
Stephen Kovacevich noch 73jährig beim Walliser Festival in Verbier
die Sarabande aus Bachs *Vierter Partita* als exponierte Zugabe
just zum Klavierkonzert Nr. 24 von Mozart. Auch er begann sie tastend
mit einem Anruf, einer Frage und suchte überall weltweit,
aber unbeschwert, frohgemut, drucklos und federleicht, tänzelnd und immer
temperamentvoller auf dem sicheren Wege des Ätherischen mündend:
immateriell und positiv – wiederholte bisweilen seine anfängliche Anfrage
und gabelte sie dann abermals in eingangs ernste Belastung des
Bewußtseins und in undramatisch friedliche Weisheit,
die sich fügt und einverstanden ist – verheißungsvoll.

Dies alles hörte ich jetzt also mühelos in den Sarabanden bedeutender Bach-Pianisten,

ganz Anderes freilich von vermutlich noch authentischeren Cembalisten.

Karl Richter, dieser begnadete Pastorensohn aus dem Vogtland,
der sein Talent in Bayern lebenslänglich in den vielfachen Dienst
an Bach stellte, spielte 1969, selbst 43jährig, im Kaisersaal
der Benediktinerabtei Ottobeuren die Sarabande aus der *Ersten Partita*
des etwas jüngeren Bach noch vorbehaltlos andächtig und pietätvoll,
ehrfürchtigst hingegeben, durchaus problemlos und choralhaft,

aber die in der *Dritten Partita* des Gleichaltrigen unüberhörbar fragend,
hartnäckig bohrend und unermüdlich nachhakend,
also umso langsamer und geduldiger: als ehrlicher Zweifler.

Nur sechs Jahre später spielte der 47jährige Niederländer Gustav Leonhardt
1975 im heimischen Haarlem auf zwei Cembali
jene selben *Französischen Suiten* mit ihren sechs Sarabanden ein.
Aber anders als etwa András Schiff runde 35 Jahre später
auf seinem Steinway-Flügel gerieten sie hier zu zeitlos festlichen Hymnen
auf eine unverstört intakte, also heile, aber auch sehr schöne Welt:
unerschüttert und unerschütterbar heimisch und geborgen,
fast nuancenlos einheitlich, nachdrücklich fromm und naiv

angesichts einer anerkannten Überlegenheit irgendwo –
lauter Ruhepunkte. Schlußworte. Selbstentäußerungen. Dedikationen.

Bei alledem mögen die beiden Cembalos, die ihm
der weltberühmt britische Instrumentenbauer David Rubio
nach historischen Originalen des Wallonen Pascal-Joseph Taskin,
eines jüngeren Zeitgenossen Bachs, just nachgebaut hatte,
einen entscheidenden Anteil haben.

Sie offenbaren die Macht eines Instruments und erklären,
warum die Sarabanden auch von begnadeten Streichern neuerlich
vehement variiert werden können.

Gidon Kremer zum Beispiel, deutschstämmig lettisch geborener
und sowjetisch ausgebildeter Weltstar der Geige, hat 2006 und 59jährig
in der leeren Dorfkirche jener burgenländischen Marktgemeinde
Lockenhaus an der österreichisch-ungarischen Grenze
die drei Partiten, die Bach etwa dreißigjährig im zweiten Jahrzehnt
des 18. Jahrhunderts für Solovioline geschrieben hat,
nur für eine Fernsehkamera, aber ihre beiden Sarabanden vielleicht auch,
bewußt oder unbewußt, für den Oggun der Bantus eingespielt.
Denn er stand zwar, mutterseelenallein mit dieser wilden Musik, vor dem
überbordenden Gold eines katholisch barocken Kitschaltars,
aber wendete dem seinen Rücken zu: spielte also nicht für den Christengott.

Gegen seine sonstigen Gewohnheiten hatte er seine Brille abgenommen
und spielte auswendig: einsam und unablenkbar
versunken in eine Innenwelt, aus der heraus er
mit jenen beiden Sarabanden in schrillen und schrägen Hilferufen
eine schiefe und dissonante Welt nicht nur beklagte,
sondern als Kläger global auch bezichtigte und beschuldigte.
Diese klagende Anklage wurde lautstark und weiträumig,
unüberhörbar kosmisch erhoben, aber verhallte schließlich
verzweifelt und verloren wie ein echoloses Rufen im Walde:
unsicher, ungewiß und heillos, gleichwohl sehnsüchtig verwehend …

Sehr ähnlich wurde die Sarabande
jeweils aus der *Zweiten Partita für Solovioline* noch 2011 in Tel Aviv
vom 37jährigen litauisch gebürtigen Wahlösterreicher Julian Rachlin,

aber schon 1997 in Köln auch vom damals 23jährigen
und sibirisch beheimateten Israeli Maxim Wengerow,
jenem fantastischen Wunder- oder gottgepeinigten Gottesgeiger,

und sogar bereits 1934 oder '35, also noch vor dem Holokaust,

vom 18jährig sehr energischen und fordernden Yehudi Menuhin,
gebürtigem *US*-Amerikaner mit migrant weißrussischen Wurzeln,
gedeutet und dargeboten: ebenso ausladend schrille und schräge,
aber resonanzlos oder ungehört verhallende heimat- und obdachlose
Notrufe mit jeweils ganz desolatem Schlußtone aussendend …

Dessen Nachfolge trat mit einem Brückenschlag über mehr als achtzig Jahre
hinweg die hochdramatisch disponierte Japanerin Midori an,
die dieselbe *Zweite Partita* 2016 in jenem Köthen wiederaufleben ließ,
wo Bach sie vermutlich just vor runden dreihundert Jahren komponiert hat.
Unüberhörbar spielte die 45jährige hier die Sarabande
mit dem fatalistischen Wissen um Hiroschima, Nagasaki und den ganzen
Zweiten Weltkrieg, aber auch um Tschernobyl und Fukuschima,
vielleicht gar um die Verzweiflungen weiland
der Bantu in Mexico und auf Cuba: sehr, sehr ernst, auch trauernd
über all die atavistischen Katastrophen sei es in Südafrika oder sonstwo
und mit klagender Schwermut nach alledem, trotzdem äußerst gefaßt
und nahezu nüchtern alles Unheil kennend, ohne jede Hoffnung –
mit fast ruhiger Illusionslosigkeit, archaisch, uralt
in all ihrer sehr vitalen Lebensmitte und sehr-sehr wissend, wirklich.

Aber das eigentlich zuständigste oder auch authentischste Instrument für solche Sarabanden
scheint mir inzwischen das Cello zu sein,

für das Johann Sebastian Bach etwa dreißigjährig
sechs Solosuiten komponiert hat. Sie wurden

1992 von Mischa Maisky, lettisch gebürtigem
und sowjetisch ausgebildetem Rigenser Landsmann Gidon Kremers

(wie auch meines eigenen Vaters),

bei einsam und zutiefst verinnerlichten Äußerungen des 44jährigen,
bisweilen schon ohne jeden Hader und mit einer Demut,
als kniee er vor einem Geheimnis oder Heiligtum der Schöpfung,
in jener venezianischen Palladio-Villa Caldogno

oder über drei Jahrzehnte (1982-2015) hinweg immer wieder und wieder
von Yo-Yo Ma, französisch gebürtigem *US*-Amerikaner
mit chinesisch migranter Verwurzelung, rund um den Globus
dargeboten und höchst progressiv sogar verfilmt,

aber fanden wohl für alle solche bravourösen Nachfolger
einen musterhaften Bezugspunkt in Pau (oder Pablo) Casals i Defilló,
catalanischem Meistercellisten,
dessen Londoner und Pariser Einspielungen dieser Suiten von 1936 bis '39

in meiner Kollektion

den etwa Sechzigjährigen als authentischen Interpreten dieser Werke
vorstellen können. *"Sie sind die Quintessenz von Bachs Schaffen"*,
hat noch der 95jährige 1971 in seinen Lebenserinnerungen drucken lassen,
"und Bach selbst ist die Quintessenz aller Musik".

In diesen Suiten finden sich also auch sechs Sarabanden.
Sie beginnen bei diesem Casals tiefernst und bleiben es.

Meine Notate bei ihrem isolierten Anhören:

sie beginnen abgründig und fast nüchtern-neutral
ebenso heimat- wie zukunftslos,

bleiben illusionslos und düster, also realistisch,
riskieren erste Dissonanzversuche und haben schwarze Löcher,
aus denen es kein Entrinnen zu geben scheint;

tastende Fühler in alle Richtungen des Universums
finden sich allenthalben mit farblosen Untiefen ab;

das macht freudlos und bereitet qualvolle Bedrängnisse, also Leiden;

nur noch schwermütig, schwach und ohne jede Hoffnung
werden mehrere Anläufe sonstwohin unternommen,
aber ersterben hilflos an ihrer Ausweglosigkeit;

das Ende all dessen sind unkritische Akzeptanz solcher Überforderung
und feierlich getragene Rufe – wonach?

Casals sah oder hörte und publizierte das alles vierzigjährig,
also mitten in jenem spanischen Bürgerkriege
gegen Francos drohenden Faschismus
und kurz vor Ausbruch des *Zweiten Weltkriegs.*

Aber kaum war der ausgestanden, gelang in jener ”Neuen Welt“
mit all ihren immer noch mißhandelten Bantu-Sklaven
ein musikalischer Kontrapunkt von Gewicht.
Fritz Reiner, *US*-amerikanischer Dirigent mit ungarisch migranter
Herkunft, spielte da mitten im weltweiten Neubeginn von 1946
die Sarabande jener *Zweiten Orchestersuite* des etwa 53jährigen Leipziger
Thomaskantors im pennsylvanisch fernen Pittsburgh am *Ohio River*
mit dem lokalen *Symphony Orchestra* einer selbstbewußten Siegernation.
Das klingt noch siebzig Jahre später durchaus nachvollziehbar optimistisch
und hoffnungsfroh, hat aufgehört zu zweifeln und überläßt sich huldigend
und ehrerbietig seiner Anbetung von Gewißheit
und Triumph über alles Böse wo auch immer:
eine gleichwohl bachsche Gewinner- oder Sieger-Sarabanda.

*

Aber aus allen diesen Sarabanden schwingt da immer unüberhörbar
eine jedenfalls ”gefühlte“, vielleicht auch gedachte,
aber halbwegs erlöschende oder schon erloschene Reminiszenz

an jene Kirchenkantate des 39jährigen Kantors mit:
"Aus tiefer Not schrei ich zu dir" – nach Martin Luthers Übersetzung
oder Nachdichtung des ersten Verses im 130. Psalm:

"De profundis clamavi ad te Domine – aus der Tiefe rufe ich, Herr, zu dir".

Das stammt aus einem *"Lied, zu singen auf dem Weg nach Jerusalem"*
und wurde vermutlich irgendwann
zwischen 6. und 3. Jahrhundert vor Christos irgendwo auf diesem Planeten
und in welcher Sprache auch immer gebetet oder gedichtet.

Vielleicht ist es insofern sogar ein Art- und Zeitgenosse

des afrikanischen *mpungu Sarabanda.*

Wer will, kann das aus jeder einzelnen Sarabande Bachs in Zukunft
herauszuhören versuchen.

*

Denn was alle diese Sarabanden von Johann Sebastian Bach noch in ihren
unterschiedlichsten Auslegungen oder Darbietungen miteinander verbindet,
ist ihr verbindlicher Ernst, ihr unterschwelliges Wissen um Urgewalten,
ihre einsame Besinnung auf einen allmächtigen Oggun irgendwo
im Untergrunde, Hinterhalt oder Jenseits: in Elysion, Valhöll, Walhalla,
Nirwana oder *nipp pahn* – Allernamenlosestem also.
Diese unklar archaische Reminiszenz an Unausweichlichstes
schwingt da in all den Bachschen Sarabanden immer mit
und äußert sich bodenlos trauernd und mutlos oder andächtig unterwürfig,
in zornigem Aufbegehren oder ängstlich verschreckt und hilfsbedürftig,
aber immer über tief verborgener Glut, die nie was vergessen kann
und auf alles gefaßt ist, also niemals erlischt.

Von den zeitgenössisch üblichen Sarabanden
als höfisch galanten Feiertagstänzen sind sie in jedem Falle
äonenweit separiert. Ob ihr Komponist in seinem Köthen oder Leipzig
jemals was vom *mpungu Sarabanda* gehört hat? Wohl schwerlich.

Oder vom Leid der versklavten Afrikaner, die in amerikanischer Geiselhaft
grade zu Lebzeiten Bachs ihre Stoßgebete und Hilferufe massenhaft
an diesen vermeintlichen Retter in aller Not zu richten pflegten?
Möglich, aber nicht sehr wahrscheinlich. Oder vom Sarabandenpoeten und
Galeerensträfling Pedro de Trejo in Mexico? Kaum.

Also blieben nur noch die Ahnung des Genies, seine Intuition,
sein Gespür für die Latenzen einer musikalischen Tradition,
für tief innerlich diamanten angereicherte Energieen,
für die erlittenen Empirieen unzählbarer Schmerzensgenerationen weltweit:
für diesen ganzen erdrückenden Bodensatz und Bodenschatz.

Sarabanden wären demnach die klingenden Versuche gepeinigter Menschen,
die sich in dieser Welt nicht zurecht finden, ihre Ratlosigkeit
zum Ausdruck zu bringen, ohne sich zu beklagen oder zu jammern:
tapfer, aber schonungslos. Unermüdlich tastend, irren sie umher,
treiben weg- und steglos dahin und suchen aussichtslos immer weiter …

Recht eigentliche Kafka- oder Beckett-Vertonungen.

Anders lassen sich Bachs Sarabanden,
dieses formal und substantiell so belastete Leitmotiv
seiner stets hochwertigen Partiten und Suiten, kaum je erklären.
Also bleiben sie so unerklärlich wie prezios. Denn Bach war,
hatte auch sein junger todgeweihter Pianist Lipatti spätestens 1950
in Genf oder Bukarest oder sonstwo erfahren,
"ein von Gott erwähltes Instrument".

Ich jedoch kann, seit ich von diesem unverhofften Rubén Dubrovsky
auf den rechten Weg verwiesen wurde, nie wieder
eine der vielen Bach-Sarabanden hören, ohne sie schon nach wenigen Tönen oder Takten
ihrer verzweifelt suchenden Geflechte und Hilferufe zu erkennen
und selbst sofort Bantu-Allmacht, Versklavungselend und Kollegenfolter zu imaginieren:
unkenntlich oder langweilig kann mir da keine mehr werden.

Also danke,
David Fray, Zhu Xiao-Mei, Alexandre Tharaud und Rubén Dubrovsky: danke!

"Es gibt weder das Zukünftige noch das Vergangene,
und man kann von Rechts wegen nicht sagen,
es gebe drei Zeiten, Vergangenheit, Gegenwart und Zukunft.
Vielleicht sollte man richtiger sagen:
es gibt drei Zeiten,
Gegenwart des Vergangenen,
Gegenwart des Gegenwärtigen
und Gegenwart des Zukünftigen.
Denn diese drei sind in der Seele, und anderswo sehe ich sie nicht.
Gegenwart des Vergangenen ist die Erinnerung,
Gegenwart des Gegenwärtigen die Anschauung,
Gegenwart des Zukünftigen die Erwartung."

Aurelius Augustinus, 43-47: *"Bekenntnisse"*, 397 bis 401 nach Christos
(deutsch von Wihelm Thimme, 1950)

"Es gibt nichts Moderneres
als die Ewigkeit."

Jürgen Fehling, 61: Rede am 7. März 1946
vor einer Künstlerversammlung in der *Staatsoper Berlin*

"Es gibt im Grunde nur eine Wiederkehr.
Sie beruht darin, daß der Mensch
das Auftauchen des Ewigen in der Zeit erkennt."

Ernst Jünger, 58: *"Der gordische Knoten"*, 1953

"In seiner Erinnerung an das Zeitlose
offenbart sich der Mensch."

Marcel Marceau, 67: Fernseh-Interview 1990

Gebeutelte Neunziger 4:

"Danton" 1931 – Louise Gély – Lucie Mannheim

Aber Louise Gély, zweite Ehefrau des historischen Danton, war in jenem Film von 1931 mit Lucie Mannheim (**1899**-1976) besetzt.

Sie stammte aus dem Berliner südöstlichen Bezirk Köpenick, *"wo das Leben sich ebenso abspielte"*, entdeckte sie, *"wie auf den berühmten Zille-Bildern"*. Also bevorzugte sie auch gern die Sprache der Berliner "Droschkenkutscher", denn *"vom Berlinisch des Kurfürstendamms"*, bekannte noch die Prominente in einem Interview, *"habe ich nie viel gehalten"*.

Mit dieser Mentalität muß sie schon als Schülerin der Köpenicker Dorotheeen- und Eupelschule auch in ihren Beruf eingestiegen sein. *"Noch nicht einmal ein Backfisch"*, hat Julius Bab, dieser seriöse Dokumentarist der großen Berliner Theaterzeit, beobachtet, *"als sie schon anfing, Theater zu spielen. – Gleich große Rollen – an Liebhaberbühnen und Schmieren."*

Denn schon dreizehnjährig stand sie, kurz vor Ausbruch des *Ersten Weltkriegs* also, als Käthi, die weibliche Hauptrolle, in *"Alt-Heidelberg",* einem seinerzeit ungemein populären Rührstück von Wilhelm Meyer-Förster, in Friedrichshagen, Bezirk Treptow-Köpenick am Müggelsee, auf irgendeiner Bühne.

Irgendwann damals muß sie wohl auch jene *"Hochschule für dramatische Kunst"* besucht haben, die ihr großer Kollege Emanuel Reicher in ihrem eigenen Geburtsjahr **1899** gegründet hatte und zu deren Schülern weiland auch Paul Bildt (* **1895**), Erich Dunskus (* **1890**), Wilhelm Borchert,

mit dem ich in Berlin noch mehrfach zusammenarbeiten durfte,

und jene Grete Mosheim (* **1905**) gehörten,

mit der ich noch 1971 ein endlos langes und ungemein amüsantes,
sehr wahlverwandtes Telefonat führen durfte, als ich sie
für meine Inszenierung der *Deutschen Erstaufführung*

1900/01

"Das Berlin der Jahrhundertwende war eine vor Heiterkeit und Zuversicht funkelnde Stadt. Obwohl die Hauptstadt eines stark militärisch orientierten Staates, war Berlin seinem ganzen Wesen nach eine Hochburg der Künste. In den Museen und Galerien drängten sich die Leute, denen Kunst das tägliche Brot bedeutete.

Straßen trugen die Namen von Komponisten und Schriftstellern, an drei Opernhäusern und einem Dutzend Konzertsälen offerierten Plakate das reichste Musikleben in Europa. Zahlreiche Denkmäler verkündeten Preussens Gloria, und jeder Ausritt Kaiser Wilhelms Unter den Linden wurde durch Trompetenstöße angekündigt.

Durch die Straßen Berlins brauste Tag und Nacht der Verkehr, von den in Mode gekommenen Automobilen bis zu von Pferden gezogenen Fahrzeugen aller Art, überwacht von Polizisten mit Säbeln, weißen Handschuhen und Pickelhauben, am Ärmel den Union Jack oder die Stars and Stripes als Hinweis für Touristen, daß sie Englisch sprachen.

Über der Menge dröhnte die Stadtbahn; die Leute waren skeptisch, scharfzüngig und strotzten vor Gesundheit und Energie.

Aber das Kino, Heiligtum oder Labyrinth, war noch eine Sache der Zukunft, vorerst nur greifbar in winzigen, flirrenden Bildern, die eben erst über den Atlantik nach Europa gelangten.

Zu Beginn des Jahrhunderts gehörten Soldaten, die durch die Straßen marschierten, zu den größten Attraktionen der Metropole. Die Garnison bestand aus 23 000 Mann, Garderegimentern zu Fuß, Gardegrenadieren, Dragonern, Füsilieren, Kürassieren und Ulanen. Wichtigste Wirtschaftszweige waren der Handel mit Wolle, Getreide und Bier; Stahlwerke, Eisenbahnbau, Munitions- und Haushaltsartikel-Fabriken begründeten die Bedeutung der Stadt." [leicht verkürzt]

Charles Higham (1931-2012):
***"Marlene. Ein Leben – ein Mythos"*, 1977**

der *"Englischen Geliebten"* von Marguerite Duras
im Hamburger *Thalia Theater* zu gewinnen versuchte;

aber eben 15jährig verband sich Lucie Mannheim erotisch einem 21jährigen Schauspielvolontär, der damals an Max Reinhardts *Deutschem Theater* schon kleine und mittlere Rollen spielen durfte: Conrad Veidt.

Ihre Liebe wurde gleich in ihrem ersten Jahr empfindlich gestört und behindert, weil da ein *Erster Weltkrieg* ausbrach und den Liebhaber an die Ostfront schickte, wo er als Unteroffizier in die Weichselschlacht eingebunden wurde. Er erkrankte lebensgefährlich an Gelbsucht mit Lungenentzündung und wurde in ein Ostseelazarett eingewiesen.

Aber die geliebte Lucie hatte sich inzwischen (zufällig oder pfiffig?) an ein Fronttheater engagieren lassen, das im lettisch baltischen Liepāja (oder kurischen Libau) spielte. Sie wußte es einzufädeln, daß auch der rekonvaleszente Veidt an diese Bühne verpflichtet wurde. Nun spielten sie miteinander Theater. Hierbei endete jedoch ihre große Liebe: der Krieg hatte sie irreparabel zerstört.

Lucie ging schon 1916, eben siebzehnjährig, ans *"Neue Schauspielhaus – Freie Schauspieler-Vereinigung"* im nahen Königsberg und spielte dort, eben achtzehnjährig, auch die Lulu in Wedekinds *"Erdgeist"* und hatte da *"natürlich gar keine Möglichkeit, diese Gestalt im ganzen zu umreißen"*, aber doch schon *"erschütternde kindliche, weibliche Augenblicke"* (Bab).

Ihr angeschlagener "Conny", mitten im Kriege endgültig ausgemustert, kehrte Anfang 1917 nach Berlin zurück und startete dort seine große Filmkarriere. Lucie folgte ihm 1918 und spielte vier Jahre lang zunächst an der Berliner *Volksbühne* unter der "noblen" Direktion schon von Friedrich Kayßler in Stücken von Gogol, Georg Kaiser, Rabindranath Tagore, Carl und Gerhart Hauptmann, aber (zwischen zwei so zukunftsträchtigen Schauspieler-Kollegen wie Jürgen Fehling und Heinz Hilpert) auch in einem der verkappten Autorin "Rudolf Bauer-Greef": unliterarisch Populäres gehörte auch später immer noch zur großen Lucie Mannheim aus Köpenick dazu.

Aber in jenen Volksbühnen-Jahren traf sie eben auch auf Jürgen Fehling (* **1885**). Noch genau fünfzig Jahre später hat sie ihr Kennenlernen selbst so beschrieben:

"Eine meiner ersten Berliner Premieren war Tschechows 'Kirschgarten'. Fehling spielte da den Trofimow und ich die Dunjascha, und während ein wunderbarer russischer Walzer auf der Bühne gespielt wurde und wir beide hinter der Tür warteten, um aufzutreten, verliebten wir uns ineinander. Das war so ganz einfach die große Liebe".

Aber dieses Erotische war da bei diesen beiden jungen Schauspielern sofort schon vom Beruflichen oder Künstlerischen gar nicht zu trennen oder zu unterscheiden, und *"daß ich diese vehemente Erscheinung liebe"*, analysierte Fehling das auch lange später noch, *"vermag meinen Blick für das Wesentliche nur zu steigern".*

Sie hingegen *"habe damals, so jung ich war, sofort erkannt, daß er kein geborener Schauspieler war [...] . Ich besinne mich darauf, wie ich zu ihm sagte: 'Du kannst nie in deinem Leben gut Theater spielen, du mußt mal versuchen, vielleicht Regie zu führen'. Da hat er mich fast erschlagen."*

Lucie Mannheim aber hatte da an der Entdeckung des genialsten Regisseurs im legendären Berliner Theater der zwanziger bis vierziger Jahre zumindest einen wichtigen Anteil. Denn auf andere Ratgeber hätte der damals 33jährige sicher noch sehr viel weniger gehört als auf diese 19jährige Geliebte.

"Und dann kam es zu dem ersten Stück, in dem Fehling Regie führte, das war Gogols 'Heirat' ", hat sie hinzugefügt: *"Für ihn als Regisseur war der erste große Sprung getan, und für mich als Schauspielerin war es ein Durchbruch"*– auch als szenische Spürnase.

Seither hat dieser plötzlich so verheißungsvolle Nachwuchsregisseur sie Jahre lang als Schauspielerin und Künstlerin, dann auch als Frau und Menschen so wertzuschätzen gewußt, daß er sie später seitenverkehrt ermutigte, auch selbst Regie zu führen. Bald waren sie – auf der Bühne häufig und privatim immer – ein Paar.

1922 bot ihr Leopold Jessner, der schon in Königsberg ihr Intendant und Regisseur gewesen war, einen Wechsel ans Berliner *Staatstheater* an, das er seit drei Jahren im Schauspielhause leitete. *"Nur mit Fehling!"*, soll ihre Antwort gewesen sein. Also schickte Jessner jetzt seinen attraktivsten Protagonisten als Lockvogel aus, um diesen unverkennbar hochbegabten jungen Regisseur anzuwerben: Fritz Kortner. Dem gelang das. Aber brachte dieser Fehling nicht *"diese hinreißende Lucie Mannheim mit ins Ensemble"* (Laregh)? Doch, das tat er.

Am Berliner *Staatstheater* blieb sie dann ein ganzes Jahrzehnt und spielte in Inszenierungen Fehlings, Jessners und anderer Regisseure quer durch alle "Fächer": Romeos Julia und Lessings Franziska, die Marie der *"Soldaten"* von Lenz und in Büchners *"Woyzeck"*, Kleists Käthchen und die Jugend in Raimunds *"Bauer als Millionär"*, Ibsens Nora und Regine, Gerhart Hauptmanns Piperkarcka und Hannele, das Annchen in Max Halbes *"Jugend"*, mancherlei Zeitgenössisches von Ernst Barlach, Else Lasker-Schüler, Lion Feuchtwanger, Fritz von Unruh (* **1885**) oder Hans José Rehfisch (* **1891**). Manches mehr: *"Hier hat Gott ein kleines Welttheater geschaffen"* (Fehling über sie).

Aber noch ihren tragischen Rollen, hat Manfred Kreckel recherchiert, *"gab sie eine zaghafte Lebenslust, einen Schimmer von Frechheit und Koketterie"*.

Also spielte sie hier auch wieder Populäreres, sogar Possen und Operetten,

und Oberlehrer Julius Bab begriff bald: *"Ich glaube, es ist so weit; ich glaube, die neue Berliner Schauspielerin kommt; ich glaube, die Berliner Range verklärt sich, ohne deshalb ihre Eigenart aufzugeben, zu einem weiblichen Menschen"* – namens Grete Mosheim oder eben auch Lucie Mannheim. Sie *"scheint aus etwas breiterer, derberer, volkstümlicherer Schicht aufgestiegen"*, aber machte damit *"den neuartigen Triumph der Berliner Range aus"* und bewies überzeugend, *"daß die Berliner Range zu einem Menschentum von allgemeiner Bedeutung gekommen ist"*.

Vollends Alfred Kerr, damals allwissender Oberschulrat und Staatsanwalt jenes großen Berliner Theaters der zwanziger Jahre, verlor vor dieser "Range" völlig seinen sonst stets so kühlen Kopf:

sie habe *"Brennstoff in sich"* und sei eben *"Berlinerin bis aufs t-z. Alles Liebenswerte dieses Menschenschlags"* sei *"in ihr gesammelt; zu bodenwüchsiger Adrettheit, zu vernünftig-gut-sitzendem Reiz ... und man hat so was Ansprechendes, Na-Selbstverständliches, wir und keene, klar, allemal"*. Man ahnt noch heute, was ihn da so becircte. *"Mensch, es gibt einen Zauber, vom Molkenmarkt her, der nicht unterging im* would-be-*Amerikanismus dieser Stadt"*.

Grade auch bei Ibsens *"Gespenstern"*: *"Eine der denkwürdigsten Reginen: Lucie Mannheim. Wonnevoll, wonnevoll. / Nicht nur 'knackfrisch', sondern in aller Frechheit mit einem Schimmer des Unverschuldeten"*.

Aber auch noch ganz "*unabhängig von Ibsens Gestalt – : ein Augenglück"*.

Oder schon bei Büchners Marie: "*Hier ist ein Künstlermensch, der steigt. [...] Resch und verbost. Und leichtsinnig. Und hold bei alledem: von jener adrett-unwirschen Grazie – die aus Berlin kommt. [...] Hier wächst jemand; hier wuchs jemand; hier ist jemand"*.

Mit solcher Begeisterungsfähigkeit überraschte mich dieser kritische Geist auch in seinen wiederholten Erwähnungen meines eigenen Großvaters, der ihm ja **1903** auf seinen Reisen von Jerusalem nach Bethlehem und nach Jericho jeweils *"ein guter Kumpan"* und *"anheimelnd-behaglicher Geselle"* war, mit dem er da *"manches gute Gespräch führte"* und von dem er sich, selbst damals 36jährig, auch noch *"unter einem Sykomorenbaum beim Toten Meer"* an einem *"lang im Erinnern haftenden Abend"* mit unverhoffter Sympathie für diesen 43jährigen Unbekannten *"von seinem Wochentag in Livland"*, vielleicht ja auch vom Jahre **1893** erzählen ließ, als seine älteste Tochter, meine Mutter, just geboren wurde, er selbst jedoch für mehrere Monate seines Amtes enthoben wurde, weil er eine evangelisch/russisch-orthodoxe Mischehe höchst zivilcouragiert zu trauen gewagt hatte: *"Wir sprechen und schweigen. Wir sprechen von Deutschland. [...] Der deutsche Käiser Wihelm der Zwäite"* sei ihm *"zu äitel"* (schlug Kerrs legendäre Spottlust da wenigstens noch in seiner orthografischen Glossierung des baltischen Dialekts *"mit jenem fabelhaften Accent"* durch, *"der zwischen der russischen*

Sprache und der Sprache Keenigsbargs in der Mitte liegt"
und den ich selbst mir zehnjährig zäh und eisern abgewöhnte).

"Etliche Monate darnach", erfuhren wir Nachfahren erst von Kerr,
kam dieser selbe Pastor Hansen, dem eine Familienchronik meines Großonkels
Gottlieb Hansen aus eigener Erfahrung *"Herzensgüte"*, aber auch
verletzende *"Offenheit"* und *"rücksichtslosen Freimut in der Vertretung der eigenen Überzeugung"* bescheinigt hat, *"(zum ersten Mal) nach Berlin und besuchte mich"*: den berüchtigt wählerischen und feingeistig
anspruchsvollsten Eichmeister dieser prätentiösen Metropole Kaiser Wilhelms –
etwa in Kerrs Begleitung dann auch eine Vorstellung
des berühmten Berliner Theaters gar mit jener angehimmelten Lucie Mannheim?
Nein, die war da in ihrem Köpenick erst vier oder fünf Jahre alt!

Doch die nicht minder begeistert beschriebene *"Voraussetzung für solche Züge der Mannheim'schen"* war diesem jähen Sympathisanten meines Vorfahren *"eine Tochtergestalt bei Angely, welcher das 'Fest der Handwerker' schrieb"*:

jenes Singspiel und Urgestein der Berliner Posse also, das der Leipziger Schauspieler und Regisseur Louis Angely 1829 auf der Bühne des *Königsstädtischen Theaters* am Berliner Alexanderplatz gestartet hatte und das nun Jürgen Fehling Anfang 1924 zusammen mit der Posse *"Guten Morgen, Herr Fischer"* von Friedrich Wilhelm Riese auf Jessners expressionistische Bühne zauberte.

Da sang nun Lucie Mannheim für den hingerissenen Kerr *"mit Vata'n und Mutta'n auf dem Hof"*.

Für Julius Bab jedoch,

zu dessen Füßen ich selbst noch als 18jähriger Student der Germanistik
in Heinz Hilperts Göttinger *Deutschem Theater* saß und den 70jährigen Emigranten
noch kurz vor dessen *US*-amerikanisch fernem Tode 1955
auf jener Vortragstournee seines einzigen postfaschistischen Deutschlandbesuches
im Sommer 1953 ein huldigendes Memento für Albert Bassermann halten hörte –

nicht ahnen könnend, daß der große Jürgen Fehling,
der seit **1903**, als er gleichfalls achtzehn war
(und als sein späterer Kritiker Kerr im Orient just meinen Opa kennenlernte)

gleichfalls hier in Göttingen studierte,
aber 1928 eben mit Bassermann (und Lucie Mannheim!)
im Berliner *Lessing-Theater* den «*Monsieur Lamberthier*» von Verneuil inszenierte
(und von diesem Bab vermutlich rezensiert worden war) –

– Geflechte, Geflechte! – ,

daß Fehling also diesem seinem vielfachen Kritiker von früher
kurz vor dessen Abreise 1951, erst vor zwei Jahren also,
noch nach *Long Island* geschrieben hatte,

"daß ich unserm Wiederbegegnen so großen Wert beilege",
weil *"wir gleichen Göttern dienen"* und *"die lange Trennung
vielleicht Ihnen wie mir das Bewußtsein geschärft hat, daß die heutige Welt
dazu zwingt, daß germanistische Idealisten [...] hastig zueinander
drängen müssen, wenn überhaupt die Hoffnung noch bleiben soll,
daß einiges gerettet werden kann"*,

für diesen selben Julius Bab also stellte Lucie Mannheim in jenem *"Fest der Handwerker"* anno 1924 *"mit Anmut, Laune und sogar mit Gesang die Herkunft aus der alten Berliner Posse, die Tradition der Volkssoubrette klar!"*

Aber *"was braucht Lucie Mannheim Gesangseinlagen!"*, konterte da nun wieder Kontrahent und Kollege Kerr, *"Wenn sie berlinisch redet, ist es Musike. ... Ihr 'Ja' oder 'Nein' ist schon Berlin. / Echtestes. [...] Im Ernst: es gibt keine, die so schön im Klang den Kern, die Quintessenz einer zur Führung von sechzig Millionen berufenen Sprachgruppe wiedermelodeit. Herrlich. Den Extrakt dieser Sprache. Ihr Herz. Ihr schönstes Herz"*.

Nur ein verliebter Kritikaster? Wohl nicht ganz. Denn auch Fritz Kortner, später ihr Filmgemahl in gemeinsamem *"Danton"* von 1931, hat ihr noch 1959 in seinen Memoiren bestätigt:

"Urberlinisch war auch Lucie Mannheim. Sie muß der Liebesbeziehung eines Juden mit Berlin entsprungen sein. So deutsch war ihre nüchtern warme Art, daß Hitler, als er sie auf der Bühne sah, sie durch seinen Adjutanten zum Abendessen einlud. Sie entschuldigte sich und entschwand bald aus Berlin".

Aber lange vorher, nur ein gutes Jahr nach jener Liebeserklärung Alfred Kerrs, spielte diese vermeintliche "Volkssoubrette" aus Köpenick im April 1925 plötzlich die Magd Awah aus *"ferner Urgegend"* in Fehlings Inszenierung der *"Sündflut"* von Ernst Barlach. Kerr begriff sofort: *"Die Anmut hat keine Ortszuständigkeit"*. Aber Julius Bab, bislang nicht frei von Vorbehalten gegen diese unwiderstehliche "Berliner Range", sah und akzeptierte sie jetzt auch als

"kindlich sinnliches, harmlos verspieltes Geschöpf, das aus seiner ungebrochenen Reinheit heraus ganz allein Gott den Herrn zu erkennen vermag, der als Bettler zu Noah kommt. Nur sie (das ist die schönste Szene des Stücks) fühlt einen Augenblick lang die göttliche Nähe und sinkt anbetend nieder. Nur einen Augenblick – dann erhebt sie sich wieder, weiß nicht, was ihr geschehen, und ist wieder sinnlich verspielt und ahnungslos wie zuvor.

Diese Gestalt in diesem hohen Augenblick gab die Mannheim mit vollkommener Kraft. Ein großes Gefühl als Blitzschlag, als jäher Durchbruch in eine enge Welt, das geht keineswegs über die Möglichkeiten dieser Berlinerin hinaus".

Fehling dürfte das gewußt und sie das deshalb so haben spielen lassen.

Sie stand da neben Heinrich Georges Noah und Alexander Granachs buckligem Aussätzigen in Rochus Glieses urweltlich *"karger Landschaft [...] , die sich grausig zur Katastrophe verfinstert"* und in einem *"Klima, in dem sich Wirklichkeit und Unwirklichkeit ergänzend begegnen"* (Ludwig Sternaux im *"Berliner Lokal-Anzeiger"* vom 6. April 1925),

aber sie stand da in so prophetischer Szenerie auch noch neben Albert Steinrück auf der Bühne des *Staatstheaters*.

Als der im Februar 1929 starb und für Witwe Lissy im selben *Schauspielhaus am Gendarmenmarkt* eine nächtliche Benefizvorstellung von Wedekinds *"Marquis von Keith"* ermöglicht wurde, deren Einmaligkeit in die Theatergeschichte einging und die kein Geringerer als Heinrich Mann mit Gedenkworten für den Gefeierten eröffnete, da wurden für 36 Sprechrollen dieses Stückes die 86 prominentesten Schauspieler des damaligen Berliner Theaters verpflichtet. Wie das?

Die Hauptrollen spielten Heinrich George, Werner Krauß und Carola Neher,

aber Rudolf Forster und Veit Harlan zum Beispiel waren da mit den winzigen Rollen zweier Packträger besetzt, Hans Albers, Ernst Deutsch und Curt Götz je mit einem Kellner, Elisabeth Bergner mit einem Pagen, Fritzi Massary mit einem Dienstmädchen, Käthe Dorsch mit einer Aufwärterin,

aber Fritz Kortner und Alexander Granach waren zwei Metzgerknechte,

und in noch kleineren Rollen wirkten auch Vater Eduard von Winterstein und "Ex" Conrad Veidt, auch Trude Hesterberg und Kurt Gerron mit (der später in Auschwitz ermordet wurde).

Und die überschüssigen fünfzig?

Waren Gäste des Marquis von Keith bei dessen opulentem Gartenfest: also Statisten ohne Text. Aber in deren hochkarätiger Schar trat kein einziger anonymer Komparse auf, sondern neben Ernst Stahl-Nachbaur, Mathias Wieman und Hermann Thimig, neben Marlene Dietrich und Asta Nielsen, neben Henny Porten und Renate Müller, Roma Bahn, Gertrud Eysoldt, Maria Koppenhöfer, Käte Haack und Walter Franck oder Emil Rameau

eben auch Lucie Mannheim.

Deren aller Auftritte, *"größtenteils improvisiert, fügen sich zu einem unvergleichlichen Reigen voller Exzentrik und Eigenwilligkeit zusammen"*, hat der Publizist Peter Laregh das beschrieben: *"So etwas hat Berlin noch nicht erlebt"*,

doch *"bei allem Übermut, der die Spieler beflügelt, liegt über der Gedächtnisfeier [...] der Schatten einer bedrückenden Vorahnung. So etwas wie Abschiedsstimmung von einer Glanzzeit, die bald in Blut und Tränen ihr Ende findet. Berlin, die lebensvolle Reichshauptstadt, ist der Seismograph der Stimmung im Lande ... ."*

In seinem Text über Carola Neher, die strahlende Haupt- und Hosendarstellerin dieses nächtlichen Requiems *"für eine Ära der Begnadeten"*, hat der nachgeborene "Moritz Pirol" es als *"makabres Notturno"* und *"ein finales Hochamt des Geistes, der Fantasie und des guten Willens"* bezeichnet, weil in jener Nacht all diese Hochtalentierten *"nach einem explosiv kreativen Friedensjahrzehnt zu spüren beginnen mochten, wie sie all ihr Genie nur in einer Feuerpause verpulvert hatten und nunmehr nicht nur einen ihrer Besten, sondern auch sich selbst und ihren begnadeten, gutgelaunten, turbulenten und einfallsreichen Optimismus zu Grabe trugen, bevor er von der Mißgunst brutalen Stumpfsinns und bestialischer Talentlosigkeit unfeierlich totgeschlagen werden würde"*.

Aber Peter Laregh, als Kind bald schon selbst rassistisch verfolgt, sah die Schuld an alledem nicht nur bei der randalierenden SA, denn

"die Bürger tun alles, um sich selbst über die bedrohlichen Signale hinwegzutäuschen":

die Eintrittspreise eines Publikums, dem in Frack und Abendkleid tief in der Nacht eine 45minütige "Gesellschaftspause" eingeräumt wurde, betrugen bei dieser gespenstischen Soirée bis zu sechzig Mark pro Platz und ermöglichten den stattlichen Reingewinn von 175 000 Mark für Steinrücks bedürftige Familie.

An dieser Wohltat, dieser Huldigung, aber auch diesem wehmütigen Zenit jener unwiederholbaren Zwanziger Jahre teilzunehmen und zum erlauchten Kreise dieser elitären Akteure einer letzten Demonstration höchster künstlerischer Qualität sei es wortlos dazuzugehören, war der unverkennbare Ritterschlag in Lucie Mannheims Branche. Höher ließ sich da gar nicht mehr steigen.

Kein Wunder also, daß das Kino sich ein solches Pfund nicht entgehen lassen wollte. Schon 1922 drehte sie die weibliche Hauptrolle einer Hirtin neben Gustav von Wangenheim als Jäger im Stummfilm *"Der steinerne Reiter"*, den Fritz Wendhausen (* **1891**) inszenierte und bereits Erich Pommer

(* **1889**) produzierte. Es folgten in den nächsten zehn Jahren noch acht weitere Filme mit Lucie Mannheim, oft nach Drehbüchern Thea von Harbous (* **1888**), auch unter Regisseuren wie G. W. Pabst (* **1885**), Friedrich Wilhelm Murnau (* **1888**), Wilhelm Thiele (* **1890**), Robert Wiene oder Hans Steinhoff und mit Partnern wie Albert Steinrück, Werner Krauß, Lil Dagover, Eugen Klöpfer, Willi Forst und Hans Moser, aber 1929, unmittelbar vor dem *"Danton"* von 1931 also, schon neben Fritz Kortner die junge Ehefrau Monica in jenem *"Atlantik"*, einem der allerfrühesten Ton- und Titanic-Filme, bereits in englischer und französischer Version und menetekelhaft schon in London, ihrer späteren Schicksalsstadt, gedreht.

Als derart vielseitiges, auch noch singendes Juwel war sie da natürlich längst auch schon von den legendären Berliner Kabaretts jener Jahre eingeladen worden: zu Rudolf Nelson, zu Friedrich Hollaender (in dessen Revue *"Das bist du!"*, 1927). Dort sang sie allenthalben Couplets *"mit einer kräftigen Laune und einer derben Mädchenanmut"*, hat Julius Bab schon 1928 bezeugt:

"Sie schüttelt die schwarzen Locken, blinkt mit gerunzelter Stirn dem Zuhörer zu und bricht plötzlich in einen triumphierenden Schrei aus, der den sattsam bekannten 'Quietscher' der Berliner Range im Begriff zeigt, sich zu einem dionysischen Jauchzen zu veredeln".

So wurde sie wahrhaftig *"zum Idol"*, hat Manfred Kreckel resümiert, *"weil sie den Typus der kessen Berlinerin mit dem Herz auf dem rechten Fleck verkörperte, deren vernünftiger Witz über die Widrigkeiten des Lebens triumphiert".*

Aber 1929 lud Erich Pommer, damals nach ersten Hollywood-Erfahrungen bei *Paramount* und *MGM* just als allmächtiger Produzent zur allmächtigen *Paramount*-Tochter *Ufa* heimgekehrt, den österreichisch-amerikanischen Regisseur Josef von Sternberg (*recte* Jonas Sternberg, * **1894** in Wien) nach Berlin ein: um ein neues Projekt mit Emil Jannings zu besprechen, der für seine Rolle im *Paramount*-Stummfilm *"The Last Command"* unter Sternbergs Regie just 1929 als bester Hauptdarsteller mit dem erstmals verliehenen *Oscar* ausgezeichnet worden war.

Dieser Erfolg sollte nun tunlichst fortgesetzt und in einem Tonfilm ausgebaut werden. Als Stoff war da ein *"Rasputin"* im Gespräch.

Was hiernach geschah, ist von vielen Beteiligten unterschiedlich kolportiert worden.

Am wahrscheinlichsten scheint mir diese Version:

Die Berliner Schauspielerin, Kabarettistin und Soubrette Trude Hesterberg (* **1892**), kürzlich noch sehr erfolgreiche Prinzipalin der vielbeachtet literarisch-politischen *"Wilden Bühne"* in der Charlottenburger Kantstraße, war 1928 Scheidungsanlaß für Heinrich Manns erste Ehefrau und Überbrückung bis zu seiner zweiten Verheiratung 1929. Vielleicht extra ihretwegen zog er sogar 1928 von München nach Berlin.

Aber während eines gemeinsamem Urlaubs in Badgastein bei Salzburg will seine Trude, die damals schon in dreißig Filmen, wenn auch noch nie als Hauptdarstellerin mitgewirkt hatte, die Sprache auf Literaturverfilmungen und seinen Roman *"Professor Unrat"* gebracht haben (den er schon **1904** geschrieben hatte und sie seit Langem sehr schätzte). Auf höfliche Weise ließ er sie da seine prinzipielle Unlust an dieser *"technischen Abart der Kunst"* erfahren. Keinerlei Filmrechte seien für seine Prosa zu erwerben: *"Nein, da machen sie dann doch nur entweder einen Kriminalreißer oder irgend so einen rosaroten Kitsch daraus, der mit dem Roman nicht das geringste zu tun hat"* (auch also 1928 bereits!).

Sie beichtete ihm trotzdem ihre schon häufig gescheiterten Vorstöße, irgendwo und -wann einmal die Rosa Fröhlich, jene Tingeltangel-Künstlerin seines Romans, zu spielen und zu singen.

"Ja, das ist natürlich etwas anderes", soll Heinrich Mann da eingelenkt haben, *"ich könnte mir keine bessere Interpretin dieser Rosa Fröhlich denken"*.

"Zufällig" trafen die beiden andern Tages auf der Promenade in jenem Badgastein just Emil Jannings und dessen Frau Gussy Holl. Während die Männer über das nahende Projekt *"Rasputin"* sprachen, erzählte Trude Hesterberg der einflußreichen Frau Jannings, was für eine wunderbare Filmrolle der Gymnasiallehrer Raat aus Heinrich Manns Roman für ihren spielbesessenen Ehemann abgeben würde (und diese Rosa Fröhlich nebenher auch für sie selbst).

"Ja, natürlich", soll Gussy Holl da erwidert haben: *"wenn du das Wunder fertig bringst, daß Heinrich Mann das Buch für den Film freigibt, dann spielt er das mit dir"*.

Jannings selbst war bereit, das der *Ufa* vorzuschlagen. Vermutlich wußte er da schon, daß Sternberg am Rasputin nicht sehr interessiert war.

Kaum wieder in Berlin, wurden Mann und Hesterberg zu einer dringlichen Besprechung mit Erich Pommer, andern Filmgewaltigen und Jannings ins Hotel *"Esplanade"* am *Potsdamer Platz* gebeten (wo sich heute das *Sony Center* befindet). Von Carl Zuckmayer (* **1896**) und Leonhard Frank schleunigst in die Esoterik von Filmverhandlungen eingeweiht, erfuhren sie hier, daß jetzt als Nächstes nicht *"Rasputin"* gedreht werden solle, sondern – *"Professor Unrat"*.

"Über den geschäftlichen Teil", hat sich Trude Hesterberg noch 1971 erinnert, *"waren wir uns bald einig. Die Ufa war nicht kleinlich, wenn sie etwas erreichen wollte"*,

aber Jannings gestand dann unter sechs Augen, daß der vorgesehene Regisseur Sternberg für die Rolle der Rosa Fröhlich eine andere Besetzung verlange als Trude Hesterberg (die angeblich eigentliche Initiatorin des ganzen Projekts).

"Darauf nahm der still zuhörende Heinrich Mann schweigend seinen Hut", hat Trude Hesterberg überliefert, *"und verließ das Zimmer. / Man beschwor mich, zugunsten des Filmruhms von Heinrich Mann zu verzichten, und ich tat's. Ich hatte es ungeheuer schwer, ihn dazu zu bringen, das Buch trotzdem freizugeben"*.

Wirklich soll Sternberg damals noch den amerikanischen Stummfilmstar Louise Brooks oder auch Brigitte Helm für die strittige Rolle vorgeschlagen haben, seine Assistentin (und Ehefrau) hingegen den üblichen Stummfilm-vamp Phyllis Haver, Emil Jannings aber (in seinem berüchtigten Bemühen um Partnerinnen, die ihm nicht – laut Charles Higham – *"seine Szenen stehlen"*) anscheinend jene Maly Delschaft (* **1898**), mit der er schon 1921 einen andern *"Danton"*, 1924 unter Murnau den international erfolgreichen *"Letzten Mann"* und 1925 vielbeachtet *"Varieté"* gedreht hatte. Aber die *Ufa* konnte Frau Delschaft "leider nicht erreichen".

Sie schlug statt ihrer Lucie Mannheim vor, und für den maßgeblichen Produzenten Erich Pommer (der ja schon 1922 jenen *"Steinernen Reiter"* mit ihr gedreht hatte) scheint sie die definitive Besetzung gewesen zu sein.

Also wurde diese Göttin des Berliner Theaters nach Babelsberg eingeladen, um sich einem unbekannten Filmregisseur "aus Amerika" zu präsentieren: *aber sie solle da auch was vorsingen.*

Aufgeregt rief diese *"berühmte Schauspielerin, heute noch berühmt",* bei Friedrich Hollaender an, der sie bei ihren Couplets und seinen eigenen Chansons schon oft begleitet hatte, und bat ihn, das nun auch in Babelsberg vor diesem Sternberg zu tun: *"nur spielen ein bißchen, daß ich paar Chansons von dir vormache, daß der mich kennenlernt"*. Hollaender hat das viel später, 1972 und selbst 76jährig, dem Regisseur Rainer Bertram mit diesem Wortlaut in eine Fernsehkamera des Bayerischen *alpha-Forums* erzählt:

"Also ich spiele vor, Sternberg setzt sich zum Klavier, hört mir zu, jene steht oben und zerferzelt sich, er guckt gar nicht hin oder nur so 'n bißchen, und der Schluß davon war, daß die Mannheim nicht genommen wurde, aber ich wurde genommen: die Musik zu schreiben und die Texte.

Und dann habe ich also dem Sternberg die Dietrich empfohlen, die eine kleine Schauspielerin war, damals."

Sternberg kannte sie angeblich schon von einer Geselligkeit bei Max Reinhardt, wo sie mit der populären Toselli-Serenade (von **1900)** Aufsehen erregte, weil sie sie auf einer *Singenden Säge* zu spielen wußte. Sie faszinierte ihn privat, aber kam für die Rolle der Rosa, die er inzwischen in Anspielung auf Wedekinds mythische Lulu in Lola Lola umgetauft hatte, nicht in Frage.

Drehbuchautor Carl Zuckmayer (* **1896**) votierte für die Dietrich, aber Produzent Erich Pommer (der ja die Mannheim favorisierte) winkte ab: *"Doch nicht diese Hure!"*

"Aber sie spielte grade zufällig", hat sich Hollaender weiter an sein Gespräch mit Sternberg erinnert, *"und da hab' ich gesagt: da gehn Sie rein, die müssen Sie sich ansehen, und er war sehr beeindruckt und fühlte plötzlich: das isse"*.

Wenn das so stimmt, fand es in der Kreuzberger Charlottenstraße statt, wo damals das *Berliner Theater*, vormals *Königsstädtische Theater* stand,

das 1933 zum Spielort des *NS-Kulturbundes Deutscher Juden,* 1935 *NS*-geschlossen, -abgerissen und durch eine *NS*-Sammelstelle für Zwangsarbeiter ersetzt wurde.

Aber seit Anfang September 1929 wurde dort *"Zwei Krawatten"* gespielt: eine Revue von Georg Kaiser mit der Musik von Mischa Spoliansky (* **1898** im podlachischen Bialystok nordöstlich von Warschau), Starkomponisten jener talentierten Jahre (und auch schon der Schwulenhymne *"Das lila Lied"* von 1920, auch schon der *"besten Freundin mit der besten Freundin"* in der *"sachlichen"* Luft von 1928)

und den ich noch viele Jahrzehnte später irgendwann im Berliner *Renaissance-Theater* alt, elegant und souverän Klavier spielen sah und hörte, als er dort Blandine Ebinger (* **1899**) mit Chansons ihres ersten Ehemannes Friedrich Hollaender (* **1896**) begleitete.

In jenen *"Zwei Krawatten"* sahen Sternberg und seine Frau, die *US*-amerikanische Schauspielerin Riza Royce, die auch seine Regie-Assistentin war

(und die sich 1930 nach dem *"Blauen Engel"* scheiden ließ), an jenem Abend primär zunächst Hans Albers (* **1891**) und Rosa Valetti, deren beider bisherige Verhandlungen für *"Professor Unrat"* hiernach unterschriftsreif waren.

Aber bei einem Drink im Hotel Adlon sollen kurz vor Aufbruch der Sternbergs zu diesem Theaterbesuch just Emil Jannings und Hotelier Louis Adlon gefrozzelt haben: *"Wenn ihr euch schon Albers und die Valetti ansehen wollt, weshalb dann nicht auch die Dietrich? Sie ist ein erotisches Erdbeben, ein Naturereignis"*.

Dieses "Erdbeben" tummelte sich da schon seit sieben Jahren relativ unbemerkt auf den Berliner Bühnen und hatte seit 1919 schon siebzehn oder achtzehn Filme gedreht, erst kürzlich, 1929, im *"Schiff der verlorenen Menschen"* neben Fritz Kortner, aber auch schon neben Alexander Granach und Ernst Stahl-Nachbaur, mehrfach neben Trude Hesterberg und Hans Albers, auch schon mit Heinrich George – und auch schon neben Emil Jannings.

In jenen *"Zwei Krawatten"* spielte sie nun die Rolle der reichen Amerikanerin Mabel und war sofort der Star des Abends: *"Ganz Berlin sprach von der Szene, in der Marlene kühl an der Reling lehnt [...]; dabei trifft eine von einer Windmaschine erzeugte Brise ihren langen roten Rock, so daß er sich eng um ihre Beine schmiegt, während sie Albers mit einer Gleichgültigkeit behandelt, die ihr sexuelles Interesse nur schwach verhüllt"* (Higham).

Schon andern Tages lud das Besetzungsbüro der *Ufa* Marlene Dietrich (* **1901**) zu einem Gespräch über diese Lola Lola ein. Sie *"trug einen schwarzen Pelz – ich glaube, es war Astrachan"*, soll sich ihre Agentin als Augenzeugin an diesen Auftritt erinnert haben, *"einen hohen Hut im russischen Stil und einen Muff, dazu Schaftstiefel und dicke Strümpfe"*.

Dabei trug sie ein wurschtiges Desinteresse zur Schau. Denn *"sie wollte diese Kokotte wirklich nicht spielen. Außerdem glaubte ohnehin alle Welt, daß Trude Hesterberg die Rolle bekommen würde"*.

Der anwesende Jannings sabotierte sofort: *"Die ist nicht zu fotografieren. Ihr Blick ist verschleiert – wie bei einer kalbenden Kuh"*.

Das meinte damals die ganze Branche: sie *"sollte in einem Film umbesetzt werden, weil man sie nicht fotografieren zu können glaubte"*, hat sich auch Fritz Kortner noch erinnert, als sie längst ein Weltstar war: *"Der andersartige, daher befremdliche Schnitt des Dietrichschen Gesichts tat dann viel zur Neuorientierung des Schönheitssinnes. Das Publikum verliebte sich in sie und verhalf der Schauspielerin zu ihrer erstaunlichen Karriere. Schließlich nahmen Schaufensterpuppen und Modejournale ihr Gesicht zum Vorbild"*.

Damals veranlaßte Sternberg weitblickend Probeaufnahmen. *"Ich bin nicht zu fotografieren"*, sagte sie jetzt selbst, *"im Film sehe ich entsetzlich aus. Die Leute behaupten, ich mache die Augen nicht auf"*.

Na, mal sehen: *und bitte auch was vorsingen – irgendein freches Lied!*

"Aber ich kannte kein freches Lied", habe ich selbst
diese höhere Tochter aus preußischer Offiziersfamilie
bei einem Konzert ihrer einzigen Deutschlandtournee nach dem Kriege
noch Ende Mai 1960 in der Stuttgarter Liederhalle mit leichtem Spott
in die wohlweislich vorgestanzte Conférence zwischen ihre weltberühmten Songs
einflechten hören, aber *"in meiner Verzweiflung, in meiner Angst"*

sang sie dann seinerzeit bei jenem *casting* vor dreißig Jahren, wieder mit Lucie Mannheims angeheuertem Begleiter Friedrich Hollaender am Klavier, einfach frech *"Wer wird denn weinen, wenn man auseinander geht, wenn an der nächsten Ecke schon ein andrer steht"*. Arthur Rebner (* **1890** im heute ukraïnischen Lwiw) und Hugo Hirsch (* 1884 im jetzigen Międzychód, westlich von Poznań) hatten das für Trude Hesterberg geschrieben und kürzlich an die *Ufa* verkauft, die just von Richard Eichberg (* **1888**) einen Film dieses Titels hatte drehen und erst in jenem Sommer 1929 in allen Kinos anlaufen lassen: das Lied war also aktuell und berechenbar *Ufa*-opportun.

Marlene Dietrich sang dann für diesen *US*-Sternberg auch noch *"You 're the cream in my coffee"* aus dem damals brandneuen Broadway-Musical *"Hold Everything!"* von John McGowan (* **1894**) und George Gard DeSylva (* **1895**):

You're the cream in my coffee!

Sternberg: *Das isse.*

"Am nächsten Tag", hat ihr Biograf Charles Higham 1977 ausgeplaudert, *"ließ Sternberg Pommer und den anderen Ufa-Herren die Probeaufnahmen von Lucie Mannheim und Marlene vorführen. Alle waren sich einig, daß Lucie Mannheim die bessere sei.*

Sternberg tat zunächst so, als stimme er ihnen zu;

dann aber verkündete er, er habe sich für Marlene entschieden.

Sie erklärten ihn alle für verrückt".

So eindeutig muß Lucie Mannheim da die Bessere gewesen sein.

Aber damals wurden Besetzungen noch nicht von *casterinnen*, sondern vom Regisseur entschieden. Auch Gustaf Gründgens hat irgendwann mal festgehalten: *"Eine richtige Besetzung ist die halbe Inszenierung"*, und Lucie Mannheim hat noch 1968 eine modische Theaterzeitschrift zu belehren versucht, daß zum Beispiel die Regie-Ikone Jürgen Fehling *"natürlich vor allen Dingen erst mal die Rollen richtig besetzt"* – niemand hätte ihm das je aus der Hand nehmen dürfen.

Aber heutige *casterinnen* haben selbst nie inszeniert und können daher nicht wissen,

wie tief ein richtiger Regisseur jede Rolle auslotet und durchleuchtet, wie oft er sich ihren Text mit den konkurrierenden Stimmen und aus rivalisierenden Mündern imaginiert, bevor er sich für die stimmigste Besetzung entscheidet.

Erich Pommer hat das 1929 noch gewußt, Sternberg daher gewähren lassen – und dadurch zumindest Filmgeschichte geschrieben.

Aber!

Aber?

Aber: wäre Lucie Mannheim in Sternbergs Welterfolg mit diesem *"Blauen*

Engel" nicht vielleicht tatsächlich die Bessere gewesen? Noch sehr viel richtiger und interessanter als Marlene Dietrich?

Vielleicht.

Niemand kann das jetzt noch behaupten oder widerlegen.

Aber Erich Pommer hat schließlich hiernach Jahrzehnte lang weltweit bewiesen, daß er sein Geschäft versteht, und richtig besetzte Erfolge gedreht.

Also wurde auch Marlene durch diesen Film zur Legende, während er sich für Lucie Mannheim im Nachhinein als Scheitelpunkt ihrer Karriere darstellt, von dem aus sie mehr und mehr in ein arges Abseits geriet.

Am 1. April 1930 gelangte *"Der blaue Engel"* im Berliner *Gloria-Palast* am Kurfürstendamm, späterem Kino der Berlinale, zur Uraufführung: mit Marlene Dietrich, Emil Jannings, Hans Albers, Rosa Valetti, aber auch mit Eduard von Winterstein (*recte*: Wangenheim – und als Zauberkünstler mit jenem Kurt Gerron, * **1897**, der in Auschwitz ermordet wurde).

Aber während sie da erstmals mit Hilfe von Friedrich Hollaenders Liedern, den unbestrittensten und anhaltendsten Welterfolgen dieses Films, ein Kinopublikum hinriß, war Marlene Dietrich schon mit Sack und Pack in 54 Gepäckstücken unterwegs zu ihrer Hollywood-Karriere:

auch weil Erich Pommer ihr in Berlin nur ein vielsagendes Zehntel der Jannings-Gage genehmigt, keinerlei weitere Rollen, geschweige Vertragsverhandlungen angeboten und auf vorhandene Optionsrechte verzichtet hatte. Vielleicht auch, weil sie wußte, daß der überflügelte Emil Jannings, der sie schon bei den Dreharbeiten lebensbedrohlich gewürgt hatte, dem die *Ufa* aber viele frühere Erfolge zu verdanken hatte, dort fortan immer gegen sie votieren dürfte.

Oder weil die *Ufa* ja eine Tochter jener *Paramount Pictures* war, zu denen sie da just unterwegs war und wo sie noch im selben Jahr, schon 1930, wieder unter Josef von Sternberg ihren nächsten Welterfolg mit Premiere Mitte November 1930 in New York und mit *Oscar*-Nominierung, auch für sie persönlich, drehen sollte – *"Morocco"*: hatte etwa gar Erich Pommer sie seinem "Mutterhause" heimlich eigens empfohlen? Oder auch wegempfohlen?

Geflechte …

An Deck war ihr das alles auf dem Atlantik vermutlich wurscht, auch was Heinrich Mann von dieser Verfilmung dachte. Oder Trude Hesterberg. Geschweige Lucie Mannheim.

Sie alle haben auch für sich behalten, was sie davon dachten.

Lucie Mannheim könnte vielleicht überlegt haben, was sie anders gemacht hätte als diese sensationell erfolgreiche Kollegin. Vielleicht sogar besser.

Oder sie hat sich das gar nicht erst angesehen: um sich nur ja nicht beim Rollenneid zu ertappen und sinnlos zu ärgern.

Aber 1931 schrieben Günther Bibo (* **1892**), der seit Mai 1944 in Auschwitz verschollen ist, und jener Emil Rameau (*recte* Emil Pulvermacher,

den ich selbst noch in den fünfziger Jahren
als Stellvertretenden Intendanten des Berliner *Schiller-Theaters* erleben durfte,
weil es den greisen Remigranten mit dem Almosen dieser leicht fingierten Position
zu respektieren und zu entschädigen versuchte,

und den ich Jahrzehnte später, 2015, unverhofft in einer größeren Filmrolle
neben Ingrid Bergman und Charles Boyer entdeckte:
dem *Maestro Guardi* im *oscar*-gekrönten *"Haus der Lady Alquist"* von 1944),

diese beiden Librettisten also schrieben damals den Text für eine "Posse mit Musik", die das Leben jener Henriette Sontag (1806-1854), legendärer Opernsängerin, behandelt, *"die Berlin vor hundert Jahren noch mehr faszinierte als heute Gitta Alpár"* (Ihering). Von Walter W. Goetze in Musik gesetzt, wurde das 1937 mit Grethe Weiser (* **1903**) verfilmt und mit ihr seither wie ein Besitzstand gleichgesetzt: *"Die göttliche Jette"*.

Aber die Uraufführung dieses Leichtgewichts im Berliner *Schiller-Theater*, damaliger Dépendance des *Staatstheaters*, spielte in Jürgen Fehlings höchsteigener Inszenierung zu Silvester 1931 durchaus nicht Grethe Weiser und erst recht nicht Marlene Dietrich, sondern nachdrücklichst Lucie Mannheim, der es jene beiden Librettisten *"auf den schlanken Leib verfaßt"* hatten:

"Inbegriff der Berlinerin?", fragte Alfred Kerr sofort animiert: *"Sie konnten keine bessere finden. / Macht sie nur den Mund auf [...] : so erwächst, für das Ohr, das Wappenbild einer ganzen Stadt. Ein Ohr kann Wappenbilder deutlich sehn"*,

und Herbert Ihering,

> * **1888**, einer der wenigen Kritiker mit mehrfach eigener Theaterpraxis und -erfahrung als Regisseur und Dramaturg an ersten Wiener und Berliner Bühnen, ab 1945 auch als Chefdramaturg jenes *Deutschen Theaters* unter Gustav von Wangenheim
>
> und 25 Jahre später, 1970, selbst also 82jährig,
> noch immer als Rezensent bei der Premiere meiner eigenen Berliner Inszenierung
> von Sternheims Wahlkampfsatire *"Der Kandidat"* (aus dem Schicksalsjahr **1914**),
> bei deren Uraufführung in Wien 1915, also vor 55 Jahren,
> dieser selbe Ihering noch selbst der Regisseur gewesen war,
> nunmehr nicht nur auf einem der Kritikerplätze des Berliner *Schloßpark-Theaters*,
> sondern anschließend im benachbarten Theater-Restaurant an meinem Nebentische
> und dort nur aus schüchternster Ehrfurcht vor dieser Ikone der Theatergeschichte
> nicht von mir angequatscht,

dieser literarisch also höchst anspruchsvolle Herbert Ihering hatte am 2. Januar in der ersten Ausgabe also seines *"Börsen-Couriers"* dieses Abschluß- und Abschiedsjahr 1932 mit seinem Befunde just über jene *"Göttliche Jette"* eingeleitet:

"Jette heiratet den italienischen Attaché und sehnt sich von Turin nach Berlin. Erst als Lucie Mannheim sagt: 'Schnell nach Berlin. Ick kann das Talent nich mehr halten', lebt der Abend auf. Dieser Abend, der die berlinischste Schauspielerin von allen Seiten ihrer Natur und ihres Talentes zeigt".

Aber sie hatte da wirklich *"eine Bombenrolle"*, gab auch Adorant Alfred Kerr im *"Berliner Tageblatt"* zu: *"Mit mehreren Wandlungen, Anblicken, Lebenszeiten, Stimmungen. Sie kann das. Ein reiner, menschlich lieber Ton in allem. Nicht überströmend: wie diese Stadt. Sublimiert nett: wie diese Stadt".*

Wieder Ihering: *"Dieser Abend, der den Possenregisseur Fehling auf die Höhe seiner mimischen Erfindungen bringt"*, präsentierte auch *"ein reizendes Possenensemble mit Walter Bluhm, mit Hans Leibelt und Franz Weber"*, aber auch schon *"mit Gudrun Genest"*

(* **1914**, Nichte Hubert von Meyerincks und später mit Aribert Wäscher verheiratet), damals in ihrem ersten Theaterjahr,

aber in meinem und Iherings oder Iherings und meinem erwähnten Schloßpark-Sternheim von 1970 die ungemein zuverlässige, kluge und komische, sehr liebenswürdige Darstellerin der Frau Russek neben Rudolf Fernau und Horst Bollmann (ob sie wohl Ihering da noch an ihre Paula in der *"Göttlichen Jette"* von 1931 erinnerte?),

und noch sehr viel später, schon silberhaarig, ein populärer Fernsehliebling der Nation auch in solchen Familienserien wie *"Die Wicherts von nebenan"*.

Aber ihrer großen und prominenten Kollegin von damals hatte der so gestrenge Ihering weiland sofort empfohlen:

"Lucie Mannheim sollte mit der 'Göttlichen Jette' später auf Gastspielreisen gehen."

Das tat sie tatsächlich

– gleich nach ihrer letzten Berliner Zusammenarbeit mit Fehling im Mai 1932 an Wedekinds *"Liebestrank"* mit *"überwältigender Komik"*, *"übermütigster Spiellaune"* und in 25 Wiederholungen neben Heinrich George im Raum von Rochus Gliese

(dem ich selbst im Herbst 1963 ahnungslos begegnete, als er im Betriebsbüro des *Staatstheaters Braunschweig* [dem ich damals diente und wo er als Gast Richard Wagners *"Parsifal"* ausstatten sollte] unerkannt und ungewürdigt wie ein anonymer Bittsteller im Stehen abgefertigt wurde, weil eine neue Generation provinzieller Theaterbürokraten nicht wußte,

daß dieses bescheiden und geduldig hinter dicken Brillengläsern wartende
alte Männlein einer der erfolgreichsten, meistbeschäftigten und prominentesten
Starbühnenbildner der ganzen glänzend vorausgegangenen Theaterära
und Murnaus Filmarchitekt mit *Oscar*-Nominierung in Hollywood war –
Rochus Gliese:
ich schäme mich noch heute auch für meine eigene damalige Ignoranz
und bitte ihn als Nachgeborener postum umso kniefälliger um Entschuldigung).

Aber Lucie Mannheim gastierte mit ihrer göttlichen Jette ab September 1932 ”auf Österreichisch“ im Wiener *Raimund-Theater* und bewies da den Wienern, *”daß auch der Berolinismus“*, bestätigte ihr in Kerrs *”Berliner Tageblatt“* der namhafte Dramatiker und Erzähler Heinrich Eduard Jacob (* **1889**), *”Rokokograzie haben kann“*.

Anschließend spielte sie auf derselben Bühne schon ab Ende Oktober 1932 in Fehlings Inszenierung auch noch die Anna Gerst in der Uraufführung von Ernst Tollers Schauspiel *”Die blinde Göttin“*. Derselbe Jacob damals: *”Lucie Mannheim kann, weil sie vieles kann, auch die Rolle der leidenden Anna Gerst spielen: ihre wirkliche Rolle ist es keineswegs“*.

Aber ihre letzte unter Fehling.

In Wien drehte sie damals auch noch eine Hauptrolle in der Neuverfilmung des Romans «*Madame ne veut pas d'enfants*» von Clément Vautel: ”*Madame wünscht keine Kinder“*. Erst vor sechs Jahren, 1926, hatte Maria Paudler unter der Regie von Alexander Korda ihre Rolle und Marlene Dietrich eine Tänzerin gespielt, die im Vorspann unerwähnt blieb; jetzt, 1932, führte Hans Steinhoff, schon bekennend *NS*-affin, Regie, Marlene Dietrich war bereits ein Weltstar in Hollywood, und für Lucie Mannheim war es der vorläufig letzte Film in deutscher Sprache. Er wurde noch Anfang Januar 1933 zuerst in Österreich, dann auch in Deutschland gestartet.

Da war sie schon wieder in Berlin und nutzte ihren Urlaub vom *Staatstheater* schnell noch für einen Seitensprung zur leichten Muse des dortigen Musiktheaters.

Erich Wolfgang Korngold (* **1897** und Komponist nicht nur der vielgespielten Oper *”Die tote Stadt“*, sondern im *US*-Exil auch zwiefach *Oscar*-gekrönter Filmmusiken) hatte nach zwei Bearbeitungen klassischer Operetten für Max Reinhardt nun noch eine Neufassung der *”Geschiedenen Frau“* erstellt, die Leo Fall 1908 nach Victorien Sardou, dem Librettisten der unsterblichen *”Tosca“*, und nach dessen Komödie *«Divorçon»* geschrieben hatte, die auf deutschen Schauspielbühnen meist unter dem Titel *”Cyprienne“* oder auch *”Also gut! Lassen wir uns scheiden!“* gespielt wird und die das weiland prekäre Thema der Ehescheidung auf die beliebte leichte Schulter nimmt.

Ich selbst habe dieses liebenswürdige Lustspiel noch Mitte Januar 1954
als Göttinger Student sehen dürfen: in Heinz Hilperts *Deutschem Theater*
mit der blutjung aparten Ellen Schwiers
und im Bühnenbilde des damaligen Anfängers Jan Schlubach
(der später Filmarchitekt für Stanley Kubrick, ”James Bond“
und mehr als vierzig Fernsehproduktionen war).

Das Libretto für diese Operette von Leo Fall stammt von Victor Léon, der auch die Textbücher zu Heubergers *”Opernball“*, Lehárs *”Lustiger Witwe“*, Leo Falls *”Fidelem Bauern“* und anderen Klassikern dieses Genres geschrieben hatte und seinerzeit als erwiesener Experte galt.

Aber Miksa Préger, ein umtriebiger Tourneeunternehmer wohl aus Ungarn, hatte für die Uraufführung der Korngold-Fassung dieser Operette das Berliner *Theater am Nollendorfplatz* samt dessen Hausorchester angemietet, Korngold selbst als Dirigenten und für die Hauptrollen Stars engagiert: Adolf Wohlbrück und, für die Gonda van der Loo, – eben Lucie Mannheim.

”Operette ist die Hymnisiserung des Sexus“, hat ihr Jürgen Fehling diesen Seitensprung sanktioniert: *”Es gibt keine Nuancen, es gibt nur Reize in der Operette“,* und deren Kunst, *”die Unglücklichen zu Glücklichen avancieren zu lassen, ist einer der ewigen Kassentricks aller Theaterschreiber – von Shakespeare über Raimund zu Ibsen“*.

Also auch zu Leo Fall und Erich Wolfgang Korngold, warum nicht! Die Premiere war für den 27. Januar 1933 vorgesehen.

Aber es gab Probleme mit Victor Léons leicht angestaubten oder überholten Dialogen und Gesangstexten vom Jahrhundertanfang. Ihr Autor sah das ein und schlug seinen Mitarbeiter Heinz Reichert für eine Neufassung vor. Aber Préger hatte hiermit schon Hanns Saßmann aus Wien beauftragt.

Kurz vor Weihnachten 1932 kam es zu ersten bedrohlichen Produktionsspannungen, weil Lucie Mannheim sich für ihr "Turnlied" eigenmächtig *"freche Verse à la Blandine Ebinger, so charmant wie schnoddrig"* bei Max Kolpe geordert hatte,

> der eigentlich Max Kolpenitzky hieß, als staatenloser Russe **1905** in Königsberg geboren war und seit vier Jahren mit Erik Ode, späterem populärem Fernsehkommissar, das Berliner Kabarett *"Anti"* leitete.

Er schrieb ihr das Couplet *"Ach, müßt' ich doch nicht ganz so, ganz so, ganz so schrecklich sinnlich sein, dann wär' ich sinnlich – Gott, würd' ich sinnlich sein"*. Léon hielt das *"für unter dem Niveau einer Hamburger Hafenkneipe"* und protestierte.

Lucie Mannheim selbst mag sich damit gerechtfertigt haben, was der große Jürgen Fehling hierzu gelegentlich über sie sagte: *"Sie spielte dann unter ihrem Niveau (was immer noch ein hohes Niveau zuließ)"*.

Aber Miksa Préger versuchte noch Anfang Januar 1933 brieflich, den schäumenden Victor Léon mit dem Hinweis zu beschwichtigen, daß *"der Boden, wegen der Nazis, ein sehr heißer für Judenbesetzungen"* sei, und *"man muß sehr vorsichtig sein"*.

Wirklich waren ja mindestens Leo Fall, Victor Léon, Heinz Reichert (*recte* Heinrich Blumenreich), Erich Wolfgang Korngold, Max Kolpe, Nollendorf-Intendant Victor Horwitz, Miksa Préger, Adolf Wohlbrück und Lucie Mannheim jüdisch jedenfalls irgendwie verwurzelt.

Aber obwohl das Préger fünf Tagesmieten *à* tausend Mark kostete, wurde die Premiere vom 27. Januar auf den 1. Februar 1933 verschoben. Doch bei der Generalprobe (vermutlich einen Tag nach dem erschreckenden 30. Januar 1933) rissen die Nerven der meisten Beteiligten irgendwie. Miklas Préger schmiß Kolpe raus und erteilte ihm Hausverbot; Lucie Mannheim drohte, nach dieser Beleidigung ihres Texters gar nicht mehr aufzutreten.

Trotzdem fand andern Abends die Premiere dieses Sorgenkindes statt, das aber schon einen Monat später, Anfang März 1933, abgesetzt wurde. Die meisten jüdischen Mitwirkenden flohen oder emigrierten irgendwohin, aber Korngold prophezeite noch auf der Überfahrt ins *US*-amerikanische Exil bei einem Interview an Deck, er glaube, *"daß Mendelssohn Hitler überleben"* werde. Seine Partitur jener *"Geschiedenen Frau"* ist inzwischen verschollen, nur ein Duett mit Lucie Mannheim und Adolf Wohlbrück wird auch heutzutage noch von *amazon*, *youtube* und ähnlichen Vermarktern zum Kauf oder *downloading* angeboten.

> (Max Kolpe nannte sich in den *USA* später meist Max Colpet und schrieb fünf Drehbücher für Billy Wilder, den deutschen Text zu Bernstein's *"Westside Story"* und viele der berühmtesten Songs ausgerechnet für Marlene Dietrich: *"Allein in einer großen Stadt"*, *"Sag mir, wo die Blumen sind"*.)

Der jüdischen Lucie Mannheim wurde nur wenige Wochen später – vermutlich Ende Februar 1933, während der Berliner Reichstag brannte – nach zehnjährig ungewöhnlich erfolgreicher Zugehörigkeit zum dortigen *Staatstheater*, die fällige Vertragsverlängerung verweigert – sie war gekündigt – wie auch zeitgleich ihren *"Danton"*-Kollegen Gustaf Gründgens und Alexander Granach, teils auf Grund der neuen *NS*-*"Arier-Bestimmungen"*.

Noch hätte Lucie Mannheim einigen Angeboten an Berliner Privattheater folgen können, tat es auch neben Käthe Dorsch im Metropoltheater mit Leo Falls Operette *"Die Kaiserin"*,

aber Hermann Göring bot ihr großzügig an, trotz ihres *"rassischen Fehlers"* unter Auflagen am Berliner *Staatstheater* weiter zu arbeiten. Da *"erzwang sie mit volkhafter Kühnheit"*, hat ihr eingeweihter Fehling später bezeugt, *"eine Audienz bei Göring"* und *"sprach Göring dreiviertel Stunden*

1933

"An einem Morgen hörte ich auf der Schultreppe eine Klassenkameradin zur andern sagen: 'Jetzt ist Hitler an die Regierung gekommen'. Und das Radio und alle Zeitungen verkündeten: 'Nun wird alles besser werden in Deutschland. Hitler hat das Ruder ergriffen'.

Zum ersten Male trat die Politik in unser Leben. Hans war damals 15 Jahre alt, Sophie 12. Wir hörten viel vom Vaterland reden, von Kameradschaft, Volksgemeinschaft und Heimatliebe. Das imponierte uns. Das Vaterland, was war es anderes als die größere Heimat all derer, die die gleiche Sprache sprachen und zum selben Volke gehörten. Wir liebten es und konnten kaum sagen, warum. Aber jetzt, jetzt wurde es groß und leuchtend an den Himmel geschrieben. Und Hitler, so hörten wir überall, wolle diesem Vaterland zu Größe, Glück und Wohlstand verhelfen.

Aber noch etwas anderes kam dazu, was uns anzog und mitriß, das waren die kompakten marschierenden Kolonnen der Jugend mit ihren wehenden Fahnen, den vorwärtsgerichteten Augen und dem Trommelschlag und Gesang. War das nicht etwas Überwältigendes, diese Gemeinschaft? So war es kein Wunder, daß wir alle, Hans und Sophie und wir anderen, uns in die Hitlerjugend einreihten.

Wir waren mit Leib und Seele dabei, und wir konnten es nicht verstehen, daß unser Vater nicht glücklich und stolz ja dazu sagte. Im Gegenteil, er war sehr unwillig darüber, und […] manchmal verglich er Hitler mit dem Rattenfänger von Hameln, der die Kinder mit seiner Flöte ins Verderben gelockt hatte. Aber des Vaters Worte waren in den Wind gesprochen, und sein Versuch, uns zurückzuhalten, scheiterte an unserer jugendhaften Begeisterung." [leicht gekürzt]

Inge Scholl (1917-1998): *"Die weiße Rose"*, 1953

(Die beden erwähnten Geschwister Hans, 24, und Sophie Scholl, 21, wurden im Februar 1943 als Studenten und Widerstandskämpfer wegen *"landesverräterischer Feindbegünstigung, Vorbereitung zum Hochverrat und Wehrkraftzersetzung"* *NS*-verhaftet und enthauptet) *unter vier Augen"*. Als sie hiernach *"erstaunlich fidel-ruhig Görings Kabinett verließ"*, referierte sie ihrem Jürgen:

" 'Ich hab dem August gesagt: Herr Reichsobermotz! Bitte, mieten sie den Sportpalast – Sie sind da ja gut angeschrieben als Stammgast – und machen Sie bitte das Programm: Ansprache des Führers, danach: Lucie Mannheim singt Berliner Dienstbotenlieder: Abstimmung! Ich wette mit Ihnen jede Summe, ich singe Ihren Führer k. o.!' "

Berliner Großschnauze oder nicht: anschließend emigrierte sie wohlweislich – über die Tschechoslowakei nach Großbritannien: 34jährig und allein. Denn Fehling blieb.

Nicht nur Tapeten-, viel befremdlicher: Sprachwechsel! Mentalitätswechsel!

"Danton"-Kollege Fritz Kortner, der da in London gleichzeitig, aber als Familenvater ein neues Leben aus angelsächsischem Boden zu stampfen versuchte, hat das nach überstandener Nazi-Treibjagd in einem Fernseh-Interview so beschrieben:

"Nun ist man plötzlich hineingestellt in eine völlig fremde Sprachwelt und ist natürlich zu einem Hausknecht reduziert".

Seine Tochter Marianne Brün hat noch siebzehn Jahre nach dem Tode dieses Vaters in eine andere Fernsehkamera hinein geschildert, wie er damals *"mit Trauer, mit Verzweiflung"* den Verlust nicht nur der eigenen Sprache zu verschmerzen versuchte: *"es war ihm in dem Sinne auch der Beruf weggenommen"* worden,

und Kortners großer Kollege oder Zeit- und Schicksalsgenosse Ernst Deutsch (* **1890**) aus Prag,

> *"schmal und dunkelhäutig"* Jugendfreund Franz Werfels (* **1890**), *"mit langen Fingern"* und den *"Zügen eines Asketen"* eigentlich sowas wie *"ein Modell für die Graphiker der expressionistisch-ekstatischen Periode"* (Kortner),

fast zwanzig Jahre lang Protagonist des deutschsprachigen Theaters, meist in Berlin,

im April 1933 über Wien und sein Prag, über Zürich und Brüssel, 1936 mit Ehefrau gleichfalls nach London (später noch weiter in die *USA*) geflüchtet,

hat noch dreißig Jahre nach alledem, immer noch *"schmal und dunkelhäutig"*, aber weißhaarig eine diesbezügliche Fernsehfrage des Berliner Starkritikers Friedrich Luft,

der zeitgleich ab 1936 Feuilletons für Berliner *NS*-Zeitungen und Drehbücher wie zum Beispiel *"Das Pferd und die Gasmaske für das Pferd"* im Auftrag der *NS*-Heeresfilmstelle im *Oberkommando des Heeres* schrieb,

mit der fast lächelnden Souveränität und Lakonik des 75jährig abermals höchst erfolgreichen Exponenten der bundesrepublikanischen Nachkriegsszene,

dem ich selbst als Student schon im Mai 1954 als Elisabeth Bergners Partner
bei deren erstem Probe-Gastspiel im postfaschistischen Deutschland
mit *"Deep Blue Sea"*, einer Londoner Novität von Terence Rattigan,
auf bundesdeutscher Tournee im westfälischen Marl begegnen durfte,

zehn Wochen später schon als seither legendärem Nathan in einer Wander-
Inszenierung der *Ruhr-Festspiele* mit Lessings ökumenisch versöhnlichem Drama
just im Schützenhaus des rheinisch gutkatholischen Frechen,

und immer wieder und wieder natürlich
seinem Baron Kurtz in Carol Reed's legendärem *"Dritten Mann"* von 1949:
mit Hündchen und Kragenpelz,

dieser Ernst Deutsch also hat jenem Friedrich Luft 1965 so geantwortet:

"Es ist die Emigration wirklich das Ärgste, was einem Menschen passieren kann. Nur eine unheilbar schwere Krankheit ist grauenhafter".

Hiernach wechselte er apodiktisch das Thema: *"Ich möchte das Kapitel der Emigration damit beschließen"*: *tabu.*

Zu den Wenigen, die auch beschrieben haben, wie den Zurückgelassenen damals nach jenem Exodus der genialen Talente zumute war, gehörte Jürgen Fehling. Noch Jahrzehnte später liest sich wie eine verzweifelt verwaiste Such- und Vermißtenanzeige, was er als Greis irgendwann um 1960 noch keineswegs vergessen hatte:

"Als Hitler begann, die große Rolle zu spielen, mußten die meisten großen Rollenspieler – zur Ehre des Judentums sei es gesagt – unser herrliches Berliner Theaterland verlassen. Damals verwitwete meine Bühnenphantasie vielmals."

Das aber wisse jetzt kaum noch einer der Heutigen: *"Sie lamentieren und quatschen, aber den ungeheuren Schmerz, den diese Vertreibung der Genies den Bleibenden verursachte, davon haben sie – die überhaupt Ahnungslosen – keine Ahnung"*.

Fehling schrieb das in seinem Text über Lucie Mannheim und offenbarte so seinen *"ungeheuren Schmerz"* um ihren Verlust im Irgendwo.

Dabei dürfte für sie und alle emigrierten Schauspieler just die aufgenötigte Fremdsprache zu den hinderlichsten Erschwernissen ihres Lebens im Exil gehört haben. Marianne Brün hat nachvollziehbar beschrieben, wie ihr Vater Fritz Kortner damals in London heldenhaft versucht hat, *"mit ungeheurer Arbeit die englische Sprache zu erlernen. Er hat geschuftet, täglich stundenlang, um es zu lernen, und es ist ihm gelungen, es so zu lernen, daß er als expert galt, was die Grammatik anging [...] . Andererseits ist es ihm nie gelungen, den accent loszuwerden. Das hat er nicht geschafft"* – just für Schauspieler existenzgefährdend.

Lucie Mannheim dürfte sich damals in London mit vergleichbaren Problemen herumgeschlagen haben. Denn sicherlich ohne Schulenglisch, hatte sie bislang in einer Zeit und Welt noch ohne amerikanische Sprachvergewaltigungen gelebt und mußte sich nun schleunigst fügen.

Dennoch hat sie nie gejammert.

1933

"Nun kam Hitler. Als ich von den Rassegesetzen im Radio hörte, wußte ich: jetzt ist alles aus. Als ich in der Berliner Philharmonie auftreten wollte, hing an der Tür ein Schild: 'Verboten!'

Die deutschen Juden erstickten in einer Flut von giftigen und gemeinen Beleidigungen.

Ich wollte in Willy Schaeffers' Kabarett am Lehniner Platz gehen."

Dort wohnte Valeska Gert, die das schrieb, sehr viel später selbst
und war meine unsichtbare Etagen-Nachbarin, als ich dort 1969
als Gastregisseur des *Schiller-Theaters*
in Boy Goberts dortiger Nebenwohnung residierte und täglich,
vor Ehrfurcht bibbernd, ihr weltbekannt magisches Türschild las:
VALESKA GERT.
Schon 1955 hatte ich die Alternde im dezent abgedunkelten Zuschauerraum
ihres Berliner Kabaretts *"Hexenküche"* noch zwischen den Tischen singen gehört,
und sehr viel später begegnete ich ihr mehrfach beim Einkaufen in Kampen auf Sylt
(als ich dort 1970 oder ´71 für den *NDR* mein erstes Fernsehspiel schrieb),
aber wagte sie da nicht einmal zu grüßen.

"Neben der Kasse hing ein Messingschild: 'Juden ist der Eintritt verboten!'

Liebe zwischen Juden und Ariern wurde 'Rassenschande' genannt. Dafür gab es Gefängnis und ordinäre Beleidigungen im Stürmer.

Wäscher …

= Aribert Wäscher, * **1895**, außergewöhnlich bizarrer Schauspieler, publizierender Lyriker und Valeska Gerts langjähriger Lebensgefährte,

in dessen berufliches Finale nach einer langen und sonderlich authentischen Karriere zumal in dämonischen und komischen Rollen ich 1955 als Berliner Assistent auf eine herzbewegend erschütternde Weise hinein verflochten wurde, die dieser erst sechzigjährige Parkinson-Patient beim Verlassen einer allerletzten Probe seines ungemein erfolgreichen, aber

> viel zu kurzen Schauspielerlebens als *"Liebenswürdigkeit von Seltenheitswert"* auszuzeichnen selbst da noch liebenswüdig genug war,

dieser Aribert Wäscher also (zu "meiner Zeit" mit jener Gudrun Genest aus der *"Göttlichen Jette"* von 1931 verheiratet) …

… Wäscher und ich mußten aufpassen, daß man uns nicht zusammen sah. Ging ich mit ihm ins Kino, nahm er eine Loge. Ich kam nach Anfang, wenn es schon dunkel war. Aber vielleicht hatte eine Garderobiere inzwischen die Gestapo benachrichtigt.

Er kam nur nachts in meine Wohnung, am Tage war es zu gefährlich, aber vielleicht hatte zufällig ein Nachbar durch das Guckloch seiner Wohnungstür gesehen und die Gestapo antelefoniert.

Ich will weg, schon um nicht Wäscher länger in Gefahr zu bringen.

Die Alhambra *in Paris engagierte mich. Vor der Premiere klappte ich zusammen, saß gelähmt in meinem Hotelzimmer. Unmöglich, aufzutreten. Ich konnte nicht, fuhr nach London. Dasselbe. Aber nun war ich fast vierzehn Tage von Berlin weg gewesen, vielleicht konnte ich wagen zurückzufahren.*

In Berlin waren inzwischen in den Parks Extrabänke aufgestellt worden. Juden und Arier durften nicht mehr zusammensitzen. 'Juden' stand an manchen Lehnen.

Wäschers Liebe fing an abzubröckeln. Mit anderen Frauen konnte er lustig und unbeschwert sein, mit mir war es ein Alpdruck.

Die Nazis schlugen Fensterscheiben von jüdischen Geschäften ein, die Möbel warfen sie auf die Straße, meinen Vetter Albert hatten sie zum Arbeiten abgeholt. Er konnte es wohl nicht sehr gut, sie schlugen ihn tot.

Wäscher wurde immer nervöser.

In New York traf ich die Herausgeberin einer modernen Zeitschrift. Sie kannte meinen Namen und arrangierte einen Tanzabend. Ich war in einer so katastrophalen Verfassung, daß ich den Abend verpatzte. Wo war meine Kraft, Menschen zu überzeugen? Lasch saß ich in der Garderobe, als Klaus und Erika Mann mich besuchten. Klaus sagte, wenig feinfühlend:

'Früher fand ich Sie so toll, daß ich nachts von Ihnen träumte – kann ich nicht mehr verstehen'. Ich war zu starr, ihm zu erklären: 'Früher gab es Hitler nicht, jetzt lebe ich in einem Alptraum, aus dem ich mich nicht lösen kann' ... " [verkürzt]

Valeska Gert (* 1892): "*Ich bin eine Hexe. Kaleidoskop meines Lebens*", 1978

Überhaupt machen erst diese Emigrantenjahre deutlich, ein wie bescheidener, tapferer und zurückhaltender Mensch Lucie Mannheim gewesen sein muß. Außer einem späteren Nachruf auf Jürgen Fehling gibt es keinerlei Dokumente von ihrer Hand, auch keinerlei publizierte Briefe an sonstwen. Ihre Selbstdarstellung, lebens- und überlebenswichtig für jedermann, fand wohl wirklich immer nur auf dem Umwege über Rollen im Theater oder vor einer Kamera statt. Das wurde nun in den Nöten der Immigrantin besonders deutlich sichtbar.

Freilich hatte sie in all diesem Unglück noch Glück,

wurde nicht, wie zum Beispiel der namhafte Regisseur Julius Gellner (* **1899**) oder die Schriftsteller Hans José Rehfisch (* **1891**), Robert Neumann (* **1897**), Peter Herz (* **1895**) und so mancher ihrer Exilgefährten zu *"enemy aliens"*, feindlichen Ausländern im *United Kingdom*, erklärt

und beruflich gedemütigt oder interniert, teils sogar hinter Stacheldraht;

mußte hier auch nicht wie Annemarie Hase (* **1900**), die große Berliner Kabarettistin und Bänkelsängerin der *roaring twenties*, ihr britisches Leben anfangs als Fabrikarbeiterin, Dienstmagd, Kassiererin, Packerin und Strikkerin fristen

oder wie Leopold Jessner, ihr eigener Intendant und eigentlicher Entdecker in Königsberg und am Berliner *Staatstheater*, mit seiner hiesigen Gründung einer eigenen Filmfirma kläglich scheitern.

Lucie Mannheim hatte auch nach zwei ersten Londoner Jahren, die kaum zu überstehen gewesen sein dürften, das große Privileg, schon 1935 von keinem Geringeren als ihrem Jahrgangsgenossen Alfred Hitchcock (* **1899**) für seinen 24. Film, *"The 39 Steps"*, engagiert zu werden, den eine Instanz wie *wikipedia* heute noch als *"humorvollen Spionagethriller"* und *"Blaupause späterer Verfolgungsthriller"* wertschätzt, aber das *British Film Institute* noch 1999 auf seiner Liste der *"größten britischen Filme aller Zeiten"* auf Platz 4 placiert hat.

Hier also spielte Lucie Mannheim neben Prominenzen wie Peggy Ashcroft und jenem Robert Donat (* **1905**, in den sich schon ein gutes Jahr später dessen Filmpartnerin Marlene Dietrich privatim verlieben sollte) ihre erste englische Rolle: eine Spionin. In der deutschen Fassung dieser *"39 Stufen"* von 1935 wurde sie 1966 synchronisiert: von Ingrid Andree,

die mich schon ab 1969 sechs Jahre lang im Hamburger *Thalia Theater*, dem wir da beide angehörten, als dramaturgisch kollegiales Ohr mit all ihren künstlerischen Probleme oder Empörungen überflutete, aber gern auch für Anekdotisches von ihrer damals noch kindlichen oder frühpubertären Tochter Susanne Lothar benutzte.

"The 39 Steps" wurde im Sommer 1935 in London uraufgeführt und hatte im folgenden Jahrzehnt bis Kriegsende immerhin noch sechs weitere Filmrollen für diese Asylantin aus Berlin zur angenehmen Folge: auch neben Kollegen wie James Mason und Margaret Rutherford oder auch den Immigranten Albert Lieven und Sybille Binder (* **1895**),

die 1959, schon todkrank, an der Hamburger Sierichstraße in mein Hotelzimmer kam, um da mit ihrem Partner Albrecht Schoenhals (* **1888**) für ein Fernsehspiel zu proben, das Hans Lietzau mit uns allen in Szene setzte: *"Vergessene Gesichter"*!

Im Theater war es für Lucie Mannheim naturgemäß schwieriger. Als sie irgendwann und -wo in der englischen Provinz an der Operette *"Gräfin Mariza"* von Emmerich Kálmán mitwirkte, in dieser unzulänglichen Aufführung schon nach vierzehn Tagen auch in London gastieren sollte und sie *"völlig verzweifelt war, weil ich wußte, das wird nichts"*, rief sie mittags Fehling in Berlin an, *"und abends war er schon auf der Probe, ließ die*

Oper, die er gerade machte, in Berlin im Stich, und kam hier an und blieb drei Tage. Und gab mir den einzig richtigen Rat, ich solle nicht nach London damit gehen".

Trotzdem hat sie dann aber auch in London Theater gespielt. Fehling hat sie vor dem Kriege auch *"in London besucht und ist zu meinen Premieren gekommen, zu der 'Nora' und zu der 'Nina'* [von Bruno Frank, * **1887**]. *Er war ein unglaublich treuer Freund".*

Aber als sie in London, vermutlich irgendwann vor 1938, *"Das unbekannte Mädchen"*, ein taufrisch neues Stück von Molnár Ferenc (oder Franz Molnár) spielen sollte, suchte sie im *"Spotlight"*, einem Katalog mit Bildern britischer Schauspieler, nach einem geeigneten Partner und stieß da auf ein Foto von Marius Goring,

> einem blonden Twen, der in Cambridge, aber auch in Frankfurt, München und Wien studiert hatte, hinlänglich Deutsch sprach, seit zehn Jahren Theater spielte, schon 1929 Gründungsmitglied der britischen Schauspielergewerkschaft *"Equity"* war und inzwischen in so ehrenwerten Häusern wie *Old Vic Theatre* und *Sadler's Wells*, aber auch auf Tourneen durch Frankreich und Deutschland nicht zuletzt in klassischen Stücken von Shakespeare und Sheridan, seit 1936 auch in zwei Kinofilmen spielte, deren Vorspann ihn aber noch verschwieg.

1938 drehte Lucie Mannheim mit ihm den Einakter *"Der Bär"* vom selben Anton Tschechow, der schon bei ihrer Bekanntschaft mit Fehling seinerzeit Pate gestanden hatte. Mitte September 1938 strahlte das *BBC* diesen Kurzfilm aus,

und auch auf wechselnden Londoner Bühnen trat dieses Paar seither häufig gemeinsam auf.

Aber am 31. August 1939 rief Jürgen Fehling tollkühn oder todesmutig aus Berlin seine Lucie an, die sich da gerade im südlichen Devonshire aufhielt,

wo ich 1965 meinen eigenen Sommerurlaub
im ländlichen Anwesen des britischen Autors Ronald Duncan (*recte*:
Dunkelsbühler) verbrachte, dessen Bühnenstücke ich damals
entweder für den *Rowohlt Verlag* und Aufführungen in Kassel oder Lübeck
übersetzte oder am *Staatstheater Wiesbaden* selbst inszenierte,

rief also an und versuchte, sie dort im potentiellen Feindeslande zu beruhigen: *"Hör mal, mein liebes Kind, ganz schnell, ich will dir nur sagen, es gibt keinen Krieg, ich weiß es ganz genau. Hab also keine Angst, ich weiß es ganz genau"*.

Schon am nächsten Morgen wurde *"ab fünf Uhr fünfundvierzig zurückgeschossen"*, und zwei Tage später waren *United Kingdom* und *NS-Großdeutsches Reich* auch offiziell im Kriege mit- oder gegeneinander.

Jetzt galt auch Lucie Mannheim in ihrem britischen Unterschlupf als *enemy alien* und befand sich wahrhaftig in Feindesland.

Marius Goring wurde im Juni 1940 Soldat der *Royal Army*, mit seinen Fremdsprachenkenntnissen aber bald schon in leitender Funktion, als *supervisor*, zum *BBC World Service*, einem Hörfunksender, delegiert, der weltweit Nachrichtensendungen in schließlich 31 Sprachen ausstrahlte, um getäuschte Völker global mit unverfälschten Informationen zu versorgen.

Das war besonders in jenen Kriegs- und Nazizeiten wichtig, wurde mit seinen deutschsprachigen Sendungen für die zahllosen Schwarzhörer des *Großdeutschen Reiches* zur einzigen Wahrheitsquelle, dort mit der *NS*-Todesstrafe geahndet und nach dem Kriege noch bis 2011 so fortgesetzt: na, sicher ist sicher.

Ein sonderlich beliebter Sprecher jener deutschen Sendungen war während des *Zweiten Weltkriegs* ein Kommentator namens Charles Wilson. *"Viele hörten ihn in Deutschland, wie sich aus Gefangenenaussagen ergab"*, offenbarte DER SPIEGEL noch 1947, *"selbst Generäle, die sich besser zu informieren wünschten, als es ihnen sonst möglich war"*.

Dieser Charles Wilson war Marius Goring. Er verwendete damals dieses

Pseudonym, weil ein Soldat der *Royal Army* nicht gleichzeitig beim Rundfunk Karriere machen sollte, aber auch weil sein Name allzu leicht mit dem *NS*-deutschen *"Reichsobermotz"* verwechselt werden konnte (dessen Ö von angelsächsischen Zungen ohnehin unterschlagen und in ein O verwandelt werden mußte).

Auch Lucie Mannheim arbeitete jetzt in diesen deutschen Sendungen des *BBC* mit und rief da die deutschen Soldaten aller Fronten auf, ihr eigenes Leben nicht länger für ein Regime aufzuopfern, das des Teufels war.

Schon Anfang Dezember 1940 zerstörte eine *NS*-deutsche Luftmine ihre hiesige Arbeitsstelle, das Londoner *Broadcasting House*. In einem Provisorium wurden jene antifaschistischen Informationen aber weitergesendet.

1941 heirateten Lucie Mannheim und Marius Goring und setzten ihre Rundfunkaktionen unermüdlich fort:

"Hören Sie das Ticken, das Ticken der Uhr?", fragte zum Beispiel Lucie Mannheim vermutlich Ende 1941 ihre Hörer und fuhr fort: *"Jede siebente Sekunde stirbt ein deutscher Soldat in Rußland. In den ersten vier Monaten des Rußlandfeldzuges sind über eine Million deutsche Soldaten gefallen, jede Woche achtzigtausend ... erschossen, ertrunken, erfroren. Wofür? Vergeblich! Deutschland kann den Krieg nicht gewinnen"* und so fort …

Aber irgendwann noch im selben Kriegsjahr 1941 hörte sie *"Lili Marleen"*.

Den Text dieses unverhofften Ohrwurms hatte Anfang April **1915** der junge Hamburger Lyriker Hans Leip (* **1893**) geschrieben,

> als er in einer Berliner Gardefüsilierkaserne noch in der Nacht vor seinem Abtransport an die russische Ostfront jenes *Ersten Weltkrieges* Wache schieben mußte.
>
> Erst mehr als zwanzig Jahre später veröffentlichte er es 1937 und vertonte es 1938 derselbe Norbert Schultze,

der mir noch 1984 und 1998 beim Inszenieren
von zwei eigenen historisch-politischen Hörfunkrevueen

für den *Westdeutschen Rundfunk* in Köln als Pianist zur Seite stand
und irgendwann bei gemeinsamem Hotelfrühstück
von seiner guten Zusammenarbeit mit *"dem Doktor"* (Goebbels)
beim Komponieren der *"Bomben auf Engelland"* berichten zu müssen glaubte,
weil junge Orchestermusiker ihm das just jetzt noch verübelten
und nicht verzeihen konnten.

Sein Lied von *"Lili Marleen"* hatte Schultze weiland für seine damalige Geliebte Liese-Lotte Wilke, geborene Bunnenberg (* **1905**) geschrieben,

die Ehemann und Kinder einer angestrebten Gesangskarriere zuliebe in Bremerhaven zurück gelassen hatte, sich 1933 in Zürich mit dem jungen Schweizer Komponisten Rolf Liebermann liierte, mit Chansons und Schlagern nunmehr als *Lale Andersen* über Kleinkunstbühnen tingelte und das ihr gewidmete Lied von Lili Marleen zunächst ebenso verachtete wie dessen Komponisten Norbert Schultze, ihren kurzfristig verfallenen Galan.

Die erste Schallplattenaufnahme dieses Liedes, das damals eigentlich noch niemand mochte, fand gleichwohl einen Monat vor Ausbruch des *Zweiten Weltkriegs* in den Berliner Studios der *Electrola* statt, wurde da schon von dieser "Lale Andersen" gesungen, aber anfangs nur ganze siebenhundert Male verkauft: ein *Flop*.

"Vor der Kaserne,
Vor dem großen Tor,
Stand eine Laterne
Und steht sie noch davor.
So woll'n wir uns da wiedersehn,
Bei der Laterne woll'n wir stehn -
Wie einst Lili Marleen,
Wie einst Lili Marleen" und so noch vier Strophen weiter …

Erst als *NS*-Deutschland im Frühjahr 1941 Jugoslawien überfiel und besetzte, wurde dort im serbischen Belgrad ein *NS*-Besatzungsssender etabliert, der diese ungeliebt wohlfeile Aufnahme in sein Programm aufnahm, das über Mittelwelle in ganz Europa und sogar noch in Nordafrika empfangen werden konnte: wirklich von Narvik bis Kairo. Bald schon trafen da täglich waschkorbweise Landserbriefe ein und baten meist um Wiederholungen dieses Liedes. Spätestens ab Mitte August 1941 wurde es dort allabendlich um 21 Uhr 57 vor den letzten Abendnachrichten ausgestrahlt: bald auch als inoffizielle Erkennungsmelodie dieses Senders.

In der libyschen Cyrenaika sollen auch die englischen Soldaten es dann immer aus deutschen Radios über ihre Kampflinie hinweg mitgehört, manchmal *"Comrades, louder, please"* gerufen haben – und die "Nazi-Krauts" erfüllten ihnen diesen Wunsch dann meist. Folglich unterbrachen später die feindlichen Feldmarschälle Montgomery und Rommel um diese Uhrzeit täglich fünf Minuten lang ihre Kampfhandlungen und ermöglichten ihren Truppen vor Tobruk oder El-Alamein so deren andächtig wehmütiges Anhören, oft auch ein Mitsingen dieses *"Lili Marleen"* aus Belgrad, sei es in deutscher Feindessprache.

Schnell wurde es jetzt auch von allen andern *NS*-Wehrmachtssendern übernommen und zum ersten Millionengeschäft der deutschen Schallplattengeschichte.

Schon 1941 nahm daher auch die Varietésängerin Anita Spada

> (*recte:* Anneliese Kambeck aus Essen und seit 1942 mit Hans Hinkel, * **1901**, verheiratet: als "Blutordensträger" mit hohem SS-Rang immerhin Leiter der Filmabteilung im *NS*-Propagandaministerium),

nahm also mit dem Orchester des populären Akkordeonisten Heinz Munsonius eine *Coverversion* dieses Ohrwurms auf.

Da er aber als Heimweh-Schnulze in jenen Kriegsjahren mühelos auch alle Feindes- und Feuerlinien übersprang, strahlte ihn der *NS*-Reichsrundfunk schon ab Januar 1942 in englischer Übersetzung aus, die er Norman Baillie-Stewart, einen vorbestraften Spion und Sprecher des *NS*-Radiopropagandaprogramms *"Germany Calling"*, hatte anfertigen lassen. Karl Schwedler (*

1902 in Duisburg und 1939 *US*-remigrierter Entertainer) sang ihn nunmehr im Range eines *Wissenschaftlichen Mitarbeiters* im *Referat Rundfunkangelegenheiten* des *NS*-Reichsaußenministeriums als englisch angesagter *"Charlie and his Swing Orchestra"* unter Lutz Templin (* **1901** aus Düsseldorf) exklusiv für *Deutsche Europasender*, *Deutsche Überseesender* und alle Sender in *NS*-besetzten Gebieten.

Ohnehin hatte Spada-Gatte Ministerialrat Hans Hinkel, weiland Abteilungsleiter der *NS*-Reichskulturkammer für das Rundfunkwesen, schon im November 1941 verfügt, daß dieses Lied mit seiner Sehnsucht nach einer imaginären Lili Marleen im *Großdeutschen Rundfunk* nur noch von Männern gesungen werden dürfe: bloß nichts Lesbisches, bitte!

Also sangen es zur *"Kriegsweihnacht 1941"* auch der Opernsänger Wilhelm Lange, der schwedische Bariton Sven-Olof Sandberg (* **1905**) und der Jazz- oder Schlagersänger Horst Winter in einer Sonderausgabe der *NS-"Kraft durch Freude"*, nun aber endlich auch als männliches Marschlied arrangiert, wie *"der Doktor"* das vorschrieb.

Aber mehr als zehntausend Landserbriefe wöchentlich verlangten aus allen Teilen der Welt nach Lale Andersen und deren Version des Liedes. Auch sie soll es nun in beiden Sprachen in den Äther und in zwei sogar verschiedenen englischen Fassungen auf Schallplatten gesungen haben.

Aber Dr. Goebbels bezeichnete es trotzdem bald als *"Schnulze mit Leichengeruch"*, daher *"wehrkraftzersetzend"* und verbot es schließlich wegen seines *"unheilvollen Charakters"*.

> Denn mitsamt ihrem Schlager fiel Lale Andersen im Spätsommer 1942 ohnehin unverhofffft in begründete oder auch fingierte *NS*-Ungnade: sie sei mit dem Schweizer Juden Rolf Liebermann liiert und habe sich in abgefangenen Briefen an jüdische Emigranten eindeutig regimekritisch geäußert. Wegen "Landesverrates" wurde sie zu neunmonatigem Hausarrest mit Auftrittsverbot verurteilt.

Hans Hinkel im Propagandaministerium ersetzte sie wenigstens kurzer

Hand durch eine Dorit Talmadge aus Hamburg, die auf einigen Schallplatten *"Lili Marleen"* sang, sich aber damit nicht durchsetzen konnte.

Lale Andersen schrieb sich 1943 in ihr Tagebuch: *"Für die deutsche Wehrmacht zu singen, die so auf ihre 'Lili Marleen' wartet, hat mir Hinkel verboten"*. Dabei sei es doch *"nach langen Kämpfen von der englischen und amerikanischen Regierung freigegeben und d a s Lied geworden"*.

> Sie reagierte darauf mit einem (angedrohten oder vorgetäuschten) Selbstmordversuch.

Das leitete international erst recht eine Propagandaschlacht mit diesem Liede ein, das zunächst regelmäßig vom britischen Soldatensender Calais, bald auch von andern Rundfunkprogrammen zur psychischen Betreuung der alliierten Truppen ausgestrahlt und in allen *NS*-besetzten Gebieten selbst bei den drangsalierten Bevölkerungen immer beliebter wurde. Ab Ende 1942 gab es dort überall Rundfunk- oder Schallplattenaufnahmen auch in englischer, französischer, russischer, spanischer, italienischer und mancher anderen, 1944 in Jerusalem sogar in hebräischer Sprache.

Aber nach der *NS*-Niederlage bei Stalingrad hatte das *BBC* schon Anfang 1943 seine Hörer in deutscher Sprache – und mit der Stimme "Charles Wilson's"? Oder gar Lucie Mannheims persönlich? – gefragt:

"Ist es Ihnen aufgefallen, dass Sie dieses Lied schon lange nicht mehr gehört haben? [...] Warum wohl? Vielleicht deshalb, weil Lale Andersen im Konzentrationslager ist?"

Sogar von ihrem dortigen Tode war da bisweilen die Rede: ein Schock für ihre Verehrer in den Armeen an allen Fronten!

Also sah Nazideutschland sich in einem Propagandakriege mit solchen Mitteln schließlich gezwungen, Lale Andersen im Mai 1943 zu amnestieren und weitersingen zu lassen.

Denn sogar Hitler persönlich, dem Goebbels dieses Lied schon Anfang Oktober 1941 vorspielen ließ, soll bei den Tischgesprächen seiner Tafelrunde noch 1942 in der ostpreußischen Bunkeranlage *"Wolfsschanze"* geäußert haben:

"Dieser Schlager wird nicht nur den deutschen Landser begeistern, sondern möglicherweise uns alle überdauern".

Damit hatte er Recht: denn diese *"Lili Marleen"* wurde weiterhin nicht nur in Schützengräben, Unterständen, Biwaks und Lazaretten aller Kriegsschauplätze gesungen, sondern zur Aufweichung des Gegners auch mit Riesenverstärkern überlaut und unüberhörbar in die diversen Feindeslager hinüber gedröhnt.

Ab Herbst 1942 sang ihn dann in der Übersetzung des namhaften englischen Texters Tommie Connor (* **1904**) die Pop-Sängerin Anne Shelton in ihrer Radioshow bei *BBC*, bei Truppenbetreuungen der *Royal Army* und auf einer ersten englischen Schallplatte mit *"Lili Marleen"*:

"Underneath the lantern
By the barrack gate,
Darling, I remember
The way you used to wait.
'T was there that you whispered tenderly,
That you loved me, you'd always be
My Lili of the lamplight ,
My own Lili Marlene" und so noch vier Strophen weiter ...

In englischer Sprache nahm es dann bald auch Dame Vera Lynn als *"The Forces' Sweetheart"* in ihre Konzertprogramme bei *ENSA (Entertainments National Service Association)* für englische Soldaten in Ägypten, Indien und dem heutigen Myanmar auf,

in der italienischen Übersetzung von Nino Rastelli schon 1941 Lina Termini, später Matia Bazar und Milva,

in der französischen Übersetzung von Henri Lemarchand 1941 der singende lesbische Filmstar Suzy Solidor (* **1900**):

«Devant la caserne,
Quand le jour s'enfuit,
La vieille lanterne
Soudain s'allume et luit.
C'est dans le coin la que le soir
On s'attendait remplis d'espoir
Tous deux, Lily Marlène,
Tous deux, Lily Marlène» und so noch vier Strophen weiter … ,

aber mit zwei weiteren Textfassungen aus der fortgesetzten Besatzungszeit von 1942 auch Jean-Claude Pascal, Edith Piaf, später noch Amanda Lear, Anne Vanderlove und neuerdings Patricia Kaas.

In den *USA* sangen es noch während des Krieges, vermutlich in wechselnden Übersetzungen, zunächst Perry Como, die Kabarettistin Hildegarde (Sell, * 1906) und die Swing-Sängerin Martha Tilton bis auf Platz 13 ihrer Schlagerparade von 1944 hinauf, später auch Bing Crosby, Connie Francis, Vaughn Monroe, Al Martino, Hank Snow und die *Andrew Sisters* bis in ihre Schlagerparade auch noch 1968,

aber auf Deutsch irgendwann auch noch Willy Fritsch (* **1901**), Greta Keller (* **1903**), Willy Schneider (* **1905**), Rudi Schuricke, Evelyn Künneke, Freddy Quinn, "Lolita", Cornelia Froboess, Senta Berger, Judy Winter, viele, viele andere,

aber mit Kleinkinderstimme sogar Hermann Görings Tochter Edda (* **1938**): also vermutlich noch in jenem Kriege.

So also wurde *"Lili Marleen"* tatsächlich zu einer Art Hymne aller heimwehkranken Frontsoldaten oder anderweitig Drangsalierten nicht nur des *Zweiten Weltkriegs –*

nicht zuletzt, weil ihm außer Lale Andersen auch noch Marlene Dietrich in mehreren Sprachen zum Welterfolg verhalf.

Aber schon vorher, 1936, hielt sie sich in London auf, um hier eine Angebotsflaute in Hollywood mit Dreharbeiten für die *London Film Productions* von Alexander Korda (* **1893** und erst vor fünf Jahren hier immigriert) zu kompensieren, in dessen *"Dubarry von heute"* sie schon vor zehn Jahren in Berlin eine "Kokotte" gespielt hatte. Jetzt drehte sie in der Inszenierung des belgischen Regisseurs Jacques Feyder (* **1888**) und neben jenem angehimmelten Robert Donat den später vielfach unterschlagenen Film *"Knight Without Armour"*, der Mitte Juni 1937 in London erfolglos gestartet, aber dennoch in sechzehn Ländern, in Deutschland erst 1952 unter dem Titel *"Tatjana"* in die Kinos kam.

Marlene Dietrich überließ damals ihre Gage für diesen Film in Höhe von 450 000 Dollars dem Treuhandkonto einer Flüchtlingshilfe, verlängerte ihren Aufenthalt in Europa und nutzte ihn auch, um bedürftige deutsche Immigranten zu unterstützen oder ihnen angesichts des drohenden Krieges beim Weiterfliehen in die *USA* zu helfen.

Aber von einem Wiedersehen mit Lucie Mannheim ist da nichts überliefert: es fand vermutlich gar nicht statt.

Mehrere Angebote des Berliner *NS*-Regimes, zu astronomischen Gagen und unter paradiesischen Arbeitsbedingungen nach Berlin zurückzukehren, schlug die Dietrich damals bedenkenlos aus, und zurück in Hollywood, erwarb sie 1939 die *US*-amerikanische Staatsbürgerschaft. So war sie geschützt, als die *Vereinigten Staaten* sich seit Dezember 1941 am *Zweiten Weltkrieg* beteiligten.

Aber sie mühte sich jetzt auch, diesem Beschützer in solcher Notzeit zu dienen und die deutschen Nazis bekämpfen zu helfen. 1942/43 reiste sie zwanzig Monate lang durch die *USA*, warb überall für Kriegsanleihen und war damit so erfolgreich wie niemand sonst aus ihrer Branche. Sie kombinierte diese Tournee mit ersten "Truppenbetreuungen", trat in Los Angeles auch um vier Uhr früh vor Werftarbeitern auf, die Kriegsschiffe bauten, und an der *US*-Westküste für rund 250 000 Soldaten vor deren Fronteinsatz. *"I'm probably the only girl in the world tonight"*, animierte sie diese Todeskandidaten, *"who has a date with 18.000 men"*.

Dann sang sie. Zu ihren Liedern gehörte da bald auch *"Lili Marleen"* in der englischen Fassung des prominenten Texters Mack David:

"Outside the barracks
By the corner light
I'll always stand
And wait for you at night.
We will create a world for two,
I'll wait for you the whole night through
For you, Lili Marlene,
For you, Lili Marlene" und so noch vier Strophen weiter … .

Ja: aus Leips und Lales *Marleen* war da unüberhörbar eine *US*-narzißtische *Marlene* geworden. 1944 meldete sie sich beim zuständigen *United Service Organisation*, um auch für die kämpfenden Truppen auf ihren weit verstreuten Kriegsschauplätzen zu singen. Sie tat das, zu ihrer eigenen Sicherheit in der (maßgeschneiderten) Offiziersuniform eines *US*-amerikanischen *colonel*, zunächst in Nordafrika und Italien, bis in den Juli 1945 hinein auch in Frankreich, England und Deutschland: immer mit ihrer *Singenden Säge* im Konzertprogramm, aber eben auch mit *"Lili Marlene"*, später angeblich auch in einer eigenen englischen Version, dann auch auf Französisch und sogar auf Deutsch.

Denn seit 1944 sang sie es auch für das *"Morale Operations Branch"* des *US-Office of Strategic Services* (damals *OSS*, heute *CIA)* im sogenannten *Soldatensender* zur psychischen und politischen Demoralisation der *NS*-deutschen Fronten.

Aber in sämtlichen Sprachen und Fassungen blieb dieses wundersame Lied immer sentimental und eigentlich eine Schnulze für sehnsüchtig Schmachtende: auch aus Marlene Dietrichs makellos geschminktem Munde.

Das änderte sich erst, als Lucie Mannheim es sang. Ob sie ihre Berliner Rivalin von 1929 je damit gehört hat, steht dahin. Wer ihr für ihre Sendungen beim *BBC* dann den Gegenentwurf einer politisch militanten Textfassung geschrieben hat, gleichfalls: vielleicht war sie es selbst, als Anti-Marlene, *who knows*?

Jedenfalls war Lucie Mannheim etwa seit 1943 mit dieser Version von *"Lili Marleen"* auch von *NS*-deutschen Hörern wo auch immer zu vernehmen:

"Ich muß heut' an Dich schreiben,
Mir ist das Herz so schwer.
Ich muß zu Hause bleiben
Und lieb' Dich doch so sehr.
Du sagst, du tust nur Deine Pflicht,
Doch trösten kann mich das ja nicht,
Ich wart' an der Laterne –
Deine Lili Marleen –

Was ich still hier leide,
Weiß nur der Mond und ich.
Einst schien er auf uns beide,
Nun scheint er nur auf mich.
Mein Herz tut mir so bitter weh,
Wenn ich an der Laterne steh'
Mit meinem eig'nen Schatten –
Deine Lili Marleen – "

Bis hierher schien sie nur eine weitere Version des beliebten Schmachtfetzens zu singen und dessen Verehrer dadurch sämtlich anzulocken und um sich zu versammeln. Aber dann schlug sie unverhofft zu:

"Vielleicht fällst Du in Rußland,
Vielleicht in Afrika,
Doch irgendwo, da fällst Du,
So will's Dein Führer ja.
Und wenn wir doch uns wiederseh'n,
Oh, möge die Laterne steh'n

In einem ander'n Deutschland!
Deine Lili Marleen –

Der Führer ist ein Schinder,
Das seh'n wir hier genau.
Zu Waisen macht er Kinder,
Zur Witwe jede Frau.
Und wer an allem schuld ist, den
Will ich an der Laterne seh'n!
Hängt ihn an die Laterne!
Deine Lili Marleen."

Im Anschluß an dieses Lied forderte Lucie Mannheim die deutschen Soldaten jeweils auf, ihre Waffen niederzulegen und diesen sinnlos blutigen Krieg zu beenden.

Ihr Songtext hätte auch Marlene Dietrich in ihrem *US-Soldatensender* bestens angestanden, scheint dort aber von ihr selbst oder ihren Auftraggebern lieber ignoriert worden zu sein.

Lucie Mannheim aber drehte zusammen mit ihrem Marius Goring 1944 auch noch einen halbstündigen Kurzfilm unter dem Titel *"The True Story of Lili Marlene"*.

Er spürt mit seinen Bildern (und mit seinem Regisseur, dem bedeutenden Dokumantaristen Humphrey Jennings, * 1907, in der Rolle des Hamburger Lyrikers Hans Leip) der bizarren Odyssee dieses Liedes bis in die vermeintliche KZ-Haft Lale Andersens nach

und mündet in der Utopie einer glücklichen Nachkriegsgesellschaft in fiktivem Saus und Braus mit leuchtender Südfruchtidylle auf einem üppig überbordenden Obstmarkt just in jenem Londoner *East End*, das die *NS*-Luftangriffe damals am gnadenlosesten zertrümmerten.

Dieser Film wurde im August 1944, als das *NS*-Bombardement mit seinem *"Unternehmen Steinbock"* von den sogenannten *NS-"Vergeltungswaffen"*

V1 und V2 mit ihren barbarischen Zerstörungen abgelöst wurde und die Briten dauerhaft in Panik versetzte, in London

und noch am 1. April 1945 (verkürzt) in den *USA* gestartet,

als ich zehnjährig mit meinem Vater
auf einsamem Feldwege zwischen zwei Dörfern in Sachsen-Anhalt
von zwei angloamerikanischen Jagdflugzeugen in rasendem Tiefflug aufs Korn
genommen und knapp über unsre Köpfe hinweg gezielt beschossen wurde.

Knappe fünf Wochen hiernach war der blutige Spuk zu Ende, und all die entfesselten Höllenschlünde schlossen sich nach und nach.

Für Lucie Mannheim und all die zahllosen andern Emigranten stellte sich bald die Frage, ob eine Rückkehr ins Verlorene denkbar und möglich, ob sie überhaupt wünschenswert sei. Nachvollziehbare Ängste vor all den überlebenden Nazis dürften da die natürlichsten Impulse behindert haben. Denn *"eine Wiederbegegnung mit den Tätern von damals und den jetzigen Verdrängern oder Leugnern"*, hat "Moritz Pirol" diese Problematik noch 2009 in seinem *"Halalí"* nachzuempfinden versucht, *"dürfte sie nicht eben allzu magnetisch angezogen haben. Niemand scheint sie auch gerufen oder gebeten zu haben. Sich selbst anzubieten, aber dann verschmäht zu werden, dürfte sie nicht sehr gereizt haben"*.

So erging es zum Beispiel Erwin Piscator. Erst gute sechs Jahre später sah sich dieser vormalige Kommunist nach einer brisanten Vorladung vor das hysterisierte *Komitee für unamerikanische Umtriebe* gezwungen, Ende 1951

seine Rückkehr ins Land seiner theaterhistorischen Welterfolge zu riskieren. Aber noch Ende November 1954 hatte er dort ja besagten Anlaß, sich bei Arno Hennig (* **1897**), weiland *Hessischem Minister für Erziehung und Volksbildung*, wie erwähnt zu beschweren:

"Ich persönlich möchte [...] doch zu bedenken geben, daß ich 20 Jahre Emigrant sein musste, ausgebürgert – und von der Ausübung meines Berufes gewaltsam ferngehalten (zuletzt gaben mir die Ame-

rikaner kein Ausreisevisum) – dass ich seit 3 Jahren zurück bin – und auch nicht ein anständiges Angebot erhielt, das meine Dienste nutzbringend verwenden liess".

Noch erschütternder hat Gottfried Reinhardt, Max Reinhardts Sohn, 1973, also nahezu zwanzig Jahre nach alledem, dieses erschreckende neue Dilemma bilanziert:

"Schauspieler, die heimgekehrt sind, kamen mir immer wie wandelnde Mumien vor. Und die Daheimgebliebenen wie ihre Einbalsamierer".

Lucie Mannheim fand zunächst in der Londoner Theaterabteilung des *BBC* ihr Obdach, wo dramatische Texte der Weltliteratur nach Kriegsende auch in deutscher Sprache und exponiert mit so populären Sprecherinnen gesendet wurden, wie sie es dort inzwischen war.

Aber schon 1947 wagte sie – wie ihr *"Danton"*-Kollege Kortner – ihren ersten Versuch einer Rückkehr in jenes verpestete Land, wo sie jedoch Chancen erhoffen konnte, ihren Beruf wieder vor Landsleuten mit derselben Muttersprache, vielleicht sogar kompetenter Mentalität auszuüben: für Schauspieler so lebenswichtig wie für kaum ein anderes Metier.

Aber sie sicherte sich ab, sogar mehrfach. Schon im Winter 1946/47 spielte sie im zertrümmerten Deutschland wieder Theater – aber keineswegs nur in ihrem heimatlich urbanen Berlin, sondern auf einer Tournee jenes *Combined Services Entertainment (CSE)*, einer traditionsreichen Organisation humanitärer Betreuung weltweit, durch die Provinz der weiland britischen Besatzungszone, also durch Schleswig-Holstein, Nordrhein-Westfalen, Teile von Niedersachsen, aber durchaus auch ins allzu wohlvertraute Berlin. Vermutlich wollte sie im "Hinterlande" zuvor erkunden, wie ein noch längst nicht ganz entnazifiziertes Volk von Antisemiten auf sie als Jüdin reagieren würde.

Zweitens spielte sie nun ein Stück, mit dem sie schon Ende September 1928 im Berliner *Lessing-Theater* (Baujahr **1888**, zerbombt **1945**) Triumphe gefeiert hatte, als es noch ein taufrischer Import aus Paris war: *"Herr Lamber-*

thier" von Louis Verneuil (* **1893**). Damals hatte ihr Verehrer Alfred Kerr ihr in seiner üblichen Vorkritik noch gleich am Premierenabend bestätigt:

"Die Mannheim, trügende Frau: prachtvoll echt in der Unwahrheit; aber auch nicht unecht in der Wahrheit",

und in seinem *"Berliner Tageblatt"* befand Kollege Fritz Engel: *"Lucie Mannheim! Entzückend, wie sie im Luderchen das begehrende und begehrte Weib aufleben läßt, wie fein und zart sie alle Frauenlist ausspielt und wie sie die Tastatur des Tragischen anschlägt, ohne Pedal"*.

Das war 1928 so gewesen. Aber gefielen dieses Zugstück aus Feindesfeder und ihre Art, es zu spielen, auch jetzt noch: nach Stalingrad und Auschwitz – nach Marschall Pétain, dem SS-Massaker in Oradour und Klaus Barbie?

Ihr Partner in diesem Zwei-Personen-Stück war seinerzeit – und für Kerr *"wie vor Jahr und Tag in seinen besten Anfängen"* – der legendäre Albert Bassermann gewesen, für Fritz Kortner auch später noch *"mimisch, gestisch der Ausdrucksvollste des deutschen Theaters"*,

> der das Leben seiner jüdischen Ehefrau durch Emigration 1934 nach Österreich, 1938 in die *USA* gerettet hatte, in Hollywood unter Hitchcock noch 73jährig für einen *Oscar* nominiert wurde, 77jährig mit einem Stück von Franz Werfel (* **1890**) sein englischsprachiges Bühnendebüt am Broadway absolvierte und 79jährig in Wien, dann auch noch auf Deutschland-Tourneen und im September 1951 bei der Wiedereröffnung des Berliner *Schiller-Theaters* tatsächlich wieder muttersprachigen Schiller spielte: 84jährig.
>
> Aber Fritz Kortner hat berichtet, daß auch diesem scheinbar ewig erfolgreichen Bassermann, diesem *"Einmaligen, dem mir Nächststehenden, Verehrtesten von allen Theaterleuten, denen ich begegnet bin"*, keine angemessen respektierte Heimkehr beschieden war. Als *"gebrochener Greis"* sei er vor ein scheinbar postfaschistisch bundesrepublikanisches Publikum getreten, das sich *"für den schon Sterbenden nicht mehr erwärmen"* mochte.

> Also pendelte er, *"von keinem Orden geschmückt"*, so lange zwischen Amerika und Europa, bis er 1952 in einem Flugzeug hoch über den Wolken irgendwo zwischen New York und Zürich als fast 85jährig heimatloser Asylant und Ahasverus *"arm und unbetrauert"* verstarb.

Seine damalige Rolle im *«Monsieur Lamberthier»* spielte jetzt auf Lucie Mannheims Tournee 1947 ihr sehr germanisch aussehender britischer Ehemann Marius Goring. Auch das mochte sie vor befürchteten Antisemitismen bewahren helfen. Vorsichtshalber spielten sie auch zweisprachig: abwechselnd deutsch und englisch. Das mag durch seine Fremdheit einen zusätzlichen Sicherheitsabstand geschaffen oder vorgetäuscht haben. Die Sprache der britischen Besatzer mag damals noch eingeschüchtert und vor Ausschreitungen abgesichert haben.

Die Premiere dieser leicht bizarren Tournee fand in Lüneburg, einem weiland sonderlich judenfeindlichen Tatort mit *NS*-"Kinder-Euthanasie", statt.

> Drei Kilometer südöstlich hatte auch Anfang Mai 1945 im Dorf *Wendisch Evern* Hitlers Nachfolger Dönitz in Anwsesenheit des britischen Feldmarschalls (und *"Lili Marlene"*-Begünstigers) Montgomery erstmalig die bedingungslose Kapitulation großer *NS*-deutscher Armeen unterzeichnen lassen. Keine drei Wochen später schluckte Hitlers Massenmörder Heinrich Himmler just in diesem Lüneburg sein Zyankali.

An so vielfach stigmatisiertem Orte schrieb Lucie Mannheim damals vor ihrem Tourneebeginn:

"Ich habe mir nicht träumen lassen, daß ich einmal in Lüneburg mit einem Engländer, der mein Mann ist, in einem französischen Stück in Deutsch und Englisch spielen würde".

1947 tat sie es aber. So kompetente Referenten ihrer Kunst wie weiland Alfred Kerr oder Julius Bab waren jetzt aber selbst im Exil oder irgendwo totgeschossen, in Gefangenschaften oder gar in Hitlers Gas ermordet. Neue hatten sich landauf, landab noch nicht hinlänglich aufgerappelt. Man versuchte da auch mehrheitlich lieber, Trümmer zu beseitigen als Theater zu kritisieren. Von dieser Tournee Lucie Mannheims lesen wir heute nur noch im Feuilleton einer der ersten Ausgaben des SPIEGEL: vom April 1947.

Dort wird übersehen und verschwiegen, daß diese Lucie Mannheim da unweigerlich Reminiszenzen an jene Berliner Aufführung mit sich trug und wiederbelebt oder weiterverwendet haben muß, in der Alfred Kerr immerhin sie und Bassermann beide *"von dem hier außerordentlichen Tastgefühl Fehlings gelenkt"* sah, *"der Sekundenregungen abstimmt"*. Das kann 1947 nicht verloren gegangen oder vergessen worden sein. Ein aktueller Regisseur wird vom SPIEGEL gar nicht erwähnt. Wahrscheinlich unternahm Lucie Mannheim hier den Versuch, eine Inszenierung ihres Fehling aus den großen zwanziger Jahren Berlins zu neuem Leben zu erwecken und eine geschändete Nation damit zu beglücken.

Ob das irgendwo auf dieser Rundreise gelang, steht absolut dahin. Niemand hat es dokumentiert. Es ist verweht.

Marius Goring, dieser noble Platzhalter Albert Bassermanns, kehrte anschließend in sein heimatliches Großbritannien zurück und drehte dort in einer Inszenierung von Michael Powell (* **1905**) und Emeric Pressburger (* **1902**) eine Hauptrolle jenes immerwährenden Welterfolges *"Die roten Schuhe"*,

den ich selbst siebzehnjährig Ende Oktober 1951
erstmals im Feierabendhause der Marler *Chemischen Werke Hüls*,
einer Filiale jener arg Auschwitz-verflochtenen *IG Farben*,
dann noch über die Jahre hin immer wieder und wieder sah: wo auch immer.

Gorings Partner waren da just der leibhaftige Albert Bassermann in einer Art Selbstdarstellung des damals schon Achtzigjährigen wie auch Lucie's Berliner Korngold- oder Nollendorfpartner von 1932:

> jener unglaublich souveräne und virtuose Adolf Wohlbrück (* **1896,** inzwischen notgedrungen Anton Walbrook

und noch dreizehn Jahre später mein eigener Briefpartner, als ich dem 70jährigen im Frühsommer 1966 eine Zusammenarbeit just an Lessings versöhnlichem *"Nathan"* vorschlug und er mich – nach stimulierend affiner, fast wahlverwandter Begegnung im Hause Hans Albers am Starnberger See – und nach langer skrupulöser Prüfung aus seinem Exil im Londoner Hampstead brieflich schließlich wissen ließ:

"Ich trau mich nicht.
Natuerlich koennte ich ihn spielen und muesste ihn auch spielen, aber ...
Bedenken Sie, dass ich durch die Emigration
einen schweren Bruch in meiner Entwicklung erlitt, den auch
alle sogenannte internationale Beruehmtheit nicht ausgleichen kann".

Ein Jahr später starb er plötzlich: eben dort an unserm Starnberger See ...

Geflechte über Geflechte.

Aber Lucie Mannheim wurde von Kurt Raeck (* **1903**),

der die Nazizeit trotz *"rassischer Belastung"* als *Geschäftsführender Direktor des Schiller-Theaters* wie durch ein Wunder in Berlin überlebt hatte,

nun schon seit 1946 das privat geführte Berliner *Renaissance-Theater* in seinem europäisch einmaligen *Art-déco*-Bau als ein dezidiert und vorsätzlich *"freies Theater"* leitete

und der Mitte der sechziger Jahre auf Veranlassung von Willi Schmidt mit mir Verhandlungen führte (die leider zu keinem Ergebnis führten),

Lucie Mannheim also wurde von diesem Raeck eingeladen, 1949 in seinem Berliner *Renaissance-Theater* die *Deutsche Erstaufführung* jener Komödie *"Daphne Laureola"* zu spielen, die der schottische Dramatiker James Bridie

(*recte* Osborne Henry Mavor [* **1888** und zuvor Drehbuchautor für Hitchcock] bald nach dem Kriegstode seines Sohnes über einen polnischen Flüchtling geschrieben, Ende März 1949 unter Laurence Olivier im Londoner *Wyndham's Theatre* gestartet und hiernach just von Lucie Mannheim hatte ins Deutsche übersetzen lassen.

Raeck war klug genug, die männliche Hauptrolle mit Marius Goring zu besetzen und auch die Regie Lucie Mannheim anzuvertrauen, von der er ja wußte, daß sie an vielen Inszenierungen Jürgen Fehlings entscheidend beteiligt gewesen war.

Am 12. Oktober 1949 also hatte Lucie Mannheim nach siebzehnjähriger Abwesenheit ihre erste Berliner Premiere nunmehr als Übersetzerin, Regisseurin und Hauptdarstellerin in einem Stück, das die Anpassungsschwierigkeiten einer psychisch schwer kriegsgeschädigten Frau behandelt: eine angemessen scheinende Rückkehr in ihr Berliner Theater.

Schon in derselben Spielzeit 1949/50 folgte eine Einladung, für die *Freie Volksbühne* im *Theater am Kurfürstendamm* eine Altberliner Lokalposse von David Kalisch (1820-1872) mit Liedern von Wenzel Gährisch in der Fassung von Hans Halden und jenem Emil Rameau (aus dem *"Haus der Lady Alquist"*) von 1931 sowohl zu inszenieren als auch neben Alfred Balthoff (* **1905**) zu spielen.

Das alles gelangte Anfang März 1950,

als ich selbst mich nach dritter und halbwegs abenteuerlicher Flucht meiner ganzen Familie just beim Jahreswechsel 1949/50 in separaten Abteilen eines wohlberechnet silvesterlich unkontrollierten Eisenbahnzuges aus dem anhaltinisch sowjetisch besetzten Delitzsch (wo es im entstehenden Arbeiter- und Bauernststaat für Akademikerkinder keinerlei Berufschancen geben sollte) ins damals so noch erreichbare West-Berlin, von dort per britischer Luftbrücke ins märchenhaft opulente Hamburg, von dort in ein arges Flüchtlingslager im niedersächsischen Uelzen verfrachtet worden war (wo mich zwei pädophile Pseudo-Ärzte einer Scheinuntersuchung mit sexueller Demütigung meiner pubertierenden Fünfzehnjährigkeit unterzogen), bevor wir in ein nächstes Flüchtlingslager im bergischen Wipperfürth überwiesen wurden, wo wir just damals also mehrere Frühjahrsmonate lang im Mehrfamilienzimmer einer Wellblechbaracke zu überleben und das Bleiberecht in diesem andern deutschen Staat abzuwarten genötigt waren (und ich mich gleichwohl zum hochstaplerischen Theater- und Konzertkritiker einer bedenkenlos sparsamen und recht unseriösen Lokalzeitung aufschwang),

eben damals also gelangte jene Posse um *"100 000 Thaler"* zu einer so erfolgreichen Premiere, daß Lucie Mannheim gleich im Herbst desselben Jahres 1950 und am selben Institut wieder eine englische Rolle spielen konnte: die Lily Moffat in *"Die Saat ist grün"* von Emlyn Williams (* **1905**), 1945 in Hollywood mit Bette Davis in dieser Rolle verfilmt. Die Mannheim spielte sie jetzt in der Inszenierung von Julius Gellner:

> * **1899,** vor 1933 fast ein Jahrzehnt lang Oberspielleiter und Vize-Direktor der *Münchner Kammerspiele,* einem der vordersten Regisseure jener großen Theaterzeit, aber *NS*-verfolgt und -beraubt, von Hiters Jud Oppenheimer-Süß Ferdinand Marian zunächst versteckt, aber nach abenteuerlichen Fluchten über Wien und Prag im Londoner Exil für *Old Vic* und *BBC* tätig – einem Jahrgangs- und Schicksalsgenossen also.

Ihre Partner waren diesmal schon Berliner Nachwuchs: Harald Juhnke und Hardy Krüger

> (von dessen kindlichen und pubertären Verwicklungen in *Adolf-Hitler*-Schule und *NS*-Widerstand damals noch niemand etwas ahnte).

Aber im Folgejahr 1951 zeigten sich die Berliner Theater nicht interessiert an Lucie Mannheim: schon keinerlei Rollen, keine Proben und keine Premieren mehr für sie.

Dafür immerhin zwei Filmangebote – ein englisches und ein deutsches: in England *"So Little Time"* (deutsch *"Wenn das Herz spricht"*) aus der *NS*-Besatzung Belgiens und neben Marius Goring. Aber die weibliche Hauptrolle spielte da Maria Schell;

und in Deutschland *"Nachts auf den Straßen"* nach einem Drehbuch des vorfaschistisch prominenten Schlagertexters Fritz Rotter (* **1900**, Emigrant in London und Drehbuchautor in Hollywood) und Helmut Käutners.

Aber wer war der Produzent, der Lucie Mannheim da holte und erstmals wieder einen deutschen Film spielen ließ? Erich Pommer: wie schon 1922 beim *"Steinernen Reiter"* und 1932 beim *"Blauen Engel"*. Da glaubte einer noch über Jahrzehnte hinweg an sie und war treu: auch noch nach langem eigenen Exil in Paris und Hollywood und einer Rückkehr zunächst als oberster *US*-Filmoffizier Eric Pommer. Ohne das deutsche h im Vornamen bat er Lucie Mannheim nun, für seine *Neue Deutsche Filmgesellschaft* die Ehefrau jenes Fernlastfahrers zu spielen, der mit Hans Albers (aus dem *"Blauen Engel"*) besetzt war. Auch Marius Goring war besetzt: alles sehr sensibel und aufmerksam.

Aber die weibliche Hauptrolle spielte Hildegard Knef.

Wer sich heute noch so an diesen sehr erfolgreichen Film erinnert

wie ich nach meinem Kinobesuch Mitte März 1952 im westfälischen Marl,

der denkt primär an Hans Albers und Hildegard Knef, kaum noch an Lucie Mannheim: war sie da wirklich dabei? Und vielleicht gar nicht so gut: leicht überseh- und vergeßbar?

Wohl eher im Gegenteil: als dieser Film 1952 mit dem Bundesfilmpreis ausgezeichnet wurde, *"hieß es bei der Verleihung"*, hat *DER SPIEGEL* damals festgehalten und am 26. August 1953 ausgeplaudert, *"daß der Preis im wesentlichen der schauspielerischen Leistng Lucie Mannheims zu verdanken sei, deren Spiel die Mängel des Films aufgewogen habe"*.

Kompliment!

"Aber Lucie Mannheim", fuhr *DER SPIEGEL* fort, *"erfuhr vor wenigen Tagen nur durch Zufall von ihrem Verdienst um den Preis. [...] Filmkreise behaupten, daß Verleih und Herstellung kein publicity-Kapital aus der Ehrung Lucie Mannheims geschlagen haben, weil sie fürchteten, Albers damit zu verschnupfen"*.

So also wurde sie von den Vermarktern wieder in die zweite Reihe gedrängt: hinter einen Liebling der Nazis. Dort sollte diese nicht eben allzu willkommene Remigrantin wohl auch tunlichst bleiben.

Im restlichen deutschen 1952 gab es keinerlei deutsche Filmangebote mehr, gegen Ende des Jahres lediglich die drittrangige Frauenrolle in einer britischen Simenon-Verfilmung: *"The Man Who Watched Trains Go By"*: mit Marius Goring wenigstens.

Im Spätherbst 1952 ließ die Berliner *Komödie* am Kurfürstendamm sie (unter der Leitung von Hans Wölffer) immerhin die Haupt- (und verfilmte Magnani-) Rolle in der *"Tätowierten Rose"* von Tennessee Wiliams spielen: neben Paul Edwin Roth übrigens

(mit dem ich selbst noch gute dreißig Jahre später, 1983,
in den legendären *Hamburger Kammerspielen*
die Hauptrolle in Dürrenmatts *"Romulus der Große"* besetzen,
in ungewöhnlich freundschaftlicher Nähe erarbeiten
und auf Tournee schicken durfte, bevor er bald danach starb).

Schon einen Monat später hatte Lucie Mannheim zu Weihnachten 1952 im Berliner *Renaissance-Theater* – aber neben Käthe Dorsch und Hubert von Meyerinck immerhin – Premiere abermals mit einer brandneuen englischen Klassen-Komödie: *"Wechselkurs der Liebe"* (eigentlich *"Relative Values"*) von Noel Coward (* **1899**). Hierauf wurde sie von einem pseudonymen K. W. noch bei ZEIT ONLINE in einer gegenwartsstolz pauschalen Boulevard-Rezension namentlich unter die *"großen Könner der letzten und vorletzten deutschen Theater-Epoche"* gezählt: unter Schauspieler also aus der Mottenkiste.

Hiernach ignorierten die Berliner Theater diese antike "Engländerin" abermals gute vier Jahre lang.

Noch mag sie das ihrer Londoner Adresse und den jeweils fälligen Reisespesen angelastet haben. 1953 mietete sie sich daher eine Wohnung auch wieder in Berlin.

Ob es dort ein Wiedersehen mit Jürgen Fehling gab, steht zwar dahin, aber eine Andeutung nach dessen Tode läßt es nicht nur vermuten.

Freilich war auch er damals bei den angemaßten Meinungsmachern einer vermeintlich neuen Ära in empfindlichen Mißkredit geraten. Nach seinem Scheitern als Intendant eines eigenen Theaters 1945 und einem hymnischen

Willkomm bei seiner Wiederkehr 1947/48 mit Sartres *"Fliegen"* im Berliner *Hebbel-Theater* hatte er sich peinlich veranlaßt gefühlt, seinem Berlin den Rücken zu kehren und mitsamt der geliebten Protagonistin Joana Maria Gorvin ans *Bayerische Staatstheater* nach München überzusiedeln. Aber nach vier dortigen Inszenierungen in den Jahren 1949 bis 1951 war er nach Berlin zurückgekehrt und hatte am hiesigen *Schiller-Theater* schon unter Boleslaw Barlog mit Hausautor Schillers *"Maria Stuart"* im September 1952 die letzte Inszenierung seines inzwischen 67jährigen Lebens absolviert.

Als Lucie Mannheim also definitiv wieder nach Berlin kam, war und blieb er schon arbeitslos. Aber seine Lebensgefährtin war inzwischen Joana Maria Gorvin.

In dieses Finale, das er aber damals noch keineswegs akzeptierte,
fiel im August 1955 – zufällig oder schicksalhaft? – meine eigene Begegnung mit
diesem erlöschenden, aber noch unerloschenen Vulkan:
er griff mich beiläufig auf, band mich
als eine Mischung aus Assistent und Privatsekretär
an seine unübersehbar werdende Unerwünschtheit,
klammerte sich auch besitzergreifend an meine parzivaleske Zwanzigjährigkeit
und beanspruchte meine Hilfe bei seinen letzten Bemühungen um Regie-Angebote
(sei es bei imaginär vatikan-finanzierter *"Woyzeck"*-Tournee durch die Türkei)
oder um angemessene Honorierung seiner Lebensleistung.
"Ich verlange einen Ehrensold der Stadt Berlin", hörte ich ihn
einen Bankkassierer anbrüllen, *"und was bekomme ich: eine Lohntüte!"*
Realitätsverlustiger Größenwahn vermischte sich da schon immer unentwirrbarer
mit zerebraler und rhetorischer Brillanz zu uferlosen Monologen, mit denen er mir,
auch völlig unbekleidet, in der Dachmansarde eines Kurfürstendamm-Hotels
zwischen abwechselnd anmaßenden und klinkenputzenden Telefonaten
ebenso maßlos imponierte wie auch Panik bereitete: wie mich da verhalten?
Aber nach einer Woche las ich in der Zeitung, er sei nach stundenlanger Irrfahrt
kreuz und quer durchs nächtliche Berlin von seinem Taxifahrer schließlich
in die Psychiatrie eingeliefert worden.
Dort hielten ihn seine biploar manisch-depressiven Schübe seither meist fest.

Aber noch in jenem selben August 1955 schrieb er um
"6 Uhr morgens auf E's [= Elisabeth Flickenschildts:

jener englischen Königin Elisabeth seines Schwanengesangs mit Schiller?] *Terrasse"*
ein Gedicht in 48 ungereimt freien Versen, das *"Wandlung"* heißt und bilanziert:

"Es treibt in mir ein Dämon seine Spiele [...]
Und wie ich händewinkend mich entferne
und wie des Trittes Klang die Ferne frißt
sind um mich Sonne Mond und alle Sterne
ich w a r betrübt, doch heiter wird mein I s t ".

Doch seine Lucie Mannheim hatte da, kaum in ihrer beider treuloses Berlin wieder übergesiedelt, von 1953 bis 1955

prompt eine Episodenrolle in der britischen Fernsehserie *"Douglas Fairbanks, Jr., Presents"* neben Douglas Fairbanks, Jr., und Marius Goring,

aber tatsächlich auch sofort vier deutsche Kinofilme gedreht, wenn auch im Schatten anderer Hauptdarstellerinnen: Liselotte Pulvers, Ingeborg Körners, Annemarie Düringers und des Nazi-Lieblings Heidemarie Hatheyer (in *"Du darfst nicht länger schweigen"*,

von mir Ende Juli 1956 im Kölner Weißhaus-Kino betrachtet,
ohne noch groß auf die fremde Lucie Mannheim zu achten),

aber nun immerhin schon unter ersten Regisseuren wie Alfred Weidenmann, zweimal Robert A. Stemmle (* **1903**) und sogar Fritz Kortner, ihrem Filmgemahl aus jenem *"Danton"* von 1931, *long ago*: *"Die Stadt ist voller Geheimnisse"* – thematisch einem damals noch verfrühten Vorgriff auf spätere Massenentlassungen.

Die Kostüme für diesen Kortner-Film entwarf und betreute Erna Sander,

in deren Hamburger Villa am Rondeel,
jenem märchenhaft versteckten Geheim-See mitten in der Stadt,
ich diese eindrucksvoll hochdramatische Persönlichkeit,
vormals politischen *NS*-Gestapo-Häftling, mehrfach besuchen durfte.
Sie war da die leidenschaftliche Mutter von Katharina und Markus Trebitsch,
meinen Produzenten so manchen Fernsehspiels oder Exposés fürs ZDF
und den Kindern auch von Gyula Trebitsch,
diesem Tycoon deutscher Nachkriegsfilme und Fernsehproduktionen,
im Falle jenes Kortner-Films von 1954/55 mit Lucie Mannheim

noch Herstellungleiter im Dienste seines später langjährigen Kompagnons Walter Koppel (* 1906), Chefs der legendären *Real-Film*, den ich gelegentlich

bei unvergeßlich strahlendem Sonnenschein und liebenswürdigster Gastlichkeit
in seinem lichtdurchfluteten Hamburger Penthaus
an der wunderschönen *Schönen Aussicht* mit schöner Aussicht
auf die Außenalster besuchen durfte, wo er
mit seiner wunderschönen Ehefrau Tatjana Iwanow lebte
die vormals mit Wilfried Seyferth (dem Saint Just
meiner eigenen unvergeßlich ersten Begegnung mit *"Dantons Tod"*
und einem "Fremden" in diesem Kortner-Film),
dann mit Otto Normalverbraucher oder Goldfinger 007 Gert Fröbe verheiratet

und mir in längst verjährten Göttinger Studentenzeiten
erstmals in Heinz Hilperts *Deutschem Theater* begegnet war,
wo sie neben dem noch unvergeßlicheren Siegfried Breuer (Großvater jenes
Pascal Breuer, der in meiner ersten Fernseharbeit 1981 eine Hauptrolle spielte)
ab November 1953 eine faszinierende Belisa in Lorcas *"Don Perlimplin"* war.

Ihr Walter Koppel, 1954 Produzent von Kortners und Mannheims
"Geheimnisvoller Stadt", war vorher mit Erna Sander verheiratet:

der späteren Erna Trebitsch.

Geflechte, Geflechte.

Aber diese Erna Sander (* **1914**) also kostümierte 1954 auch Lucie Mannheim als Kortners Karina.

DER SPIEGEL hiernach (Heft 4, 1955): *„Fritz Kortners erste Filmregie seit Jahrzehnten erlöste manchen Filmstar von der eigenen Schablone"* und zeigte ihn plötzlich *"als begabten Charakterspieler, andere – wie Lucie Mannheim – waren es ohnehin"* .

Anschließend betrat sie nun auch in Deutschland das berufliche Neuland eines Fernsehspiels. In der Inszenierung des weiland *US*-remigrierten Peter Beauvais drehte sie 1955 mit Michael Heltau und Karl Schönböck *"Das Ostergeschenk"* nach einem Drehbuch des armenisch-türkischen *US*-Immigranten, *Oscar*- und Pulitzer-Preisträgers William Saroyan,

anschließend Episoden in englischen Fernseh-Serien: eine in *"Tales from*

Soho" und sieben mit Marius Goring in *"The Scarlet Pimpernel"*, alle 1956.

Die Berliner Bühnen, ihre Heimat-Domäne, ließen sie inzwischen unbekümmert "fremd gehen". Das scheint ihr sehr mißbehagt zu haben.

Denn im Herbst 1956 folgte sie überraschend einem Ruf in die bundesdeutsche Theaterprovinz: an die weiland *Städtischen Bühnen Wuppertal* unter der Intendanz von Helmut Henrichs (* 1907).

In dessen dortiger Ära (und vorher schon) habe ich selbst
in diesem Wuppertal der Jahre 1952 bis 1957
viele hochkarätige Aufführungen gesehen und zwei meiner nachhaltig
aufwühlendsten Theatererlebnisse gehabt:

im Mai 1952 erstmals mit *"Endstation Sehnsucht"*
(lange noch vor dem Film mit Marlon Brando und Vivien Leigh)
und im März 1954 *"Warten auf Godot"* mit dem später
nur noch *"Derrick"*-verengten Horst Tappert als Landstreicher Wladimir,
beides in den Räumen jener enervierend hochbegabten Hanna Jordan,

mit der ich später selbst Stücke von Molière, Ibsen und Peter Hacks inszenierte:

Aber in jener Wuppertaler Henrichs-Ära (1953-1958)
war Lucie Mannheim nicht der einzige hochprominente Gast.
Ich sah dort seinerzeit in Stücken von Georg Kaiser, Bert Brecht, Giraudoux,
Hermann Bahr und Anouilh auch so wunderbare Schauspieler
wie Alexander Moissis Witwe Johanna Terwin (vormals
Max Reinhardts Ophelia und Julia), aber auch Friedrich Kayßlers Enkelin
Christine Kayßler und dessen Schwiegertochter Mila Kopp,
auch Günther Lüders, Margarete Melzer, Edith Heerdegen und viele andere:
das war seinerzeit möglich. (Auch im Göttinger Theater sah ich mich damals
selbstverständlich mit Stars wie Carl Raddatz, Siegfried Breuer
und jenem Trio Brigitte Horney, Karl Ludwig Diehl und Hubert von Meyerinck
von der Dachterrasse des Berliner Hotels Eden
während des sogenannten Röhm-Putsches 1934 konfrontiert,
später und heutzutage alles undenkbar und unbezahlbar.)

Lucie Mannheim in Wuppertal war also keineswegs eine Demütigung für sie, sondern Teil jener damaligen Dezentralisierung des deutschen Theaterlebens infolge der politischen Isolation der früheren Metropole Berlin im akut "Kalten Kriege" jener Jahre.

Leider habe ich selbst diesen Gaststar damals
durch puren Zufall nicht auf der Wuppertaler Bühne gesehen,
aber für Wuppertaler Gastspiele im westfälischen Marl gleichzeitig
noch als Werkstudent meine allerersten Programmhefte zusammengebastelt
(von später mehr als sechshundert sehr viel besseren).

Runde zwei Jahrzehnte später durfte ich dann das Wuppertaler Dreispartentheater
"mit seinen drei weit verstreuten Spielstätten und etwa fünfhundert Mitarbeitern"
einige Jahre lang leiten –
mitsamt Pina Bausch, die ja damals noch
gegen böse Anfeindungen verteidigt und beschützt werden mußte,
im selben Wuppertal 2005 jedoch Preisträgerin der *Goldenen Schwebebahn*
und 2008 sogar Ehrenbürgerin wurde und mir postum
jenen mysteriösen "Sinnstifter" Safet Mistele bescherte.

Rund ein halbes Jahrhundert vorher spielte hier also Lucie Mannheim die Frau John in Gerhart Hauptmanns *"Ratten"*.

Albert Schulze Vellinghausen

> (* **1905** und geachteter Kunstsammler, weiland für die *"Frankfurter Allgemeine Zeitung"* auch deren kultivierter und höchstrespektierter Grandseigneur der westdeutschen Schauspielkritikaster)

schrieb dort Ende November 1956 darüber:

"Die Wuppertaler Aufführung (Regie Intendant Henrichs) war ausgezeichnet zu nennen [...] . Da ist zuerst die Frau John der Lucie Mannheim zu bedanken". Denn sie *"fesselte"* diesen begeisterten Aburteiler *"durch die klare, analytisch souveräne Aufgliederung. Jede Wortnuance wurde unmittelbar sinnlicher Gestus; sie arbeitet mit genau gewußten Crescendi von pianistischer Virtuosität oder auch mit schneidenden Kontrasten. Gegen Schluß gab es geradezu 'Passagen' mimischer Verkörperung von Zuständen der Abwesenheit oder des versteinten Schmerzes.*

Aus Bach-Sarabanden?

Das war hohe, gekonnte Kunst".

Leider jedoch nur im *Bergischen Lande*.

Und damals schon hierzulande offenbar außer Mode kommend. Denn dieser selbe Gentleman und *père noble* unter all den Beckmessern oder Messerstechern landauf-landab leitete aus besagter *"hoher, gekonnter Kunst"* Lucie Mannheims unverzüglich eine dienliche Faustregel, gar ein unerläßliches Proseminar für den schauspielerischen Nachwuchs ab:

"Viele unserer jüngeren Aktricen, die sich allzugern auf den stockenden 'Ausdruck' ihrer gepreßten, aber langweilenden 'Seele' verlassen, können hier abgucken, wie man [oder eben diese meisterliche Lucie Mannheim] *die Oberfläche so handhabt, daß alles Sprache bekommt"*.

Kann man von Schauspielern Schöneres berichten und erwarten?

Aber für die Berliner *Freie Volksbühne* durfte diese vorbildliche Lucie Mannheim gleich nach jenen Wuppertaler *"Ratten"*, Anfang 1957, im *Theater am Kurfürstendamm,*

wo ja nur zwei Jahre später, schon im März 1959,
auch mein eigenes erstes Theaterstück, *"Der Paternoster"*,
die unbegreifliche Ehre hatte, uraufgeführt zu werden,

dort also durfte Lucie Mannheim jetzt in einer Inszenierung des hiesigen Intendanten Oscar Fritz Schuh (* **1904**) und neben Kollegen wie Ernst Deutsch und Max Reinhardts Witwe Helene Thimig endlich auch in Berlin wieder gehobenere Literatur spielen: in Leo Tolstois Fragment *"Und das Licht scheinet in der Finsternis"* just aus jenem **1890**.

Hiernach mied das Berliner Theater sie wieder ganze anderthalb Jahre: eine lange Zeit für eine Endfünzigerin. Aber diese neue Wartezeit konnte sie als britische Königin (neben Marius Goring) und als Herzogin von Kent in zwei Fernseh-Episoden aus der englischen Geschichte überbrücken, dann auch noch neben Helmut Lohner mit der Hauptrolle eines bundesdeutschen Fernsehspiels *"Die Silberschnur"*

nach jenem gleichnamigen Bühnenstück von Sidney Howard (* **1891**), das ihr Kurt Raeck schon ein halbes Jahr vor der Fernsehausstrahlung im Februar desselben Jahrs 1957 auf die Bühne seines Berliner *Renaissance-Thea-*

ters brachte: aber nicht mit Lucie Mannheim, sondern mit Käthe Dorsch.

Wie mag der Verschmähten da zumute gewesen sein?

Aber für die Premiere im November 1957 drehte sie da gottlob schon eine *Frau Losch* im bundesdeutschen Kinofilm *"Frauenarzt Dr. Bertram"*, einer Kriegsheimkehrer-Schnulze, in der sie jetzt neben solchen *NS-Ufa*-Stars wie Willy Birgel und Winnie Markus, aber auch jener Schicksalsgenossin Trude Hesterberg (vom *"Blauen Engel"*!) spielen durfte:

> beim Regisseur Werner Klingler (* **1903**), der nun wieder ebenso gefragt war wie in der Nazizeit (zum Beispiel als Nachfolger des damals denunzierten und vom *set* weg *NS*-verhafteten Herbert Selpin bei dessen *"Titanic"* von 1943) oder auch als Schauspieler kleiner Rollen schon vorher und nachher sogar in Hollywood.

Aber im Herbst 1958 rief sie endlich das Westberliner *Schiller-Theater* –

als offizieller Nachfolger jenes *Berliner Staatstheaters*, dessen Protagonistin sie immerhin ein ganzes Jahrzehnt lang bis zur unverschuldeten Vertreibung gewesen war:

in einer Inszenierung seines Intendanten Boleslaw Barlog bot es ihr die große Rolle der Mutter Eliza (im Film 1972 Geraldine Page) in *"Schau heimwärts, Engel"* von Thomas Wolfe (* **1900**) in der vielfach preisgekrönten Dramatisierung von Ketti Frings an. Jetzt, ein Vierteljahrhundert nach ihrer Verbannung und ein gutes Jahrzehnt nach ihrer Heimkehr aus dem Exil, schien sie wieder an ihrem angestammten Platz angelangt zu sein. Sie spielte dort in einer repräsentativ *Deutschsprachigen Erstaufführung* neben so erstrangigen jungen Kollegen wie Klaus Kammer und Thomas Holtzmann. Es kam zu 44 Vorstellungen.

Aber hierbei blieb es. Warum wohl? Zwar wurde ihr 1959 das *Große Bundesverdienstkreuz* verliehen, doch die letzten drei Bühnenrollen ihres Lebens spielte sie wieder in Berliner Privattheatern: mit niedrigerem Budget und Niveau –

gleich die nächste erst ganze zwei Jahre später, im Herbst 1960, im *Berliner Theater*, das unter der Leitung von Hela Gerber (* 1907) in derselben *Nürnberger Straße* lag, in der vor rund fünfzehn Jahren das *Kleine Haus* des *Staatstheaters* angelsächsisch kaputt gebombt worden war. Hier bestritten die beiden Briten Lucie Mannheim und Marius Goring jetzt einen Theaterabend mit drei Einaktern des Briten Noel Coward (* **1899**) und von Jean Cocteau (* **1889**).

Aber zwischenzeitlich drehte sie, 1958 und '59, in vier deutschen Kinofilmen unter Regisseuren wie Josef von Baky (* **1902**), Günther Lüders (* **1905**), wieder Werner Klingler und neben Kollegen wie Heinz Rühmann (*"Der eiserne Gustav"*,

den ich mir Ende Januar 1959, kurz vor meiner Promotion,
im Kölner *Ufa-Palast* betrachtete, ohne zu wissen, mit wem sich da
ein privat jüdisch geschiedener, "halbjüdisch" wiederverheirateter Hitlerliebling
verheiratet zu sein erspielen mußte – just mit Lucie Mannheim,
die mir aber nicht sonderlich auffiel:
weil ich, selbst 24jährig, noch nicht gebührend hinzuschauen wußte?
Oder weil sie inzwischen doch ein Opfer der Zeitläufte geworden war
und ihre einstige Strahlkaft, jene vitale Siegesgewißheit von früher
in den vielen Geringschätzungen seither doch eingebüßt haben mochte?),

oder neben Hardy Krüger, gar Elisabeth Müller,

die 1953 in der Göttinger Goßlerstraße meine Nachbarin war, mir da oft entgegen
kam, von meiner 19jährig keuschen Verliebtheit aber nur ja nichts bemerken sollte,

neben Rudolf Fernau,

meinem zehn Jahre später ja sehr, sehr verehrten Berliner Arbeitskollegen,

und den treudeutschen Dauer-Ärzten Birgel und Wussow –

da überall drehte Lucie Mannheim jetzt doch eher jeweils mittlere Rollen,

in einer englischen Fernsehserie eine Episodenrolle,

aber im deutschen Fernsehen immerhin schließlich die Marthe Rull in Kleists *"Zerbrochnem Krug"* neben dem Dorfrichter Adam des wunderbaren Hans Mahnke,

mit dem ich schon kurz hierach, 1962, in Stuttgart ein Hörspiel inszenieren durfte,

und mit Helmut Griem,

der etwa gleichzeitig, Mitte Februar 1959, in der Kantine des Kölner *WDR* zufällig der erste Mensch war, der mir nach bestandener Promotion (noch im "Stresemann" mit gestreifter Hose) gratulierte

und der ab November 1967 in Boleslaw Barlogs Berliner *Schiller-Theater* unter meinem Lehrmeister Hans Lietzau der erste deutsche Rosenkranz in meiner vielgespielten Übersetzung von Tom Stoppard's *"Rosenkranz and Güldenstern are Dead"* war.

Da aber war schon längst zuvor, im Sommer 1960, schlagzeilenkräftig vielbeachtet und umstritten, eine andere deutsche Emigrantin aus Lucie Mannheims Biografie in ihrer beider Berlin erschienen: Marlene Dietrich.

Auf ihrer Konzert-Tournee durch Europa sang sie jeweils 21 Lieder, teils im legendären Las-Vegas-Kleide, teils nach verblüffend sekundenschnellem Umzug in perfektem Frack. In Deutschland trat sie zwei separierte Frühlingswochen lang in neun Städten auf. Dazwischen lagen sieben Konzerte in vier skandinavischen Städten. In Deutschland wurden sechs Konzerte abgesagt, warum auch immer – in Skandinavien keins.

Auch in ihrem Berlin wurden zwei Konzerte abgesagt, aber drei fanden statt: in jenem Steglitzer philharmonisch stigmatisierten *Titania-Palast*,

in dessen Nachkriegsprovisorium ich selbst rund vier Jahre vorher noch die große Martha Mödl mit den *Berliner Philharmonikern* unter Herbert von Karajan in Strawinskijs *"Ödipus Rex"*, vorher noch die *Everyman Opera Company* aus New York mit Gershwin's vermutlich authentisch präsentiertem *"Porgy and Bess"*, alles erstmals, bewundern durfte, so daß ich dieses genuine Luxus-Kino von 1928 auch noch als Bürger jenes vormals größten preußischen Dorfes Steglitz nie wieder ohne bewegte Reminiszenzen passieren konnte.

Jetzt sang Marlene Dietrich hier – und gleich an zweitem Programmplatz auch wieder *"Lili Marlene"* in ihrer unpolitischen Schnulzenfasssung. Ob

Lucie Mannheim da im Publikum saß, steht dahin.

Auch über eine private Wiederbegegnung dieser beiden Rivalinnen aus Olims Zeiten ist nichts überliefert.

"The audience was wonderful", hat sich jene Sängerin noch zehn Jahre später in einem schwedischen Fernseh-Interview dunkel erinnert. *"Berlin was okay,"*, hat Burt Bacharach, ihr musikalischer Begleiter, noch 2001 in die Filmkamera ihres Enkels hinein bestätigt: *"Berlin war gut"*.

Auch in Stuttgart,

wo ich ja, rund drei Wochen später, in der dortigen Liederhalle dasselbe Konzert samt *"Lili Marlene"* besuchte,

war alles wahrhaft *"wonderful"* und *"okay"*: das Publikum liebte sie auch da wirklich vorbehalt- und grenzenlos.

Aber anderwärts habe es teils einen *"stillen Boykott"*, teils auch Demonstrationen gegen diese "Heimkehrerin" gegeben, irgendwo auch eine Bombendrohung, ein geworfenes Ei und in Düsseldorf wegen ihres *"Verrates im Kriege"* die gezielte Spucke einer jungen Frau mitten in dieses weltberühmt aparte Film- und Foto-Gesicht: *"Marlene, hau ab"*.

Am unversöhnlichsten waren die Journalisten: *"They didn't like me"*. Denn in den Zeitungsredaktionen saßen so kurz nach der Hitlerzeit natürlich noch ebenso viele Wanderschecks und andere alte Nazis oder chronische Anpasser wie auch auf postfaschistischen Richterstühlen, im Justizministerium und im Bundestag. *"Diese Leute"*, hat sie neunzehn Jahre später ihren Memoiren anvertraut, *"trauerten offensichtlich noch immer dem Hitlerregime nach"*,

und David Riva, ihr Enkel, hat das noch 2001 in einem Filmporträt seiner legendären Oma einen *off*-Sprecher wie die Stimme der Wahrheit zementieren lassen: *eine Stimmung in der Bundesrepublik habe sie damals wissen lassen,*

"daß es mit Ende des Dritten Reiches keinen generellen Gesinnungswandel

gegeben" habe.

Hitlergegner und Widerstandskämpfer wie diese Marlene und zahllose andere Emigranten galten da allesamt noch immer nur als "Nestbeschmutzer" oder gleich "Vaterlandsverräter": *haut ab!*

War es das, was auch Lucie Mannheim hier – weniger zugespitzt, dafür umso schleichender und dauerhafter – schon seit anderen zwölf Jahren erfahren und erleiden mußte? Wurden ihr die antifaschistischen Appelle im *BBC* von alten Nazis hinter Regiepulten oder Filmkameras und in Besetzungsbüros vielleicht ebenso verübelt wie Thomas Mann? Hat man ihr nicht verzeihen können, daß sie die Lieblingsschnulze der deutschen Wehrmacht dazu "mißbrauchte", zum Ungehorsam gegen den "Führer" anzustiften?

Niemand kann beweisen, daß das so war. Aber widerlegen erst recht nicht. Mutmaßen sollte man es also getrost.

Aber eine alte Berlinerin von früher fragte dann schließlich die angereiste Marlene persönlich: *"Na, wolln wa uns wieda vatragn?"*

Marlene dürfte über so heimisch wohlvertrauten Charme und Witz nur gelacht und ihm zugestimmt haben.

Gleich danach konzertierte sie in Tel Aviv. Schon im Flughafen wurde ihr bedeutet, daß es in Israel gesetzlich verboten sei, öffentlich in deutscher Sprache zu singen: kein einziges Lied! Marlene sofort: *Ich singe neun auf Deutsch*. Sie tat es auch tatsächlich, nachdem sie – 1960! – das jüdische Publikum aus *NS*-Überlebenden um seine Erlaubnis gebeten hatte – und sang *"auf vielfachen Wunsch sogar den Wehrmachtsschlager 'Lili Marleen'"* (*"Jüdische Allgemeine"*).

Alle jubelten, weinten und riefen laut nach weiteren Liedern aus dem alten Berlin. Burt Bacherach, ihr Dirigent aus Missouri, Preisträger zahlloser *Grammies, Oscars* und *Golden Globes*, noch vierzig Jahre später als 72jähriger Kronzeuge:

unser Konzert in Tel Aviv sei damals einer der emotionalsten Augenblicke seines ganzen langen und ereignisreichen Lebens gewesen – "ein Bann war gebrochen – sowas wie eine Katharsis, die diese Menschen befreite ... ".

Den Erlös dieses Konzerts stiftete Marlene Dietrich einem Rehabilitationszentrum der israelischen Armee.

Aber in Jerusalem sang sie dann auch ein hebräisches Lied und behielt es in ihrem Repertoire.

Hiermit und mit ihren deutschen Liedern tourte sie 1966 sogar noch ein zweites Mal durch Israel:

wie auch je zweimal hinter jenem *Eisernen Vorhang* von damals durch Sowjetunion und Polen.

Durch Deutschland, schwor sie sich, niemals mehr zu touren. Von je einer Einzelverpflichtung in Düsseldorf 1962 und Baden-Baden 1963 abgesehen, hat sie sich auch strikt an dieses Gelübde gehalten. *"I didn't go back to Germany".*

Lucie Mannheim blieb dennoch dort und spielte zeitgleich 1960

für englisches Kino unter Compton Bennett (* **1900**) und neben Marius Goring im Kriminalfilm *"Beyond the Curtain"* (im *Kalten Kriege* zwischen Ost und West),

für deutsches Kino unter Wolfgang Staudte (* 1906) und neben Martin Held eine mittlere Rolle in *"Der letzte Zeuge"*, einem kritischen Streiflicht auf bundesdeutsche Justiz und Polizei,

aber außerdem auch zwei mittelwertige deutsche Fernsehspiele, von denen eins erneut jene *"Göttliche Jette"* war: nun jedoch mit Jürgen Fehlings unerreichbarer Urbesetzung in Berlin und Wien 1931/32 nur noch in einer Nebenrolle des ursprünglich ihr gewidmeten Stückes: Schmerz, laß nach!

Aber 1962 geschah ein Wunder, und der immer noch obdachlos vagabundierende Remigrant Erwin Piscator wurde unverhofft Intendant der *Freien Volksbühne* am Westberliner Kurfürstendamm.

Jetzt endlich konnte er im Berlin seiner Welterfolge nach nunmehr dreißigjähriger Zwangspause fortsetzen, was er immer und überall nur gewollt hatte und was eigentlich gar kein *Politisches Theater* war, wie es ihm immer und überall seither als seine Erfindung gutgeschrieben oder angelastet wird,

sondern in Schillers tradiertem Sinne ein Theater wieder als Tribunal. Schon im Juli 1952 hatte Piscator das mit jenem impulsiv sprudelnden Brief an das Schauspielerpaar Maria Becker und Robert Freitag so umschrieben:

"Für mich ist die Bühne wirklich eine Art moralische Anstalt – es ist die Atmosphäre der Reinheit – des Versuchs, des Zwecks, der Einmaligkeit der Ereignisse und Erlebnisse – und alles andere langweilt mich einfach."

Dieses Fernziel habe ihn jedoch *"verdorben für das Kunsthandwerk, the Show-business [...] – Wir müssen nach Mitteln und Wegen suchen – um unabhängig von den Kunstbanausen das Wesentliche auszusagen"*.

In solchem Sinne bot er mir sofort nach seiner Ernennung
telegrafisch und telefonisch die Position seines
Stellvertreters, Chefdramaturgen, seiner Rechten Hand für alles und jedes an:
große Ehre! Noch größere Versuchung!
Aber es kollidierte mit den vertraglichcn Verpflichtungen des weiland 27jährigen,
erstmals autarken Schauspielrgisseurs und leitenden Dramaturgen
des kleinen Provinz- und Stadttheaters Pforzheim:
was tun?
Ich entschied mich für die organische Fortsetzung einer soliden Entwicklung
und gegen den allzu frühen und vertragsverletzend riskanten Sprung
in ein Abenteuer weit oberhalb.

Erst 54 Jahre später fand ich 2016 in Piscators Briefen
auch eine bestürzende Notiz von seiner Hand und
mit einer Art persönlicher Standortbestimmung 1959:

"man verlangt von mir – und mit Recht – Höchstleistung. [...]
meine Leute: Lunin".

Sonst keiner: nur Lunin.
Das schmeichelte den späten Leser ebenso wie es ihn erschütterte.
Denn wo vor Piscators Emigration *"seine Leute"* meilenweit Schlange standen,
war nun nach dem Exil nur noch einer, dem er vertraute,
den er hinlänglich schätzte, um ihn in der Vereinsamung eines Überlebenden
noch um sich dulden zu können.

Aber jene Notiz enthielt dann noch einen Zusatz zu meinem Namen:

"sein Stück etc."

Das bezog sich auf meinen dramatischen Erstling *"Der Paternoster"*,
den ich ihn blauäugig hatte lesen lassen,
obwohl das haargenau das war, was er auf dem Theater am wenigsten ertrug:
noch vollkommen unpolitisch und ohne jede moralische Fixierung
in deutscher Sprache ahnungslos erstmals das, was man da
im fernen Frankreich schon *"Absurdes Theater"* nannte.
Nun diente diese leicht surreale Fingerübung
(die kürzlich just auf der Bühne seines jetzigen *Theaters am Kurfürstendamm*
zur Uraufführung gelangt war)
diesem theaterhistorischen Monument zur Legitimation seiner eigenen Affinität
zu einem suchenden Scribifax im politischen Abseits
oder Twen aus dem Chor seiner zahllosen Assistenten

und hatte nun drei Jahre später jenes verlockende Angebot
haargenau ins Theater meines *"Paternoster"* zur Folge.

Wäre ich ihm damals gefolgt, hätte ich schon gut ein halbes Jahr später Lucie Mannheim persönlich kennenlernen können. Denn der gebeutelte Remigrant Piscator engagierte diese andere gebeutelte Remigrantin (die sich aus gemeinsamer Glanzzeit vor mehr als dreißig Jahren gegenseitig angemessen einzuordnen wußten) schon für die zweite Produktion und Eigeninszenierung seiner jungen und späten, seiner abermaligen Berliner Intendanz (nach beiderseits dreißig gestohlenen Jahren sonstwo alles):

für *"Die Grotte"* von Jean Anouilh, 1958 geschrieben, 1961 im Pariser *Théâtre Montparnasse* uraufgeführt und im Mai 1962 vom Wiener Burgtheater erstmals auf Deutsch präsentiert: also funkelnagelneu. Es spielt just um **1910** in Souterrain und *bel étage* einer gräflichen Villa und behandelt also die ewige Spannung zwischen Oben und Unten. In beiden Welten fungiert da als dramaturgisch-protagonistischer Angelpunkt nur die Köchin Marie-Jeanne und bleibt unumgänglich als Mordopfer auf der Strecke dieses zeitlosen Bürgerkrieges: Lucie Mannheims Rolle.

Piscators *Deutsche Erstaufführung* dieser *pièce bien faite*, die ihr Autor selbst lieber als *"knirschend"* (*«grinçante»*) bezeichnete, geriet im Dezember 1961 zum Mißerfolg. Das dürfte einerseits am Autor, seinerzeit freilich meistgespieltem Dramatiker weltweit, gelegen haben, dessen stets anspruchsvolle Thematik in brillant fehlerlos geschriebenen Stücken mit dramaturgisch genialer Perfektion und Pointenüberflutung leicht ins allzu Boulevardeske geriet und dort die übersättigten Meinungspäpste in jenem "Vormärz 1968" allmählich schon zu verstimmen oder langweilen begann. (Heute kennen seinen Namen nicht einmal mehr die Theaterleute.)

Zum Anderen tobte damals der historische *Kalte Krieg* zwischen Ost und West seinen Höhepunkten entgegen und tolerierte hierzulande nichts Linkes mehr: in Westberlin, dieser Frontstadt der *USA* mit all der *"Zweiten Roten Angst"* ihrer unverarbeiteten McCarthy-Ära, nun erst recht nicht. Da konnte dieser alte Kommunist Piscator nur öffentlich gezüchtigt werden: Souterrain! Köchin! Außereheliche Partner und Kinder! Abtreibung, Klassenkämpfe – bloß weg mit sowas!

Und Lucie Mannheim (die im Vorfeld dieser ungeliebten Köchin wieder zwei ganze Jahre lang von all den blühenden Berliner Theatern geschnitten worden war) ?

Lucie Mannheim *"bestätigte auch hier ihre verhaltene, aber energische Natur"*, vermied da irgend ein damaliger Beckmesser für Axel Springers musterhaft linientreue *"Berliner Morgenpost"* oder *"Welt"* jede bekennende Festlegung: *"Doch die Rolle ist in diesem Zusammenhang zu schmal für sie"*. Also dieser welsche Autor mit all seinen ewigen Erfolgen war schuld!

Hiernach vergingen unbefristet weitere acht Wartejahre, ehe dieses Urberliner Theaterpfund hier im Frühjahr 1970 wieder eine Bühne betreten durfte: dann aber wirklich letztmalig, Herrschaftszeiten!

Zwischenzeitlich sorgte die Gemiedene bei Freund und Feind in Film und Fernsehen für Wohnungsmiete und täglich Brot: aber hoppla – auch da gab es plötzlich ganze drei Jahre lang nirgends was für sie zu tun.

Da mittenhinein verlieh ihr der Berliner Senat 1963 den Ehrentitel einer *Berliner Staatsschauspielerin*. Aber das *"ist ein reiner Ehrentitel, der mit keinerlei finanziellen Zuwendung verbunden ist"*, polemisierte Dirk Krampitz noch 2004 in der WELT N24: *"In der Praxis wird diese Auszeichnung als eine Art Ruhestandsgeschenk für bewährte Darsteller gehandhabt. Künstlerische Entwicklung ist dort eher nicht zu erwarten und demzufolge gibt es dort auch sonst wenig Beachtung"* –

– einen Vertrag für diese 64jährige Staatsschauspielerin ans jetzige Berliner *Staatstheater* nur umso viel weniger.

Aber im selben Jahr 1963 trat Marlene Dietrich mit ihrem Konzertprogramm in Lucie Goring's London auf. Zwar war das der mindestens fünfte dortige Auftritt, diesmal aber nicht mehr wie bisher im Nachtclub *Café de Paris* oder in der Musikhalle *Golders Green Hippodrome* mit ihren 3000 Plätzen, sondern erstmalig in der gigantischen und unsteigerbar ehrenwerten *Royal Albert Hall* mit ihren 7000 Sitz- und 2500 Stehplätzen, zehn Tage später auch noch im *Prince of Wales Theatre* (wo damals auch schon die *Beatles* auftraten).

Sollte sie auch dort (wie eigentlich immer und überall) wieder *"Lili Marlene"* gesungen haben, leitete sie ihren Gesang mit dieser stereotypen Ankündigung ein:

"Now, here is a song that is very close to my heart. I sang it during the war. I sang it for three long years, all through Africa, Sicily, Italy, to Alaska, Greenland, Iceland, to England, through France, through Belgium and Holland… [lange Pause] *… to Germany, and to Czechoslowakia. The soldiers loved it: 'Lili Marlene' ".*

In ihren deutschen Konzerten sagte sie da entsprechend, sie habe dieses ihr Lieblingslied während des *Zweiten Weltkriegs "drei Jahre lang"* gesungen: *"in Nordafrika, Sizilien, Italien, in Alaska, Grönland, Island, in England, in Frankreich, in Belgien und Holland,* [keine lange Pause] *in Deutschland und der Tschechoslowakei"*. Die Soldaten hätten es überall geliebt.

Bei diesem sorgsamen Abstecken ihres internationalen Wirkungskreises und Hoheitsgebietes unterschlug sie aber tiefstaplerisch die Nachkriegsverbreitung dieses Liedes auf all ihren Welttourneen. Seit 1953 und bis 1975 trat sie, noch zu Lucie Mannheims Lebzeiten, unzählbare Male in zumindest 55 europäischen, 46 nordamerikanischen, 8 südamerikanischen, 8 afrikanischen, 4 asiatischen und 3 australischen Städten, meist mehrtägig vor ein Konzertpublikum, in London sechzehn, in Las Vegas elf Male mehrtägig: sicher immer (oder fast immer) überall auch mit *"Lili Marlene"*. Dieser Siegeszug war unvergleichlich, unaufhaltbar und ließ auch die ursprüngliche Lale Andersen schnell verblasssen – von Lucie Mannheims politischer und einfallsreicher Version weiland gegen Hitler ganz zu schweigen.

And the winner again is Ms. Lili Marlene Dietrich.

Für Lucie Mannheim aber gab es erst 1964, ganze drei lange Wartejahre nach jener peinlich ungöttlichen *"Göttlichen Jette"* von 1961, wieder Arbeit: aber ab jetzt nur noch, einzig und allein, gelegentlich im Fernsehn, nicht ein einziger Kinofilm mehr – ging es tatsächlich bergab?

1964 also wurde sie in zwei Fernsehspielen der ARD und zwei anderen des ZDF immerhin mit jeweils literarischen Textvorlagen von Tschechow, Giraudoux, Wolfgang Hildesheimer und Jacques Constant (* 1907) und unter Regisseuren wie Franz Josef Wild und Dietrich Haugk beschäftigt.

Erst 1965 bot ihr der legendäre Otto Preminger (* **1905** in der Bukowina) im britischen Kriminalfilm *"Bunny Lake is Missing"*, den er nach einem Drehbuch des namhaften Dramatikers John Mortimer produzierte und selbst inszenierte, die dramaturgisch zentrale Episodenrolle abermals einer Köchin an. Wichtige Männerrollen waren mit Laurence Olivier (* 1907) und Noel Coward (* **1899**), eine andere Frauenrolle mit der bedeutenden Martita Hunt

(* **1899**) besetzt. Dieser Film wurde im Oktober 1965 für die *USA*, im Februar 1966 für Großbritannien, im August 1966 für die Bundesrepublik Deutschland gestartet, auch in neun weiteren Ländern bis nach Japan, nach Mexico gezeigt und 1967 zweifach für den *BAFTA*, wichtigsten britischen Filmpreis, nominiert.

Zwei anspruchsvolle deutsche Fernsehspiele der ARD schlossen sich für die Mannheim da an:

in München *"Der Kinderdieb"*, nach einem mehrfach verfilmten Roman von Jules Supervielle, in der Regie von Gert Westphal, mit Horst Tappert (aus unser aller gesprenkeltem Wuppertal) als Partner

und in Bremen *"Das Vergnügen, anständig zu sein"* nach dem gleichnamigen Drama von Pirandello, neben Rolf Boysen und Gisela Stein in der Inszenierung von Hans Lietzau,

dem ich selbst schon sieben Jahre vorher, 1959 in Hamburg bei seiner Inszenierung des Fernsehspiels *"Verlorene Gesichter"* von Walter Jens – noch mit Tilla Durieux, Sybille Binder (* **1895**), Albrecht Schönhals (* **1888**) und Richard Münch – für den damaligen NWDR,

aber vorher zweimal auch schon im Berliner *Schloßpark-Theater* [bei Stücken von Georg Kaiser und Arthur Adamov noch mit Aribert Wäscher (* **1895**) und Berta Drews-George (* **1901**)] hatte assistieren dürfen.

Hiernach blieb Lucie Mannheim wieder runde zwei Jahre ohne jedes Angebot. Zwar wurde der 68jährigen für ihr *"langjähriges und hervorragendes Wirken im deutschen Film"* 1967 (just neben Adolf Wohlbrück, Oskar Homolka, * **1898**, und Paul Czinner, * **1890**, und anderen) das *"Filmband in Gold"*, damals die höchste Auszeichnung dieses Metiers, verliehen,

aber Filmangebote blieben auch für eine so dekorierte Filmlegende weiterhin ebenso hartnäckig aus wie Theater- oder Fernsehofferten.

In den *USA* erklomm indessen noch 1968 jene *"Lili Marleen"* von 1938 abermals die Hitliste der Schlagerparade: vermutlich mittlerweile in einer

Coverversion, aber zweifellos von Marlene Dietrichs Dauerbrenner stimuliert.

Im selben 1968 schließlich stand Lucie Mannheim in recht unterschiedlichen Rollen noch dreimal vor einer deutschen Fernsehkamera,

aber im selben Jahr 1968 starb auch ihr Jürgen Fehling, 82jährig im Hamburger Juni.

Schon für das Augustheft der Zeitschrift *"Theater heute"* schrieb Lucie Mannheim da einen ausführlichen Nachruf:

" ... Es war die große Liebe, wie gesagt, und ich habe von Anfang an unglaublich viel von ihm gelernt, eigentlich beinahe alles [...], wobei ja hinzukam, daß wir damals auch im Leben vereint waren und so auch zuhause weiterarbeiten konnten. Die Gemeinsamkeit war so intensiv, daß wir, auch wenn wir getrennt arbeiteten, immer zusammen waren. [...]

Ich möchte gerne sagen, daß ich es als ein großes Glück empfand, daß wir uns zusammen entwickelten [...] und daß es dazu gekommen ist, daß allmählich, nachdem die sieben Jahre Liebe und beinahe Ehe vorbei waren, eine ganz wunderbare Freundschaft anfing, die bis zum allerletzten Moment gedauert hat. Das war eine vollkommene Gemeinschaftsarbeit, so gemeinschaftlich, wie man es sich heute gar nicht mehr vorstellen kann. [...] "

(Dies all den heutigen *US-teamworkern* in ihre selbstgefälligen Stammbücher!)

Aber weiter in Lucie Mannheims Nachruf auf Jürgen Fehling:

"Zum Schluß war es kaum noch nötig, daß wir zusammen sprachen; ich wußte eigentlich sowieso immer, was er wollte, und er wußte, was ich wollte. Das findet man im Leben ganz selten, daß ein Regisseur und eine Schauspielerin sich [...] so miteinander entwickeln, daß etwas Ganzes dabei herauskommt. Wir haben wirklich wunderbare Sachen miteinander erlebt."

Dieser Text ist fast der einzige, der sich aus Lucie Mannheims Feder noch aufspüren ließ: so verschlossen und zurückhaltend war sie sonst meist.

Nach ausgedehnter Trauerzeit mußte oder durfte sie erst 1970 wieder arbeiten: je einmal im britischen und deutschen Fernsehen (hier mit einer kleinen Rolle neben, für und unter Maximilan Schell), und letztmalig auch noch im Theater: mit *"Cher Antoine oder Die verfehlte Liebe"*, einem Stück wieder von Jean Anouilh und wieder in jenem *Theater am Kurfürstendamm*

> (das aber mittlerweile seinen Untermieter, Piscators *Freie Volksbühne*, an einen schicken Neubau verloren hatte und jetzt zum Boulevard-Imperium der Wölffer-Dynastie in der benachbarten *Komödie* gehörte).

Dort also hatte die fast 71jährige Lucie Mannheim am 11. März 1970 die letzte von vielen hundert Premieren ihres Lebens: mit der Rolle der Carlotta, die erst vor vier Monaten bei der Uraufführung in der Pariser *Comédie des Champs Élysées* in der Gemeinschaftsinszenierung von Autor und Roland Piétri ihre große Kollegin Francoise Rosay (* **1891**) übernommen hatte. Die hierdurch zusätzlich geadelte Rolle spielte Lucie Mannheim jetzt in Berlin neben einem hochkarätigen Ensemble mit Peter Mosbacher, Gisela Uhlen, Karin Hardt, Maria Körber [= Tochter jenes Nobel-Paars Hide Körber und Veit Harlan], vielen anderen Prominenzen und dem Intendantensohn Jürgen Wölffer. Es inszenierte ihr seriöser Kollege Rolf Henniger vom Berliner *Schiller-Theater*.

Dieses Stück spielt **1913** (als Lucie Mannheim ihre erste Rolle spielte), kurz vor dem endlosen Säkularmassaker also und kurz nach dem Tode eines hochberühmten Starregisseurs

> (= Jürgen Fehlings?),

in einem bayrischen Schloß, wo sich die Erben zur Testamentseröffnung versammeln: was mag er ihnen allen bloß vermacht oder hinterlassen haben?

Diese Theateraufführung wurde auch vom Fernsehen aufgezeichnet und am

20. September 1970 im *Zweiten Deutschen Fernsehen* ausgestrahlt.

Dieser Tag kann demnach als Lucie Mannheims Abschied von ihrem Berufe und als ihr doppelter Schwanengesang für Bühne und Kamera gelten.

Hiernach hat sie in den verbleibenden sechs Jahren ihres Lebens keinerlei Rollen mehr angenommen – oder angeboten bekommen? Das steht dahin.

Sie starb 77jährig im Sommer 1976: aber weder in ihrem Berlin noch in ihrem London. Sondern wo? In Braunlage. Bitte, wo? In Braunlage. Wo liegt das denn? Im Harz. Es ist ein Luftkurort südlich des Brockens. Hatten etwa gesundheitliche Gründe sie in diesen Luftkurort verschlagen? Auch das steht dahin.

Aber vielleicht hatte sich der Todesengel, trotz seiner Dienstreisen mehrheitlich hierorts noch immer nicht so recht des Deutschen mächtig, ja auch nur vertan und in seinen höheren Dimensionen dieses *Braunlage* mit *brauner Lake* verwechselt. Denn in brauner Lake ging ja auch dieses begnadete Leben tatsächlich unter: nach und nach, unaufhaltsam und gänzlich ohne die Resonanzen jener früher *"meistgefeierten"* Schauspielerin Berlins, eher mit jenem dezenten Emigrantenmalus, den sich die meisten Rückkehrer hierzulande von den postfaschistisch vergeßlichen Wohlstandssiegern gefallen lassen mußten.

Tatsächlich fällt ja das Leben dieser Hochbegabten in zwei Hälften auseinander: in jeweils eine Zeit vor oder nach den Nazis – mit dem Exil als einer Art Grauzone zwischen beiden.

Was aber überrascht: ihr berufliches Hoch in den Annalen der Theatergeschichte dauerte nach dem *Ersten Weltkrieg* von 1922 bis 1932 nur kurze zehn Jahre, jenes Tief nach dem *Zweiten Weltkrieg* von 1946 bis 1976 immerhin ganze dreißig Jahre. In diesem länglich hingestreckten Nachspiel ihres Lebens wurden ihr zwar – auf zweierlei "Märkten" – insgesamt 10 Bühnen-, 15 Film- und 22 Fernsehrollen übertragen, aber meist von mittlerem oder kleinem Format und in eher unbedeutenden Stücken. Mit der sprudelnden Überproduktion jenes ersten Berufsjahrzehnts und dessen exponiert erstklassigen Aufgaben verglichen, dürfte dieser dreimal so lange Ausklang eher deprimierend gewesen sein.

Valeska Gert (* **1892**), jener international umjubelte Superstar des modernen Ausdruckstanzes, hatte ihr eigenes und vergleichbares Remigrantenschicksal schon 1968 für ihre Memoiren kurz und bündig so formuliert:

"Für die Nazis war ich wenigstens ein Feind, für die heutigen Deutschen bin ich nichts".

Zehn Jahre hiernach und nur drei kurze Jahre nach jenem Tode also in Braunlage veröffentlichte Marlene Dietrich 1979 in ihren Memoiren eine Art Pariser Nachruf auf jene Rivalin ihrer Lola Lola zu Olims Zeiten: im *"Blauen Engel"* just vor einem halben Jahrhundert. Das las sich nun so:

"Von Sternberg sah mich, wie gesagt, in Zwei Krawatten.*[...] Am nächsten Tag ließ er mich zur UFA kommen. All diese UFA-Gewaltigen hielten offenbar nichts von mir [...] . Er beschloß, eine Probeaufnahme mit mir zu machen – am gleichen Tag, an dem er auch die aussichtsreichste Bewerberin für diese Rolle, Lucie Mannheim, vor die Kamera stellte.*

Lucie Mannheim war eine bekannte Schauspielerin. Sie wollte die Rolle um jeden Preis, obwohl sie dafür vollkommen ungeeignet war. Allerdings hatte sie – außer ihrem unbestreitbaren schauspielerischen Talent – auch ein ziemlich großes Hinterteil, und Emil Jannings, der große Star, der die Hauptrolle spielte, liebte dicke Hinterteile. Ich hatte trotz meinem Babyspeck niemals ein großes Hinterteil. Ich war überall gut gepolstert, nur [...] vermutlich nicht so, wie Jannings es liebte.

Um seine Bereitwilligkeit zu zeigen, machte von Sternberg also eine Probeaufnahme mit Jannings' Favoritin, wobei er die Kamera besonders langsam über den auffallendsten Teil ihrer Anatomie gleiten ließ.

Dann war ich an der Reihe. [...] Ich war nicht unbedingt auf diese Rolle versessen. Als man mich dann auch noch in ein viel zu enges Kleid steckte und meine Haare mit einer Brennschere bearbeitete, bis der Dampf an die

Decke stieß ...] , nahm ich das alles als echte Berlinerin mit Galgenhumor und ging auf die Bühne, als man mich rief. [...]

Ein Klavier war da, und davor saß ein Pianist."

Das war Friedrich Hollaender, der sie Sternberg überhaupt erst empfohlen hatte und der in Berlin damals längst kein Unbekannter mehr war: eine Brettl-Prominenz aus rühmlichster Musikerfamilie. Dieser

"Fremde forderte mich auf, mich auf das Klavier zu setzen, einen Strumpf herunterzurollen und ein Lied zu singen, das ich angeblich hätte mitbringen sollen. Ich hatte kein Lied mitgebracht, weil ich sowieso überzeugt war, keine Chance zu haben. ... Warum bin ich dann überhaupt hingegangen? Ich ging, weil man mir gesagt hatte, daß ich hingehen solle.

Von Sternberg war sehr geduldig. Er sagte: ' [...] Singen Sie irgendein Lied, das Ihnen gefällt'. [...]

'Ich liebe amerikanische Lieder", sagte ich" [diesem "*US*-Regisseur"] .

'Dann singen Sie ein amerikanisches Lied', sagte er. So fing ich, ziemlich erleichtert, an, dem Pianisten das Lied zu erklären, von dem er natürlich noch nie etwas gehört hatte."

So, jetzt hatte auch noch der große Friedrich Hollaender sein Fett weg, obwohl Marlene Dietrich ihm ja nicht nur ihre Chance, für diese Rolle überhaupt zu kandidieren, sondern dessen genialen Liedern dann auch noch in späteren Filmen ihren ganzen Welterfolg wesentlich zu verdanken hatte: außer in jenem *"Blauen Engel"* zumindest auch in *"Der Mann, der seinen Mörder sucht"*, *"Stürme der Leidenschaft"*, *"A Foreign Affair"*, *"Destry Rides Again"* und *"Seven Sinners"*

mit solchen Evergreens wie *"Ich bin von Kopf bis Fuß auf Liebe eingestellt"*, *"Ich bin die fesche Lola"*, *"Ich weiß nicht, zu wem ich gehöre"*, *"Johnny, wenn du Geburtstag hast"*, *"The Boys in the Backroom"*, *"Black Market"*, *"Peter, komm zu mir zurück"*, *"Nimm dich in Acht vor blonden Frau'n"*, *"Kinder, heut' abend such ich mir was aus"*, *"Wenn ich mir was wünschen könnte"*, *"The Man's in the Navy"*, *"Falling in Love Again"* und vielen andern Liedern eines solchen Kalibers mehr: alle von Friedrich Hollaender.

Aber auch er war zum Zeitpunkt ihrer Memoiren schon dieselben drei Jahre tot wie Lucie Mannheim und konnte daher im Nachhinein getrost als unbekannter Ignorant verächtlich gemacht werden.

Aber trotz so "dilettantischer" Klavierbegleitung sang Marlene Dietrich damals für den Yankee Sternberg ihr *"You 're the cream in my coffee"*. Er scheint das gut und richtig verstanden haben.

"Von Sternberg führte am nächsten Tag beide Probeaufnahmen den Direktoren der UFA vor, und alle wählten – Lucie Mannheim!

Daraufhin sprach er den inzwischen berühmt gewordenen Satz: 'Jetzt weiß ich, daß ich Recht habe'" – und entschied sich gegen Lucie Mannheim.

Aber 1981, noch zwei weitere Jahre später, erschien tatsächlich keines der genialen Lieder von Friedrich Hollaender in der Hitliste einer bundesdeutschen Schlagerparade, sondern Marlenes Schultze-Schnulze,

1986 dann auch noch in einer japanischen Schlagerparade,

in jedem neuen Kriege weltweit reanimiert,

mittlerweile in angeblich 54 Sprachen übersetzt und in mehr als zweihundert Fassungen gesungen, noch 2005 auf einer Box mit sieben CDs und 195 Versionen, inzwischen auch im Repertoire von Metal-Bands, japanischen Karaoke-Bars und im *Radio Andernach*, jenem Truppenbetreuungssender der Bundeswehr, *"nahezu allabendlich"* für deutsche Soldaten auf ihren Auslandseinsätzen global: *"Lili Marlene"*.

Aber als ich selbst von einem skrupellosen Fernsehproduzenten (der mich schon
zuvor wegen penibel aufgelisteteter Qualitäten meiner Drehbücher getadelt hatte,
weil sie für angestrebte Einschaltquoten nicht primitiv genug seien)
1994 schließlich gezwungen werden sollte, wissentlich gut verkäufliche Fehler
in mein Drehbuch einzubauen und vorsätzlich schlechte Ware zu liefern,
um die riesige Fernsehgemeinde einfach zu verarschen,

da nahm ich das nach zwölf lukrativen Bildschirmjahren zum Anlaß,
mit dieser Branche endgültig zu brechen.
Es handelte sich dabei um die leicht fernsehsatirische Folge *"Das Traumpaar"*
für eine Serie, die *"Inseln unter dem Wind"* hieß
und 1995 im *Zweiten Deutschen Fernsehen* zur Ausstrahlung gelangte.

Sie spielt in der Karibik und hauptsächlich auf einem Dreimaster,
der ausgerechnet *"Lili Marleen"* heißt.
Auf einem Windjammer dieses vielstrapazierten Namens also
fand mein Schwanengesang für jenes mißbrauchte und verhurte Medium statt.
Dadurch aber öffnete sich mir ein Tor, durch das hindurch ich ahnungslos
die neue Welt der Prosa betrat, in der ich seit nunmehr runden zwanzig Jahren
so ähnliche Bücher schreibe wie dieses hier:

alles also unter jener magisch und vieldeutig changierenden Zauberformel
"Lili Marleen".

Aber jener andern, der politischen, antifaschistischen, unverkitschten und umso unpopuläreren Lili Marleen aus dem London von 1943/44 errichtete ihr kompetenter Bühnenpartner Jürgen Fehling noch in seinen letzten Lebensjahren ein Dank- und Denkmal, das dieser außergewöhnlichen, aber zutiefst vermutlich *NS*-erloschenen Lucie Mannheim gerechter werden dürfte:

"Ich habe in meiner langen Bühnenbahn kein so originelles Wesen erlebt. Die Vielseitigkeit ihrer Begabung ist stupend. [...] Sie ist auf der Bühne ein Elementarereignis. Sie wirft um – sie wirft das Publikum um, sie wirft eventuell sich selbst um.

Die Weisheit ihrer Explosionen ist ganz einmalig."

Klagen

Nach einer späten Wiederbegegnung mit *"Eli"* von Nelly Sachs in der Berliner Inszenierung von Willi Schmidt

(meinem eigenen sehr verehrten Lehrmeister und späteren Briefpartner)

aus dem Jahre 1970 wird schlagartig erinnerlich,

wie leicht auch dieses fantasievolle, wortgewaltige Requiëm auf die Opfer der Schoah mit seiner elitär einmaligen Erstauflage von zweihundert numerierten Exemplaren

jenem fatalen Verdikt Theodor Wiesengrund Adornos aus dem Jahre 1949 hätte zum Opfer fallen können.

Just als *"Eli"*, dieses namentliche *"Mysterienspiel vom Leiden Israels"*, 1951 in Malmö erstmals erschien, wurde in Köln veröffentlicht und weltweit populär, was Adorno da in den fernen *USA* aufgeschrieben hatte:

"Nach Auschwitz ein Gedicht zu schreiben, ist barbarisch".

Aber anders als Paul Celan, der jahrelang mit diesem *dictum* rang und gegen dessen Autor ankämpfte, klagte seine Freundin und Kollegin Nelly Sachs in ihrem skandinavischen Exil lauthals weinend über all das Geschehene und Erlittene – ohne ihren rigiden Glaubensbruder Adorno erst eigens um Erlaubnis zu bitten.

Noch heute wurde beim Wiederhören ihrer Klagen unverrückbar deutlich, wie barbarisch es vielmehr ist, dem Leidenden seine Klage zu untersagen und wegzunehmen: als verböte man einem Überlebenden zu atmen.

Klage kann auch nie und nimmer barbarisch sein.

Ihr Verdikt jedoch ist es unweigerlich.

Form und Sprache einer Klage müssen aber jedem Klagenden jeweils freigestellt bleiben. Klage reglementieren zu wollen, dürfte zum denkbar Barbarischsten gehören.

Der Barbar war hier Adorno.

Aber so klar ist das vielleicht wirklich erst 2017.

Na?

(Sergiu Celibidache immerhin [† schon 1996] hielt Adorno – schon irgendwann vorher – zumindest für den *"größten Schwätzer der Weltgeschichte"*.

Ist Geschwätz nicht vielleicht eine Spielart von Barbarei?

Mehr und eher jedenfalls als trostloses Klagen.)

Kopfloses Weitersingen

Aus einem *e-mail* vom 12. Juni 2011 an Uta Holtgreve in Essen,
als sie den Ersten Band meiner *"Sterngucker"* (von "Moritz Pirol") las:

" ... Orpheus war ja sehr lange
eine dominante und beliebte Figur der antiken griechischen Mythologie.
Als solche hatte er natürlich
viele Legenden oder Lesarten auf sich versammelt.

Heutige Orpheus-Spezialisten neigen aber zu der Ansicht,
daß er genuïn keine mythische Figur war, sondern durchaus historisch.
Er soll um 1500 vor Christos, also vor rund 3500 Jahren gelebt haben,
aber gar kein Grieche,
sondern ein oriëntalischer oder asiatischer Schamane gewesen sein,
den es (als Person oder Mythos) in griechische Traditionen,
aber nicht einmal ins eigentliche Hellas verschlagen habe,
sondern nach Thrakien, dieses nördliche Grenzland. Thraker
waren keine Griechen mehr, sondern Exoten = Hyperboräer =
"Migranten" auf halbem Wege, ungebremst, schon ab nach Bulgariën.

So, von diesem immigranten Schamanen also
gab es in der griechischen Überlieferung
diese sechs immer wiederkehrenden und häufig variierten Motive:

1) Er war der erste Künstler (Sänger, Poët, Musiker, Tänzer).

2) Er sang so schön und so überdisch gute Lieder, daß er damit nicht nur
Menschen, sondern auch Tiere, Bäume, Berge und Flüsse faszinierte.

3) Er war auch der erste Homo-Erot.

4) Gleichwohl war er verheiratet: mit Eurydíke.
Als diese starb, wußte er ihr in die Unterwelt zu folgen
und sie von dort um ein Haar wieder ins irdische Leben zurückzuholen;
leider drehte er sich unterwegs nach ihr um

und vermasselte so diese ganze wundertätige Wiederbelebung.

5) Er wurde von "Mainaden", dionysisch entfesselten Frauen,
auf allerbestialischste Weise ermordet und zerstückelt.

6) Sein abgeschlagener Kopf sang aber ewig weiter.

So.

Da ich schon früh gewisse Parallelen zwischen diesem Ur-Poëten
und seinem Spätnachfahren Schiller zu ahnen oder zu spüren begann,
bezog ich tollkühn und ausführlichst seine Figur in meine Überlegungen
zum Buche über "Sterngucker" (bei ORPHEUS UND SÖHNE) ein.

Dabei galt es, zwei oder drei Hauptprobleme in den Begriff zu kriegen.

Erstens: wieso ist ein Schwuler verheiratet und geht seine tote Frau retten?

Zweitens: wieso kann jemand bei aller sonstigen Begabung
einfach und problemlos mirnichts-dirnichts ins Totenreich einziehen
und eine Verstorbene mit sich zurück ins Leben nehmen?

Drittens: wenn die ganze griechische Kulturgeschichte
und selbst die ganze Natur
sich vom Gesang dieses Künstlers so berauschen läßt:
wieso dann jene mörderische Emanzengruppe nicht im Geringsten?

In vielen traditionellen Orpheuswerken
wurde jeweils unbedenklich ausgespart, was dem betreffenden Autor
von diesen Vorgaben nicht in den Kram zu passen schien:
meist war es das Schwule oder die Ermordung. Oder der singende Kopf.

Sie alle gehören aber natürlich dazu:
und nicht nur historisch, sondern auch inhaltlich.

Diese Quadratur des Kreises habe ich auf meine Weise zu lösen versucht.
Dabei war mir das aufgespürte Schamanentum dieser Figur sehr nützlich;
das gebe ich gern zu.

Denn einem Schamanen,

den unsereins überhaupt nicht beurteilen kann, traut man eine Hadesfahrt leichter zu als jedem noch so begabten Sänger. Der Schamane selbst traut sich das zu – und seine Kliëntel erst recht.

(Ich selbst habe im späten 20. Jahrhundert brasilianische Macumbas, thailändischen Spiritismus und afrikanische Formen von Wodù erlebt oder ausgekundschaftet, die unsereins nicht für möglich hält.)

In den "Purpurflügeln" ist mir dazu ein Satz eingefallen, den ich als Zugang zu alledem ganz brauchbar finde (Seite 37):

'Mit Schamanen helfen sich die Völker gegen eine Welt, die sie nicht verstehen.'

Das dürfte früher der größte Teil von Welt und Leben gewesen sein. Heute ist davon noch reichlich viel übrig.

Insofern ist die Kombination aus Künstler- und Schamanentum eine recht verwendbare Chiffre für den ganzen riesigen Bereich des Fantastischen, Dämonischen, Magischen, Irrationalen, Ästhetischen, Mystischen, Unterbewußten, insofern auch aller Abgründe des Menschenlebens, seiner unergründlichen Sexualität, des ewigen Geschlechterkrieges, seiner Räusche und keineswegs zuletzt seiner Sterblichkeit: des Todes.

Diesen ganzen zentralen Sektor humanen Lebens repräsentiert für mich mein Ogus Orpheus also ebenso wie später mit verblüffenden Parallelen auch mein Schiller:

jeweils sowohl als Gestaltende wie als Erleidende. Als Künstler und Opfer. Als unsterblich Überlebende sowieso.

Eine andere Sicht von Kunst ist mir am Ende meines Lebens auch ohnehin schwerlich möglich.

Alle großen Künstler sind durch die nächtlichen Verstrickungen des Grauens gegangen und dem Tode begegnet. Erst durch alles das wurden sie selbst und ihre Produkte auch für andere relevant. Sonst bliebe es Dekoration. ... “

Danach

Das überrascht wahrhaftig:

rings um den 80. Jahrestag des 30. Januar 1933 überschwemmt uns das Fernsehn auf allen Kanälen mit Filmen oder Sendungen zu diesem Thema;

aber da entsteht kein Überdruß.

Sondern eine ungekannte Art von Geborgenheit.

Was ist das? Völlig neu.

Noch all die Augenzeugen-Berichte aus Konzentrationslagern oder vom Kannibalismus in Stalingrad, noch all die Dokumente endloser Nachwehen in den Opfer- wie auch in Täterfamilien *summa summarum* und in der Bilanz von uns Heutigen:

Geborgenheit!

Was ist das?

Zunächst ein Rätsel, das nur erschreckt.

Dann die Vermutung: in dieser Ballung dominiert die Vitalität einer andern, einer dennoch überlebenden Mehr- oder Menschheit.

Die extremste Brutalität, die es je gegeben haben mag, hat kläglichst verloren.

Das letzte Wort hat sie nicht.

Das Wort haben jetzt Leute aller Art und Zunge, aber einheitlichen Geistes: eines antifaschistischen, versuchsweise humanistischen.

Was, wenn nicht das, kann in allen Verflechtungen überhaupt noch Geborgenheit empfinden lassen?

(Noch vor IS, Pegida, AfD und Fremdenhaß notiert und hoffentlich trotzdem gültig.)

Wo auch nicht

Erst ein spießiger deutscher Dokumentarfilm im volkshochschulhaften Fernsehsender *Phönix* offenbarte dieser Tage, daß es im heutigen Afghanistan eine blühende pädophile Szene gerade in den streng muslimischen und patriarchalischen Kreisen der Stammesfürsten und *war lords* gibt.

Teils ist diese Szene in offiziöse Tanz- und Musikpräsentationen involviert, teils inzwischen brutal kommerzialisiert, aber teils auch *privatissime* – mit oder ohne Emotionen – rein sexuëll. Teils auch eine Mischung aus alledem: eine vermutlich archaische Verschlingung von Versklavungen und Wollust.

Die Jungs, um die es dabei geht, sind meistens etwa dreizehn bis siebzehn Jahre alt und folgen teils familiärer Not, teils ihrem eigenen Vergnügen. Einmal eingestiegen, gibt es meist keinerlei Zurück mehr für sie. Wer dennoch seiner Wege geht, riskiert sein Leben.

Die Liebhaber sind häufig verheiratet, gar Familienväter und führen geheim oder öffentlich ein Doppelleben.

Das alles ist in diesem vielfach gebeutelten Lande gang und gäbe, wohl auch nichts Neuës, sondern Tradition von alters her und atavistisches Brauchtum.

"Die Zeit verhält sich zur Ewigkeit
wie der Punkt zur Linie."

Giordano Bruno, 37 : *"De gli eroici furori"*, 1585

"Der denkende Mensch irrt besonders,
wenn er sich nach Ursach' und Wirkung erkundigt:
sie beide zusammen machen das untheilbare Phänomen."

Goethe, *"Über Natur und Naturwissenschaft" (Aus dem Nachlaß)*

"Was aus Euch singt, ist:
Daseinsdrang der Verscharrten und Wiederhochkommenden:
Köstlich großes Lebenswunder,
verleiblicht in diesem Stammbaumvolk:
die Macht zu dauern.
Tiefe zähe Urgewalt; mit Shylocks und Heilanden. Juden!"

Alfred Kerr, 36/50: *"Jeruschalajim"* (1903) in *"Die Welt im Licht"*, 1917

"Das große Zeitlose,
Abgründe überbrückend und Wunden heilend,
fügt sich geheimnisvoll und mühelos
in den Tag."

Gustaf Gründgens, 43: *"Der Hund des Aubry"*,
Vortrag vor der *"Kameradschaft der Künstler"* in Berlin, 1943

"Was ich Ihnen über das Jenseits
und über ein Leben nach dem Tode erzähle,
sind alles Erinnerungen."

C. G. Jung, 85: *"Erinnerungen, Träume, Gedanken"*, 1960

Gebeutelte Neunziger 5:

"Danton" 1931 – Jean-Paul Marat – Alexander Granach

Aber den Marat hatte weiland im *"Danton"*-Film von 1931 jener glutäugige Alexander Granach (**1890**-1945) verkörpert.

"Die Erde meiner Heimat ist schwarz und fruchtbar",

lautet der erste Satz seiner Autobiografie, die uns als einziges Dokument über seine frühen Jahre in exotisch entlegener Diaspora informiert.

"Mein Heimatdorf heißt Wierzbowce auf polnisch, Werbowitz auf jiddisch und Werbiwizi auf ukraïnisch", hat er dem Leser dieser Memoiren später den Weg gewiesen: *"Es liegt neben Seroka. Seroka liegt neben Czerniatyn. Czerniatyn liegt neben Horodenka. Horodenka liegt neben Gwozdziez. Gwozdiez neben Kolomea. Kolomea neben Stanislau. Stanislau neben Lemberg"*.

Aber Lemberg (oder auch Lemberik), hätte er fortfahren können, hieß dieser Orientierungspunkt nur auf Jiddisch (und Deutsch), auf Polnisch hingegen Lwów, auf Ukraïnisch Lwiw, auf Russisch und Armenisch wieder Lwow, auf Ungarisch Ilyvó, auf Französisch Léopol und auf Italienisch Leopoli. Hätte er das alles in früheren Jahrhunderten notiert, hätte er diese galizische Hauptstadt auch ruhig Lamberg, Lamburg oder Lemburg nennen können.

So bunt gesprenkelt waren Menschen, Namen und Sprachen in jener ukraïnischen Landschaft, die um **1890** zwar noch polnisch war, aber trotzdem zur kaiserlich-königlichen Doppelmonarchie Österreich-Ungarn gehörte, eine Bevölkerung hatte, die rund fünfzigprozentig jüdisch war, und insgesamt irgendwo oder -wie *"am Fuß der Karpaten"* lag.

Doch Granach schrieb das alles in Kalifornien auf, als sein Gastgeber *USA* schon in den *Zweiten Weltkrieg* eingegriffen und über Immigranten aus dem feindlichen Deutschland abends eine Ausgangssperre verhängt hatte, die zu solchen Ersatz-Beschäftigungen wie Memoiren verleitete: erst 1942 also.

Da waren seine potentiellen Leser allesamt schon so manische Kinogänger, daß er ihnen diesen exotisch galizischen Wegweiser Lemberg nur so erklären zu können glaubte:

”Lemberg ist berühmt geworden in der Welt durch den Hollywood-Film 'Hotel Stadt Lemberg'“. (Ordnungshalber hätte er da hinzufügen müssen, daß dieser berühmte Stummfilm mit Pola Negri nur im feindlichen Deutschland so hieß, im *US*-amerikanischen Original von 1927 und weltweit jedoch überall *”Hotel Imperial“* und in Griechenland sogar *”Aftokratorikon xenodoheion“*.

> Er behandelt eine Episode aus dem schrecklichen *Ersten Weltkrieg*, spielt aber tatsächlich in diesem galizischen Lemberg oder Lwów oder Lwiw; sein Regisseur war der schwedisch-russische Garbo-Förderer Mauritz (*recte*: Moshe) Stiller aus Helsinki und sein Produzent schon jener Eric (*recte:* Erich) Pommer aus Hildesheim, der Lucie Mannheim bald schon besser fand als Marlene Dietrich.)

Im so beschworenen Ostgalizien, jenem *k. u. k.* Armenhause, wo dieser Autobiograf also instinktiv *Ersten* und *Zweiten Weltkrieg* schon angemessen ineinander übergehen ließ, lebten seiner Erfahrung nach lauter *”schöne, gesunde Menschen: Ukraïner, Polen, Juden. Alle drei sehen sich ähnlich“*.

Aber in seinem dementsprechend vielsprachigen Heimatdorf gab es rund hundertfünfzig ukraïnische Sippen und nur vier jüdische. Eine von denen waren die Gronichs: eine mittellose Bauern- und Krämerfamilie mit dreizehn Kindern. Als die Eltern sich in solcher Misere nach dem achten Kinde lieber scheiden lassen wollten, entstand im Sommer **1889** (als *k. u. k.* Landsmann Adolf Hitler eben geboren war) in ihrem Versöhnungsrausch ein neuntes: Sohn Jessaja Szaijko Gronich.

Heranwachsend, lernte dieser Junge in seiner Familie Jiddisch, bei den Nachbarn Ukraïnisch, bei den Behörden Polnisch, von dienstlichen Benachrichtigungen österreichisches Deutsch und von denen allen zusammen, sich immer und überall möglichst einwandfrei anzupassen.

"Alle jüdischen Familien", wußte dieses Kind noch nach einem halben Jahrhundert in Hollywood, *"hatten kleine Kramläden. In unseren Kramladen brachten wir alles, was das Dorf brauchte"*. Man konnte es dann im Häuschen dieser *"Aaron Gronichs"* erwerben, das nur über zwei Zimmer verfügte. In denen schliefen fünfzehn Personen, im Winter auch Tiere, und *"in einer Ecke war der Laden aufgebaut"*. Da kauften die Nachbarn *"eine Kerze oder einen Hering, Petroleum oder eine Kranzsemmel, Streichhölzer oder Honig, Salz oder ein Hufeisen, eine Peitsche oder ein Abführmittel und zahlten teils mit frischgelegten Hühnereiern, teils mit Getreide, mit Leinöl oder Mehl, oder sie ließen aufschreiben bis zu den nächstgelegten Hühnereiern, bis zum nächsten neugeborenen Kalb oder bis zur nächsten Ernte. Sie feilschten ein bißchen, denn sie gingen zu allen drei Krämern, und wer das meiste für ihre Naturalien bot, mit dem machten sie das Geschäft"*.

Das erinnert mich sehr an Thailand,
wo ich selbst noch in den neunziger Jahren des 20. Jahrhunderts
(als dieser Granach und alle andern *"Danton"*-Darsteller von 1931
schon hundert Jahre alt geworden wären)
in einer Kleinstadt einen wahrhaftigen Tauschmarkt ohne Geld erleben durfte
und wo Dorfbürgermeister nur mit Naturalien entgolten wurden.

Tauschhandel also: Reichtum entsteht dabei nicht. *"Die Hauptsorge war immer: Es gab nie genug Futter im Haus"*. Trotzdem *"war unsere Kindheit von einem Reichtum an Abenteuern und Spielen, daß wir nicht mit dem buntesten, prächtigsten Kinderzimmer getauscht hätten"*.

So also war in diesem Werbiwizi *"alles 'geordnet', jeder wußte, wovon er lebte, was er hatte. Man lebte mit den Haustieren, mit der Erde, ja, sogar mit den Jahreszeiten in 'geordneten Verhältnissen' " – "und das Schönste in der Welt ist ja diese tiefe weise Ordnung"*.

Nur eins blieb auch da noch befremdlich:

"Die ganze Woche war man befreundet, half sich gegenseitig, wir hatten dieselben Sorgen, dieselben Nöte, dieselben Masern, dieselben Pocken, die-

selben Arzneien, planschten oder glitschten im selben Bächlein,

aber jeden Sonnabend wurden wir daran erinnert, daß wir Juden waren.

Und jeden Sonntag wurden sie daran erinnert, daß sie Christen waren.

Die beiden Begriffe standen sich fremd, kalt und gehässig gegenüber", und eins der vielen Bilder an den Wänden dieser Kätner-Gronichs zeigte vielleicht deshalb *"Moses mit einem großen Stab, wie er uns führte von irgendwoher nach irgendwohin"*.

Etwa **1895** führte er sie ins benachbarte Städtchen Skolje am nördlichen Fuß der Karpaten. Dort gingen jetzt Vater und alle Geschwister, die älter waren als acht, zur Arbeit in die Streichholzfabrik. Der kleine Jessaja Szaijko war da erst fünf und ging ins Cheder: die klassische Judenschule mit ihrem Unterricht in Torah und hebräischer Sprache. Die Nachbarskinder sangen:

"Jud grindiger, grindiger Jud
hat verloren seinen Hut.
Hab ihn gefunden, hineingeschissen
und dem Juden nachgeschmissen".

"Nein, es war nicht sehr gemütlich in Skolje", erinnerte er sich noch gute vierzig Jahre später in Hollywood, und bei seinen Brüdern Abrum und Jankel zeigten sich damals *"die ersten Anzeichen von X-Beinen"*.

Also führte Moses sie jetzt weiter nach Gorodenka. In dieser Bezirkshauptstadt mit ihren fast schon zehntausend Einwohnern *"lebte man nicht mehr von der Erde, sondern von den Menschen. [...] Die kleinen Holzhäuschen standen aneinandergereiht, eins drückte sich, stützte sich, lehnte sich an das andere wie gebrechliche, kränkliche Wesen, die schwach sind und frieren und Angst haben, allein zu sein. In diesen Häuschen lebte die Armut"*,

war noch im üppigen Kalifornien unvergessen: *"Da war ein Gedränge und Gerenne, Gepuffe und Geschwitze, als ob die Welt unterginge [...] ; alles drängt und saust mit offenen, ängstlichen, neugierigen, suchenden Augen [...] . Man konkurriert, man schimpft, man betrügt um Groschen"*.

Mitten in alledem eröffnete Vater Gronich jetzt eine Bäckerei. Alle Kinder arbeiteten da mit: auch der sechsjährige Jessaja. Er lernte, Rivale seiner Geschwister zu sein, und legte so schon *"die Grundbasis zu meinem Selbstvertrauen"*. Aber schon damals entstand auch seine Sehnsucht *"zu entkommen, zu entfliehen, in die großen Städte"* ...

Als die Bäckerei bankrott ging, beendete er seine Schulzeit und wurde, auf eigene Faust sozusagen, Bäckergeselle bei der Konkurrenz: *"Ich wurde selbständig und fühlte nun mit zehn Jahren, daß ich mich ernähren konnte"*: schon *"wie ein richtiger Geselle"*. Als er jetzt auch noch hörte (und sofort glaubte), *"daß es überall in der Welt viel schöner sei als in Gorodenka"*, beschloß er durchzubrennen. Zu Fuß machte er sich auf, brannte also tatsächlich erstmals durch und verdingte sich im nahen Städtchen Jablonow (noch dichter *"am Fuß der Karpaten"*) als Bäckergehilfen mit Schlafplatz auf dem Ofen,

aber fand sich schon andern Tages in der vorwurfslosen Umarmung seines Vaters wieder.

Zwölfjährig wollte er *"für 'erwachsen' gelten"*, folgte zu Fuß seiner Verliebtheit in ein Dienstmädchen bis ins Rotlicht von Zalischtschiki am Dnjestr, wurde wieder väterlich gerettet, aber bald schon folgte er seinem Bruder Leibzi nach Stanisławów. In dieser zweitgrößten ostgalizischen Stadt gab es schon eine Straßenbahn und *"Kaffeehäuser mit Musik und eine Passage, wo man sich traf, und Restaurants. Da war Fülle und Lustigkeit und lachende Begeisterung; es steckte an, jeder lachte und scherzte und hatte seine Rendezvous. Man sprach polnisch und deutsch und ukraïnisch und jiddisch ..."*.

1941 gab es hier in diesem Stanisławów jenen *"Blutsonntag"* mit einem *NS*-Massaker, und heute heißt diese Stadt Iwano-Frankiwsk. Ganz Galizien ist heute sowieso nur noch was Mythisches. Aber in jenen ersten Jahren des 20. Jahrhunderts herrschte da noch *k.u.k.* österreichische Lebensart, und Jessaja Gronich wurde in der Dampfbäckerei Pietrogradski *das Jidl*.

"Warum die österreichischen Bäcker den Handlanger, der die schmutzigste

und schwierigste Arbeit zu verrichten hat, Jidl nannten, das ist ihr Geheimnis.“

Der junge Gronich, durchaus noch ”minderjährig“, hatte als solches Jidl in diesem Stanisławów einen Arbeitstag von achtzehn bis zwanzig Stunden, stand arbeitshierarchisch unterhalb eines heutigen ”Azubi“, ganz ohne dessen Rechte und ohne jeglichen ”Jugendschutz“.

Nur umso ansprechbarer erwies er sich daher bald für jenen ”Bäckerverein“, der dieses minorenne Jidl tatsächlich als Sekretär in seinen Vorstand wählte: schon weil es mit seinen mehrsprachigen Schreib- und Lesekünsten unter Handwerkern eine Rarität war. So wurde es unverhofft zum Funktionär der Wiener Bäckergewerkschaft, erfuhr, was ein Arbeitskampf ist, und sah sich plötzlich einen leibhaftigen Streik organisieren, folglich bald auch ausgesperrt und arbeitslos werden. Folglich *”nur Scham und Fremde und Verzweiflung“*: am Bahnhof als Gepäckträger, im Bordell als Vorleser und als Rausschmeißer oder sogar beim Tischlern von Särgen.

Von dort entführte ihn sein Bruder Leibzi nach Lemberg (oder Lwów oder Lwiw) in die neu eröffnete ”elektrische Bäckerei“ Tabaczynski: *“Ein neuer Mensch in einer neuen Stadt, in einer neuen Umgebung, beginnt ein neues Leben“.*

Denn *”auf den Bürgersteigen und an den Ecken boten Leute Obst an. [...] Man sah Plakate mit Anpreisungen von verschiedenen Seifen, von Kathreiners Malzkaffee, von Restaurants und einem Zirkus mit tanzenden Pferden, einer polnischen Oper, von ukraïnischen Spielen und jiddischen Broder-Sängern“* mit ihren lustigen Männer-Sketchen.

Aber eines Abends *”gingen wir ins Theater.“*

Sie gingen da in das erste und erfolgreichste Jiddische Theater Osteuropas, das Jakub- (oder Jaakow-) -Ber Gimpel schon **1889** ins Leben gerufen hatte, jetzt seit **1904** im Hinterhof der hiesigen Jagellona-Gasse 11 allabendlich einen kleinen Zuschauerraum bespielen ließ und von hier aus Tourneen bis nach Czernowitz, Wien, Berlin und London unternahm.

"Hier war plötzlich das", notierte sich Granach vier Jahrzehnte später just in Hollywood, *"was mit nichts vergleichbar war von allem, was ich bis jetzt gesehen, gehört und erlebt hatte. Denn hier entdeckte ich eine ganz andere, eine mir unbekannte, eine neue Welt [...] – hundertmal aufregender als der aufregendste Traum! [...] Welch eine große, wirkliche, überwirkliche Wirklichkeit!"*

Ein Schlüssel-, ein Urerlebnis: *"In gezählten drei Stunden werden gute Menschen schlecht, arme Menschen reich, junge Menschen alt, den Schlechten wird heimgezahlt, die Guten werden belohnt! Diese Gerechtigkeit! Dieser Ausgleich! Diese klugen Gespräche! Dieses herrliche Leben!"*

Sofort steht für den Vierzehnjährigen fest:

"Das ist die Welt, wo ich hingehöre! Hier will ich leben, hier will ich sprechen, schreien, spielen, erzählen [...] von meinen Träumen! Von meiner Sehnsucht! / Im Stillen bei mir bin ich eisenfest entschlossen, diesen Weg zu gehen! In diese Welt einzudringen! Ich weiß noch nicht, wie ich es anstellen werde, aber eines ist mir schon jetzt klar, daß keine Macht der Welt imstande sein wird, mich davon zurückzuhalten oder mir den Weg in diese Welt zu versperren!"

Selbstverständlich ging er jetzt so oft wie irgend möglich in dieses Theater, auch gern in Nachmittagsvorstellungen, lernte so auch gleichgesonnen Süchtige kennen. In einem von denen hatte er *"zum ersten Male einen gleichaltrigen und gleichwertigen Freund"*: in Schmiel Schlüsselberg, Sohn ausgerechnet seines backenden Arbeitgebers. Mit ihm gemeinsam beschloß er, wieder mal durchzubrennen. Wohin? Wo es noch mehr und noch besseres Theater geben dürfte.

Und mit welchem Gelde? Na, mit dem Wochen-Incasso des Vaters und Arbeitgebers Schlüsselberg.

"Wie klebrig, wie ekelhaft so ein Geld sich anfühlt! Na, Gott sei Dank, ich habe es ja nicht 'gestohlen'. Mein Freund 'nahm' von seinem eigenen Vater, was er sowieso mal später geerbt hätte – er beerbte ihn nur ein bißchen frü-

her. - Nein, nein, nein, redete ich mir und meinem Freund ein: Wir sind keine Diebe! Also [...] zum Bahnhof, zwei Fahrkarten nach Krakau kaufen".

In ihrer dortigen Absteige lernten sie mit dem Hausdiener prompt einen Altersgenossen und zwielichtigen "Schleuser" kennen, der die russischen Flüchtlingsscharen jenes ersten Revolutionsjahres **1905** als vermeintliche Pendler über die "grüne Grenze" einer kleinen Holzbrücke vom polnischen Bogumin ins sächsische Annaberg zu lotsen wußte. Mit seiner Hilfe waren also auch Jessaja Gronich und Schmiel Schlüsselberg andern Tages

"plötzlich in Annaberg – in Deutschland!" –

aber ohne natürlich zu ahnen, daß es auch hier im hinterwäldlerischen Erzgebirge ein Theater gab, das ab 1981 *Eduard-von-Winterstein-Theater* heissen würde, weil hier der 22jährige Eduard Freiherr von Wangenheim schon dreizehn Jahre vor ihnen, **1893**, *"erst wirklich zum Schauspieler"* Eduard von Winterstein geworden war und das noch in seinen postum 1982 erschienenen Memoiren so beschrieben hat:

"Ich war in Annaberg wie neu geboren, war ein ganz anderer Mensch geworden", lernte dort auch die Kollegin Minna Mengers kennen, mit der er **1894** (etwa in diesem Annaberg?) seinen Sohn, jenen Gustav Freiherrn von Wangenheim, zeugte: *"So wurde die Annaberger Zeit eine der schönsten in meinem Beruf"*:

ganz so wie jetzt für diesen Jessaja Szaijko Gronich, der sich gleichfalls schon bald nach diesem Annaberger Aufenthalt einen erfundenen Namen gab, der Theater- und Filmgeschichte schreiben sollte.

Meine einzige eigene Begegnung mit dem Stadttheater Annaberg fand 1960 im Betriebsbüro des Stadttheaters Pforzheim statt. Dort wurde ich Ohrenzeuge, wie ein silbergrauer Operettenbuffo und ein schlohweißer Kapellmeister sich nach dem Verschleiß eines langen Theaterlebens unverhofft wiedertrafen:

– "Kennen wir uns nicht?"
– "Natüüürlich: Annaberg!"
– "Natüüürlich: 1948/29!"
– "Natüüürlich!" / "Natüüürlich!" ...

In einer Spielzeit 1905/1893 hätten sich auch Eduard von Winterstein und Alexander Granach "natürlich" gut schon in diesem Annaberg treffen können.

Stattdessen kauften sich 1905 jene beiden illegalen Teenies, beide 16jährig, im selben Annaberg (mit lauter solcherlei Stigma) nunmehr endlich

"zwei Fahrkarten nach Berlin".

Oder einfach zum Theater.

In Berlin, wußte Jessaja noch in Los Angeles, *"kam ich nicht in eine Stadt. Hier kam eine Stadt über mich. Hier fühlte ich mich überfallen, attackiert, nach allen Seiten gerissen von einem neuen Rhythmus, neuen Menschen, einer neuen Sprache, neuen Sitten und Gebräuchen"*:

wie das halt allen Flüchtlingen, Asylanten, Immigranten in einem fremden Umfelde so zu ergehen pflegt –

– auch mir selbst übrigens drei ganze unvergeßliche Male, als ich fünf, als ich zehn und als ich fünfzehn Jahre alt war –

– namentlich wenn man über keinerlei Ausweispapiere verfügt als einzig die Mitgliedskarte der österreichischen Bäckergewerkschaft. Beim Bäcker-Nachweis im ersten deutschen Gewerkschaftsbau, der *"Roten Burg"* am damaligen Engelufer, heutigen Engeldamm im Berliner *Ortsteil Mitte*, genügte **1906** diese Legitimation, um einem *"österreichischen Handwerksburschen auf seiner Wanderschaft"* freundliche Auskünfte, eine Wartenummer, finanzielle Unterstützung und dienliche Tips für Kost und Übernachtung zu gewähren: *"als ob ein Riese mich anlächelte. Dieser Riese [...] nannte mich Kollege, Genosse und reichte mir die Hand"*.

Schon im März **1900** hatte der *"Vorwärts"*, legendäres Zentralorgan deutscher Sozialdemokraten, diesen architektonischen Gewerkschafts-Riesen so in Berlin willkommen geheißen:

„ ... von einer fast koketten Formenschönheit mit seinem hohen Frontgiebel, seinen weiten, der Sonne geöffneten Fenstern, seinen anheimelnden gastlichen Torbogen",

und die *"Berliner Illustrirte"* ergänzte damals pragmatisch:

"Weitaus der interessanteste Teil ist das zweite Quergebäude. Hier befindet sich die Herberge mit 200 Betten. Luftige, saubere, anheimelnde Räume. Ein Nachtquartier kostet hier 40 bis 45 Pfennige.

Hier ist der zugereiste Arbeiter prächtig aufgehoben. Auch ein Lesesaal ist da ... ".

Ein 16jähriges Lehrlingsherz aus Ostgalizien füllte sich da leicht *"mit Selbstvertrauen, und an diesem Tag habe ich mich wirklich in Berlin verliebt".*

Aber erst nach mehreren Wochen suchte der Arbeitsnachweis jenes Gewerkschaftshauses einen Bäcker, der auch Barches flechten konnte. Barches? Die westjiddische Variante der ostjiddischen Challa. Und Challa? Das geflochtene Schabbat-Brot, wie die Bemidbar im Tanach, also das *Vierte Buch Mose* unseres "Alten Testamentes", es vorschreibt und das hierzulande profaner als Teighebe oder Hefezopf bezeichnet wird: also was Geflochtenes.

Kein anderer arbeitsloser Bäcker im Berliner Gewerkschaftshaus wußte, wie man Barches backt: nur dieser sechzehnjährige "Wanderbursch" aus Galizien. Dadurch wurde Jessaja Gronich (oder schon Gronach?) bei Scholem Grünbaum in der Grenadierstraße angestellt, dort einfach Hermann genannt, mietete für sich und Freund Schmiel, der als Buchhalter bei einem Trödler Arbeit fand, in der *Lothringer*, heutigen *Tor-Straße*, Nähe *Schönhauser Tor* am *Prenzlauer Berg*, eine Schlafstelle zwischen sechs andern "Schlafburschen" und geriet so erstmals ins Berliner Scheunenviertel.

Dort fühlte er sich sofort wie auf der *Zosina-Wolja-Gasse* in Stanisławów oder der Spitalna in Lwiw: denn zwischen koscheren Läden und Restaurants wimmelte es von galizisch gekleideten Juden und jüdischen Hausierern in ihrer heimischen Lebensart mit unterschiedlichen Synagogen, von diversen Zionisten, aber auch von Sozialrevolutionären, Sozialisten und Anarchisten. Also fühlte er sich *"bald zu Hause in diesem Berlin".*

Denn *"es gab auch Theater und Sänger"* im Scheunenviertel.

Im Restaurant Löwenthal zum Beispiel gab es mitten in der Grenadierstrasse, die als Sammelbecken orthodoxer Juden aus Osteuropa damals gern auch als *'Ghetto mit offenen Toren'* bezeichnet wurde und heute Almstadtstraße heißt, eine veritable Bühne, auf der Schauspieler und Laien aus Rußland, Rumänien und Galizien unter Leitung einer Familie Bleich auftreten und ein Schmierentheater darbieten konnten, das sich gleichbleibend immer als *"Drama mit Gesang und Tanz"* bezeichnete. Aber auch in den Sophien-, Blumen- und Wilhelmssälen oder im Pratertheater der Kastanienallee spielten seinerzeit wechselnde Gastspielensembles von sonstwoher.

"Hermann Gronach" ließ da tunlichst keine einzige Vorstellung aus: zumal Freund Schmiel bald heimwehkrank in die väterlich ausgebreiteten Bäckerarme nach Lemberik zurückgekehrt war. Nur umso kontaktbedürftiger, schloß sich der Alleingebliebene einem leicht exotischen Schauspieler an, der im üblichen Berufstheater nur allzu frivole und profane *"Unterhaltungsstätten"* anstelle einer gebotenen *"Nachfolge der Gebetshäuser und Kirchen"* sah, wo Zuschauer über ihren Alltag empor gehoben würden. Er nahm den jungen Bäcker in Lese- und Diskutierkreise überwiegend russischer Flüchtlinge und Zigarettenarbeiter mit, die es sich auf gesellige Weise zur Aufgabe machten, die Ordnungen der menschlichen Gesellschaft zu verbessern und ihre Religionen in Frage zu stellen. Progressive Vorträge und gemeinsame Besuche alternativer Hochschulkurse, auch über Dramen, Theater und Literatur regten zur Lektüre von Krapotkin, Bakunin, Nietzsche und Max Stirner an,

und *"bevor ich mich umsah, gehörte ich einer anarchistischen Gruppe an"*, die sich *"Arbeiterfreund"* nannte und aus fünfzehn Ausländern bestand, die sich in Deutschland damals politisch nicht organisieren durften. Statt dessen gründeten sie daher einen unverdächtigen Theaterverein und gaben ihm den scheinbar unverfänglichen Namen *"Jacob Gordin"*: nach einem sehr sozialistischen jiddischen Dramatiker im fernen New York.

Anfangs rezitierte der junge Gronach hier linksradikale Gedichte, Balladen und Gesänge, *"und an gewissen Stellen des Vortrags warf ich mich auf den Boden und wälzte mich in Krämpfen und Tränen und schluchzte so verzweifelt und echt, daß die Leute [...] sagten, ich sei ein 'Künstler'. Und das glaubte ich ihnen glatt, aber verschwieg meine heimliche Sehnsucht, selber Schauspieler zu werden"*.

Aber dann studierte dieses *"Jacob Gordin"* eines Tages den Ersten Akt des zeitgenössischen Theaterstücks *"Die Familie Zwi"* ein: von David Pinsky, einem damals vielgespielten weißrussischen Dramatiker, erst **1903** geschrieben. Es zeigt eine jüdische Familie während eines Pogroms in Rußland. Einer ihrer Söhne *"ist Sozialist und glaubt, daß nur seine Ideale imstande sind, arme Menschen und unterdrückte Völker zu befreien. Dieser Sohn heißt Rubin, den spielte ich. Das war meine erste Rolle"*.

Seither war das ganze Leben des jungen Barches-Flechters Hermann im Scheunenviertel verändert:

"Alles um mich herum wurde plötzlich unwichtig. Tag und Nacht in der Bäckerei, bei der Arbeit, auf der Straße wurde nur noch an Rubin gedacht. Nein, nicht an *Rubin, sondern* als *Rubin! [...] Dabei war Rubin keine so große, keine so wichtige Rolle – aber die größte, die wichtigste für mich in dieser Welt. Ach was, die ganze Welt war unwichtig, war nur ein Behelf, ein Requisit für Rubin, hatte sich nur um Rubin zu drehen"*.

Aber auch die Schattenseiten eines professionellen Theaters waren in dieser proletarischen Laienspielschar plötzlich da: *"Gegenseitiger Neid, Mißgunst, Klatsch, Intrigen. Ich hatte plötzlich Freunde und Feinde. [...] Da gab es Kräche, Auseinandersetzungen, bis zur Prügelei"*.

Aber ein älterer und wortkarger Kollege namens Herschel Simmenhaus gab ihm ein Buch zu lesen, das *"Sechsundzwanzig und Eine"* hieß, ein autobiografisches *"Poem"* aus dem tatarisch islamischen Kasan von **1899** war und dessen Autor *"ein ehemaliger Bäcker ist und sich selbst Maxim Gorki nennt. Gorki heißt 'bitter' "*.

Der junge Barches-Flechter aus Werbowitz *"verschlang die Erzählung, in der eine echte Bäckerei ganz realistisch, ganz nah beschrieben wird"* und resümierte:

"Wenn ein Bäcker ein Dichter werden kann, warum soll dann ein anderer Bäcker nicht Schauspieler werden können".

Er trug jetzt so langes Haar, eine Pelerine und einen breiten schwarzen Hut wie Gorki und dessen Namen seither *"wie etwas Heiliges [...] mein ganzes Leben mit mir herum"*.

Mit solchem Talisman im Herzen trat er erstmals öffentlich auf : *"ein Erlebnis, das mich nie mehr verlassen hat"*. Es veränderte nicht nur Physis, Psyche und Realitäten ringsum, sondern war auch, als ob vom Publikum *"eine elektrische, unsichtbare Kraft ausging, die mich durchdrang [...] und verstärkt wieder aus mir herausklang"*. Mit dieser Erfahrung *"kam der große Hunger, der große Durst: Theater, Theater, Theater"*.

Hinfort wurde dieser scheinlegale Anarchistenverein, für den das Theaterspielen eine Tarnkappe war, umgekehrt für diesen erblühenden Protagonisten zum Vorwand, noch möglichst viele andere Rollen zu spielen, so gegensätzlich wie irgend denkbar: grobschlächtige und edle, alte und junge, gute und böse, normale und verrückte, *"Priester und Zuhälter, Heilige und Verbrecher. Und war erst achtzehn Jahre alt"*.

Aber nachdem er eines Abends in Jacob Gordins *"Gott, Mensch und Teufel"*, einem jiddischen *"Faust"* mit seiner Wette um die Verführbarkeit auch des jüdischen Menschen durch Geld, in klassischer Teufelsmaske seinen ersten Mephisto gespielt hatte und hiervon so erschöpft war *"wie eine Sau, die vierzehn Ferkel geworfen hat"*, kam aus dem Publikum ein begeisterter Zuschauer zu ihm

> und stellte sich als Hermann Struck vor: jenen prominenten Zeichner, Lithografen, Radierer und zionistischen Mentor der damaligen Berliner Gesellschaft.

Er befreite diesen outrierenden Satan aus dem Ghetto seiner jiddischen

Sprache, riet ihm, richtiges Deutsch zu lernen, und empfahl ihn dem promovierten Schauspieler und Rezitator Emil Milan,

der auch Lektor für Vortragskunst an der Berliner Universität war und den jungen Gronach tatsächlich als *"großes Talent"*, also "Freischüler" annahm und in die deutsche Sprache ebenso hilfreich einführte wie in die professionelle Berliner Schauspielkunst jenes Jahrhundertanfangs: *"Sehen Sie, Sprache kann man lernen, aber die anderen Sachen, die Sie haben, nicht!"*

Er *"gab mir nicht nur Unterricht, sondern auch seine Anzüge, sein Schuhzeug, seine Wäsche. Er verbot mir, Landsleute zu sehen, [...] und bald fing ich an, in meiner neuen Sprache zu denken und zu träumen"*.

Als "Gronach" sich für alles das bei Hermann Struck bedankte, lachte der: *"Wenn Sie mal ein berühmter Schauspieler sind, erwähnen Sie mich in Ihren Memoiren"*.

Granach tat das 1944 in Hollywood mit diesem erhaltenswerten Wortlaut:

"Liebe große, einflußreiche Herren! / Wenn ein hilfloser Proletarierjunge [oder Safet Mistele] *über euren Weg läuft, mit einer Sehnsucht, in irgendeiner Form künstlerisch sich mitzuteilen, denkt an den Spaß, den Hermann Struck beim Lesen dieser Zeilen hat, und helft! Helft! Denn ihr pflanzt dadurch Liebe und Dankbarkeit in eine Welt, die es wahrhaft nötig hat! / Meine Liebe und Dankbarkeit strömt heute aus vollem Herzen zu ihm, zu Hermann Struck"*,

der just gleichzeitig, Mitte Januar 1944, in Haifa starb: 68jährig und vermutlich ohne diese Zeilen noch gelesen zu haben – weil die erst 1945 im fernen Stockholm allgemein zugänglich wurden.

Aber jener Jessaja oder Hermann Gronach war weiland im Berlin nach 1906 auch selbst initiativ geworden: er kündigte seine theaterfeindlich zeitraubende Bäckerstellung, verdingte sich in der Spritzabteilung einer Grammophontrichterfabrik, hiernach als Beizer und Lackierer einer Sargfabrik in der Kanonierstraße, heutigen Glinkastraße im *Ortsteil Mitte*: mit jeweils viel thea-

1906

"Als Amüsierstadt war Berlin um 1905 vielleicht die geräuschvollste, sicherlich aber die geschmackloseste und überladenste Stadt Europas.

Und [Max] Reinhardt fügte sich zuweilen, vor allem mit seiner Vorliebe für das Kolossale, in diesen kolossalen Wilhelminischen Amüsierbetrieb mit schlecht vergoldetem Gips und rotem Samt, in das Berlin des 'Palais de Danse', des 'Pavillon Mascotte' und des 'Metropoltheaters' besser ein

als der karge Hamburger Jude Otto Brahm, der immer in charaktervoller Opposition gegen den Wilhelminismus gestanden hatte und eher aus einer früheren, weit geschmackvolleren und bescheideneren Berliner Kultur, dem Berlin Fontanes, Menzels und Wilhelms I. zu stammen schien.

Doch im Laufe der Jahre wuchs Reinhardt unglaublich, so wie Berlin, auch innerlich, unglaublich wuchs, neben Paris, sehr oft vor Paris, zur beherrschenden Kulturstadt Europas. Als Theaterstadt zur ersten der Welt.

Max Reinhardt war damals einfach zu einem ganz wesentlichen Kapitel der Geschichte Berlins geworden. Ich sah Reinhardts Inszenierungen immer wieder, wenn ich in Berlin war.

Genau genommen: Berlin war das Glück meines Lebens. Ich liebte die schnelle, schlagfertige Antwort der Berlinerin über alles, die scharfe, klare Reaktion des Berliner Publikums im Theater, im Kabarett, auf der Straße, im Kaffeehaus, das Nichts-feierlich-Nehmen und doch Ernst-nehmen von Dingen, die schöne, trockene, kühle und doch nicht kalte Atmosphäre, die unbeschreibliche Dynamik, die Arbeitslust, die Unternehmungslust,

die Bereitschaft, schwere Schläge einzustecken –

und weiterzuleben." [leicht gekürzt]

Willy Haas (* 1891): *"Die literarische Welt. Erinnerungen"*, 1960

terfreundlicheren Arbeitszeiten. Abends lernte er Deutsch, besuchte Kurse in frühen Volkshochschulen, deklamierte in Theatervereinen und – ging möglichst oft ins Theater. Aber Milan gab ihm auch *"einen ganzen Zettel klassischer und moderner Literatur und die Bücher dazu"*. So las er dann eines Tages auch den Roman *"Der Pojaz"* von jenem sephardisch-galizischen Schriftsteller Karl Emil Franzos (* 1848),

> der als Sohn deutscher Eltern aus dem west-ukraïnisch podolischen Tschortkiw stammte, aber zehnjährig ins bukowinische Czernowitz übersiedelte, wo er im *k.u.k.* Staatsgymnasium einen *"Vorhof zum Paradies Deutschland"* kennen lernte, später als Autor und Publizst auch Gogol ins Deutsche übersetzte, aber 1879 den völlig vergessenen Autor von *"Dantons Tod"* entdeckte und endlich herausgab: Georg Büchner.
>
> Erst **1904** starb Franzos im paradiesischen Berlin und hinterließ da auch so unorthodoxe Zitate wie diese:
>
> *"Jedes Land hat die Juden, die es verdient"*;
>
> *"Laßt uns endlich die Wahrheit begreifen, daß nur die Liebe selig macht, der Glaube aber blind"*.

Sein eigener Roman *"Der Pojaz"* von **1893** handelt von Sender Glatteis, einem kindlichen jiddischen "Bajazzo", der unweigerlich auch jenen lesenden jungen ostgalizischen Barches-Bajazzo und Sarglackierer im fremden Berlin sofort *"berauschte und begeisterte"*:

"kam er doch aus meiner Gegend. Ich sah plötzlich Städte und Dörfer, Menschen aus meiner Heimat. Dieser Junge im Buch wollte ja auch Schauspieler werden. [...] Er sah auch ein Theaterstück, das ihn aufregte und erschütterte [...] . Her mit dem Stück!"

Der junge Gronach stürzte sich sofort darauf und *"verschlang es. Nein, es stürzte sich auf mich und verschlang mich. Es war der 'Kaufmann von Venedig'. Es war Shylock"*: eine künftige Schicksalsrolle auch für ihn.

"Mit siebzehn Jahren lag ich auf der Erde [...] und heulte über das Unrecht, das diesem Menschen widerfahren war. Ich wälzte mich in Tränen, bejammerte und beklagte den Shylock und war verzweifelt. S-h-y-l-o-c-k, sagt das Buch, heißt S-h-a-y-e, Yesejah, mein Name also": das heimische Jessaja aus dem Elternhause – *"ein naher, ein intimer Mensch. Shylock und der Pojaz und ich wurden eins. Nein, waren nur noch ich."*

Schon beschloß er, *"mein ganzes Leben daran zu setzen, um einmal der Welt dieses Unrecht ins Gesicht schleudern zu können"*.

Und schon wußte er Shylock's Monolog aus der ersten Szene des Dritten Aktes auswendig, rezitierte ihn im Theaterverein *"Concordia"* und diskutierte ihn mit dessen Mitgliedern: *"Hat nicht ein Jude Augen? hat nicht ein Jude Hände ... "* –

– diesen unsterblichen Text von 1596/97.

Um ihn eines Tages auf der Bühne sprechen zu dürfen, wurde er in Max Reinhardts Imperium zunächst Statist und stand da 1910 plötzlich neunzehnjährig just im *"König Ödipus"* des Sophokles neben Alexander Moissi, Eduard von Winterstein (-Wangenheim) und jener Tilla Durieux,

neben der ich selbst noch im Sommer 1959,
fast ein halbes Jahrhundert also später,
als sie schon 79 und ich erst 24 Jahre alt war, in Hamburg
als Regie-Assistent Hans Lietzaus beim damals *"Nordwestdeutschen Rundfunk"*
meine erste Berufserfahrung mit dem jungen Medium Fernsehen machen durfte,

da also stand dieser junge Bäcker aus Ostgalizien im heutigen Berliner Friedrichstadt-Palast, damaligen *Zirkus Schumann, "wo es nach Kunst und Pferdeäpfeln roch"*, tatsächlich zwischen höchstprominenten Schauspielern in einer Inszenierung Max Reinhardts auf dieser Bühne des Welttheaters und schrie dort inmitten seiner eingeteilten Gruppe und in Hugo von Hofmannsthals pfleglichem Deutsch *"erst leise, dann lauter, bis zum verzweifelten Geschrei: 'Hilf uns, König; König, hilf uns! Hilf uns, Ödipus!' Im Chor: 'Ödipus, Ödipus, Ödipus!' Und Moissi kam heraus und sagte [...]: 'Ihr Kinder, was soll mir euer Knien vor meines Hauses Tür ... ?' Wir haben uns unsere Knie wundgeschlagen beim Hinwerfen und gebrüllt und echte Tränen geweint. Wir waren verzweifeltes griechisches Volk, denn wir spürten den Ernst und waren bezaubert von der künstlerischen Luft, die um dieses Genie Reinhardt wehte".*

Was dieser junge Komparse da noch nicht wissen konnte: just in dieser Aufführung war (in manchen Vorstellungen) schon der 19jährige Fritz Kortner, sein späterer Film-Danton von 1931, mit seinem eigenen Debüt bei Max Reinhardt der Chorführer jenes verzweifelten griechischen Volkes – sie scheinen da alterniert zu haben. Sprach man damals, sei es in der Kantine, schon über hierarchische Abgrenzungen hinweg, miteinander? Wohl eher kaum je.

Mit einem Vorsprechrepertoire aus zwanzig Rollen wie diesem Shylock, dem Mephisto und Franz Moor stellte sich dieser infizierte Statist auch schon Theateragenten vor, denen er bald erste Vertragsangebote an Provinztheater in Cottbus, Beuthen und Chemnitz zu verdanken hatte. Die Versuchung, dorthin durchzubrennen, war oft groß. Aber Emil Milan, der ihn jetzt schon zwei Jahre lang unterrichtete und betreute, schickte ihn zunächst zur Weiterbildung in Max Reinhardts Schauspielschule des *Deutschen Theaters*.

Dort bewarben sich bei mehrtägigem Vorsprechen drei- bis vierhundert Aspiranten. Von denen wurden hundert zur Probe, von denen nach einem halben Jahr nur vierzig angenommen und zwei Jahre lang ausgebildet. Dem Jurorenkollegium gehörten Eduard von Winterstein aus jenem Annaberg, der Komiker Viktor Arnold (dieser *"ewige Schauspieler mit der genialen Clownsmaske"*) und Arthur Kahane, zwei weitere Dramaturgen, vier Regisseure und Berthold Held, der Leiter der Schule, an.

Unter den hundert prophylaktisch Ausgesiebten war Jessaja Gronach der Einzige, der als Stipendiat oder Freischüler ohne das übliche Schulgeld von 1200 Mark pro Jahr auserkoren wurde. Nach sechs Monaten sprach er beim Aussortieren Max Reinhardt vor: Franz Moor, den *Ersten Schauspieler* aus *"Hamlet"* und, als Reinhardt mehr verlangte, auch noch den Shylock: *"ich war wirklich unglücklich und schrie meinen Schmerz in die Welt und vergaß alle, und als es vorbei war, schämte ich mich"*. Aber Reinhardt sagte: *"Wir machen mit ihm einen fünfjährigen Vertrag"*: mit alljährlicher Gagensteigerung von 75 bis 500 Mark monatlich.

Seine erste Rolle als Schauspielschüler war neben Alexander Moissi im *"Lebenden Leichnam"* von Tolstoi ein Kellner mit nur einem Satz: *"Ich weiß von gar nichts"*:*"Bald war mir klar, daß dieser Kellner [...] die wichtigste Rolle im Stück ist"*.

Sein Name stand dann auf dem Premierenplakat in derselben Schriftgröße wie auch Moissi und Eduard von Winterstein, wie auch die große Lucie Höflich, von der Kortner noch nach Jahrzehnten bestätigte: *"Von breitem Körperbau, konnte sie zart erscheinen. Alltagsprosa und Verse kamen aus ihrem Munde, ohne daß sie ihre Art des Sprechens zu verändern schien"*,

und deren ganz außergewöhnliches Arbeits- und Berufsethos ich noch 1956,
also runde 43 Jahre später, anzustaunen Gelegenheit hatte, als ich,
selbst damals 22 Jahre alt, in Caspar Nehers Raum
und Leopold Lindtbergs Inszenierung der *"Elektra"* von Giraudoux
mit dieser Lucie Höflich auf der Bühne des Berliner *Schloßpark-Theaters* stand,
bei einem Gastspiel in der Stadthalle just des fränkischen Schweinfurth sogar
eine sogenannte Verständigungsprobe mit ihr und lokalen Statisten leiten durfte
und mit ihr auch im selben Hotel wohnte, wo sie mich
mit anderem übermütigen Theaternachwuchs wegen nächtlicher Ruhestörung
in Schlafgewand und toleranter Tonart zur gebotenen Ordnung rufen mußte,

Granachs Name stand da also in derselben Schriftgröße wie der dieser Lucie Höflich, wie Johanna Terwin, Friedrich Kühne und alle andern Hauptrollen: *Jessaja Granach*. Aber nach einigen Tagen stand da *Hermann Granach*. Er protestierte. Aber Jessaja, hieß es, klinge für das *Deutsche Theater* allzu jüdisch. Wie wäre es dann mit Stefan Granach? Klang dem Theater zu ungarisch. Und Alexander: *"da haben Sie vier As in Ihrem Namen, Moissi nur zwei! Abgemacht? Abgemacht!"* Anderntags wurde gleich für die ganze Theatergeschichte dieser Name plakatiert: *Alexander Granach*.

Aber als dieser Alexander Granach dann eines Tages für den plötzlich erkrankten Friedrich Kühne einspringen und in Max Reinhardts *"Hamlet"* von 1913 neben Moissi in der Titelrolle, neben Werner Krauß als König, Eduard von Winterstein als Polonius (und dem 21jährigen Ernst Lubitsch in einer kleinen Rolle) den Lucianus der *"Mausefalle"* spielen durfte,

hiernach bald auch eigene kleine und größere Rollen in Stücken von Wedekind, Goethe, Hofmannsthal, Kleist und immer wieder Shakespeare, aber schon ab November 1913 schließlich eine Hauptrolle im neuesten Stück von George Bernard Shaw: in *"Androklus und der Löwe"* den humanen Löwen,

da mag eine jüdisch angeborene Spiritualität dem tastenden Novizen bei alledem magisch geholfen haben: eben jene unerlernbaren *"anderen Sachen, die Sie haben"*.

Sein körperliches Handikap beseitigte nun der 22jährige, indem er sich 1913 in damals lebensbedrohlich riskanter Operation beide Beine, seine *"krummen Bäckerbeine"*, chirurgisch brechen und begradigen ließ. (Arnolt Bronnen, postum: *"Denn er war schlecht gewachsen durch das soziale Elend seiner Väter und Vorväter, die in einer durchhungerten Generationenreihe die Spanne zwischen Geburt und Tod nur mit krummen Rücken und verdrehten Beinen hatten verlängern können."*)

Die Gefahr einer Wundinfektion, die tödlich verlaufen dürfte, war damals noch so groß, daß dieser Patient sich vorsorglich einen Revolver erstanden hatte. Aber der heikle Eingriff gelang, schon *"nach drei Monaten konnte ich mich auf Stöcken ganz gut bewegen, und nach einem halben Jahr ging ich wieder ins Theater"*, stand auch wieder auf der Bühne:

"für mich dasselbe, was für meinen Vater sein Gottesdienst war".

Nach Ende dieser ereignisreichen Spielzeit 1913/14 sollten in den Theaterferien neue Beine und neues Vaterland auf einer sommerlichen Wandertour durch Deutschland strikt getestet werden. Aber inmitten einer Gruppe vagierender Handwerksburschen war er Ende Juli 1914 just in München, als plötzlich etwas ausbrach, was heute als *Erster Weltkrieg* bezeichnet wird.

"Deutschland war kriegs- und siegestrunken". Als österreichischer Staats-

bürger war ein 23jähriger verpflichtet, ihm da ebenso nibelungentreu zur Seite zu stehen wie ihrer beider Kaiserliche Majestäten einander. *"Ich habe vor dem Feldzug nicht die geringste Angst"*, schrieb er da in einem Brief:

"Denn es ist nicht möglich, daß ich nicht sein kann. Solange das All ist, werde ich sein, und wenn ich nicht sein werde, wird auch das All nicht sein. Also, da ist einem doch wohl ums Herz".

Aber als er in überfüllten Zügen *"an die österreichische Grenze kam [...], gab es keine Kriegsbegeisterung. Soldaten und Zivilbevölkerung sprachen tschechisch, polnisch, ukraïnisch, ungarisch, slowenisch, deutsch durcheinander – man verstand sich nicht so gut wie in Deutschland".*

An der Abfertigungsstelle sorgte er mit flottem Trick dafür, noch vor dem drohenden Heldentode ein letztes Mal Familie und Heimat wiederzusehen, und ließ sich zu einem Infanterie-Regiment im westukraïnischen Kolomija abdelegieren: schon auf *k.u.k.* Staatskosten. Aber er entstieg dem Zuge nicht dort, sondern erst im familiären Gorodenka, von wo aus er auch noch in sein Heimatdorf Werbiwizi, erst hiernach zu seinem Regiment in Kolomija fuhr. Aber da war sein Regiment schon weg: die siegreichen Russen zogen grade ein. *"Wir waren besetzt"*. Sein Vaterland war jetzt russisches Hinterland: Feindesland. *"Hier und da wurde ein Jude durchgepeitscht oder aufgehängt wegen angeblicher Spionage".*

Da gab es nur noch eins: wieder Bäcker werden und die Familie ernähren. *"Das war ja wie ein Kapital. [...] Armeen ziehen ab, andere ziehen ein, Generäle machen Pläne, Städte wechseln ihre Besitzer, aber Brot brauchen alle. Ich backe Brot – beinahe schon ein Fremder in der eigenen Heimat."*

Bald schon mietete sich Max Reinhardts junger Nachwuchsschauspieler in diesem Kolomija *"eine leere Bäckerei, kaufte Mehl und eröffnete mit meiner Schwägerin ein eigenes Geschäft".*

Dann waren die Russen plötzlich weg und die Österreicher wieder da. Sie begannen, Ukraïner als "moskophile" Spione aufzuhängen. *"Welche Armee auch kam, Menschen wurden gehängt".*

1914

"Blind und taub für alle Warnsignale,

alle Sinne manisch auf Vorteil, Vergnügen, Genuß und Übervorteilen gerichtet,

bewegten wir uns unaufhaltsam dem entgegen, was dann der Erste Weltkrieg genannt wurde,

der sich hinwiederum nur als Pionier für den Zweiten erwies,

während der Zweite uns in die Nähe des Dritten gebracht hat,

an dessen Rand wir uns häuslich niederlassen, es uns nun gemütlich machen, unsere zerbombten Häuser aufbauen, unsere Kirchen, Banken, Bethäuser und Lebensversicherungen.

Zwei Jahre vor Ausbruch meines Kampfes gegen das Betriebstheater beschloß die k. u. k. österreichische Regierung, das okkupierte Serbien und die Herzegowina dem österreichisch-ungarischen Kaiserreich einzuverleiben.

Damit war die Ursache für den Ersten Weltkrieg gegeben und wartete nunmehr nur noch auf den auslösenden Anlaß.

Was kümmerte mich eine so entlegene Affäre wie die Vergewaltigung Serbiens? Wie sollte ich ahnen, daß man mir die Waffen für die endgültige Unterwerfung Serbiens in die Hand zu drücken versuchen würde?" [leicht gekürzt]

Fritz Kortner (* 1892): *"Aller Tage Abend"*, 1959

Dann riefen sie alle Meldepflichtigen zu den Waffen. *"Ich ging hin und war plötzlich Soldat. [...] Wir kamen in ein Sammellager"*, dann ins steirische Salzkammergut, und da war nur noch das *"die Stimmung in der österreichischen Armee: die Tschechen haßten die Österreicher, die Österreicher haßten die Tschechen, die Ukraïner, die Kroaten, die Slowaken, die Polen, die Juden! Die Ungarn wieder haßten alle zusammen. Es gab keine Freundschaft unter diesen Völkern. [...] Keine gemeinsame Sache, kein gemeinsames Ideal."*

Nur Uniform und Drill mußten alle gemeinsam erdulden. Als der vorgesetzte Oberleutnant erfuhr, daß er einen Schauspieler im Regiment hatte, beantragte er für den das *"künstlerische Einjährig-Freiwilligen-Recht"*, für das an der Wiener *Akademie für Musik und darstellende Kunst* (an der 1908 auch sein *"Ödipus"*- und späterer *"Danton"*-Kollege Fritz Kortner für hinlänglich talentiert gehalten und anschließend ausgebildet worden war) eine Prüfung bestanden werden mußte: nur damit man bevorzugt Offizier werden konnte.

In der Wartezeit bis zum erbetenen Bescheid wurde Granach zum Instruktor, zum Gefreiten, zum Korporal befördert und hiernach als angehend "Einjährig-Freiwilliger" so lange ins zentralungarische Szolnok geschickt, bis seine Einjährigenabteilung plötzlich aufgelöst, er selbst im schlesischen Freudenthal einer Marschkompanie zugeteilt und Anfang 1916 an die italienische Front befehligt wurde: nach Tirol.

Dort wurden *"die mechanischen Kriegsübungen immer schwerer", "die Verpflegung immer schlechter"* und das rassistische Schikanieren eines jüdischen Schauspielers durch den böhmakelnden Ausbilder immer demütigender – also später auch darstellenswerter. Aber *"ein galizischer Mensch mit Sägespänebrot ist ein verzweifelter Mensch".* Verbotene Vorgriffe auf die "eiserne Ration" für Notfälle wurden zugweise mit sadistischen Folterungen geahndet. Jeder Soldat wartete da schon 1916 nur noch auf eine Chance, zum Feinde überzulaufen. Denn Deserteure wurden standrechtlich erschossen oder zu heillosen Todeskommandos an die Front beordert.

1915

"Zweiundzwanzig Grad unter Null. Wir stapfen über gefrorenes Glas. Frierend zählten wir die Kilometersteine. Schon beginnt der Heerwurm. Überall Kriegsmaterial, gestapelt, getürmt, häuserhoch. Soldaten zwischen Schwellen, Stacheldrahtzäunen, Dachpappe, Zeltstoffen, Spaten, Drahtverhauen, Öfen, Kupferdrähten, Heuhaufen, Strohbergen und Schlachtvieh.

Das Gottverlassenste: ein galizisches Dorf. Halbe Strohdächer, halbe Lehmhütten, breiig eingesunken. Schwarz geändert.

Eine Frau sitzt auf einem Schwellenhaufen und winkt uns mit flehentlichen Gebärden. Sie ist verwundet, erzählt ihre Geschichte. Beide Töchter von Kosaken geschändet, dann niedergemetzelt vor ihren Augen. Von Mann und Bruder keine Ahnung. Die Russen hatten sie bereits in die Grube geworfen, mußten aber bei halber Arbeit die Flucht ergreifen. Von den Unsrigen wurde sie wieder herausgezogen. Sie sinkt in die Knie und betet.

Die Autos fahren über halbmetertiefe Erdlöcher. Endlich aussteigen. Biadoliny heißt das Drecknest. Ein Dutzend Hütten.

Das Lager. Unmassen Bäume sind gefällt für Wegbauten, Erdbehausungen und Pferdeställe. Feldbäckereien sind ausgestellt, Lazarette und Blockhäuser. Auch der Schlächter ist da. Zentnerschwere Fleischmassen hängen zwischen den Stämmen. Ohne Unterlaß wird Munition ausgeladen. Und dahinter, zwischen ganz jungen Bäumen – der 'Zweiundvierziger'*: das trojanische Pferd!*

Zuerst ein Panzerturm. Der reicht von einer Sohle des Bahndamms zur andern. Bleigrau und unheimlich. Knapp über dem Panzerwall liegt das Rohr, der Mörser. Wie eine Geschwulst, vorne das klaffende Maul. Darüber ein Eisenbau wie auf Schiffswerften, halb fliegende Brücke, halb Kran. Daneben ein Scheinwerfer, Distanz zwölf Kilometer. Entspricht seiner unbedingt verläßlichen Treffsicherheit. Kanoniere stehen herum und sortieren das Futter für den Giganten. Tonnenschwer, fein verpackt. Zöpfchenstroh darumgewickelt. Holzlatten schirmen es noch ab. Bis an sein seliges Ende.

Die Russen ahnen bereits, was ihnen bevorsteht. Unter zweitausend Metern werden sie nichts zu lachen haben.

'Wann fällt der erste Schuß?' war unsere Frage. 'Punkt zwölf Uhr nachts! Der Neujahrsgruß für die Russen. Der Kirchturm von Tarnow ist das erste Ziel. Dann alle Vorratslager'.

Es ging auf Mitternacht. Zwei Fähnriche begannen zu zählen, mit der Uhr in der Hand. Der eine war einarmig, der andere beinamputiert, 49, 50, 51, dann 57, 58, 59 – Licht aus! Gläser zerschmeißen. Umarmungen. Tücherschwenken wie bei einer Landpartie. Das Ungeheuer hatte gebrüllt. Die Erde bebte.

Das Russenlager stand in Flammen.

Sechs Skoda-Dreißig-Fünfzehntel dröhnten, der erste 'Zweiundvierziger' donnerte, die andern Kaliber heulten mit. Zur gleichen Zeit ging es fünfzig Kilometer weiter im Süden los. Das war der historische Durchbruch von Gorlice.

Der Durchbruch bei Gorlice.

Bis jetzt 65 000 Gefangene.
Davon 8000 Offiziere.
Mindestens 1800 Geschütze.
16 Lokomotiven.
14 Eisenbahnzüge. 3 Panzerzüge.
2400 Lastwagen. 12 Flugzeuge. 3000 Pferde.

Unsere Truppen bereits fünfzehn Kilometer hinter Tarnow. Maschinengewehre, Sprengstoffe, Stacheldaht, die Kriegsbeute nicht abzusehen.

In einem Anlauf ging's durch, mehr als tausend Kilometer Geländegewinn."

[verkürzt]

Rudolf Forster (* 1884): ***"Das Spiel mein Leben"*, 1967**

Dort galt es dann, das eigene Bajonett in italienische Bäuche zu stechen und mehrmals umzudrehen, *"Aber ein Regiment nach dem andern verblutete sich da"*: *"von der feindlichen Artillerie entdeckt. Es knallte ununterbrochen [...] Leute schreien"*. Der Korporal Alexander Granach versucht, *"Blutig-Klebriges aus dem Körper eines winselnden Mannes zurückzuhalten – es quillt über. [...] Ich habe mit meiner Hand wochenlang nichts anfassen können"*.

Plötzlich hieß es dann "Vorwärts!"; *"Kein Mensch wußte, wohin. Man schleppte sich [...], trottete wie das Vieh. Da trat man in etwas hinein, eine weiche Masse, die früher mal ein Mensch war"*. Dann wurde das ganze Bataillon von der Ruhr überfallen: "w*ir nannten uns das k.. u. k. Kackregiment"* und *"marschierten schwitzend, keuchend, einer an den andern gelehnt, und lernten schlafen, während wir uns vorwärtsbewegten"*, Granach überdies noch mit einem fiebrigen Abszeß in der rechten Achselhöhle.

Plötzlich waren sie dann hinter der Front, *"und das große Sterben ging los. [...] 'Mama! Mama!' hörte man die ganze Zeit in allen Sprachen*". Auch Granach hatte da einen italienischen Soldaten hautnah vor sich und sollte ihn töten. Er flehte um sein Leben. *"Ich gebe ihm die Hand, wir schütteln uns lange die Hände. Eine große Erleichterung für beide. Wir haben Frieden geschlossen. Er will mich küssen [...], aber was für Augen hat ein Mensch, wenn er den Tod vor sich hat und der Tod ihm nichts tut! Das kann man nur 'darstellen', nach diesem Krieg spielen, denke ich [...]. Sollen dann die Menschen sehen, was es für Menschen gibt!"*

Aber *"keine zwanzig Schritte"* vom italienischen Feinde entfernt, gerieten sie nachts in ein vierstündig *"höllisches Trommelfeuer"*. Hiernach ergaben sie sich. *"Beide Schützengräben riefen sich Erklärungen in fremden Sprachen zu.[...] Wir schrien alle durcheinander, und alle warfen die Gewehre weg und hatten erhobene Hände. Aber die Italiener taten das gleiche. [...] Tausend Menschen, eine österreichische und italienische Armee, liefen von Panik ergriffen, Hügel auf und Hügel ab in dieser Karstöde mit hocherhobenen Händen. Und niemand wußte, wer von wem gefangen war"*.

Diesmal waren Granachs Österreicher die Verhafteten. Er selbst fand sich bei Salerno in einem campanischen Karthäuserkloster aus dem 14. Jahrhundert, heutigen Weltkulturerbe der UNESCO, zwischen achtzehntausend Kriegsgefangenen und zweitausend Wächtern wieder: schon 1917. Als da der Tod des österreichischen Kaisers bekannt wurde, *"besoffen sich alle vor Freude"*. Sein Nachfolger Karl I., wußte Granach noch genau, war als junger Leutnant im ostgalizischen Kolomija *"in allen Puffs zu Hause gewesen – für den auch noch sterben?"*.

Lagerprobleme entstanden: Langeweile, sexuelle Not und Heimweh. Auf Kontakten mit Italienerinnen stand die Todesstrafe. Männersex grassierte. Mitgefangene Vorgesetzte verscherbelten das Mannschaftsessen zum eigenen Vorteil. Granach wurde ein Sprecher der Beschwerdeführer, arbeitete in der Küchenleitung mit, lernte kochen und beantragte bei einer amerikanischen Inspektions-Delegation des *CVJM* die Einrichtung eines Lagertheaters. Tatsächlich wurde eigens hierfür eine Baracke gebaut.

Dort wurden dann auf Tschechisch, auf Ungarisch, auf Jiddisch die Rüpelszenen des *"Sommernachtstraums"* gespielt, auch Possen von Roderich Benedix, aber selbst Strindberg und *"Othello"*, also Geschlechtsdramatik, und ein Reißer des lothringischen Autorenpaars Erckmann und Chatrian zum Thema Antisemitismus: *"Der polnische Jude"*.

Der Mechaniker Hirschfeld aus Wien spielte da mit koketten Hüftschwüngen alle Liebhaberinnen, der hübsche siebzehnjährig bartlose Triestiner Domenega, der sich dabei in den Intendanten, Regisseur und Hauptdarsteller Alexander Granach verknallte, *"mit kokettem Kinderblick und runden Mädchenformen"* die jugendlich Naiven (*"Es war klar, er liebte mich – ich ihn auch"*). Italienische Offiziere kontrollierten in den Pausen das private Geschlecht dieser "Darstellerinnen". Allabendlich mündeten diese Vorstellungen in feucht-fröhlichen Geselligkeiten aller Art.

Mitte September 1917 unterschrieb sein Berliner Schauspiel-Schuldirektor Berthold Held endlich jenes von der Wiener Akadmie angeforderte Attest für seine Anerkennung als "Einjährig-Freiwilliger" und bestätigte: dieser

Granach habe weiland 1912/13 *"stets ein großes ernstes Streben an den Tag gelegt. Seine von hohem Ernst getragenen künstlerischen Qualitäten, seine durch einwandfreie Führung untadelige Persönlichkeit lassen ihn nach Ansicht der Schulleitung würdig erscheinen, den Offiziersrang erreichen zu können"*.

Ob und wann diese längst überholte Zulassung in Granachs Hände gelangte, steht dahin.

Aber nach acht Monaten Fronteinsatz und zehn Monaten Lagerhaft beschloß dieser Offizierswürdige, auch jetzt wieder "durchzubrennen": aus der Gefangenschaft zu fliehen. Aber kaum hatte er begonnen, Wahnsinn vorzutäuschen, um vom *Roten Kreuz* in die Schweiz gerettet zu werden – da kam ihm ein gnädiger "Zufall" zur Hilfe: sechshundert Häftlinge ihres Lagers durften sich zum Straßenbau in Norditalien melden. Norditalien war für einen Galizier in Campanien dasselbe wie die Schweizer Grenze.

So kam er also nach Cogne im Aostatal, das ja wirklich an jenes helvetische Wallis angrenzt,

von wo aus mich selbst ganze 92, fast 100 Jahre später David Fray in Verbier
die Einsamkeit Johann Sebastian Bachs und alle Nöte kennen lehrte,
gegen die uns bestenfalls der afrikanische Bantu-Gott Sarabanda
oder auch Steven Kovacevich noch 2014 mit Bach-Sarabanden helfen könnte.

Dort im Wallsi also mußten damals für den neuen Abbau von Eisenerzen dringend benötigte Straßen angelegt werden. Für die Verständigung der italienischen Bauleitung mit den kriegsgefangen freiwilligen Ukraïnern, Polen, Kroaten und Slowenen wurde der vielzüngige Granach da Unterdolmetscher des offiziellen Dolmetschers, außerdem Hilfskoch für dessen Offizierskasino, wo er sich frei bewegen und für seine geplante Flucht Proviantierung hamstern konnte: Brotrinden, Zwieback, Ölsardinen, Salami und Käse für geschätzte vierzehn Tage über die Walliser Alpen hinweg – mit dem Polarstern als Kompaß. Mit vorgetäuschter Erkrankung, geklebtem Spitz- und Schnurrbart und prallem Rucksack tat er da nach zwanzig Monaten Front und Lager wieder *"zum erste Mal, was ich will, und gehe, wohin ich will"*:

in den Frieden, bitte!

Aber zu Fuß. Und über ein Hochgebirge: zwischen Valpellini, Sankt Bernhard und Montblanc hindurch. Ab Mitte August. Zu Anfang nur nachts. Unter Sternenhimmeln *"voll riesiger Diamanten"*. Durchs Aostatal. Durch Wälder, steil bergauf, an Felsenwände geklammert, allein wie keine Mutterseele, in *"brüllendem Schweigen"*, über unterschätzte Entfernungen und einen *"breiten, reißenden Fluß"* irgendwie hinweg, auch mal drei Tage lang im Kreise: *"Ich ruhte und schlief und wanderte, immer guter Laune, und aß und schlief und ging"*, bald nachts, bald auch tags, *"Tage und Nächte vermischten und verwischten sich ineinander"*, kalenderlos, über Bergrücken, Felskämme, grüne Plateaus und Schneeflecken: Hochgebirge. Eiskalte Nächte in Höhlen. Brennende Mittagsgluten. Unter bedrohlich kreisenden Adlern. Mit leergegessenem Rucksack, Gräser kauend und Wurzeln saugend. *"Noch ein Felsen und noch eine Krümmung, noch ein Abhang und noch ein Umweg, weiter, weiter!"* Zick-Zack-Wege, dabei immer bergauf, immer höher geklettert, über Felsblöcke und Geröll immer höher. *"Die müden Knochen flogen, liefen, rutschten, krochen"*. Mitten in einer Steinlawine. Ein Eremit wurde angebettelt, *er sah so aus wie Kollege Friedrich Kühne bei Max Reinhardt in Berlin als Domingo. "Jetzt war ich plötzlich im Schnee, gefrorener, fester Gletscherschnee [...] es war Mitternacht. Ich zitterte vor Einsamkeit. Die Sterne waren klar und böse"*.

Dann sind da plötzlich Leute und sprechen.

"He, signore, quanto distanza la frontiera Svizzera?"

"Questa la Svizzera!"

Er war in der Schweiz: nach dieser Bergflucht von mehr als einem Monat. Freundliche Menschen bezahlten ihm eine Bahnfahrt nach Genf. *"Ich habe diesen Krieg jetzt auf eigene Faust beendet"*, sagte er da dem österreichischen Konsul, der ihn hätte internieren müssen, *"und spüre gar keine Lust, ihn noch einmal von vorne anzufangen"*. Als blinder Passagier mit konsularischem Berechtigungsschreiben, *"sofort aus dem Militärdienst auszustre-*

ten", reiste er in einem "Austauschinvalidenzug" über die österreichische Grenze und wurde dort von einem greisen General zu seinem Ersatzbataillon geschickt.

Unterwegs ließ er sich von schmuggelnden Soldaten in einen Schleichhandel mit Lebensmitteln für das hungernde Wien einspannen, sprang dort in einem kleien Privattheater ohne Text und Verständigungsprobe in der Hauptrolle einer klassischen Verskomödie ein, wurde allein gelassen und ausgelacht, floh also gern zu seinem ukraïnischen Ersatzbataillon irgendwo in Schlesien.

Dort wurde seine Flucht zuerst als Heldentat bewundert, dann als Desertion ausgelegt und mit Verhaftung quittiert. Im Arrest schrieb er einen langen Beschwerdebrief ans Kriegsministerium und beendet ihn mit der Frage, *"ob ich als Bürger nur die Pflicht habe, für mein Vaterland zu sterben, und gar keine Rechte": ?*

Andern Tags wurde er ohnehin freigelasssen. Denn es war schon Winter 1917, *"die Disziplin ganz gelockert",* im feindlichen Rußland eine Revolution gelungen, die Frieden anbot. *"Man spürte, wie das österreichische Gebälk wackelte"*. Die Moral der hungernden Truppe löste sich auf.

Trotzdem hatte Granachs Beschwerdebrief zur Folge, daß er nach Monaten wegen Disziplinbruchs und Verleumdung von Vorgesetzten vor ein Kriegsgericht in Mährisch-Ostrau gestellt wurde. Dort hielt er eine ausführliche Verteidigungsrede, die er nach vielen Wochen wiederholen mußte.

Inzwischen wurde sein Ersatzbataillon ins heimatlich ostgalizische Kolomija zurückversetzt, wo es inzwischen diverse Pogrome gegeben hatte. In seinem Geburtsdorf Werbiwizi war sein Vaterhaus eine Ruine, und er saß *"wie gelähmt vor diesem geschändeten Stück Heimat, wo wir als Kinder den Himmel gesehen hatten".*

Aber auf den Feldern ringsum stand das halbreife Getreide *"wie eine riesige grün-gelbe Bürste"*, und ein Nachbarssohn sagte: *"Da siehst du, die Er-*

de fragt nicht, ob sie für den Juden oder für den Christen das Brot hergibt. Wer sie bearbeitet, den beschenkt sie".

Als der Krieg dann wirklich zu Ende ging, fand sich der 28jährige Granach in jenem Stanisławów seiner frühen Jugend wieder und wußte nur eins genau: *"Ich mußte wieder zum Theater, ich mußte mich durchschlagen nach Hause"*: das war für ihn jetzt nur noch Berlin.

Aber sein überfüllter Zug geriet noch in die letzten Schießereien zwischen Polen und Ukraïnern, blieb irgendwo liegen, und *"die galizischen Juden, die bis jetzt friedlich gelebt hatten, spürten plötzlich, daß mit Österreich auch sie den Krieg verloren hatten"*, denn auch polnische und ukraïnische Armee folgten *"derselben Losung: Haut den Juden!"*

Nach wochenlangem Zwangsstop vermutlich im heute südwestpolnischen Strzyżów war Granach dann eines Tages im plötzlich kaiserlosen Nachkriegs-Wien mitten zwischen Demonstrationen und Schießereien. Die zuständige Abrüstungskommission erklärte ihm, er sei gar kein Österreicher mehr.

"Ich habe aber vier Jahre lang für Österreich gekämpft."
"Ja, tut mir leid, bedauere sehr, war eben ein Irrtum."
"Und wenn ich euren Heldentod gestorben wäre?"
"Bedaure sehr, wäre auch ein Irrtum gewesen."

Mit einem ukraïnischen Paß schließlich in der Tasche, sah Alexander Granach plötzlich ein Plakat: *"Moissi-Gastspiel in der Neuen Wiener Bühne"*.

Moissi begrüßte ihn herzlich *"wie einen kleinen Bruder"* und sorgte dafür, daß der da in der Wasagasse neben seinem eigenen Franz Moor in Schillers *"Räubern"* den jüdischen Spiegelberg spielen und von den Wiener Kritikern anerkannt werden konnte. Als er da aber neben Moissis Hamlet auch noch mit dem *Ersten Schauspieler* die Wiederkehr eines Ersten Schauspielers verkünden durfte, sah er als Ophelia neben sich unverhofft ein *"poetisches Shakespeare-Kind"* und Wunder: die blutjung unentdecke "Anfängerin“ Elisabeth Bergner (* **1897**),

> die Kollege Kortner als *“Inkarnation der Kindsbraut“, ”halb Bub, halb Mädel“* pries: *”Sie hatte die gnadenlose Unschuld, den verhängnisvollen Zauber und eine Reinheit, die selbst vor der eigenen Sündhaftigkeit unbefleckt blieb“*, doch man ahnte *”diese Abgründe, auch wenn die Bergner seichte Stücke spielte“*

oder auch wenn sie 25 Jahren später in Hollywood der erste Mensch war, der hören sollte, was Alexander Granach da seinen Memoiren just über jene frühen Jahre alles anvertraut hatte: auch den ganzen hiesigen Bericht also. Aber sie sträubte sich zunächst und hat das noch in ihrer eigenen Selbstbiografie von 1978 so beschrieben:

” 'Was willst du mir denn vorlesen?'

'Meine Selbstbiographie, Lisotschka.'

'Nein, um Gottes Willen, bist du verrückt? Nein, Saschenka, tu mir das nicht an, ich bitte dich.'

'Doch, Lisotschka, du mußt.'

'Nein, ich kann nicht, ich kann nicht, mir wird schlecht.' Ich haßte Selbstbiographien und überhaupt von Schauspielern – entsetzlich! 'Seit wann treibst du solche Sachen? Warte, ich hole Paul [Czinner, den Ehemann] , *vielleicht kann er ... '*

'Nein, zuerst du, Lisotschka, du. Setz dich.' Ich saß da, ängstlich und unglücklich, und er fing an zu lesen.

'Die Erde meiner Heimat ist schwarz und fruchtbar.'

Ich hab' ihn nie vergessen, diesen ersten Satz und die völlig unerwartete Ergriffenheit, die mich befiel. [...] Ich fing an zu weinen.“

Sie gestand da Tränen, wie sie sie vor rund 25 Jahren über den Text *”seiner bezaubernden Selbstbiographie“* und *”einen der allerliebsten Menschen“* geweint hatte, der sie da wissen ließ, was runde fünfzig Jahre vorher in jenem östlichen Galizien geschehen war, aus dem sie beide stammten und aus dem sie beide runde 25 Jahre später in den Olymp des Berliner Welttheaters aufgestiegen und schließlich in Hollywood gestrandet waren: was für Geflechte!

Aber als ich selbst 1975 oder '76 mit derselben Elisabeth Bergner,
die da in ihrem britischen Exil am Londoner *Eaton Square*
just über diesen ihren eigenen wundersamen Reminiszenzen gebrütet haben dürfte,
korrespondierte, um sie vielleicht irgendwie zu einer Lesung
in mein damaliges Wuppertal (noch völlig ohne Safet Mistele) locken zu können,
gestand mir dasselbe zuverlässige Gedächtnis dieser fast Achtzigjährigen
mit brieflich blühendem Charme, daß eben Wuppertal *"für mich noch dazu immer
mit der sehr geliebten Else Lasker-Schüler verbunden ist"*,

über die ihr vielfacher Film- und Bühnenpartner Rudolf Forster
(meine vorherige Wiesbadener Begegnung mit jenen großen Jahren)
in seinen eigenen Memoiren von 1967 schrieb: *"Die Dichterin aus Wuppertal*
(wo ich selbst in der Elberfelder *Von-der Tann-Straße* naher Nachbar
ihres Elternhauses in der wahrhaft bergischen Sadowastraße war).
*Sie trug immer bunte Steine und Glasperlen, träumte
von Palästen und Dromedaren. Die Glut der Wüste war in ihren dunklen Augen.
Ein seltener Zauber war um sie. [...] Ihre wenigen Freunde apostrophierte sie
mit seltenen Namen. Auch mir gab sie einen, den ich vergessen habe.
Max Reinhardt führte später ihre 'Wupper' auf.
Jürgen Fehling gab ihr noch einmal eine grandiose Auferstehung"*.

So flicht sich das alles ewig fort.

Als Granach dann aber nach fast fünfjähriger Abwesenheit eines Tages tatsächlich wieder in Berlin aus dem Zuge stieg und dort ein Gelöbnis von **1914** einlöste, indem er die erstbeste Litfaßsäule *"umarmte und küßte"*, schrieb man schon das Kalenderjahr 1919.

Kein Theater hatte da im plötzlich kaiserlos verwirrten Nachkriegs-Berlin auf ihn gewartet. Aber die große Hermine Körner, für deren Engagement Max Reinhardt wiederholt Verstöße gegen geltendes Recht riskierte

und mit der ich selbst noch vierzig Jahre später, 1959,
zusammenarbeiten durfte, als Willi Schmidt im Berliner *Schiller-Theater*
mit dieser Achtzigjährigen in der Titelrolle *"Die Irre von Chaillot"*,

ihr spätes *"Abendwunder"* von Giraudoux, inszenierte, und die mir damals,
mitten in einer wahrhaft wunder-, wundervollen Vorstellungsserie,
auch noch die entscheidende Weiche für mein weiteres Berufsleben stellen half,

dieselbe Hermine Körner war just 1919, in dieser postpatriarchalischen Frühphase, Intendantin des *Münchner Schauspielhauses*, der heute legendären *Münchner Kammerspiele,* eines weiland unsubventionierten Privattheaters, geworden und eröffnete ihre Ära just mit Raimunds Zauberspiel *"Die gefesselte Phantasie"*, während draußen erste Schüsse fielen: zugunsten einer Räterepublik.

An dieses Theater, das sie mit ihren höchsten Ansprüchen auch noch in den folgenden Inflationsjahren selbst zu finanzieren versuchte, engagierte sie auch den Kriegsheimkehrer Alexander Granach.

Dort debütierte er schon im Herbst 1919 als Schillers "Haussekretär" Wurm in *"Kabale und Liebe"*, bewohnte erstmals nach vielen Jahren wieder ein eigenes Zimmer, *"spielte alle vierzehn Tage eine klassische oder moderne Hauptrolle"* und *"schrie und brüllte wie am Spieß."* Denn *"die Jugend in der Kunst schrie! Expressionistisch, mit stilisierten Gesten, schrieen wir im Theater, gegen die alte Generation, gegen die alten Einrichtungen, gegen alte Traditionen"*: auch *"unsere Enttäuschungen, unsere Verzweiflung, unseren Protest"* gegen alles Erlittene.

Jeden Abend stand er jetzt wieder auf der Bühne: in vielen gegensätzlichen Rollen, oft auch vom hochaktuellen Frank Wedekind: dem Hettmann in *"Hidalla"*, dem Schigolch in *"Erdgeist"*. Einen *"Fanatiker des Abenteuers"*, nannte ihn da ein Münchener Kritiker halb bewundernd und halb verschreckt: *"eine losgelassene Bestie"*.

Aber schon vor alledem hatte seine tollkühne Prinzipalin die Rolle eines 60-jährigen Geschäftsmanns mit diesem 29jährigen besetzt: den Juden Shylock in Shakespeare's *"Kaufmann von Venedig"*. Er war der jüngste Shylock, den es jemals gab, und zog so den zornigen Neid manches älteren Charakterspielers auf sich. *"Ich habe aber den Shylock im Vertrag.*

Ich habe ihn in meinem Vertrag, ich habe ihn in meinem Herzen, ich habe ihn in meinen Fingerspitzen!“

Regie sollte da der Geschäftsführer jenes Theaters führen, *”ein junger, semmelblonder dummer Mensch“*, der aber ein gewichtiger Sponsor dieses Hauses war: Otto Nebeltau aus Bremen. Schon am ersten Probentage instruierte er seinen Shylock: *”Wir wollen mit dem Stück den Juden eins auswischen“*.

”Warum?“ brüllte Granach und stürmte sofort zu seiner Intendantin.

”Na, das haben Sie sich ja großartig ausgedacht“, sagte die *”lächelnd und voller Charme“*: denn *”natürlich haben Sie den Krach nur aus Aberglauben gemacht. Ich tue das genauso [...] . Wenn ich eine Rolle sehr liebe, muß es auf der ersten Arrangierprobe und auf der Generalprobe Krach geben“*. Und *”natürlich hat Herr Nebeltau mit seiner Bemerkung nur einen Scherz gemacht, nicht wahr, Otto?“*

”Aber natürlich“, bestätigte der herbeizitierte Antisemit.

”Morgen gehen die Proben wieder an. Ich werde selbst auch dabei sein“.

Vermutlich war sie dann nicht nur in der Rolle der Porzia, sondern bald auch erstmals als Inszenatorin einer Aufführung dabei, die am 16. Februar 1920 ihr erster dortiger Regieerfolg wurde, Alexander Granach seinen ersten Shylock präsentieren ließ und deren Nachfrage so groß war, daß sie *”des guten Besuches wegen“* drei Monate lang allabendlich *ensuite* gespielt werden konnte oder mußte: *“für die damaligen Verhältnisse ungewöhnlich“* (Hermine Körner).

Bertolt Brecht, damals 22jähriger Theaterkritiker der Augsburger linken *USPD*-Zeitung *”Der Volkswille“* (und in München just mit seinem *”Spartakus“*-Drama *”Trommeln in der Nacht“* befaßt), beschrieb diesen blutjungen Shylock als *”frech, aufdringlich, brüllend, dass der kronleuchter wackelte"*:

vermutlich auch vor lauter aufgestauter Wut und Erniedrigung.

Denn für diesen vielfach gebeutelten Galizier und Nachkriegs-Granach war

Shylock, hat er später selbst skizziert, durchaus *"ein schwarzer Narr [...] , ein böser Kerl, ein geprellter Bock. Aber, aber aber ... : Wie kommt es dann, daß seine Verteidigungen zu Anklagen werden?"*

Darum: Shakespeare habe ihn *"in der Gerechtigkeit seines Genies"* und *"aus seinem verschwenderischen ewigen Reichtum"* heraus gleichwohl *"mit einer menschlichen Größe und einer seelischen Kraft und einer tragenden Einsamkeit beschenkt,*

die diese lustige, singende, schmarotzende, Geld pumpende, Mädchen stehlende und heiratsschwindlerische Gesellschaft" in jenem frühkapitalistisch gezeichneten Venedig *"zu kleinen Tage- und Nachtdieben macht"*.

Jener junge Shylock fragte sich damals aber auch, *"was mit ihm geschieht, wenn der Vorhang fällt [...] . Was tut Shylock, wenn er, [...] , um sein Recht geprellt, ein Gebrochener, den Gerichtssaal verläßt [...] ? Kann ein Shylock unterzeichnen, daß er seinen Glauben ablegt und einen neuen annimmt? Würde das mein Vater getan haben? Nein, nein, nein! [...] Ein Mensch mit solch einer Intelligenz und Kraft kämpft bis zum letzten Atemzug mit allen Mitteln"*.

Wie das konkret aussehen könnte, hat er noch knapp 25 Jahre später in jenen zitierten Memoiren festgeschrieben:

dieser Shylock *"nimmt noch in derselben Nacht einen Kahn und flieht"* (wie ja auch heutzutage noch mancher Verzweifelte einen Kahn besteigt), *"und die Flucht gelingt ihm! Er kommt dann eines Tages in Holland an, in der reichen Stadt Amsterdam, die schon voll mit Flüchtlingen ist von der spanischen Inquisition"* (oder sonstigen Massakern). *"Und da beschließt er weiterzuwandern, nach dem Osten! Er reist durch die Länder der Ungarn"* (hier bloß schnell weg!) *und der Rumänen, der Polen und der Russen. Er wandert lange in diesen Ländern umher, bis er dann im Osten Galiziens, in der Ukraïne, einen weisen alten Wunderrabbi findet, den weisesten all der Länder dort. Zu ihm ging er, sein Leid klagen und sich Rat holen."*

Aber als Alexander Granach sich das alles in seinen kalifornischen Sperrstunden notierte, waren Polen, Galizien und Ukraïne allesamt schon längst von den deutschen Massenmördern okkupiert und gebrandschatzt, ausgeplündert und ins *NS*-judenfrei *Großdeutsche Reich* einverleibt. Was Granach sich da für seinen Shylock erträumte, war eine pure Utopie, mit der er seine Memoiren beendete:

"Viele, viele Generationen sind dann gekommen und gegangen, und bei einzelnen dieser Nachkommen erwachte manchmal aufs Neue die Sehnsucht nach dem Westen, und sie fingen wieder an auszuwandern. Sie ergriffen da neue Berufe, manche wurden Schauspieler und entdeckten bei Shakespeare ihren Urahnen, den Shylock. [...]

Und sie spielten diesen Urahnen tragisch und parteiisch [...] als das Opfer und den Ankläger dieser Gesellschaft, die ihn anspeit und verfolgt, und als Vertreter der Menschenrechte des Juden, wozu die Gnade seines Schöpfers ihn auch gemacht hat. [...]

Mit diesen Ansichten und Gefühlen spielte ich meine Sehnsuchtsrolle, den Shylock, erfüllte sich mir ein zitternder Traum."

Aber zunächst nur in München. 1921 wieder in Berlin und in anderen Rollen, trat er hier anfangs meist unter Victor Barnowsky im *Lessingtheater* auf.

Dorthin lotste er dann sofort auch Elisabeth Bergner, und sie spielten erstmals für Berlin miteinander (und auch noch mit Lucie Mannheims Conrad Veidt im Ensemble): in einem chinesischen Märchen von Julius Berstl, das sehr erfolgreich war und *"Der lasterhafte Herr Tschu"* hieß.

Nach diesem theaterhistorisch doppelten Einstand erblühte dieser Kriegsheimkehrer Granach gleich ab 1922 schnell zu einem der populärsten Protagonisten des deutschen Theaters:

unter Berthold Viertel wieder als Shakespeare-Spieler im *Deutschen Theater* und an Moriz Seelers neugegründeter *Junger Bühne* in Arnold Bronnens skandalierendem *"Vatermord"* , unter Karlheinz Martin im Schauspielhaus als *Alter Reaper* in Ernst Tollers uraufgeführten *"Maschinenstürmern"*

und unter Otto Falckenberg wieder im *Deutschen Theater* mit der Hauptrolle in Brechts Novität *"Trommeln in der Nacht"*.

"Es war Granachs entscheidende und vielleicht seine stärkste Leistung", beschrieb das sein aufmerksamer Zuschauer Julius Bab, *"als er in Brechts 'Trommeln in der Nacht' den Heimkehrer spielte, diesen Soldaten, der in afrikanischer Gefangenschaft das Sprechen verlernt hat, der sich mit dumpfen Stößen vorwärts tastet, um endlich in ein paar schluchzenden Schreien zu explodieren."*

Derselbe Betrachter schilderte dann auch, wie *"Granachs wütende Energie der jungen Generation entgegen"* kam, *"als er in dem Bronnenschen Erstling 'Vatermord' in abscheulich monotonem, brutal hämmerndem Rhythmus den bösen Vater spielte. [...] Schneidende Schärfe des Strichs charakterisiert seine Zeichnungen."*

Dennoch oder deshalb wurde er, gleichfalls seit 1921, von Starregisseuren wie Friedrich Wilhelm Murnau, Richard Oswald, Wilhelm Dieterle, G. W. Pabst und andern auch in legendär gewordenen Stumm- oder Tonfilmen eingesetzt: so in *"Nosferatu"* 1922 neben Gustav von Wangenheim.

Von seinem ersten Stummfilm 1919 (*"Das goldene Buch"*) bis zu seinem letzten hiesigen Tonfilm 1931 (*"Kameradschaft"*) stand er in Deutschland vermutlich 34 Male für Kinofilme vor der Kamera: nach Drehbüchern von Zuckmayer, Roda Roda, Hans José Rehfisch, Ehm Welk, Ladislaus Vajda, Melchior Lengyel oder andern, in Inszenierungen auch von Leopold Jessner, Erwin Piscator, Curt Oertel, Robert Eichberg. Rober Wiene, Géza von Bolváry

und neben Kollegen wie Albert Bassermann, Heinrich George, Paul Wegener, Conrad Veidt, Rudolf Forster, Friedrich Kayßler, Albert Steinrück, Trude Hesterberg, Werner Krauß, Eugen Klöpfer, Marlene Dietrich, Hermine Körner, Henny Porten, Erik Ode, Hans Albers, Sybille Schmitz, Kurt Gerron (in Auschwitz ermordet), Lucie Höflich, Willi Forst, Ernst Busch und Hubert von Meyerinck –

kurz, der ganzen Theater- und Filmgeschichte jener Jahre

und wiederholt auch neben den *"Danton"*-Kollegen Fritz Kortner, Gustaf Gründgens und Gustav von Wangenheim (oder dessen Vater Eduard von Winterstein aus Annaberg) von 1931.

Aber dem kommerziell grassierenden Amüsier- und frühen Regietheater jener Jahre begegnete der arrivierende Granach mit einer *"Gruppe von grössenwahnsinnigen revolutionären Schauspielern"*, wie ihr Mitglied Elisabeth Bergner diese *"aufgeregten Kinder"* später nannte, die 1923, als sie alle um die dreißig waren, ihr eigenes, direktionsloses *"Schauspielertheater"* gründeten, das sich alternierend im Kreuzberger *Central-Theater* (bei Piscator) oder im *Friedrich-Wilhelmstädtischen Theater* (Oranienburger Vorstadt) präsentierte. Auch Heinrich George und Ernst Deutsch gehörten dazu. *"Ich glaube, auch Moissi"* (Bergner).

"Zweiundzwanzig Operetten, zehn Schwänke; das ist der Spielplan der Berliner Bühnen", schreckte und warb ihr erstes Plakat: *"Das 'Schauspielertheater' spielt die* Räuber *von Schiller."*

Granach und George spielten da Franz und Karl Moor,

dann auch "Luzifer" Lightborn und Mortimer in Marlowe's *"Eduard II."* (und regten damit Brecht zu seiner Neufassung an),

die Bergner in Gerhart Hauptmanns *"Elga"* und *"Hanneles Himmelfahrt"* (zwischen Granachs Gottwald und Georges Mattern) beide Titelrollen an einem Abend.

Regisseure waren da immerhin Karlheinz Martin (* **1886**) und Heinz Hilpert (* **1890**)

(der mich runde dreißig Jahre später
1954 in seinem Göttinger *Deutschen Theater*
als bevorzugt einzigen Hospitanten seiner *"Nathan"*-Proben duldete),

aber beide blieben einvernehmlich unerwähnt. Denn diese jungen Schauspieler, politisch ohnehin allesamt eher linksradikal, *"wollten anscheinend dartun, daß sie eines Führers durchaus nicht bedürften"*.

So applaudierte ihnen just im Jahr des Münchner Hitlerputsches Kurt Pinthus, 37jähriger Publizist und damals Dramaturg bei Max Reinhardt:

"Bravo, ihr jungen Schauspieler. Wissend, daß die augenblickliche Form des Theaters nicht lebensfähig, nicht mehr belebend sein kann, wissend, daß das lieblose Geschäftstheater unserer Epoche die Zerstörung der Dichtung und der Schauspielkunst bewirkt – sammelt ihr euch, junge Burschen aller Berliner Bühnen, und wollt spielen. Ohne *Direktor,* ohne *Regisseur, als freie Komödianten! [...] Ausverkauft sind eure Vorstellungen, Hunderte von jungen Menschen jubeln euch am Schluß entfesselt zu."*

Trotzdem: *"dieses 'Schauspielertheater' wurde nur drei oder vier oder fünf oder sechs Monate alt"*, erinnerte sich Elisabeth Bergner noch nach fünzig Jahren in ihren Memoiren, wenn auch *"nur ganz dunkel"*. Denn es *"verschwand, wie es entstand, in Schall und Rauch und viel Gerede"*.

Aber irgendwann damals soll die große Elisabeth Bergner ihrem unsterblich verliebten Heinrich George den Laufpaß gegeben haben: just Alexander Granach zuliebe, der sich nach seiner Rückkehr und sieben Ehejahren 1921 von der Mutter seines Sohnes getrennt hatte (einer preußisch und kleinbürgerlich assimilierten Vegetarierin und Anarchosyndikalistin, aber Strindbergverehrerin immerhin).

Die Bergner nannte ihn noch 1978 *"einen der allerliebsten Menschen"*, den sie damals auch nur getroffen habe, *"um ihn nie wieder zu verlieren"*.

Aber sie soll nicht die Einzige gewesen sein, die ihm seinerzeit verfiel.

Granach war jetzt Mitte dreißig und emanzipierte sich vermutlich rundum. 1929 gründete er sein autarkes *Novemberstudio*, dessen Name sich auf die Gründung der deutschen Republik ebenso beziehen mochte wie auf die russische Revolution 1917 (oder etwa Hitlers bayrischen Warnschuß 1923?).

1928

"1926 veröffentlichte ich eine Artikelserie 'Klassiker der Leihbibliothek', die bereits das Heraufkommen dunkler, unheimlicher Mächte, die auf ihre geschichtliche Stunde warteten, ahnen ließ.

'Klassiker der Leihbibliothek' hatte auch Herbert Ihering auf mich aufmerksam gemacht, der als Theaterkritiker des 'Börsen-Courier' zugleich dessen Feuilleton leitete. Er forderte mich zur Mitarbeit als Buchkritiker auf.

Die Iherings liebten es, am Sonntagnachmittag Gäste in ihr Haus in Zehlendorf einzuladen.

Nun waren Fritz Walter und ich, die beiden unzertrennlichen Freunde [aus jener Feuilleton-Redaktion] *an der Reihe. Es führte ein langer Kiesweg von der Pforte durch den Garten, und als wir die Gartentür öffneten, sah ich in einiger Entfernung auf der Terrasse die Elite des deutschen Theaters.*

'Oh Gott', flüsterte mir Fritz Walter zu. 'Da sind sie', sagte er. 'Wer?' fragte ich. 'Alle', sagte er dumpf.

Es war ein sehr langer Gang durch den Garten, und als wir die Terrasse endlich erreicht hatten, stellte uns Frau Ihering den Gästen vor.

'Lotte Lenya', sagte Frau Ihering. 'Sehr angenehm', sagten wir beide im Chor. 'Kurt Weill', sagte Frau Ihering. 'Sehr angenehm', sagten wir; und so ging es weiter mit Vorstellungen, Verbeugungen, zaghaftem Händedrücken und lebhaftem Herzklopfen unsererseits, von Erwin Piscator bis zu Helene Weigel, von Fritz Kortner bis zu Ernst Busch und Gustaf Gründgens. 'Sehr angenehm, sehr angenehm.'

Man reichte mir ein Glas, es war aber kein Stuhl mehr da, und als ich um die Ecke bog, um mir einen zu holen, sah ich zwei Mülleimer, auf denen zwei Männer saßen und die Beine baumeln ließen. 'Brecht', sagte der eine, 'Bronnen', sagte der andere. Da ergriff ich die Flucht." [leicht gekürzt]

Hans Sahl (* 1902): "*Memoiren eines Moralisten*", 1983

Hier inszenierte 1929 der 27jährige Leopold Lindtberg (*recte*: Lemberger!),

1955 mein eigener Lehrmeister in Berlin
und noch Jahrzehnte lang mein Briefpartner und Berater,

in memoriam zweier unschuldig hingerichteter *US*-Justizopfer die Uraufführung *"Staatsräson. Ein Denkmal für Sacco und Vanzetti"* von Erich Mühsam, einem anarchischen Poeten, der damals schon ungehört vor Hitler warnte und nur fünf Jahre später dessen Mordopfer wurde. Granach selbst spielte hier eine Hauptrolle.

Aber in jenen letzten Jahren der Weimarer Republik wurde er auch an allen führenden Berliner Bühnen beschäftigt und oft ehrfürchtig als *"König der Ostjuden"* gefeiert: auch im *Staatstheater* und *Schiller-Theater*, im *Deutschen Theater*, in der Volksbühne,

dort 1925, also 35jährig, nun auch für Berlin als 60jähriger Shylock in Fritz Holls Inszenierung des *"Kaufmanns von Venedig"*.

"Natürlich spielt auch Granach den Shylock und spielt ihn gut. Aber", bemängelte sein Beschreiber Julius Bab, *"der Shylock steht nicht zentral in Granachs Schaffen"*. Denn: *"Alles Eigene und besonders Starke stammt bei ihm aus der rasenden Heftigkeit eines fordernden Willens. [...] Das Tempo ist seine Sache!"*

Als Exponent einer Sphäre, die derselbe Bab *"expressionistische Schauspielkunst nennen mochte"*, präsentierte Granach *"eine Art von sehr sinnlicher Ekstase, von sehr kriegerischer Friedenspredigt, sehr ichbetonter Weltliebe [...] . Eine geduldlos fordernde Heftigkeit ballt sich aus stockend zögernder Stimme zu jäh aufsprudelnden rednerischen Kaskaden, aus starrer Haltung zu plötzlich vorstoßenden Gebärden. Dabei ist diese starke Stilisierung weder monumental noch seraphisch. Sie trägt alle Zeichen des sinnlich-irdischen Menschentums aufs deutlichste mit sich"*.

Folgerichtig war er nach 1927 im *Theater am Nollendorfplatz* Protagonist auch der neugegründeten Piscator-Bühne, besonders erfolgreich in Stücken von Wedekind, Georg Kaiser, Ernst Toller und "seinem" Gorki (dort auch in ergänzenden Matineen neben Gustav von Wangenheim und Ernst Busch),

überall aber auch in Hebbel-, Grabbe-, Goethe- und Schiller-Dramen, 1930 auch in Strindbergs *"Gustav Adolf"* neben Rudolf Forster

(dem ihr Kollege Kortner später ein *"schönes Aristokratengesicht"*, aber auch *"brüske Willkür"* nachsagte, *"mit der er aller Theaterkonvention und allem Herkömmlichen ins Gesicht schlug"*

und der mir noch 1965, selbst damals 81jährig und immer noch reizvoll brüsk, ein signiertes Rollenfoto jenes Gustav Adolf eben aus der Jessner-Inszenierung des Berliner *Staatstheaters* von 1930 widmete, als ich mich selbst gerade in Wiesbaden für die (kaiserlos!) dortigen *Maifestspiele* an einer Neuübersetzung jenes raren schwedischen Königsdramas von **1900** versuchte, das ich Ende der fünfziger Jahre auch in einem ausführlichen Kapitel meiner Kölner Dissertation über *"Strindbergs Dramenstruktur"* behandelt hatte. Forsters Rollenfoto hängt jetzt wenige Zentimeter neben meinem Arbeitsplatz).

Protagonist war Granach aber 1925 auch schon unter Jürgen Fehling:

denn *"in Barlachs 'Sintflut' "*, vertat sich der allwissende Julius Bab und meinte Fehlings Inszenierung der *"Sündflut"* von 1924, da *"war Granach groß in der Rolle des gottlästernden Aussätzigen, da schlägt die ganze Empörung der Zeit mit wilden Stichflammen aus Granachs Spiel"*.

1931 spielte er zuächst in Brechts *"Mann ist Mann"* und unter der Regie schon des Autors eine Parabel von der Austauschbarkeit des Menschen,

dann krönte er alle diese Leistungen mit einem Gastspiel am *Yiddish Art Theatre* seines galizischen Landmanns Moische, *alias* Morris Schwartz in New York.

Aber Anfang 1933 hatte er dann im Berliner *Staatstheater* den umjubelten Mephisto von Gustaf Gründgens in *"Faust II"* als Zweit- oder Doppelbesetzung just übernommen –

– da erhielt er schon am 27. Februar, dem Tag vor dem Reichstagsbrande al-

1932

"Gewiß ist in der 'Bewegung' (als ob es keine andern gäbe, die nicht auch so benannt werden müßten!) echter Idealismus,

aber ich fürchte, diese ganze enflammierte Jugend wird mit Skorpionen gezüchtigt werden, indem sie es anders ansehen lernen muß.

Kann man diese Röhmjünglinge ohne Bedauern ihre Fahnenjunkeraufgeblähtheit zur Schau tragen sehen? Ist diese Uniformherrlichkeit was anderes als bengalische Feuerwerkerei?

Ich will zugeben, daß das alles Außenkram ist, Mätzchen, Mittelchen, ich bin eben aus Natur nicht zugängig, von vornherein bösartig und giftgeschwollen, wenn ich in den Dunstkreis der braunen Leute gerate und Gefahr laufe, weil ich den römischen Gruß nicht auf mich beziehe, angelümmelt zu werden.

Sie haben Alle ihre Abzeichen, Symbole, Schwimmblasen absinkender Gemüter, Validolfläschchen für Augenblicke des Versagens, Amulette und Stempel der Groß- und Wichtigtuerei, aber der Nazi-Rummel macht's denn doch über Gebühr bös.

Jetzt wenn ich von der Bewegung höre, muß ich immer denken: Die 'Mode von gestern'.

Laß es gut sein, ich weiß, daß ich, prinzipiell parteilos, hier hassen muß auf die Gefahr, Unrecht zu haben. Das sind elementare Begebenheiten, man rühme sich nicht und bedaure auch nichts!" [gekürzt]

Ernst Barlach (1870-1938): Brief vom 14. November 1932 aus Güstrow an seinen Bruder Hans Barlach

so, seine Kündigung (wie dort ja damals auch Gustaf Gründgens und Lucie Mannheim). Er aber prozessierte noch gegen den preußischen Staat und soll tatsächlich eine Abfindung von ganzen vier Jahresgagen erstritten haben.

Aber als jüdischer "Kommunist" (der dieser Partei niemals angehörte: *"weil ich nicht will, daß man mich rauswirft"*) sollte er grade von der Gestapo verhaftet werden, als dieser *"schwarzhaarige Proletarier, der vor dem polnischen Antisemitismus"*, wie Kortner das von ihm wußte, *"in das tolerante Berlin der Nachkriegszeit geflohen war"*, im März (oder Mai?) 1933 zunächst in die Schweiz floh: zu Hermann Hesse ins Tessin, von wo er aber 1934 tollkühn und heimlich noch einmal ins lebensgefährlich gewordene Berlin zurückkehrte, um dort seinen erstrittenen Gagenabschlag abzuholen.

Kaum war er wieder abgereist, suchte ihn die Gestapo bei seiner geschiedenen Frau.

Aus der Schweiz zog es ihn hiernach in sein heimisches Polen, wo er zunächst den antifaschistischen *"Professor Mamlock"* von Friedrich Wolf im jiddischen Kamiński-Theater Warschau uraufführte (und auf Tournee ins ganze Land trug),

dann jedoch in Łódź wieder seinen gedemütigt um sich schlagenden Juden Shylock spielte, diesmal in eigener Regie (aber nicht mehr auf Deutsch!).

Doch in Warschau kam es 1934 auch zu einem Wiedersehen mit seinem Berliner Kollegen Gustav von Wangenheim, der ihm vorher schon mehrfach brieflich aus Moskau eine dortige Zusammenarbeit vorgeschlagen hatte.

Anfang Mai 1935 folgte er einem Einreisevisum und zwei konkreten Filmangeboten in die Sowjetunion: *"in das wichtigste Land"*, schrieb er in einem Brief noch aus Polen, *"und das interessanteste"*. Schon aus Moskau berichtete er dann: *"Man fühlt die neue Welt. [...] Und ein Mensch mit Kraft, mit Vitalität, mit Gläubigkeit, mit Phantasie kann sich hier künstlerisch unendlich so ausleben wie nirgends"*.

Noch am 14. September 1935 präzisierte er für die Schweizer Kollegin Lotte Lieven-Stiefel: *"Ich erfahre und erlebe es jeden Tag, daß in keinem Land künstlerische Menschen so geachtet und geliebt werden wie hier"*.

Er drehte dort zunächst unter der Regie von Jewgenij Schneider und Mojssej Goldblat die Hauptrolle eines Sinti-Patriarchen im *"Letzten Zigeunerlager" ("Poslednij Tabor"*, aber ohne Safet Mistele!*)*: wie ukraïnische Nomaden seßhaft und die sowjetische Landwirtschaft kollektiviert werden sollten.

Doch seine zweite dortige Kinorolle, erniedrigend zweitrangig, drehte er unter der Regie seines Vorkriegs-Freundes und vormals *"Danton"*-Filmkollegen Gustav von Wangenheim, den er hier im Exil noch eitler und paranoider erlebte als früher in Berlin, überdies unzuverlässig, *"hemmungslos machthungrig und krankhaft ehrgeizig"*: *"Er ist so verlogen, daß ich ihn nicht mehr sehen kann. [...] Alle Freunde und Bekannte machen einen großen Bogen um ihn! Ich bin überzeugt, daß es mit ihm ein schlimmes Ende nimmt"* (zitiert nach Jasmin Arnold).

Seinerseits ließ Wangenheim schon in Stalins "Säuberungs"-Jahr 1936 eine *"Parteiversammlung der deutschen Kommission des Sowjet-Schriftstellerverbandes"* wissen, daß er mit diesem Granach *"in schwere Differenzen gekommen"* sei, *"die auch ihre politische Seite"* hatten: was er *"seinerzeit gemeldet habe"*.

Gemeldet? Gemeldet.

Vermutlich die Folge hiervon war zunächst nur, daß sich die Produktion eines weiteren Films, den Granach für die sowjetisch maßgebliche Firma *Meshrapom* im Gedenken an Erich Mühsam, den inzwischen *NS*-ermordeten Autor seines Berliner *Novemberclubs* und anarchistischen Aktivisten der *Münchner Räterepublik*, inszenieren sollte, unerklärlich verzögerte.

An seine Lotte schrieb er damals nach Zürich: *"Ich weiß es, und ich fühle es, daß, nachdem der Faschismus meine Arbeits- und Wirkungsstätte geraubt hat – ich seit der Zeit gewachsen bin. Ich sehe und fühle vieles deutlicher und klarer. Ich bin auch kampflustiger und zuversichtlicher"*.

Er wohnte damals, nahe der Kremlmauern, in jenem Moskauer Hotel *Metropol*, in dem auch Piscator, Bertolt Brecht und Lion Feuchtwanger, viel später noch Marlene Dietrich und Michael Jackson logierten, aber auch Lenin agitiert und Stalin liquidiert hatte.

Von hier aus wirkte der arglos wartende Granach damals auch in deutschen Sendungen des *Radio Moskau* mit, publizierte er Artikel in der *"Deutschen Zentral-Zeitung"*, unterrichtete am *Institut des Jüdischen Akademischen Theaters* (das er da mitbegründen half) und hoffte vergeblich auf die zugesagte Rolle in einem nie gedrehten Film unter Erwin Piscator (mit dem gemeinsam er auch von einem deutschen Theater in der Sowjetunion träumte). Bald registrierte er, daß *"hier zwischen den lieben Deutschen große Zwietracht"* herrschte: *"Ich nenne das Emigrantenpsychose"*.

Er versuchte, ihr auszuweichen, und spielte am staatlich *Jiddischen Theater* in Kiew, das er kurzzeitig sogar leitete, abermals den Shylock:

nun vermutlich nur umso mehr so, wie sein Sohn Gerhard (1915-2011) das überliefert hat

> (der fast sein ganzes Leben in Israel verbachte und sich dort Gad nannte, Gad Granach):

"Wenn mein Vater spielte Shylock, blutete dein Herz für die ganze Judenheit. [...] Da kamst du aus dem Theater und fühltest die Tragödie des jüdischen Volkes".

Nicht weit von diesem *Jiddischen Theater Kiew* wartete er, inzwischen längerfristig arbeitslos, im dortigen *Hotel Continental* auf sein beantragtes Ausreisevisum, als er da im November (!) 1937 plötzlich als "Trotzkist" und "deutscher Spion" verhaftet wurde. (Damals wurden etwa siebzig Prozent der deutschen Immigranten, meist also Antifaschisten oder Kommunisten, unverhofft eingesperrt, gefoltert, abgeurteilt und hingerichtet.)

Auch Granach wurde in jenes Gefängnis Lukjaniwska eingeliefert (das in Kiew primär den prominenteren Häftlingen vorbehalten ist und noch seit

2011 zweieinhalb Jahre lang die ukraïnische Ministerpräsidentin Julija Tymoschenko zu seinen mitverflochtenen Insassen zählte).

Vermutlich durch Intervention Lion Feuchtwangers, den Stalin persönlich öffentlich begünstigte und kürzlich im Kreml empfangen hatte, oder auch durch die Ehefrau des damaligen Ministerpräsidenten Molotow wurde Granach nach 18tägigem Arrest auf höchste Veranlassung plötzlich freigelassen und zur sofortigen Ausreise aus der Sowjetunion ermächtigt.

Er fuhr nach Zürich, spielte im dortigen Schauspielhaus unter der Regie seines Berliner Mühsam-Inszenators Leopold Lindtberg (*recte*: Lemberger!) gleich beziehungsreich den Massenmörder Macbeth und die beiden deutschsprachigen Revolutionsdramen *"Die Weber" und "Dantons Tod"* (*in memoriam* 1931, jetzt jedoch Kortners damalige Rolle: den Danton).

Aber die Schweiz weigerte sich, sein Aufenthaltsvisum zu verlängern (wie auch, viel fataler, bei Else Lasker-Schüler und Josef Schmidt). Also reiste er im Mai 1938 aus diesem immer brisanter werdenden Kontinent (über Paris und Lissabon) strikt weiter in die *NS*- und *SU*-entlegeneren *USA*,

wo er in New York zunächst Englisch zu lernen begann. *"Hier bin ich Ringkämpfer geworden"*, schrieb er in die Schweiz: *"Jeden Tag habe ich fünf bis sechs Stunden mit englischen Vokabeln gerungen"*.

Als ein *"School of Social Research"* im Herbst 1938 für einen *"Radiosketch für Flüchtlinge"* nach radebrechenden Sprechern suchte, bewarb er sich als *"der beste Englischschlechtsprecher der Welt"*, nahm auch sonstige kleine Tingeleien an, verhandelte mit jüdischen Amateurtheatern und sah im dortigen Berufstheater den Berliner Kollegen Fritz Kortner mit einem seiner Berliner Erfolgs-Klassiker (Hebbel) in dieser Fremdsprache heillos scheitern.

Trotzdem war er da, was sein Sohn später *"furchtlos"* nannte: *"Er hatte keine Angst. Und einen ungeheuren Optimismus"*. Aus den überlebenswichtigen Anpassungen seiner Kindheit war inzwischen längst auch ein gesundes Selbstbewußtsein entstanden.

Daher folgte er nunmehr dem Angebot seiner Berliner Regisseure Leopold Jessner und Wilhelm Dieterle, die ihrem eigenen hiesigen Exil durch die Gründung einer Theatergruppe namens *The Continental Players* einen künstlerischen Sinn zu geben versuchten. In der Inszenierung Jessners (dessen *"Wilhelm Tell"* in Berlin ja 1919 mit Kortners Geßler für Furore gesorgt hatte) wollten sie diesen selben Schiller nunmehr auf Englisch und in Hollywood präsentieren. Sie taten das tatsächlich bei einer Premiere am 24. April 1939 im dortigen *"Capitan Theatre"*: mit Granach als Stauffacher, Ernst Deutsch (aus Granachs Berliner *Schauspielertheater* von 1923) als Geßler und einem Ensemble aus vielen andern radebrechend immigrierten Kollegen. Ab Juni '39 konnten sie damit sogar durch die *USA* auf Tournee gehen.

"Ich bin der am wenigsten Deprimierte zwischen den Emigranten", schrieb Granach da ins Land seines Stauffacher und Wilhelm Tells.

Aber im Publikum hatte bei dieser exotischen Schiller-Premiere auch Er*ns*t Lubitsch (* **1892**) gesessen: Granachs Kleindarsteller-Kollege aus Max Reinhardts *"Hamlet"* von 1913, seit 1922 in den *USA* und hier inzwischen gefragter Filmregisseur der einflußreichen Spitzenklasse.

Tatsächlich bot er dem ukraïnischen Flüchtling, der noch vor anderthalb Jahren im sowjetischen Kiew selbst Häftling des allmächtigen *NKWD* gewesen war, die Kinovariante eines sowjetischen Funktionärs als Filmrolle an: für fünfhundert Dollar pro Woche.

(*"Gesellschaftsfähig in Hollywood"*, schrieb er an den Zürisee, *"ist man erst, wenn man mehrere Tausender in der Woche verdient. Bei Lubitsch wird nicht eingeladen unter 5000 Wochenverdienst"*. Aber: *"Da ich eigentlich nie gern bei fojnen Leuten eingeladen war, leide ich nicht darunter"*.)

Das Drehbuch des geplanten Films stammte von drei späterhin mehrfach *oscar*-nominierten oder -gekrönten Autoren: dem galizisch gebürtigen Billy Wilder (* 1906), dem österreichischen Ufa-Flüchtling Walter Reisch (* **1903** und Autor auch von *"Maskerade"* und *"Das Haus der Lady Alquist"*) und dem *US*-Amerikaner Charles Brackett (*"Boulevard der Dämmerung"*);

die Musik schrieb der mehrfach *oscar*-nominierte Werner Richard Heymann, ostpreußisch **1896** gebürtiger Ufa-Flüchtling (auch *"Der Kongreß tanzt"* und *"Sein oder Nichtsein"*). Die Hauptrolle spielte Greta Garbo, und der Film hieß *"Ninotschka"*. Er war für Granach *"das große Los"*, wurde 1940 für vier *Oscars* zumindest nominiert, und die Garbo bekam auch wirklich einen.

Ich selbst sah diesen Klassiker erst vierzehn Jahre später, im November 1954, als Student in jenem Kölner *"Lux am Dom"*, aber ohne den hierzulande längst unbekannten Alexander Granach angemessen zu würdigen.

Der hatte hiernach in den verbleibenden fünf Lebensjahren – trotz oder wegen seines unverlierbaren Akzents – noch ganze zwanzig Hollywood-Filme mit meist respektablen Rollen gedreht: unter Regisseuren wie Alfred Hitchcock, William Dieterle (* **1893**), Henry Koster, Fritz Lang (* **1890**) oder Fred Zinnemann,

nach Drehbüchern teils von Erich Maria Remarque (* **1898**), den Anne-Frank-Dramatikern Frances Goodrich und Albert Hackett oder Bertolt Brecht *("Hangmen Also Die"*: *"Auch Henker sterben"*)

und neben Partnern wie Spencer Tracy, George Sanders, Albert Bassermann, Frederic March, Charles Laughton, Maureen O'Hara, Michèle Morgan, Alan Ladd, Paul Henreid, Ingrid Bergman, Gary Cooper, aber auch Fritz Kortner.

Ähnlich erfolgreich wie *"Ninotschka"* waren die Filme *"Wem die Stunde schlägt", "Der Glöckner von Notre Dame"* und *"Das siebte Kreuz"*.

Aber im Film *"The Hitler Gang"* durfte Granach 1944 (neben Max Reinhardts Witwe Helene Thimig, * **1889,** als Hitlers Schwester) sogar den Nürnberger Judenhasser Julius Streicher spielen.

Schnell hatte er da schon gelernt, alle solche Angebote nicht mehr professionell abzuwägen: nur noch als Überlebens-Künstler – inmitten einer gnadenlos kapitalistischen Gesellschaft. Was kam, wurde angenommen, wahllos. Als der große Filmregisseur Fritz Lang (* **1890**) ihn dort einmal fragte, ob er Geld brauche, soll er geantwortet haben: *"Ich brauche Arbeit"*.

Psychischer Bezugs- und Haltepunkt war ihm da schon seit 1934 und trotz seiner *"Weibergeschichten"* (Sohn Gad) bis zu seinem Tode, aber bis zur kriegsbedingten Postbehinderung 1942 meist nur in seinen 279 Briefen (die er stereotyp als *"Dein Neger"* unterschrieb) die eng verbundene Schweizer Schauspielerin Lotte Lieven in Rapperswil. Gad, der sie kannte, hat später bezeugt, daß sie als helvetisch blonde oder *"nordische Aristokratin"* alles besaß und verkörperte, *"was es in Galizien nicht gab"*. Granach nannte sich selbst auch einen *"zigeunerhaft hin und her Geworfenen"* und gestand *"eine ungeheure Sehnsucht nach Dingen, die sie hatte"*.

Sie ihrerseits bezeichnete ihn noch sehr viel später als *"Inbegriff menschlicher Ehrlichkeit, Gradheit, Freundschaftlichkeit und Reinheit"*.

Schon 1938 hatte er ihr aus New York nach Zürich geschrieben: *"Ich sehe von hier aus in einem Jahr oder früher Europa als einen Scheiterhaufen"*,

und noch im Juli 1941, nur fünf Monate vor Kriegseintritt nun auch seiner Fluchtburg *USA*, schrieb er da: *"Auch nach einer Nazinacht muß Tag werden. Auch nach dieser Winter-Welt muß einmal doch der Frühling kommen. Wehe denen, die nicht die Kraft haben, daran zu glauben"*.

1942, als er von den *NS*-deutschen Judenmassakern mehr gewußt zu haben scheint, präzisierte er:

"Es sieht von hier so aus, als wenn die ganze Erde ins Rutschen geraten ist. Am liebsten würde ich meinem Volk eine Morphiumspritze verabreichen, damit es endlich aufhört, zu leben und zu leiden. Hier in den Emigrantenkreisen sind alle verzweifelt, weil man den Leuten doch nicht helfen kann".

Aber als im Herbst 1943 der *US*-Immigrant Max Reinhardt qualvoll und erbärmlich in New York gestorben war, informierte Granach telefonisch sofort Elisabeth Bergner, *"und er sagte 'Wein dich aus, mein Kind'. Diesen Satz kann ich auch nicht vergessen ... "*.

1944 kehrte er dann am New Yorker Broadway auch wieder vollends zum

Theater zurück: erstmals in englischer Sprache, im antifaschistischen Bühnenstück *"A Bell for Adano"* nach der Romanvorlage von John Hersey (Pulitzer-Preis 1945), neben Frederic March, diesem Star, und mit Rollenfoto im wählerischen *"TIME Magazine"*.

Es schien geschafft: *"Ich hatte alle Jahre Arbeit"*.

Aber während er das alles in exotischem Idiom bewältigte und just die Rolle eines *NS*-deutschen Gestapo-Agenten für den Film *"Joan of Paris"* drehte (der in der Inszenierung des britischen Meisterregisseurs Robert Stevenson von fünf Piloten der *Royal Air Force* erzählt, wie sie über Nazi-Deutschland abgeschossen werden und sich nach England durchzuschlagen versuchen),

just währenddessen wurde im westukraïnischen Galizien, gut hundert Kilometer südlich des damaligen Lemberg, die lokale "Endlösung" des sogenannten Generalgouvernements von den nazideutschen Besatzern in die Wege geleitet.

Am 6. Oktober 1941 wurden in einem Walde am Stadtrand der Kleinstadt Nadwirna vermutlich zweitausend nackte Juden erschossen und nur sechs Tage später, am historisch gewordenen *"Blutsonntag von Stanisławów"*, auf dem jüdischen Friedhof des benachbarten heutigen Iwano-Frankiwsk, etwa zehntausend entkleidete Männer, Frauen und Kinder. Alexander Granach hatte in dieser zweitgrößten Stadt Ostgaliziens vor rund vierzig Jahren jenen Streik der Bäcker organisieren geholfen. Damals gab es ja hier noch viele *"Kaffeehäuser mit Musik und eine Passage, wo man sich traf, und Restaurants. Da war Fülle und Lustigkeit und lachende Begeisterung"*.

Aber bis zum 1. Dezember 1941 fanden hier und in andern galizischen Siedlungen jener Gegend zahlreiche weitere solche Aktionen mit der Massenerschießung jeweils von mehreren tausend Juden statt. Am 4. Dezember 1941 wurden im selben Oblast Stanisławów 2500 jüdische Einwohner des Städtchens Gorodenka erschossen.

Für die Überlebenden wurde in Stanisławów (*NS*-großdeutsch: Stanislau) ein streng bewachtes Ghetto eingerichtet, aus dem im März und September

1942 jeweils fünftausend "unbrauchbare" Juden ins Vernichtungslager Bełżec bei Lublin deportiert und dort ermordet wurden. Schon vorher waren bei einer sogenannten "Vergeltungsaktion" etwa tausend jüdische Ghettobewohner irgendwie zu Tode gekommen..

Anfang 1943 wurde dieses Ghetto wieder aufgelöst. Die überlebenden Insassen wurden umgebracht.

Von rund vierzigtausend jüdischen Einwohnern in diesem Stanisławów haben nur etwa hundert überlebt.

Einer davon hieß jetzt Alexander Granach und schrieb etwa gleichzeitig aus Kalifornien in eine Schweizer Villa:

"Wenn man an Europa denkt, erscheint einem die persönliche Rettung wie ein Verbrechen".

Was er da nur ahnen und befürchten, aber nicht wissen konnte: unter den Ermordeten befanden sich auch sämtliche Mitglieder der weitverzweigten Familie Gronich aus Werbiwzi im Landkreis Gorodenka, Oblast Stanisławów. Niemand von ihnen allen überlebte.

Alles das überlebte jedoch der deutsche Landwirtschaftsinspektor und Rechnungsführer Hans Krüger aus Posen. 1941/42 leitete er als 32jähriger SS-Hauptsturmführer ein Jahr lang die *Außenstelle Stanislau des Kommandeurs der Sicherheitspolizei und des SD Lemberg* mit knapp dreißig deutschen, zahlreichen hilfsfreiwilligen "volksdeutschen" Bediensteten und Mitgliedern einer ukraïnischen Miliz.

Gleich eingangs ließ dieser Krüger sechshundert dortige Akademiker – jüdische Anwälte, Lehrer, Rabbiner, Ingenieure und Ärzte – erschießen und im Walde verscharren. Es folgten die beschriebenen Massaker in Nadwirna und Stanisławów sowie weitere auch in den Nachbarorten Rohatyn, Deljatin und Kalusch. Überall erteilte dieser Krüger persönlich die fatalen "Feuerbefehle" und übernahm dann notfalls selbst sicherheitshalber die erforderlichen ”Fangschüsse“.

Schon nach etwa einjährigem Wüten wurde dieser Massenmörder wegen ”Geheimnisverrates“ und Diebstahls jüdischer Wertsachen verhaftet, zum SS-Untersturmführer degradiert und ins burgundische Chalon-sur-Saône strafversetzt,

wo ich selbst 1952 als trampender Abiturient
eine ahnungslos friedliche Nacht in der Jugendherberge verbrachte,

wo aber dieser Krüger sich nur neun Jahre vorher durch Geiselerschießungen und Brandstiftung zu rehabilitieren bemüht war

und 1947 als Kriegsverbrecher *in absentia* zum Tode verurteilt wurde.

Aber unbehelligt lebte der unverdächtigt entlassene Kriegsgefangene ganze vierzehn erste Nachkriegsjahre im münsterländischen Lüdinghausen als Großhandelsvertreter für Eisenwaren, nach ergebnislosen Bewerbungen bei Polizeidienst und Verfassungsschutz als selbständiger Bauunternehmer und seit 1960 als Bezirksleiter des ehrbaren Otto-Versandes in Hamburg. Parteipolitische Aktivitäten ausgerechnet im *Bund der Heimatvertrieben und Entrechteten (BHE)* versandeten immerhin.

Erst 1962 wurde er verhaftet, des Mordes an 24 875 Menschen bei acht galizischen Massakern 1941/42 angeklagt und 1968 vom Landgericht Münster zu einer lebenslangen Freiheitsstrafe verurteilt. Aber nach siebzehn Gefängnisjahren wurde er 1986 entlassen.

1988 starb er fast 80jährig als freier Mann im idyllischen Wasserburg am Bodensee.

Alexander Granach war da als einziger Überlebender seiner großen Sippe gleichfalls schon seit 43 Jahren tot. Er hatte gleich nach Kriegsende, das da schon unverkennbar abzusehen war, nach Berlin zurückkehren wollen, und sich an langen Abenden, die ja für Angehörige feindlicher Staaten damals bereits ab 20 Uhr mit jener Ausgangssperre begannen, als Schriftsteller erprobt. Seine Geschichten just aus jenem (inzwischen massakrierten) Cho- oder Gorodenka in jenem heimatlichen Oblast Stanisławów seiner Jugendjahre wurden nicht nur von der galizisch gebürtigen Elisabeth Bergner, sondern auch von Bertolt Brecht gelesen und ermutigend belobigt.

Aber fast 55jährig starb dieser vielseitig talentierte Mensch noch im März 1945 ausgerechnet nach einer Blindarmoperation im New Yorker *Park East Hospital,* Manhattan, an einer Lungenembolie.

Im *"Aufbau"*, einer deutschsprachigen Emigrantenzeitschrift, widmete ihm zuerst seine Landsmännin, Kollegin und Verehrerin Elisabeth Bergner einen sehr persönlich getönten Nachruf (*"Wein dich aus, mein Kind"*), dann auch sein Regisseur Leopold Jessner:

"Alexander Granach war erfüllt und geleitet von Plötzlichkeiten. Immer war er in Bewegung – immer in neuer Entwicklung. Seine Besessenheit übersprang alle Grenzen, auch die unendlich schwierige der Sprache: er spielte jiddisch, er spielte polnisch, er spielte russisch, er spielte deutsch, er spielte englisch",

und die Redaktion dieses Blattes ergänzte in ihrer Ausgabe vom 23. März 1945: *"Überall spielte er Rollen des Aufruhrs gegen die große Ungerechtigkeit"*.

Granach wurde auf dem *Montefiore Cemetery*, seit 1908 Friedhof der Juden in New York, bestattet.

Seine ermordeten Verwandten blieben allesamt ohne jedes Grab.

In einem schwedischen Exil-Verlag erschienen seine Memoiren schon 1945, aber erst postum unter dem Titel *"Da geht ein Mensch. Roman eines Lebens"*, später auch in vielen weiteren Ausgaben und Auflagen auf Deutsch und Englisch. Sie reichen von seiner galizischen Kindheit bis ins Berliner Jahr 1919 und enthalten gleich eingangs den Satz *"Ostgalizische Erde ist verschwenderisch und reich. Sie hat [...] alte verträumte Wälder und Flüs-*

se und Seen und vor allem schöne, gesunde Menschen: Ukraïner, Polen, Juden. Alle drei sehen sich ähnlich, trotz verschiedener Sitten und Gebräuche."

Nach dem Erscheinen in einem deutschen Verlage schrieb Peter Härtling:

"Sein Buch ist eine der großen deutschen Autobiographien. Es ist weise und wild, traurig und steckt voller verwandelndem Witz. Es ist klug und poetisch geschrieben und verrät nur hin und wieder etwas von der Passion, Werbowitz lebendig zu machen in Berlin, New York und Wien, davon, daß Fremde nicht Heimatlosigkeit bedeutet."

Im Vorwort seiner deutschen Hörbuch-Fassung von 2008 bekennt deren Sprecher Mario Adorf:

"Neben Joseph Roths 'Hiob' und Lion Feuchtwangers 'Jud Süß' steht 'Da geht ein Mensch' in meiner Bibliothek in der Nische der Bücher des Herzens,

Bücher, die mich mehr ergriffen und gerührt haben als alle anderen."

Aber Fritz Kortner hatte da schon fünfzig Jahre vorher in seinen eigenen Memoiren über diesen *"Danton"*-Kollegen von 1931 geschrieben:

"Gewöhnt, an taube Ohren zu appellieren, schrie er wie jemand, der zweifelt, je gehört zu werden",

und Mejlach Schejchet, Lemberger Direktor des *UCSJ* (*Union of Councils for Jews in the Former Soviet Union*), einer amerikanisch-jüdischen Organisation für Menschenrechte, erinnerte noch 2011 just in eine deutsche Fernsehkamera hinein an Granachs *"jüdische Spiritualität"*:

"er wurde ein bedeutender Schauspieler, because he played what he lived – weil er spielte, was er gelebt hatte".

Tempora mutantur

Etwa im späten 7. und 6. Jahrhundert vor unser aller Zeitrechnung, also vor guten zweieinhalb Jahrtausenden, gab es sieben kluge Männer, die zumindest in der ganzen griechisch orientierten Antike so bekannt waren, daß sie allenthalben *"Die sieben Weisen"* genannt und noch im frühen 4. Jahrhundert vor Christos von keinem Geringeren als dem großen Platon namentlich aufgelistet wurden: Staatsmänner, vorsokratische Philosophen, Juristen, Rhetoren und Verfassungsväter.

Jene Zeit scheint stolz darauf gewesen zu sein, ganze sieben Personen dieses geistigen Kalibers besessen zu haben.

Es scheint sie als sieben *Saptarishi* auch schon in der indischen Mythologie und als *Abgal*, Schutz- und Weisheitsgötter oder *"sieben Weise vor der Flut"* bereits im prähistorisch mesopotamischen Sumer gegeben zu haben. Fast sprichwörtlich gingen sie schließlich in die Kulturgeschichte des Abendlandes ein: eben als *sieben Weise.*

Diese sieben pflegten auch hinlänglichen Umgang miteinander und wurden noch 700 oder 800 Jahre nach ihrem (wahrhaftigen oder legendären) Erdenwandel von Plútarch bei einem ihrer gemeinsamen Gastmähler beschrieben.

Ihre Namen wurden bisweilen ausgetauscht oder auch ergänzt, aus den sieben wurden zeitweise sogar 22 Weise: welcher Reichtum!

Heutzutage 22 vergleichbar weise Persönlichkeiten zu einem so elitären Gastmahl einzuladen, dürfte Schwierigkeiten bereiten. Sieben erst recht.

Es dürften auch die Falschen erscheinen. Denn unter den *"Sieben Weisen"* versteht man in Deutschland heute nur noch Ökonomen: namentlich *Wirtschaftsweise*. Es sind auch nur noch fünf. Deren ganze Weisheit dürfte aus der approximativen Berechnung merkantiler Profite bestehen.

In die Liste Platons dürfte wohl keiner von denen aufgenommen werden.

Entflechtung

Der französische Mathematiker Pierre de Fermat (1601 oder -07 oder -08 bis 1665), Anwalt, Richter, rechnender Amateur von außergewöhnlichem Talent und Begründer der Wahrscheinlichkeitsrechnung, pflegte alle gefundenen Lösungen seiner mathematischen Ergründung von vermeintlichen Zufallsverflechtungen tunlichst zu verheimlichen.

Grund war hierbei vorherrschend seine Unlust, sie von Hinz und Kunz bekrittelt und diskutiert zu hören.

Der britische Wissenschaftsjournalist Simon Singh

(geboren "zufällig" an meinem 30. Geburtstag)

schreibt in seinem Buch *"Fermats letzter Satz"* (1997, deutsch 2000):

"Publikation und Anerkennung bedeuteten ihm nichts – er gab sich mit dem schlichten Vergnügen zufrieden, in aller Ruhe neue mathematische Sätze zu postulieren."

Dieses *"scheue und zurückgezogene Genie [...] weigerte sich beharrlich, seine Beweise zu veröffentlichen"*. Er schrieb nur *"Briefe, in denen er seine neuesten Sätze verkündete, ohne deren Beweis mitzuliefern. Dann forderte er seine Zeitgenossen auf, diesen zu suchen"*.

Diese Taktik, die genau an seinen großen Ahnherrn Archimédes erinnert, ersparte ihm ausführliches Ausformulieren und Nörgeleien inkompetenter Kritiker. *"Fermat verkörperte das verschwiegene Genie, das den Ruhm opferte, um nicht von den kleinkarierten Fragen seiner Kollegen belästigt zu werden"*.

Außer seinem Kollegen Marin Mersenne (1588-1648), mit dem sich dieser *"Fürst der Amateure"* sogar regelmäßig traf, war Blaise Pascal sein einziger Briefpartner. Als dieser ihn zur Veröffentlichung seiner Resultate drängte, antwortete Fermat ihm:

"Was auch immer von meinem Werk man für publikationswürdig erachtet, ich möchte meinen Namen nicht darunter sehen".

*

Schon Fermats Kollege Εὐκλείδης (Euklid) hatte jeden Kult um seine geniale Persönlichkeit in einem Maße gemieden, daß man auch heute noch lediglich v e r m u t e n kann, er habe im 3. Jahrhundert vor Christos in Alexandria gelebt. Aber seine *"Elemente"*, trotz ihrer dreizehn Bände bis ins 19. Jahrhundert hinein nach der Bibel das meistverkaufte Buch und bis ins 20. Jahrhundert hinein die Basis allen Geometrieunterrichts, hält der sehr heutige Simon Singh für das *"erfolgreichste Lehrbuch der Welt"*.

"Wie Pythagoras", weiß dieser vielfach preisgekrönte Brite, glaubte auch Euklid *"an die Suche nach mathematischer Wahrheit um ihrer selbst willen und kümmerte sich nicht um praktische Anwendungen seiner Arbeit"*.

*

Aber Gorō Shimura (Jahrgang 1930), japanisch-amerikanischer Spitzenmathematiker, hält seine eigenen revolutionären Berechnungen und Forschungsergebnisse gar für Bausteine einer *"Philosophie des Guten"*:

"Die Mathematik sollte das Gute enthalten. [...] Ich gehe davon aus, daß alle elliptischen Gleichungen gut sind. [...] Ich könnte sagen, daß diese Vermutung der Philosophie des Guten entsprang. Die meisten Mathematiker betreiben Mathematik von einem ästhetischen Standpunkt aus, und diese Philosophie des Guten rührt von meinem ästhetischen Standpunkt her".

Vergleichbares findet sich ja in der Tat auch bei Albert Einstein und Werner Heisenberg.

*

Irgendwann vermutlich zwischen 1637 und 1643 schrieb Pierre de Fermat an den Rand seiner Lektüre der *"Arithmetica"* des Diophantos von Alexandria (der irgendwann zwischen 100 vor und 350 nach Christos gelebt und gerechnet haben muß) eine mathamatisch revolutionäre Notiz, deren Beweis er aber, wie üblich, vorsätzlich schuldig blieb und die seither als *"Großer Fermatscher Satz"* und ungelöstes Problem durch die Jahrhunderte geisterte.

Viele Spitzenmathematiker scheiterten an dieser Aufgabe, bis 1993 und 1998 der damals rund vierzigjährige Andrew Wiles aus dem britischen Cambridge sie tatsächlich meisterte und damit größte Anerkennung nicht nur unter Fachkollegen fand, sondern sogar in den Medien.

> Inzwischen war er Professor für Mathematik in Harvard, Princeton, Paris und Oxford.

Für seinen Beweis der Richtigkeit jener These von Fermat benötigte Wiles acht Jahre radikalster Isolation, totaler Konzentration und den Verzicht auf alle Öffentlichkeit oder jeglichen kollegialen Kontakt. Er sprach mit niemandem über seine Suche.

Später schrieb er hierzu (in einer Übersetzung von Klaus Fritz, 1998):

"Ich mußte einfach etwas ganz Neues finden – und es ist ein Rätsel, wo das herkommt. [...]

Um auf diese Art von neuer Idee zu kommen, braucht es eine lange Zeit äusserster Hingabe an das Problem, ohne jede Ablenkung. Man darf wirklich an nichts Anderes denken – und muß sich einfach darauf konzentrieren. Und dann hält man inne. Nun kommt es offenbar zu einer Phase der Entspannung, in der das Unbewußte die Sache in die Hand nimmt, und in dieser Zeit gelingen einige der neuen Einsichten."

(Unbescheidene Parallelen zu eigenen Findungen auf ganz anderen Territorien!)

Aber Wiles fügte dann noch hinzu:

"Man kann sich nur dann wirklich über Jahre hinweg in ein Problem versenken, wenn die Aufmerksamkeit nicht zerfasert, und zu viele Zaungäste hätten sie zunichte gemacht."

*

Das, was Simon Singh in seiner Darstellung dieser rätselhaften Vorgänge *"seinen üblichen Ansatz für schwierige Probleme"* nennt, hatte Andrew Wiles selbst schon so beschrieben:

"Ich kritzle manchmal Muster oder Figuren aufs Papier. Nichts Wichtiges, eben unbewußte Krakeleien. Einen Computer benutze ich nicht."

Diesen Verzicht auf elektronische Rechner teilt er mit vielen seiner Fachkollegen, die den Computer mehrheitlich lieber meiden als benutzen. Joseph B. Keller (Jahrgang 1923), der dreißig Jahre lang in New York und vierzehn Jahre lang in Stanford ein namhafter Professor für Mathematik und Maschinenbau war, hat irgendwann vermutlich in den 1980er Jahren festgestellt, daß zumindest in seinem kalifornischen Stanford, mit dreißig Nobelpreisträgern einer der renommiertesten Universitäten weltweit, just der Fachbereich Mathematik deutlich weniger Computer besitzt und verwendet als jede andere Fakultät und sogar als die schöngeistigen Romanisten mit den Fiktionen ihrer gallischen Literatur.

Auch seinen rettenden Ausweg aus einer mathematisch scheinbar festgefahrenen Krisensituation in der Schlußphase schildert Wiles nicht als elektronisches, sondern als eher magisches Resultat:

"Plötzlich, völlig unerwartet, hatte ich diese unglaubliche Eingebung. [...] Es war so unbeschreiblich schön; so einfach und elegant. Ich konnte nicht begreifen, wie mir das hatte entgehen können."

*

Im Anschluß an diesen überraschenden Schönheitssinn eines Mathematikers verweist Simon Singh auf Johannes Kepler (1571-1630), diesen unverzichtbaren Ahnherrn aller heutigen Mathematiker und Naturwissenschaftler, und auf dessen kristallografische Ursachenforschung zur Symmetrie von Schneeflocken. Seinen Aufsatz hierüber habe Kepler 1611 *"offenbar leichten Herzens"* und *"mit seiner erstaunlichen Begabung"* geschrieben, *"tiefe*

Einsichten aus den schlichtesten Beobachtungen zu gewinnen".

Seine bahnbrechenden Untersuchungen auch zur Anordnung und Selbstorganisation von Materieteilchen basieren (ähnlich wie das Problem jener legendären These von Fermat) auf der sokratischen Bereitschaft, jeweils *"unendlich viele Möglichkeiten"* prinzipiell zuzulassen. Das eröffnete schon in früher Stunde den Weg zur sehr viel späteren Quantenphysik.

In deren Umfeld waren dann auch für Genies wie Albert Einstein und Werner Heisenberg die Kriterien von Schönheit und Einfachheit unabdingbare Beweise für Wahrhaftigkeit. Was nicht schön und einfach war, konnte auch für sie nicht stimmen.

*

Aber Andrew Wiles notierte sich nach seinem Durchbruch zu Fermats Geheimnis, als es just 350 Jahre alt geworden war, auch dies:

"Das Problem gelöst zu haben, bedeutet gewiß eine Art Verlust.

Zugleich allerdings verspürt man ein überwältigendes Gefühl der Freiheit."

"Wehe dem, der vergißt,
wie unendlich ewigkeitsträchtig
die kleinen und kleinsten Dinge sind."

Ernst Barlach, 66: Brief vom 24. November 1936 aus Güstrow
an Fritz Schumacher, 67, in Hamburg

Platon habe schon um 400 Jahre vor Christos gewußt,

" … daß das Lernen mit Hilfe des Verstandes
mehr von der Art eines Erinnerns
an ein früher besessenes, aber zur Zeit schlummerndes Wissen ist
als eine Entdeckung völlig neuer Wahrheiten".

Erwin Schrödinger, 72: *"Geist und Materie"*, 1959

"Eine merkwürdige Vergangenheit.
Eine, die nicht vergehen will, nicht gestaltlos werden will,
nicht weichen und bleichen will nach Art alles Vergänglichen,
sondern in der Gegenwart noch gegenwärtig ist,
sie bedrängt und ihr schwer zu schaffen macht,
dieser reichen, armen Gegenwart,
die die Vergangenheit nicht loswerden kann
und von der Zukunft
apokalyptisch bedroht ist."

Fritz Kortner, 67: *"Aller Tage Abend"*, 1959

"Nicht die Vergangenheit ignorieren,
sondern von ihr lernen."

Barack Obama, 55: Diskussion am 19. November 2016
mit Studenten der *Pontificia Universidad Católica del Perú* in Lima

1886

"Geburtsjahr gewisser Expressionisten,
ferner von Dirigent Furtwängler,
Bundesbruder Kokoschka,
Generalfeldmarschall von W. (†) …

England erobert Mandelay,
eröffnet das weite Tal des Irawadi dem Welthandel.
Madagaskar kommt an Frankreich;
Rußland vertreibt den Fürsten Alexander
aus Bulgarien. …

Es taucht auf:
Pithekanthropos,
Javarudimente,
die Vorstufen.
Es stirbt aus:
der kleine Vogel von Hawai,
genannt der Honigsauger.

Der deutsche Radfahrbund
zählt 15 000 Mitglieder.
1088 Wörter aus dem Faust
sollen verdeutscht werden.

Agitation der Handlungsgehilfen
für Schließung der Geschäfte an den Sonntagnachmittagen,
sozialdemokratische Stimmen
bei der Wahl in Berlin: 68 535.
Das Tiergartenviertel ist freisinnig. …

13. Auflage von Brockhaus' …
Kapitalverdoppelung
bei Schneider Creuzot, Krupp-Stahl, Putiloff." (gekürzt)

Gottfried Benn (* 1886): *"Über mich selbst"*, 1956

Gebeutelte Neunziger 6:

"Danton" 1931 – König Ludwig XVI. – Ernst Stahl-Nachbaur

Doch jenen Louis XVI oder König Ludwig XVI., der von seinem rebellierenden Volke gestürzt und verurteilt, im Januar 1793 gar enthauptet wurde,

als die westfälischen Vorfahren meiner eigenen Großmutter väterlicherseits kurze fünf Monate zuvor, knapp noch zu Lebzeiten dieses letzten Bourbonen, im August 1792 von Kaiser Franz II. in Wien geadelt worden waren: fast als dessen erste, aber zugleich eine letzte Nobilitierung durch die Habsburger auf dem Kaiserthron des *Heiligen Römischen Reiches Deutscher Nation* (die allerletzte soll im November 1802 einem *"Ehrenbürger der Französischen Revolution"* gegolten haben: Friedrich Schiller – jene ganze Aristokraten-Ära neigte sich deutlich ihrer Götterdämmerung entgegen,

denn die Ahnen meiner Großmutter mütterlicherseits, genuin vermutlich Böhmen, schließlich aus der Lausitz in Livland zugewandert und dort inzwischen als Literatenfamilie zur Elite des Landes gehörend, erhielten erst 1840 ihr erbliches, aber nur noch zaristisch russisches Adelsdiplom),

jenen letzten französischen Bourbonen-König und sechzehnten Ludwig also spielte im *"Danton"*-Film von 1931 Ernst Stahl-Nachbaur (**1886**-1960).

Eigentlich hieß er Ernst Julius Emil Guggenheimer und war Sohn einer traditionsreichen bayerischen Familie:

sein Großvater Joseph Guggenheimer gründete 1872 mit seinen Brüdern Eduard und Moritz Guggenheimer (einem prominenten Münchner Kommerzienrat, Kommunalpolitiker, Handelsrichter und Aufsichtsratsvorsitzenden der Brauerei *Löwenbräu*) das Bankhaus *Guggenheimer & Co.*, seit **1892** *Bayerische Vereinsbank,* seit 1998 *Bayerische Hypotheken- und Wechselbank;*

Ernsts Vater Emil Guggenheimer,

Sohn jenes Josef, heiratete in erster Ehe eine Tochter des bayerischen Operntenors, Uraufführungs-Stolzing und Hofkammersängers

Franz Innozenz Nachbaur

(dessen Sohn Franz Nachbaur jun. Schauspieler, später auch Intendant des Landestheaters Meiningen,

dessen anderweitiger Enkel Eduard Brücklmeier (* **1903)** aber Diplomat und 1944 hingerichteter *NS*-Widerstandskämpfer wurde: Geflechte!);

Vater Emil also konvertierte anläßlich dieser Eheschließung mit Fräulein Nachbaur vom Judentum zum Katholizismus und ergriff selbst den respektablen Beruf eines Staatsanwalts, dann Richters am Landgericht München,

von dem ich mich selbst ein rundes Jahrhundert später in Gestalt einer chauvinistisch oder feministisch befangenen Richterin anläßlich meiner Klage gegen ein heimisch zwielichtiges Tourneetheater zu faulem und juristisch peinlichem Vergleich zumindest genötigt fühlte.

Nach der Scheidung von seiner ersten Ehefrau, Ernsts Mutter, duellierte sich jener Richter Guggenheimer mit dem Belgischen Generalkonsul Ludwig Steub um dessen Ehefrau, die er später (nach viermonatiger Festungshaft eben deshalb) heiratete. Aber im Königlich-bayerischen Staatsdienst war er nach solcher Affäre nicht länger tragbar und wechselte daher **1903** als Syndikus, später auch Vorstandsmitglied zur ***M****aschinenfabrik* ***A****ugsburg-***N***ürnberg* (*MAN*) von 1758: ging also unbeschadet "in die Wirtschaft".

Als Französischer Konsul (1910) und Bayerischer Kommerzienrat (1914) war er seit 1916 in Berlin ansässig und 1919/20 bei den vielgeschmähten und folgenschweren Friedensverhandlungen von Versailles Mitglied der gesamtdeutschen Delegation, insofern also mitschuldig an den späteren Katastrophen im Schlepptau jener Vereinbarungen und ihrer vermeintlichen Demütigungen eines ganzen Verlierervolkes.

Ab 1921 war Vater Guggenheimer Reichskommissar für den Wiederaufbau der kriegszerstörten deutschen Gebiete und ehrenamtlich Präsident der *"Reichsrücklieferungskommission"*, außerdem Vorstandsmitglied im *Reichsverband der Deutschen Industrie* und insofern ein dezidierter und strikt konservativer Gegner von Arbeiterbewegung und Angestelltengewerkschaft.

Bei alledem war es wohl kein Wunder, daß dieser arrivierte Jude seinen Sohn Ernst für eine ehrbare Bayerische Offizierkarriere im *Bayerischen Infanterie-Leibregiment* bestimmte und **1904** den eben Achtzehnjährigen in die Münchener Kadettenanstalt schickte. Das aber war ein folgenschwerer Fehler dieses sonst so weitsichtig disponierenden Vaters.

Denn ausgerechnet dort nahm Kadett Ernst an einem Laienspiel dieser Soldatenschule teil, die *"Wallensteins Lager"* vom damaligen Nationalpoeten Schiller aufzuführen riskierte,

das auch in meinem eigenen Literatur- und Theaterleben eine Art Sockel bildet:
als vermutlich allererste Kindheitserinnerung noch im estnischen Tartu.
Dort war mein Vater (* **1904**, als die Münchner Kadetten das just spielten)
zehn Jahre lang Lehrer für Deutsch und Geschichte, aber auch "Inspektor" oder
Stellvertretender Direktor am *Deutschen Neuhumanistischen Gymnasium*
und unterfing sich da 1935, mit seinen Schülern just *"Wallensteins Lager"*
in ganzer Länge, *"flottem Tempo"* und *"realistischem Stil"* zur Aufführung zu
bringen: nicht direkt in eigener Regie, aber als eine Art Intendant oder Produzent.
Hiervon weiß ich nur, daß wochen-, eher monatelang Wallensteins Probenprobleme
auch unser ganzes häusliches oder familiäres Leben dominierten.
Denn es war das erste – und letzte – inszenatorische Unterfangen
im fast neunzigjährigen Leben meines sonst nicht allzu musischen Vaters.
Aber damals erfuhr ich tatsächlich durch ihn schon in meinem zweiten Lebensjahr,
wie früh ein Kind schon mithört und wie existentiell, wie unentbehrlich
Theater sein kann – oder ist.

In Schillers Genrebilde dieses dramatischen Vorspiels aus dem Soldatenleben des *Dreißigjährigen Krieges* gibt es *"vor der Stadt Pilsen in Böhmen"* ein Biwak mit dem uferlosen Geflecht und Gewimmel verrohter und enthemmter *"Soldaten von allen Farben und Feldzeichen"* jenes barbarischen Vielvölkergemetzels.

In solcher Statisterie also einer militärisch brutalisierten Vermassung läßt Autor Schiller eine einzige profilierte Rolle figurieren: einen Mönch jenes franziskanischen Bettelordens der "Kapuziner". Dieser Wanderprediger bläst hier einer verwahrlosten Soldateska der Gegenreformation als Moralist den Marsch: mit jener Kapuzinerpredigt, die seit diesem Schiller-Drama zur deutschen Redewendung wurde.

Noch 2012 habe ich selbst diese rhetorische Kunstform in meinem Buch *"Alexanderkuchen. Kaleidoskop '21"* von "Moritz Pirol" zum dramaturgischen Leitmotiv eines ersten afrikanischen Papstes (im Gefolge Barack Obama's) gemacht.

Aber mit solcher Strafpredigt nach Art des barocken Sprachschöpfers, Seelsorgers und Volkserziehers Abraham a Santa Clara ruft Schiller hier nicht nur alle Verlotterten zur Ordnung, sondern bezichtigt auch gnadenlos die jeweils schuldige Obrigkeit:

"Aber wie soll man die Knechte loben,
Kömmt doch das Ärgernis von oben!
Wie die Glieder, so auch das Haupt!
Weiß doch niemand, an wen der *glaubt!"*

Wer immer mit solchen Schiller-Versen diese Episodenrolle inmitten austauschbarer Kriegsleute spielt: sie macht Effekt und garantiert Erfolg.

Bei jenen Münchner Kadetten von **1904** spielte sie der junge Ernst Guggenheimer. *"Meine schauspielerische Begabung"*, hat er später berichtet, *"wurde schon gelegentlich einer Kadetten-Aufführung von 'Wallensteins Lager' entdeckt, in der ich den Kapuziner gab"*.

Er meinte, sie vor allem selbst zu entdecken, und beschloß, statt Offizier doch sehr viel lieber Schauspieler zu werden. Noch im selben Jahr **1904** ging er nach Dresden und nahm dort kurzer Hand Schauspielunterricht bei einem gestandenen Theatermann: dem Vater des späteren Wuppertaler Kriegs- und Nachkriegsintendanten Erich Alexander Winds,

also einem meiner eigenen dortigen Vor-, Vorgänger.

Aber sein eigener Vater "*gab jeden Verkehr mit dem Komödiantensohn auf*" und blieb ein rundes Jahrzehnt lang unversöhnlich.

Da jedoch hieß dieser Sohn, der schon **1905** im Comoedienhaus (oder Scheunentheater) Hanau seine Schillerpraxis gleich mit dem Ferdinand in "*Kabale und Liebe*" besiegelte, schon längst nicht mehr Guggenheimer, sondern Ernst Stahl-Nachbaur.

Seine schauspielerischen Anfänge in der Theaterprovinz absolvierte dieser "Jugendliche Held" acht Jahre lang in Stralsund, Neustrelitz, Lübeck und Straßburg. Durch Vermittlung des großen Kollegen Albert Steinrück gelang ihm 1913 schließlich der Sprung an die *Kammerspiele* im heimatlichen München. Erst da, "*als ich mich durchgesetzt hatte*", schmolz das väterliche Eis und "*söhnten wir uns wieder aus*".

Aber da brach der *Erste Weltkrieg* aus. Auch Juden und "Halbjuden" meldeten sich damals freiwillig zur Verteidigung ihres deutschen Vaterlands. Auch Ernst Guggenheimer. Aber schon 1916 gelang es ihm irgendwie, den Soldaten wieder in einen Schauspieler, diesmal an derselben *Neuen Wiener Bühne* zu verwandeln, zu der sich ja auch der italienische Kriegsgefangene Alexander Granach damals geflüchtet hatte.

Noch im Kriege, schon 1917, drehte er von Wien aus seinen ersten Stummfilm in Berlin: "*Das Geschlecht der Schelme*" neben dem Produzentenpaar Frederic Zelnik aus Czernowitz und Ly Mara aus Riga in den Hauptrollen und unter dem österreichischen Drehbuchautor und Regisseur Alfred Halm.

Jetzt war er in Berlin: von 1918 bis 1921 auch als *Jugendlicher Held und Liebhaber* an der dortigen *Volksbühne,* wo er gleich Anfang September 1918, noch mitten im Finale von Weltkrieg und Kaiserzeit also, in Ludwig Bergers Eröffnungs-Inszenierung der Kayßler-Ära mit der Uraufführung von Karl Lebrecht Immermanns mythischem "*Merlin*" von 1832 in der Rolle des Satan an erster Stelle des Personenzettels einen Schauspielerreigen eröffnete, der außer ihm auch noch Friedrich Kayßler, Jürgen Fehling, Helene Fehdmer, Gustav von Wangenheim und Johanna Hofer [= Fritz Kortners spätere Ehefrau] nennt.

Schon einen Monat später stimulierte er in Shakespeare's *"Maß für Maß"*, wieder unter Ludwig Berger, den maßgeblichen Rezensenten Siegfried Jacobsohn in seinem *"Jahrbuch der Bühne"* zu dieser Beachtung:

"Da ist Ernst Stahl-Nachbaur, eine eherne Stimme, ein männlicher Schritt, ein festes Auge, ein adliger Schwung".

An dieser *Volksbühne* spielte er dann auch wieder Schiller, wieder den Ferdinand in *"Kabale und Liebe"*, aber in Inszenierungen des neuen *Volksbühnen*-Direktors Friedrich Kayßler auch in *"Wilhelm Tell"*, in Tschechows *"Kirschgarten"* (den neureichen Geschäftsmann Lopachin neben Lucie Mannheim und dem Schauspieler Jürgen Fehling, die ja hierbei, hätte Augenzeuge Stahl-Nachbaur bezeugen können, zusammenfanden).

Aber im Theaterwinter 1921/22 gastierte damals in russischer Sprache auch Stanislawskijs weltberühmtes *Moskauer Künstlertheater* mit seinem legendären *"Kirschgarten"* von **1904** in Berlin. Der mäkelige Alfred Kerr fand ihn *"schlechthin wundervoll"*: *"Alles herrlich, herrlich, herrlich."*

Doch seine Rezension im *"Berliner Tageblatt"* vom 4. Januar 1922 zog dann wahrhaftig noch meinen eigenen Großvater (dem Kerr ja vor fast neunzehn Jahren ein paar Tage lang in Palästina begegnet war) namentlich zum Vergleich mit dieser großen, großen Stanislawskij-Aufführung heran und behauptete wörtlich:

"Pastor Hansen, Deutscher aus Baltenland, sagte mal zu mir unter einem fernen Sykomorenbaum beim Toten Meer: er möchte trotz der Liebe zum Deutschtum nicht im Deutschen Räich wohnen – weil man in Rußland so schön ein bräites Leben führe./ Davon [...] schimmert hier Entzückendes; Haftendes".

Aber wußte Kerr, als er in dieser selben Rezension von 1922 auch den russischen *"Niedergang durch Schlappheit, Gehnlassen, Mistfaulheit"* erwähnte, der zur *"verzwanzigfachten Tatwucht von Ausnahmgestalten, lies: der Lenin-Trotzki"* führte – wußte er da, daß seine palästinensisch deutschlandskeptisch zitierte Reisebekanntschaft als deutscher Geistlicher just wegen sträflicher *"Germanophilie"* bei Kriegsausbruch von **1914 bis 1917** eine zaristische Verbannung 300 Kilometer nördlich von Tomsk in den sibirischen Ortschaften Togur und Kolpaschewo am Ob überstanden hatte und **1919** eine bolschewistische Verhaftung mit Hinrichtungsbefehl, der nur durch politischen Zufall nicht ausgeführt werden konnte:

bräites Leben?

Ernst Stahl-Nachbaur jedoch spielte damals in der Berliner *Volksbühne* auch in Strindbergs *"Nach Damaskus"* (neben Direktor Kayßler), unter Oberspielleiter Paul Legband (später gleichfalls Intendant in Wuppertal) die Hauptrollen in Georg Kaisers *"Gas"* (wieder neben Lucie Mannheim und Jürgen Fehling) und *"Bürger von Calais"*, weitere Charakterrollen in Kleists *"Penthesilea"* (neben Adele Sandrock und Heinz Hilpert), unter dem alternden Guido Herzfeld noch in *"Gyges und sein Ring"* und *"Der Richter von Zalamea"*, aber unter dem Nachwuchsregisseur Jürgen Fehling gleich in dessen allererster Inszenierung 1919 neben Lucie Mannheim die große Rolle des Kanzlei-Exekutors Eierkuchen in Gogols genialer Komödie *"Die Heirat"* und 1921 in Fehlings *"Antigone"* des Sophokles neben Lucie Mannheims Ismene immerhin den Thebanerkönig Kreon:

lauter Hoch- und Höchstkarätiges also.

Hiernach wechselte auch Stahl-Nachbaur ans Berliner *Staatliche Schauspielhaus* (wo er solche Böslinge wie 1922 unter Leopold Jessner den Herzog Alba in Schillers *"Don Carlos"* und 1924 unter Fehling den Lustknaben Gaveston in Bertolt Brechts *"Leben Eduards des Zweiten"* spielte),

im selben Jahr noch zu Victor Barnowsky (*Deutsches Künstlertheater* und *Lessingtheater),* seit 1925 auch an dessen *Theater in der Königgrätzer Straße* (das heutige *Hebbel-Theater*) und "Kortners" Berliner *"Tribüne"*.

Anfang 1926 wieder im *Staatstheater*, spielte er hier unter Jürgen Fehling, neben Kurt Gerron (in Auschwitz ermordet) und ganze vierzehn Jahre vor Chaplin's *"Großem Diktator"* den General a. D. von Stahlfaust in der *Deutschen Erstaufführung* jener visionären Satire auf einen rassistischen Friseur, der zum "*Führer einer nationalistischen Massenbewegung gegen die Weimarer Republik"* (Hensel) und so zum Protagonisten einer Komödie wird, die Ernst Toller (* **1893**) als politischer Häftling 1923 in bayrischer Festungshaft schrieb: *"Der entfesselte Wotan"*

und die ich selbst 35 Jahre später, im Frühjahr 1961,

am *Stadttheater Pforzheim* inszenieren und mit der Einblende
eines ersten selbstgedrehten Filmchens anreichern durfte
(ohne natürlich damals schon zu ahnen, was *Multimedia* oder *crossing over* ist)

und die ich im Herbst 1969 auf sehr viel höherem Niveau
und leider noch sehr viel aktueller in meinen Kölner Spielplan aufnahm,

aber 1927/28 war Stahl-Nachbaur unter Erwin Piscator im *"Theater am Nollendorfplatz"* der sowjetische Politiker Alexander Kerenskij im *"Rasputin"* von Alexej Tolstoi und zwischendurch (1926/27) als Gast auch noch Gerhart Hauptmanns Dorfpastor Angermann unter Max Reinhardt im Wiener *Theater in der Josefstadt*, Gast dann auch noch im *Zürcher Schauspielhaus.*

Seit Weihnachten 1928 jedoch spielte er eine Hauptrolle im Berliner *Deutschen Künstlertheater*, später (ab 1935) *Kleinem Hause* des *Staatstheaters* unter Gründgens in der damals *Nürnberger*, heute *Budapester Straße* des Berliner Tiergartenviertels. 1928 war dieses Theatergebäude mit seinen gut tausend Sitzplätzen (1943 zerbombt, 1963 gesprengt und seit 1983 durch eine Kreditbank ersetzt) vakant und wurde, nach Londoner Vorbild, vom britischen Thriller-König Edgar Wallace angemietet, um dort eine Dramatisierung seines Kriminalromans *"The Squeaker"* von 1927 auch für Deutschland zu starten. Hierzulande hieß dieses Londoner Erfolgs-Stück *"Der Zinker"* und wurde 1931 mit Karl Ludwig Diehl (* **1896**) und Paul Hörbiger, 1963 mit Günter Pfitzmann, Heinz Drache und Klaus Kinski verfilmt.

Aber im Berliner Theater-*"Zinker"* von 1928 spielte also Ernst Stahl-Nachbaur die Titelrolle. *"Der Zinker ist ein Schuft, der Andre periodisch an die Polente verpfeift"*, schwärmte der anspruchsvolle Oberstaatsanwalt Alfred Kerr prophetisch: *"Ein Hehlergenie. Heiratsschwindler, obendrein. Der schofle Brutalist, der. / Schon ist er, Stahl-Nachbaur, im Begriff, seine Gattin durch Gift zu killen [...], zu bigamieren, zu trigamieren ... "*.

Einen solchen Zinker, Denunzianten, Mörder und *womanizer* also spielte dieser Stahl-Nachbaur auch noch 1929 im *Deutschen Künstlertheater*: familiäres Nachbeben, grollendes Wetterleuchten? Denn Kerr lobte an diesem

"Zinker" durchaus auch dessen *"Kinotechnik im Sprechdrama"*, eine dramaturgische Rückblende oder Zeitverflechtung also: *"Der erste Fall davon"*.

Aber schon seit 1925 wurde Ernst Stahl-Nachbaur gern auch im neuen Medium des Berliner Rundfunks beschäftigt und bewährte sich da gleichfalls.

Parallel zu alledem erblühte die junge Filmindustrie und holte sich diesen gut beschäftigten Theater- und Radiomimen immer häufiger auch für ihre Kinozwecke vor ihre Kameras und Mikrofone. Zwischen seinem dortigen Einstand 1917 und dem nahenden Einschnitt von 1933 scheint er für rund sechzig Filmrollen angeheuert worden zu sein, von denen 45 noch stumm waren: anfangs noch häufig Hauptrollen, bisweilen sogar Titelrollen (*"König Nicolo"* mit Tilly Wedekind 1919 und *"Johannes Goth"* neben Werner Krauß 1920), später auch mittlere oder kleine. Bei einer Kunstform, die noch auf der Suche nach sich selbst war, wohl aber schon nach Drehtagen honorierte, scheint keiner ihrer Darsteller allzu wählerisch gewesen zu sein.

Trotzdem entstanden da außer vielen Belanglosigkeiten auch solche Filmlegenden wie Murnaus (verlorener) *"Satanas"*, Fritz Langs *"M – eine Stadt sucht einen Mörder"*,

den ich selbst erstmals 1953, einen Tag nach meinem 19. Geburtstag, in einem Marler Kino sah, das damals noch unverfroren *GERMANIA* hieß,

auch Erik Charells *"Der Kongreß tanzt"* und *"Der träumende Mund"* mit Elisabeth Bergner. Immer war da auch Stahl-Nachbaur mit dabei: als italienischer Renaissance-Fürst, Berliner Polizeichef, Napoleon oder Schupo: immer als gestandene, gediegene Respektsperson.

Seine vermutlich wichtigsten Filmregisseure waren von 1917 bis 1932 immerhin auch Kinolegenden wie Robert Wiene, Paul Legband, Friedrich Wilhelm Murnau, Reinhold Schünzel, Wilhelm Thiele, Erich Waschneck, Hans Steinhoff, Georg Jacoby, Leo Mittler, Karl Hartl, Alexander Korda, Richard Eichberg und Paul Czinner, aber schon 1920 einmal auch er selbst (*"Der siebente Tag"* mit Carola Toelle und Adele Sandrock), namhaft gebliebene Filmpartner unter vielen anderen auch Alexander Moissi, Fritzi Massary, Conrad Veidt, Pola Negri, Eduard von Winterstein, Rudolf Forster, Albert Bassermann, Kurt Gerron († in Auschwitz), Trude Hesterberg, Marlene Dietrich, Willi Forst, Erik Ode, Veit Harlan, Elisabeth Bergner

und natürlich, auch wiederholt und vorher wie nachher, die Kollegen Fritz Kortner, Gustav von Wangenheim und Gustaf Gründgens aus ihrer aller *"Danton"* von 1931.

Aber schon zwei Jahre vorher, 1929, hatten sie alle sich da zur theaterhistorisch legendären "Gedächtnisfeier" für Stahl-Nachbaurs frühen Gönner und ihrer aller verstorbenen großen Kollegen Albert Steinrück im Schauspielhause des *Staatstheaters am Gendarmenmarkt* getroffen:

zu jener einmaligen Sonder- und Nachtvorstellung von Wedekinds *"Marquis von Keith"* mit galaktisch anmutender Besetzung in denkbar allerhöchster Qualität und Prominenz

und auch mit Ernst Stahl-Nachbaur inmitten einer "Statisterie" aus exklusiv film- und theatergeschichtlich unvergeßlichen Namen. Kurze vier Jahre später hätte er (wie auch mancher sonst aus dieser uniken Besetzung) unmöglich noch zu diesem erlauchten Kreise dazu gehört:

ab 1933 nämlich!

In diesem Jahr drehte er schon keinen einzigen Film mehr. Vermeintlich besonders geschickt, wich er 1932/33 in eine Diaspora auf halbem Wege bereits nach Asien aus: in einen Vertrag als Regisseur und Schauspieler am städtischen *Neuen Schauspielhaus* im berlinisch hinterwäldlerischen Königsberg. Aber auch in diesem Versteck war er vor Verfolgung nicht mehr sicher. Nur nach einer einzigen Spielzeit wurde er dort aus "rassischen" Gründen entlassen: als "Halbjude"!

Vorläufig konnte er nur noch in Privattheatern arbeiten: so im Frankfurter *"Neuen Theater"*, im Berliner *"Theater in der Stresemannstraße"* (heutigen

1933

Januar 1933: Hitler ist Reichskanzler geworden! Das Theater versank in Depression.

Ich glaubte an die Prophezeiung meiner Freunde, dieser Spuk würde rasch vorübergehen, Hitler könne rein wirtschaftlich das nächste halbe Jahr nicht überstehen, und so nahm ich meine Ausbootung [als Regie-Assistent der Berliner *Volksbühne*] im *Juli 1933 gelassen zur Kenntnis.*

Aber wer wollte schon jemand engagieren, der verdächtigerweise gerade zu diesem Zeitpunkt entlassen worden war und der sich hartnäckig weigerte, seinen 'Ariernachweis' zu erbringen, weil er das für menschenunwürdig hielt. So saß ich auf der Straße.

Von der geringen Arbeitslosenunterstützung konnte ich nicht leben, also suchte ich mir Nebenverdienste. Ich war Tapezierergehilfe, Reklamezettelverteiler, Sandwichman, Mietwagenchauffeur und sogar Hilfsbademeister im Strandbad Wannsee, wo ich an dienstfreien Tagen auch Strandkörbe vermietete, saure Gurken und Eis verkaufte. Gute Freunde gaben mir von ihrem mitgebrachten Essen ab und versorgten mich mit abgelegten Kleidungsstücken.

Es war eine glückliche Zeit, abseits der politischen Schrecknisse, die sich aber auch im Freibad bemerkbar machten. SA-Leute, die uns terrorisieren wollten, wurden in ihren Badehosen, die natürlich braun sein mußten, verprügelt und hinausbefördert. Das hatte eine Strafexpedition der SA zur Folge, in deren Verlauf der verfolgte Strandbaddirektor, ein SPD-Mann, zum Jagdgewehr griff und sich das Leben nahm.

Eines Abends erschien am Abendbrotstisch der benachbarten Laubenkolonie 'Pflaumenkuchen' ein Herr Goebbels als Wanderprediger, wurde aber mit unserer Widerrede nicht fertig.

Immer wieder Schatten der braunen Gegenwart.“ [leicht verkürzt]

Boleslaw Barlog (1906-1999): *”Theater lebenslänglich“*, 1981

Hebbel-Theater, damals noch kurzfristig unter dem emigrierenden Victor Barnowsky). Aber die Anzahl der privat betriebenen Theater reduzierte sich schon drastisch.

Gleich 1933 trat er daher vorsorglich *"einer nationalsozialistischen Betriebsorganisation"* bei: welcher auch immer.

1935 oder '36 wurde er von Hans Wölffer, dem Patriarchen einer Berliner Boulevarddynastie, ins *Komödienhaus* am Schiffbauerdamm eingeladen: aber nur als Co-Regisseur des Übersetzers und Hauptdarstellers Curt Götz, neben dem er zugleich auch eine Rolle spielen durfte: Almosen also oder Ausbeutung?

Denn 1934 war er schon aus der neu installierten *NS-Reichstheaterkammer*, einer Unterabteilung der *NS-Reichskulturkammer* zur Gleichschaltung dieser ganzen Branche, ausgeschlossen worden. Fast automatisch folgte da seine Aussperrung aus der parallelen *NS-Reichsfilmkammer*.

Zwar bekam er seit 1934 von einzeln verbliebenen privatwirtschaftlichen Filmproduzenten gelegentlich wieder Kinorollen angeboten, aber vorsichtig und immer seltener. In jenen ersten *NS*-Jahren wirkte er von 1934 bis 1938 insgesamt in nur noch vier Filmen mit (nach jenen sechzig vorausgegangenen von 1917 bis 1932): jeweils einen Offizier, Verteidiger, Frauenarzt und weiteren Akademiker mit unübersehbar schrumpfendem Rollenumfang,

meist schon unter *NS*-obrigkeitshörigen oder -genehmen Regisseuren wie Robert A. Stemmle, Erich Waschneck, Gustav Fröhlich und Anton Kutter,

aber mehr und mehr im Schatten von Star- Kollegen wie Gustav Fröhlich, Bernhard Minetti, Gustav Dießl, Willy Fritsch, Olga Tschechowa (häufig Hitlers Tischdame) und andern Favoriten der *NS*-marktbeherrschenden *Ufa*-Clique.

Warum emigrierte er nicht? Keine Ahnung. Unterschätzte auch er die Nazis?

Vielleicht weil es ihm 1936 immerhin noch gelang, im Berliner *Schiller-Theater*, damals schon interimistisch unter Görings Fuchtel im Besitz der

1933

"Güstrow, 11. April 1933

Die frisch gewordene Weltepoche bekommt uns nicht,

mein Kahn sinkt und sinkt immer rapider, die Zeit ist abzusehen, wo ich ersaufe, dieselbe Zeit ist mir nicht grün, ich passe ihr nicht in den Kram, ich bin nicht national aufgeputzt, unvölkisch frisiert, Lärm erschreckt mich, statt zu jauchzen, je wütender das 'Heil' dröhnt, statt römische Armgesten zu vollziehen, ziehe ich den Hut in die Stirn.

Ich habe nur Furcht vor dem Einen, mürbe und kleinmütig zu werden,

angepaßt zu werden."

Ernst Barlach (1870-1938): Brief vom 11. April 1933 aus Güstrow an den Verleger Reinhard Piper in München

"Reichshauptstadt", das Schauspiel *"Der andere Feldherr"* von Hanns Gobsch

(* **1893** und im *Ersten Weltkrieg* erst schwer verwundet, dann Generalstabsoffizier)

zu inszenieren und selbst in diesem Drama um die inzwischen chauvinistisch glorifizierte Schlacht von Tannenberg **1914** neben Heinrich George und Eduard von Winterstein eine Hauptrolle zu spielen.

Wertete ihn das etwa bei den neuen Machthabern auf? Wohl kaum.

Aber im Herbst 1937 tauchte scheinbar eine Rettung auf. Denn das privat geführte *Theater am Kurfürstendamm*,

auf dessen Bühne ja nur gute zwanzig Jahre später auch die Uraufführung meines eigenen dramatischen Erstlings, *"Der Paternoster"*, stattfand und mir immerhin eine Nominierung für den *Gerhart-Hauptmann-Preis* eintrug,

dieses *Theater am Kurfürstendamm* also bot Ernst Stahl-Nachbaur eine Rolle abermals neben Heinrich George an: im komischen Volksstück *"Der kluge Mann"*, das der dänische Drehbuchautor Paul Sarauw (* 1883) über liebenswerte Wunderheiler und strikte Schulmediziner geschrieben hatte. Der Erfolg war groß.

Denn **Heinrich George** (* **1893**),

mit dem Stahl-Nachbaur ja auch schon in jener atemberaubend überbesetzten Benefiz-Vorstellung für Albert Steinrücks bedürftige Witwe Lissi auf der Bühne des *Staatstheaters am Gendarmenmarkt* gestanden hatte,

wurde am 30. Januar 1937 von *NS*-Gnaden *"Staatsschauspieler"* und schon Anfang Februar 1937 als nächster Intendant des Berliner *Schiller-Theaters* nominiert. Dessen Charlottenburger Gebäude sollte auf Hitlers persönlichen Vorschlag in Reichsbesitz übernommen, umgehend umgebaut und ab 1. März 1938 einer *NS*-genehmen Leitung unterstellt werden: George.

Aber beiden Seiten war nicht sehr wohl dabei.

Obwohl damals Hitler – selbst ja Jahrgang **1889** – und sein "Kultur"-Minister Goebbels – Jahrgang **1897** – diesen weiland Kriegsfreiwilligen (der schon 1915 schwer verwundet worden war) mit guten Gründen für einen verkappten Kommunisten hielten, den sie anfangs kalt zu stellen, am *Staatstheater* auf ein Viertel seiner bisherigen Monatsgage herabzusetzen und mit einer Nichtverlängerung seines dortigen Vertrages dienlichst einzuschüchtern unternommen hatten,

war ihnen seine künstlerische Potenz und Popularität als beliebte Theater- und Kino-Ikone inzwischen doch gerade recht, um ihn nunmehr als Galionsfigut der *NSDAP* zu mißbrauchen. Denn *"alle Leute kannten George"*, hat sein späteres Ensemblemitglied Will Quadflieg noch viel später bezeugt: *"Überall liefen seine Filme. Er war der bekannteste und populärste Theatermann jener Tage"*.

George selbst, der im Frühjahr 1937 von dieser geplanten Ernennung gehört haben mag, brach im November 1937 mit medizinisch rätselhaften, aber lebensbedrohlichen Magenblutungen zusammen, die erst nach dreiwöchig stationärer Behandlung kuriert werden konnten und psychosomatische Ursachen haben mochten.

Doch trotz gravierender eigener Vorbehalte gegen diese anbefohlene Personalentscheidung ließ Goebbels am 9. März 1938 seinen "Reichsdramaturgen" Rainer Schösser als *"Leiter der Abteilung Theater beim Reichsminister für Volksaufklärung und Propaganda"*

Georges Ernennung zum Intendanten des *Schiller-Theaters* endlich auch rechtsverbindlich bestätigen: nun war der es also tatsächlich! Ehefrau Berta Drews, die in jenem dänischen *"Klugen Mann"* im *Kurfürstendamm-Theater* noch mitgespielt hatte

und mit der ich selbst sehr viel später wiederholt, 1955 und 1970,

1937

"Die Jahre vor dem Zweiten Weltkrieg sind mir immer als eine Zeit unendlicher Einsamkeit erschienen. Das nationalsozialistische Regime hatte sich so weit verfestigt, daß an eine Besserung der Zustände von innen her nicht mehr zu denken war. Zugleich hatte sich unser Land von der anderen Welt immer weiter isoliert, und es war deutlich zu spüren, daß sich nun im Ausland die Gegenkräfte zu formieren begannen. Die militärischen Rüstungen steigerten sich von Jahr zu Jahr, und es schien nur noch eine Frage der Zeit, wann diese organisierten Mächte zu einem gnadenlosen Kampf antreten würden, der durch keine Völkerrechtsbestimmung, Kriegskonvention oder moralische Hemmung mehr gemildert werden könnte.

Dazu kam die Vereinsamung des Einzelnen in Deutschland selbst. Die Verständigung unter den Menschen wurde schwierig. Nur im engsten Freundeskreis konnte man ganz frei sprechen. Allen anderen gegenüber verwendete man eine vorsichtige, zurückhaltende Sprache, die mehr verschleierte als mitteilte. Das Leben in dieser Welt des Mißtrauens war mir unerträglich.

So erinnere ich mich an einen grauen, kalten Vormittag im Januar 1937, an dem ich auf den Straßen der Leipziger Innenstadt Winterhilfsabzeichen zu verkaufen hatte. Auch eine solche Tätigkeit gehörte zu den Demütigungen und Kompromissen, die man in jener Zeit zu ertragen hatte. Ich war, während ich mit der Sammelbüchse umherging, in einem Zustand völliger Verzweiflung. Nicht wegen der verlangten Geste der Unterordnung, die mir unwichtig schien,

sondern wegen der völligen Sinn- und Hoffnungslosigkeit dessen, was ich tat und was sich um mich herum abspielte … ." [leicht verkürzt]

Werner Heisenberg (* 1901): *"Der Teil und das Ganze"*, 1969

noch im Berliner *Schloßpark-Theater* zusammenarbeiten durfte,

sah just damals ihrer Niederkunft mit einem zweiten Sohn entgegen: Götz George.

Als dieses Kind dann schon ein strahlender Sonnenschein von vierzehn Jahren war, aber von der Mutter noch "Putzi" genannt wurde,

dachte ich selbst, eben 21jährig und politisch ahnungslos, daran,
eine Dissertation über Heinrich George zu schreiben, und durfte daher
dessen Witwe da noch zum Tee in Georges Villa besuchen:
Am Kleinen Wannsee 34 und in unmittelbarer Nachbarschaft also

des ewig blutenden Kleist-Grabs,
auch jener fatalen Wannseekonferenz zur *"Endlösung"* (Haus-Nr. 56-58),
ferner einer Villa, in der das Brüderpaar Stauffenberg
und einer andern, in der Willy Brandt gewohnt hat:
Geflechte!
Berta Drews redete mir meinen Plan seinerzeit, im Herbst 1955, aus:
vermutlich aus (verschwiegenen) politischen Gründen,
aber Sohn "Putzi" durfte da vierzehnjährig
und an stigmatisiertem Orte seinen strahlenden Diener vor mir machen.

Nur wenige Jahre später drehte er als Götz George selbst Filme, wurde hierfür ausgezeichnet und stand in Heinz Hilperts Göttinger *Deutschem Theater* auf einer Bühne,

die mir selbst da erst kurz zuvor, noch als Zuschauer wie als Hospitanten,
Schlüsselerlebnisse auf meinem Wege zum Theater bereitet hatte:
auch ein persönliches Gespräch mit Hilpert unter vier Augen!

Aber just in jenen fünfziger Jahren hat "Putzis" Mutter in ihren Memoiren aus der Zeit ihrer Schwangerschaft von 1937/38 berichtet,

daß Vater George *"in diesen Wochen begonnen hatte, ein Ensemble für das umgebaute neue Schiller-Theater zusammenzustellen"*, und in der Wartezeit *"eine große Europatournee"* unternahm: zwei Monate lang mit Calderóns Versdrama *"Der Richter von Zalamea"* in zahllosen Städten von Prag über Kopenhagen bis Oslo und von Helsinki über Den Haag bis Klagenfurt:

"mit diesen Schauspielern" jenes dänischen *"Klugen Mannes"*, den er später aus dem *Kurfürstendamm-Theater* sogar in den Spielplan seines *Schiller-Theaters* übernahm –

jeweils also auch mit Ernst Stahl-Nachbaur, der auf diese Weise trotz seiner "rassischen" Belastung ins Ensemble dieses *NS*-Vorzeige-Theaters geriet und Hoffnung schöpfen durfte.

Aber nicht nur seinetwegen bezeichnete Goebbels das neue *Schiller-Theater der Reichshauptstadt*, dessen übergeordneter Brotherr er ja selbst war, schon bald und wiederholt gern als *"Georges Judenstall"* (oder auch ein *"rotes Nest"*).

Wirklich korrespondierte dieser *NS*-"Staatsschauspieler" und -Intendant George unverfroren mit jüdischen Freunden im Ausland, zierte jene Villa am *Kleinen Wannsee* unverhohlen mit Werken jüdischer oder "entarteter" Maler wie seiner Freunde Otto Dix (* **1891**) und Max Beckmann,

unter dessen Originalgemälde *"Familienleben George"* von 1935
ich weiland 1955 am *Kleinen Wannsee* noch selbst gesessen
und mir zu Heinrich Georges linker Seite auch
jene gemalte Souffleuse Charlotte Habecker
(just mit Textbuch *"Wallenstein")* habe zeigen lassen,
die damals im Berliner *Schloßpark-Theater*
nicht nur täglich meine freundschaftliche Kollegin war,
sondern mir auch jenen Zugang in die Villa George (mit ihrem eigenen
Beckmann-Konterfei also) eröffnet hatte,

wirklich bewahrte George den mißliebig gewordenenen Wolfgang Staudte vor Arbeitsverbot und später auch Fronteinsatz,

blieb er mit jüdischen, "sträflich versippten" oder "widerspenstigen" Kollegen wie Hans Moser, Theo Lingen, Paul Henckels, Albrecht Schoenhals oder Henny Porten demonstrativ befreundet,

nahm "illegal" an Bestattungsfeierlichkeiten verstorbener Juden teil,

legte dort unerlaubt Kränze nieder

und machte durch Intervention bei Berliner *NS*-Behörden die eingeleitete Deportation der verhafteten Witwe und Schwiegermutter Albert Steinrücks ebenso rückgängig

wie sogar in Oslo beim *NS*-Reichskommissar Terboven (* **1898**) die Haft des namhaften norwegischen Schauspielers und Genossenschaftsfunktionärs Harald Schwenzen (* **1895** und Bruders des Kabarettisten und späteren *"Piroschka"*-Drehbuchautors Per Schwenzen, * **1899**) in den Konzentrationslagern Grini und Sachsenhausen.

Aber auch als *NS*-Theaterleiter schloß der ermächtigte George mit politisch oder "rassisch" Gefährdeten und sexuell Diskriminierten Verträge ab, die sie weitestmöglich vor Verfolgung oder späterem Kriegsdienst schützen sollten:

mit den linksradikalen Schriftstellern Günther Weisenborn (* **1902** und als aktiver Widerstandskämpfer für Brotherrn Goebbels und Gestapo ein *"Spion und Hochverräter"* der "*Roten Kapelle"*) und Otto Dickschat als Dramaturgen,

dem *NS*-verscheuchten vormals eigenen Intendanten Ernst Legal als Oberspielleiter,

dem jüdisch verheirateten und schon halbwegs emigrierten Regisseur Walter Felsenstein (* **1901**), dessen linkslastigem Kollegen Karlheinz Martin (* **1886**), dem Filmarchitekten Robert Herlth (* **1893**), dem unbequemen Grafiker Karl Rössing (* **1897**) wie auch dem Maler (und schon KZ-geschädigten Gestapohäftling) Günther Strupp als Bühnenbildnern,

dem strikt SS-observierten Heidelberger Kunsthistoriker Dr. Wilhelm Fraenger (* **1890**) als *Künstlerischem Beirat* und Inspirator literarisch hochkarätiger Matineen,

aber in der Organisation des Theaters auch mit Vera Eycken-Johnson, Alf von Korf und ganze neun Jahre lang sonderlich mit Dr.

Kurt Raeck (* **1903**), seinem "rassisch" belasteten *Geschäftsführenden Direktor*, den Ehefrau Berta Drews noch 1959 als Georges *"ständige, glückliche und zügelnde Ergänzung"* pries.

Sie alle bildeten ein fünfzehnköpfiges Leitungsteam, das sich also aus Juden, Linken und Avantgardisten rekrutierte und in Zeiten rigoros autoritär durchstilisierter Führerstrukturen anachronistisch und aufmüpfig anmuten mußte.

Es war wohl nur möglich, weil derselbe George sich unübersehbar und scheinbar problemlos auch als Liebediener und willfähriges Werkzeug der neuen Herren *NS*-mißbrauchen ließ. Er vermochte das durch sein sehr persönliches Naturell oder Amalgam aus Naivität, politischem Unverstand, Opportunismus, Gutgläubigkeit, optimistischer Begeisterungsfähigkeit – und manisch unbezähmbarem Spieltrieb an allererster Stelle. Um sich selbst und andern das ununterdrückbare Gestalten dramatischer Rollen um jeglichen Preis zu ermöglichen, ließ er jede Fünf hemmungslos grade sein. *"Man hatte ihm das 'Schiller-Theater' anvertraut"*, hat auch der junge Will Quadflieg damals beobachtet, *"und nun wollte er glauben, daß alles gut war"*. Nach den vielen Miseren, die er in diesem jungen Jahrhundert hatte miterleben müssen, vertraute er blindlings darauf, daß es *"nach dem Januar 1933 aufwärts zu gehen"* zumindest den Anschein erweckte.

Hierzu hat Boleslaw Barlog, Georges Nachfolger auf dem Intendantensessel des *Schiller-Theaters* und seinem Vorgänger noch persönlich begegnet, selbst 90jährig in einem Brief vom 1. August 1996 an den Historiker Werner Maser bestätigt:

"Das war eine Schutztarnung, so zu tun, als wäre er ein dem Nationalsozialismus wohl gesonnener Denkkumpan. Dabei war er nie 'Nazi'. Heinrich George war ein ehemaliger, den 'Nazis' wohlbekannter Kommunist, als sie an die Macht kamen. Er mußte daher alles tun, um zu verhindern, daß die 'Nazis' ihn und seine Familie

umbrachten. Trotz dieser Umstände hat er in seinem Hause Leuten, die 'jüdisch verbandelt' oder 'Halbjuden' waren, das Leben gerettet“,

und die Jüdin Elisabeth Bergner, die ihn spätestens seit ihrem gemeinsamen *Schauspielertheater* von 1923 so gut gekannt haben mag wie kaum jemand sonst, hat noch rund ein halbes Jahrhundert später, selbst inzwischen achtzigjährig, erinnerungsselig beschrieben, *"was für ein geliebter Freund mir Heinrich George gewesen ist“*, und ihn mit jenem andern *NS*-Intendanten aus dem *"Danton“*-Film von 1931 verglichen:

"Gründgens ist ein geschickter, geriebener, einflußreicher Geselle. George ist ein Kind, ein ratloses, verzweifeltes, hilfloses Kind!“

Aber kann denn ein hilfloses Kind ein Theater leiten? In Weltkriegs- und Faschistenturbulenzen? Es konnte.

Dieses Kind von 45 Jahren erwies sich seiner neuen Bürde unverhofft gewachsen und sehr viel mutiger, auch vielseitiger talentiert als vermutet. Herbert Ihering

> (selbst Jahrgang **1888**, Kortners Wiener Regisseur, später sensibler Theaterkritiker, nach 1933 Besetzungschef beim Film, Schauspieler-Biograf und Dramaturg am Burgtheater, noch viel später in Ostberlin bei Gustav von Wangenheim)

entdeckte *"zwei mächtige Ströme“* in Georges Kunst:

"volkstümliche Naivität und Drang nach Repräsentation“, einen *"Volksdarsteller und Staatsdarsteller“* zugleich.

Diesen umso zwielichtigeren Janus also hatte sein Arbeitgeber Goebbels schon am 29. Januar 1938 schriftlich ermächtigt,

"das Ensemble des Schillertheaters für die Spielzeit 1938/39 zusammenzustellen und die Mitglieder vertraglich zu verpflichten“.

Sein Kollege Heinz Hilpert zum Beispiel, schon seit 1934 Intendant der "Reichstheater" *Deutsches Theater und Kammerspiele* (die ihr Dienstherr Goebbels unter so traditionsbewußter Leitung gern als *"ein KZ auf Urlaub"* verachtete) besaß dieses Privileg einer autonomen Ensemblebildung noch bis 1945 niemals.

George nutzte es auf seine rebellische und unpolitisch menschenfreundliche Weise. Er *"setzte alles daran"*, hat uns Will Quadflieg beglaubigt, *"die besten Regisseure und Schauspieler an sein Theater zu holen, die er bekommen konnte",* und engagierte daher hochgeschätzte Künstler wagemutig auch trotz einer "rassischen", politischen oder sexuellen Abweichung von der *NS*-anbefohlenen Norm.

Er tat das jedenfalls mit Horst Caspar, Maria Eis, Eduard von Winterstein (zwiefach jüdisch verheiratet und Vater auch noch eines demnach "halbjüdischen" Kommunisten in Moskau!), Herwarth Grosse, Peter Widmann, Johanna Koch-Bauer (deren herzbewegender Brief mit seinem Dank für Georges *"hohe Menschlichkeit und Güte"* in *NS*-"rassistischer" Lebensgefahr noch als Faksimile aus dem Sommer 1940 bei Werner Maser nachzulesen ist

und die ich selbst, als diese wunderbare Fehling-Schauspielerin,
sicher um **1890** geboren, schon über achtzig gewesen sein dürfte,
Heinrich George sei Dank noch 1969
in meiner eigenen Kölner Inszenierung der *"Irren von Chaillot"*
zu allseitiger Beglückung mit der Joséphine,
jener wundersam komisch-bizarren *"Irren von Saint-Sulpice"*,
besetzen durfte),

mit Hans Meyer-Hanno (aus Gustav von Wangenheims *NS*-verteufeltem Umfeld und mit einer Jüdin verheiratet, der George das tödliche J in ihrem Paß löschen ließ),

mit Robert Müller (dem auf Georges Veranlassung Judenstern und J im Paß offiziell entfernt wurden),

auch seinem Rollenrivalen, aber Jugendidol Paul Wegener (der nachts noch als Mittsechziger [und ohne Spraydose] Parolen gegen Hitler auf Häuser-, später auch Ruinenwände malte und noch im Sommer 1942, ein halbes Jahr vor Stalingrad, nach Drehschluß in großem Kollegenkreise todesmutig darauf trank, daß Hitler den Krieg bald verlieren werde)

und mit Hubert von Meyerinck (Billy Wilder über den in einem SPIEGEL-Interview 1997: *"In der Kristallnacht* [1938] *ist er über den Kurfürstendamm gelaufen und hat gerufen: 'Wer jüdisch ist, der folge mir!' "*).

"Wenn der Staat seine Fänge nach einem Mitglied des Ensembles ausstreckte", hat Will Quadflieg aus eigener Erfahrung bekundet, *"legte George Einspruch ein und setzte sich meistens durch"*.

Das gelang ihm lange auch mit jenem Ernst Guggenheimer *alias* Ernst Stahl-Nachbaur aus dem *"Klugen Mann"* im *Kurfürstendamm-Theater*

(Sohn Götz George in der Rolle seines Vaters mit Joachim A. Langs authentischem Dokumentations-Text von 2013: *"Er hatte Angst, daß man ihm das Arbeiten verbietet, und da hab' ich ihn bei mir angestellt"*).

Das war jedoch nur möglich, weil George schon beizeiten vorher die Aussperrung dieses Schauspielerkollegen aus der berufsobligatorisch allmächtigen *Reichstheaterkammer* rückgängig zu machen verstanden hatte. Das hatte fast automatisch eine Wiederaufnahme dieses Ungeliebten auch in die gleichgeschaltet unverzichtbare *Reichsfilmkammer* zur Folge gehabt.

Nur infolgedessen konnte der bislang Ausgestoßene ab Herbst 1938 unter Georges Fittichen wieder legitim Theater spielen und auch mit kleinen Rollen wenigstens in zwei Tobis-Filmen und einem neunzehnminütigen Terra-Filmchen beschäftigt weden.

Aber schon nach wenigen Monaten wurde er im Januar 1939 erneut aus der *NS-Reichsfilmkammer* ausgesperrt und so beschieden: *"Diese Entscheidung ist endgültig, da sie im Einvernehmen mit dem Herrn Reichsminister für*

Volksaufklärung und Propaganda ergeht“.

Gleichzeitig sprachen sich *NS-Reichsfilm-* und *-theaterkammer* darüber ab,

”daß mit Herrn George Einigkeit darüber bestände, daß Stahl-Nachbaur sein jetziges Engagement noch erfülle und dann [aus dem *Schiller-Theater*] *ausscheide. Im übrigen wisse Stahl-Nachbaur bereits, daß er ausscheiden müsse. Eine Begründung des Ausschlusses sei daher nicht notwendig“.*

Sie verstand sich damals auch von selbst: er war halt ”Halbjude“, das genügte.

Hierauf reagierte der tollkühne Intendant George so: er ließ den Geschaßten in seinem Theater eine vermutlich vielbeachtete Uraufführung inszenieren, in der er selbst die Titelrolle spielte: *”Der Kaiser von Portugallien“.*

Diesen Roman von Selma Lagerlöf (der nordisch sympathischen ersten Nobelpreisträgerin) hatte ein ebenso germanisch willkommener Paul Knudsen dramatisiert. Unter der Regie also von Ernst Stahl-Nachbaur, der bis dahin erst einmal, vor drei Jahren, im selben *Schiller-Theater* inszeniert hatte, scheint diese Aufführung mit Lucie Höflich und Gisela Uhlen als prominenten Hauptdarstellerinnen (in rezensionslos undokumentiert gebliebenen Nazizeiten) im Februar 1939 durchaus ein Erfolg gewesen zu sein.

Denn Hans Hinkel, im Ministerium Goebbels Spezialist für ”Kulturpersonalien“ und dort mit einem eigenen *Sonderreferat Hinkel – Judenfragen* für umfassend radikale ”Entjudung“ zuständig, sagte dem akklamierten Regisseur angeblich wörtlich:

”Ein Mann in Ihrer Situation hätte sich darüber klar sein müssen, daß er sich einen solchen Erfolg nicht gestatten kann“.

Gleich nach der Premiere im Februar 1939 wurde diese Aufführung daher wohl *NS*-abgesetzt: von jeglicher Wiederholung vermutlich ausgeschlossen.

Trotzdem widersetzte sich Intendant George auch der *NS*-anberaumten Kündigung des Ensemblemitglieds Stahl-Nachbaur zum Spielzeitende 1938/39 und hatte damit sogar Erfolg. Denn im Oktober 1939, also anfangs der neuen Saison und schon nach Kriegsausbruch, befand ein nächster Erlaß der *Reichsfilmkammer*, daß nunmehr *"keine Bedenken bestehen, wenn der Schauspieler Ernst Stahl-Nachbaur im Film in Nebenrollen beschäftigt wird"*. Das war schon fast eine Kehrtwende: unerklärlich.

Tatsächlich wurde er dann bis Kriegsende noch in acht Ufa- oder Tobisfilmen eingesetzt: als Landjunker, Filmregisseur, Philologe, schottischer Calvinistenführer und diverse Ärzte wohlweislich (oder schon unvermeidlich) meist unter *NS*-genehmen Regisseuren wie Fritz Peter Buch, Karl Anton, Hans Deppe, Veit Harlan und Carl Froelich (der nicht nur beflissener Parteigenosse war, sondern auch Präsident besagt allmächtiger *Reichsfilmkammer*).

Das war für Stahl-Nachbaur auch insofern lebensrettend, als sein Obdach im *Schiller-Theater* mit Kriegsausbruch in Gefahr geriet.

> Intendant George reichte schon im Oktober 1939 bei seinem städtischen Dienstherrn eine Namensliste von Mitarbeitern ein, *"ohne die die Durchführung der Spielzeit nicht möglich"* sei und die vom Militärdienst unabkömmlich freigestellt werden müßten, um eine Betriebsschließung zu verhindern.
>
> Das angerufene Goebbels-Ministerium genehmigte schon wenige Tage später *"die beantragte Sicherstellung des notwendigen künstlerischen und technischen Personals"*, weil *"die Weiterführung des Betriebes des Schillertheaters im öffentlichen Interesse geboten und erforderlich ist"*.

Daß Stahl-Nachbaur so auch nach Ablauf der gesetzten Frist noch Mitglied des *Schiller-Theaters* blieb, dokumentiert ein überliefertes Szenenfoto aus immerhin Jürgen Fehlings Uraufführung des historischen Dramas *"Kanpf ums Reich"* von Wolfgang Goetz (* **1885**) noch im Mai 1940 mit ihm und Heinrich George in dichtem *tête-à-tête*. Er spielte da (auch neben Paul Wegener) in jenem Drama zum *Dreißigjährigen Kriege*

(das ihn an die Münchner Kadettenanstalt **1904** und seinen eigenen damals achtzehnjährigen Schiller-Kapuziner in *"Wallensteins Lager"* erinnert haben dürfte)

nunmehr tatsächlich den weiland schwedischen König Gustav Adolf. In der *"BZ am Mittag"* kommentierte jener Otto Ernst Hesse (* **1891**, der damals für Gustaf Gründgens und dessen Film *"Tanz auf dem Vulkan"* schon den immergrünen Songtext *"Die Nacht ist nicht allein zum Schlafen da"* geschrieben hatte) diesen urgermanisch blonden Monarchen so:

"Ernst Stahl-Nachbaur ist ein geradezu gespenstisch-metaphysischer König".

Aber *"wer mit George spielen wollte"*, hat Will Quadflieg aus eigener Erfahrung überliefert, *"mußte sich zu behaupten wissen"*.

Neben dem jungen Quadflieg spielte Stahl-Nachbaur noch in derselben Spielzeit 1940/41 auch eine Rolle im preußischen Historiendrama *"Rheinsberg"* des *NS*-genehmen Autors Friedrich Forster

(* **1895**, heute noch bekannter für sein prominent verfilmtes Schauspiel *"Robinson soll nicht sterben"*).

Regisseur war da der jüdisch verheiratete Walter Felsenstein (* **1901**), aber Hauptdarsteller der *NS*-genehme Claus Clausen (* **1899**), der sich damals auch in vielen Propagandafilmen seine Sporen verdiente

und den ich selbst nach dem Kriege noch wiederholt auf der Bühne sah: aber nie mehr in Berlin, sondern nur noch halbwegs abgetaucht in der Anonymität mittlerer westdeutscher Provinztheater.

Unübersehbar hatte damals der Theaterdirektor George kontinuierlich versucht, seine lebensgefährlich bedrohten Ensemblemitglieder zu schützen, indem er sie vornehmlich in so *NS*-konformen Produktionen ideologisch willkommener Gegenwarts-Autoren und in so linientreuem Umfeld beschäftigte, daß die Aufpasser positiv gestimmt oder abgelenkt wurden und eine solche Unternehmung in Bausch und Bogen sanktionierten. Bei Stahl-Nachbaur gelang das in den Stücken von Hanns Gobsch, Paul Sarauw, Selma Lagerlöf, Wolfgang Goetz und diesem Friedrich Forster.

Oder sie wurden in sehr personenreichen, historisch kostümierten und vermeintlich immunen Klassikern gleichsam versteckt: Stahl-Nachbaur auch in Shakespeare's *"Heinrich IV."*, Goethes *"Götz von Berlichingen"* und Schillers *"Don Carlos"*.

Dieselbe Begünstigungs-Taktik verfolgte George offensichtlich auch bis in seine eigene Kinoarbeit hinein. Bei der Verfilmung seines Bühnenerfolges mit Calderóns *"Richter von Zalamea"* unter dem Titel *"Der große Schatten"* scheint er sich im Frühsommer 1942 beim Regisseur Paul Verhoeven [= Senta Bergers Schwiegervater] für eine Beschäftigung vieler seiner Schiller-Schützlinge eingesetzt zu haben. Immerhin nennt da die Besetzung auch Ernst Legal, Hans Meyer-Hanno, Hubert von Meyerinck, Will Quadflieg (der so vor der Einberufung bewahrt wurde), doch in der Rolle just eines Theaterintendanten eben auch Ernst Stahl-Nachbaur.

Ich selbst habe diesen *"Großen Schatten"* schon im Mai 1951
als sechzehnjähriger Pennäler im Behelfskino der *Chemischen Werke Hüls*,
dann als Student 1958 und '59 in regulären Kölner Lichtspieltheatern gesehen.
Insgesamt scheine ich in Marl, Göttingen, Köln oder auf dem Fernsehschirm
seinerzeit noch ganze zehn George-Filme angestaunt zu haben,
viel später in Hamburg sogar den verbotenen *"Jud Süß"* von Veit Harlan
und am häufigsten den legendären *"Friedrich Schiller"* mit Horst Caspar.

Aber jener sogenannt *"Totale Krieg"*, der 1942/43 Realität zu werden begann und im August 1944 letztendlich zur Schließung aller deutschen Theater führte, veränderte viele Gewohnheiten und Gewichtungen.

Unter diesen Umständen scheint Ernst Stahl-Nachbaur in der Spielzeit 1942/43 tatsächlich nicht mehr dem *Schiller-Theater* angehört, sondern stattdessen im *Theater in der Saarlandstraße*, vormaligem *Theater in der Stresemannstraße* (und heutigem *Hebbel-Theater*) gespielt oder wenigstens gastiert zu haben. Es gehörte da schon zum Verbande der *Berliner Volksbühne* mit ihren drei Theatern unter der Generalintendanz von Eugen Klöpfer.

Klöpfer (* **1886**) war ebenso alt wie Stahl-Nachbaur, dessen Kollege schon 1921 im Stummfiln *"Die Schuldige"* gewesen und *"ein kraft- und gemütvoller, herrlicher Schauspieler der ersten Kategorie"* (Boleslaw Barlog, 1981), aber seit 1933 Sympathisant, später auch Mitglied der *NSDAP*, seit 1933 Präsidialratsmitglied jener *NS-Reichsfilmkammer*, 1934 *NS*-Staatsschauspieler, 1935 Vizepräsident der *NS-Reichstheaterkammer*, außerdem *NS*-Reichskultursenatsmitglied, Mitglied des *Ufa*-Verwaltungsrates und Vorsitzender des *"Dr.-Goebbels-Spende-Künstlerdanks"* (angeblich für bedürftige Schauspieler immerhin).

Aber in jener Spielzeit seiner Ausquartierung in die Kreuzberger Saarlandstraße drehte Stahl-Nachbaur auch seine letzten vier Film der Nazi-Ägide.

Den *NS*-englandkritischen Hetzstreifen *"Titanic"* von 1942 inszenierte Herbert Selpin, der während der Dreharbeiten von seinem befreundeten Drehbuchautor (der just ihm diesen Job zu verdanken hatte) wegen defätistischer Siegesskepsis denunziert, noch am *set* verhaftet, sofort aus der *Reichskulturkammer* ausgestoßen und in den Selbstmord getrieben – oder *NS*-ermordet wurde: bis heute nicht geklärt!

Sein *"Titanic"* kam mit Ernst Stahl-Nachbaur in der kleinen Rolle ausgerechnet eines Oberrichters erst 1950 und verstümmelt in die Adenauer-Kinos.

So war das damals alles.

Heinrich George wurde 1943 mit dem Titel eines *Generalintendanten* zum Durchhalten und Weitermachen ermutigt. Aber als im September 1943 sein *Schiller-Theater* von angloamerikanischen Brandbomben getroffen und schwer beschädigt, seines ganzen Bühnenhauses ebenso beraubt wurde wie auch des Zuschauerraumes, da überreichte Goebbels dem just Fünfzigjährigen bei einer Matinee im *Renaissance-Theater*, der benachbarten Dependance des *Schiller-*

1942

"Neunzehnhundertzweiundvierzig. Himmler begibt sich an Ort und Stelle. Vernichten, gewiß, aber produktiv.

Die Produktivität wird den Sachverständigen überlassen,
das Problem der Vernichtung verdient eigenes Nachdenken.
Man studiert Entwürfe,
Modelle.
Man bringt sie zur Ausführung, und die KZ-Häftlinge selbst müssen Hand anlegen.

Ein Krematorium, das nimmt sich gelegentlich ganz nett aus.
Später – heute – lassen Touristen sich davor fotografieren.
Die Deportationen erfassen ganz Europa.
Die Transporte verirren sich, halten, fahren weiter, werden bombardiert, kommen an.
In einigen ist die Auslese bereits erfolgt.
Bei den anderen schreitet man sofort zur Selektion.
Die links zur Arbeit.
Die rechts …
Wenige Augenblicke vor einer Liquidierung …
Mit der Hand töten ist zeitraubend. Man bestellt Giftgas,
in Büchsen, Zyklon B."

Jean Cayrol, 44 / Paul Celan, 35: *"Nacht und Nebel"*,
Kommentar zum Film von Alain Resnais und Jean Cayrol, 1956

Theaters, das *Kriegsverdienstkreuz zweiter Klasse*, das sonst eher Straßenbahnschaffner, Krankenschwestern oder tapfere Hitler-Jungs bekamen:

"für Löscharbeiten in der Brandnacht".

Es war Georges einziger Naziorden und wohl eher als Demütigung oder Warnung gemeint.

Wie sehr in jenen Jahren die äußeren Ereignisse auch das Unterbewußtsein aller Betroffenen demoralisierte, verängstigte und deformierte, mag am weiteren Lebenswege Ernst Stahl-Nachbaurs ablesbar sein, der alles das zwar überlebte, doch in jenem Frühjahr 1945 immerhin schon 61 Jahre alt war.

1945 gab es nichts zu spielen und nichts zu drehen: für niemanden. Alle duckten sich verängstigt weg und warteten erst mal ab: was befanden diese Sieger, über die sie alle seit Jahren nur unbezweifelbare *NS*-Greuelmärchen zu hören bekommen hatten?

Was aus alledem werden und ob oder wie es jemals weitergehen würde, stand damals unentschlüsselbar in sowjetischen und *US*-amerikanischen Sternen.

Schon sechs Tage nach dem *NS*-Zusammenbruch wurde Heinrich George erstmals, dann innerhalb der letzten beiden Maiwochen 1945 noch zwei weitere Male durch Offiziere der *Roten Armee* verhaftet, ausgefragt (*"tags niedrigste Dienste, nachts Verhöre"*) und jeweils am nächsten oder übernächsten Tage wieder freigelassen, nach einer vierten Vernehmung schließlich gar mit einem sowjetischen Passierschein oder Schutzbrief, der ihn vor weiteren Arretierungen bewahren sollte.

Anfang Juni 1945 ließ ihm jener musenfreundliche Sowjetgeneral Nikolaj Erastowitsch Bersarin (* **1904**), damals Berliner Stadtkommandant, mitteilen, er möge seine Schauspieler sammeln und Theater spielen.

1945

"Am Abend wurde durch den Rundfunk Hitlers Tod bekanntgegeben, der dunkel ist wie vieles, das ihn umwebt. Ich hatte den Eindruck, daß dieser Mann seit langem nur noch als Marionette von anderen Händen, anderen Kräften bewegt wurde. Stauffenbergs Bombe nahm ihm zwar nicht das Leben, doch die Aura; man hörte das auch der Stimme an.

Die Straßen sind weiterhin von den Insassen der Konzentrationslager erfüllt. Wer gedacht hatte, daß sich da plündernde Horden über das Land ergießen würden, hat falsch prophezeit. Die Leute kommen mir eher heiter vor, wie Auferstandene. Am Morgen kamen sechs Juden auf den Hof, die man aus Belsen befreit hatte. Der jüngste war elf Jahre alt. Mit dem Erstaunen, dem Heißhunger eines Kindes, das nie dergleichen gesehen hat, schaute er sich Bilderbücher an. Auch unsere Katze rief seine höchste Verwunderung hervor, als ob ein Traumbild sich ihm nähere.

Der Zug erschütterte mich; er war wie ein Fenster, durch das ich in die Tiefe der Beraubung sah. 'Die Zahl der Leiden' ist bedeutungslos – denn nur der Anblick des Einzelnen, des Nächsten kann uns das Leid der Welt aufschließen.

Abends waren wir zum ersten Male seit sechs Jahren ohne Verdunkelung. Das ist immerhin eine bescheidene Verbesserung für uns an einem Tage, an dem Siegesfeiern in allen Hauptstädten der Verbündeten von New York bis Moskau strahlen, während der Besiegte ganz tief im Keller sitzt, mit verhülltem Gesicht.

Immer noch sind die Straßen von Millionen und Abermillionen irrender Menschen, dem Elend einer unvorstellbaren Völkerwanderung erfüllt. Auch unser kleiner Friedhof empfängt die Früchte und nimmt die Leichen von Kindern und Erwachsenen auf, die hier den Zug beendeten." [gekürzt]

Ernst Jünger (* 1895): Tagebuchnotizen
vom 1. bis 9. Mai 1945 aus Kirchhorst im hannöverschen Isernhagen

Aber am 16. Juni 1945 verunglückte Bersarin tödlich, und schon am 18. (oder 23.?) Juni 1945 wurde George ein fünftes Mal, diesmal von zwei Deutschen heimgesucht, die seinen Schutzbrief verlachten und sich auf eine verläßliche Denunziation beriefen. Andern Tages wurde er vom sowjetischen Oberleutnant Bibler endgültig verhaftet:

"zwecks Feststellung der Personalien und seiner verbrecherischen Tätigkeit".

Nach fünf Arrestwochen im Polizeipräsidium der *Elsässer Straße* (im heutigen Glienicke/Nordbahn) wurde er am 27. Juli 1945 vom sowjetischen *NKWD* in dessen Speziallager Nr. 3 auf dem früheren Industriegelände eines Maschinenbauers in der Genslerstraße des Ostberliner Stadtteils Hohenschönhausen, heutigen Alt-Hohenschönhausen im Bezirk Lichtenberg, verlegt und in einer vormaligen Großküche der *Nationalsozialistischen Volkswohlfahrt NSV* notdürftig kaserniert.

Erst am 25. August 1945 unterschrieb Major Pyrin von der 2. Abteilung der zentralen Operativgruppe des *NKWD* Berlin einen *"streng geheimen"* Bericht seines Oberleutnants Bibler und fixierte für die Akte Nr. 13 328 im Geheimarchiv des *Komitees für Staatssicherheit KGB* in dessen Moskauer Hauptquartier Lubjanka den politischen Grund für Georges Arrest:

"Bis 1933 stand George der kommunistischen Partei nahe [...] . 1933, unmittelbar nach Hitlers Machtergreifung, sagte er sich von seinen früheren Überzeugungen los und stellte sich bald dem faschistischen Regime zur Verfügung" : also Verrat an der Idee des Kommunismus und an dessen Genossen weltweit.

In Hohenschönhausen wurde der Häftling George ebenso schikaniert und geprügelt wie all die andern zwölfhundert *NS*-Gefangenen; er habe, schrieb er seiner Frau, hier Szenen erlebt, *"die an Grausamkeit und Schamlosigkeit nichts zu wünschen übriglassen",* durfte sich aber in der Gefängnisküche beim Anrühren einer Wassersuppe mit Kartoffelflocken und Harzer Käse als bevorzugter Hilfskoch betätigen

und gelegentlich auf einer Verladerampe, später in einem Keller vor fünfhundert Zuschauern sogar in den Vortragsprogrammen *"Bunter Abende"* als Entfesselungskünstler oder in kleinen Sketchen, mit Balladen und lyrischen Gedichten präsentieren. *"Man wünschte Varieté, Bumsprogramm"*, hat der mitgefangene Pianist Helmut Maurer 1949 Berta Drews und noch 1969 eine Fernsehkamera wissen lassen: *" 'Die Leute wollten lachen' "*, aber George trug Goethes *"Erlkönig"* und Texte von Lessing, Matthias Claudius, Eichendorff und Liliencron vor, auch Börries von Münchhausens imposante Ballade *"Der Todspieler"*,

mit der ich mich selbst im Sommer 1948,
als 13jähriger Untertertianer also meines Gymnasiums
und als Flüchtlingskind im anhaltinischen Delitzsch,
wagemutig bei einem selbstinszenierten "Elternabend"
als Vortragskünstler erprobte,

und schrieb dann auch ein eigenes abendfüllendes Theaterstück als *"Parodie auf alle menschlichen und technischen Schwächen einer Filmaufnahme"* mit ganzen vier Rollen für sich selbst: *"Achtung! – Aufnahme!"*.

Aber schließlich trat er da, *"meist hundeelend vor Hunger"*, sogar als Hauptdarsteller und Regisseur einer notdürftig improvisierten Lager-Aufführung von Goethes *"Urfaust"* vor einen *"dumpfen Keller voll zerlumpter Jammergestaltem, und jeder war wie vom Wunder berührt"*.

Hier in Hohenschönhausen hat er von Ende Juli 1945 bis Ende Februar 1946 insgesamt elf Briefe an seine Frau Berta Drews schreiben können. Sie wurden am Lagertor in Gegenwart sowjetischer Wachsoldaten gegen zehn Antwortbriefe ausgetauscht.

In seinem letzten Brief (vom 24. Februar 1946) steht: *"Ich habe hier 83 Pfund abgenommen",*

in einem früheren, einsichtig bilanzierend, schon:

"Ich habe das Leid der Verfolgten damals einfach nicht sehen können, weil es mir persönlich so gut gegangen ist. Aber wenn ich ehrlich sein soll: ich habe es vielleicht auch nicht sehen wollen. Ein Mensch im Glanz wird leicht kurzsichtig".

Aber im dritten jener Briefe aus Hohenschönhausen informierte George seine Frau schon am 19. August 1945:

"Weißt du überhaupt, wer die Anzeige gegen mich in einem langen Protokoll erhoben hat, halt Dich fest – Ernst Stahl-Nachbaur – ja – kann man da nur sagen. Das habe ich hier erst erfahren".

Wie konnte da Berta Drews auf diese Nachricht reagieren? Vermutlich nur, indem sie sie für ein böses Gerücht hielt und nicht glaubte. Denn sie wußte genau, daß ihr Kollege Stahl-Nachbaur sein Überleben der Nazizeit weitgehend Heinrich George zu verdanken hatte.

George selbst schien diese vermeintliche Latrinenparole, deren Quelle er nicht angab, ernst zu nehmen:

"Ich kenne sein Protokoll nicht, aber da man keine Entlastungszeugen zuläßt beim russischen NKWD-Gericht, kann es nur anklagend sein, was er ausgesagt hat".

Schwer zu glauben.

Und nicht zu ändern.

Das Leben ging irgendwie weiter.

Vermutlich irgendwann im März 1946 wurde George dann ins *NKWD*-Speziallager Nr. 7, das bisherige *NS*-Konzentrationslager Sachsenhausen im nord-brandenburgischen Oranienburg, verlegt. Zumindest Teile dieser heutzutage rund 35 Kilometer mußten dorthin per Fußmarsch bewältigt werden: aber *"auf großen Umwegen, um ja nicht in den französischen Sektor zu gelangen"*, hat Helmut Maurer bezeugt, *"etwa achtzig Kilometer"*. Das war, hat Sohn Götz George später verstanden, *"die letzte 'Fahrt' seines Lebens"* und *"keine Erleichterung, sondern es war eine Verschärfung"*: *"quasi zum Schafott geführt werden"*.

Hier in Sachsenhausen waren erst im August 1941, als Heinrich George quer durch ganz Europa in seinen Filmen *"Jud Süß"* und *"Friedrich Schiller – der Triumph eines Genies"* bewundert wurde, dreizehn- bis achtzehntausend sowjetische Kriegsgefangene bei Massenerschießungen *NS*-ermordet worden –

hier waren jetzt zwölftausend deutsche Häftlinge eingepfercht –

hier durften nun keinerlei Briefe mehr gewechselt werden, die Kontaktsperre war hier total,

und das sowjetisch installierte Lager-Theater im ehemaligen SS-Kasino dieses Konzentrationslagers zu bespielen, wo jetzt inhaftierte *BDM*-Führerinnen und sabotierende "Werwölfinnen" des *NS*-Freischärler-Untergrundes von 1944 sich für die Sieger nunmehr als Ballettösen exponieren mußten,

wurde Heinrich George erst gestattet, als er vorschlug, Szenen aus seiner weltberühmten Puschkin-Verfilmung *"Der Postmeister"* von 1940 vor sowjetischen Offizieren und Soldaten in eigens einstudierter russischer Sprache zu präsentieren. Das hat dann auch irgendwie stattgefunden. Denn *"Zaubern"*, so scheint Filius Götz George in Joachim A. Langs Fernseh-*"George"* von 2013 wiederholt seinen Vater zu zitieren: *"Zaubern ist das A und O des Theaters"*.

Hierfür durfte er sich dann *"innerhalb des Lagers etwas freier bewegen"*. Es scheint, *"er habe phasenweise auch bessere Verpflegung erhalten"* und sogar *"zeitweise in einem einzelnen Bett geschlafen"*.

Aber der unerfindlich mitgefangene Elmer Bantz, vormals Ansager beim Berliner Rundfunk, später beim Südwestfunk in Baden-Baden, in Sachsenhausen abkommandierter Sanitäter der Zahnstation und dort Zeuge, wie George *"oft im kleinen Kreise der Ärzte Proben seiner Rezitationskunst"* gab, hat überliefert: *"In abendlichen Gesprächen schüttete er sein Herz aus über die Menschen aus seiner nächsten Umgebung, die ihn enttäuscht haben"*:

Stahl-Nachbaur? Möglich; denn: George

"wollte nach seiner Freilassung nicht mehr in Berlin arbeiten" – wo jetzt, "nach Tische", abermals Opportunisten und Denunzianten zu Einfluß gekommen schienen.

Aber es gab auch andere.

Am 19. April 1946 schickte Albert Steinrücks Witwe Lissi im badisch weit entfernten Emmendingen eine handschriftliche Entlastung Georges an Berta Drews und schilderte penibel, wie sie es als "Halbjüdin" und ihre Mutter als "Volljüdin" 1943 und '44 mehrfach nur der tatkräftigen Vermittlung Heinrich Georges zu verdanken hatten, nicht deportiert zu werden.

Nur wenige Wochen später unterschrieben im Mai 1946 Georges Mitarbeiter Kurt Raeck, Wilhelm Fraenger und Walter Felsenstein sowie die Schauspieler Hubert von Meyerinck, Wolfgang Lukschy, Ernst Schröder, Lu Säuberlich, Ernst-Walter Mitulsky, Robert Müller und Eduard von Winterstein (Vater immerhin des derzeit sowjetisch eingesetzten Intendanten im *Deutschen Theater*) eine fünfseitige Eingabe gleichen Sinnes an die Sowjetische Kommandatur in Berlin-Karlshorst.

Sie bestätigten hierin, daß es im gesamten Personal des *NS-Schiller-Theaters* nur einen einzigen Parteigenossen gab, daß niemand in diesem Hause je mit *"Heil Hitler"* gegrüßt, George dort zehn jüdische oder jüdisch "versippte" Mitglieder des Ensembles dauerhaft vor ihrer Deportation und viele ”wehrpflichtige“ Männer vor ihrer Einberufung an die Ostfront bewahrt habe; ferner habe es im Spielplan seiner siebenjährigen Intendanz (*”im Gegensatz zu den meisten deutschen Bühnen einschließlich der Staatstheater“*) kein einziges politisches Tendenzstück gegeben;

George selbst habe weder der *NSDAP* noch einer anderen *NS*-Organisation angehört, auch keinerlei Amt oder Ehrenamt im *NS*-“Kultur“-Leben übernommen und sich *NS*-politisch niemals aktiv betätigt. Bei einem Gastspiel 1941 in Paris habe er sogar eine drohende Aktion der Gestapo gegen die dortige *Comédie-Française* abzuwenden vermocht –

und derlei Entlastungen fünf Seiten lang noch und noch.

Als Anhang wurden dieser Petition noch vier separate Briefe prominenter Nazi-Opfer hinzugefügt:

des (politisch ”linken“) Regisseurs Wolfgang Staudte, jener Witwe Albert Steinrücks

und der ”rassisch“ belasteten Schauspieler Horst Caspar (der damals schon unter dem sowjetischen Günstling Gustav von Wangenheim am Ost-Berliner *Deutschen Theater* spielte und die sowjetische Kommandantur wissen ließ, daß er den Kino-Schiller jenes inzwischen längst Filmgeschichte gewordenen Tobis-Streifens von 1940 einzig Heinrich George zu verdanken hatte),

und Robert (”Bobby“) Müller, der den entlastenden Inhalt seines angehängten Briefes sehr viel später auch noch als hochbetagter, sehr angesehener und liebevoll sogenannter ”Nasen-Müller“ in die archivierende Zeitlosigkeit einer Fernsehkamera hinein festgehalten hat,

dem ich selbst 1951 erstmals begegnete,
als er bei den *Ruhr-Festspielen* in Thornton Wilder's seinerzeit
Epoche machendem Drama *”Wir sind noch einmal davongekommen“*

den Richter Moses zumindest partiell in hebräischer Sprache (und
mir damals erstmals und unvergeßlich das Wort *Elohim*) präsentierte
und mit seinen damals schon 72 Jahren (George sei Dank)
direkt vom Berge Sinai herabgestiegen schien,

mit dem ich als Piscators Regie-Assistent 1955, als er 76jährig
den Gouverneur in Faulkner's *"Requiem für eine Nonne"* spielte,
im Berliner *Schhloßpark-Theater* noch zusammengearbeitet,
späterhin jahrelang bis 1964, als er schon 85 war,
ausführliche Briefe gewechselt habe

und dessen blinden Seher Tiresias, 84jährig
in der Münchner Aufzeichnung des *"Ödipus"* von Sophokles gespielt,
heute noch jeder in Rudolf Noeltes Inszenierung bewundern könnte,
falls das ZDF sie je wiederholen und zu erleben ermöglichen würde,
welche außergewöhnliche Potenz und Aura
Heinrich George damals vor der Ermordung bewahrt hat

und der den persönlich und brieflich angesprochenen Sowjetarmisten seinen Intendanten Heinrich George weiland als wahren *NS*-Lebensretter auswies.

Ernst Stahl-Nachbaur, durchaus ja vergleichbarer Schützling Georges, hat jener gemeinsamen Petition damals keinen solchen Zusatz mitgegeben.

Er hat sie auch gar nicht unterschrieben.

Darum gebeten wurde er ganz bestimmt. Er muß es verweigert haben – mit welcher Begründung oder Ausrede auch immer.

Aber mit oder ohne seine Unterschrift, blieb diese Eingabe zu Georges Gunsten unbeantwortet, unbeachtet und folgenlos.

Das Lagerleben in den unveränderten *NS*-Häftlingsbaracken des Konzentrationslagers Sachsenhausen ging unverändert und qualvoll weiter. *"Über dem Ganzen"*, wisssen wir vom überlebenden Helmut Maurer, *"schwebte eine Atmosphäre angstvoller Unsicherheit, die uns in die Nähe von Karzer, Bestrafung und Gebrüll brachte, weil man ohne Anordnung keinen Schritt tun durfte und diese Anordnungen meistens ausblieben. Herr dieses Klubs war bezeichnen-*

derweise der Karzer-Offizier – ein Teufel. Er spielte mit uns in eitelster Willkür": mit *"Strafandrohungen, Karzer und Beleidigung"* inmitten einer Vielzahl von kriminellen Mithäftlingen. *"Bei dieser Bande"*, die am Theaterspielen notgedrungen beteiligt werden mußte, *"herrschte Neid, Intrige und Gemeinheit in solchem Maße, daß Heinrich von einer Verzweiflung in die andere fiel"*.

Trotzdem befaßte er sich noch zu Aufführungszwecken mit der Dramatisierung einer Ballade jenes Emanuel Geibel († **1884**), der ja 1861 sein Gedicht *"Deutschlands Beruf"* mit jenen zwei vielzitierten und oft mißbrauchten Versen enden ließ:

"Und es mag am deutschen Wesen
Einmal noch die Welt genesen".

Jenen *"Tod des Tiberius"*, den George jetzt im Konzentrationslager zweier Zeitalter spielen und inszenieren wollte, hatte Geibel, der leibhaftige Großvater seines Gast- und Leibregisseurs Jürgen Fehling, 1856 in Stuttgart publiziert. Er schildert die letzten Stunden des römischen Kaisers Tiberius, der da im neapolitanischen *Kap Misenum* kurz nach dem vermeintlichen Golgatha auf die mörderische Blutspur seiner skrupellosen Herrschaft von 23 Jahren zurückblickt und reuig eingesteht: *"Ich schritt ins Blut hinein bis an die Knöcheln"*. Jetzt sieht er die *"fürchterlichen Schatten"* seiner Missetaten, *"und wie sie quälen, / Das weiß nur ich"*. Er verzweifelt:

"Die Rachegeister, welche mich verderben,
Die Furien, die der Abgrund ausgespien,
Sie und das Chaos setz' ich ein zu Erben!"

Solche Sätze des Entsetzens wollte Heinrich George 1946 seine *NS*-Mitgefangenen als Bilanz ihrer aller üblen Tuns unbedingt hören lassen.

Aber hierzu kam es nicht mehr.

Nach gut einem halben Jahr, Ende September 1946, starb der KZ-Häftling Heinrich George 52jährig an den Folgen einer Blindarmentzündung: medizinisch laut Totenschein (deutscher Lagerärzte) an Laporatonie (Appendizitis), Bronchiopneumonie und Herzatropie, in Wahrheit vermutlich an totaler Verausgabung, Entkräftung und Erschöpfung, an Leid, Verzweiflung und Hoffnungslosigkeit, wohl auch an Schuldgefühlen und Reue: an seinem Leben.

Er starb an vergleichbar "überflüssigen" Komplikationen nach chirurgisch harmlosem Eingriff – just wie vor einem Jahr sein 54jähriger Kollege Alexander Granach in New York:

Kollaborateur und Opfer also ein und desselben Teufelskreises, letztendlich gleichermaßen sinnlos, in faschistisch finaler Gleichschaltung.

Jan George, der ältere Sohn, hat noch 2013 vor einer Filmkamera leicht aufgebauscht, seine Familie habe diesen Tod erst nach Ablauf zweimonatiger Ungewißheit erfahren. Tatsächlich haben ihn die Gazetten erst Mitte November 1946 gemeldet, und der Berliner *"Kurier"*, liberales Boulevardblatt im französischen Sektor, veröffentlichte am 12. November 1946 einen flammend huldigenden Nachruf seines Regisseurs Jürgen Fehling, mit dem gemeinsam er mindestens zehn Hauptrollen erarbeitet hatte. Ihrer beider *"Blauer Boll"* von Ernst Barlach aus der Spielzeit 1930/31 blieb sogar für Fritz Kortner auch lange später noch *"der Sieg des magischen Realismus über den Expressionismus"*: also Theatergeschichte.

Jetzt weinte dieser Kampfgefährte und Geibel-Enkel um seinen totgequälten *"König der Phantasie"*, den er geliebt habe *"wie keinen der lebenden Schauspieler deutscher Zunge"* sonst, denn *"unter seinen Kollegen wirkte er wie ein alter Steinadler zwischen Hühnern"*, ein *"Herakles am Kreuz des Isenheimer Altars hängend, voll Blut und Wunden"*, mit jener *"unsäglichen Traurigkeit der wilden Tiere im Zoo"* und uns *"gesandt, auf der Bühne das Gruseln zu leh-*

ren“: *”er konnte zaubern aus dem Gehege seiner Zähne“* – zum Schluß jedoch *”blind vor den Nazigrößen [...] . Noch in der tiefsten Erniedrigung seiner selbst groß und erschütternd [...] , ein gefallener Engel [...] , all den goldenen Fellen nachschauend, die ihm nicht ohne seine eigene Schuld davonschwammen“.*

Nur drei Tage später, am 15. November 1946, distanzierte sich in derselben Zeitung das Ostberliner *Deutsche Theater* offiziell von diesem Nachruf, seinem Autor und seinem Gegenstand:

Wolfgang Langhoff, seit wenigen Wochen Nachfolger Gustav von Wangenheims als kommunistisch linientreuer Intendant dieses traditionsreichen Hauses, habe die laufenden Verhandlungen mit dem Regisseur Fehling abgebrochen, weil dessen Nekrolog auf einen Schauspieler, *”der bekanntermaßen ein aktiver Nationalsozialist und Kriegsverbrecher war“*, unverkennbar *”den eindeutigen Nachweis erbringt, daß Jürgen Fehling nicht gewillt oder nicht fähig ist, zwischen der Kunstepoche des Dritten Reiches und unserer kommenden Zeit einen Trennungsstrich zu ziehen“*: er habe *”mit keinem Wort auf den schmählichen Verrat Georges“* an allen Linken und *“auf seinen mit diesem Verrat bedingten künstlerischen Abstieg hingewiesen“.*

Dieser öffentlich ideologische Verhandlungsabbruch hat dem genialen Fehling, damals vermutlich schon manisch-depressiv, beruflich das Genick gebrochen. In seinem Berlin, wo er sich in mehr als 25 Jahren mit rund 125 umjubelten Meisterinszenierungen in der Theatergeschichte festgeschrieben hatte, hat er hiernach bis zu seinem Lebensende (nach weiteren 22 Jahren) nur noch zweimal inszenieren dürfen (und in der Diaspora der bayerischen Provinz stellvertretend noch ganze vier Male).

Auch das war letztlich *NS*-Zerstörung: im sonderlich peinlichen und, zugegeben, außergewöhnlich komplizierten Falle dieses unverhohlen todesmutigen Widerständlers gegen die Nazis.

Fritz Kortner, der sich auch dem angeschlagenen Fehling der späten Jahre noch durch *"erbitterte Freundschaft verbunden"* fühlte, gestand noch 1959: *"Sein zerrüttetes, bizarr funktionierendes Hirn griff mir ans Herz"*, denn Fehling hatte ihm postfaschistisch *"manchen ergreifenden, geistreichen und doch so verworrenen Brief"* geschrieben: *"Er forderte mich immer wieder auf, gemeinsam mit ihm das deutsche Theater vor dem Untergang zu retten"*, und ironisierte diese Idee sogleich, indem er diese *"geplante Rettungspartnerschaft nach dem Berliner Herrenbekleidungshaus 'Peek und Cloppenburg'"* benannte – *"eine schrullige Laune seines noch in der Verdüsterung oft blitzhaft leuchtenden Hirns, das immer schon auf Hochtouren lief"*, jetzt jedoch *"im wilden Zickzack sich waghalsig der Gefährdungszone nähernd"*.

Als ich damals selbst, im Sommer 1955, "zufällig" das Glück hatte,
die letzten zehn Tage vor seiner Einlieferung in die Psychiatrie
Fehlings Privatsekretär und eine Art Faktotum zu sein,
brillierte seine rhetorische und vulkanisch vitale Potenz
noch in so eindrucksvollst schillernden Farbenspielen,
daß ich sie ganze 45 Jahre später, 2000, im Kapitel *Geibel*
des Ersten Bandes meiner *"Hahnenschreie"* (von "Moritz Pirol")
ausführlich beschrieben habe: auch noch das erschütternde Wiedersehen
mit diesem zerbrochenen Giganten nach nur zwei weiteren Jahren
just bei einem Düsseldorfer *"Kaufmann von Venedig"* 1957
mit seiner Joana Maria Gorvin und Ernst Deutsch (statt seines Kortner)
als jüdischen Stafettenträgern unverkennbar seiner eigenen Inszenierung
dieses Stückes vor dreißig Jahren und aus völlig zertrümmerter Ära.

Rund dreißig weitere Jahre später lag auch die stalinistische Ära in Trümmern danieder, und 1995 wurden just in der Moskauer Lubjanka, jenem selben Folterknast, in dem auch die Kollegin Carola Naher mißhandelt und ihr Denunziant Gustav von Wangenheim verhört worden waren, die bislang streng geheimen *KGB*-Archive für Historiker, Journalisten oder sonstige Investigatoren mindestens teilweise zugänglich.

Sofort recherchierten dort Irmgard und Bengt von zur Mühlen für die *Chro-*

nos-Film, ihre ungemein rührige und findige Dokumentarfilm-Produktion, die damals schon mit einem *Silbernen Bären*, zwei *Goldenen Kameras* und zwei *Oscar*-Nominierungen preisgekrönt worden war.

Ihre *"Dreh- und Archivreisen 1994/95 nach Rußland dienten ausschließlich dazu, den Schicksalen der deutschen Deportierten [...] in den Sonderlagern der ehemaligen sowjetischen Besatzungszone in Deutschland nachzugehen"*, publizierten sie 1995. *"Besonders interessant"* erschienen ihnen damals *"die Unterlagen über die elf Speziallager des NKWD in der sowjetischen Besatzungszone/DDR 1945-1950. [...] Allein unter der Bestandsnummer 4.901 sind die Personalakten von über 170.000 Häftlingen der Speziallager aufbewahrt, dazu gehören Skizzen von den Lagern, Berichte über die Zusammensetzung der Bewachungsmannschaften, die Registrierbücher über den Eingang der Häftlinge, Transportlisten, Verpflegungsaufstellungen"*. Eine Abteilungsleiterin demonstrierte ihnen, mit welcher *"fast preußischen Genauigkeit diese Akten geführt werden"*.

Hier wurde es Bengt von zur Mühlen *"im Gegensatz zu vielen Historikern und Organisationen, denen der Zugang versperrt ist"*, gestattet, *"relativ ausführlich recherchieren"*, teils sogar filmen zu können

und unter der Archiv-Nummer 13328 auch auf *"die Akte von Heinrich George"* zu stoßen:

"Wir bekamen [...] 58 Seiten Berichte der Verhöre, von denen einige von George persönlich abgezeichnet sind, dazu Denunziantenberichte, sein Adreßbuch und den Totenschein", vermutlich auch seine wohlarchivierten Fingerabdrücke, seinen Haftbefehl, sein Notizbuch und Briefe an Nazi-Führer, einen Umschlag mit Fotos, die ihn *"mit Hitler, Göring und Goebbels zeigen"*, sowie Spitzelberichte und eine Zeugenaussage.

Ich selbst bin diesem Rechercheur Bengt von zur Mühlen
schon gegen Ende des *Zweiten Weltkriegs* bei einem Besuch meiner Eltern
in jenem Rittergut begegnet, das sein Vater Arthur von zur Mühlen
im damals gewaltsam eingedeutschten Dörfchen Lindenort (*recte* Płaczkowo)
des vormals polnischen *NS-Reichsgaus Wartheland* besaß.

Bengt und sein Zwillingsbruder Max waren im selben estnischen Tartu geboren
wie auch ich und damals etwa zwölf Jahre alt, ich etwa zehn.
Von diesen vermutlich ersten Zwillingen meines Lebens
interessierte mich Max überhaupt nicht, aber Bengt nur umso mehr.
Er gehörte zu jenem Menschentyp, der mich mein ganzes langes Leben hindurch
immer unergründlich fasziniert hat. Ich hätte damals für ihn schwärmen können,
aber sah ihn nie wieder. Erst gute vierzig Jahre später,
als er schon ein berühmter Dokumentarfilmer war
und ich meine Drehbücher zu Fernsehspielen des ZDF schrieb,
haben wir aus unerinnerten Gründen einmal miteinander telefoniert:
er ohne jede Erinnerung an unsern Kinderkontakt, aber dennoch jovial,
ich so sinnlos devot, wie nur heimliche Verehrer es nicht verhindern können.
Schlußpointe: als ich rund weitere 25 Jahre später
im brandenburgischen Kleinmachnow an der Peripherie Berlins
für verreiste Freunde wiederholt Haus und Katzen hütete, trotzdem
Weizsäckers *"Große Physiker"* oder die lokalen *"Irrungen, Wirrungen"* las
und am eigenen *"Alexanderkuchen"* schrieb,
da hielt ich mich, ohne es zu ahnen, am Firmensitze der *Chronos-Film* auf:
also ganz in der Nähe endlich jenes Kinderschwarms Bengt von zur Mühlen.

Jetzt aber half just er mir unverhofft, den Zugang zum Rätsel Ernst Stahl-Nachbaur zu finden.

Denn neu und schwerstgewichtig war in jener aufgestöberten Akte des *KGB* über Heinrich George damals der erwähnte *"Denunziationsbericht"* eines *Эрнсм Шмалъ-Нахбаур:* in kyrillischer Umschrift also unseres lateinischlettrigen *Ernst Stahl-Nachbaur.* Es ist mit dem 30. Juni 1945 datiert, wurde also in frühester Nachkriegsphase handschriftlich notiert, an den sowjetischen *NKWD* adressiert und enthielt auch die folgenden Sätze:

"George ist mehrfach verhaftet worden und nach Durchführung der Untersuchung wieder entlassen worden. Seine Verhaftung ist aber durchaus notwendig und aus folgenden Gründen berechtigt:

George galt in den Berliner Künstlerkreisen bis zum Umbruch als Kommunist und hat des öfteren mit der Roten Hilfe Sprechabende, Vortragsabende usw. organisiert. Nach der Machtergreifung des Faschismus hat George eine nach außen hin absolut klar zu erkennende Wandlung vollzogen und al-

les getan, um den Faschismus in Künstlerkreisen populär zu machen.

Goebbels erkannte die Möglichkeit, mit dem politischen Umfall Georges den größten Teil der Berliner Künstlerschaft [...] zu sich hinüberzuziehen.

Es ist dabei unbestritten, daß George als Schauspieler eine ausgezeichnete Leistung [...] vollbracht hat. Jedoch ist sein betont faschistisch-freundlich eingestelltes Verhalten streng zu verurteilen. George drängte sich förmlich danach, in der Goebbels'schen Propaganda auf dem Sektor Film und Theater möglichst die führende Rolle zu spielen, und hat dabei alles getan, um die abwehrenden Kräfte in der Berliner Künstlerschaft schonungslos zu beseitigen.

Sein Ensemble im Schiller-Theater war ausgerichtet nach nationalsozialistischen Grundsätzen, die ihm von Goebbels angegeben wurden.“

Auch noch nach Stauffenbergs Hitler-Attentat vom 20. Juli 1944, behauptet Stahl-Nachbaur hier weiter,

”hat George sich eindeutig auf die Seite von Goebbels & Co. gestellt. [...]

George ist sich selbst über sein Verhältnis klar. Denn als er betrunken war [...], hat er selbst in seinem Freundeskreis geäußert: 'Wenn der Nationalsozialismus in Deutschland verschwinden sollte, so würde er sicherlich am nächsten Baum aufgehenkt, und das eigentlich auch mit Recht'. Zeuge dieses Ausspruchs ist der Schauspieler Bobby Iller [...] in russischer Kriegsgefangenschaft“.

Überdies habe der Intendant George vermeintlich *”nicht richtig“* arbeitenden Angestellten des *Schiller-Theaters* bisweilen angedroht, sie als ”Drükkeberger“ an die Ostfront zu schicken.

Zum Abschluß dieser verhängnisvollen Denunziation wiederholte Stahl-Nachbaur sicherheitshalber jenen Vorwurf, von dem er wußte, daß er George bei den Sowjets am nachhaltigsten belasten würde:

”George war sich vollkommen klar darüber, daß sein charakterloses Um-

schwenken aus dem kommunistischen Fahrwasser zum nationalsozialistischen Regime Folgen haben würde. [...]

Für mich, der ich an dem Untergang dieses III. Reiches nicht einen Augenblick zweifelte, war klar, daß Heinrich George – auch bei Zubilligung vieler mildernder Umstände – eines Tages für seine dem Nazismus dienende u. ihn fördernde Haltung sich zu verantworten und dafür einzustehen haben werde.

Berlin, 30. Juni 1945. *Ernst Stahl-Nachbaur (Guggenheimer)"*

Vermutlich in Unkenntnis des stalinistischen Antisemitismus jener Tage fügte er da also seiner Unterschrift unter diesem Verleumdungsschreiben sicherheits- oder vorteilshalber in Klammern noch seinen jüdischen Namen Guggenheimer hinzu.

Stahl-Nachbaur konnte nach Aufdeckung dieses skandalösen Rufmordes nicht mehr zur Rede gestellt oder um seine Erklärung gebeten werden, weil er schon vor mehr als drei Jahrzehnten verstorben war: 1960, also 74jährig, aber in keinem KZ, sondern am Schlachtensee im Westberliner Bezirk Steglitz-Zehlendorf und als Träger des *Bundesverdienstkreuzes Erster Klasse* ebenso wie auch des *Goldenen Ehrenzeichens* seiner Berufsgewerkschaft, der möglichst solidarischen *Genossenschaft deutscher Bühnen-Angehöriger*.

Sylvia Gronostay, leiblich "halbjüdische" Tochter eines linken Schönberg-Schülers und Riefenstahl-Komponisten, aber Stieftochter Ernst Stahl-Nachbaurs, hat noch sehr viel später, vermutlich 2013, vor einer bundesdeutschen Fernsehkamera bestätigt, daß das Manuskript dieser Denunziation keine rotarmistische Fälschung, sondern autografisch echt sei und leider unanzweifelbar von Stahl-Nachbaur stammte: *"Es war in seiner Handschrift geschrieben"*.

Dieser Brief scheint

die (freiwillige oder anbefohlene) Wiederholung jener mündlichen Zeugenaussage zu sein, für die sich Stahl-Nachbaur gleich im Kapitulationsmonat Mai 1945 zur Verfügung gestellt hatte,

und der sowjetischen Gestapo *NKWD* seinerzeit als legitimierende Basis für ihre eigene undatiert dreiseitige *"Aktennotiz über Heinrich George Staatsschauspieler"* gedient zu haben, mit der sie damals dessen Verhaftung sowohl in russischer wie in deutscher Sprache zu begründen und zu rechtfertigen trachtete. Denn mit Ausnahme der beiden letzten Absätze ist ihr gesamter Wortlaut unverändert aus Stahl-Nachbaurs Denunziation übernommen, der selbstformulierte Abschluß aber inhaltlich weitestgehend gleichfalls.

Hier fällt von Edgar Wallace unumgänglich jener Krimi wieder ein, den das *Berliner Künstlertheater* 1928 mit Ernst Stahl-Nachbaur in der Titelrolle eines "Zinkers" präsentierte: *"Der Zinker ist ein Schuft, der Andre periodisch an die Polente verpfeift"*, hatte der prophetische Alfred Kerr schon damals vorausgesehen: *"Der schofle Brutalist, der. / Schon ist er, Stahl-Nachbaur, im Begriff, seine Gattin durch Gift zu killen"*

oder eben einen guten Freund, seinen Lebensretter und Wohltäter Heinrich George den sowjetischen Rachegeistern ans Messer zu liefern und seine Mißhandlung oder gar Tötung zumindest billigend in Kauf zu nehmen. Oder gar heimtückisch zu bezwecken? (Wußte George gar was über ihn?)

Weil sich Ernst Stahl-Nachbaur auch in den verbliebenen fünfzehn Lebensjahren nie zu dieser Denunziation geäußert, sie niemals öffentlich zu erklären oder wenigstens bei der Familie George zu entschuldigen versucht hat, sieht sich der heutige Zaungast mit solcher Erbschaft zu spekulieren genötigt: warum hat Ernst Stahl-Nachbaur (Guggenheimer) das getan?

Zweifellos war er nach zwölf Nazijahren, die er, halbwegs verheimlicht, nur halbwegs geduldet, entrechtet und unterdrückt im sozialen Souterrain einer Mörderbande mehr oder minder zufällig überlebt hatte, ganz beträchtlich traumatisiert.

Umso verängstigter blickte er nach dem Zusammenbruch jener Diktatur dem nunmehr drohenden nächsten Terror aus Moskau entgegen, von dem man sich damals, zu Recht oder Unrecht, ausschließlich Greuelmärchen kolportierte. Als Sohn eines nicht eben unprominenten, eines ultrakonservativen Rüstungsindustriellen und dezidierten Gewerkschaftsfeindes mochte er da nicht ungefährdet sein.

Vielleicht ja versuchte er sich so auch beizeiten von seiner langjährigen Zugehörigkeit zu jenem *Schiller-Theater* zu distanzieren, das immerhin eine Vorzeigebühne der Nazis gewesen war und nunmehr sein gesamtes Ensemble pauschal in lebensgefährlichen Mißkredit bringen konnte:

zu solchen Mitläufern wollte Stahl-Nachbaur jetzt auf keinen Fall mehr dazugerechnet werden. Wirklich hatte er dort ja auch runde sieben Jahre lang wie in einem Ghetto der Verachteten und Verleugneten überdauert. Das sollte ihm nun an seinem Lebensende möglichst kein zweites Mal passieren.

Aber der Historiker Werner Maser, rund drei Jahrzehnte lang auf internationalen Lehrstühlen für Neuere Geschichte, Völkerrecht und Politik, hat in einer Fußnote seiner unverzichtbaren George-Monografie vermerkt: *"Stahl-Nachbaur hoffte nicht umsonst auf einen Judaslohn von sowjetischer Seite"*.

In Joachim A. Langs *"George"*-Film von 2013 klingt dasselbe aus dem Munde des (nachgestellten) sowjetischen Verhöroffiziers so: *"Eine ehrliche Aussage könnte Ihnen weiterhelfen in der neuen Zeit"* und abschließend: *"Können Sie mir die Aussage schriftlich geben?"*

Die hat es dann eindeutig ebenso gegeben wie jenen Judaslohn.

Denn dieses Mitglied des *NS-Schiller-Theaters*, dieser Sohn immerhin eines *MAN*-Direktors wurde jetzt keineswegs verhaftet, sondern sogar maßgeblich in jenen damaligen *"Bund der Kulturschaffenden"* von 1945 eingespannt, der später zum *"Kulturbund zur demokratischen Erneuerung Deutschlands"* mutierte,

und als im Frühjahr 1946 mit sowjetischer Lizenz nach einem Drehbuch und in der Inszenierung von Wolfgang Staudte, einem sehr viel solidarischeren Schützling Heinrich Georges, im zertrümmerten Berlin der erste deutsche Nachkriegsfilm gedreht und *"Die Mörder sind unter uns"* genannt wurde, wirkte dieser inzwischen nicht mehr allzu bekannte Ernst Stahl-Nachbaur hier sofort mit: wenn auch nur in der Episodenrolle eines Arztes.

Aber die Mörder waren da also wirklich gleich schon wieder unter uns – wie etwa auch wieder zwei seiner frühesten Filmrollen: *"Das Geschlecht der Schelme"* von 1917 und *"Satanas"* von 1920 ? Oder Immermanns Bühnen-Satan von 1918 und jener Zinker von 1928, der *"andre an die Polente verpfeift"*? Hat da was abgefärbt? Haben sich Ebenen vermischt?

Sofort im Anschluß an jene *"Mörder unter uns"* drehte Stahl-Nachbaur während des Sommers 1946 in einem der allerersten Filme der sowjetisch ostzonal installierten *DEFA* die Hauptrolle: *"Allez hopp!"*. Noch in heutigem *Internet Movie Database* und *Filmportal.de* nennt das Rollenverzeichnis dieses Varieté- und Zirkusfilms Ernst Stahl-Nachbaur an erster Stelle. (Als seine Film-Schwägerin wirkte da auch schon wieder seine Denunziantenkollegin Hilde Körber mit.)

Aber schon nach neun Drehtagen beschloß die *DEFA*, die Dreharbeiten zu diesem Film einzustellen. Angeblich war der Regisseur Hans Fritz Köllner (* **1896**), ein bislang sehr erfolgreicher Drehbuchautor, dieser Aufgabe nicht gewachsen. Alle Kopien und Standfotos dieses Films wurden daher vernichtet.

Das alles wurde am 25. September 1946 so beschlossen: just als im Konzentrationslager Sachsenhausen Heinrich George an den Folgen seiner Diskriminierung durch Ernst Stahl-Nachbaur verstarb.

Stahl-Nachbaurs beruflicher Höhenflug als sowjetischer Judaslohn endete tatsächlich am selben Tage wie das Leben seines verleumdeten Lebensretters. Schlagartig war er kein Favorit der neuen Machthaber mehr. Jeder dieser beiden Schicksalsgenossen wurde da auf seine Weise um die Existenz gebracht: gleichzeitig. (Oder magisch verflochten?)

Zwar wirkte Ernst Stahl-Nachbaur hiernach zwischen 1950 und 1960 noch in ganzen 18 Kino- und 13 Fernsehfilmen mit, auch in so brisanten Legenden der Filmgeschichte wie Alfred Weidenmanns *"Canaris"* (nach einem Drehbuch von Erich Ebermayer , jenem *NS*-genehmen Gründgens-Freunde und George-Autor von 1937), in Falk Harnacks *"Der 20. Juli"* und Helmut Käutners *"Der Schinderhannes"*, häufig als *"gravitätischer Gentleman der alten Schule"* (Kay Weniger),

aber nie mehr bei der östlichen *DEFA*, erst nach einer Drehpause von vier sehr langen Wartejahren und nach notgedrungen wetterwendischer Orientierung gen Westen erst wieder in bundesdeutschen Produktionen und dort meist nur noch in kleinen oder bestenfalls mittleren Rollen: für Schauspieler eine Art verletzendster Geringschätzung kurz vor der beruflichen Tilgung.

Ich selbst sah ihn zwischen 1952 und 1957 in Marler, Kölner oder Berliner Nachkriegskinos jedenfalls noch in seinen typgerechten Rollen der Filme *"Mein Herz darfst du nicht fragen"*, *"Canaris"*, *"Rittmeister Wronski"*, *"Ave Maria"*, *"Der Hauptmann und sein Held"*, *"Der 20. Juli"*, *"Spion für Deutschland"* und immer wieder auch später noch in *"Die Mörder sind unter uns"*.

Freilich half da notfalls wieder das Theater. Die Sowjets hatten ihn zunächst an einer wiederbelebten Bühne ihrer hiesigen Besatzungshoheit als Intendanten eingesetzt, aber er fühlte sich wohl doch eher zum Schauspieler berufen und spielte daher schon Anfang 1946 in den damaligen *Kammerspielen Charlottenburg* ein Stück von Maurice Rostand (* **1891**) ausgerechnet unter dem deutschen Titel *"Der Mann, den sein Gewissen trieb"* und in der *Komödie* am Kurfürstendamm bei der Wiedereröffnung mit *"Kabale und Liebe"* in einer Inszenierung jenes Herbert Maisch (* **1890**),

der als aktiver Offizier des *Ersten Weltkriegs* seinen rechten Arm verloren hatte, aber als Regisseur erst kürzlich mit Heinrich George (und Horst Caspar) den unvergeßbaren Schiller-Film, mit George (und Eduard von Winterstein) den Andreas-Schlüter-Film und als Co-Regisseur mit Staatsrat Gründgens (und Winterstein, auch Hilde Körber) jenen umstrittenen *"Ohm Krüger" gedreht hatte*

und den ich selbst als Kölner Student in den fünfziger Jahren als Generalintendanten und Regisseur vieler hoch besetzter und hochkarätiger Inszenierungen an jenen *Bühnen der Stadt Köln* erlebte, die er zwölf Jahre lang so erfolgreich leitete wie 1957 das *Deutsche Mozartfest* (mit meinen Ikonen Elisabeth Grümmer und Anton Dermota) und an denen ich Ende der sechziger Jahre selbst zwei Spielzeiten lang inszenieren und die Dramaturgie leiten durfte; (aber persönlich begegnete ich ihm vorher schon im *Staatstheater Braunschweig*, als er da Gastregisseur war und meine dortige *"Hamlet"*-Inszenierung sachkundig guthieß);

dort am Kurfürstendamm inszenierte Stahl-Nachbaur dann gleich anschliessend mit den davongekommenen *Ufa*-Stars Winnie Markus (wiewohl sowjetisch angeschossen) und Carl Raddatz ein Stück von Georg Kaiser,

um Ende 1946 im neuerdings wiederbelebten Steglitzer *Schloßpark-Theater,*

wo ich selbst ja nur zehn Jahre später Theater zu machen erlernen und das fünfzehn Jahre später beweisen durfte,

in Gerhart Hauptmanns *"Ratten"* zu spielen, mit deren Inszenierung damals Willi Schmidt,

mein eigener prägender Lehrmeister, Freund und jahrelang Briefpartner,

seinen Übergang vom Ostberliner *Deutschen Theater* Gustav von Wangenheims zum Hausregisseur des neuen Westberliner Staatstheaters just zu stabilisieren begann.

Aber in jenem *Deutschen Theater* unter der Intendanz seines vormaligen *"Danton"*-Kollegen Gustav von Wangenheim spielte Stahl-Nachbaur nun ab Sommer 1947 neben Lola Müthel, Angelika Hurwicz

(deren privaten Charme und Humor ich runde zehn Jahre später auf einer Kollegen-Party kennen lernte, als wir beide 1958 in Essen gastierten),

neben jener Gudrun Genest (aus Lucie Mannheims *"Göttlicher Jette"* von 1932), aber auch neben seinem Robespierre aus ihrer aller *"Danton"* von 1931: Gustaf Gründgens – in dessen Inszenierung von Wedekinds *"Marquis von Keith"* (*in memoriam* Albert und Lissi Steinrücks etwa?).

Postfaschistische Nachkriegsgeflechte.

Sie verwirren sich zunehmend durch die Tatsache, daß Stahl-Nachbaur schon im Juli 1945, als George noch lebte, in Frank Wedekinds *"Kammersänger"* auf der Bühne jenes Westberliner *Renaissance-Theaters* stand, das runde 33 Nachkriegsjahre lang von Kurt Raeck geleitet wurde:

> vorher im *NS-Schiller-Theater* Heinrich Georges unverzichtbarer, wenn auch "rassisch" belasteter Verwaltungsdirektor und Freund, dessen *"ständige, glückliche und zügelnde Ergänzung"* (Berta Drews). 1946 unterzeichnete auch er sehr wohl jene Petition zugunsten seines verhafteten Chefs, die sein Schiller-Kollege und Schicksalsgenosse Stahl-Nachbaur zu signieren verweigert hatte.

Trotzdem hat Raeck ihm zwischen April 1947 und April 1960 runde 22 Male auf der Bühne seines *Renaissance-Theaters*, jener früheren Dépendance des benachbarten *Schiller-Theaters* um die Ecke, Arbeit und Brot gegeben: in rund siebzehn Rollen (mit Regisseuren wie Leo Mittler, Theo Lingen, Victor de Kowa, Leonard Steckel, Charles Regnier, häufig Kurt Raeck persönlich und 1955 neben Käthe Dorsch und Ernst Schröder bei *"Frau Warrens Gewerbe"* von Shaw unter jenem Heinrich Koch,

dem ich selbst schon im selben 1955 bei Ibsens skandinavischem *"Peer Gynt"*
im *Schiller-Theater* um die Ecke assistieren durfte,
ohne daß einer von uns beiden auch noch während des anschließend
langjährig freundschaftlichen Kontaktes erfahren hätte,
daß unsere Urgroßväter dänische Brüder in Eckernförde waren.
Als ein Familiengenealoge ihm diese Verflochtenheit
im Herbst 2006 endlich offenbaren wollte,
war Koch 95jährig vor wenigen Stunden verstorben).

Aber der solidarische und gutgläubig ahnungslose Kurt Raeck ließ seinen George-Kollegen Ernst Stahl-Nachbaur auch ganze sieben Male im immer anspruchsvoller werdenden *Renaissance-Theater* selbst inszenieren: auch Stücke von Strindberg, Shaw, Noel Coward und Molnár.

Aber er inszenierte (und spielte) auch Curt Goetz in der *Komödie* am Kurfürstendamm, spielte in der *Freien Volksbühne* Hofmannsthal und Tschechow unter Rudolf Steinboeck und Oscar Fritz Schuh, in Kortners *Tribüne* am Altberliner "Knie", heutigen *Ernst-Reuter-Platz* schräg *vis-à-vis* von *Schiller-* und *Renaissance-Theater* ein schottisches Stück neben Ernst Jacobi und Karl John:

es dürfte ihm, *summa summarum*, nach Georges Tod zumindest beruflich ganz passabel ergangen sein.

Ich selbst habe ihn jedenfalls im Februar 1956
in der Komödie *"Mama Nicole"* von Joe Bousquet (* **1897**),
die "TV-Kommissar" Erik Ode mit Käthe Dorsch, Harry Meyen und ihm
im *Renaissance-Theater* inszeniert hatte, auf der Bühne gesehen
und nicht ahnen können, was er da schon seit zehn Jahren bravourös verheimlichte.

In Düsseldorf und München gastierte er auch an kommunalen Bühnen. Aber im riesigen Ensemble und Spielplan des neuen staatlichen *Schiller-Theaters* oder dessen Steglitzer Dépendance war er kaum je anzutreffen:

nur im Sommer 1948 in einer Inszenierung des Hausherrn Boleslaw Barlog von Carl Zuckmayers (* **1896**) und just *"Des Teufels General"*, dann erst nach drei langen Jahren wieder unter Karl Heinz Stroux 1951 in der *"Affaire Dreyfus"*, das die *NS*-verfolgten Autoren Hans José Rehfisch (* **1891**) und Wilhelm Herzog geschrieben und die Heinrich George in der Rolle des Kronzeugen Émile Zola (*«J'accuse»*) weiland so erfolgreich verfilmt hatte.

Aber nach weiterhin langen vier Spielzeiten ließen Stroux und Barlog ihn ab April 1955 neben Käthe Dorsch und Martin Held abermals und zum letzten Male in seinem und Heinrich Georges *Schiller-Theater* die Bühne betreten: in *"Das Dunkel ist licht genug"* von Christopher Fry.

Dort spielte er vermutlich noch,
als ich selbst im Sommer 1955 dem Wiener Regie-Gast Ulrich Bettac (* **1897**)
beim Berliner *remake* seiner Burgtheater-Inszenierung
der *"Kinder"* von Hermann Bahr mit Werner Krauß erstmals assistieren durfte:

auf denselben Brettern also, auf denen damals an manchem Abend zuvor noch
dieser Judas Stahl-Nachbaur sein janusköpfiges Unwesen trieb:

vielleicht also sind wir uns da auch bisweilen
an unser beider Arbeitsstätte begegnet und grußlos aneinander vorbei gegangen.

Aber so war das seinerzeit in unserm Adenauer-Staate allenthalben noch:
alles verfranste sich heimlich und ungut in den Nachfolge-Labyrinthen
von Nazizeit und *Zweitem Weltkriege* oder deren üblen Resultaten.
Manches Wort mißlang da auch unverhofft verhängnisvoll.

Erst am 2. August 1996, als Stahl-Nachbaurs fürchterliche Anschwärzung Heinrich Georges bekannt geworden war, hat der damals 90jährige Boleslaw Barlog den Historiker Werner Maser persönlich wissen lassen, daß dieser selbe Denunziant Ernst Stahl-Nachbaur kurz nach dem Kriege auch ihn, seinen Steglitzer Arbeitgeber Barlog, bei der *US*-amerikanischen Besatzungsmacht verleumderisch angezeigt habe: als schoflen Parteigänger der Sowjets. Maser hat das 1998 beiläufig veröffentlicht. In eine Parenthese abgeschoben, liest es sich da gleichwohl so brisant und entsetzlich, wie es ja auch tatsächlich ist.

Manches Dunkel ist eben keineswegs licht genug.

Aber Sylvia Gronostay, Stieftochter Ernst Stahl-Nachbaurs, hat nach Lektüre seiner Denunziation Georges noch vermutlich 2013 in eine Fernsehkamera hinein gestanden:

"Also, ich war wirklich entsetzt, als ich dieses las ... ja, es war also wirklich ganz entsetzlich – ja, ich wurde also schamrot. Man verhält sich einem Freund gegenüber nicht so".

Dieser Stiefvater selbst hatte Ende der zwanziger Jahre über sich und seinen Beruf veröffentlicht:

"Ich bin stolz darauf, einer Sache zu dienen, von deren ganz großer künstlerischer und dadurch menschlicher Bedeutung ich tief überzeugt bin".

Aber dreißig Jahre später, irgendwann in jenen restaurativen Fünfzigern, stelle ich mir gern vor, sind diesem Judas in bisweilen schlaflosen Nächten noch Textfetzen seiner allerersten Bühnenrolle durch sein Gedächtnis oder restliches Gewissen getaumelt und haben ihn aus Schillers Kapuzinerpredigt in *"Wallensteins Lager"* wieder und wieder repetieren lassen:

"Auf das Unrecht, da folgt das Übel,
Wie die Trän auf den herben Zwiebel" –

oder auch: *"König David erschlug den Goliath"* –

oder auch dies hier, immer wieder und wieder:

"Verleugnet wie Petrus seinen Meister und Herrn,
Drum kann er den Hahn nicht hören krähn – ".

Aber Petrus ging damals nach dem dritten Hahnenschrei *"hinaus und weinte bitterlich"*,

Ernst Stahl-Nachbaur wohl eher nicht, scheint's.

Strichlinge

Viele Schauspieler sind Nutten. Vielleicht die meisten. Vielleicht sogar alle.

Denn sie sind Menschen.

Viele Menschen sind Nutten. Vielleicht die meisten. Vielleicht sogar alle.

Denn sie sind Überlebenskünstler.

Vielleicht ist *Überlebenskünstler* ein Synonym für *Nutte*. (Oder ein Euphemismus für Nutte?)

Denn wer sich hienieden nicht prostituiert, geht unter.

Dann sind Überlebenskünstler und Nutte auch Synonyme für Mensch.

Menschen sind Überlebenskünstler sind Nutten.

Leben heißt auf den Strich gehen.

Denn Überlebenskünstler (oder Nutte) zu sein, hat *Mutter Natur* sie allesamt gnadenlos verurteilt und verdammt.

Allerdings auch befähigt.

Und ermächtigt.

Wer würfe da Steine?

Opfer und Opfer

Aus einem Brief vom 15. Mai 2011 an die Tochter eines Gerichtsrats beim Leipziger Reichsgerichts, der da (* **1886**) im 6., 5. und 4. Strafsenat tätig war, nach 1945 mit 31 Kollegen von der *Roten Armee* deportiert, 1946 im brandenburgischen Zwangslager Mühlberg ermordet und nach 1990 dort von dieser Tochter mit dem pfleglichen Erhalt einer Gedenkstätte vor allzu hastigem Vergessen bewahrt werden sollte:

" … *Damit bin ich schon mitten drin im zentralen Problem Deines Briefes*
wie vermutlich auch Deines Lebens: dem,
was ich als 'Mühlberger Geschehen' rücksichtsvoll zu verbrämen versuche,
obwohl es natürlich nichts anderes war als eine Ermordung.

Authentisch nachvollziehen kann man derlei
als privilegierter Zaungast nie und nimmer. Daher versuche ich nur,
mir vorzustellen, wie ich an Deiner Stelle damit umzugehen
oder fertig zu werden versuchen würde.

Ich denke, daß ewige Schuldzuweisungen, so berechtigt sie natürlich sind,
weder dem Opfer noch dessen Hinterbliebenen jemals dienen können.
Ich wäre aber um Abhilfe bemüht.
Sie könnte allenfalls in einem nachvollziehenden Verständnis liegen:
einem ratlosen Mitgefühl
für jene böswillig verführten, verhetzten, verletzten, aufgewühlten und
blutenden Bevölkerungen, die da beiderseits
uninformiert und mißbraucht
ihren blindwütigen Emotionen oder Aggressionen ans Messer geliefert
und aufeinander losgelassen wurden.

Unsere Seite,
vormals immerhin ein vielverehrt kultiviertes Volk der Dichter und Denker,
war da wenigstens erst seit höchstens zwölf Jahren
so satanischen Einflüssen ausgesetzt und vollzog gleichwohl

so unverzeihliche Anweisungen wie im sowjetischen Rußland
jenen unseligen Kommissar-Befehl
und alle nur denkbaren (eigentlich unausdenkbaren) Liquidationen
oder 'Ausrottungen'.

Aber das Volk gegenüber
vegetierte ja schon vor der stalinistischen Vergewaltigung
seit rund 350 Jahren in zaristischer Leibeigenschaft und Unmündigkeit
am unteren Rande von Zivilisation und Information.
Wie konnten da Barmherzigkeit, Lebensart, Güte,
Humanität und Nächstenliebe entwickelt werden?
Du hast Recht: durch die christliche Kirche.
Aber selbst um deren (apokryphe) Botschaft zu vernehmen,
muß man vermutlich Ohren auszubilden die Gelegenheit erhalten.

Versteh mich bitte nicht falsch: ich entschuldige
nichts von allem, was in jenem Inferno um 1945 geschehen ist. [...]
Aber wenn man einen Weg findet,
auch arge Täter als armselige Opfer zu begreifen,
kommt man selbst vielleicht etwas besser mit alledem zurecht.

Ich traue Dir zu, das alles selbst durchaus ähnlich zu durchschauen.

Erschwerend mag im Falle Deines Vaters noch hinzukommen,
daß er zum Reichsgericht gehörte.
Das konnte von den militärischen Siegern wahrscheinlich unumgänglich
nur als NS-Reichsgericht begriffen und gehaßt werden.
Ich selbst kenne mich auf diesem Gebiet kaum aus.
Aber summa summarum *hat ja auch die Justiz*
unter Hitler keine allzu rühmliche Rolle gespielt.
Man hat das noch bis weit in die Adenauer-Zeit hinein beobachten können.
Ich meine, es sogar heute noch manchem Urteil in Karlsruhe anzumerken,
und grause mich davor.
Wieviel weniger konnten das

demagogisch bearbeitete Proleten aus dem Kaukasus
differenziert betrachten!

Sollte Dein Vater sich gar noch in (innerem oder äußerem) Widerstand
zur Hitler-Juristerei befunden haben wie viele seiner Kollegen,
wird die ganze Tragödie nur umso schrecklicher und beweinenswerter.

Es ist das erste Mal, daß ich mich nicht nur theoretisch
mit dieser ganzen unlösbaren Problematik konfrontiert sehe.
Du hast da einen schlimmen Vorsprung und sicher viel mehr
und fundierter über alles das nachgedacht. Ich bemühe mich jetzt nur,
Dein unübersehbares Lebensproblem nachzuempfinden.
Wahrscheinlich ist es ein Thema ohne Ende.
Aber überhaupt nicht überrascht mich, daß eine solche Traumatisierung
auch nach mehr als einem halben Jahrhundert
noch absolut virulent und therapiebedürftig ist.
Was Du da in Mühlberg in solchem Sinne tust,
ist sicher ebenso nobel wie hilfreich. Ich ziehe da meinen Hut sehr tief.

Ich selbst habe etwa Mitte der achtziger Jahre,
aber noch vor Gorbatschow und deutscher Einheit
nach meinem ersten Fernseherfolg versucht,
in einem Fernsehspiel des NDR zu thematisieren, was Du heute noch
bei Guido Knopp und deutschen Geschichtsbüchern vermißt,
bin aber bei den Notabeln weiland nur auf entsetzte Ablehnung gestoßen:
bloß keine Selbstbemitleidung unsererseits! Wie sähe das im Ausland aus!
Ich habe das sogar eingesehen, aber trotzdem allen Opfern gegenüber
als Unterlassungssünde oder Bringschuld empfunden.

Was mir noch nicht ganz klar ist: in welchem eigenen Lebensalter hast Du
vom Schicksal Deines Vaters erfahren? Erst 1989? [...]
Oder kamst Du schon als eine so traumatisierte Waise
in die Marler Buna-Siedlung? Das würde dann auch viel von dem erklären,
was Du dort erlitten hast. Denn die Angehörigen der dortigen IG Farben
waren ja vielfach selbst allzu schuldhaft an Auschwitz (oder Monowitz)

beteiligt und in die dortigen Greuel hinein verwoben,
um plötzlich auch noch von einem Flüchtlingskinde
erneut involviert und an diese unseligen Geflechte erinnert zu werden.

Sie mußten da um ihre braunreinen Westen bemüht sein.

All diese Stigmata werden noch lange nicht getilgt sein.

Themawechsel!"

Der fand schon bald mit einer Auskunft dieser Briefpartnerin über ihre Großmutter statt. Jene Mutter ihres Vaters war noch kurz vor dessen sowjetischer Ermordung selbst der *NS-"Aktion T4"* zum Opfer gefallen: weil sie zu Depressionen neigte und angeblich an altersdementen Schüben litt. Medizinisch hieb- und stichfest wurde diese Behauptung niemals überprüft, und ihr hoher Herr Sohn Gerichtsrat in seinem Reichsgericht da oben konnte wohl nichts verhindern. Oder durfte es nicht. Oder wagte es nicht. Denn diese ganze sogenannte Euthanasie der Nazis blieb ja juristisch vorsätzlich ungeregelt und berief sich einzig auf einen "Führererlaß" *ex cathedra* mit der *"Freigabe der Vernichtung lebensunwerten Lebens"*.

Ob die Reichsgerichtsräte jenes Reichsgerichtshofs gegen solchen Massenmord jemals ein Veto einlegten? Oder den Begriff *"lebensunwerten Lebens"* einfach duldeten und hinnahmen?

Jedenfalls wurde hier aus einem undurchdringlichen Schuldgewebe die vollends Schrecken erregende Verstrickung in Unbegreiflichstes.

Sedimente

Lange blieb es im verborgenen Untergrunde leicht übersehbarer Minderheiten weggeduckt. Aber seit Neuestem kriecht es aus all seinen Schlupflöchern unbekümmert ans Tageslicht, offenbart sich als unvergänglichen Bodensatz und beansprucht althergebrachte oder mitgeschleppte Herrschaft über möglichst alle andern.

Hier ist vom Herdenvolk deutscher Nation die Rede. Genauer: von seinen Rechtsradikalen. Von unverbesserlich Vorgestrigen: heutigen Faschisten.

Sie tarnen sich mit wechselnden Namen oder Abkürzungen, aber wollen alle nur eins: die Rückkehr zu heillos Gestrandetem. Zum eindeutig völlig Mißlungenen. Und zu brutalen Entmündigungs- und Unterwerfungsprozessen. Zur Knebelung nicht nur Anderer, sondern aller. Zum Führerstaat. Sieg heil!

Runde siebzig Jahre nach Stalingrad, nach Hiroschima und dem erlösenden Gnadenschuß im Berliner Führerbunker hätte das niemand mehr für möglich gehalten. Die Ära eines separatistischen Nationalismus hatte hierzulande zumindest zweihundert Jahre lang freie Bahn und jede Chance gehabt, aber überwiegend Unheil angerichtet und Scherbenhaufen hinterlassen. Er mußte daher für gescheitert gelten. Seine Bilanz ist katastrophisch. Denn er hatte sich unserer allmächtigen und unerbittlichen *Mutter Natur* nicht einzufügen und unterzuordnen verstanden. Die Natur kennt keinerlei Nationen. Sie kennt und duldet einzig ein allgemeines Miteinander: dessen unentwirrbar harmonisches Geflecht.

Aber plötzlich ist jener heillos mißratene und verschlissene Ungeist wieder da und scheinbar gesellschaftsfähig. Auf Unliebsame soll erneut getrost geschossen werden: sei es auch ruhig auf Kinder. Ein neuer Kommissar-Befehl droht.

Die Medien stürzen sich darauf und hofieren es nur pseudo-kritisch. Es wird wieder schick, interessant und berichtenswert: schlagzeilentauglich.

Noch ist es wirr und inhaltslos, wird nur als unprogrammierte Atmosphäre gehätschelt, als pur "gefühlte" Möglichkeit einer Rückkehr ins wohlvertraut Gehabte: in eine "gute alte Zeit" diesmal nicht mehr wie beim ollen Kaiser Willem, sondern wie "damals", als wir noch die Welt beherrschten: ganz ohne Globalismus auch für alle andern! *"Zurück zur deutschen Natur!"*

Aber manchen schaudert's pseudo-faustisch: *"Heinrich (Himmler), mir graut's vor dir!"*

*

Er kann dabei nicht übersehen, daß es sich bei alledem nicht nur um tumbe Reaktionäre handelt, sondern auch, vielleicht sogar primär um die Folgen einer stetig aktivierten Demokratisierung unserer Gesellschaft. Als die Amerikaner sie uns 1949 auferlegten, war sie in Wahrheit nur ein Firmenschild ohne Inhalt. Adenauer konnte in der Tiefe seiner alten Seele vom tiefwilhelminischen Jahrgang 1876 noch kein wirklicher Demokrat sein und herrschte weitgehend monolithisch, wenn nicht autokratisch.

Damals mißfiel das erst Wenigen. Die meisten kannten nichts Anderes und wählten diesen altersstarren Souverän problemlos und wohlgemut immer wieder. Das Mittel einer Abwahl des schließlich 90jährigen kam damals allzu Wenigen überhaupt in den Sinn. (War Thronfolge nicht von altersher durch Vererbung geregelt?)

Erst ein Vierteljahrhundert nach 1945 setzte Willy Brandt dieser Gesellschaft mit seiner ersten Regierungserklärung von 1969 einen Floh ins Ohr: *"Mehr Demokratie wagen"*.

Noch blieb das zwar ein Slogan, der viel zitiert, aber vorläufig ziemlich zaghaft umgesetzt und in seinen Auswüchsen vermutlich noch gar nicht ganz verstanden wurde. Auch das blieb damals weitgehend eine sehr sympathische Atmosphäre, nicht viel mehr.

Die Randale der sogenannten 68er waren hauptsächlich wirr: letztendlich wollten sie alle Macht durchaus nicht abschaffen, sondern selbst übernehmen.

Das begann, sich 1989 zu verändern, als ein vorlauter sächsischer Kehrreim endlos wiederholt, dann verklärt und schließlich heilig gesprochen wurde: *"Mir ssin diss Folg!"*

Das schlug nachhaltig ein, schien Erfolge zu garantieren und wäre sicher die neue deutsche Nationalhymne geworden, wenn ein neuer Hoffmann von Fallersleben diese lakonische Behauptung ein bißchen verlängert und beizeiten dem unverzichtbaren Kaiserquartett von Pappa Haydn einverleibt hätte. Aber so potente Kapazitäten fehlten da bereits.

Dennoch wurde mit jener leicht weltfremden These aus Leipzig vermutlich ein Mechanismus ausgelöst, der dann seit den folgenden **neunziger Jahren** wie zur Krönung jenes zwanzigsten Katastrophenjahrhunderts unaufhaltsam weitergezündet oder -gezündelt hat und den linkischen Versuch dieses Führervolks, Demokratie zu wagen, überstürzt aus dem Ruder laufen und nunmehr vollends verwahrlosen läßt. Neuerdings wird diese selbe angeblich freiheitliche Parole auch gegröhlt, wenn Omnibusse mit erschöpften Bürgerkriegsopfern am Aussteigen behindert und gedemütigt werden: denn unser Volk will das sicher so!

Was etwa Geister wie unser allzugern mißverstandener "Nationalpoet" Friedrich Schiller (1759-1805), auch der rheinpfälzisch geborene Geschichtsphilosoph Ernst von Lasaulx (1805-1861, immerhin Paulskirchen-Parlamentarier der ersten Stunde) und der große eidgenössisch demokratische Kulturhistoriker Jacob Burckhardt (1818-1897) schon vor Jahrhunderten prophezeit hatten, wurde jetzt mehr und mehr zum erbärmlich bedrohlichen Ereignis:

die kaum noch erlernte Demokratie degenerierte hier bereits und entartete führertreu zur sogenannten Ochlokratie: einem Terror dessen, was man heute am liebsten als "Prekariat" verbrämt und verschleiert.

Gemeint sind die gesellschaftlichen Niederungen, die man früher als bedauernswert ärmliche Unterschichten vergeblich zu kultivieren versuchte, aber in Kaiserzeiten gern als "Lumpenproletariat", in Führerzeiten dann eher als

Abschaum bezeichnete und kopflos jubeln, als Kanonenfutter verbluten oder auch einfach vergasen ließ, *ad libitum*: die ”breite Masse“ also.

Ochlokratie ist die Diktatur dieser breiten Masse: ahnungslos, gnadenlos, intolerant und negativ – zerstörerisch.

Heutzutage hat sie omnipotente Medien und Internet als amorphe Erfüllungsgehilfen von verhängnisvoll eminenter Effizienz zur Seite. Ein anderer Terror hat sich da parallel zu islamistischem Salafismus oder ”Kalifat“ etabliert und unter dem Deckmäntelchen des vermeintlich immer noch Demokratischen unterschwellig bereits perfektioniert: mir ssin diss Folg – hau ab, du: sonst … !

Wie soll sich da noch leben lassen: zum Beispiel unbehelligt, friedlich und kreativ?

*

Nachtrag zur aktuell akuten Wiederkehr faschistischen, antidemokratischen Deutschtums einer Brandstifter-Gesellschaft:

da brechen ja wohl nicht nur die lange verkapselten und verheimlichten Zusammenhänge mit dem Nationalsozialismus unselig wieder auf, nein: der ist zusätzlich noch um zeitgenössische Zutaten unserer noch jüngeren Geschichte unheilvoll angereichert.

Denn jene kleinere Hälfte unserer jetzigen Bevölkerung war ja inzwischen ganze 40 Jahre lang auch noch den Verwilderungen und Verrohungen einer barbarisch aus dem Ruder gelaufenen, poststalinistisch pseudo-sozialistischen Diktatur ausgeliefert gewesen und hatte da wenig Gelegenheit vorgefunden, sich nach den *NS*-Deformierungen irgend zu humanisieren oder sonst wieder abendländisch zu kultivieren.

Vermutlich noch folgenschwerer war da inzwischen die größere Hälfte dieses selben Volkes runde 65 Jahre lang dem Kannibalismus dessen ausgeliefert gewesen, was sich selbst gern als ”freie“ oder gar ”soziale Marktwirtschaft“ verherrlichte, aber in Wahrheit nur allerbrutalster Haifisch-Kapitalismus in amerikanisch zugespitzter Entartung war: auch wahrlich keine gute Gelegenheit, sich nach den Massakern des Hitlerismus irgend zu humanisieren oder sonst wieder abendländisch zu kultivieren. Denn jeder ist hier des Nächsten Rivale und – lange heimlich, jetzt aber zunehmend wieder mit offenem Visier – Todfeind: er oder ich.

Das hat seit nunmehr 25 Jahren jene kleinere von der größeren Hälfte unseres Volkes zusätzlich auch noch erst mal lernen müssen. Es scheint ihr nicht allzu schwer gefallen zu sein.

Aber alles das also will sich jetzt vermutlich unweigerlich in potenziert entmenschlichter Brutalisierung und lustvoller Gewalttätigkeit entladen. Denn die Zeit nach Hitler hatte historisch gar nicht genutzt werden können, um jene kurzen zwölf Jahre einer katastrophalen Selbstentartung aufzuarbeiten und positiv zu überwinden.

Der unbewältigte Bodensatz war inzwischen weitergewachsen und allenthalben wuchernd ins Kraut geschossen.

Das Resultat ist jetzt unübersehbar in rechtsradikalem Wählerverhalten, auf so schmuddeligen Parketts wie *face-book* oder *twitter*, aber kürzlich zum Beispiel noch handgreiflicher im mittelsächsischen Rechenberg-Bienenmühle, dort im Ortsteil Clausnitz oder im oberbayerischen Zorneding zu besichtigen. Oder in Hamburg vorgeblich linksradikal und autonom: überall angsterregend und mörderisch entfesselter Mob als postmoderner Nachlaßverwalter der SS im Lande der Dichter und Denker.

Aber nicht nur dort. Es droht, zum willkommenen Flächenbrande einer langersehnten Heimkehr ins ansgestammt Wohlvertrautere auszuarten. Die Mörder sind wahrhaftig noch überall unter uns – schon immer und immer noch.

Ja, "wir sind das Volk": Heinrich Himmlers und Reinhard Heydrichs.

"Wir sind das Volk", das sich Auschwitz ersann. Und leistete.

Wir sind auch das Volk, das in Stalingrad "bis zum letzten Mann duchhalten“ wollte

und das dann schließlich Hiroschima ermöglichte.

*

Diese rassistisch-faschistisch neuerlich grassierende Intoleranz in unserer Gesellschaft macht unvermeidbar erinnerlich, daß es anderweitig in vergleichbaren Situationen oft sowas wie ein *Toleranzedikt* gegeben hat.

Was war das? Oder: was wäre das?

Ein Toleranzedikt war die regierungsamtlich verfügte oder gesetzlich festgeschriebene Verpflichtung jedes Staatsbürgers (oder eben Untertanen), sich Minderheiten gegenüber – strikt und unerläßlich – duldsam zu verhalten. Namentlich religiöse oder konfessionelle Minoritäten wurden auf solche Weise staatlich geschützt und anerkannt.

Solche Toleranzedikte hat es zumindest in der abendländischen Geschichte während der letzten zweieinhalb Jahrtausende zahllose Male und in vielen Gemeinwesen oder Ländern gegeben, die um friedliche Gesittung und kultiviertes Zusammenleben ihrer Bürger bemüht waren.

Das überliefert älteste Toleranzedikt wurde zu solchem Behufe vermutlich in jenem vielfältig wegweisenden 6. Jahrhundert vor Christos vom persischen König Kyros II. (dem ”Großen“) erlassen, indem er Babylon (knappe hundert Kilometer südlich des heutigen Bagdad) kriegerisch eroberte und dort die legendär etwa siebzigjährige ”babylonische Gefangenschaft“ der Israeliten beendete, ihre Heimkehr nach Jerusalem ermöglichte und da runde fünfzig Jahre nach seiner babylonischen Zerstörung den Wiederaufau ihres jüdisch exotischen Tempels nicht nur gestattete, sondern sogar finanzieren half: mit einem Edikt, das noch auf einem Tonzylinder festgehalten wurde und historisch gern als erste Menschenrechts-Charta eingeordnet und bewundert wird.

Etwa achtzehn weiterhin nachweisbare Toleranzedikte gab es dann im Laufe der beiden christlichen Jahrtausende im spätantiken Rom,

im spätmittelalterlichen oder frühneuzeitlichen Siebenbürgen, Polen-Litauen, toscanischen Livorno und französischen Nantes,

im barocken 17. Jahrhundert schon im englisch amerikanischen Maryland, im preußischen Brandenburg und Potsdam, auch im parlamentarischen London und in der frühen chinesischen Qing- oder Mandschu-Dynastie,

im 18. Jahrhundert gar in der hessisch autonomen Grafschaft *Ysenburg und Büdingen*, im russischen Zarenreich Katharinas II. (der "Großen“), mehrfach im habsburgischen Österreich-Ungarn, auch im Herzogtum Sachsen, Kurfürstentum Trier und im vorrevolutionären Frankreich eben jenes Königs Ludwigs XVI. (den ja 1931 Ernst Stahl-Nachbaur spielte),

aber im 19. Jahrhundert nur noch zwei, in Preußen: 1812 und 1847 –

hiernach glaubte eine aufgeklärt emanzipierte Gesellschaft vermutlich, solche Toleranzgesetze zum Schutze christlicher, jüdischer oder sonstiger Minderheiten nie mehr zu benötigen. (Oder nicht mehr durchsetzen zu können?)

Jetzt aber, 2017, wäre zumindest in ganz Europa wieder dringend eins fällig. Denn Intoleranz scheint hier bald wieder mehrheits- und salonfähig zu sein:

als würde das ganze Abendland einfach widerrufen.

*

Aber könnte es sein, daß ein demokratischer Gesetzgeber gar nicht mehr berechtigt wäre, seine freie Gesellschaft per Dekret oder Parlamentsbeschluß zu einer solchen Toleranz zu verpflichten? Wäre das heutzutage schon Zwang oder Unterdrückung?

Was überhaupt darf ein moderner und "demokratisch aufgeklärter“ Staat noch verordnen, ohne die Freiheit (oder Willkür!) seiner Bürger zu beschneiden? Wo alles noch wird Demokratie zur unregierbaren Anarchie wie 2017 beim sogenannten *Gipfeltreffen G20* im liberalen Hamburg?

Existenz- und Zukunftsfragen der Menschheit.

Wiedermeier

Privatissime:

Daß dieses ganze frühe 21. Jahrhundert sich mehr und mehr
– *cum grano salis*, versteht sich unter Lateinern, und *mutatis mutandis* –
in eine okkulte Reprise des historischen Biedermeier verwandelt,
mag nicht mehr neu sein.

Denn allzu unübersehbar dominieren heute abermals
Spießertum und Kitsch, Verbürgerlichungen und Sentimentalitäten,
Faibles für Dekor und Geschmäcklerisches, für Familienidylle und trautes
Eigenheim, für Putzsucht und Billigkeiten, sinnlosen Schnickschnack
und schlechten Geschmack, für Weihnachtskulte und Tanztourniere,
Parfums, Prüderieen und Kochkunst, wahllose Geselligkeiten
und hysterischen Puritanismus querbeet,
für chauvinistische Stammtischparolen und Bildungshaß,
Maulkorb, Sampler und Medienneurosen,
Opportunismen oder Untertanengeist und jedweden Terror
einer intoleranten Bourgeoisie mit vergötterten Fernsehköchen und andern
biedermeierlichen Protagonisten des öffentlichen Lebens *ad infinitum:*

alles wie vor zweihundert Jahren! Das dürfte hinlänglich bekannt sein.

Eine weniger augenfällige oder populäre Parallele ist jeweils der Sport. Auch daß der sich heute nicht nur in Fußball, Biathlon und Autorennen, sondern in jeglicher Aussicht auf Rekorde, Medaillen und Pokale ohne zerebrale Strapazen zu pauschalen Okkasionen oder ganzen Völkerpsychosen und infektiös grassierenden Marathoniaden ausgewachsen hat, ist längst nicht mehr zu übersehen.

Aber daß zu den typischen Errungenschaften des klassischen Biedermeier auch die ersten Turnvereine, zu seinen Kultfiguren jener "Turnvater" Jahn gehörte, scheint vergessen.

Daß dieser Jahn als Schüler und Student ein scheiternder Problemfall blieb, machte ihn zum Burschenschaftler, Haus- und Privatlehrer wehrloser Kinder, zum volkstümelnden Patrioten und schließlich zum Pionier des Turnens. Primär das Tauziehen sollte seinerzeit schon als Wettbewerb einer *"Verbesserung der Geschicklichkeit"*, aber mancherlei Mannschaftssport durchaus auch einer vormilitärischen Jugenderziehung dienen. Jahns Ideal einer hochtrainierten Schnelligkeit mußte also später von den paramilitärischen "Geländespielen" der Nazis nur noch um die Fetische *Härte* und *Zähigkeit* erweitert und in *Coca-Colas* Atlanta *anno* 1996 vom olympischen *"Höher, schneller, weiter!"* einfach potenziert werden.

Als Friedrich Ludwig Jahn 1811, selbst erst 33jährig, in der Berliner Hasenheide den ersten deutschen Sportplatz eröffnete, gab er ihm jene Devise auf den Weg, die seither legendär ist: *"Frisch. fromm, fröhlich, frei"*.

(Sie könnte heute noch jeden evangelischen Kirchentag zieren.)

Wenn das kein Biedermeier ist!

Runde fünf Jahre später, 1816, gab es schon 100 Sportplätze nur in Preußen und 150 Turnvereine mit insgesamt etwa 150 000 Turnern. Schon 1820 wurde das Turnen zwar offiziell verboten, aber in der Opposition natürlich nur umso begehrenswerter. 1842, noch mitten im Biedermeier, wurde es dort schon Schulfach. Der älteste heute noch aktive Sportverein ist der mecklenburgische *TSV 1814 Friedland*, tatsächlich nahezu zweihundert Jahre alt: ein echtes Kind des Biedermeier.

Die "Leibesübung" als Gesellschaftsmanie
sollte also getrost als ein Produkt just jener seinerzeit schon so beliebten
Vereinsmeierei und Geistesentfernung begriffen werden.
Vor Ausbruch des Biedermeier turnte noch niemand. Seither begann es,
erst schick, dann preußisch, dann deutsch, dann faschistisch, dann
amerikanisch und schließlich global zur Neurose zu werden.

Aber wann auch immer:
sie kann erst erblühen, lernen wir heute täglich,

wo Verblödung und Desensibilisierung um sich greifen.
Wo derlei aber als Prämisse noch nicht vorliegt,
scheint sie von jeglichem ausgeübten Sport nur umso ”nachhaltiger“
gefördert zu werden.

Alle begleitenden Fernsehsendungen mit interviewten Sportlern
(oder gar über sie) belegen diese These.
Sportjournalisten krönen sie und bestätigen in restlichen lichten Momenten
dieser ganzen Szene einen beängstigenden Realitätsverlust:
ins Sinn- und Gedankenlose abgehoben. Weltraumleere Gesichter
der Wettkämpfer, abgefeimte Gewöhnlichkeit bei ihren Nutznießern!

Der Despotismus des biedermeierlichen Stumpfsinns
geißelt uns also heutzutage wie schon vor zweihundert Jahren,
aber ohne jede Aussicht
auf die befreiende Erlösung durch einen neuerlichen Vormärz.

Unsere Perspektive demnach: Sport und Verblödung ohne Ende!

*

Neuzeitliche Steigerung: die Gattung der Sportfunktionäre.

Diese Sonderklasse einer lebenslänglich gepäppelten Primitivität
rekrutiert sich aus sechzig- bis siebzigjährigen Nutznießern
mit Gebaren und Aura von Nichtsnutzen,
die in jungen Jahren irgendwelche Körperrekorde erzielten
und von diesen scheinbaren Erfolgen auch heute noch ein Leben fristen,
das nur aus Profitmaximierung und Postengeschacher besteht:
FIFA auf allen Etagen!

Mit Sport und dessen ideologischen Verklärungen
hat das alles so gut wie nichts mehr zu tun.

Das Niveau all der zahllosen Sport-“Feuilletons“
bewegt sich in sämtlichen Fernsehsendern entsprechend stetig
am unteren Rande von peinlicher Lächerlichkeit

und wirklich Angsterregendem.

*

Diese Vergottung des Sports ist
– mit unguter Aufpolsterung aus den abgestumpften Niederungen der *USA*
und mit fatalen Ahnen in faschistischen "Leibesübungen" –
in der Seele von Volk oder Völkern längst an die Stelle dessen
getreten, was vormals Jahrtausende lang in mancherlei Spielart
die Religiosität war.

Statt Gotteskult jetzt also Körperkult: aber ebenso besessen.
Statt Spiritualität lieber Muskeltraining. Statt Demut Rekordsucht.
Statt Fastenzeiten Meisterschaften.
Statt Glaubensgemeinschaften klassenkämpferische Polarisierung
in Sieger und Verlierer.
Statt Dienen Paradieren. Statt Ikonen Pokale. Statt Seelenhirten Trainer und
Manager. Statt Kathedralen Fitness-Studios und Fußballstadien.
Statt Liturgieen und Chorälen lieber *Olé-olé-olé* mit *La-Ola*-Wellen
und Hooligan-Krawallen.

Und statt Gemeinden lauter vereinsamte und verhärtete Egomanen
im elektronischen Konkurrenzkampf gegen Feinde und Rivalen.

Das alles inzwischen längst auch noch
als Markt, Industrie, *competition* oder Wettbewerb
bei Olympiaden mit eigener Bürokratie und multimedialer Eskorte,
millionenschweren Profiten, Verlusten, Bestechungen und
kriminellen Haifischkriegen mit Suchtsymptomen:

"Sport"!

(Dies alles schreibt ein Methusalem, der in mehr als achtzig Jahren
nie auch nur eine einzige Sekunde lang irgend einen Sport betrieben hat,
aber an Leib und Seele gleichwohl immer völlig gesund war und noch immer ist.)

"Die Wiederkehr ist der Weg des Sinns."

Lǎozǐ = Lao-tse (6. Jahrhundert vor Christos)

"Es ist vorbei.
Vorbei! Ein dummes Wort.
Warum vorbei? … Was ist daran zu lesen?
Es ist so gut als wär es nicht gewesen,
Und treibt sich doch im Kreis als wenn es wäre."

Goethe, 76: *"Faust. Der Tragödie zweiter Teil"*, 1825

"Wieviel Totes wir in uns herumtragen."

Gottfried Benn (* **1886)**: *"Drei alte Männer"*, 1948

"Man sagt, daß die Enkel sich
in einer Art Spirale den Großeltern wieder annähern."

Ernst Jünger, 73: Tagebuchnotiz in Rom, am 24. April 1968
(in *"Siebzig verweht I"*, 1985)

"Für das Volk der Machiguengas in der Amazonas-Region
geht die Geschichte weder vor noch zurück:
sie kreist, wiederholt sich."

Mario Vargas Llosa, 51: *"El hablador"*, 1987

"Keine Kultur
kann ohne den Respekt vor ihren Ursprüngen überleben."

Thawsorn Suknun: *"Sukotai. Die Ruinen der alten Königsstadt"*, 1998

Gebeutelte Neunziger 7:

"Danton" 1931 – Buch + Regie – Heinz Goldberg + Hans Behrendt

Über Lebensleistung und Schicksal der sechs Hauptdarsteller im *"Danton"* von 1931 sollte nirgends berichtet werden, ohne abschließend und zumindest stichwortartig auch der beiden geistigen Väter dieses beachtlichen Films zu gedenken: seines Drehbuchautors und des Regisseurs.

Denn beide entstammten gleichfalls der gebeutelten Generation jener **neunziger Jahre noch im 19. Jahrhundert**.

I

Heinz Goldberg, **1891** in Königsberg geboren, mußte seine schauspielerischen Anfänge für drei lebensbedrohliche Weltkriegsjahre unterbrechen,

war hiernach Regisseur des gerade neu eröffneten Berliner *Renaissance-Theaters*, dann auch Oberspielleiter der *Hamburger Kammerspiele* unter Erich Ziegel,

aber seit 1922 Autor oder Co-Autor rund dreißig verfilmter Drehbücher:

außer *"Danton"* 1930 (gemeinsam mit dem *NS*-unliebsamen Hans José Rehfisch, * **1891,** für die Dialoge) auch für so gravierende Filme wie *"Dreyfus"* und *" '1914' – Die letzten Tage vor dem Weltbrand"*, der die fatal folgenschwere Zeit vom 28. Juni in Sarajewo bis zum 1. August **1914** spiegelt.

Die meisten seiner Filme wurden von Richard Oswald, mehrere auch von jenem Herbert Selpin (* **1902**) inszeniert und mit Schauspielern wie Fritz Kortner, Alexander Granach, Heinrich George, Albert Bassermann, Eugen Klöpfer, Paul Wegener, Grete Mosheim, Lucie Höflich. Paul Bildt, Trude Hesterberg, Paul Henckels und Erwin Kalser besetzt.

Goldbergs letzte Arbeit in Deutschland war 1932/33 die Verfilmung der

Operette *"Die Blume von Hawaii"* von Paul Abraham,

über dessen unvorstellbaren Aufstieg und Absturz ich selbst 2009 in *"Halalí"* von "Moritz Pirol" ausführlich berichtet habe.

1933 emigrierte Goldberg zunächst nach Wien, dann kurzfristig nach Moskau, wo er an einem Projekt über Heinrich Heine mitarbeitete, dann erneut nach Wien, wo er 1934,

als ich im fernen friedlichen Tartu geboren wurde,

noch das Drehbuch zu *"Letzte Liebe"* (mit Albert Bassermann, dem legendären Hans Járay und mit Karl Paryla (* **1905**

und mit dem ich, als er schon ein bedeutender Regisseur war, nach 1969 in Köln und Wuppertal an Stücken von Elias Canetti (* **1905**) und Hector Quintero aus Cuba zusammenarbeitete und der mich noch 1980 oder '81 bei einer selbstgekochten Pasta in meiner Hamburg-Eimsbütteler Wohnung überreden wollte, doch irgendwo und -wie wieder Intendant eines Theaters zu werden),

aber 1933 und 1936 für den Tenor Josef Schmidt (* **1904** und 1942 in einem schweizerischen Gefangenenlager zugrunde gegangen) zwei weltberühmte Filme schrieb, die noch Richard Oswald inszenierte: *"Ein Lied geht um die Welt"* und *"Heut' ist der schönste Tag in meinem Leben"*.

Hiernach schrieb er das Drehbuch nur noch für den holländischen Film *"Merijntje Gijzen's Jeugd"*, den Kurt Gerron (* **1897**) noch 1936 nach dem gleichnamigen Roman von Adrianus Michiel de Jong (* **1888** und 1939 in Amsterdam von der SS erschossen) inszenierte, bevor er selbst verhaftet und nach Auschwitz deportiert wurde, wo er 1944 im Nazigas verstarb.

Goldberg aber emigrierte nach 1938 über Schweiz und Frankreich schließlich nach London (wo sein *NS*-unliebsamer Co-Autor Rehfisch, * **1891**, da schon als Metallarbeiter frönte) und wo alle Versuche, zu seinen Wurzeln zurückzukehren und wenigstens wieder Theater zu spielen, scheiterten.

Erst 1956 kehrte der 65jährige ungebeten, unbekannt und chancenlos in ein fremd gewordenes Berlin zurück, wo er unbenötigt 1969 verstarb: 78jährig.

II

Hans Behrendt, **1889** in Berlin geboren und dort auch nach zwei Semestern Germanistik schon tollkühner Schauspiel-Eleve der *Max-Reinhardt-Schule*, trat 1911 am *Berliner Theater* in Kreuzberg, das damals vorwiegend Operetten spielte, sein erstes Engagement als Schauspieler an. Drei Jahre später mußte er unterbrechen, um vier Jahre lang irgendwo Frontsoldat und Kanonenfutter zu spielen.

Er überlebte und kehrte 1919 just in der Rolle eines Totengräbers im Stummfilm *"Maria Magdalene"* (neben Eduard von Winterstein, Lucie Höflich und Eugen Klöpfer) zum erlernten Beruf zurück. Gleichzeitig wurde er auch Filmdramaturg. 1920 spielte er neben Fritz Kortner, Albert Steinrück und Lucie Höflich in einem Film mit, an dessen Drehbuch er bereits beteiligt war: *"Katharina die Große"*, inszeniert von Reinhold Schünzel (* **1886**). Sein eigenes Debüt als Filmregisseur war 1923 *"Alt-Heidelberg"*.

Somit hatte er sein Metier gefunden: von 1919 bis 1933 wirkte er als Schauspieler, Drehbuchautor oder Regisseur, bisweilen auch in zwei oder drei dieser Berufe gleichzeitig, an rund sechzig Kinofilmen mit. Die nachhaltig berühmtesten waren außer dem legendären *"Danton"* von 1931 meist andere historische oder politische Stoffe:

viermal nacheinander ein *"Fridericus Rex"* mit Otto Gebühr,

ferner die Bücher zu *"Weltbrand"* mit Kortner und zur *"Flucht aus dem goldenen Kerker"* nun schon ebenso mit Werner Krauß wie auch *"Fräulein Raffke"* und *"Ein Sommernachtstraum"* (auch mit Alexander Granach und Valeska Gert), *"Die Mühle von Sanssoucis"* (auch mit Vater Winterstein und jenem Emil Rameau aus dem *"Haus der Lady Alquist"*)

und die selbstinszenierten Streifen *"Prinz Louis Ferdinand "*, *"Potsdam, das Schicksal einer Residenz"*, *"Die Hose"* nach Sternheim (wieder mit Werner Krauß) und *"Kohlhiesels Töchter"* von 1930 (erneut mit Henny Porten).

Seine letzten Filme in Deutschland waren 1933 *”Muß man sich gleich scheiden lassen?“* für die *Reichsliga-Film* in München und *”Das Tankmädel“*.

Hiernach floh er aus seinem Dahlemer Zuhause nach Madrid und inszenierte *”unter schwierigsten Bedingungen“* 1933 und '34, als dort der baldige Diktator Franco, noch chauvinistischer General, schon äußerst populär

und im weltfernen Estland ich, ein später iberischer Resident, just unterwegs war,

die beiden spanischen Filme *”Miguelon, o el ultimo contrabandista“* und *”Doña Francisquita“*.

Kurz vor Ausbruch des spanischen Bürgerkriegs 1936 flüchtete er also weiter: zunächst nach Wien, wo er 1936 seinen letzten Film inszenierte: *”Fräulein Lilli“,* gleichfalls mit Karl Paryla und dem legendären Hans Járay,

mit dem ich selbst 1969/70
noch im Hamburger *Thalia Theater* gleichzeitig engagiert war,

aber mit oder gegen noch zwei andere Regisseure zusätzlich: Max Neufeld (* **1887**) und Robert Wohlmuth (* **1902**), beide Exil- und Schicksalsgenossen.

In den zweihundert Exemplaren der Exil-Chronik *”PEM's Privat-Berichte“*, einem seit Mai 1936 wöchentlich erscheinenden Nachrichtenbrief für geflüchtete deutsche Künstler (mit weltweit so weit verstreuten Abonnenten wie Fritz Lang, Billy Wilder, Peter Lorre, Kurt Gerron, Erika Mann, Hans Habe oder Mischa Spoliansky wo auch immer), schrieb dessen immigrierter Begründer, der Berliner Feuilletonist Paul Marcus (= PEM, * **1901** im fernen Spreewald) am 25. Juni 1936 über die Posse dieser dreifachen Regie eines harmlosen Kinolustspiels:

”Jetzt tarnt ein Herr Wohlgemuth, ein Jude, Herrn Neufeld, einen Halbjuden, und Behrendt muß seine Gage einklagen. Daß solche Dinge – Starallüren, Unkollegialität, Neufelds Verhalten – in der Öffentlichkeit neuen Antisemitismus erregen, ist einfach unqualifizierbar“.

In Deutschland kam dieser harmlose Unterhaltungsfilm erstmalig 1950 in ein Kino. Da war Behrendt schon lange tot.

Zwar war er im Wiener *Theater in der Josefstadt* noch als Schauspieler aufgetreten, hatte im Herbst 1937 das Bühnenstück *"Geliebtes Leben"* offiziell "nach" Robert Lantz (später allmächtigem Hollywood-Agenten) inszeniert und war Anfang 1938 mit den Vorbereitungen zum Filmprojekt *"Revolution der Jugend"* mit Erich von Stroheim (* **1885**) und Ernst Deutsch (* **1890**), einer österreichisch-belgischen Co-Produktion, befaßt.

Vielleicht deshalb floh er knapp vor dem *NS*-"Anschluß" Österreichs eben noch rechtzeitig weiter nach Brüssel. Dort erfuhr er im Sommer 1938 von seinem Ausschluß aus der *NS-Reichsfilmkammer* und im Herbst 1938 von der Aberkennung seiner deutschen Staatsbürgerschaft. Er "lebte" jetzt von Lesungen vor Emigrantenzirkeln.

Nach Einmarsch der *NS*-Armee unter dem damaligen Generaloberst Walther von Reichenau stand Belgien seit Mai 1940 unter nazideutscher Herrschaft. In deren Auftrag wurde er von belgischer Polizei sofort verhaftet und in wechselnde französische Internierungslager deportiert, zuletzt nach Drancy, runde zehn Kilometer nordöstlich von Paris. Aus diesem historisch berüchtigten Sammel- und Abtransport-Lager wurde er vermutlich am 14. August 1942,

dem Kalendertage just auch der Ermordung meines besten Freundes,
Sawaang Lykamhahns in Thailand, *anno* 2000,

in den Zug Nummer 901-14 verladen und mit dem Transport Nummer 19 ins Vernichtungslager Auschwitz-Birkenau verschleppt. Dort verliert sich jede Spur dieses 52jährigen.

Die *Zentrale Datenbank der Namen der Holocaustopfer* oder das *Central Databank of Shoah Victims' Names* in Jerusalems *Jad Waschem* vermerkt lapidar:

"Hans was murdered in the Shoah":

Hans Behrendt wurde beim Holokaust ermordet.

Sein Todesdatum blieb unbekannt.

Fritz Kortner hatte runde zehn Jahre vorher als ihrer beider Film-Danton historisch geweissagt: *"Sie wollen die Republik in Blut ersticken"* ... *Mene mene tekel u-parsin* ... *mene mene tekel u-parsin* ... *ad infinitum* ...

Diese Warnung von 1931 vor einem solchen Blutbad wie dem französischen von 1789 bis 1794 wurde hier von 1933 bis 1945 mit jenem zwölfjährigen Globalmassaker ignoriert, dem nun also 1942 auch Hans Behrendt selbst zum Opfer fiel.

Das *Gedenkbuch Berlins der jüdischen Opfer des Nationalsozialismus* trägt auf seinem Deckblatt das Motto

"Ihre Namen mögen nie vergessen werden":

Nein: Hans Behrendt, … …, […], … …, […], … …, …

1945 / 1995

"Heute vor 50 Jahren geschah Hiroshima. Der Antichrist erschien. Im lokkigen Haar! – Ein gewaltiger, wunderbarer, obszöner, rötlich und gleißend weiß leuchtender, sich immer mehr wölbender Pilz aus Rauch, Wolken und Gas stand über der Stadt. Aber in seinem Innern blitzte das böse Auge des siebenköpfigen, zehngehörnten Tieres. Und unter ihm schlug die Faust des Giganten zu mit Hitze, Feuer, Sturm, Höllenregen und Strahlenseuche. –

160.000 sollen es gewesen sein. Den Davongekommenen schmolz die Haut am Körper, ihre zerfetzten Kleider klebten an den Wunden. 160.000!!! 160.000 sollen es gewesen sein! 160.000 auf einen Schlag!

Da es sich unserer Vorstellungskraft entzieht, liegt es unbewältigt auf dem Grunde unserer Existenz und vergiftet unser Leben, weil wir uns so verhalten, als hätten wir nichts damit zu tun, als wäre es nicht *der 'Geist des Abendlandes', der es entwickelt hat.*

Daß alles, was gedichtet und gedacht wurde, dahin führen mußte, das vergiftet unser Leben. Denn wir fühlen uns doch in der Nachfolge unserer 'Großen'. Und dann kommt einer der ganz Großen und sagt '$E=mc^2$'! Und mit dieser kleinen Formel katapultiert er uns aus der moralischen Sicherheit in die dünne, eiskalte Luft abstrakter Gewissenlosigkeit.

Es hat aus uns allen Zyniker gemacht. Nicht einmal die Not der Verzweiflung stand dahinter. Der ganze abendländische Traum, der allerspätestens seit 1933 zu Grabe getragen wurde, ist zuguterletzt am 6. August 1945 zu Asche geworden. Und wir alle Davongekommenen sind nicht wie Phönix aus ihr emporgestiegen. Im Gegenteil: Als Beschädigte und mit Makel Behaftete führen wir ein verhältnismäßig angenehmes Leben mit Auto und Kreditkarte, mit Handy und fröhlichen Sommerferien.

Aber es wird uns schwer fallen, den nach uns Kommenden zu erzählen, Kultur könne den Menschen bessern ... " [leicht gekürzt]

Rolf Boysen (1920-2014): *"Hiroshima ma peur"*, 1995

"Bai ahb nahm!"

"ไปอาบน้ำ" oder *"Bai ahb nahm!"* hörte ich in Thailand eine junge Mutter
allabendlich nach tropisch heißem Tagesablauf ihren Kindern,
aber auch all den verschwitzten Männern ringsum
kurz vor gemeinsamem Abendessen zurufen.
Es bedeutet: *geht duschen!*

Daß das ganze, teils miterlittene 20. Jahrhundert mit seinen beiden Weltkriegen und mit Hitler, Stalin, Franco, Mao, Mussolini, Truman und deren Nachlaßverwaltern ein einziger Scherbenhaufen war, den das 19. Jahrhundert uns als Kuckucksei in unsere nationaldiversen Nester gelegt hat,

das alles ist heute fast schon sowas wie ein Gemeinplatz.

Zwar folterte und ermordete jene Kaiser- und Königszeit noch nicht so viele Menschen und sonstige Lebewesen wie sein Nachfolger, dafür dominierte und gängelte es mit weltflüchtiger Romantik, verspießerndem Biedermeier, versklavender Industrie, ersten Turnvereinen und militärischer Allmacht unter den Galionsfiguren Queen Victoria und Kaiser Wilhelm II. die ganze abendländische Gesellschaft und hüllte sie in schicke Uniformen ebenso verführerisch ein wie in sträfliche Lügengespinste, die dann erst in den beiden Weltkriegen aufflogen und irreparabel kollabierten.

Aber diese Völkerschlachten waren recht eigentlich nur die Konsequenz aus all der zuvor betonierten Falschheit und Dummheit, einem teils vorsätzlich, teils auch nur fahrlässig und verantwortungslos verlogenen Welt-, Menschen- und Naturbild in den unrealistischsten Koordinaten.

Was es uns aber nach alledem bis heute schuldig geblieben scheint, ist eine organische Katharsis, wie sie sich aus den klassischen Katastrophen der Humangeschichte und ihren Kunstwerken eigentlich zwangsläufig zu ergeben pflegte. Dabei handelte es sich jeweils um die benötigte und dringend erforderliche Reinigung von angesammeltem Unrat. Solche Waschung und Entschlackung erlöste zugleich und befreite. Sie ermöglichte Neuanfänge.

Diese Chance hat uns das 20. Jahrhundert keineswegs geboten. Scheinbare *Stunden Null* wie zum Beispiel der Einschnitt von 1945 eröffneten zugleich das albtraumhafte Atomzeitalter, den Kapitalismus in globalistischer Uferlosigkeit und mit seinem *Kalten Kriege* gegen vorgetäuschten Sozialismus, die vermeintlichen Segnungen wuchernder Demokratieen nur als Übergang zu den Schrecknissen unaufhaltsam zerstörerischer Ochlokratieen mit völlig unentsorgten Rudimenten aus dem Giftarsenal des 19. Jahrhunderts:

nach wie vor – nur noch potenziert und völlig ungewaschen – Kommerz, Industrieen, Materialismus, Raffgier, Profitsucht und hieraus resultierende Übervorteilungsversuche oder technisch brutalisierte Kriege bei pseudoromantisch verlogenem Weltbild orientierungslos taumelnder Opfer.

Nach den Verwüstungen der beiden Weltkriege, nach Stalingrad, Auschwitz und Hiroschima gilt es daher jetzt primär, dieses irrige Panorama unserer Urgroßeltern gnadenlos zu beseitigen. So das noch geht, sollte man es mit Stumpf und Stiel auszumerzen trachten. Es war an fast allem schuld, was dann kam. Selbst Hitler, Jahrgang **1889**, wurzelte 1923, 1933 und 1939 noch zutiefst in den damaligen Fehlinformationen.

Aber womit sollten wir dann das Brachland jener vorgefundenen Trümmerlandschaft fruchtbar und tragfähig aufzuforsten trachten?

Mit Versuchen zum Beispiel, die die wahrhaft weltverändernden Perspektiven eines Einstein, eines Heisenberg und Franz Marc, eines Kafka oder Picasso und Paul Celan nicht ignorieren, sondern als Basis für alles Sonstige integrieren: sie nicht nur anstaunen wie exotische Wundertiere in Zoo oder Zirkusarena, sondern ihre Errungenschaften in unser subjektiv konkretes Einzel- und Alltagsleben möglichst einbeziehen – sie umsetzen, leibhaftig realisieren, sie möglichst Tag für Tag leben.

Zumindest bis sie vielleicht durch noch Besseres ersetzt werden können: also auch das zunächst in ihrem Gefolge noch für ebenso möglich halten wie alles andere Unvorstellbare.

Bloß nicht zurück in die Sackgassen jener scheinbar so beschwichtigenden Unheils- und Scheuklappenära!

Fazit: die gebotene kathartische Überwindung des 19. Jahrhunderts und seiner Katastrophen im 20. Jahrhundert ist noch nirgends in Sicht.

Sie wird zum unerläßlichen Mandat für kommende Generationen: *geht duschen* oder *bai ahb nahm*!

โชคดี = *tschohk dih* = glückauf!

1900 bis 1956

"Ich erinnere mich der Silvesternacht, in der das jetzige Jahrhundert sich erhob.

Ich erinnere mich an eine Silvesternacht im ersten Kriege.

Ich erinnere mich an eine Silvesternacht im zweiten Krieg.

1900, 1914, 1944, drei Silvesternächte, alle in diesem Europa, in diesem Abendland, tief und gleißnerisch, universal und abstrakt, Olymp und Golgatha.

Drei Silvesternächte, sie umschließen zwei Generationen, zwei verwundete Generationen, denen alles fraglich wurde, für die es zwar wieder Komfort, aber keinen Inhalt mehr gibt.

Ich überblicke am heutigen Neujahrsmorgen 1956 diese alten Silvesternächte, ihre geschichtliche Silhouette, ihr menschliches Geschehen.

Welche Flüge der Dämonen, welche Gespinste der Parzen!"

[leicht verkürzt]

Gottfried Benn (* 1886): *"Über mich selbst"*, 1957

Marsflüge

Runde siebzig Jahre lang
habe ich mich jetzt zunehmend intensiver und fassungsloser gefragt,
wie Hitler seinerzeit über so viele Jahre hinweg
die Zustimmung und Bewunderung seines Volkes gewinnen
und langfristig absichern konnte.

Mancherlei Einzelerklärung (*"Die Autobahn!"*) genügte da niemals,
um das zentrale Rätsel dieser jubelnden Massenhysterie und Komplizenschaft zu lösen: wie konnte sich das hochentwickelte *"Volk der Dichter und Denker"* im Zenit seiner kulturellen Blüte
für Brutalitäten und bestialische Barbareien eines Massenmörders
so begeistern und einspannen lassen?

Runde siebzig Jahre lang glaubte ich, im selben Lande nunmehr hiervor sicher, also von einer absolut konträren Mentalität umgeben zu sein.

Bis jetzt massenhaft Flüchtlinge aus Syrien, Irak und Afghanistan eintrafen.

Fast schlagartig lebe ich da wieder zwischen massakrierenden Nazis.
Zwischen haßerfüllten Brandstiftern. Sie genießen sogar,
jetzt endlich wieder so sein zu können, wie sie es am liebsten sind: brutal.

Runde siebzig Jahre lang hatten sich diese Wölfe
ihren Profiten zuliebe unter Schafspelzen versteckt.
Jetzt endlich offenbaren sie wieder ihr genuines Naturell:

kein *Volk der Dichter und Denker*, sondern das Nazivolk.
Das Volk des Holokausts. Der Vernichtungslager.

Das mag durch den Umstand begünstigt worden sein,
daß sich ein Großteil dieses Volkes nicht nur die offiziell faschistschen 12,
sondern ganze 57 Jahre lang in nationalistischen Diktaturen
ohne Gesittung und Humanität behaupten mußte.

Das hat natürlich zusätzlich verroht und bestialisiert.
(Aber das anhaltend freie und katholische "Königreich" Bayern
geriert sich ja offiziell nicht eben fremdenfreundlicher: der Bodensatz
muß auch hierzulande *a priori* vorhanden und entwickelbar,
ausbaufähig gewesen sein.)

Freilich haben diese Neufaschisten noch keine Mehrheit im Lande.

Aber unübersehbar sind sie militant dorthin unterwegs.

Und unübersehbar stehen Politik, Polizei und Justiz dem ebenso ratlos
und untätig, teils auch ebenso einvernehmlich komplizenhaft gegenüber
wie die allwissenden Klugscheißer in den einflußreichen Medien.

Zeit zum Auswandern – nur wohin?

Auch in den Nachbarstaaten sind die Faschisten ungebremst im Vormarsch:
in Frankreich, in Polen, in Holland, in Belgien, in Ungarn und
dem ganzen übrigen Balkan. Österreich laviert schon wieder.

Unübersehbar barbarisiert sich da überall unser "Abendland".

Es kontrapunktiert den mörderisch kollabierenden Orient nicht,
sondern scheint sich anzupassen und mitzumachen:
mitzuschlachten.

Quo vadis?

Vielleicht sind die Pläne einer Besiedlung des Mars
und die grassierende Suche nach habitablen Planeten
doch nicht so abstrus wie bislang gern belächelt.

Aber die Anreise in ein Unbekanntes, unbequem und kostensprengend,
ist ja *naturaliter* auch gratis und kommoder zu haben.

*

Ja: vielleicht sind die Pläne einer Besiedlung des Mars und die grassierende Suche nach habitablen Planeten doch nicht so abstrus wie bislang gern belächelt.

Aber die Anreise in ein Unbekanntes, derzeit noch sehr unbequem und kostensprengend, ist ja *naturaliter* auch gratis und kommoder zu haben –

*

– allerdings nicht in allen Fällen so kommod und billig wie erwünscht und von *Mutter Natur* in ihrer gütigen Weisheit ja durchaus auch ermöglicht.

P e t e r   S c h ü t t e , sonderlich kultivierter und attraktiver Schauspieler, vorher runde sieben Jahre lang Opern- und Operettentenor in Kiel, Hamburg und Berlin, dann an Schauspielbühnen in Hamburg, Bremen, Stuttgart, Zürich, Frankfurt, Baden-Baden und mit insgesamt rund 45 Filmrollen höchst fotogener Star des frühen Nachkriegskinos, später in Fernsehspielen erfolgreich,

hat sich während der Dreharbeiten als *Graf* in Ottokar Runzes Spielfilm *"Der Lord von Barmbeck"* und während paralleler Proben im *Thalia Theater Hamburg* zur Hauptrolle *Gott* in *"Adam und Eva"* von Peter Hacks

(just in meiner eigenen Inszenierung)

62jährig im Hamburger Stadtteil Winterhude auf dem Dachboden seiner Mietwohnung erhängt;

P a u l   C e l a n , mit vielen Gedichtbänden bahnbrechender Pionier aller deutschsprachigen Lyrik im 20. Jahrhundert und Übersetzer zahlloser Gedichte aus vielen Sprachen, Träger des Förderpreises des *Kulturkreises der deutschen Wirtschaft*, des Bremer Literaturpreises, des *Georg-Büchner-Preises* und des *Großen Kunstpreises des Landes Nordrhein-Westfalen*

(und im zweiten Bande meines *"Halalí"* von "Moritz Pirol" sehr ausführlich porträtiert),

hat sich in Paris, 49jährig, in der Seine ertränkt;

G e r t r u d   K ü c k e l m a n n , ausgebildete Tänzerin und deutsche Schauspielerin auf der Bühne, rund zwanzig Jahre lang in Hauptrollen der *Münchner Kammerspiele*, aber auch in Stuttgart, Köln, auf Tourneen, in

Bern und in mindestens 47 Kino- oder Fernsehfilmen, Sprecherin in rund hundert Hörspielen, auf Literatur-Schallplatten und Hörkassetten, Synchronstimme für Jane Fonda, Shirley MacLaine, Jean Simmons, Charlotte Rampling und Jean Seberg, Trägerin des Bundesfilmpreises und langjährig Lebensgefährtin ihres Kollegen Oskar Werner,

hat sich 50jährig,

nicht lange nach einem telefonischen Hilferuf bei mir (den sie gar nicht kannte) im Kölner Schauspielhaus, wo meine Sekretärin sie nach längerem Lamento gutgemeint und höflich abgewimmelt hatte,

hat sich bald danach in der Schwabinger Wohnung ihres Bruders Norbert Kückelmann aus einem Fenster im vierten Stock gestürzt;

Christiane Schröder, deutsche Schauspielerin (aus prominenter Familie) in Berliner *Schillertheater* und progressivem *Bremer Theater*, auf Tourneen und bei den Salzburger Festspielen, in Münchens Kammerspielen und Residenztheater wie auch in vielen Fernsehfilmen und Hörspielen, später auch Malerin,

hat sich nach mehreren Selbstverletzungen 38jährig im kalifornischen *San Francisco* von der *Golden Gate Bridge* über runde siebzig Meter in die Fluten des Pazifiks gestürzt – ihr Leichnam wurde erst viele Monate später identifiziert, seine Asche mehrere Jahre lang im Aufbewahrungsraum eines dortigen Bestattungsinstitutes mißachtet;

Primo Levi, italienischer Chemiker, antifaschistischer Widerstandskämpfer der liberalen Partisanengruppe *"Giustizia e Libertà"*, *NS*-deportierter Auschwitz-Häftling und autobiografischer Dokumentarist des Holokaust in mehreren Büchern auf literarischem Weltniveau, Träger der Preise *Premio Strega, Premio Campiello, Premio Viareggio, Premio Feltrinelli* und postumer Namenspatron eines Asteroiden,

ist in Turin 67jährig, vermutlich vorsätzlich, aus dem dritten Stock in den Treppenschacht seines Wohnhauses gestürzt;

Ernst Schröder, deutscher Schauspieler in der vordersten Reihe, meist in Berlin, runde 35 Jahre am dortigen *Schiller-Theater*, aber auch in Zürich, München und Salzburg, später auch gefragter Regisseur an ersten Bühnen, für zahllose Film- oder Fernsehrollen mit dem *Filmband in Gold* ausgezeichnet und Synchronisator für Spencer Tracy, Charles Boyer, James Cagney, Rex Harrison und Peter Ustinow,

hat sich 79jährig als Patient der psychiatrischen Abteilung im vierten Stock eines Charlottenburger Krankenhauses in Berlin aus dem Fenster gestürzt;

Rex Gildo, deutscher Schlagersänger mit 25 Studio-Alben, 33 Kompilationen, 45 sonstigen Schallplatten, 54 Chartplacierungen und eigenen Fernseh-Shows, aber auch Schauspieler in mindestens 28 Kinofilmen, viermal mit der *Goldenen Stimmgabel*, dreimal mit dem *Löwen von Radio Luxemburg*, viermal mit dem *Bronzenen Bravo Otto*, ferner mit der *Goldenen Europa* und einem Stern im *Walk of Fame Europe* ausgezeichnet,

hat sich 63jährig aus einem Fenster im Badezimmer seiner Münchner Wohnung im zweiten Stock gestürzt und ist drei Tage später seinen inneren Verletzungen erlegen;

Adolf Merckle, deutscher Jurist, Unternehmer, Begründer des Pharmakonzerns *Ratiopharm*, des *Phoenix Pharmahandels,* Eigentümer der *Merckle Unternehmensgruppe* mit Beteiligungen an *HeidelbergCement*, *Kässbohrer*, den Metallwerken Zollern, den *Gruschwitz Textilwerken,* am Skilift im *Kleinen Walsertal,* Träger des *Bundesverdienstkreuzes Erster Klasse*, des *Sächsischen Verdienstordens,* sowohl Ehrendoktor der Medizin als auch Ehrensenator der Universitäten Ulm und Tübingen, mit einem Vermögen von rund 13 Millarden Dollar der zeitweilig drittreichste Deutsche,

legte sich 74jährig nahe seiner Wohnung im baden-württembergischen Blaubeuren auf den Gleiskörper eines nahenden Eisenbahnzuges;

Gunter Sachs, laut *wikipedia* ”deutsch-schweizerischer Industriellenerbe, Bobfahrer, Fotograf, Dokumentarfilmer, Kunstsammler und Astrologe“, auch Museumsgründer und vielfacher Mäzen wissenschaftlicher und sozialer Projekte, aber Sohn eines Suizidanten,

hat sich 78jährig bei einem depressiv-hypochondrischen Anfall in seinem Gstaader Chalet erschossen;

J ü r g e n   K e l l e r m e i e r, deutscher Journalist und Autor mehrerer politischer Publikationen, promovierter Hörfunkkorrespondent in Bonn, Chefredakteur und Programmdirektor zunächst des Hörfunks, dann auch des Fernsehens beim Hamburger *Norddeutschen Rundfunk*, Programmreformator dessen *Dritten Programms*, Initiator von *NDR 4* und *"Das!"* (auf telegen populärem *Roten Sofa),*

hat sich 70jährig in seiner Hamburger Wohnung aus einem Fenster im dritten Stock gestürzt;

R o b e r t   E n k e, deutscher Fußballspieler und populärer Torwart, Leistungsträger und zeitweise Mannschaftskapitän in Mönchengladbach, Lissabon, Barcelona, Istanbul, Teneriffa, Hannover und der deutschen Nationalmannschaft, mehrfach als *"bester Torwart des Jahres"*, *"Fußballer des Jahres"* oder *"Sportler des Jahres"* ausgezeichnet und Integrationsbotschafter des *Deutschen Fußball-Bundes*,

legte sich 32jährig im hannöverschen *Neustadt am Rübenberge* auf den Gleiskörper eines nahenden Eisenbahnzuges;

M a r g o t   W e r n e r, sechzehn Jahre lang Primaballerina der *Bayerischen Staatsoper München*, dann in zweiter Karriere eine vielgefragte und mehrfach preisgekrönte Chansonette, auch in eigener Fernsehshow, auf Tourneen und Platten, drittens auch als prominente Schauspielerin des Theaters und Fernsehens,

ist nach einer Schulterverletzung 74jährig aus dem dritten Stock eines Münchner Krankenhauses gesprungen;

P i e r r e   W a u t h i e r, Finanzexperte mit französischem und britischem Paß, aber deutscher Mutter, Absolvent der *Universität von Paris*, Mitarbeiter beim globalen Wirtschaftsprüfungs- und Managementberatungs-Netzwerk *KPMG International*, zwei Jahre im französischen Außenministerium, dann Versicherungsexperte bei der *US*-Bank *JPMorgan Chase & Co.*, hiernach bei der internationalen Finanzdienstleistungsgesellschaft *Zurich Insurance Group,* dort bald Finanzvorstand dieses Versicherungsgiganten mit seinen 60 000 Mitarbeitern in 170 Ländern und einem Jahresumsatz von derzeit 70 Millionen Dollar auf globalem Platz 5 aller Erstversicherer,

hat sich 53jährig in seiner Wohnung im schweizerischen Walchwil am Zuger See erhängt;

U d o R e i t e r , seit einem Autounfall des 23jährigen querschnittgelähmt und suizidgefährdet, aber im Rollstuhl zu einem promovierten Journalisten erblüht, preisgekrönt leitender Hörfunkredakteur im *Bayerischen Rundfunk*, auch dessen Chefredakteur und Hörfunkdirektor, in Leipzig nach 1991 Wiederbegründer des *Mitteldeutschen Rundfunks*

(bei dessen ersten schüchternen Quiz-Sendungen 1949
ich fünfzehnjährig zweimal einen klitzekleinen Geldpreis gewann)

und dort zwanzig Jahre lang dessen erster gesamtdeutscher Intendant, Träger des Gregoriusordens, des *Bayerischen Verdienstordens* und des Bundesverdienstkreuzes, öffentlich bekennender Pionier aktiver Sterbehilfe, Autor des Beitrags *"Mein Tod gehört mir"* in der *Süddeutschen Zeitung*,

hat sich eine Woche nach seiner Teilnahme an einer *live*-Diskussion des *ZDF* über Sterbehilfe 70jährig auf der Terrasse seines Leipziger Hauses erschossen;

E r i c h L o e s t , ostdeutscher Schriftsteller mit frühen Engagements bei NSDAP und SED, dann als politischer Opponent siebeneinhalb Jahre lang mit Schreibverbot in der Landesstrafanstalt Bautzen eingekerkert, hiernach als Verfasser von Kriminalromanen und Reisefeuilletons, teils unter Pseudonymen getarnt, aber ungemein fruchtbarer Autor auch von vornehmlich realistisch erzählender, meist politischer Prosa, rund fünfzehn Hörspielen, einem mehrteiligen Fernsehspiel, mit zahllosen literarischen Preisen, Ehrendoktoraten, Ehrenbürgerschaften, auch *Deutschem Nationalpreis* und *Grossem Bundesverdienstkreuz* ausgezeichnet,

hat sich 87jährig im zweiten Stock der Leipziger Universitätsklinik aus einem Fenster gestürzt.

Diese fünfzehn Todesfälle sind mir nur zufällig in den Sinn gekommen.

Sie ereigneten sich zwischen 1969 und 2014. Gleichzeitig, vorher und später hat es ohne Zweifel ganze Heerscharen von vergleichbaren Parallelfällen oder Schicksalsgenossen gegeben: ein ganzes Geflecht.

Ihrer aller Motive oder Anlässe bleiben unergründlich, *privatissima* und für den Außenstehenden irrelevant.

Aber *"wie viel Einsamkeit, verzweifelte Verlorenheit und mangelndes Vertrauen motivieren eine solche Tat, die man auch als Anklage an uns alle lesen kann?"*,

hat der Journalist Benedict Maria Mülder, selbst an Amyotropher Lateralsklerose (ALS) erkrankt und völlig gelähmt, am 11. November 2014 im *"Tagesspiegel"* uns alle und unsern Gesetzgeber gefragt:

"Wer hat die Hilfeschreie vorher überhört? Vielleicht wollten wir sie gar nicht hören?"

Freilich bleibt dieser radikal Betroffene nicht beim Ruf nach Selbstbestimmung stehen, sondern polemisiert:

"Die Parole von der Selbstbestimmung kaschiert nur eine individualisierte Beziehungslosigkeit."

Gleichwohl scheint er von einem Stadium zu sprechen, das dem ultimativen vorausgeht und die Klage gegen angemaßte Vormünder nicht verstummen läßt.

Auch ich erhebe hier Anklage in ihrer aller Namen.

Gegen wen?

Gegen die jeweiligen Gesetzgeber, medizinischen Berufsverbände
und Ärzte.
Sie alle hätten zwar schwerlich einen bestehenden Lebensüberdruß
verhindern, sehr wohl jedoch die Umstände dieser Tode
zumindest verbessern, erleichtern, humanisieren können.

Denn alle fünfzehn und sämtliche andern in diesem makabren Geflecht
wären zweifellos sehr viel lieber zu Hause
in ihrem eigenen Bett friedlich eingeschlafen.

Das haben Gesetzgeber, Ärztekammer und einzelne Mediziner
sträflich verhindert.

Dessen klage ich sie alle an.

Ich klage sie erstens einer fahrlässigen Verletzung
des ersten Paragrafen in unserm Grundgesetz an:
einer strafbar unterlassenen Gewährleistung von menschlicher Würde.

Ferner klage ich sie einer illegalen Bevormundung
selbstbestimmt mündiger Bürger und
eines unermächtigten Eindringens in deren Freiräume und Privatsphären,
insofern einer Vergewaltigung an.

Ich klage sie drittens einer angemaßten Herrschaft über freie Menschen,
also auch einer Freiheitsberaubung und terroristischer Unterdrückung an.

Denn worauf gründet sich
ihre eigenmächtige Verfügung über andere Menschen?
Auf *Mutter Natur*, unser aller Fundament
und einzig verbindlichen Bezugspunkt in allen Lebenslagen,
ganz bestimmt nicht:
die nämlich hat uns den selbst verfügten Freitod nicht verwehrt,
sondern unübersehbar ermöglicht und zur Verfügung gestellt.

Recht eigentlich zählt nur das.

Überdies haben uns Astrophysiker und Quantentheoretiker
längst zuverlässig wissen lassen, daß es in diesem Universum
keinerlei Ende, nur Verwandlung gibt –
also immer nur Neubeginne, Entwicklungsstufen, Umgestaltungen,
Alternativ-Versuche, Weitermachen,
nie und nimmer irgend ein Schlußmachen;
jedes vermeintliche Schlußmachen ist irgendwie ein Weitermachen;
nichts hört hier jemals auf, alles erneuert sich und geht weiter:

also!

Nein, die besagte Vergewaltigung durch Institutionen
gründet sich eben nicht auf *Mutter Natur*,
sondern auf alte Zöpfe und antiquierte Ideologieen:
auf ein mittelalterlich und christlich theokratisches,
ein prälaozistisch vermessenes Weltbild
aus den längst überwunden geglaubten und verworfenen Zeiten
dirigistisch überheblicher, tiefinnen absolutistischer
Entmündigungsstrategieen für subalterne Untertanen.

Staat und Funktionäre bestimmen hier ohne Legat
über Allerprivatestes, Allerpersönlichstes.

Das kann in freiheitlichen Demokratieen heutzutage nur illegal sein.

Solcher Gesetzesverletzung bezichtige ich alle,
die einen angemessenen Freitod ihnen unbekannter Persönlickeiten
zu verhindern, zu beeinflussen, zu dirigieren trachten.

Ich selbst habe daher wissentlich und vorsätzlich
der Berliner und Hamburger Schauspielerin Herta Kravina
(die ich weiland Erwin Piscator für die Rolle just der Marion
in seiner Berliner Inszenierung von *"Dantons Tod"* empfohlen hatte
und mit der ich seither über lange Jahrzehnte so gut befreundet war,
daß wir in Spanien, Deutschland und Argentinien wahre Lachorgien feierten)

und deren Ehemann Horst Keitel, einem populären Fernseh- und Boulevardschauspieler
(auch Reginald Prewster in der beliebten *ZDF*-Serie *"Percy Stuart"* und Willie Clark

in meiner eigenen Hamburger Bühneninszenierung der *US*-Komödie *"Sonny Boys"*),
als er 88 Jahre alt, völlig vereinsamt, recht hilfsbedürftig
und den vielfachen Leiden seiner 92jährig unwürdig dahin vegetierendenen Herta
nicht mehr gewachsen war,
auf gemeinsamen Wunsch
zu Namen und Erreichbarkeit jenes Arztes verholfen,
der sich im Fernsehen öffentlich bereit erklärt hatte, Notfällen sterben zu helfen
und der dann auch diese beiden Notfälle als solche respektierte.

Emsige Demoskopen haben inzwischen den Willen von rund 75 Prozent der deutschen Bevölkerung ermittelt, daß Ärzte ihnen bei einem würdigen Sterben nach eigenen Maßgaben unerläßlich behilflich und dienlich sein sollten.

Aber ihre gewählten Volksvertreter, sonst immer unterwürfigst im Schlepptau noch der suspektesten Meinungsumfragen, ignorieren dieses Votum mit zynischer Brutalität.

Jenen diffusen Eid des Hippokrátes, der die medizinische Ethik seit dem 4. Jahrhundert vor Christos auch hierbei vorgeblich gängelte, leisten heutige Mediziner schon längst nicht mehr. Trotzdem berufen sie sich immer noch gern auf diese fragwürdig und höchst anfechtbar überlieferten antiken Prinzipien angeblich von der kleinasiatisch vorgelagerten Ägäis- (und jetzigen Flüchtlings- oder Martyrien-) Insel Kos und deren Menschenbild vor fast zweieinhalb Jahrtausenden.

Ihm, diesem längst überholten Eid des Hippokrátes, zuliebe mußten jene fünfzehn und unzählbar viele andere gequälte Menschen sich eigenhändig massakrieren – von ihren jeweils vorausgegangen Torturen ganz zu schweigen.

Nochmals also

(bewußt und unermüdlich Heinrich Georges Zola in Fritz Kortners *"Dreyfus"* und noch mancherlei sonstige Anklage von Gewicht hier aus der Filmgeschichte seit 1917 zitierend):

«j'accuse».

Daheim

Jeder Passantenbefragung auf offener Straße
pflege ich mich ebenso strikt zu verweigern
wie auch sonstigen demoskopischen Erhebungen.

Aber gestern habe ich eine Ausnahme gemacht,
als mich in Hamburg auf dem *Eppendorfer Baum*
eine Gruppe adretter und etwa 15jähriger Gymnasiasten
mit Filmkamera anzusprechen versuchten.

Auch als Pädagoge blieb ich da neugierig stehen.

Die pubertäre Frage lautete:
"Können Sie mit einem Wort sagen, was für Sie Heimat ist?"

Meine Antwort (*attacca*): *"Ja: das Universum."*

Eisiges Schweigen und weltraumleere Augen.
Keinerlei Rückfragen.
Wahrscheinlich hielten sie mich für gaga.

Ich war es auch: hanseatisch halbgare Bürgersöhne
jählings
in kosmisch unauflöslich verschränkte Quantengeflechte
entführen zu wollen …

*"Mir selber erscheine ich wie ein Knabe,
der am Meerestrande spielt und sich damit vergnügt,
hie und da einen ungewöhnlich abgeschliffenen Stein
oder eine außergewöhnlich schöne Muschel zu finden,
während der große Ozean der Wahrheit
sich völlig unerforscht vor ihm ausbreitet."*

Isaac Newton (1643-1727)

*"Das Schönste, was wir erleben können,
ist das Geheimnisvolle ... Wer es nicht kennt
und sich nicht mehr wundern, nicht mehr staunen kann,
der ist sozusagen tot und sein Auge erloschen."*

Albert Einstein, ~ 51: *"Wie ich die Welt sehe"*, ~ 1930 (in *"Mein Weltbild"*, 1934)

*"Wenn man das Ganze überblickt,
ist es von großer Unverständlichkeit,
aber wahrlich der Wunder voll."*

Gottfried Benn, 58: *"Roman des Phänotyp"*, Landsberger Fassung, 1944

*"Für uns gläubige Physiker hat die Scheidung
zwischen Vergangenheit, Gegenwart und Zukunft
nur die Bedeutung einer wenn auch hartnäckigen Illusion."*

Albert Einstein, 76: Kondolenzbrief an Sohn und Schwester
seines Freundes Michele Besso, 1955

*"In der Raum-Zeit
liegen Vergangenheit, Gegenwart und Zukunft
ausgebreitet vor uns, bewegungslos,
wie die Worte in einem Buch."*

Banesh Hoffmann, 66: *"Einstein. Schöpfer und Rebell"*, 1972

2017

"Geflechte, Geflochtenes, Verzopftes.

Verwickeltes, Verschlungenes; Vertracktes, Verzwicktes.

Unentwirrbar Verheddertes, Verstricktes. Verschmolzenes.

V e r s c h r ä n k t e s .

Verästeltes oder Weitverzweigtes; Wirres und Chaotisches.
Durcheinander, ineinander, drüber und drunter. Miteinander.

Verwobenes, Verfilztes, Verknotetes, Vernetztes.
Also auch Gewebtes, Gewirktes, Gefügtes, Gespinste.
Flickenteppiche, Patchworks, Gewebe, Häkeleien, Collagiertes.

Webware, Wirkware, Netzwerke, Mischmasch; wie Flachs und Leinen

oder Clusters *kreuz und quer und kunterbunt:* pêle-mêle.

M o s a ï k e .

Verflochtenes also in die Breite und Länge, querbeet.
Ins Abgrundtiefe sowieso jedesmal: strikt lotrecht.
Aber da sind es dann schon eher Verwurzelungen.
Verankerungen, Fundierungen. Wurzelwerke: überlebenswichtig.

Ob Quadratwurzeln, Luftwurzeln, Haarwurzeln, Zahnwurzeln,
oder Hamburger Karotten: Wurzeln sind lebenswichtig.

Also 'back to the roots' – oder *Magmakammern, Bach, Diamanten und*

K o r a l l e n r i f f e !"

Moritz Pirol, 82: "*Alte und neue Zöpfe*", 2017 (erstmals veröffentlicht)

Die befragten Quellen

Zeno Ackermann, Sabine Schülting (Hg.): Shylock nach dem Holocaust. Zur Geschichte einer deutschen Erinnerungsfigur. Berlin/New York 2011

Günter Agde: Bruno Schmidtsdorf – die abgebrochene Karriere, in: Wladislaw Hederer, Inge Münz-Koenen (Hg.), *"Ich kam als Gast in euer Land gereist ... "*. Deutsche Hitlergegner als Opfer des Stalinterrors. Familienschicksale 1933–1956. Katalog einer Wanderausstellung in Moskau und Berlin, in Brüssel und Paris 2013

Ursula Ahrens: Bericht über Alexander Granachs sowjetische Exiljahre 1935-37. Aus Briefen im Archiv der Westberliner *Akademie der Künste* erstellt. In: Andreas W. Mytze (Hg.), *europäische ideen*, Berlin 1976, Heft 14/15

Jasmin Arnold: Die Revolution frißt ihre Kinder. Deutsches Filmexil in der UdSSR. Marburg 2003

Ernst Josef Aufricht: Erzähle, damit du dein Recht erweist. Frankfurt (Main) – Berlin 1966

Julius Bab: Das Theater der Gegenwart, Leipzig 1928

Rolf Badenhausen und Peter Gründgens-Gorski (Hg.): Gustaf Gründgens. Briefe Aufsätze Reden. Hamburg 1967

Ernst Barlach: Aus seinen Briefen. Hg. von Friedrich Dross, München 1947

Boleslaw Barlog: Theater lebenslänglich. München 1981

Gottfried Benn: Über mich selbst. 1886-1956, München 1977

Elisabeth Bergner: Bewundert viel und viel gescholten ... , unordentliche Erinnerungen. München 1978

Bertelsmann Lexikon-Institut (Hg.): Das Neue Taschen-Lexikon in 20 Bänden, Gütersloh 1992

Rainer Bertram: Spötterdämmerung. Gespräche mit Friedrich Hollaender. alpha-Forum des Fernsehens im *Bayerischen Rundfunk* 1972

Hans-Joachim Bieber: SS und Samurai. Deutsch-japanische Kulturbeziehungen 1933-1945, München 2014

Richard Biedrzynski: Schauspieler Regisseure Intendanten, mit 152 Rollen- und Szenenfotos. Heidelberg, Berlin, Leipzig 1944

Thomas Blubacher: Gustaf Gründgens. Berlin 1999

Rolf Boysen: Nachdenken über Theater. Essays, Gespräche. Herausgegeben von Michael Schäfermeyer, Frankfurt am Main 1997

Rolf Boysen: Gespräch mit Anne Linsel, *ZDF*-Sendereihe *Zeugen des Jahrhunderts*, München 1998

Mattias Braun: Die Schauspielerin Hermine Körner. Velber bei Hannover 1964

Margarete Buber-Neumann: Als Gefangene bei Stalin und Hitler. Eine Welt im Dunkel. Stuttgart 1958

Christian Buckard: Von Kopf bis Fuß auf Zion eingestellt. Marlene Dietrich und Israel – eine Liebesgeschichte. In: *"Jüdische Allgemeine"* , Berlin, 19. Juni 2008

Georg Büchner: Dantons Tod. Ein Drama. In: Gesammelte Werke, München 1956

Jean Cayrol: Kommentar zum Film *"Nacht und Nebel"* von Jean Cayrol und Alain Resnais, deutsch von Paul Celan. Fridolfing 1956

Michael Degen: Der traurige Prinz. Roman einer wahren Begegnung, Berlin 2015

Ernst Deutsch: Fernsehgespräch mit Friedrich Luft, Reihe *Das Profil*, *Sender Freies Berlin* 1965

Marlene Dietrich: Nehmt nur mein Leben … . Reflexionen. München 1979

Berta Drews: Heinrich George. Ein Schauspielerleben. Mit Beiträgen von Jürgen Fehling, Paul Fechter, Walter Felsenstein, Wilhelm Fraenger, Max Geisenheyner, Friedrich Griese, Herbert Ihering, Walther Kiaulehn, Helmut Maurer, Will Quadflieg, Wilhelm von Scholz, Peter Zingler und anderen. Hamburg 1959

Johann Peter Eckermann: Gespräche mit Goethe in den letzten Jahren seines Lebens, Berlin 1956

Ulrich Eisenberg: Über Vollzugsbedingungen im sowjetischen Internierungslager Sachsenhausen. Eine fragmentarische Darstellung anhand eines Einzelschicksals. In: Festschrift für Alexander Böhm zum 70. Geburtstag am 14. Juni 1999, hg. von Wolfgang Feuerhelm, Hans-Dieter Schwind und Michael Bock, Berlin · New York 1999

Hanns Eisler: Brief vom 1. Juni 1935 aus Strasbourg an Bertolt Brecht in Svendborg. In: Hermann Haarmann, Christoph Hesse (Hg.): Briefe an Bertolt Brecht im Exil, 1933-1949, Band 1, Berlin 2014

Hardy Engelbrecht, Erich Kobold, Maximilian Lunin, Bernd Nielsen-Stokkeby und andere (Hg.): Dorpater Deutsches Neuhumanistisches Gymnasium 1919-1939, ohne Ort 1977

Paul Fechter: Horst Caspar. Berlin 1955

Jürgen Fehling: Berliner Brief vom 20. November 1940 an Horst Caspar, in: Karla-Ludwiga Vortisch, Horst Caspar (1913-1952). Berlin 1966

Jürgen Fehling: Die wilde Kraft. Zum Tode Heinrich Georges. In: *"Der Kurier"*, Berlin, 12. November 1946

Jürgen Fehling: Ode auf den Tod des großen Schauspielers. Geschrieben am Morgen des Tages, der dem Todestag von HORST CASPAR folgte, in: Paul Fechter, Horst Caspar. Berlin 1955

Jürgen Fehling: Die Magie des Theaters. Äußerungen und Aufzeichnungen. Mit einem Essay von Siegfried Melchinger, Velber bei Hannover 1965

Rudolf Fernau: Als Lied begann's. Lebenstagebuch eines Schauspielers. München 1980

Barbara Fischer: Nathans Ende? Von Lessing bis Tabori. Zur deutsch-jüdischen Rezeption von *"Nathan der Weise"*. Göttingen 2000

Michael Fischer und Ferdinand Hörner (Hg.): Lied und populäre Kultur / Song and Popular Culture. Jahrbuch des deutschen Volksliedarchivs Freiburg, 57. Jahrgang, Münster / New York und München / Berlin 2012

Rudolf Forster: Das Spiel mein Leben. Frankfurt/M. und Berlin 1967

John C. Fout: Homosexuelle in der NS-Zeit: Neue Forschungsansätze über Alltagsleben und Verfolgung. In: Burkhard Jelonnek / Rüdiger Lautmann (Hg.), Nationalsozialistischer Terror gegen Homosexuelle. Verdrängt und ungesühnt. Mit einem Geleitwort von Rita Süssmuth, Paderborn 2002

Elke Fröhlich (Hg.): Die Tagebücher von Joseph Goebbels, Teil I: 1923-1941, 14 Bände, München 1997-2005

Tita Gaehme: Dem Traum folgen. Das Leben der Schauspielerin Carola Neher und ihre Liebe zu Klabund. Köln 1996

Nikolaus Gatter: Lieder, die schon Kafka entzückten: Historische Aufnahmen aus Gimpels Lemberger Theater, www.achgut.com, 2014

Gedenkbuch Berlins der jüdischen Opfer des Nationalsozialismus (Memorial Book of the Jewish Victims of National Socialism in Berlin): hg. vom Zentralinstitut für sozialwissenschaftliche Forschung der Freien Universität Berlin, Berlin 1995

Gero Gemballa: Des Teufels Intendant. Gustaf Gründgens, Filmporträt der *ARD* 1999

Valeska Gert: Ich bin eine Hexe. Kaleidoskop meines Lebens. München 1968

Gestapo-Kartei (Blaue Kartei). Kartei der Gestapo-Leitstelle Wien mit Daten über Kommunisten und andere Linke; im Dokumentationsarchiv des österreichischen Widerstandes (DÖW), Wien

Johann Wolfgang Goethe: Faust. Eine Tragödie, hg. von Albrecht Schöne in Sämtliche Werke in vierzig Bänden, I. Abteilung, Band 7/1, Frankfurt am Main 1999

Peter Gorski: Brief vom 20. Oktober 1951 aus Düsseldorf an Hanno Lunin in Marl, original im *Privatarchiv Hanno Lunin*

Joana Maria Gorvin (Hg.): Jürgen Fehling Der Regisseur (1885-1968), Katalog einer Ausstellung der Berliner *Akademie der Künste* 1978; 2., durchgesehene Auflage, Berlin 1985

Alexander Granach: Du mein liebes Stück Heimat. Briefe an Lotte Lieven aus dem Exil, hg. von Angelika Wittlich und Hilde Recher, Augsburg 2008

Alexander Granach: Da geht ein Mensch. Roman eines Lebens. Mit 10 Fotos. München 1997

Gustaf Gründgens: Wirklichkeit des Theaters. Mit einer Einleitung von Peter Suhrkamp, Frankfurt am Main 1953

Gustaf Gründgens: Zur Situation des Schauspielers 1932. In: Wirklichkeit des Theaters, Frankfurt am Main 1953

Gustaf Gründgens: Opernregie 1932. In: Wirklichkeit des Theaters, Frankfurt am Main 1953

Gustaf Gründgens: Der Hund des Aubry. Vortrag vor der *"Kameradschaft der Künstler"*, Berlin 1943, in: Wirklichkeit des Theaters, Frankfurt am Main 1953

Gustaf Gründgens: Briefe Aufsätze Reden, herausgegeben von Rolf Badenhausen und Peter Gründgens-Gorski, Hamburg 1967

Willy Haas: Die literarische Welt. Erinnerungen. München 1960

Lutz Haucke: Antifaschistische Filme im stalinistischen Exilland – Tragödien für deutsche Filmemacher? In *Kulturation, Online Journal für Kultur, Wissenschaft und Politik*, Nr. 1, 2004, http://www.kulturation.de/ki_1_rezi.php?id=26

Werner Heisenberg: Der Teil und das Ganze. Gespräche im Umkreis der Atomphysik, München 1969

Georg Hensel: Der Spielplan. Schauspielführer von der Antike bis zur Gegenwart, 2 Bände. Berlin 1966

Bernd-Ulrich Hergemöller (Hg.): Mann für Mann. Biographisches Lexikon zur Geschichte von Freundesliebe und mannmännlicher Sexualität im deutschen Sprachraum, in zwei Bänden neu bearbeitet und ergänzt, Berlin 2010

Christoph Hesse: Mißlungene Eroberung. Zur Geschichte und Ästhetik der frühen sowjetischen Filmproduktion, in: *Jungle World. Die linke Wochenzeitung* Nr. 7 – Berlin, 16. Februar 2012

Trude Hesterberg: Was ich noch sagen wollte … , Autobiographische Aufzeichnungen, Berlin 1971

Ursula Heukenkamp (Hg.): Unterm Notdach. Nachkriegsliteratur in Berlin 1945-1949, Berlin 1996

HEWO Internetmarketing: Engeldamm Berlin. Historischer Ort mit kontroverser Gegenwart. www.hewo-internetmarketing.de/engeldamm, 2014

Charles Higham: Marlene. Ein Leben – ein Mythos. Deutsch von Christel Wiemke und Jutta Emcke, Reinbek bei Hamburg 1978

Friedrich Hollaender: Spötterdämmerung. Fernsehgespräche mit Rainer Bertram. αlpha-Forum des Fernsehens im *Bayerischen Rundfunk* 1972

Ursula Homann: Der Kritiker als Künstler. Erinnerungen an den Theaterkritiker Alfred Kerr. www.literaturkritik.de, rezensionsforum Nr. 12, Dezember 2007

Herbert Ihering: Horst Caspar. Kapitel in: Von Josef Kainz bis Paula Wessely. Heidelberg – Berlin – Leipzig 1942

Herbert Ihering: Fritz Kortner ist schwierig. In: ZEIT ONLINE, 11. Mai 1962

Intendanz des Schiller-Theaters (Hg.): Theater in Berlin. 1951-1961. Zehn Jahre Schiller-Theater, Schloßpark-Theater, Schiller-Theater Werkstatt. Mit 252 Abbildungen. Einführung von Heinz Ritter. Berlin 1962

Rena Jacob: Lucie Mannheim – eine ganz große Schauspielerin, in: *Sunday news, das online magazin*, Jahrgang 3, 30. April 1913

Peter Jammerthal: Ein zuchtvolles Theater. Bühnenästhetik des "Dritten Reiches". Das Berliner Staatstheater von der Machtergreifung bis zur Ära Gründgens. Diss. phil. Berlin 2005

Dirk Jordan: Verfolgte und stille Helden der NS-Zeit: Fritz und Trude Wisten. Zehlendorfer Heimatgeschichte, Teil 3, in: *Der Tagesspiegel*, 13. September 2013

Ernst Jünger: Strahlungen III. Kirchhorster Blätter, München 1966

Arthur Kahane: Tagebuch des Dramaturgen. Berlin 1928

Guido von Kaulla: "Und verbrenn' in seinem Herzen". Die Schauspielerin Carola Neher und Klabund. Freiburg im Breisgau 1984

Sven Felix Kellerhoff: "Lili Marleen" verzauberte die Soldaten vor Tobruk, in: *DIE WELT N24,* 2. März 2011

A(lfred) K(err): Gestorbene. In: Berliner Plauderbrief, *Königsberger Zeitung* im Februar 1907

Alfred Kerr: "So liegt der Fall". Theaterkritiken 1919-1933 und im Exil, in: Werke in Einzelbänden, Bd. VII,2, hg. von Günther Rühle, Frankfurt/M. 2001

Alfred Kerr: Jeruschalajim. In: Die Welt im Licht, Bd. 2, Berlin 1920

Alfred Kerr: Die Welt im Drama, Köln und Berlin 1954

Alfred Kerr: Erlebtes. Reisen in die Welt, hg. von Hermann Haarmann, Berlin 1989

Michael Kloft: "War ich gut?", *spiegel online*, EINESTAGES, 18. Juli 2013

Fritz Kortner: Letzte Begegnung, in *DIE WELT*, 12. Oktober 1963

Fritz Kortner: Aller Tage Abend, München 1979

Dirk Krampitz: Geehrt und vergessen. In: *DIE WELT N24*, 20. Juni 2004

Manfred Kreckel: Mannheim, Lucie. In: Neue Deutsche Biographie, hg. von der Historischen Kommission bei der Bayerischern Akademie der Wissenschaften, Band 16, Berlin1990

DER KURIER: Das Dokument gegen Jürgen Fehling, Berlin am 15. November 1946, Nr. 233

Claus Landsittel (Hg.): Kortner anekdotisch. München 1967

Joachim A. Lang: George. Fernsehspiel mit Dokumentar- und Spielszenen. Co-Produktion des Fernsehsenders *arte* und mehrerer *ARD*-Sender 2013

Peter Laregh: Heinrich George. Komödiant seiner Zeit. Mit 89 Fotos, 29 Textillustrationen und zahlreichen Dokumenten. München 1992

Andreas Lewin: Er spielte seinen Schatten mit. Der Schauspieler Klaus Kammer. Filmporträt für den *Sender Freies Berlin* 2002

Andreas Lewin: Leidenschaft und Eigensinn. Fritz Kortner, Schauspieler und Regisseur. Filmporträt für *Südwestrundfunk* und *Rundfunk Berlin-Brandenburg* 2004

Anne Linsel: Gespräch mit Rolf Boysen, *ZDF*-Sendereihe *Zeugen des Jahrhunderts*, München 1998

Gabriella Lorenz: Gespräch mit Lola Müthel im Gesellschaftsmagazin *"Kultur-Fibel"*, 1989: www.kultur-fibel.de

Siegfried Lowitz: Was für ein Leben. Erinnerungen. München 2000

Hanno Lunin: Brief vom 24. Dezember 1999 aus Hamburg an Elisabeth Schwarz, in: Moritz Pirol, Nach oben offen. Reflexe, Band 5, Hamburg 2006

Hanno Lunin (Hg.): Die Kinderrassel. Briefe mit Reden und Essays zum deutschen Theater zwischen 1953 und 1974 von Willi Schmidt. Mit Fotos und Erläuterungen, Hamburg 2005

Klaus Mann: Mephisto. Roman einer Karriere, München 1965

Klaus Mann: Der Wendepunkt. Ein Lebensbericht. Reinbek bei Hamburg 2006

Thomas Mann: Briefe 1937-1947, Frankfurt 1963

Lucie Mannheim: Über Jürgen Fehling. In: Joana Maria Gorvin (Hg.): Jürgen Fehling Der Regisseur (1885-1968), Katalog einer Ausstellung der Berliner *Akademie der Künste* 1978; 2., durchgesehene Auflage, Berlin 1985

Werner Maser: Heinrich George. Mensch aus Erde gemacht. Die politische Biographie. Mit 127 Fotos und Dokumenten, Berlin 1998

Siegfried Melchinger: Epitaph Horst Caspar, in: Schauspieler. 36 Porträts mit Aufnahmen von Rosemarie Clausen. Büchergilde Gutenberg Frankfurt am Main Wien Zürich 1966

Siegfried Melchinger: Epitaph Gustaf Gründgens, in: Schauspieler. 36 Porträts mit Aufnahmen von Rosemarie Clausen. Büchergilde Gutenberg Frankfurt am Main Wien Zürich 1966

Hubert von Meyerinck: Meine berühmten Freundinnen. Erinnerungen, Düsseldorf / Wien 1967

Jürgen Möller: "Ich bin ein Schwieriger". Der Schauspieler und Regisseur Fritz Kortner. Fernsehporträt des *Norddeutschen Rundfunks* 1987

Jürgen Möller und Dieter Zilligen: Vorbei – ein dummes Wort. Gustaf Gründgens zum Gedenken. Filmporträt des *Norddeutschen Rundfunks* zum zehnten Todestage 1973

Winfried Mogge: Hans Baumann, in: Bayerische Staatsbibliothek München (Hg.), www.literaturportal-Bayern.de/autorinnen-autoren (ohne Jahr)

Irmgard und Bengt von zur Mühlen: Geheimarchive – Sperrgebiete. Mit der Kamera auf den Spuren der Geschichte. Berlin – Kleinmachnow 1995

Alfred Mühr: Grosses Theater. Begegnungen mit Gustaf Gründgens, Berlin 1950

Alfred Mühr: Mephisto ohne Maske. Gustaf Gründgens Legende und Wahrheit, München - Wien 1982

Benedict Maria Mülder: Stalins Schatten, in *Der Tagesspiegel*, Berlin, 14. März 2002

Benedict Maria Mülder: Lebenshilfe statt Sterbehilfe, in *Der Tagesspiegel*, Berlin, 11. November 2014

Reinhard Müller (Hg.): Die Säuberung. Moskau 1936: Stenogramm einer geschlossenen Parteiversammlung. Reinbek bei Hamburg 1991

Reinhard Müller: Menschenfalle Moskau. Exil und stalinistische Verfolgung. Hamburg 2001

Helmut Müller-Enbergs, Jan Wielgohs, Dieter Hoffmann, Andreas Herbst, Ingrid Kirschey-Feix (Hg.): Wer war wer in der DDR? Ein Lexikon ostdeutscher Biographien, 5. Auflage, Berlin 2010

Robert Musil: Theater. Kritisches und Theoretisches. Mit Vorwort, Erläuterungen und einem Essay herausgegeben von Marie-Louise Roth, Reinbek bei Hamburg 1965

Natalja Mussijenko und Alexander Vatlin: Schule der Träume. Die Karl-Liebknecht-Schule in Moskau (1924-1938). Aus dem Russischen übersetzt von Nina Letnewa. Bad Heilbrunn 2005

"Die Nacht ist nicht allein zum Schlafen da ... ": Gustaf Gründgens zum 100. Geburtstag. Studiodiskussion mit Roger Willemsen, Lola Müthel, Uwe Friedrichsen, Elisabeth Schwarz, Werner Schroeter und Peter Michalzik im Fernsehen des *Westdeutschen Rundfunks*, 1999

Eckart von Naso: Ich liebe das Leben. Erinnerungen aus fünf Jahrzehnten. Hamburg 1953

Rudolf Noelte, Dirk Scheper, Manfred Schlösser (Hg.): Jürgen Fehling Der Regisseur (1885-1968), Katalog einer Ausstellung der Berliner *Akademie der Künste* 1978; 2., durchgesehene Auflage, Berlin 1985

Max Ophüls: Der Dimitroff-Film *"Kämpfer"*, in: *Das Wort. Literarische Monatsschrift*, Heft 1, Moskau 1936, Seite 98

Gunar Ortlepp: *"Denn das war ihre Welt"*. In: *"DER SPIEGEL"* Nr. 49 vom 28. November 1977

Moritz Pirol: Alexanderkuchen. Kaleidoskop 21, Hamburg 2012

Moritz Pirol: Hahnenschreie, Band 1 + 2, Hamburg 2008

Moritz Pirol: Halalí, Band 1 + 2, Hamburg 2009 + 2010

Moritz Pirol: Nach oben offen. Reflexe, Band 1, 3 + 5, Hamburg 2010, 2007 + 2006

Moritz Pirol: Sterngucker oder Das Idyll eines Obdachlosen. Prosanetze auf den Spuren von Schillerlegende und Männerbünden, 3 Bände, Hamburg 2005-2007

Erwin Piscator: Briefe, Band 3.1, 3.2 und 3.3 (1951-1966), herausgegeben von Peter Diezel, Berlin 2011

Erwin Piscator: Trauerrede für Erwin Kalser, gehalten am 31. März 1958 in Berlin. Kopie im *Privatarchiv Hanno Lunin*

Ulla Plener, Natalja Mussienko (Hg.): Verurteilt zur Höchststrafe: Tod durch Erschießen. Todesopfer aus Deutschland im Großen Terror in der Sowjetunion 1937/38, Berlin 2006

Karin Ploog: ... Als die Noten laufen lernten ... , Geschichte und Geschichten der U-Musik bis 1945, Zweiter Teil, Band 1.2, Norderstedt 2015

Will Quadflieg: Wir spielen immer. Erinnerungen, Frankfurt am Main 1976

Marcel Reich-Ranicki: Mein Leben. München 1999

Gottfried Reinhardt: Der Liebhaber. Erinnerungen seines Sohnes an Max Reinhardt. Mit 66 Fotos. München/Zürich 1973

Curt Riess: Gustaf Gründgens. Eine Biographie. Hamburg 1965

J. David Riva und Karin Kearns: Marlene Dietrich, her own song. Filmporträt 2001

Günther Rühle: Die Traumrolle Mephisto wurde sein Leben – Gustaf Gründgens zum hundertsten Geburtstag. Der gefallene Engel, in *Berliner Zeitung*, 18. Dezember 1999

Günther Rühle: Theater in Deutschland 1887–1945 und 1946–1966. Seine Ereignisse – seine Menschen. Frankfurt am Main 2007 und 2014

Hans Sahl: Memoiren eines Moralisten, Zürich 1983

Peter Sandmeyer: Passanten-Umfrage auf dem Hermann-Platz in Berlin-Neukölln für den *Sender Freies Berlin*, gesendet am 4. Dezember 1976, hier zitiert nach Berthold Spangenbergs Vorwort zum *"Mephisto"* von Klaus Mann

Hajo Schedlich: Marianne Hoppe. Fernsehgespräch in der ZDF-Sendereihe *"Zeugen des Jahrhunderts"*, Teil 2, 1987

Friedrich Schiller: Wallensteins Lager. In: Sämtliche Werke in sechs Bänden, Säkularausgabe, Band 2 – Essen, ohne Jahr

Friedrich Schiller: Der Parasit oder Die Kunst sein Glück zu machen. Ein Lustspiel in fünf Aufzügen, Nach dem Französischen des Picard. In: Sämtliche Werke in sechs Bänden, Säkularausgabe, Band 4 – Essen, ohne Jahr

Willi Schmidt: Gedenkrede für Horst Caspar bei der Trauerfeier des Schiller-Theaters am 4. Januar 1953. In: Die Kinderrassel, hg. von Hanno Lunin, Hamburg 2005

Willi Schmidt: Die Rückkehr zu Nathan, dem Weisen. In: Fritz Wisten, Drei Leben für das Theater. Hg. von der *Akademie der Künste Berlin*, Ed. Hentrich, Berlin 1990

Willi Schmidt: Die Kinderrassel. Briefe mit Reden und Essays zum deutschen Theater zwischen 1953 und 1974. Hg. von Hanno Lunin, Hamburg 2005

Lutz Schnedelbach: Friedel Freiherr von Wangenheim beging Suizid. In: *Berliner Zeitung*, 7. April 2001

Albrecht Schöne: Kommentare zu Goethes Faust, in: Johann Wolfgang Goethe, Sämtliche Werke in vierzig Bänden, I. Abteilung, Band 7/2, Vierte, überarbeitete Auflage, Frankfurt am Main 1999

Inge Scholl: Die weiße Rose. Frankfurt am Main 1953

Albert Schulze Vellinghausen: Theaterkritik 1952-60. Hannover 1961

Ernst Schumacher: Gustav von Wangenheim, der Freiherr mit Monokel und FDJ-Hemd, in: *Berliner Zeitung*, 17. Februar 1995

Elisabeth Schwarz: Brief vom 14. August 2000 aus Hamburg an Hanno Lunin, Manuskript im *Privatarchiv Hanno Lunin*

Senat von Berlin (Hg.): 25 Jahre Theater in Berlin. Premieren 1945-1970. Mit einem Vorwort von Friedrich Luft und bearbeitet von Hans J. Reichhardt, Joachim Drogmann, Helmut Rosenthal, Hanns U. Treutler. Berlin 1972

William Shakespeare: Der Kaufmann von Venedig. In der Übersetzung von Schlegel und Tieck herausgegeben von L. L. Schücking, Reinbek bei Hamburg 1960

Simon Singh: Fermats letzter Satz. Die abenteuerliche Geschichte eines mathematischen Rätsels. Aus dem Englischen von Klaus Fritz, München 2011

Amy Smith: Hermine Körner. Berlin 1970

Berthold Spangenberg: Einleitung zu Klaus Manns *"Mephisto"*: Zur Veröffentlichung dieser Ausgabe, Reinbek bei Hamburg 1981

DER SPIEGEL: Vom BBC auf deutsche Bühnen, Heft 15 vom 12. April 1947

DER SPIEGEL: Lacht doch, ihr blöden Gänse. Immer ausverkauft. Gustaf Gründgens, Titelstory am 12. Mai 1949

DER SPIEGEL: Lucie Mannheim, Heft 36 vom 26. August 1953

DER SPIEGEL: "Spielen oder sterben", Heft 49 vom 4. Dezember 1995

Gabriele Stammberger und Michael Pleschke: Gut angekommen – Moskau. Exil der Gabriele Stammberger 1932-1954. Berlin 1999

Wolfgang Stenke: Wie "Lili Marleen" zum Kriegslied wurde, in: *Deutschlandradio Kultur*, 18. August 2011

Michael Strauven: Marlene Dietrich. Filmporträt in der Reihe *Legenden* der *ARD*, 1998

Hans-Jürgen Syberberg: Fünfter Akt, siebente Szene. Fritz Kortner inszeniert *"Kabale und Liebe"* mit Christiane Hörbiger, Helmut Lohner [und einer Reminiszenz an Gustaf Gründgens] in den *Münchner Kammerspielen*, Filmdokumentation 1965

Hans-Jürgen Syberberg: Fritz Kortner spricht Monologe für eine Schallplatte. Aufgenommen in den *Münchner Kammerspielen*. Filmdokument 1965

Hermann Treuner (Hg.): Filmkünstler. Wir über uns selbst, Berlin 1928

Erich Trunz: Anmerkungen zu Faust. Eine Tragödie, in: Johann Wolfgang von Goethe, Werke, Hamburger Ausgabe in 14 Bänden, Band 3, überarbeitete Auflage, München 1996

Matthias Unterburg: Marlene Dietrich – die Gegnerin. Filmporträt in der *ZDF*-Reihe *"Hitlers Frauen"*, 2001

Klaus Völker: Fritz Kortner, Nachwort zu Fritz Kortner, *Aller Tage Abend*, Berlin 2005

Karla-Ludwiga Vortisch: Horst Caspar (1913-1952). Ein Schauspieler im Wandel einer Epoche. Berlin 1966

"Vorwärts": Das Gewerkschaftshaus. Berlin, 30. März 1900

K. W.: Am Berliner Broadway. *ZEIT-ONLINE*, 29. Januar 1953

Gerhard Wagner: Wer schreibt, handelt. In *Junge Welt* vom 7. August 2010

Friedel Freiherr von Wangenheim: Mein Vater Gustav Frhr. v. Wangenheim und der Fall der Schauspielerin Carola Neher. In: *Wangenheim Nachrichten* Nr. 25 vom Dezember 1998

Inge von Wangenheim: Die tickende Bratpfanne: Kunst und Künstler aus meinem Stundenbuch. Rudolstadt 1974

Hermann Weber, Andreas Herbst (Hg.): Deutsche Kommunisten. Biographisches Handbuch 1918 bis 1945, 2., überarbeitete und stark erweiterte Auflage, Berlin 2008

Kay Weniger: Zwischen Bühne und Baracke. Lexikon der verfolgten Theater-, Film- und Musikkünstler 1933 bis 1945. Mit einem Geleitwort von Paul Spiegel. Berlin 2008

Kay Weniger: *"Es wird im Leben dir mehr genommen als gegeben …"*. Lexikon der aus Deutschland und Österreich emigrierten Filmschaffenden 1933 bis 1945. Eine Gesamtübersicht, Hamburg 2011

Peter Wicke: Lili Marleen / Lale Andersen, in: Michael Fischer, Ferdinand Hörner und Christopher Jost (Hg.), Songlexikon on air, Eine Netzpublikation des *Zentrums für Populäre Kultur und Musik der Universität Freiburg*, http://www.songlexikon.de/songs/lilimarleen, 2011, revidiert 2013

Angelika Wittlich: Alexander Granach. Da geht ein Mensch, Filmporträt 2012

Adolf Wohlbrück: Brief vom 19. Mai 1966 aus London an Hanno Lunin. Original im *Privatarchiv Hanno Lunin*

Dieter Wunderlich: Gustaf Gründgens, in: Buchtipps und Filmtipps, 2016 – www.dieterwunderlich.de/Gustaf-Gruendgens.htm

Zentralinstitut für sozialwissenschaftliche Forschung der Freien Universität Berlin (Hg.): Gedenkbuch Berlins der jüdischen Opfer des Nationalsozialismus (Memorial Book of the Jewish Victims of National Socialism in Berlin), Berlin 1995

Zentralstelle für Deutsche Personen- und Familiengeschichte (Hg.): Stammtafeln Deutsch-baltischer Geschlechter, II. Reihe, bearbeitet von Erich Seuberlich, in: Deutsche Stammtafeln in Listenform, Leipzig 1927

Die Kalenderkästen

Die Kapitel

Die Deutsche Nationalbibliothek verzeichnet diese Publikation
in der Deutschen Nationalbibliografie;
detaillierte bibliografische Daten
sind im Internet über <http://dnb.ddb.de> abrufbar.

«ORPHEUS UND SÖHNE» VERLAG Hamburg 2017
www.orpheus-und-soehne.de
ISBN 978-3-938647-25-7
Hersteller: Books on Demand GmbH, Norderstedt